suhrkamp taschenbuch
wissenschaft 1753

Dissidente Partizipation verfolgt den Kurs, den der akademisch gewordene Feminismus seit den frühen 1970er-Jahren genommen hat. Angesiedelt an den Schnittstellen von Wissenschaftssoziologie, Hochschulforschung, wissenssoziologischer Diskursanalyse und feministischer Theorie, fragt das Buch ebenso nach dem *feminist turn* von Wissenschaft wie nach dem *academic turn* von Feminismus. Analysiert werden die widersprüchlich verlaufenden Prozesse der akademischen Verdichtung und Verstetigung von feministischem Wissen, dessen Produktion als und Transformation in ein akademisch intelligibles Unternehmen im Kontext der mächtigen Mikrostrukturen der Normalwissenschaft sowie der gegenwärtigen Transformationen von Universität und Wissenschaft. Angeleitet sind diese Analysen von der These, dass Teilhabe die prekäre Voraussetzung für Veränderung ist. Diese Bedingung der Möglichkeit feministischen wissenschaftlichen Wissens zeitigt eine Reihe von intellektuellen und institutionellen Aporien, an denen sich die Praxis dissidenter Partizipation entscheidet.

Sabine Hark ist Privatdozentin an der Wirtschafts- und Sozialwissenschaftlichen Fakultät der Universität Potsdam.

Sabine Hark

Dissidente Partizipation

Eine Diskursgeschichte des Feminismus

Suhrkamp

Bibliografische Information Der Deutschen Bibliothek
Die Deutsche Bibliothek verzeichnet diese Publikation
in der Deutschen Nationalbibliografie
http://dnb.ddb.de

suhrkamp taschenbuch wissenschaft 1753
Erste Auflage 2005

Druck: Nomos Verlagsgesellschaft, Baden-Baden
Printed in Germany
Umschlag nach Entwürfen von
Willy Fleckhaus und Rolf Staudt
ISBN 3-518-29353-2

1 2 3 4 5 6 – 10 09 08 07 06 05

Inhalt

Dritter Teil: Inter/Disziplinarität

As a feminist more and more I feel compelled to know something about people's institutional and disciplinary location [...]. The places we struggle and resist in relationship to different institutions are also something that we need to know more about when we speak with one another. Our disciplinary and academic locations are part of the context we need to be sensitive to. Otherwise, we run the risk of mistaking the most well-funded of feminist discourses for all of feminism. [Deborah Gordon]

[...] muß man nicht zunächst die Frage nach dem Machtstreben stellen, das der Anspruch, eine Wissenschaft zu sein, mit sich bringt? Müßten die eigentlichen Fragen nicht lauten: Welche Arten von Wissen wollt ihr mit dem Anspruch auf Wissenschaftlichkeit disqualifizieren? Welches sprechende, welches diskursführende Subjekt, welches Subjekt der Erfahrung und des Wissens wollt ihr minorisieren, wenn ihr sagt: ›ich, der ich diesen Diskurs halte, halte einen wissenschaftlichen Diskurs und bin ein Wissenschaftler‹? [Michel Foucault]

Einleitung

> Wie keine andere untersuchende und beschreibende Aktivität erzeugt und verbirgt die Wissenschaft den Kontext, aus dem sie entsteht. [Barbara Duden]

»Angesichts dieser Herausforderung«, schreibt Pierre Bourdieu im ersten Kapitel des *Homo academicus* (1992a), nämlich: »eine Welt zu untersuchen, an die man durch vielfältige, gleichermaßen intellektuelle wie ›weltliche‹ Bindungen und Investitionen geknüpft ist, läßt sich zunächst an gar nichts anderes denken als an Flucht« (Bourdieu 1992a, 38). An Flucht habe ich im Verlauf der Arbeit an diesem Buch oft gedacht. Es schien zuzeiten die einzig vernünftige Handlung zu sein, um der drohenden Verstrickung in die zahllosen und unerkannt gebliebenen Widersprüche zu entgehen, die aus meiner spezifischen Position in und Verhaftung mit dem Feld resultieren, das Gegenstand der in diesem Buch versammelten Analysen und Reflexionen ist: der akademisch gewordene Feminismus. Wie dumm, sprach meine innere Zensorin oft genug, kann eine eigentlich nur sein, das Feld, in dem sie selbst akademisch sozialisiert wurde, an dessen Inhalt und Konturen sie nicht gänzlich unschuldig ist, auf dem sie auch zukünftig um akademische Anerkennung ringen will, zum Gegenstand zu machen? Wie soll es jemals gelingen, fragte sie mich, die aus dieser spezifischen akademischen Positionierung und Subjektivierung resultierenden Bindungen und Investitionen so weit einzuklammern, dass diese Studie diesen Bindungen und Investitionen nicht anheim fällt; sie sich also ihrem eigenen institutionellen Unbewussten nicht ausliefert? Wodurch das, was in diesem Buch zu zeigen versucht wird, beständig unterlaufen würde: Dass es einen Unterschied gibt zwischen dem, was man tut, und dem, was man glaubt zu tun. Und dies zudem in einer Weise aufzuzeigen, in der die Erinnerung an diesen Unterschied lebendig gehalten wird, ohne in die zweifellos in der wissenschaftlichen Welt immer drohende – weil immer herumlungernde – narzisstische Eitelkeit zu verfallen und ohne sich des routinisierten Mechanismus der entwertenden Konkurrenz zu bedienen. Denn wie verführerisch ist es, den anderen zu zeigen, dass wir alle einer Welt angehören, in der –

gänzlich entgegen eigenen Absichten und den Phantasien über das eigene Tun – Wissen und Macht eine intime Verbindung eingegangen sind? Dass wir also Teil einer sozialen Welt sind, in der es zugeht wie anderswo auch; wir uns in einem Feld bewegen, das zwar eigene Gesetze für sein Funktionieren kennt, das aber zugleich auch ein Feld ist, das funktioniert wie alle anderen sozialen Felder, bestimmt von Macht, von Kämpfen um ihre Verteilung beziehungsweise Monopolisierung, von Strategien und Taktiken, Interessen und Profit, man selbst jedoch im Unterschied zu den anderen glaubt, dies ›durchschauen‹ zu können? Ist nicht gerade dieser Anspruch – zu glauben, die Differenz zwischen dem, was man tut, und dem, was man glaubt zu tun, nicht nur zu kennen, sondern gar zu meistern – Ausdruck der von Bourdieu beschriebenen *illusio* im wissenschaftlichen Feld, jene Bindung an das Feld, an das, was dort zählt, »die eine/n dazu bewegt und disponiert, die von der Logik des Feldes aus gesehen relevanten Unterscheidungen zu treffen« (Bourdieu 1999, 360)? Ausdruck davon mithin, die intime Bindung zwischen Macht und Wissen bereits verkannt zu haben? Ist es beispielsweise legitim, wissenschaftliche Texte anderer primär unter dem Aspekt ihrer politischen Kontur zu lesen? Das heißt unter einer Perspektive, die mehr daran interessiert ist zu fragen, welche ordnenden, klassifizierenden, be- und entwertenden Effekte ein Text in einem bestimmten Feld produziert, als was er inhaltlich zu dieser oder jener Problematik zu sagen hat? Überschreitet allein schon eine solche Frage die Grenzen dessen, was wissenschaftlich erlaubt ist? Oder ist das Ganze nie mehr als ein diskursives Spiel im Reputationskampf? Kurz gesagt: Kann jenes »heimliche Einverständnis« (Bourdieu/Wacquant 1996, 128), das eine/n an eine bestimmte Welt bindet – und ohne das eine/r in dieser bestimmten Welt wohl kaum bestehen könnte –, überhaupt unterbrochen werden in einer Studie, die zugleich der Ausweis dessen sein soll, dass eine/r bereit ist, die Regeln des Spiels zu akzeptieren?

Dissidente Partizipation verfolgt den Kurs, den der akademisch gewordene Feminismus seit seiner Entstehung in den frühen 1970er-Jahren genommen hat. Angesiedelt an den Schnittstellen von Wissenschaftssoziologie, Hochschulforschung, wissenssoziologischer Diskursanalyse und feministischer Theorie, fragt das Buch ebenso nach dem *feminist turn* von Wissenschaft wie nach dem *academic turn* von Feminismus. Analysiert werden die widersprüchlich verlaufenden Prozesse der akademischen Verdichtung und Verstetigung von feministischem Wissen, dessen Produktion als und Transformation in ein akademisch intelligibles Unternehmen im Kontext der mächtigen Mikrostrukturen der Normalwissenschaft sowie der gegenwärtigen Transformationen von Universität und Wissenschaft. Angeleitet sind diese Analysen von der These, dass Teilhabe die prekäre Voraussetzung für Veränderung ist. Diese Bedingung der Möglichkeit feministischen wissenschaftlichen Wissens zeitigt eine Reihe von intellektuellen und institutionellen Aporien, an denen sich die Praxis dissidenter Partizipation entscheidet.

Der Text ist durch zwei Fragekomplexe strukturiert: Ich frage *erstens* nach den Prozessen und Praktiken, in denen und durch die wissenschaftliches Wissen produziert und form(at)iert wird. Hier geht es um die Verfahren der performativen Produktion eines Feldes in den und durch die Erzählungen seiner Erfolge (Kapitel 2), um die kritische Rekonstruktion der Reisen von Begriffen sowie die diese Reisen begleitenden Dekontextualisierungen (Prolog, Kapitel 4) und um die Weisen von Disziplinbildung (Kapitel 6). Im Mittelpunkt steht die wissenssoziologische Diskursanalyse von Geschichten (Prolog, Kapitel 4 und 5): Welche Geschichten werden erzählt und welche Feminismen benannt? Welche Taxonomien des Wissens werden entworfen, welche Genealogien skizziert? Unter welchen Bedingungen und mit welchem Interesse erfolgen die Rekonstruktionen der Geschichte feministischer Wissensentwicklung? Wer wird in die Erzählungen eingeschlossen, wer nicht? Wer als legitimes Subjekt des Wissens entworfen? Welche inneren und äußeren Grenzen werden gezogen, welche Überschreitungen finden statt beziehungsweise werden zugelassen? Welche legitimen Artikulationspraktiken existieren, welche Gegenstände und Themen werden intelligibel, welche dadurch aus dem sinnvoll thematisierbaren Horizont ausgegrenzt?

Damit verknüpft, gilt es *zweitens*, die Frage zu durchdenken, wie sich selbst als »kritisch«, »dissident« oder »widerständig« verstehende Wissensprojekte innerhalb der und von den etablierten disziplinären und akademischen Ökonomien, die verändert werden soll(t)en, produziert und form(at)iert werden. Hier steht die soziologische Betrachtung der Institution Wissenschaft im Vordergrund: Die Frage des Zusammenspiels von institutionellen und intellektuellen Faktoren (Kapitel 3 und 6), die Frage, inwieweit von Wissenschaft als politischem Geschehen gesprochen werden kann, sowie die Frage nach den Ökonomien organisationalen Handelns (Kapitel 3). Darüber hinaus geht es um die Frage nach der Bedingung der Möglichkeit zu widersprechen (Kapitel 1 und 3). Und schließlich wird in diesem Untersuchungskomplex die wechselseitige Transformation von Wissenschaft und Feminismus rekonstruiert: In welchen Hinsichten kann von einem *feminist turn* der Wissenschaft gesprochen werden? In welchen Hinsichten wurde umgekehrt der akademisch werdende Feminismus durch die Routinen und Praktiken der Wissenschaft transformiert, kann also von einem *academic turn* des Feminismus gesprochen werden (Kapitel 2)? Inwiefern kann von Frauen- und Geschlechterforschung entgegen ihrem eigenen Selbstverständnis als einer normalen Disziplin gesprochen werden (Kapitel 6)? Welche Funktion hat in diesem Zusammenhang das Selbstverständnis, ein inter- oder transdisziplinäres Feld zu sein (Kapitel 7)?

Ich untersuche diese Fragen an Kämpfen des akademisch werdenden Feminismus um Anerkennung und Legitimität, an Kämpfen, in denen die Ordnung und die Gestalt des akademischen Feminismus auf dem Spiel stehen: Kämpfe um ein »eigenes« Territorium im wissenschaftlichen Feld, Kämpfe um interne Geltungsansprüche und Grenzen, um disziplinäre Anordnungen und wissenschaftliche Stile, um kategoriale Fundierungen und theoretische Orientierungen. Mit Pierre Bourdieu, der auch das wissenschaftliche Feld beschrieben hat als ein »Kampffeld«, auf dem um Wahrung und Veränderung der Kräfteverhältnisse gerungen wird, dessen Struktur objektiver Beziehungen in höchstem Maße durch die jeweils aktuelle Verteilung des wissenschaftlichen Kapitals bestimmt ist und in dem die wesentliche Form der Kämpfe Anerkennungskämpfe sind, gehe ich heuristisch davon aus, dass wir es erstens mit Kämpfen um Anerkennung zwischen Ungleichen zu tun haben und diese Kämpfe zweitens einer territorialen Logik folgen. So seien, wie Julie Thompson Klein (1990) argumentiert, die dominanten Metaphern im Diskurs über wissenschaftliche Disziplinen geopolitischer Art und die Hauptaktivität bestünde im »Streit über Territorien«. In der Logik der geopolitischen Metaphorik würden Disziplinen beispielsweise dargestellt als »Privatbesitz« oder »befestigte Inseln«, an deren Grenzen »patrouilliert« wird. Auch Norbert Elias (1982) bemüht geopolitische Analogien, indem er universitäre Fachbereiche mit souveränen Staaten vergleicht. Ähnlich diesen würden akademische Fakultäten um Ressourcen konkurrieren und versuchen, Monopole aufzubauen sowie Außenstehende auszuschließen. Peter Burke (2001) spricht vom »territorialen Imperativ«, den er als zentral für die Geschichte des (wissenschaftlichen) Wissens in der abendländischen Kultur ansieht.

Feminismus zum Gegenstand der wissenschaftlichen Reflexion zu machen scheint ein unzeitgemäßes Projekt zu sein, denn über das politische oder theoretische Projekt des Feminismus nachzudenken, gar von Feminismus zu sprechen oder in soziologischen Kategorien über Feminismus nachzudenken, hat gegenwärtig nicht unbedingt Konjunktur. Allerdings spricht aus meiner Sicht eine Vielzahl von Gründen dafür, dies gerade jetzt zu tun. Da ist zunächst der Widerspruch zwischen Anerkennung und Entwertung: Der in Gestalt von ›Frauenforschung‹, ›Frauen- und Geschlechterforschung‹, ›Gender Studies‹, ›Geschlechterstudien‹ oder gelegentlich auch unter der Bezeichnung ›Feministische Studien‹ akademisch gewordene Feminismus erlebt gegenwärtig eine wenn auch immer noch instabile Phase institutioneller Wertschätzung. So gilt beispielsweise ›Gender-Wissen‹ oder ›Gender-Kompetenz‹ vielerorts als Schlüsselqualifikation oder wird als solche vermarktet. Dem steht die Erfahrung von Frauen- und GeschlechterforscherInnen gegenüber, beispielsweise in Forschungsevaluationen aufgefordert zu werden, nach Darlegung der Forschung im Bereich der *Gender Studies* doch jetzt zum ›Eigentlichen‹, also ihrer Forschung innerhalb der jeweiligen Disziplin, zu kommen, oder dass die Ergebnisse der Frauen- und Geschlechterforschung jenseits ihrer eigenen Kontexte legitim ignoriert werden können und nicht zuletzt dass im Kampf um knappe Ressourcen die Besetzung von Professuren für Frauen- und Geschlechterforschung verzögert oder gar verhindert wird.

Beide Prozesse, Anerkennung wie Missachtung oder Entwertung, finden statt an einem sehr speziellen gesellschaftlichen Ort, der Wissenschaft. Dies ist ein Ort, der uns allen wohl bekannt zu sein scheint, schließlich ist es der Ort, an dem viele von uns einen Großteil ihres (beruflichen) Lebens verbringen. Aber es ist eine Sache, an einem Ort zu leben, gar einheimisch (geworden) zu sein, sich innerhalb seiner Routinen und Regeln zu bewegen, und eine andere, zu verstehen, was dort geschieht. Vom Geschehen am Ort Wissenschaft haben wir oft genug in der Tat nur eine ungefähre Vorstellung. Wissenschaft als sozialer Ort und als soziale Praxis ist in vielerlei Hinsicht eine *black box.* Darüber, wie Anerkennung und Entwertung zusammenhängen, können wir demzufolge nur begrenzt etwas aussagen. Auch lassen sich WissenschaftlerInnen offensichtlich nur ungern über ihr Tun aufklären: Erkenntnisse etwa aus der Hochschulforschung oder der Wissenschaftssoziologie und Wissenschaftsforschung werden von einer breiteren wissenschaftlichen Öffentlichkeit selten zur Kenntnis genommen – und dies gilt auch im Feld der Frauen- und Geschlechterforschung für die Rezeption der (sozialwissenschaftlichen) Forschung zu Hochschule und Wissenschaft. Noch deutlicher stellt sich die Situation für die Prozesse der Institutionalisierung von Frauen- und Geschlechterforschung dar. Über diese wissen wir vor allem deshalb wenig, weil sie bisher weder innerhalb der feministischen Wissensformation noch von der Wissenschaftssoziologie oder der Hochschulforschung systematisch untersucht wurden: Es liegt keine systematische Geschichte der Frauen- und Geschlechterforschung im deutschsprachigen Raum vor, nur wenige Publikationen beschäftigen sich etwa mit der Frage, wie es denn überhaupt dazu kommen konnte, dass Feminismus akademisch wurde. Auch die einst vehement geführten Auseinandersetzungen über das Für und Wider der Institutionalisierung sind längst versandet. Nur selten fragen feministische Wissenschaftlerinnen, was in den dreißig Jahren seit den ersten »Frauenseminaren« geschehen ist. Ebenso selten wird danach gefragt, wie sich beispielsweise die Selbst-Ideale des akademisch gewordenen Feminismus zur Faktizität des Feldes verhalten. Es ist ein Mangel, der gelegentlich konstatiert, bisher aber nicht systematisch angegangen wurde: Heike Kahlert stellt fest, dass es an »Untersuchungen [...] zu Institutionalisierungsprozessen von Frauenforschung« mangele (Kahlert 1996, 518); Evelyn Annuß klagt eine »Soziologie der Geschlechterforschung als Wissenschaftskritik des eigenen Feldes« ein (Annuß 1996, 522), und Sünne Andresen resümiert, die Frauen- und Geschlechterforschung sei »als vielfältige und ausdifferenzierte Erkenntnispraxis von Wissenschaftlerinnen mit mittlerweile durchaus gegensätzlichen Vorstellungen und Konzeptionen, die in einem hierarchisch strukturierten Theoriefeld entwickelt und durchgesetzt werden« (Andresen 2001, 143), bislang nicht untersucht worden.

Das vorliegende Buch hat nun weder den Anspruch, diesen Mangel zu beheben, noch vermag es das. Es ist also keine sich wie auch immer repräsentativ verstehende, umfassende Institutionalisierungsgeschichte des akademischen Feminismus in Deutschland. Es erhebt auch nicht den Anspruch, das Geschehen am Ort Wissenschaft gänzlich transparent zu machen, die Praktiken und Routinen des Machens von Wissenschaft, das Wechselspiel der sozialen und intellektuellen Dynamiken erschöpfend zu rekonstruieren. Vielmehr ist es ihm vor allem darum zu tun, unsere kritische Aufmerksamkeit auf den Ort zu lenken, an dem wir uns befinden: auf die Einrichtungen, in denen wissenschaftliches Wissen produziert und distribuiert wird. Denn es gilt zu verstehen, wie diese Einrichtungen den akademischen Feminismus ermöglicht und zugleich um- und begrenzt haben, zu verstehen, welche Beziehungen zwischen bestimmten Orten und den dort produzierten Diskursen bestehen.

Es ist ein Versuch einer *politics of location*, wie sie Adrienne Rich vor rund zwei Jahrzehnten in ihrem berühmten Essay »Notes Toward a Politics of Location« (1986) entworfen hat: Ein Versuch, dem Ort, an dem wir uns befinden, dem der Institution Wissenschaft, kritisch Rechnung zu tragen.[1] Das heißt, Rechenschaft darüber zu geben, wie wir in die Sozialität und Dynamik dieses Ortes verwickelt sind, wie wir an ihn gebunden sind, wie die Regeln und Routinen dieses Ortes unser Handeln konfigurieren und wie wir diese dennoch überschreiten können – und nicht zuletzt, welche Verantwortlichkeiten aus dieser Verortung resultieren. Es ist, mit Michel Foucault (1990) gesprochen, der Versuch einer »historischen Ontologie« des akademischen Feminismus: eine experimentelle Verständigung über die eigene Position in der Gegenwart, durch die wir die »Grenzen, die uns auferlegt sind« hinsichtlich unseres Denkens, Tuns oder Sprechens, erkunden (Foucault 1990, 48).

Eine solche experimentelle Verständigung über die eigene Position in der Gegenwart, eine *politics of location* des akademisch gewordenen Feminismus, halte ich nicht zuletzt deshalb für dringlich, da der gegenwärtige Moment ein entscheidender für den Feminismus ist: Die akademische Institutionalisierung, die gegenwärtig insbesondere in Gestalt der Einrichtung eigener Studiengänge erfolgt, hat – vor dem Hintergrund des historischen Verblassens von

1 Richs Überlegungen bezogen sich auf den Eurozentrismus, falsch verstandenen Universalismus und den impliziten Rassismus des weißen Feminismus. Vgl. hierzu auch Dietze 2005.

Feminismus, vor dem Hintergrund subtiler und oft nicht so subtiler Umschriften seiner Geschichte, vor dem Hintergrund untereinander konkurrierender, allerdings mit ungleichem *bargaining*-Kapital ausgestatteter Wissens-*claims* auf das akademische Territorium des feministischen Wissens, vor dem Hintergrund der sich abzeichnenden Transformation der Strukturkategorie Geschlecht in die Wissenskategorie Gender und im Verbund mit aktuellen institutionell-politischen Praktiken wie *Gender Mainstreaming* – aus meiner Sicht das Potenzial, Feminismus insgesamt zu reartikulieren. Denn zum ersten Mal in der Geschichte tritt Feminismus in diesem neuen Gewand als Teil einer gesellschaftlich mächtigen Institution auf, wird er wohl auf Dauer Teil derjenigen Institution – Wissenschaft –, der gesellschaftlich eine nahezu autoritative Definitionsmacht zugestanden wird und die das für unsere Gesellschaften (noch) mächtigste Wissen, nämlich *wissenschaftliches Wissen*, produziert.

Dem akademisch gewordenen Feminismus wächst damit eine besondere gesellschaftliche Verantwortung zu, wird er in dieser Position doch zu einem potenziell machtvollen Akteur im mächtigen Spiel um die Etablierung der je eigenen Sicht der Teilungen der Welt. Zunächst ist damit die Chance verbunden, dem historischen Verblassen von Feminismus entgegenwirken zu können. Denn Teil der Institution zu sein, deren Funktion die Produktion von wahrem Wissen ist, das nirgendwo anders in der Gesellschaft produziert werden kann, bedeutet in unseren wissensbasierten Gesellschaften, an der kulturellen Gedächtnisbildung beteiligt zu sein. Dem steht freilich gegenüber, dass es die Institutionen sind, die steuern, was im Gedächtnis behalten wird und was nicht. Wie Mary Douglas in *Wie Institutionen denken* (1991) argumentiert, sorgen die – Institutionen je eigenen – »Denkstile« für die »Erhaltung der Denkwelt«, indem sie »deren Gedächtnis« steuern (Douglas 1991, 121). Ein »Denkstil« »setzt den Rahmen für jede Erkenntnis« (ebd., 31), er entscheidet, »was als vernünftige Frage und was als wahre und falsche Antwort gelten kann« (ebd.). Das aber heißt, dass der akademisch gewordene Feminismus nicht einfach »ein feministisches Gedächtnis« entwickelt, wie Kahlert argumentiert (Kahlert 2001b, 91), sondern ein mit dem Denkstil der Institution Wissenschaft kompatibles Gedächtnis. Im Kontext konkurrierender Wissens-*claims* heißt es auch, dass es konkurrierende Sichtweisen ›der‹ feministischen Geschichte geben wird, die von präsentistischen Interessen bestimmt sind.

Auf dem Spiel stehen mithin nicht weniger als die Vergangenheit und die Zukunft des feministischen Projektes. Denn zum einen ist Vergangenheit nicht einfach gegeben, sondern wird in den Weisen ihrer Überlieferung beständig neu gemacht, zum anderen ist Zukunft immer schon davon konfiguriert, wie von jener berichtet wird. Wie also wird Feminismus ins kulturelle Gedächtnis eingehen: als Projekt, das seine Wurzeln in der Aufklärung, im Projekt der Freiheit hat, als soziale Bewegung, die das erkämpft hat, was heute in vielen Bereichen gesellschaftliche Realität zu sein scheint: Gleichberechtigung? Oder als akademische Disziplin wie jede andere, die ihre Wurzeln im Verlangen des 19. Jahrhunderts hat, Natur, Welt und Gesellschaft zu normieren, eine »Ordnung der Dinge« (Foucault 1971) durch eine Ordnungswissenschaft des Seins zu schaffen? Oder welche Geschichten wären noch denkbar? Welche Gedächtnisbildung werden die zwangsläufig mehr oder minder kanonisierten Curricula der *Gender Studies* selbst betreiben? Welches Wissen, welche Praktiken und welche Horizonte werden sich in diesen wiederfinden? Welches Wissen wird als qualifiziert erachtet, unterrichtet zu werden? Wird in Zukunft beispielsweise nur das akademisch bereits anerkannte Wissen zirkulieren können? Riskieren wir so nicht, wie Deborah Gordon (1988) schon vor geraumer Zeit warnte, »den bestbegründeten aller feministischen Diskurse für das Ganze des Feminismus zu halten« (Gordon 1988, 100; Übersetzung sh)? Und wenn in dem, wie Vergangenheit erzählt wird, vor allem enthalten ist, wie wir gewesen sein möchten, in diesen Erzählungen dementsprechend eher imaginiert ist, wie die Zukunft aussehen soll – welche Möglichkeiten eröffnen und welche verschließen wir dann? Welche Zukunft also geben wir ›dem‹ Feminismus?

Wende ich eines der Argumente dieser Studie auf diese selbst an, so gilt auch für sie, dass institutionelle und intellektuelle Kontexte Bestandteil der Geschichte ihres Werdens sind. Deren Spuren sind in den Text eingetragen, dennoch kann der Anspruch, die Genealogie der Bedingtheiten eines Textes mit zu schreiben, niemals gänzlich eingelöst werden. Mein Dank gilt deshalb all denen, die meine Arbeit über die Jahre interessiert und inspirierend begleitet und unterstützt haben. Der intellektuelle und institutionelle Kontext, dem dieses Buch viel verdankt, ist der Arbeitszusammenhang »Soziologie der Geschlechterverhältnisse« der Universität Potsdam. Irene Dölling hat mir nicht nur immer wieder intellektuell versichert, es schaffen zu können; sie hat auch Zeitbudgets garantiert für die Um-, Irr- und Seitenwege, die nötig waren, um dieses Buch zu Ende zu bringen. Immer davon überzeugt, dass es wert ist, dieses Buch zu schreiben, war Silke Wenk. Einzelne Kapitel der Endfassung wurden kritisch gelesen von Leslie Adelson, Astrid Deuber-Mankowsky, Ina Dietzsch, Sieglinde Lemke, Ilona Pache und Paula-Irene Villa. Von unschätzbarem Wert ist der über viele Jahre gewachsene transatlantische Diskussionszusammenhang mit Susanne Luhmann. Irene Dölling, Gudrun-Axeli Knapp und Erhard Stölting haben die Arbeit begutachtet und ein zügiges Habilitationsverfahren garantiert; von ihnen habe ich wichtige Anregungen erhalten. Ohne die kontinuierliche Ermutigung meiner Lebensgefährtin Ilona Pache, ihr großzügiges, aber immer kritisches Vertrauen in die Relevanz meiner Überlegungen und nicht zuletzt ihre Geduld wäre das Buch so nicht möglich gewesen.

Prolog
›Dem‹ Feminismus Rechnung tragen?

Wenn die Zeit stillsteht, kann Wahrheit verkündet werden. [Joan W. Scott]

Historische Gespenster

»Männer, Frauen, Fantasien« betitelt *DIE ZEIT* in der Ausgabe vom 11. April 2002 im Ressort »Chancen« einen Artikel zu ›Gender Studies‹. Berichtet wird vom Aufschwung dieser »Fachrichtung« an deutschen Universitäten. Die Erleichterung darüber, dass in diesem akademischen Aufschwung »das feministische Vokabular des Geschlechterkampfes allmählich einer *kühleren Betrachtungsweise* weicht« (Wiese 2002, 79; Hervorhebung sh), kann der Autor dabei kaum verhehlen. Denn durch diese ›kühlere Betrachtungsweise‹ erlangten die ›Gender Studies‹, die zwar »aus der feministischen Frauenforschung« hervorgegangen seien, aber anders als diese »auch Männer einbeziehen« (ebd.), in seinen Augen ein Niveau professioneller, mit den Regeln und Anforderungen der Wissenschaft und der Universität, aber auch des Arbeitsmarktes kompatibler Reife.

Dass sich die nach Einschätzung von Wiese »immer noch mächtigen feministischen Impulse« ebenso verflüchtigen werden wie die von ihm hinsichtlich der Stärkung der »verschwindenden männlichen Minderheit« als »erschwerend« angesehene Haltung mancher Professorin, »Gender Studies als eine Fortsetzung der Frauenforschung unter neuem Etikett« zu verstehen (ebd.), scheint dabei nur eine Frage der Zeit zu sein. Und dies insbesondere dann, wenn »die Gender Studies selbst einer gender-kritischen Prüfung« unterzogen würden (ebd.), das heißt, sich stärker als bisher für Männer öffneten. »Die Verantwortlichen«, so hält er abschließend fest, »könnten dabei von Verona Feldbusch lernen« (ebd.). Diese hatte im »Fernsehduell mit Alice Schwarzer« gesagt: »›Ich habe nichts gegen Männer‹« (ebd.).

›Dem‹ Feminismus ist in Wieses Text eine eigentümlich phantasmagorische, geisterhafte Schattenexistenz beschieden. Wir erfahren nichts über die Ziele, Absichten und Inhalte von Feminismus, nichts über seine divergenten und kontroversen theoretischen Herkünfte und Zuschnitte, nichts über die Unterschiede, aber auch Gemeinsamkeiten zwischen Feminismus als Projekt einer »transformativen Politik«[1] und Feminismus als akademischem Wissensfeld. Stattdessen figuriert Feminismus hier als Emblem für einen manichäisch anmutenden ›Geschlechterkampf‹, in dem feministische Professorinnen Männern den Zugang zum Wissen verwehren. Vor allem aber treibt er sein Unwesen als Gespenst aus der Geschichte, das nicht einsehen will, dass es in der Gegenwart keinen Platz mehr hat – es sei denn um den Preis der Karikatur. Die Zurückdrängung feministischer Axiome, die Abkehr von ›Frauenforschung‹ und die Integration von Männern in die ›Gender Studies‹ sieht der Autor des *ZEIT*-Artikels daher als entscheidend an für deren zukünftige Entwicklung, ja gar dafür, dass diese überhaupt eine Zukunft haben werden. Denn die Zeit des Feminismus, wie der *ZEIT*-Autor sie imaginiert, die Zeit eines Männer ausgrenzenden Feminismus also,

1 Als »transformative Politik« wurde Feminismus etwa 1984 auf einem Workshop während des 2. Internationalen und Interdisziplinären Frauenkongresses in Groningen (NL) definiert. Ausgehend von einer doppelten Zielbestimmung von Feminismus, nämlich sowohl zu kämpfen für Gleichheit, Würde und Entscheidungsfreiheit für Frauen auf der Basis der Kontrolle über ihr eigenes Leben und ihren Körper als auch für die Beseitigung aller Formen von Ungleichheit, Herrschaft und Unterdrückung einzutreten, ist im Bericht des Workshops formuliert: »Dieser Ansatz erfordert, daß sich der Feminismus sowohl die so verstandene Befreiung jeder einzelnen Frau als auch die Erlangung jener gemeinsamen Macht der Frauen, die notwendig ist, um Veränderungen in der Gesellschaftsstruktur zu erwirken, zur Aufgabe machen muß. In diesem Sinne reden wir von Feminismus als transformativer Politik – eine Perspektive, die die Transformationen individueller Lebenszusammenhänge wie auch der Gesellschaft als ganzer einschließt« (Bunch/Carillo/Guinée 1985, 244).
Auch im aktuellen Diskurs des transnationalen Feminismus spielt das Moment der »transformativen Politik« eine zentrale Rolle: »Feminist democracy suggests a different order of relationships among people. It suggests understanding socioeconomic, ideological, cultural, and psychic hierarchies of rule (like those of class, gender, race, sexuality, and nation), their interconnectedness, and their effects on disenfranchised peoples within the context of transformative collective or organizational practice. Thus, the transformation of relationships, selves, communities, and the practices of daily life leading to self-determination and autonomy for all peoples is crucial in crafting a different order of relationships.« (Alexander/Mohanty 1997, xxviii). Für einen Überblick über verschiedene feministische Ansätze siehe Holland-Cunz 2003a; Lenz 2001; 2002. Zum transnationalen Feminismus siehe unter anderen Grewal/Kaplan 1994; Barlow 2000 sowie Mendoza 2002.

die Zeit von Alice Schwarzer und die Zeit, in der Seminare »schlicht ›Einführung in die feministische Theorie‹« hießen (ebd.), gehört, davon ist er überzeugt, der Geschichte an. Auf subtile, zugleich anerkennende und entwertende Art und Weise zollt Wiese ›dem‹ Feminismus hier Tribut – er hat neue Möglichkeiten geschaffen, nicht zuletzt sind die ›Gender Studies eigentlich aus der feministischen Frauenforschung‹ hervorgegangen – und verweist ihn im selben Moment des Feldes, das heißt in die Geschichte: Der Feminismus hatte seine Zeit, er hat seine Dienste getan und kann, ja muss jetzt aufgegeben werden.

Wieses Text ist indes selbst emblematisch zu verstehen, und zwar als Emblem für die gegenwärtige historische Positionierung von Feminismus. Lynne Segal beschreibt diese Positionierung in *Why Feminism* (2000) lakonisch als »[p]assé, predictable, prosaic; yet the common sense of our age« (Segal 2000, 3). Cornelia Klinger (1998) spricht von einer Strategie der Immunisierung gegenüber der feministischen Kritik: Es würde behauptet, alles, was feministische Kritik zu bieten hat, sei bereits längst akzeptiert und integriert worden, alle Forderungen seien erfüllt und alle Ziele erreicht. Das innovative Potenzial von Feminismus habe sich folglich erschöpft, weshalb es an der Zeit sei, zum »*business as usual*« zurückzukehren. Ebenso argumentiert Angela McRobbie (2003), die gegenwärtige Situation von Feminismus zeichne sich durch eine eigentümliche Koexistenz zweier sich scheinbar widersprechender Phänomene aus. Einerseits würde Feminismus als politische Bewegung von Frauen und als kritisches Erkenntnisprojekt vehement zurückgewiesen, geschmäht, ja »geradezu gehasst« (McRobbie 2003, 648). Andererseits seien die feministischen Themen und Anliegen im Sinne Gramscis Teil historischer, für die Akteure unhintergehbarer Objektivität geworden – Teil dessen, was Antonio Gramsci (1997, 1473) »gesunden Menschenverstand« beziehungsweise »eine Weltauffassung« nennt. Der Preis, den der Feminismus dafür entrichte, politisch und institutionell berücksichtigt zu werden, sei, zugleich als historisch überholt positioniert zu werden: »Damit dem Feminismus Rechnung getragen werden kann, muss er als bereits verstorben betrachtet werden« (McRobbie 2003, 657; Übersetzung verändert; sh).

Dass die feministischen Anliegen Teil der historischen Objektivität geworden sind, Teil institutioneller Vorgaben und institutionellen Handelns, zeigt sich an einer Vielzahl von Entwicklungen.

Das Phänomen der »Verstaatlichung« von Frauenpolitik seit den 1980er-Jahren, eine Fülle von Gesetzen und Verordnungen, die die Gleichstellung der Geschlechter zum Ziel haben, eine international stetig wachsende Zahl von Regierungs- und Nichtregierungsorganisationen, die mit der Durchsetzung von »Frauenrechten« befasst sind, sowie aktuell supranationale (EU) und nationale Politiken des *Gender Mainstreaming* sind dafür wohl die herausragenden Beispiele.[2] Gleichberechtigung zwischen den Geschlechtern gilt zudem den meisten Frauen und Männern in den Gesellschaften des Westens heute als umgesetzt respektive zum Greifen nah. Geschlechtsbezogene Benachteiligungen existieren in der Wahrnehmung von (jungen) Frauen und Männern kaum noch beziehungsweise werden als Einzelfälle und nicht als Teil eines allgemeinen Musters gewertet.[3] Zudem gilt es, wie Kuhlmann u. a. argumentieren, »vielfach als nicht mehr zeitgemäß, Diskriminierungserfahrungen aufgrund weiblicher Geschlechtszugehörigkeit zu thematisieren« (Kuhlmann u. a. 2002, 232).

Dieser Wahrnehmung korrespondiert die auch von Frauen- und GeschlechterforscherInnen vorgetragene Einschätzung, Gleichheit sei *als Norm* heute weltweit etabliert. »Gleichberechtigung«, argumentiert etwa Bettina Heintz, sei »nicht eine individuelle, auf westliche Länder und postmoderne Milieus beschränkte Norm«, sondern auf »globaler Ebene« institutionalisiert worden und habe so die »Geschlechterverhältnisse weltweit affiziert« (Heintz 2001, 15).[4] Ähnlich diagnostizieren avancierte soziologische Theorien, in der »zweiten« beziehungsweise »reflexiven« Moderne löse sich das spezifisch moderne, hierarchisch organisierte Geschlechterverhältnis zunehmend von innen her auf, da es seine institutionelle wie normative Basis – insbesondere die »geschlechtsspezifische Arbeitsteilung« –

2 Zur »Verstaatlichung« der Frauenpolitik vgl. u. a. Krautkrämer-Wagner 1989; Rudolph 1993 sowie Holland-Cunz 2003a, 210 ff. Zu *Gender Mainstreaming* siehe u. a. Bothfeld u. a. 2002; Nohr/Veth 2002; Kirsch-Auwärter 2002; Frey 2003; Meuser/Neusüß 2005; für den Bereich der Hochschulen Baaken/Plöger 2002; Färber 2002; 2003 und Kahlert 2003a. Kritisch zu *Gender Mainstreaming* dagegen etwa Thürmer-Rohr 2001; Wetterer 2002b; Pühl 2003; Bereswill 2005.

3 Vgl. hierzu auch Müller 1999b, 147.

4 Für das Argument der international durchgesetzten Autorität der Norm der Gleichberechtigung siehe auch Wobbe 2001; Ramirez 2001; 2003; Berkovitch 2001; Heintz/Müller/Roggenthin 2001 sowie Heintz/Merz/Schumacher 2004.

verliere (Beck/Bonß/Lau 2001, 23).[5] Und gerade in der Wissenschaft, in der die Norm der ›Sachrationalität‹ uneingeschränkte Gültigkeit beansprucht, gilt, dass es allein die wissenschaftliche Leistung ist, die über Position und Reputation entscheidet, gilt beispielsweise hinsichtlich Personalauswahl und Karrieremuster das Selbstverständnis, dass Geschlecht ein Unterschied ist, »der keinen Unterschied macht« (Heintz 2003, 212).[6]

Doch selbst wenn zutreffen sollte, dass »keine Gesellschaft, kein Gemeinwesen, keine Kultur heute der Auseinandersetzung mit dem Konflikt über die Geschlechterordnung entgehen« kann, wie Eva Senghaas-Knobloch (2004, 7) jüngst feststellte, so findet sich auch für McRobbies These, ›der‹ Feminismus sei als politische, soziale und kulturelle Bewegung von Frauen bereits *passé*, eine Reihe von Belegen. Entsprechende Szenarien finden sich etwa in soziologischen oder populärwissenschaftlichen Bearbeitungen der feministischen Geschichte, wobei hier in schöner Regelmäßigkeit der Topos der Generation bemüht wird, um deren ›Gestrigkeit‹ zu illustrieren. Sei Feminismus, kommentiert beispielsweise Nadja Parpart in *Geschlecht und Kontingenz* (2000), einst angetreten »mit dem Anspruch, die Herrschaft des Patriarchats zu stürzen und an ihre Stelle etwas Neues zu setzen, eine Ordnung jenseits von Herrschaft und Unterdrückung«, so würde er »nun damit konfrontiert, von einer Generation *nach* dem Feminismus selbst auf das Altenteil abgeschoben zu werden« (Parpart 2000, 10; Hervorhebung i. O.). Hätte der Feminismus den »Kampf um die Freiheit des Geschlechts ausgerufen«, so erschienen seine Parolen »plötzlich wie Fanfarenklänge aus längst vergangenen Zeiten« (ebd.). Da die Kraft des Feminismus »im Abnehmen begriffen« sei, würde der »Feminismus selbst zum Problem« (ebd.). Die »Veteraninnen der Siebziger-Jahre-Frauenbewegung«, so auch Susanne Weingarten und Marianne Wellershoff in *Die widerspenstigen Töchter* (1999), hielten dagegen verbissen an alten »Dogmen eines Opferfeminismus« fest (Weingarten/Wellershoff 1999, 11), mit dem junge Frauen nichts mehr anfangen könnten. Während jene »Altfeministinnen« unbeirrt von der Allgegen-

5 Für eine kritische Auseinandersetzung mit den Theorieansätzen zur »zweiten« Moderne aus feministischer Perspektive siehe Aulenbacher 2001.

6 Dagegen weist Heike Kahlert (2003a, 17) – im internationalen Vergleich – auf die Schlusslichtposition deutscher Hochschulen in der Gleichstellung von Frauen und Männern hin.

wart patriarchaler Entfremdung und Gewalt ausgingen (ebd., 34 ff.), würden die jüngeren Frauen einen »impliziten Feminismus« praktizieren, in dem sie sich als »selbstbewusst, ungezwungen, frei, ehrlich, realistisch, wählerisch« inszenierten (ebd., 49).[7]

Freilich begleitet die Rede vom Ende, vom Tod des Feminismus diesen seit seinem Beginn. Das Magazin *Harper's*, schreibt die Historikerin Estelle Freedman in *No Turning Back. The History of Feminism and the Future of Women* (2002) amüsiert, habe bereits 1976 ein Requiem für die US-amerikanische Frauenbewegung veröffentlicht, die *New York Times* ihrer Leserschaft im Jahr 1980 versichert, die ›radikalen Tage des Feminismus‹ seien vorbei, und *Newsweek* 1990 das ›historische Versagen des Feminismus‹ verkündet (vgl. ebd.). Die Verkündung vom Ende des Feminismus, fährt Freedman fort, sei so ubiquitär, dass eine feministische Journalistin bereits vom »*False Feminist Death Syndrome*« gesprochen habe (ebd., 10).[8] Ein ›Syndrom‹, das sich hartnäckig hält: In der ersten Hälfte der 1990er-Jahre sorgt die von Susan Faludi in ihrem Buch *Die Männer schlagen zurück* (1993) entfaltete These vom *backlash* gegen die US-amerikanischen Frauen zunächst in den USA für Furore, um bald auch hier populär zu werden.[9] Für die von Faludi gesammelten Belege des in und von den Medien produzierten Bildes der ›Siege des Feminismus, die sich in Niederlagen verwandeln‹, von einer Frauenbewegung, die selbst der ärgste Feind der Frauen sei, da sie diese von ihren wahren Wünschen entfremde, finden sich auch hierzulande Pendants. So beobachtet Herta Nagl-Docekal, die »Vorbehaltlichkeit gegenüber dem Begriff ›Feminismus‹ werde häufig [...] in Gestalt der These artikuliert, dass die Gegenwart als eine ›post-feministische‹ Ära zu betrachten sei« (Nagl-Docekal 1999, 9). Im Zeichen dieser These flössen dabei Auffassungen zusammen, die

7 Allerdings wird der Generationen-Topos nicht nur von der ›Generation nach dem Feminismus‹ verwendet, sondern, wie wir in Kapitel 5 sehen werden, auch von der »älteren«, sprich: sich selbst als feministisch verstehenden Generation.
Zum »Generationen-Konflikt« im Feminismus siehe auch die entsprechenden Beiträge in Modelmog/Gräßel 1994 sowie Landweer 1996; Gerhard 1998b; Kilian/Komfort-Hein 1999; Stoehr 1999. Für eine kritische Reflexion von Generationenkonzepten in Diskursen der Frauenbewegung siehe Thon 2003.

8 Zum Topos vom Tod des Feminismus siehe jüngst auch Hawkesworth 2004.

9 Zur Diskussion des *backlash*-Phänomens siehe besonders Eckart 1995 sowie die Beiträge in Jansen/Baringhorst/Ritter 1995.

»ansonsten sehr unterschiedlichen Denkkontexten« angehörten (ebd.). In der »kommerzialisierten Alltagskultur« werde der Feminismus zum Beispiel als »eine Aberration [dargestellt], die nun glücklicherweise der Vergangenheit angehöre, weil die Frauen zu einem femininen und anspruchsvollen Lebensstil gefunden hätten« (ebd., 10). Traditionelle Geschlechterrollen erführen hier eine »neue Ästhetisierung«, die »den Bemühungen um einen Abbau der Geschlechterasymmetrien« entgegenstünde (ebd.). Zwar seien, so auch Christel Eckart (1995), in den antifeministischen Polemiken durchaus Ansprüche aus der Frauenbewegung festgehalten, vergessen sei aber die Kritik an institutionalisierten Geschlechterverhältnissen, die Anlass und Hintergrund für die politischen Forderungen sind.

Von diesen plakativen, alltagskulturellen Beschwörungen einer ›postfeministischen Ära‹ zu unterscheiden sind innerfeministische Kritiken, die gleichwohl im problematischen Zeichen des Postfeminismus mit Ersteren verkoppelt sind. Denn in der zwar oft kritisch und selbstreflexiv gemeinten Inanspruchnahme des Begriffs ›Postfeminismus‹ verwischt sich allzu oft die Grenze zwischen diesen kritischen Verwendungsweisen und der affirmativen Behauptung vom ›Ende‹ des Feminismus. Wie auch Beatrice Hanssen (2001) in diesem Zusammenhang zu Recht anmerkt, bezeichnet der Begriff ›Postfeminismus‹ gewöhnlich zwar eine spezifische Variante von »post-second wave« pluralistisch-theoretischem Feminismus, der – in Verbindung mit Postmoderne und Postkolonialismus – das Präfix *post* aufruft als Zeichen der Überwindung zurückgewiesener Essenzialismen des ›früheren‹ Feminismus. Obgleich damit zwar die Implikationen betont würden, durch die ›Postfeminismus‹ verstanden wird als kritische Weiterentwicklung des ›modernen‹ Feminismus, sei es schwierig, die Vermischung zwischen dieser kritischen Auffassung von ›Postfeminismus‹ und der Vorstellung vom ›Ende des Feminismus‹ zu vermeiden.[10]

Diese Schwierigkeit scheint der Inanspruchnahme des Begriffs

10 Zu »Postfeminismus« vgl. auch den gleichnamigen Eintrag in Kroll 2002b, 313f. Für das Verhältnis von feministischer Theorie und Postmoderne siehe Ahmed 1998. Für den deutschsprachigen Kontext siehe Hornscheidt/Jähnert/Schlichter 1998 sowie Knapp 1998b. Siehe darüber hinaus vor allem Benhabib/Butler/Fraser 1993. Zum Verhältnis von Moderne, Modernismus und Postmoderne siehe Zima 1997.

›Postfeminismus‹ von Anfang an innezuwohnen. Auch eine theoretisch avancierte Position wie die von Julia Kristeva (1986), die in ihrem einflussreich gewordenen Aufsatz »Women's Time« schon Ende der 1970er-Jahre die Überwindung des Feminismus in der Zukunft angekündigt hatte, entgeht diesem Dilemma nicht völlig, selbst wenn sie sich nicht eines simplen Überwindungs- oder Verabschiedungsgestus bedient. Im Kontext ihrer Identifizierung von drei Generationen feministischen Denkens – die an Gleichheit orientierte erste Generation, eine radikale, differenztheoretisch argumentierende zweite und eine ›postfeministische‹ dritte Generation, die gegenüber den beiden ersten ›kritische Distanz‹ gewonnen habe – sollte Feminismus, so Kristevas Argument, »als nur ein kurzer Moment in dem Gedanken der anthropomorphen Identität betrachtet werden [...], der gegenwärtig den Horizont und die wissenschaftliche Zukunft unserer Gattung überzieht« (Kristeva 1986, 211; Übersetzung sh).

Kristevas Modell dreier Generationen feministischen Denkens sowie ihre These, dass ›Feminismus als nur kurzer Moment am Horizont unserer Gattung‹ betrachtet werden sollte, steht im Kontext der poststrukturalistischen Kritik von Identitätskonzepten: Was kann, so Kristevas Frage, Identität, selbst sexuelle Identität, überhaupt bedeuten in einem theoretischen Raum, der Identität grundsätzlich in Frage stellt? Kristeva verknüpft hier die epistemische Frage mit der historischen: Wenn wir Identität theoretisch in Frage stellen, wie können wir dann historisch von ›Frauen‹ sprechen? Worauf aber wird sich der Feminismus berufen, sollte diese Kritik erfolgreich sein? Kristeva denkt also im Moment der epistemischen Infragestellung von Identität über diesen Moment hinaus: Wenn die moderne Vorstellung von ›anthropomorpher Identität‹ grundsätzlich überarbeitet sein wird, eine Arbeit, zu der der Feminismus beiträgt, dann wird sich auch dieser verändern, ja womöglich wieder verschwinden. Die Aussage, Feminismus werde nur ein ›kurzer Moment am Horizont‹ sein, ist mithin eine reflexiv in die Zukunft gerichtete Aussage, in der *im Denken* die Möglichkeit aufgenommen ist, dass Feminismus nicht (immer) da sein wird.[11]

11 Susan Stanford Friedman zeigt in »Making History. Reflections on Feminism, Narrative and Desire« (1995), wie Kristeva in drei zentralen Texten der US-amerikanischen, feministischen (literaturwissenschaftlichen) Theoriegeschichte – Elaine Showalters »Women's Time, Women's Space: Writing the History of Feminist

In dieser Zukunft scheinen wir, zieht man aktuelle Veröffentlichungen zum feministischen *state of the art* zu Rate, zwei Jahrzehnte nach Kristevas Überlegung *realhistorisch* bereits angekommen zu sein. Der Feminismus, so Rosalind Coward in *Sacred Cows. Is Feminism Relevant To The New Millennium?* (1999), habe seine Ziele erreicht und werde nicht länger gebraucht. Mehr noch: Da er sich weigere, gesellschaftliche Veränderungen im Geschlechterverhältnis zugunsten von Frauen wahrzunehmen, ja sogar »blind to its own effectiveness« sei (Coward 1999, 30), sei er sogar zu einer problematischen Kraft in der Geschichte geworden, hätten sich seine Siege in Niederlagen verwandelt. Denn nicht nur halte er starrköpfig an »heiligen Kühen«, *sacred cows*, fest – etwa: Frauen seien, ungeachtet feministischer Erfolge, immer noch »Opfer« der Geschichte und der Verhältnisse. Er verweigere darüber hinaus Männern die Chance auf Gleichberechtigung und behindere die weitere Entwicklung der Beziehungen zwischen den Geschlechtern: »Do we need«, so die Schlussfolgerung Cowards, »feminism any more or is it damaging relations between men and women, demonizing men and denying them the right to understanding and equality in a society that is harsher for them than ever before?« (Ebd., 42)

Obgleich deutlich differenzierter als der *ZEIT*-Artikel zur Zukunft der Gender Studies, unterscheidet sich Cowards Argumentation in den Grundzügen kaum von jenem: Auch sie zollt Feminismus Anerkennung um den Preis seiner historischen Zurückweisung. Zwar gibt es für Coward kein Zurück *hinter* den Feminismus. Dieser war, wie sie detailliert argumentiert, ja sogar sehr erfolgreich und auch notwendig für die geschlechtergerechte Modernisierung von Gesellschaft. Doch seine historische Aufgabe sei nun erfüllt. Heute stelle er dagegen eher eine konservative, regressive Bewegung

Criticism« (1983), Toril Mois *Sexual/Textual Politics: Feminist Literary Theory* (1985) und Gayatri Chakravorty Spivaks »French Feminism in an International Frame« (1986) – als »unsichtbare Präsenz figuriert, als feministische Heldin oder Dämon«. Im Unterschied zu meiner Lesart, die die problematischen periodisierenden Momente in Kristevas Text in den Hintergrund rückt, zeigt Stanford Friedman, wie gerade diese Periodisierung von den genannten Autorinnen benutzt wird, um die ›zu jedem Zeitpunkt gegebene Heterogenität feministischer Kritik zu negieren‹: »Like historical periodization in general, these chronologies tend to erase the heterogeneity of feminist criticism at any given point in time« (Friedman 1995, 36; Übersetzung sh).

dar, die Geschlechterungleichheit – die Benachteiligung von Männern – wenn nicht befördere, so zumindest nicht verhindere. Feminismus müsse daher von der historischen Bühne abtreten.

Ambivalente Erfolge – offene Zukunft

Dass der Feminismus an seinen eigenen Erfolgen gescheitert ist, sich seine Siege in Niederlagen verwandelt haben, ist ein Topos, der auch im internationalen Diskurs zum *state of the art* der Frauen- und Geschlechterforschung beziehungsweise zu den *Women's Studies* zirkuliert. In einem provokanten Aufsatz mit dem Titel »Success and its Failures«, erschienen in einem von Joan W. Scott herausgegebenen Heft der Zeitschrift *differences. A Journal of Feminist Cultural Studies* mit dem Titel »Women's Studies on the Edge«, kommentiert Biddy Martin die US-amerikanische Situation: »If Women's Studies has reached a point of stasis on some campuses, it is due in no small measure to its success« (Martin 1997, 102).

Dank seiner institutionellen und intellektuellen Erfolge, so Martin weiter, hätten es sich die *Women's Studies* im Feld der Disziplinen bequem gemacht und dadurch deutlich an kritischer und intellektueller Vitalität verloren; sie seien schlicht nicht mehr neugierig auf das, was sie noch nicht wüssten:

> Having delimited a proper object and carved out particular domains, having generated and disseminated specific analytic practices, having developed consensus about at least some key political problems, and having been institutionalized on equal footing with other academic and administrative units, Women's Studies has lost much of its critical and intellectual rigor. Women's Studies has now settled in (ebd., 103).

Martin vermeidet allerdings das *label* ›Postfeminismus‹; auch von einem ›Ende‹ des Feminismus spricht sie nicht. Zwar müssten wir uns, so ihr Argument, sowohl die Frage stellen, ob die Arbeit der *Women's Studies* und von Feminismus noch in den von uns etablierten intellektuellen und institutionellen Formationen getan werden könne, als auch, ob die etablierten Formen von *Women's Studies* noch die richtige Antwort auf die gegenwärtigen Transformationen im akademischen Leben darstellten. Es sei jedoch naiv und gefährlich zu glauben, diese Arbeit wäre bereits abgeschlossen. Denn solange feministische Analysen aus schulischen Lehrplänen sowie generell aus der Kultur und Gesellschaft ausgeschlossen würden, seien *Women's Studies* in den Universitäten unabdingbar (ebd., 130).

Die Frage nach der Zukunftsfähigkeit von Frauen- und Geschlechterforschung wird auch im deutschsprachigen Raum seit einigen Jahren gestellt. Die Rede ist von einer »entsicherten Situation« (Wobbe/Lindemann 1994, 8), in der diese sich befinde, von einer »Krise der Kategorien« (Frankfurter Frauenschule 1994) oder auch von »Umbruch und Krise der Geschlechterforschung« (Annuß 1996). Kritisch befragt werden die Verschleifungen im normalwissenschaftlichen Betrieb (Holland-Cunz 2001; 2003a; 2003b), es wird das Schicksal subversiver Ansprüche in Augenschein genommen (Hornung/Gümen/Weilandt 2001), nach »Wechselwirkungen, Risiken und Nebenwirkungen« für Frauen- und Geschlechterforschung »im Kontext von Disziplinen und Interdisziplinarität« gesucht (*Zeitschrift für Frauenforschung & Geschlechterstudien* Heft 2+3/2003), »Kurskorrekturen« (Knapp 1998d) ausgelotet oder nach der Zukunft von Arbeit und Geschlecht gefragt (Lenz/Nickel/Riegraf 2000; Gottschall/Pfau-Effinger 2002).

Hier finden sich indes nicht nur vermehrt Stimmen, die in einer Melange aus Melancholie und Lakonik feststellen, dass Feminismus »an Aura und Glanz« verloren habe (Janshen 2000b, 13), oder befürchten, die Debatte um eine Neubestimmung der Kategorie ›Geschlecht‹ könne sich als »›Schwanengesang‹ des Feminismus erweisen« (Maihofer 1995, 12). Offensiv treten im Unterschied dazu diejenigen auf, die entschieden den Abschied von als überholt angesehenen feministischen Perspektiven und Positionen fordern. In unzähligen, in theoretischer und historiografischer Hinsicht aber erstaunlich oft sehr kursorischen, wenig differenzierten und homogenisierenden Versionen, die simple Taxonomien eines unterkomplexen ›Früher‹ gegenüber einem komplexen ›Heute‹ in der feministischen Theoriebildung entwerfen, ist auch hier in oft beinahe akklamatorischem Gestus vom »Ende des Feminismus« beziehungsweise vom »Postfeminismus« die Rede. So argumentiert in einer befremdenden diskursiven Allianz mit den alltagskulturellen und medialen Beschwörungen vom ›Ende des Feminismus‹ Bettina Heintz bereits Anfang der 1990er-Jahre, dass das »sogenannte postfeministische Denken« mit seinem dezentrierten, den heterogenen und pluralen Lebenslagen von Frauen (und Männern) angemesseneren Begriff von Geschlecht der gegenwärtigen Situation »um einiges angepaßter [sei] als die ahistorische Geschlechterontologie des ›klassischen‹ Feminismus« (Heintz 1993, 37). Da die Geschlechterdifferenz, über deren Setzung als »Leitdifferenz« sich die Frauen- und Geschlechterforschung zwar einst konstituiert habe, so Bettina Heintz und Eva Nadai einige Jahre später, gegenwärtig zunehmend ihre »direkte institutionelle Basis« verliere, tauge sie nicht länger als eine solche Leitdifferenz (Heintz/Nadai 1998, 78). In empirischer Absicht fragt auch Michael Meuser, »ob der Geschlechterdifferenz tatsächlich beziehungsweise immer noch der Status einer Leitdifferenz zugesprochen werden kann« (Meuser 1999, 151), und in systemtheoretischer Perspektive spricht Ursula Pasero (1995) von der »Dethematisierung von Geschlecht«.

Andere Autorinnen sprechen von »Paradigmenwechseln« im feministischen Denken, etwa von einem »*gender turn*«. Die Romanistin Friederike Hassauer beispielsweise konstatiert einen Übergang vom »rund 25 Jahre alten Paradigma ›Frauenforschung‹ zum neuen Paradigma ›*gender studies*‹« (Hassauer 1994, 12). Dieser Übergang habe einen Blickwechsel eingeleitet mit »weitreichenden Implikationen« und zudem »völlig neue Unternehmungen und Disziplinen wie ›Geschlechtergeschichte‹ und ›*gender studies*‹« initiiert (ebd.). Als Zeichen eines solchen »Paradigmenwechsels von der Frauenforschung zu den Gender Studies« begrüßen auch Baisch u. a. den Übergang von Frauen zu Gender freudig – ohne allerdings zu erörtern, in welchen Hinsichten der wissenschaftstheoretisch voraussetzungsvolle Begriff des ›Paradigmas‹ sinnvoll verwendet werden kann. »Essenzialistische Geschlechterkonstruktionen« und die mit diesen Konstruktionen verbundenen theoretischen und politischen Begrenzungen, so die These, hätten durch diesen ›Paradigmenwechsel‹ überwunden und neue, notwendige Differenzierungen und Allianzen formuliert werden können (Baisch u. a. 2002, vii). Ohne dass hier explizit von ›Postfeminismus‹ die Rede ist, wird also auch in diesen Taxonomien feministischer Wissensproduktion in ähnlich entschiedener Weise wie in den ›postfeministischen‹ Erzählungen ein theoretisch und politisch problematisches ›Früher‹ von einem komplexeren ›Heute‹ unterschieden.

Die simplifizierende Gegenüberstellung ›früher‹/›heute‹ können allerdings auch historisch und theoretisch differenzierte Chronologien nicht gänzlich vermeiden. So argumentiert die Literatur- und Kulturwissenschaftlerin Renate Hof in ihrem Aufsatz »Die Entwicklung der Gender Studies« (1995), der das von ihr und Hadumod Bußmann herausgegebene Handbuch *Genus. Zur Geschlechterdifferenz in den Kulturwissenschaften* (1995) einleitet, zwar, dass »die Genese der *Gender Studies* nicht ohne die von den *Women's Studies* aufgeworfenen Problemstellungen zu verstehen« sei (Hof 1995, 4). Hof stellt hier also eine Kontinuität zwischen diesen beiden Wissensprojekten her. Doch sie tut dies erst, nachdem sie die *Gender Studies* gewissermaßen als »Nachfolgewissenschaft« (Sandra Harding 1990) der *Women's Studies* etabliert hat, indem sie feststellt, diese seien mit ihren Fragestellungen und Antworten »an ihre eigenen Grenzen gestoßen« (Hof 1995, 3). So sei in den *Women's Studies* etwa die Frage aufgetaucht, »ob die Probleme von Frauen in der Abgrenzung von Männern und damit isoliert gelöst werden könnten« (ebd.). Diese Frage stehe daher im Zentrum der *Gender Studies*. Obwohl Hof die Verbindung zwischen *Women's* und *Gender Studies* betont, Letztere ohne Erstere nicht denkbar seien, verzeichnet also auch ihre Taxonomie ein begrenztes ›Früher‹ und ein komplexeres ›Heute‹. Denn zumindest nicht ausgeschlossen wird die Lesart, dass die *Gender Studies* einen Ausweg aus den feministischen Sackgassen und Begrenzungen darstellen, ergo den *Women's Studies* wissenschaftlich überlegen sind beziehungsweise diese selbst nicht in der Lage waren, Begrenzungen und Erkenntnisbornierungen aufzulösen.

In einem späteren Aufsatz zu »Kulturwissenschaften und Geschlechterforschung« (2003), erschienen im Handbuch *Konzepte der Kulturwissenschaften. Theoretische Grundlagen – Ansätze – Perspektiven* (2003), verstärkt Renate Hof zwar ihr Argument, die Geschlechterforschung sei »ohne die wissenschaftlichen Arbeitsergebnisse der zuerst an amerikanischen Universitäten etablierten *Women's Studies* nicht denkbar« (Hof 2003, 330). Doch auch dieser Aufsatz rekonstruiert die Entwicklung von *Women's Studies* über Geschlechterforschung zu den *Gender Studies* als Fortschrittsgeschichte hin zu mehr Differenziertheit, Komplexität und analytischer Tiefenschärfe sowie größerer disziplinärer Reichweite. Dabei geht Hof in ihrer Rekonstruktion weder ein auf die seit Beginn der *Women's Studies* existierenden Differenzen und Kontroversen etwa hinsichtlich des Gegenstandes *Woman* oder der Positionierung innerhalb der Universität noch auf die Differenzen und Konflikte zum Beispiel zwischen den *Women's* und *Feminist Studies*.[12]

Nun geht es mir nicht darum, in den Startblöcken hocken zu bleiben und den politischen ebenso wie den akademisch gewordenen Feminismus gewissermaßen aus der Geschichte herauszunehmen, um ihn einzufrieren und so gegen Kritik zu immunisieren. Die Frage nach der *Zeit* des Feminismus, danach, inwiefern das feministische Denken tatsächlich als ein nur kurzer Moment ›am Horizont unserer wissenschaftlichen Zukunft‹ betrachtet werden sollte, ob er seine Zeit hatte, ob er in die Geschichte zurücktreten sollte, kann und soll an dieser Stelle daher von mir nicht zurückgewiesen werden, aber auch nicht als schon entschieden gelten. Insofern ein Ziel von Feminismus die radikale Transformation hierarchischer Geschlechterverhältnisse ist und Ziel des feministischen Wissensprojektes die Transformation allen (wissenschaftlichen) Wissens und dessen vergeschlechtlichter disziplinärer Ordnung, wäre der Feminismus in der Tat als ein ›nur kurzer Moment am Horizont der Wissenschaft‹ zu verstehen. Denn bei Erreichen dieser Ziele hätte er sich zweifellos historisch überflüssig gemacht. Frauenforschung, so Ute Gerhard schon 1986 in ihrem Bewerbungsvortrag für die erste reguläre universitäre Frauenforschungsprofessur in der Bundesrepublik Deutschland am Fachbereich Gesellschaftswissenschaften der Johann Wolfgang Goethe-Universität in Frankfurt (Main),[13] sei letztlich nur als »Übergangssituation« denkbar, da sie auf »die Beseitigung eines grundlegenden Widerspruchs« ziele, auch wenn dies sehr lange dauern könne (Gerhard 1986, 156). Nur wenig früher hatte die US-amerikanische Historikerin Nancy Cott (1983) hoffnungsvoll prognostiziert, »in the long term« seien *Women's Studies* aus einer separaten Perspektive nicht notwendig, da die von diesen vorgeschlagene Perspektive zur normalen, allgemein akzeptierten werden wür-

12 So wurde in den USA bereits in den Anfängen der Etablierung von *Women's-Studies*-Programmen in den frühen 1970er-Jahren die von Hof konstatierte mögliche Verengung auf Frau/en kritisch diskutiert. Siehe hierzu Susanne Luhmann 2001, 40 ff.

13 Die erste Professur mit einer Denomination im Bereich der Frauenforschung wurde im WS 1982/83 an der Fachhochschule Fulda im Fachbereich Sozialwesen besetzt. An der FU Berlin entstanden die ersten befristeten Teilzeitprofessuren dadurch, dass zwei ProfessorInnen je ein Drittel ihrer Stelle zur Verfügung stellten. Im WS 1984/85 wurde die erste dieser Stellen in der Germanistik besetzt, im SS 1985 folgte die Besetzung in der Politikwissenschaft.

de – wobei sie, optimistischer als Gerhard, diesen »long term« mit »fifty years or so« bezifferte.[14]

Obgleich wir uns auch nach Cotts optimistischer Zeitrechnung noch mitten in dem von ihr prognostizierten *long term* befinden, muss(te) allerdings, wie Irene Dölling in »Das Veralten der Frauenforschung« (1996) argumentiert, so manche ihrer Thesen und Grundannahmen bereits ›veralten‹, da die Gegenstände feministischer Reflexion – die soziale und politische Situation von Frauen und Männern, aber auch die Institutionalisierungen des Geschlechterverhältnisses, soziale und kulturelle Formationen, Diskurse und Repräsentationen – selbst in signifikanten Hinsichten ›veralten‹, das heißt sich historisch verändern. Um auf der ›Höhe der Zeit‹ argumentieren zu können, sind demzufolge begriffliche, theoretische und methodologische Revisionen und Entwicklungen nicht nur unvermeidlich, sie sind sogar notwendig – zweifellos hat allerdings gerade das feministische Wissensprojekt genau diese Fähigkeit zur Differenzierung und Revision der eigenen Axiome immer wieder bewiesen.[15] Feminismus muss deshalb als *historisches Projekt* verstanden werden – und zwar nicht nur in dem Sinne, dass er als eine Kraft in der Geschichte zu verstehen ist, dass Feminismus Geschichte macht, also auf geschichtlich gewordene Verhältnisse einwirkt und als Teil dieser Verhältnisse begriffen werden muss; vielmehr ist Feminismus selbst historisch gemacht und damit kontingent. Insofern ist die Zukunft von Feminismus tatsächlich eine stets offene Frage.

Doch im Lichte einer Einsicht von Michel Pêcheux, dass nämlich »der ganze Klassenkampf manchmal auf eine Wortunterscheidung reduziert werden« kann (1975, 194),[16] scheint mir der im *ZEIT*-Artikel anvisierte *gender turn* dennoch Indikator für weit mehr als das notwendige Veralten, für einen schlichten Wechsel im Vokabular, im Register zu sein. Er ist auch mehr als die individuelle Phantasie des Autors, der sich womöglich von einem als repressiv imaginierten feministischen Über-Ich befreien muss. Denn der dort mit Erleichterung aufgenommene begriffliche Wechsel von Feminismus zu Gender oder auch die Diagnose der zukünftigen Irrelevanz der »Kategorie Geschlechtszugehörigkeit« und Rosalind Cowards abschlä-

14 Zitiert nach Boxer 1998, 41.

15 Dieses Argument wird uns noch einmal in Kapitel 1.1 beschäftigen.

16 Zitiert nach Liska 2002, 5.

gige Antwort auf die Frage, ob Feminismus noch eine Relevanz für das neue Jahrtausend habe, können weder schlicht als spätes – und überdies schwaches – Echo auf Kristevas These gelesen werden, der Feminismus werde nur ein kurzer Moment am Horizont unserer Gattung sein; noch sind sie als der nur mediale oder populärwissenschaftliche Widerhall des in der Frauen- und Geschlechterforschung proklamierten oder anvisierten Paradigmenwechsels beziehungsweise der programmatischen Forderung nach einer »Umorientierung im geschlechtertheoretischen Denken« zu verstehen. Diese Phänomene sind vielmehr – ebenso wie die im Zeichen von Gender stehenden Taxonomien feministischen Wissens – zu lesen als Symptom für eine Reihe von diskursiven, theoretischen, materiellen und politischen Reformulierungen und Revisionen, die (der akademisch gewordene) Feminismus erfahren hat, seit Feministinnen vor nunmehr rund dreißig Jahren mit dem emphatisch vertretenen Anspruch der »Herrschaftsabsage« (Christina Thürmer-Rohr 1995) antraten und erneut die Welt, das wissenschaftliche Wissen und die Institution Wissenschaft radikal zu verändern suchten. Sie sind aber auch Zeichen dafür, dass die gesellschaftlichen, politischen, wissenschaftlichen und wissenschaftspolitischen Konstellationen und Kräfteverhältnisse, innerhalb deren der akademisch gewordene Feminismus heute agiert, grundsätzlich verschieden sind von denjenigen zu Beginn des feministischen Wissensprojektes in den 1970er-Jahren. Schließlich ist es nicht zuletzt der Feminismus selbst, der zu diesen veränderten gesellschaftlichen Kräfteverhältnissen und wissenschaftspolitischen Konstellationen, zu neuen Institutionalisierungen, veränderten Deutungsmustern, kulturellen Repräsentationen, juridischen und normativen Konfigurationen beigetragen hat.

Diskursiver ›Klassenkampf‹ – Text als politische Aktivität

Worin besteht nun aber das von mir behauptete ›Mehr‹, das sich in diesen Phänomenen zeigt und das über den bloßen Registerwechsel hinausgeht? Welcher Art ist der diskursive ›Klassenkampf‹, der sich nach Pêcheux in der ›Wortunterscheidung‹ zeigt, wenn damit weder behauptet werden soll, dass im intellektuellen Feld im strengen Sinne eindeutig umgrenzte »Klassen« existieren, die gegeneinander um die Vorherrschaft im Feld kämpfen, noch, dass ›Theorie‹ oder wissenschaftliches Wissen auf Politik reduzierbar wäre? Gleichwohl stellt auch das intellektuelle Feld ein Ensemble von Kämpfen dar, in denen um die Hegemonie im Feld gerungen wird, in denen nicht zuletzt auf dem Spiel steht, wer und welche theoretischen oder empirischen Ansätze das Feld legitim repräsentieren, mehr noch: was überhaupt als (hier: feministisches) Wissen zählt. Und diese Kämpfe werden mit dem im intellektuellen Feld vor allem zur Verfügung stehenden Mittel ausgefochten: mit und in Texten unterschiedlicher Provenienz und Art.

Doch in welcher Hinsicht kann sinnvoll davon gesprochen werden, dass in und mit Texten ›gekämpft‹ wird? Eine an Louis Althussers (Althusser/Balibar 1972) Verständnis von Theorie als Praxis sowie Michel Foucaults Projekt einer *Archäologie des Wissens* (1973) und Genealogie von Macht anschließende methodische Überlegung von Alex Demirović (1999) zum Status und zur Effektivität von Texten erweist sich in diesem Zusammenhang als überaus hilfreich. Um zu verstehen, wie Texte wirksam werden, wie durch sie Wirkungen erzielt werden, mehr noch: dass sie *soziale Verhältnisse* stiften, müssten alle Texte – auch theoretische – nicht »hermeneutisch als auszulegende Werke« gefasst werden (Demirović 1999, 37). Sie sollten vielmehr verstanden werden als *Aktivität*, »die interveniert und eine Konstellation und einen Kontext zu erzeugen sucht« (ebd.). Weil sie »Teil eines Kräftefeldes [sind], zu dessen Konstitution sie selbst beitragen«, reagieren sie »auf ein Problem, auf eine andere Position, nehmen diese auf, wollen diese verschieben, außer Kraft setzen oder verändern« (ebd., 39). Das aber heißt nichts anderes, als dass auch theoretische Texte untersucht werden können im Hinblick auf die Einsätze und Effekte, die mit ihnen verbunden sind. Texte seien daher, so Demirović an anderer Stelle, »auf grundlegende Weise dialogisch, praktisch, weil ihre Emergenz die Konstellation der Texte, das Verhältnis von Gesagtem und Nichtsagbarem und damit den Kontext selbst verändert« (ebd., 511). Bedeutung gewinnen Texte folglich nicht für sich und aus sich heraus, sondern »als diskursive Ereignisse, als spezifische Praktiken in einer Konstellation« (ebd., 39).

Gegenüber ihren Kontexten sind Texte demzufolge nicht passiv.

Vielmehr erzeugen sie diese,

indem sie als Ereignis in den diskursiven Raum eintreten, eine Redeposition markieren, sich an einen impliziten und expliziten Adressaten wenden, Einfluß nehmen, Vorschläge vorbringen, Einwände antizipieren und ihnen begegnen, Argumente formulieren und Kritik äußern; sie eine konkrete Äußerungsform repräsentieren, einen Stil, ein Vokabular, eine Argumentationsweise, eine Technik des Beweises, eine Rhetorik des Überzeugens und eine Inszenierung des Für-wahr-Haltens (ebd., 952 f.).

Auf diese Weise stellen Texte »im intellektuellen Feld soziale Verhältnisse her, denen die Intellektuellen [dort; sh] ebenso unterworfen sind wie anderen materiellen Bedingungen« (ebd., 37). In der Praxis der Diskursproduktion geht es, mit anderen Worten, auch um soziale Integration und Konsensfindung, um die Mobilisierung kollektiven Handelns, um In- und Exklusion, um die Definition von Grenzen und Gefahren.

Texte sind mithin nicht simple Informationsträger, durch die eine Autorin ihre Position darstellt. Die Geltung eines Textes – zumindest in Disziplinen mit hohem kognitivem Dissens wie den Sozial-, Kultur- und Geisteswissenschaften – resultiert selten (allein) aus seiner inneren Qualität, aus der Stringenz und Plausibilität seiner Argumente als vielmehr daraus, dass er Teil einer solchen ›Kräftekonstellation‹ wird, kurzum: *weil Geltung Ergebnis eines komplexen sozialen Prozesses ist.* Zum »diskursiven Ereignis« wird ein Text folglich erst, wenn er in ein Feld bereits existierender Positionen eintritt und sich hier mit schon vorhandenen Äußerungen verbinden kann. So ordnet ein Text die vorhandenen Äußerungen neu, er erzeugt neue Konstellationen, indem Positionen verworfen und neue argumentative Verkettungen plausibel gemacht werden, indem bereits formulierte Argumente reproduziert und dadurch ältere Texte aktualisiert, andere aber vergessen (gemacht) werden.

In der Tat sind daher Texte und die durch diese erzeugten Konstellationen und Kontexte als ›materielle Bedingung‹ zu verstehen. Denn indem sie soziale Verhältnisse stiften, regulieren sie, was sagbar ist und was nicht, was wir beispielsweise als ›unsere‹ Theoriegeschichte begreifen, was als tradierbar angesehen wird und was nicht, durch welche Namen ein Feld repräsentiert wird und in welche Richtungen Theorien weiterentwickelt werden (können), aber auch, was überhaupt unter Theorie verstanden wird, welcher Stellenwert ihr zugestanden wird. Texte ordnen ein intellektuelles Feld durch die Identifizierung von Strömungen und Schulen, von spezifischen und einem Feld oder einer Disziplin angemessenen Gegenständen, entlang den Unterscheidungen Theorie/Empirie, disziplinär/interdisziplinär, harte/weiche Wissenschaften, theoretische/anwendungsorientierte Fächer. Dieses Ordnen ist dabei als *performativer* Akt zu verstehen, das heißt, erst im Moment des Ordnens und Klassifizierens wird das Feld als solches hervorgebracht.

Die skizzierten Taxonomien feministischer Positionen, die Chronologien feministischer Theorieentwicklung, die Wechsel im Register, die Betonung der Notwendigkeit theoretischer Umorientierungen oder die Behauptung neuer Paradigmen im feministischen Denken können wir vor diesem Hintergrund verstehen als eine Praxis, die – ob gewollt oder nicht – im Feld feministischen Wissens neue Konstellationen erzeugt, indem der Redefluss in *bestimmten* Weisen skandiert wird, indem Positionen verschoben werden, Bestimmtes zur Kenntnis gebracht, anderes hingegen vergessen gemacht wird. Es handelt sich um diskursive Interventionen, durch die in einem sehr materiellen Sinne die Kulissen umgestellt werden (sollen), mithin eine neue Sicht auf das und vom Feld feministischen Wissens erzeugt wird, damit auch die je eigene Position etabliert oder gefestigt und zu einem Machtfaktor im Feld ausgebaut werden kann. Danach befinden sich diejenigen, die sich einem bestimmten Feld zurechnen, buchstäblich an einem anderen Ort. Mit einem Wort: Wir haben es mit *Politik* zu tun, und zwar mit Politiken, denen es um die Organisation des feministischen Wissensfeldes zu tun ist; Politiken, die regulieren, wer welche Geschichte(n) erzählen kann und welchen Geschichten die Autorität zukommt, das Feld ›angemessen‹ zu repräsentieren.

»Die Auflösung der Geschlechterdifferenz« – Eine Umstellung der Kulissen?

Ich will das exemplarisch zeigen an dem schon zitierten Text von Bettina Heintz, »Die Auflösung der Geschlechterdifferenz« (1993). Dieser Text hat seit seinem Erscheinen für eine nicht unbeträchtliche Beunruhigung im Feld deutschsprachiger feministischer Theorieproduktion gesorgt. Eine Vielzahl oft eher kursorischer Bezugnahmen, aber auch intensiver Auseinandersetzungen zeugen davon, dass die von Heintz hier erstmals vorgetragene These der »Auflösung« beziehungsweise »De-Institutionalisierung« der Geschlechterdifferenz im Laufe der Jahre zu einem *stumbling block*, einem Stolperstein, zumindest im Bereich der soziologischen Frauen- und Geschlechterforschung geworden ist – Indiz dafür, dass dieser Text Teil einer diskursiven Kräftekonstellation ist, durch die die intellektuelle Kartografie des feministischen Wissensfeldes verändert wurde.[17] »Die Auflösung der Geschlechterdifferenz« stellt freilich kein beliebiges, sondern ein signifikantes Beispiel für eine ›erfolgreiche‹ Intervention in das feministische Wissensfeld dar. Insofern verwende ich Heintz' Text hier in exemplarischer Absicht, um zu zeigen, in welcher Weise Texte als politische Aktivität verstanden werden können. Es geht an dieser Stelle also nicht darum, die empirische Validität der These der De-Institutionalisierung von Geschlecht zu diskutieren, sondern allein um die *Politik* dieser Rekonstruktion feministischer Theoriegeschichte(n).[18]

Heintz resümiert in »Die Auflösung der Geschlechterdifferenz« auf wenigen Seiten die »Diskussion rund um den Begriff ›Geschlecht‹ in den letzten 30 Jahren« (Heintz 1993, 18). Ohne auf die unterschiedlichen Verläufe US-amerikanischer und deutschsprachiger feministischer Theorieentwicklung oder auf die Bedeutungsunterschiede zwischen der *sex/gender*-Begrifflichkeit und der Kategorie ›Geschlecht‹ einzugehen, ohne die Problematik der transnationalen Reisen theoretischer Begrifflichkeiten, die damit einhergehenden

17 Für solche Bezugnahmen siehe etwa Teubner/Wetterer 1999; Wetterer 1999; 2003; Gottschall 2000; Knapp 2001a; 2001b; Ursula Müller 2003; Nassehi 2003. Jüngst hat Heintz die These der De-Institutionalisierung in mehreren Aufsätzen relativiert. »De-Institutionalisierung« bedeute nicht automatisch, »dass die Geschlechterdifferenz an Relevanz verliert, sondern verweist zunächst nur auf eine Verschiebung ihrer Reproduktionsmechanismen« (Heintz 2001a, 15). Und analog an anderer Stelle: »Bezogen auf die Geschlechterdimension impliziert De-Institutionalisierung also nicht, dass die Hierarchisierung von Männern und Frauen automatisch verschwindet, sondern bedeutet zunächst nur, dass sich die Mechanismen ändern, über die sie hergestellt wird« (Heintz 2003, 214).

18 Zur Frage der empirischen und sozialdiagnostischen Triftigkeit dieser These siehe neben Teubner/Wetterer 1999 insbesondere Knapp 2001a; 2001b und zuletzt Wetterer 2003.

Umschriften und Perspektivverschiebungen auch nur zu bemerken,[19] bestimmt Heintz die in der US-amerikanischen feministischen Theorie entwickelte »Unterscheidung von *›sex‹* und *›gender‹*«, die dort ohne Zweifel von sehr vielen feministischen DenkerInnen gebraucht wurde, auch für die hiesigen Kontexte als die »lange Zeit« gültige »theoretische Leitdifferenz der Frauenforschung« (ebd., 19). Zu Recht kritisiert Heintz, mit dieser Unterscheidung sei tendenziell die Vorstellung einer »›natürlich‹« gegebenen Differenz zwischen den Geschlechtern« (ebd., 35), deren kritische Dekonstruktion doch das eigentliche feministische Anliegen war, tendenziell reproduziert beziehungsweise zumindest ein der Dekonstruktion entzogener, naturgegebener ›Rest‹ konstruiert worden. Geschlecht, wendet Heintz ein, sei jedoch als »eine durch und durch historische Kategorie« zu verstehen (ebd.); wobei sie mit ›durch und durch‹ wohl darauf abzielt, dass es ebenjenen nicht-historischen, naturgegebenen ›Rest‹ nicht gibt. Heintz begrüßt daher die von ihr unter dem Schirmbegriff »postfeministisch« zusammengefassten theoretischen Anstrengungen der restlosen »De-Naturalisierung« beziehungsweise »Dekonstruktion« des Geschlechterbegriffs (ebd.), in die sie sich mit ihrem Text zugleich einreiht.

Gleichsam *en passant* charakterisiert Heintz im nächsten Absatz den auf der *sex/gender*-Unterscheidung gründenden Geschlechterbegriff, »der die feministische Diskussion lange Zeit beherrscht hat«, als »universalisierend« (ebd., 37). Dies wird im weiteren Verlauf des Textes mehrfach wiederholt, ohne dass Heintz ausweist, in welchen Theorie-Kontexten dies der Fall war, und ohne dass gesagt wird, was genau unter einer »universalisierenden Begrifflichkeit« zu verstehen ist. In jedem Fall sei jedoch, so das abschließende Urteil, dieser »unversalisierende« Begriff heute [das ist 1993; sh] historisch überholt. Heintz schließt hier die berechtigte Kritik an einem epistemischen Modell, das offenkundig nicht in der Lage war, die Arbeit der Denaturalisierung von Geschlecht/Geschlechterhierarchie konsequent zu leisten, mit der Behauptung kurz, die feministische Theorie sei von diesem »universalisierenden«, essentialistischen Begriff beherrscht worden. Heintz flankiert ihr Argument mit zwei Entwicklungen, die sie als »strukturelle Ursachen« charakterisiert: Erstens sei »der Feminismus« als ein »spezifisch westliches, spezifisch

19 Siehe hierzu auch Knapp 2001a, 56 ff.

weißes und spezifisch bürgerliches Phänomen« (ebd.) von verschiedenen Seiten, insbesondere durch »farbige Frauen« (ebd., 36), kritisiert worden, und zweitens habe sich durch den »Individualisierungsprozess« auch die »Lebenssituation von Frauen« pluralisiert (ebd.). Abschließend fordert sie dann den Abschied von der »Idee einer natürlichen Differenz zwischen den Geschlechtern« (ebd., 41) und eine radikale, deontologische Neuorientierung des feministischen Denkens.

Heintz' Text erzeugt – indem dieser sich mit im Feld bereits existierenden Positionen verbindet, die zudem von ihr in spezifischer Weise konturiert werden – im feministischen Wissensfeld eine neue, ›Postfeminismus‹ genannte Kräftekonstellation, der sich Heintz implizit selbst zurechnet. Diese sieht sie insbesondere durch die »führenden Theoretikerinnen« (ebd., 35) Donna Haraway, Judith Butler, Jane Flax, Sandra Harding und Joan W. Scott repräsentiert. Ohne auf die durchaus fundamentalen theoretischen Differenzen zwischen diesen Theoretikerinnen einzugehen oder auf die kontroverse Frage, inwieweit sich diese selbst als ›postfeministische‹ Denkerinnen begreifen, bedient sich Heintz hier einer akademisch konventionalisierten Form der Zitierung, die Martin Jay in »Name Dropping or Dropping Names? Modes of Legitimation in the Humanities« (1990) als die Verwendung »charismatischer Namen« zur Autorisierung des eigenen Arguments beschrieben hat. Die Autorität über das feministische Wissensfeld, die Heintz' Text beansprucht, hängt wesentlich an der Zitation und Zirkulation der ›charismatischen Namen‹ Butler, Flax, Haraway, Harding und Scott; sie garantieren die Gültigkeit der hier entworfenen Taxonomie. Der durch diese Namen repräsentierten ›postfeministischen‹ Konstellation stellt Heintz dann eine – weitgehend namenlos bleibende – ›Feminismus‹ respektive ›Frauenforschung‹ genannte Konstellation gegenüber. Diese habe zwar wesentliche Impulse hinsichtlich der Denaturalisierung von Zweigeschlechtlichkeit geliefert, sei letztlich jedoch an ihre definitive Grenze gestoßen. Geschuldet sei dies vor allem dem Umstand, dass der »neue Feminismus« sich nicht aus dem Dilemma habe befreien können, »die Frau« entweder als »Person ohne Geschlecht« oder als »nur Geschlecht« (Heintz 1993, 22) zu denken, in beiden Fällen aber von einer fundamentalen, unhintergehbar und körperlich fundierten Differenz der Geschlechter ausgegangen sei.

Gegen die ›frühere‹ feministische Theorie führt Heintz allerdings nicht nur ›angemessene‹, autoritative Namen und theoretische Argumente ins Feld. Sie kritisiert die von ihr der ›klassischen‹ feministischen Theorie zugeordnete *sex/gender*-Unterscheidung nicht allein auf epistemischem Terrain. Vielmehr bestreitet Heintz deren Geltung noch mit zwei weiteren Argumenten beziehungsweise gesellschaftspolitischen Entwicklungen: Zum einen beruft sie sich auf die innerhalb des Feminismus einflussreich gewordene politische und theoretische Kritik schwarzer Frauen an der Begrenztheit des so genannten weißen, westlichen – und an der Norm der Heterosexualität orientierten – Mittelschichtsfeminismus, der zudem das Privileg genießt, als der universelle Feminismus zu gelten.[20] Zum anderen führt sie das Argument einer komplexeren gesellschaftlichen Wirklichkeit ins Feld, der gegenüber die ›ältere‹ feministische Theorie zwangsläufig als unterkomplex erscheinen muss. Damit scheint deren Unbrauchbarkeit hinlänglich bewiesen. Diese hatte ihre Zeit, so das von Heintz zwar nicht ausgesprochene, aber subkutan nahe gelegte Fazit. Der Text »Die Auflösung der Geschlechterdifferenz« wird so Teil einer neuen und überlegenen ›postfeministisch‹ genannten Konstellation, die dieser selbst mit herstellt, indem bereits

20 Wobei Heintz auch hier im Unterschied zu ihrer Nennung der illustren Reihe so genannter postfeministischer Theoretikerinnen keine einzige Autorin, kein einziges Werk namentlich aufführt. Der unter anderen von Gayatri Chakravorty Spivak (2003) erhobene Vorwurf der Instrumentalisierung des kolonialen Subjekts als ›das Andere‹ zur Legitimation weißer Diskurse trifft daher auch Heintz' Inanspruchnahme der feministischen Kritik schwarzer Frauen.
Im deutschen Feminismus hat die Kritik seitens schwarzer Frauen und von Migrantinnen an den Begrenzungen des Feminismus eine längere Tradition, als gemeinhin wahrgenommen wird. Aus der Vielzahl von Publikationen dazu sei exemplarisch genannt die Dokumentation des ersten gemeinsamen Kongresseses ausländischer und deutscher Frauen im März 1984 in Frankfurt am Main, *Sind wir uns denn so fremd?* (1984), der von Katharina Oguntoye, May Opitz und Dagmar Schultz herausgegebene Band *Farbe bekennen. Afro-deutsche Frauen auf den Spuren ihrer Geschichte* (1986), Heft 27 (1990) der *beiträge zur feministischen theorie und praxis* zu »Geteilter Feminismus. Rassismus, Antisemitismus, Fremdenhaß«, der Text der Feministischen Migrantinnen Frankfurt (FeMigra), »Wir die Seiltänzerinnen« (1994), der von Brigitte Fuchs und Gabriele Habinger herausgegebene Band *Rassismen & Feminismen* (1996), Sedef Gümens Aufsatz »Das Soziale des Geschlechts. Frauenforschung und die Kategorie ›Ethnizität‹« (2001) sowie Encarnación Gutiérrez Rodríguez' Buch *Intellektuelle Migrantinnen – Subjektivitäten im Zeitalter der Globalisierung* (1999).

existierende Positionen in spezifischer Weise skandiert werden, indem bestimmte Argumente und Perspektiven nach vorne geschoben werden, nur bestimmte Bezüge aktualisiert, andere dagegen dethematisiert werden und indem eine spezifische Gegenstandsreferentialität konstruiert wird.

Doch ein solch machtvoller Effekt ist selbstredend niemals allein Ergebnis einer Taxonomie, so plausibel und überzeugend diese auch immer sein mag. Vielmehr entfaltet sie ihre Plausibilität, weil sie sich in einem in Bewegung befindlichen Feld in einen Widerstreit einschreiben kann, weil sie in diesem Widerstreit an bestimmte Positionen anschließen und ihre Geltung auch aus bereits durchgesetzten Geltungsansprüchen ableiten kann – und diese wiederum durch die neue Taxonomie ebenfalls in ihrer Geltung bestätigt werden. In der Tat erlebte das feministische Wissensfeld zu Beginn der 1990er-Jahre – insbesondere infolge der Veröffentlichung und kontroversen Aufnahme des Buches von Judith Butler, *Gender Trouble. Feminism and the Subversion of Identity* (1990), das 1991 unter dem Titel *Das Unbehagen der Geschlechter* in deutscher Übersetzung erschien – eine bewegte Zeit, das heißt eine Reihe tief greifender Konflikte, in denen der Einsatz feministischen Wissens in vielfacher Weise neu ausgehandelt wurde.[21] In dieser Umbruchphase, in der weniger denn je von einem theoretischen, politischen oder epistemischen Konsens innerhalb des feministischen Wissensfeldes gesprochen werden konnte, in der scheinbar festgezurrte Hegemonien aufbrechen, ist »Die Auflösung der Geschlechterdifferenz« gewissermaßen ein Text zur rechten Zeit: ein Text, der erfolgreich in die Neuordnung des feministischen Wissensfeldes eingreifen kann – und damit natürlich auch in die Allokation und Distribution wissenschaftlicher Güter.

Widersprüchliche Denkbewegungen – Reduzierende Rekonstruktionen

Die in Heintz' Text vorgenommene Neuperspektivierung feministischer Theoriegeschichte, die Umstellung der Kulissen wird jedoch nicht nur möglich durch die expliziten Verkettungen, die im und

21 Dies ist Thema von Kapitel 5.

durch den Text hergestellt werden. Ebenso bedeutsam für das Unterfangen, eine neue Landkarte feministischer Theorie zu zeichnen, ist auch das, wovon »Die Auflösung der Geschlechterdifferenz« *nicht* spricht: Die Argumentation von Heintz gründet auf der These, der ›klassische‹ Feminismus habe im Zeichen einer »ahistorischen Geschlechterontologie« gestanden. Doch entgegen der Perspektive von Heintz auf die feministische Theoriegeschichte läßt sich unschwer argumentieren, dass es nie nur *einen* »Geschlechterbegriff« gab, der die feministische Diskussion beherrschte, und zudem gerade die Kritik an den in der Wissenschaft vorgefundenen ontologisierenden Konzeptionen von Weiblichkeit einer der zentralen feministischen Ausgangspunkte gewesen ist. Obgleich die biologisch gedachte Zweigeschlechtlichkeit eine meist totgeschwiegene Voraussetzung des feministischen Diskurses bildete, war damit noch keine Aussage darüber gemacht, welche Bedeutung diesem Unterschied zugeschrieben wurde. Zudem standen »Ansätze«, so auch Gudrun-Axeli Knapp, »die offensiv mit universalisierenden, homogenisierenden oder harmonisierenden Aussagen über männliche und weibliche Geschlechtseigenschaften und Geschlechterverhältnisse operierten, [...] im deutschsprachigen Raum entweder am Rande des akademischen Diskurses oder stießen schnell auf Kritik« (Knapp 2000, 67).

Ich greife dafür nur einige dieser ›frühen‹, von Heintz nicht diskutierten Positionen heraus: Die Historikerin Gisela Bock kritisiert in einem der ersten deutschsprachigen Texte zum Selbstverständnis von Frauenforschung beziehungsweise feministischer Wissenschaft, »Frauenbewegung und Frauenuniversität. Zur politischen Bedeutung der ›Sommeruniversität für Frauen‹« (1977), dass »die Frau« in der Wissenschaft »fast immer nur als passiv angesehen [werde], als Objekt, als Natur und unterdrücktes Anhängsel« (Bock 1977, 20; Hervorhebung i. O.). Dagegen zeige »*unsere* Wissenschaft [...] nicht nur die Unterdrückung der Frauen, sondern auch die Dialektik zwischen Unterdrückung und Autonomie« (ebd.). Bock bestimmt also gerade die Kritik an naturalisierenden und vereinheitlichenden Konzepten sowie die Geschichtlichkeit der Position von Frauen als Ausgangspunkte des feministischen Wissensprojektes.[22]

Ebenfalls schon Mitte der 1970er-Jahre hatte die Anthropologin

22 Bocks Text ist noch einmal ausführlich Thema in Kapitel 4.2.

Gayle Rubin in ihrem für die internationale feministische Theorieentwicklung bahnbrechenden Aufsatz »The Traffic in Women: Notes on the ›Political Economy‹ of Sex« (1997), in dem sie den Begriff des *sex/gender-system* – in Ermangelung eines, wie sie schreibt, »eleganteren Begriffs« – prägte, für ein nichtessentialistisches Verständnis von Geschlecht plädiert.[23] Zwar konnte Rubin sich nicht gänzlich vom Gedanken einer biologisch fundierten Zweigeschlechtlichkeit lösen: Sie definiert das *sex/gender-system* als »Gruppe von Übereinkünften, auf deren Grundlage eine Gesellschaft die biologische Sexualität in Produkte menschlicher Aktivität transformiert und diese transformierten sexuellen Bedürfnisse befriedigt« (Rubin 1997, 28; Übersetzung sh).

Obwohl Rubin hier also von einer nicht näher bestimmten ›biologischen Sexualität‹ ausgeht, die außerhalb von Kultur ist, werden – und das ist ein zentraler Einsatz des Textes – *sex* und *gender* als zwar aufeinander verwiesene, aber weder kausal noch funktional aufeinander bezogene Ebenen vergeschlechtlichter Identitäten begriffen. Anatomie, so die politische Vision, ist nicht länger Schicksal. Im

23 Dass Gayle Rubins Aufsatz – oft eher implizit als explizit – international höchst einflussreich war für die feministische Theorieentwicklung, gilt ungeachtet dessen, dass im deutschsprachigen Raum bis heute in systematischer Hinsicht kaum Bezug darauf genommen wird und keine deutschsprachige Übersetzung vorliegt. Wie dessen Nichtberücksichtigung zu reduzierten Darstellungen der Begriffsgeschichte feministischer Theorie führt, zeigt ein weiteres Beispiel: In ihrer knappen Herleitung der *sex/gender*-Unterscheidung datieren Inge Stephan und Christina von Braun (2000, 10) deren Erscheinen in der angloamerikanischen Diskussion auf die 1980er-Jahre und situieren sie im Kontext der Debatten um die soziale Konstruktion und kulturelle Codierung des Körpers. Weder die ursprünglichen Theoriehorizonte, in denen diese Unterscheidung von Rubin entwickelt wurde – neben den frühen feministischen Versuchen, eine materialistisch informierte Theorie der Unterdrückung von Frauen zu formulieren, etwa Shulamith Firestones *The Dialectic of Sex* (1970), namentlich marxistische Theorie sowie der französische Strukturalismus und frühe Poststrukturalismus –, spielen in dieser Geschichte eine Rolle noch Rubins Anliegen, eine *Theorie gesellschaftlicher Reproduktion* zu entwickeln, die die Frage sexueller Reproduktion berücksichtigt.
Zur politischen, theoretischen und historischen Kontextualisierung von »The Traffic in Women« siehe das Interview von Judith Butler mit Gayle Rubin in *differences. A Journal of Feminist Cultural Studies*, »Sexual Traffic« (1994). Dieses Interview stellt einen überzeugenden Versuch dar, feministische Theoriegeschichte in ihrer theoretischen und politischen Komplexität und Widersprüchlichkeit zu rekonstruieren. Für eine Diskussion von »The Traffic in Women« siehe auch Nicholson 1994, 200f.

Gegenteil: Es ist das *sex/gender-system*, verstanden als ›eine Gruppe von Übereinkünften‹, das die Grundlage für die Transformation dieser ›biologischen Sexualität‹ in ›menschliche Aktivität‹ darstellt. Ausgehend von der strukturalistisch informierten These, dass »geschlechtliche Identitäten« nicht in einer körperlich organisierten Geschlechterdifferenz gründen, sondern abhängig sind von Verwandtschaftsverhältnissen, sei es daher, so Rubin damals, notwendig, eine Vision zu haben von »einer androgynen Gesellschaft ohne soziale Geschlechter und Geschlechtsidentitäten [*genderless*] (nicht aber ohne sexuelle [*sexless*] Differenz), in welcher die geschlechtliche [*sexual*] Anatomie irrelevant dafür ist, wer jemand ist, was jemand tut und welche sexuellen Beziehungen jemand lebt« (ebd., 54; Übersetzung sh). *Sex*, *gender*, Begehren und Identität müssen folglich als diskontinuierlich gedacht werden, so die politische Utopie Rubins.

Im selben Jahr fordert die auch im deutschsprachigen Kontext rezipierte Historikerin Natalie Zemon Davis dazu auf, die Geschichte der Geschlechter als Geschichte sozialgeschichtlicher Gruppen zu untersuchen:

Wir sollten uns für die Geschichte sowohl der Frauen als auch der Männer interessieren und uns nicht nur auf das unterworfene Geschlecht konzentrieren, so wenig wie eine HistorikerIn, die Gesellschaftsklassen erforscht, sich nur auf die Bauern konzentrieren kann. Unser Ziel ist es, die Bedeutung der Geschlechter [*sexes*] als sozialgeschlechtliche Gruppen [*gender groups*] in der Geschichte zu verstehen. Unser Ziel ist es ferner, die ganze Bandbreite der Geschlechterrollen [*sex roles*] und des geschlechtlichen [*sexual*] Symbolismus in verschiedenen Gesellschaften und Perioden aufzudecken, ihre Bedeutung und Funktionsweise zu erkennen, mit der sie die gesellschaftliche Ordnung aufrechterhielten oder Veränderungen beförderten. (Davis 1975, 90; Übersetzung sh)

Davis fordert hier also schon Mitte der 1970er-Jahre, sich nicht allein auf die Untersuchung der Geschichte von Frauen zu konzentrieren, sondern auch die Geschichte von Männern, die eine der beiden *gender groups* bilden, einzubeziehen sowie das Verhältnis zwischen den Geschlechtern zu untersuchen.

Wenige Jahre später, zu Beginn der 1980er-Jahre – lange vor dem so genannten ›postfeministischen *turn*‹ also –, gerät dann im US-amerikanischen feministischen Diskurs die *sex/gender*-Unterscheidung in die Kritik. Allison Jaggar (1983) etwa mahnt an, dass mit dieser Trennung nicht bedacht werden könne, inwieweit der physiologische Körper selbst schon Ergebnis sozialer Normen ist – und nimmt damit Judith Butlers berühmte These aus *Gender Trouble* – »*sex was always already gender*« (Butler 1990, 7) – in Umrissen bereits vorweg. Auch im deutschsprachigen Diskurs hatte Carol Hagemann-White die Annahme, Zweigeschlechtlichkeit sei als »außergesellschaftliches, naturgegebenes und unveränderbares Faktum« zu begreifen (Hagemann-White 1984, 137), längst deutlich zurückgewiesen. Wenige Jahre später argumentiert Joan W. Scott, Gender reflektiere oder implementiere nicht die »festgelegten, natürlichen körperlichen Unterschiede zwischen Frauen und Männern« (Scott 1988, 2; Übersetzung sh). Gender meine vielmehr »das Wissen, das den körperlichen Unterschieden ihre Bedeutung verleiht« (ebd.). Die Geschlechtsunterschiede [*sexual difference*] seien nur als Funktion unseres Wissens vom Körper zu sehen, weshalb die Geschlechterdifferenz auch nicht der kausale Grund sei, woraus die soziale Organisation abgeleitet werden könne. Vielmehr stelle sie selbst eine »variable, erklärungsbedürftige soziale Struktur dar« (ebd.).

Ohne dass nun die Positionen von Gisela Bock, Gayle Rubin, Natalie Zemon Davis, Allison Jaggar, Carol Hagemann-White oder Joan W. Scott hier hinsichtlich ihrer theoretischen Plausibilität zur Debatte stehen und diese schlicht gegen die Position von Bettina Heintz ausgespielt werden sollen – auch diese sind zu lesen als *Aktivitäten*, die intervenieren, die eine Konstellation und einen Kontext erzeugen –, so wird an ihrer Existenz doch deutlich, worum es in der ›postfeministischen‹ Rede vor allem zu gehen scheint. Statt kritischer Diskussion der Reichweite und Begrenzungen theoretischer Positionen, statt der kritischen Rekonstruktion der diskursiven Verzweigungen und Vernetzungen steht die Etablierung der eigenen Position im Vordergrund. Statt die Geschichte feministischer Theorie als Geschichte eines zu jedem gegebenen Zeitpunkt komplexen Feldes widerstreitender und inkommensurabler theoretischer Positionen, als »produktives Spannungsfeld verschiedener konzeptioneller Denkbewegungen« zu rekonstruieren (Genschel 2002, 166), werden – ob willentlich oder nicht – oft genug karikierende, reduktionistische und homogenisierende Versionen ›früherer‹ Phasen feministischer Theorie entworfen oder in Kauf genommen. In diesen scheinen jene ›früheren‹ Phasen in Charakterisierungen einer ›ahistorischen Geschlechterontologie‹ oder auch in der einfachen Gleichung der Frauenforschung als Forschung ›von Frauen, für Frauen, über Frauen‹ aufzugehen – eine Formel, die wohl für keine Phase der Geschichte feministischer Theorie beziehungsweise der Frauenforschung eine angemessene Beschreibung darstellt. Diese handlichen, gleichwohl irreführenden Versionen dienen dann als *easy targets*, mit deren Hilfe die theoretische Überlegenheit und/oder empirisch größere Angemessenheit der heutigen eigenen Perspektive dokumentiert wird.

Feministisch denken – Feminismus bedenken?

Zur Debatte steht mithin sehr wohl *Women's Time*, die Zeit des Feminismus. Was ist seine Zeit? Dauert er vielleicht fünfzig Jahre, wie Nancy Cott gemutmaßt hatte? Oder doch eher kürzer? Handelt es sich beim Projekt der Frauenforschung oder feministischen Wissenschaft in der Tat um eine »Übergangswissenschaft«, wie Ute Gerhard (1986) Mitte der 1980er-Jahre prognostiziert hatte? Ist also die Zeit des Feminismus bereits abgelaufen? Ist er an seinem eigenen Erfolg gescheitert, wie Rosalind Cowards Ausführungen nahe legen? Oder ist die »alte neue Frauenfrage« längst noch nicht erledigt, wie Barbara Holland-Cunz argumentiert (2003a)? Ist die Zeit des Feminismus fragmentiert in die Zeit von Generationen und Jahrzehnten, von politischen und theoretischen Konjunkturen, von unterschiedlichen politischen Strömungen? Unterteilt in die Zeit von »Gründerinnen, Macherinnen und Konsumentinnen« (Irene Stoehr 1994) oder in die von »Pionierinnen, Professionellen und eigenständigen Töchtern« (Ilse Lenz 1994)? In die Zeit ›vor‹ und ›nach‹ Butler, in die Zeit von Feminismus und Gender? Wann begann die zweite Welle, *the second wave*? Folgte auf diese zweite Welle bereits die dritte, *the third wave*?[24]

Muss, um die Frage nach der Zeit des Feminismus beantworten

24 Zum *third-wave feminism* siehe Heywood/Drake 1997 und Braithwaite 2002. Heywood/Drake unterscheiden dabei den *third-wave feminism* deutlich von *post-feminism*: »Recently, much media attention has been given to writings about third wave feminism, often labeled ›postfeminism‹. In the perpetual battle of representation and definitional clout, the slippage from ›third wave feminism‹ to ›postfeminism‹ is important, because many of us working in the ›third wave‹ by no means define our feminism as a groovier alternative to an over-and-done with feminist movement. Let us be clear: ›postfeminist‹ characterizes a group of young,

zu können, nicht dessen historisch-politische von der institutionellen und diese wiederum von der theoretischen – um nur einige zu nennen – Zeit des Feminismus unterschieden werden, da diese in sehr unterschiedlichen Tempi und damit ungleichzeitig zueinander verlaufen? Wenn beispielsweise im Studienjahr 2002/2003 zwar (erstmals) mehr als 50 % der StudienanfängerInnen Frauen sind, der Anteil von Frauen an der bundesdeutschen ProfessorInnenschaft im Jahr 2001 jedoch erst bei 11,2 % liegt, was in absoluten Zahlen bedeutet, dass 4216 von insgesamt 37 661 Professuren mit Frauen besetzt sind – wobei der Anteil an den C4-Professuren lediglich 7,7 % (absolut: 967) beträgt –,[25] wenn im Jahr 2001 die insgesamt 103 auf allen Hierarchieebenen existierenden Professuren für Frauen- und Geschlechterforschung gerade mal 0,3 % aller Professuren an deutschen Universitäten ausmachen[26] und wenn es laut statistischer Berechnungen noch bis zum Jahr 2312 dauern wird, bis die vollständige Gleichstellung von Frauen an den Universitäten und Fachhochschulen auf allen Hierarchieebenen erreicht ist,[27] in welchem Verhältnis steht dann diese institutionell-politische Zeit etwa zur

conservative feminists who explicitly define themselves against and criticize feminists of the second wave« (Heywood/Drake 1997, 1).
Für den deutschsprachigen Kontext siehe die Beiträge in Heft 3/2 (1999) der *Potsdamer Studien zur Frauen- und Geschlechterforschung*, »Feminismus in der Kritik. Frauen- und Geschlechterforschung in der ›Dritten Generation‹?«, sowie Villa 2003b, Purtschert/Ruef 2003 und Schwenken/Ullrich 2004.

25 Vgl. für alle Zahlen: Bericht der BLK, Heft 109 (2003).
Laut Allmendinger/Hinz (2002a, 276) steht in der Soziologie im Jahr 1999 einem Frauenanteil von 63 % bei den StudienanfängerInnen ein Frauenanteil von 11 % bei den Professuren (8 % bei C4-Professuren und 16 % bei den C3-Stellen) gegenüber.

26 Laut der Berechnung von Ulla Bock 2002, 123. Von diesen 103 Professuren sind zum Zeitpunkt von Bocks Erhebung 82 besetzt, die restlichen 21 sind entweder vakant, noch in der Planung oder im (ruhenden) Berufungsverfahren. Zum Vergleich: Die Soziologie ist durch insgesamt 381 Professuren an 70 Fachbereichen vertreten (vgl. Hillmert 2003, 120).

27 Laut einer Berechnung von Doris Lucke 1999, 43.
Als Beispiel für das Tempo der akademischen Gleichstellungspolitik sei hier die Politik der Besetzung von C4-Professuren in den neuen Bundesländern zwischen 1992 und 1998 genannt: Im Jahr 1992 waren 23 von 483 C4-Professuren mit Frauen besetzt. Das ergibt einen prozentualen Anteil von 4,8 %. Bis zum Jahr 1998 wurden an den ostdeutschen Hochschulen insgesamt 2149 C4-Professuren eingerichtet. Unter diesen 2149 C4-ProfessorInnen finden sich im Jahr 1998 159 Frauen, was

Zeit der feministischen Theorie, in der im »Wettlauf um die Theorie« (Christian 1994) einerseits immer mehr zu gelten scheint, dass das jeweils Aktuellste auch das Beste ist, andererseits aber auch – da Theoriebildung ebenfalls der eigenen Geschichtlichkeit Rechnung tragen muss – Konzepte, Kategorien und Begriffe notwendig ›veralten‹ und folglich überdacht werden müssen? Wie verhält sich diese schon in sich heterogene Zeit der Theorie wiederum zur Zeit von feministischen ›Generationen‹ oder zur institutionellen Zeit der Entwicklung, Durchsetzung und Etablierung feministischen wissenschaftlichen Wissens, etwa zu den großen Ungleichzeitigkeiten, die hier zwischen den Fächerkulturen der Sozial-, Kultur- und Geisteswissenschaften und den Natur- und Technikwissenschaften existieren?

Vor dem Hintergrund von Angela McRobbies (2003) Argument, die gegenwärtige Position von Feminismus sei zu verstehen als zugleich berücksichtigt *und* zurückgewiesen, als Teil des ›gesunden Menschenverstandes‹ *und* historisch überholt, als ›*taken into account*‹ und ›*having passed away*‹, aber auch vor dem Hintergrund von Biddy Martins (1997) Aufforderung, dass wir uns fragen sollten, ob die jetzt etablierten intellektuellen und institutionellen Formationen noch in der Lage sind, die anstehende Arbeit zu leisten, müssen wir darüber hinaus nach den aktuellen (akademischen) Artikulationen von Feminismus fragen. Sind etwa die gegenwärtigen – wenngleich, wie noch zu zeigen sein wird, nach wie vor prekären – Institutionalisierungserfolge der ›Gender-Studien‹ im Lichte von McRobbies Argument als Teil der Erfolgsgeschichte von Feminismus zu bewerten oder als Zeichen seines Niedergangs – oder sind sie gar beides? Mehr noch: Bereits vor einigen Jahren konstatierte Rosi Braidotti, dass der »wissenschaftlich klingende Begriff ›gender‹ beruhigender in der wissenschaftlichen Welt« wirke als der »explizit

einem prozentualen Anteil von 7,4 % entspricht. Während also die Gesamtzahl der C4-Professuren um mehr als das Vierfache gestiegen ist und die absolute Zahl von C4-Professorinnen immerhin um fast das Siebenfache gesteigert werden konnte, hat sich der prozentuale Anteil der Frauen an C4-Professuren im selben Zeitraum nicht einmal verdoppelt (vgl. Bericht der BLK, Heft 87, 2000).
Den weitgehenden Ausschluss von Wissenschaftlerinnen bei der Neu- beziehungsweise Wiederbesetzung von Professuren an den ostdeutschen Universitäten untersuchte Karin Zimmermann in: *Spiele mit der Macht in der Wissenschaft. Passfähigkeit und Geschlecht als Kriterien der Berufung* (2000).

politische: ›feminist studies‹« (Braidotti 1994, 9). Dieser Faktor sei nicht nur »mitverantwortlich für den Erfolg des Begriffs ›gender studies‹ an Universitäten«, er stelle auch eine »Verarmung des politischen Einsatzes« dar (ebd.). Ebenso kritisiert jüngst auch Joan W. Scott, Gender sei nicht nur zu einem »Routinebegriff« geworden, der »zur Stabilität der Mann/Frau-Opposition« eher beitrage (Scott 2001, 52), als dass er sie erschüttere, sondern darüber hinaus zumindest im angloamerikanischen Raum auch zu einer Möglichkeit, zum Feminismus Stellung zu beziehen. Es sei ein Begriff, der »mehrheitlich den Nimbus sozialwissenschaftlicher Neutralität angenommen [hat], der die Kategorie vom politischen Feminismus unterscheiden und ihr akademisches Ansehen garantieren soll« (ebd., 55).[28]

Sollte diese Kritik zutreffen, tragen dann die Gender-Studien nicht – unwillentlich? – zur Zurückweisung und Desartikulation von Feminismus bei, statt zu seiner Reartikulation? Eine Aufgabe – die der Reartikulation –, die im Kontext von weltweit veränderten politischen, sozialen und ökonomischen Verhältnissen sowie im Kontext von radikal veränderten Bedingungen von Wissensproduktion ohne Zweifel dringend ansteht. Doch auf welchen Feminismus berufen sich Braidotti und Scott hier? Um ein einfaches Zurück zu einem Feminismus *vor* dem hier tendenziell unterstellten ›institutionellen Sündenfall‹ kann es ihnen kaum gehen. Ebenso wenig dürften sie annehmen, dass wir den gegenwärtigen Herausforderungen mit den Lösungen, die aus vergangenen Kämpfen hervorgegangen sind, begegnen können. Auch die Grenze zwischen Feminismus als politischem und Feminismus als akademischem Projekt dürfte nicht ernsthaft zur Disposition stehen.

Was also folgt aus der innerfeministischen Kritik? Welche Konsequenzen wären zu ziehen aus den angesprochenen Transformatio-

28 Bereits in ihrem für die feministische Theoriebildung wegweisenden Aufsatz »Gender: Eine nützliche Kategorie der historischen Analyse« aus dem Jahr 1986 (deutsch 1994) argumentiert Scott, Gender würde verwendet, um »die akademische Seriosität einer Arbeit zu dokumentieren, denn soziales Geschlecht hat einen neutraleren und objektiveren Klang als Frauen. Das soziale Geschlecht als Begriff scheint sich in die Terminologie der Sozialwissenschaft einzupassen und sich gleichzeitig von der (angeblich) scharfen Polemik des Feminismus abzugrenzen« (Scott 1994, 33). »Der Gebrauch des Begriffes Gender«, so fährt sie fort, »ist eine Facette des Strebens der feministischen Wissenschaft nach akademischer Legitimität in den 80er Jahren« (ebd.).

nen: für die Zukunft von Feminismus, für die zukünftige Entwicklung von Frauen- und Geschlechterforschung, von Gender-Studien – oder wie auch immer wir dieses Unterfangen in Zukunft nennen mögen. Worum geht es etwa in dem Bemühen, eine konsistente, widerspruchsfreie und zugleich umfassendere Repräsentation versprechende Benennung zu finden, wie sie die Bezeichnung ›Gender-Studien‹ gegenüber ›feministischer Theorie‹ oder ›Frauenforschung‹ darzustellen scheint?[29] Welche Effekte werden die verschiedenen Benennungen für das Wissen haben, das in diesen Namen produziert wird? Wie können wir das feministische Wissensprojekt als disziplinär eigenständiges denken, ohne zugleich Disziplinarität zu hypostasieren?[30] Wie können mögliche gemeinsame feministische Ansprüche an die und in der Wissenschaft definiert werden, wenn Feminismus selbst ein Feld widerstreitender, inkommensurabler und konfligierender Positionen ist? Wie antworten wir auf die Prozessen von Institutionenentwicklung (notwendig?) inhärenten Dynamiken etwa der Homogenisierung der eigenen (Theorie-)Geschichte oder auf Dynamiken diskursiver Enteignung von ›innen‹ wie von ›außen‹?

Wie also reflektieren wir in unserem Wissen, aber auch in unseren (institutionellen) Praktiken, dass Feminismus in die Universitäten umzog, dort ein wenn auch immer noch bescheidenes ›Heim‹ gefunden hat, von den Rändern ins Zentrum gerückt ist? Hat sich dadurch seine Position – und unsere als den ProtagonistInnen des akademischen Feminismus – verändert? Die Position der kritischen Marginalität ist jedenfalls nicht mehr umstandslos reklamierbar, obgleich das Heim bescheiden und mit Hypotheken belastet und obgleich Integration in die akademischen Organisationen nicht umstandslos mit Assimilation an deren Werte und Praktiken gleichzusetzen ist. Wie gehen wir beispielsweise in der Lehre damit um, auf Studierende zu treffen, für die die Frauenbewegung bereits diffus ›Geschichte‹ ist, Teil einer Epoche, die nicht mehr ihre Zeit ist und die für sie allenfalls in den Berichten von ZeitzeugInnen lebendig wird? Wie mit Studierenden, für die zugleich Feminismus in einer bestimmten Artikulation und Institutionalisierung zum Common Sense gehört, Bestandteil der Institution »Universität« ist, nicht er-

29 Siehe hierzu Kapitel 4.3.

30 Diese Frage wird uns in Kapitel 6 beschäftigen.

kennbar als Zeichen für politische, soziale und kulturelle Kämpfe – und darüber hinaus unter Umständen Teil ihres prüfungsrelevanten Wissens?

Stellt nicht zudem, wie Teresa de Lauretis fordert, »die Kritik *jedes* Diskurses, der sich mit dem Geschlecht befasst, *einschließlich derjenigen, die als feministisch produziert oder angeboten werden,* einen lebenswichtigen Teil des Feminismus« dar (de Lauretis 1996b, 87; Hervorhebung sh)? Was bedeutet es dann, Feminismus als akademisches Wissen curricular zu verstetigen? Wie gehen wir mit der Aporie um, das feministische wissenschaftliche Wissen für die Lehre kanonisieren zu müssen (?) und es zugleich immer wieder kritisch in Frage zu stellen? Nach welchen Kriterien wird was kanonisiert und was weggelassen? Welche Theorien, Ansätze, Namen haben das Potenzial, akademisch zu zirkulieren, und welche nicht? Wer entscheidet darüber? Wie ist dieses kritische Infragestellen, das de Lauretis einfordert, zu begreifen, wenn es dennoch um ›gültige‹ Aussagen, um »bessere Darstellungen der Welt« (Donna Haraway 2001) und nicht um absolute Relativierungen geht? Was sind die epistemischen Kriterien, um diese ›besseren Darstellungen‹ von anderen unterscheiden zu können? Was sind die »Geltungsgründe der feministischen Kritik«, wenn die »Bezugnahme auf ein epistemisches und politisches Referenzsubjekt« – ›Frauen‹ – zugleich unverzichtbar und unmöglich ist (Knapp 2003, 243)? Und ist diese Bezugnahme auf ein ›epistemisches und politisches Referenzsubjekt Frau‹ tatsächlich unverzichtbar?

Wie können wir in diesem Zusammenhang den Hiatus zwischen der Notwendigkeit verstehen, einerseits die Produktion der je verschiedenen hierarchisierenden Differenzen – Geschlecht, Klasse, Sexualität, Rasse, Ethnie, geopolitische Positionierung, Alter – zu untersuchen sowie nach deren wechselseitiger Konstituierung und Stabilisierung zu fragen und andererseits ›Geschlecht‹ als erkenntnisleitende Kategorie in der Frauen- und Geschlechterforschung zu privilegieren? Anders gefragt: Was bedeutet es, die Kritik an der begrenzten analytischen Kapazität einer »geschlechtersensiblen« Perspektive für das Verständnis komplex ineinander verschränkter sozialer, kultureller, rechtlicher oder ökonomischer Marginalisierungen und Ungleichheiten anzuerkennen? Resultiert daraus nicht, wie Wendy Brown in ihrem gleichlautenden, international kontrovers diskutierten Aufsatz fragt, die Unmöglichkeit von Frauen- und Geschlechterforschung – »The Impossibility of Women's Studies« (1997) – als distinktem akademischem Unternehmen?

Wenn schließlich zutrifft, wie Biddy Martin argumentiert, dass die gegenwärtigen intellektuellen und institutionellen Formationen erschöpft sind, welche neuen Formationen sind dann denkbar? Welche intellektuellen und institutionellen Antworten hat der akademisch gewordene Feminismus anzubieten für die komplex miteinander verwobenen Herausforderungen einer globalisierten, homogenisierenden und zugleich zunehmend fragmentierten und segregrierenden Welt? Wem und auf welche Fragen antwortet das feministische Wissen? Wem gegenüber sind wir verantwortlich und welche Verantwortung erkennen wir an? Wer sind diejenigen, denen im und mit dem feministischen Wissen Rechnung getragen wird? Nach welchen Kriterien wird das Wissenswerte vom nur Wissbaren unterschieden? Kurzum: Wie kann gegenwärtig noch *feministisch* gedacht werden?

Und wie kann – und sollte er überhaupt? – *Feminismus* bedacht werden? Wie kann seiner politischen, theoretischen und akademischen Geschichte Rechnung getragen werden, ohne in einem notorischen Gestus permanenter Überbietung die eigene(n) Geschichte(n) preiszugeben und Feminismus als historisch überholt zu positionieren – als etwas mithin, das seine Zeit gehabt hat –, aber auch ohne nostalgisch an seinen heroisch verklärten früheren Momenten zu kleben und ihn damit zur ewigen Wiederholung seiner selbst zu zwingen? Eine Nostalgie, die, wie Misha Kavka (2001) zu bedenken gibt, ebenso ein *Trick der Geschichte* ist:

> Perhaps with some nostalgia, many of us who call ourselves feminists look back to the peak of the second wave in the 1970s, to a feminism that in retrospect seems to have had a clear object (women), a clear goal (to change the fact of women's subordination), and even a clear definition (political struggle against patriarchal oppression). Such clarity is a trick of memory, no doubt, which reflects more on the pluralized, diversified state of feminism at the turn of the century than it does on the actual agreements among the theorists and practitioners of the second wave (Kavka 2001, ix).

Wie, mit anderen Worten, berücksichtigen wir das Moment der Nachträglichkeit, die Erfahrung, dass »Beschreibungen der Vergangenheit nicht Repräsentationen des Vergangenen sind, sondern nachträgliche Auswahlen, Umschriften, Neuperspektivierungen«

(Knapp/Wetterer 2003a, 9)? Wie können wir, ohne nostalgisch oder gar konservativ, aber auch ohne geschichtslos zu werden, das heißt ohne die eigene politische und intellektuelle Herkunft zu verdrängen, der Geschichtlichkeit des eigenen Denkens »in der grundlegenden Ambiguität des Sozialen« Rechnung tragen (Laclau/Mouffe 1991, 233), da aufgrund »der Unmöglichkeit, die Bedeutung irgendeines Kampfes eindeutig zu etablieren« (ebd.), kein Denken geschützt ist vor seinem diskursiven – und institutionellen – Äußeren, das es umformt? Reicht es aus, wie Nancy Fraser (1992) plädiert, den Ausrufungen einer postfeministischen Ära trotzig entgegenzuhalten, dass »es so lange nicht Zeit sei, von Postfeminismus zu sprechen, wie wir nicht vom Postpatriarchat sprechen können« (Fraser 1992, 191; Übersetzung sh)? Kann insofern noch lange von »Post-Feminismus keine Rede sein« (Knapp 1998b, 69)? Oder impliziert die ethische Verpflichtung auf eine Praxis der ›Herrschaftsabsage‹ – sofern wir diese Verpflichtung als essenziell für das feministische Wissensprojekt anerkennen – nicht, dass wir auch die Möglichkeit in Betracht ziehen (müssen), dass feministische Theorie sich zu ihrem eigenen intellektuellen und institutionellen ›Veralten‹ verhalten muss, dass sie also tatsächlich (so, wie sie ist) nicht immer (da) sein wird.

Erster Teil
Wechselwirkungen

1 Eine umstrittene Wissensformation

> Das Bekannte überhaupt ist darum, weil es bekannt ist, nicht erkannt.
> [Georg Friedrich Wilhelm Hegel]

1.1 Umstrittene Wissensformation

Feminismus ist ein ›intern‹ umstrittenes wie ›von außen‹ angefochtenes Projekt. Das belegen so unterschiedliche Beispiele wie der im Prolog erwähnte *ZEIT*-Artikel, Julia Kristevas Genealogie von Feminismen oder die von Angela McRobbie beobachtete Positionierung von Feminismus als zugleich Common Sense und gehasst. Aber auch die Absetzung der sich selbst als ›progressiv‹ deklarierenden Gender-Studien von einer als ›ahistorisch‹ markierten ›Geschlechterontologie des klassischen Feminismus‹, der geforderte, konstatierte oder proklamierte Paradigmenwechsel von ›Frauen‹ zu ›Gender‹ ebenso wie die Gegenüberstellung von *Women's Studies* und *Gender-Studies* oder Rosalind Cowards Forderung, die ›heiligen Kühe‹ des Feminismus zu schlachten, und schließlich Barbara Holland-Cunz' entschiedenes Beharren darauf, die ›Frauenfrage‹ sei noch lange nicht erledigt, sind Indizien für seine Umstrittenheit. Und wie die Beispiele zeigen, gilt dies für den politischen wie für den akademisch gewordenen Feminismus gleichermaßen.

Worauf aber zielt die Rede von der *Umstrittenheit*? Dass politische Forderungen und soziale Bewegungen umstritten sind, gehört zur alltäglichen Erfahrung im politischen Raum. Mehr noch: Der kontinuierliche Streit um die – bestmögliche – Einrichtung von Gesellschaft ist das konstitutive Moment von Politik, ist jene Einrichtung doch niemals für alle Zeiten festgezurrt. Von der *Umstrittenheit von Wissen*, zumal von wissenschaftlichem Wissen, zu sprechen ist dagegen schon weniger evident. Zwar gilt, dass wissenschaftliches Wissen prinzipiell immer vorläufig, das »temporäre Resultat selektiver Prozesse« ist (Stichweh 1994, 231), es also um »codierte Wahrheit« geht, das heißt, dass »wahre Aussagen eine vorausgehende Prüfung und Verwerfung ihrer etwaigen Unwahrheit implizieren«

(Luhmann 1990, 274).[1] Doch im Unterschied beispielsweise zu weltanschaulichem oder religiösem Wissen beansprucht wissenschaftliches Wissen einen epistemischen Sonderstatus als methodisch gesichertes Wissen,[2] das, unabhängig von Standort und Zeitpunkt seiner Gewinnung und unabhängig von Person, Status und Geschlecht seiner ›Entdeckerinnen‹ und ›Befürworter‹, als universal, objektiv und der gesellschaftlichen Relativierung entzogen gilt.

Allerdings nährt schon ein flüchtiger Blick in die Geschichte der Wissenschaft den Zweifel am zeit- und ortlosen Charakter wissenschaftlichen Wissens.[3] Denn zunächst ist wissenschaftliches Wissen sozial höchst voraussetzungsvoll; nur unter bestimmten gesellschaftlichen, ökonomischen und kulturellen Bedingungen konnte dieser Wissenstypus überhaupt entstehen.[4] Darüber hinaus bleiben weder die Institutionen des Wissens noch das produzierte Wissen selbst über die Zeit mit sich selbst identisch. Auch beim wissenschaftlichen Wissen, argumentiert etwa die sozialkonstruktivistische Wissenssoziologie, handelt es sich um lokal spezifisches, durch die Gegebenheiten vor Ort geprägtes Wissen. In der Wissenschaft passiere daher nichts »epistemologisch Besonderes« (Knorr-Cetina 1995, 151).[5] Und auch Objektivität hat eine Geschichte; ›gültiges‹ Wissen ist vor allem Resultat komplexer, sozial regulierter Prozesse und nicht von ungetrübter Entdeckung. Noch »die Kategorien, die unsere Weisen der Wahrnehmung und des Denkens, des Urteilens und Fühlens untermauern«, stellen sich als »geschichtliche Schöpfungen« heraus (Daston 2001a, 16).[6] Und wie uns Michel Foucault gelehrt hat, ist Wissen nicht nur auf vielfältige Weise verknüpft mit

1 Eine Überzeugung, die die von Robert Merton (1985c) destillierte Norm des »organisierten Skeptizismus« paradigmatisch zum Ausdruck bringt. Mertons strukturfunktionalistische Wissenschaftssoziologie ist Thema von Kapitel 3.1.2.

2 Die »moderne Wissenschaft«, so auch Stichweh (1994), scheine »einen methodengerecht zustande gekommenen Irrtum gegenüber einer dem Zufall verdankten Wahrheit zu präferieren« (Stichweh 1994, 231).

3 Für einen Überblick zur Wissenschaftsgeschichte siehe Hagner 2001.

4 Die Frage nach dem Verhältnis von Wissensform und Gesellschaftsstruktur kann als die Kernfrage der Wissenssoziologie angesehen werden. Siehe hierzu besonders Weingart 2001, 35-86.

5 Zur sozialkonstruktivistischen Wissenssoziologie der Wissenschaft siehe Kapitel 3.1.3.

6 Zum Wandel von Objektivierungsverfahren siehe auch Heintz/Merz/Schumacher 2004, 29 ff.

Macht, gibt es Wissen nie ohne Macht und Macht nicht ohne Wissen. Genauer: Wissen wird reguliert durch Prozeduren der Macht, »Prozeduren, die als Klassifikations-, Anordnungs-, Verteilungsprinzipien wirken« (Foucault 1991, 17). Auch wissenschaftliche Aussagen müssen daher bestimmte Bedingungen erfüllen, um als solche zu gelten, beispielsweise um als einer bestimmten Disziplin zugehörig erkannt zu werden. So muss der Bezug zu einer bestimmten Gegenstandsebene gewährleistet sein, es muss ein bestimmtes begriffliches oder technisches Instrumentarium zum Einsatz kommen, und die Aussagen müssen sich in einen bestimmten theoretischen Horizont einfügen (ebd., 23). Schließlich präsentiert sich die Geschichte des wissenschaftlichen Wissens, wie Thomas Kuhn in *Die Struktur wissenschaftlicher Revolutionen* (1976) gezeigt hat, nicht evolutionär oder kumulativ, sondern als Wechselspiel von »Revolutionen« und Phasen »normalwissenschaftlicher« Produktion. Oder, mit Pierre Bourdieu gesprochen, als Abfolge von Kämpfen, in denen es um »die Bewahrung oder Veränderung« eines Kräftefeldes geht (Bourdieu 1998a, 20).

Mit dem Topos des *umstrittenen Wissens* soll nun diese ›soziale Natur‹ von Wissen gefasst werden. Ich gehe davon aus, dass *Umstrittenheit* das zentrale Merkmal von Wissen und von Wissensproduktion ist. Die Produktion von Wissen ist als ein dynamischer und unabschließbarer Prozess zu verstehen, der widersprüchlich organisiert und von Widerständen geprägt ist, der spannungs- und konfliktgeladen verläuft. Denn (neues) Wissen tritt nicht einfach auf und ist dann ›da‹. Es wird nicht ›entdeckt‹ und entwickelt sich rein intellektuellen, immanenten ›Gesetzen‹ gemäß – was immer diese sein mögen. Es ist, anders als es die Legenden der WissenschaftlerInnen über ihr Tun nahe legen, selten schlicht die ›geniale Idee‹, die ›herausragende wissenschaftliche Leistung‹, der ›außergewöhnliche Gedanke‹, die sich, einmal von einem ›außergewöhnlichen Gehirn‹ gefasst, gleichsam wie von selbst als Resultat der außeralltäglichen intellektuellen Qualitäten einer Persönlichkeit durchsetzen. Im Gegenteil: Auch wissenschaftliches Wissen wird von (disziplinären) Praxisgemeinschaften hervorgebracht und ist als ein solches Produkt gemeinschaftlicher Aktivität folglich imprägniert von diesen sozialen Praktiken.[7] Jedes Wissen muss daher auch seine Gel-

7 Auf diesen Aspekt weist auch Anne Witz (1998) hin, wenn sie fordert, feministische SoziologInnen sollten am »Prozess der Auseinandersetzung und Veränderung

tung organisieren. Denn jedes Wissen gilt immer nur »*für* konkrete Akteure *in* konkreten Kontexten und in spezifischen Auseinandersetzungen« (Demirović 1999, 510; Hervorhebung i. O.).

Eine Idee, eine neue Wissensbehauptung setzt sich mithin durch, weil sie ein Moment in einer Kette heterogener institutioneller und intellektueller Praktiken ist. Mit Foucault gesprochen: Weil sie Element eines Dispositivs ist. Mit »Dispositiv« bezeichnet Foucault eine »entschieden heterogene Gesamtheit, bestehend aus Diskursen, Institutionen, architektonischen Einrichtungen, reglementierenden Entscheidungen, Gesetzen, administrativen Maßnahmen, wissenschaftlichen Aussagen, philosophischen, moralischen und philanthropischen Lehrsätzen, kurz, Gesagtes ebenso wie Ungesagtes« (Foucault 2003, 392). Damit rücken Aktivitäten wie die Artikulation grenzziehender Definitionen zwischen Wissenschaft und Nicht-Wissenschaft, die Normierung wissenschaftlicher Kommunikation und Sprache, die Forderung nach neuen Professuren und deren Einrichtung, die Gründung eines Institutes, einer wissenschaftlichen Vereinigung oder einer wissenschaftlichen Zeitschrift, die Ausarbeitung und Umsetzung einer Studienordnung oder politische Aktivitäten wie der staatlich forcierte Ausbau der Hochschulen oder deren Schließung beziehungsweise Verkleinerung, die Besetzung eines Institutes, die Unterbrechung des Lehrbetriebs durch einen studentischen Streik, administrative Verordnungen, die Mitarbeit in Gremien und Besetzungsverfahren, Tagungen und Kongresse und vieles mehr in den Blick.

Als ein Wissen, das den Status von *wissenschaftlichem Wissen* beansprucht, muss neues Wissen zudem – wie im Fall des oft genug als ›politisiert‹ beziehungsweise gesellschaftlich ›kontaminiert‹ geltenden feministischen Wissens – innerhalb der Wissenschaft akademische Glaubwürdigkeit erst erwerben. Denn als ein Wissen, das den Status von Wissenschaftlichkeit beansprucht, wird ihm nicht einfach, weil es inhaltlich überzeugt, weil es »besseres« Wissen ist, an den Produktionsorten wissenschaftlichen Wissens Anerkennung gewährt. Es muss sich vielmehr beweisen in einem Feld, das sich ei-

in der soziologischen Gemeinschaft beteiligt bleiben«, da »Wissen von Gemeinschaften hervorgebracht« werde. »Praktiken der Wissensproduktion« seien »soziale Praktiken«, die »beständig angefochten und verändert [würden; sh], während SoziologInnen über den Status von Erkenntnisansprüchen und die für die Soziologie notwendigen Verfahren und Praktiken streiten« (Witz 1998, 54).

nerseits als ein frei von jeglicher gesellschaftlicher Beimischung freies Feld wähnt, das aber andererseits ein sozial extrem strukturiertes und reguliertes Feld ist. Es muss sich durchsetzen in einem System, dessen Selbstverständnis an Leistungsgerechtigkeit orientiert ist, das aber auch von einem über zugeschriebene Merkmale regulierten Ungleichheitssystem überlagert zu sein scheint. Es muss sich durchsetzen in Organisationen, die nicht nur mit einer vergeschlechtlichten Tiefenstruktur aufwarten können,[8] sondern auch von Interessengegensätzen und internen Machtkämpfen um Weltdeutungen und theoretische Vorherrschaften, um Ressourcen, Anerkennung und Renommee geprägt sind.[9] Ein Platz im akademischen Gefüge, mit anderen Worten, wird nicht einfach gewährt, er muss erkämpft werden: Durch den Nachweis größerer Angemessenheit und durch institutionelle Verdichtungen oder dadurch, dass sich das neue Wissen selbst eine Zukunft gibt, etwa durch die »Sicherung einer Funktion im Ausbildungssystem« (Stölting 1986, 226). Doch damit nicht genug: Um überhaupt in den Kampf um akademische Anerkennung eintreten zu können, braucht es konvertierbare Währungen, die eine(n) befähigen mitzuspielen.

Das sich neu artikulierende Wissen muss sich also in einer sedimentierten disziplinären Ordnung behaupten gegenüber bereits etabliertem wissenschaftlichem Wissen, welches allerdings selbst durch den neuen Wissensanspruch herausgefordert und bestritten wird. Doch angefochten, be- und umstritten ist zunächst das neue Wissen, für das ein eigenes Terrain beansprucht wird, mit dem Orthodoxien herausgefordert und die existierende Kartografie des Wissens verändert werden soll. Denn dagegen wird sich das etablierte Wissen verteidigen – und dies geschieht womöglich am effektivsten nicht durch Segregation und Marginalisierung, durch verstärkte Verteidigung der eigenen Grenzen und Verweigerung von Anerkennung, obwohl auch dies probate Mittel sind, sondern paradoxerweise durch die Gewährung eines ›eigenen‹ Territoriums, eines »eigenen Zimmers« (Virginia Woolf 1978) in den »Häusern des Wissens« (Jürgen Mittelstraß 1998), wie bescheiden auch immer dieses sein mag – Sigrid Weigel hat in diesem Zusammenhang gar von

8 Die vergeschlechtlichte Tiefenstruktur von Wissenschaft ist Thema von Kapitel 3.4.2.

9 Inwiefern von Wissenschaft als politischem Geschehen gesprochen werden kann, ist Thema von Kapitel 3.4.1.

»Frauenforschung als Quarantänestation« gesprochen (1999, 137). Nicht repressiv und ausschließend, sondern produktiv und einschließend setzt sich mithin die etablierte Wissenschaft gegen die feministische Herausforderung zur Wehr: durch marginalisierende Integration und Assimilation, durch Form(at)ierung und Sozialisierung, durch Normalisierung und Disziplinierung der neuen AkteurInnen und des neuen Wissens.

Umstritten ist neues Wissen aber noch in einer weiteren signifikanten Hinsicht: Das neue Wissensprojekt ist und wird nicht nur ›von außen‹ angefochten. Es betritt die Arena der Wissenschaft nicht als kohärente, bereits in sich verfestigte, stabile Formation. Denn die Ordnung jedes wissenschaftlichen Wissens hat eine Geschichte: eine Geschichte widerstreitender Konzepte und Organisationsprinzipien, eine Geschichte von Konflikten über adäquate Repräsentationen und Erklärungen. Jede Wissensformation, so auch die neue feministische Formation, ist folglich beständig im Werden begriffen. Wie alle Wissensformationen existiert auch sie als ein Feld, das in einer Kette von heterogenen Praktiken, in theoriepolitischen und disziplinären Auseinandersetzungen, durch Grenzziehungs- und Grenzverwerfungsprozesse performativ hervorgebracht wird. Ein Feld, auf dem auch, wie wir bereits gesehen haben, ›intern‹ um angemessene Namen und Taxonomien, um eigene spezialisierte Territorien und Geltungsansprüche, um Anerkennung und Reputation, um Autorisierung und Wahrheit, um Relevanz und Objektivität, um Prestige und Ressourcen, um Distinktion und Anhängerschaften gekämpft wird. *Ein Feld ist* also nicht als neutraler, präexistierender Grund zu denken, sondern als *das Ensemble der Kämpfe, in denen um Hegemonie gerungen wird.*

Dabei geht es nicht darum, das feministische Wissensprojekt zu reduzieren auf Kämpfe um Territorien und Geltungsansprüche, Prestige und Ressourcen, also gewissermaßen allein die ›institutionelle Kehrseite‹ der internen Umstrittenheit zu thematisieren. Denn die ›interne‹ Umstrittenheit, die »›heiße‹ epistemische Kultur«, die »dissonante Vielstimmigkeit« (Knapp 2003, 241 f.) der feministischen Diskurskonstellation ist auch zu sehen als Resultat sowohl der Auseinandersetzung des Feminismus »mit den verschiedenen Institutionen, Diskursen und Praktiken, die das Soziale konstituieren« (de Lauretis 1993, 99), als auch der selbstkritischen Reflexion dieser theoretischen und politischen Auseinandersetzung mit dem sich wandelnden Sozialen. Feministische Theorie entwickelt sich »nicht nur aus einer Reihe oppositioneller Haltungen gegenüber dem größeren, ›außerhalb liegenden‹ Kontext – den gesellschaftlichen Zwängen, der Gesetzgebung, den ideologischen Apparaten, den dominanten Diskursen und Repräsentationen, gegen die der Feminismus seine Kritik und seine politischen Strategien in bestimmten historischen Situationen gerichtet hat –, sondern gleichzeitig und damit im Zusammenhang stehend auch in ihren eigenen ›internen‹ selbstkritischen Prozessen« (ebd.). Feministische *Theorie* – im Unterschied zu feministischer Kritik an Theorie oder Disziplinen –, so de Lauretis an anderer Stelle in Bezug auf den US-amerikanischen Feminismus, wurde sie überhaupt erst in einem »postkolonialen Modus«, vor allem durch die Schriften von »*women of color*, jüdischen Frauen und Lesben, die sich als *feministische Kritik des Feminismus* konstituierte[n] und sich verstand[en] als eine Intervention in einen feministischen Diskurs, der verankert war in der singulären Achse von Geschlecht als sexueller (oder besser: heterosexueller) Differenz« (de Lauretis 1988, 130; Übersetzung und Hervorhebung sh). Die Umstrittenheit des feministischen Diskurses ist also nicht nur ein wesentliches Kennzeichen seiner Geschichte, Ausdruck einer spezifisch *reflexiven Produktivität*, sie wird auch in Zukunft das wichtigste Unterpfand sein in dem komplizierten Unterfangen, eine an den je gegenwärtigen gesellschaftlichen Widersprüchen geschärfte *kritische* feministische Theorie zu sein. Mit anderen Worten: Theorie, die bereit ist, sich auch gegen sich selbst zu wenden, die also bereit ist, die eigene Zeit- und Räumlichkeit – und damit analytische Begrenztheit – zu bedenken.

Vor diesen Hintergrund stellt sich eine Reihe von Fragen, die ich hier noch einmal kurz rekapitulieren möchte: Das sind zum einen Fragen nach den Prozessen, in denen wissenschaftliches Wissen produziert und (um)geformt wird. Zum anderen geht es darum, die Frage zu durchdenken, wie solche Wissensprojekte – und die diese Projekte vorantreibenden AkteurInnen –, die antreten mit dem Ziel, Wissenschaft zu verändern, von den und innerhalb der dynamischen Strukturen und Diskurse geformt werden, denen zu widersprechen und die zu transformieren sie beabsichtigten.

Was also ist die Bedingung der Möglichkeit, verändernd zu agieren in einer Institution, in der Frauen rund hundert Jahre nach ihrem ersten Auftritt auf der Bühne der Wissenschaft als Subjekte des

Wissens zwar längst nicht mehr einfach ›Fremde‹ sind,[10] sich ihre Position im männlich dominierten akademischen Feld aber dennoch umschreiben lässt als *in but not of the academy*, wie Sue Wise (1997) es formuliert? Welche Ambivalenzen, Aporien und Paradoxien resultieren aus dieser komplizierten und widersprüchlichen Verortung, *in*, aber nicht *of the academy* zu sein, für sich selbst »herrschaftskritisch« verstehende Wissensprojekte und für die Produzentinnen dieses Wissens? Wie funktioniert das ›wissenschaftliche Spiel‹, was sind die Regeln, nach denen gespielt wird? Können ›Frauen‹ überhaupt mitspielen? Zu welchen Bedingungen? Um welchen Preis? Wie kann das Verhältnis beschrieben werden, das die Akteurinnen zu ihrem Feld entwickeln (müssen), um in diesem nicht nur bestehen, sondern auch kritisch intervenieren zu können?

Wie können wir zudem die Veränderungen der institutionellen Positionierung reflektieren, die der akademische Feminismus im Verlauf seiner rund dreißigjährigen Geschichte erfahren hat? Was besagt es, dass es heute vielerorts der akademisch gewordene Feminismus ist, der ›Feminismus‹ überhaupt eine Gestalt verleiht, mithin einen Feminismus repräsentiert, der Teil einer gesellschaftlich relevanten Institution ist und relativ unabhängig von einer sozialen Bewegung zu existieren scheint, während Feminismus zugleich kaum noch anders als in Zerrbildern auftaucht? Was folgt aus der Tatsache, dass gegenwärtig (junge) Frauen und Männer Feminismus womöglich eher in ihrer akademischen Ausbildung kennen lernen als in politischen (Bewegungs-)Zusammenhängen? Was bedeutet es, dass die feministische Intervention (zumindest partiell) Teil einer zu reproduzierenden Struktur geworden ist, sich somit auch notwendig die Interessen der feministischen AkteurInnen ver-

10 Die These der Fremdheit von Frauen in der Wissenschaft beziehungsweise der Hochschule wurde insbesondere von Dagmar Schultz vertreten und in den Diskurs der Frauen- und Geschlechterforschung eingebracht. Schultz begreift Wissenschaft und Hochschule als männlich dominierte »homosoziale Institutionen« (1991, 6), in denen Frauen qua ihres Alibistatus »in einer ihnen wenigstens teilweise fremden Kultur einen *Akkulturationsprozeß* erleben« (ebd., 10; Hervorhebung i. O.).
Kritisch dazu etwa Brigitte Hasenjürgen 1996, 86 ff., die im Konstrukt der Hochschule als ›homosozialer Welt‹ zu wenig berücksichtigt findet, dass sich (mittlerweile) auch Frauen als Akteurinnen an den Spielen um Anerkennung beteiligen. Kritisch zum »Zwei-Welten-Theorem«, nach dem Männer und Frauen in der Wissenschaft in zwei getrennten Welten leben, auch Wetterer 1999.

ändert haben? Eine Veränderung, die Diane Elam und Robyn Wiegman (1995a) mit feiner Ironie beschreiben:

For feminism can no longer simply posit itself as the heroic interloper into the institution's patriarchal business as usual. As an intellectual commodity, feminism demands her own institutional wage. She – this is feminism now – claims a reproductive legitimacy, engaging in the practices of institutional generation, begetting scholars, journals, book series, new curricula, jobs, even job seekers. She takes her seat at the table. In private, she worries over the ultimate price of this meal. She is, let's say it, beside herself, the watcher and the watched. She's suspicious about her own institutional manners, her increasingly fine cut cultivations. She fears that her political identity might be at stake (Elam/Wiegman 1995a, 4).

Welche Reibungen entstehen folglich aus den beiden im Kern das feministische Wissensprojekt bis heute antreibenden widerstreitenden Impulsen, nämlich Teil des Ganzen und zugleich kritischer Rand oder gar das ganz Andere sein zu wollen? Wie reflektieren wir, wie die Wünsche und Phantasien an und über das feministische Wissensprojekt – zum Beispiel die Vorstellungen von gesellschaftlicher Transformation, von unserer Aufgabe als intellektuellen AgentInnen sozialen Wandels, aber auch das Interesse an Erkenntnis oder die Wünsche nach individueller akademischer Anerkennung und Karriere – die »reale« Gestalt des Feldes strukturieren? Wie also strukturiert das, was wir das kollektive Unbewusste des akademischen Feminismus nennen können, dessen manifeste Gestalt?

Was schließlich sind die Herausforderungen und Beschränkungen, mit denen wir konfrontiert sind in dem Bemühen, kritisches Wissen in einer Institution zu produzieren, deren Verdikte, wie Pierre Bourdieu (2002) kommentiert, heutzutage zu den gesellschaftlich mächtigsten gehören? In einer Institution, die womöglich eher darauf zielt, existierende Machtrelationen, die auf Geschlecht und Rasse, Nation, Klasse und geopolitische Positionierung, Kultur und Sexualität rekurrieren, intakt zu halten, statt diese zu verändern? Wie können wir gerade die Prozesse verstehen und ihnen zugleich widerstehen, die eine(n) als akademisch privilegiertes, aber auch als marginalisiertes Subjekt konstituiert haben – marginalisiert in und durch die diskontinuierlichen, aber verknüpften Register (unter anderem) von Sexualität und Geschlecht?[11] Wie kann genau

11 Siehe hierzu auch Champagne 1995; Wiegman 1997.

diese Tatsache, nämlich innerhalb der akademischen Welt als relativ marginalisiertes – transgressives? – Subjekt konstituiert zu werden, dabei dennoch einen gesellschaftlich relativ privilegierten Platz einnehmend, im Sinne einer transformatorischen (Wissens-)Praxis genutzt werden?[12] Kurzum: »Can she [the feminist; sh] be *in* the institution but *not of it* – a member who subverts all membership rules?« (Elam/Wiegman 1995a, 5)

Mehr noch: Was bedeutet es, *gegenwärtig* die Position einer kritischen WissenschaftlerIn einnehmen zu wollen in einer Zeit fundamentaler materieller, politischer und kultureller Veränderungen im akademischen Leben, die nicht nur den Stellenwert wissenschaftlichen Wissens, dessen Produktion, Distribution und Konsumtion beeinflussen, sondern auch uns als akademische Subjekte neu konstituieren? Eine Zeit zudem, in der auch das feministische Wissen zu einer »intellectual commodity« geworden ist (ebd., 6), wie nicht zuletzt die neuerdings nahezu ubiquitäre Rede von ›Gender-Kompetenz als Schlüsselqualifikation‹ beweist? Welche intellektuellen und institutionellen Antworten haben wir auf die Transformation der Universität zur »*entrepreneurial university*« (Clark 1998), auf die damit verbundene immer deutlicher hervortretende marktförmig organisierte Steuerung der Wissensproduktion, das heißt auf den »Schwenk der Organisierung von Lehre und Forschung an den Universitäten von einer ›Angebotsstruktur‹ (die Wissenschaft bestimmt im Wesentlichen das Angebot und die Leistungen der Hochschule) hin zu einer ›Nachfragestruktur‹ (die Gesellschaft bestimmt das Angebot)« (Dietmar Braun 2001, 253)? Welches feministische Wissen – wenn überhaupt – wird in einer solchen Situation von der Gesellschaft nachgefragt? Und was heißt es, sich in dieser radikal veränderten Situation von Wissensproduktion und -vermittlung weiterhin als ProduzentInnen und KonsumentInnen *kritischen* Wissens zu verstehen und zu agieren?

12 In *Writing Diaspora: Tactics of Intervention in Contemporary Cultural Studies* fordert die US-amerikanische Kulturwissenschaftlerin Rey Chow (1993), dass oppositionelle AkademikerInnen sich nicht allein mit ihrer Viktimisierung in der Gesellschaft auseinander setzen sollten, sondern mit »der Macht, dem Wohlstand und den Privilegien, die ironischerweise aus ihrem ›oppositionellen Standpunkt‹ erwachsen« (Chow 1993, 17; Übersetzung sh).

1.2 Dissidente Partizipation

Es gilt also die prekäre Herausforderung zu durchdenken, die darin besteht, dass die AkteurInnen, deren Anspruch die Produktion ›herrschaftskritischen‹ Wissens ist, dieses Wissen nicht »in Einsamkeit und Freiheit« produzieren (Wilhelm von Humboldt),[13] sondern innerhalb der wissenschaftlichen Welt als einem spezifisch regulierten und oft gegen die Intentionen und den Willen der Subjekte verselbständigten sozialen Gefüge. Ausgehend von einem Verständnis der Produktion von Wissen als einer Praxis, die sich Schließungen kontinuierlich widersetzen, die zu »machtempfindlichen Konversationen« (Katie King 1994) und Dialog einladen sowie die reflexive Fähigkeit fortwährender Reinterpretation und Verantwortlichkeit befördern möchte, scheint mir die Reflexion der konflikthaften Prozesse der Gewinnung, Etablierung und Durchsetzung neuen wissenschaftlichen Wissens schon allein deshalb vonnöten, da (neue) Wissensprojekte und die Formen ihrer Institutionalisierung eben nicht die unvermittelten Projektionen und Realisierungen der Werte oder Vorstellungen derjenigen sind, die sie entworfen haben. Diese Differenz zu ignorieren hieße, zu unterschlagen, dass noch die revolutionärsten Ideen substanziellen Veränderungen ausgesetzt sind, wenn sie in die Form akademischen und lehrbaren Wissens gebracht werden.[14] Nun ist dies keine sonderlich überraschende Erkenntnis. Wie die Soziologin Judith Stacey nicht ohne ironischen Unterton kommentiert, hätte selbst

> ein altmodischer Weberianer voraussagen können, dass gerade der Erfolg (wie unvollständig auch immer er gewesen sein mag) des einst subversiven feministischen Angriffs auf den Ausschluss der Frauen aus dem wissenschaftlichen Wissen und den akademischen Institutionen den früheren charismatischen Charakter der Bewegung bürokratisieren würde (Stacey 2001, 100; Übersetzung sh).

13 Steffani Engler unterzieht in ihrer Studie *»In Einsamkeit und Freiheit«? Zur Konstruktion der wissenschaftlichen Persönlichkeit auf dem Weg zur Professur* (2001) diesen Mythos einer gründlichen soziologischen Kritik.

14 Ein Punkt, auf den auch Gerald Graff (1987) in seiner Studie zur Geschichte der US-amerikanischen Literaturwissenschaft hinweist. Es könne daher, so Graff, nicht um eine Geschichte von Gründerfiguren oder -bewegungen gehen. Vielmehr müsse die Aufmerksamkeit auch darauf gelegt werden, was aus bestimmten kulturellen Praktiken oder Wissenspraktiken werde, nachdem sie institutionali-

Dass Bürokratisierung unvermeidlich sein wird, bemerkt auch die Philosophin Lynette McCrath. Allerdings hebt sie deutlicher als Stacey die herrschaftlichen Aspekte dieser Entwicklung hervor:

In der bürokratischen, abgeschlossenen universitären Welt, in der auch die *Women's Studies* an Macht gewinnen, werden sie zu den exkludierenden Effekten beitragen, die alle akademischen Entscheidungen und alle Anstrengungen begleiten, ein bestimmtes Set von Material, Prinzipien, Personen und Perspektiven gegenüber anderen zu privilegieren (McCrath 1991, 142; Übersetzung sh).

Ist aber damit bereits entschieden, dass Bürokratisierung oder Institutionalisierung, Akademisierung oder Professionalisierung *per se* problematische, exkludierende und hierarchisierende Prozesse sind? Schließlich ist Institutionalisierung – und das heißt ja vor allem eine stabil(er)e materielle Infrastruktur – zunächst als eine Voraussetzung anzusehen, um dieses neue, andere Wissen überhaupt produzieren und zugänglich machen zu können. In diesem Sinne ist Akademisierung schlicht eine notwendige Bedingung, um überhaupt feministische Erkenntnisse produzieren und distribuieren zu können. So boten die Organisationen der Wissenschaft – Hochschulen, wissenschaftliche Vereinigungen, Zeitschriften – nicht nur Zwang, sondern vor allem eine funktionierende Infrastruktur, die sich die feministische Bewegung in bestimmten Grenzen aneignen konnte, um feministische Wissenschaft zu entwickeln und zu etablieren. Allerdings sind Akademisierung und Bürokratisierung auch nicht als neutrale, dem Wissen äußerlich bleibende Weisen der Produktion und Organisation von Wissen anzusehen. Vielmehr sollten sie als äußerst effektive Produktionsmodi verstanden werden, durch die das verändert wird, was in die akademischen Organisationen hineingetragen wird – oft bis zu dem Punkt, an dem die ursprünglichen Ideen vollständig unterlaufen oder diese für Außenstehende oder die GründerInnen nicht mehr erkennbar sind. Denn jedes soziale

siert seien. Diejenigen Studien, die sich auf »major figures and movements« konzentrierten, böten dagegen keine sichere Basis für eine Institutionenanalyse (Graff 1987, 5).

Ähnlich argumentiert Timothy Lenoir (1993): »The difficulty with founder narratives, then, is not simply the complexity of the task of building disciplines; the problem is that disciplines do not have single, originary sources but are more appropriately grasped as interactive system effects« (Lenoir 1993, 76).

Unternehmen, gleich ob es eine politische Bewegung oder ein akademisch werdendes Wissensprojekt ist, greift (notwendig) auf seinem Weg von der Inkubation über die Emergenz zur funktionierenden Struktur auf ebendiesem Weg nicht nur auf die bereits existierenden Ressourcen und Strukturen, Regeln und Routinen zu; sie sind nicht allein Mittel zum Zweck. Das neue Wissensprojekt wird vielmehr selbst in ungleichzeitig verlaufenden Prozessen von Wechselseitigkeit und Gegenläufigkeit, von Bestimmen und Bestimmtwerden, von Transformation und Reproduktion von ebendiesen Regeln und Strukturen konfiguriert und begrenzt.[15] Schlicht gesagt: *Input* und *Output* sind zwei völlig verschiedene Größen. Was in die (Mühlen der) akademischen Institutionen hineingeht, ist mit Sicherheit nicht das, was herauskommt.

Das Motiv, eine ›andere‹, ›gerechte‹ oder ›kritische‹ Wissenschaft zu betreiben, ist also weder immun gegenüber den institutionellen und diskursiven Kontexten, in denen es behauptet wird und sich behaupten muss, noch gegenüber dem, was Irene Dölling mit Bourdieu die auch in den Erkenntnismitteln steckenden »›sanften‹ Formen symbolischer Gewalt bzw. Herrschaft« nennt (Dölling 2004, 75). Sie kommentiert:

Auch diejenigen, die durch Anstrengungen des Begriffs doxische Erfahrungen ›entzaubern‹ und darauf politische Strategien gründen wollen, können sich dem ›sanften‹ Zwang männlicher Herrschaft insofern nicht entziehen, als ihnen für ihre Reflexion und Kritik dieser Machtverhältnisse (zunächst) nur die Erkenntnismittel zur Verfügung stehen, die sie mit den Nutznießern dieser Macht- und Herrschaftsverhältnisse teilen (ebd., 85).

Zwischen Anspruch und Wirklichkeit liegen mithin die Mühen der (institutionellen und diskursiven) Ebene, bei deren Durchquerung so manche Herausforderung zu bestehen ist. Aus einer Position der Marginalität kann nicht umstandslos auf widerständige Erkenntnis oder gar emanzipatorische Praxis geschlossen werden. Das politische Projekt der ›Herrschaftsabsage‹ lässt sich nicht umstandslos in ein Projekt ›kritische Wissenschaft‹ übersetzen; ebenso wenig schließt das intellektuelle Projekt einer *kritischen Theorie* nicht zwingend eine institutionelle Praxis ein, in der Marginalisierung und Segregierung, Normalisierung und Disziplinierung keine Rol-

15 Diese Wechselwirkungen sind Thema von Kapitel 2 und 4.

le spielen. Tatsächlich kann die Positionierung an den Grenzen, in der Marginalität, gerade hegemoniale Anordnungen von Zentrum und Peripherie bestätigen oder neue installieren, statt sie wirkungsvoll zu unterlaufen. Ebenso kann die wie auch immer bescheidene Integration in sedimentierte, herrschaftliche Strukturen kritische Potenziale erschöpfen und gegenkulturelle Kräfte binden. Dies kann beispielsweise dazu führen, dass das neue Wissensprojekt selbst *gate keeping*-Funktionen gegenüber anderen intellektuellen Innovationen und Kritikansprüchen übernimmt.[16]

Der inhaltliche Anspruch der ›Herrschaftsabsage‹ ist insofern zwar eine notwendige, aber keine hinreichende Bedingung für die Transformation eines Feldes, einmal abgesehen davon, was verlässliche Kriterien für die Transformation intellektueller Felder sein könnten. Denn ein Feld zu verändern bedeutet vor allem, die Regeln des Spiels zu verändern. Die Transformation der Regeln setzt allerdings nicht nur eine gewisse Virtuosität im Umgang mit den Regeln voraus, sie verlangt zunächst – und genau hierin besteht die prekäre Herausforderung für das sich herrschaftskritisch verstehende feministische Wissensprojekt – deren *Akzeptanz* –, und sei es aus pragmatischen Gründen. Cornelia Klinger formuliert diese Herausforderung folgendermaßen:

> Bevor wir nicht wissen, wie wir ein neues Spiel machen können, steht es uns – außer zum eigenen Schaden – nicht frei, aus dem geltenden Spiel auszusteigen. Solange das so ist, können wir weder darauf verzichten, um gute Karten in diesem Spiel zu kämpfen, noch darauf, auf der Einhaltung der für dieses Spiel nun einmal gesetzten Regeln zu bestehen. [...] Unbeschadet dieser pragmatischen Entscheidung [...] scheint es mir allerdings ein gleichermaßen pragmatisches Gebot zu sein, nach neuen erkenntnistheoretischen Grundlagen zu suchen. Zur resignativen Bescheidung oder gar freiwilligen Bejahung des Status quo haben wir genauso wenig Anlaß wie zu seiner voreiligen Verabschiedung (Klinger 1990, 35).

Feministische Wissenschaftlerinnen finden sich mithin in der Situation, zwar die Kräfteverhältnisse im Feld Wissenschaft umstürzen zu wollen, mit ihrem Einsatz aber genau diesen Kräfteverhältnissen ihre Anerkennung zu erweisen, ja gar auf der Einhaltung der Regeln zu bestehen. Dabei ist ihre Ausgangslage, um Veränderungen zu initiieren, denkbar schlecht. Von der institutionellen Ökonomie »zir-

16 Letzteres ist Thema von Kapitel 5.

kulärer Proliferation« (Judith Lorber 1999), in der Prestige, Reputation und institutionelle Macht die Währungen sind, die im stetigen Austausch zu einem Zuwachs an symbolischem Kapital führen, sind sie (zunächst) weitgehend ausgeschlossen, da ihnen die »im Feld wirksamste Eigenschaft« fehlt: »männliches Geschlecht« (Bourdieu 1992a, 162). Über Erfolg oder Misserfolg des eigenen Projektes entscheiden daher nicht (allein) die eigenen Motive und Absichten, sondern die Virtuosität im Umgang mit den bereits vorgefundenen Strukturen und Handlungsschemata. »Der gute Spieler«, bemerkt Bourdieu, »gewissermaßen das Mensch gewordene Spiel, tut in jedem Augenblick das, was zu tun ist, was das Spiel verlangt und erfordert. Das setzt voraus, daß man fortwährend erfindet, um sich den unendlich variablen, niemals ganz gleichen Situationen anzupassen« (Bourdieu 1992b, 83). Nur wer also die Regeln gut kennt beziehungsweise wer die Chance hat, das Spiel gut kennen zu lernen, wer das Spiel beherrscht, wer antizipiert, ›wo der Ball aufschlägt‹, aber auch – und dies ist vielleicht das Wichtigste – wer sich zum Spiel und seinen Regeln in ein *kritisches* Verhältnis setzen kann, das heißt Regeln nicht einfach befolgt, sondern ihre Rationalität befragt, wird letztlich nicht nur im Feld bestehen, sondern hat die Chance, es erfolgreich zu verändern.

Pierre Bourdieu hat diese prekäre Bindung an ein Feld, die Voraussetzung für die Veränderung eines Feldes ist, mit dem Begriff der *illusio*[17] gefasst – einem Begriff, den er ableitet von *ludus*, lateinisch für öffentliches Fest- und Schauspiel im Rom der Antike.[18] *Illusio* bezeichne die »Tatsache, dass man vom Spiel erfasst, vom Spiel gefangen ist, dass man glaubt, dass das Spiel den Einsatz wert ist oder, um es einfach zu sagen, dass sich das Spielen lohnt« (Bourdieu 1998b, 140 f.). Die *illusio* sei Ausdruck jener Bindung – ein »heimliches Einverständnis«, der »Glauben (*doxa*) an das Spiel und den entsprechenden Einsatz, die nicht weiter zu hinterfragende Anerkennung« (Bourdieu/Wacquant 1996, 128) – an ein Feld, die diejenigen,

17 Gelegentlich gebraucht Bourdieu auch die Begriffe *libido* beziehungsweise ›Investition‹ anstelle von *illusio*. Letzterer ist jedoch aus meiner Sicht unter anderem deshalb treffender, weil *illusio* auch die Assoziation mit Illusion ermöglicht, das heißt die Tatsache, dass diejenigen, die an einem spezifischen sozialen Spiel *nicht* beteiligt sind, das, was dort selbstverständlich auf dem Spiel steht, durchaus als Illusion empfinden mögen (vgl. Bourdieu 1998b, 143).

18 Vgl. Bourdieu/Wacquant 1996, 128.

die sich in ein Feld hineinbegeben, um es zu verändern, entwickeln müssen, um dort bestehen zu können. »Diese Handlungsfelder«, so auch Erhard Friedberg, interessieren die Akteure dabei »im eigentlichen Sinn des Wortes, und sie können gegenüber dem, was in ihnen vorfällt, und vor allem gegenüber den anderen Spielern, in bezug auf deren Verhalten sie sich plazieren und gewissermaßen Stellung beziehen müssen, nicht gleichgültig sein« (Friedberg 1995, 265). Der praktische Glaube, so wiederum Bourdieu ausführlich in *Sozialer Sinn* (1987), sei daher entscheidend dafür, ob man zu einem Feld gehört. Er stelle das Eintrittsgeld dar, »das alle Felder stillschweigend nicht nur fordern, indem sie Spielverderber bestrafen und ausschließen, sondern auch, indem sie praktisch so tun, als könnte durch die Operation der Auswahl und der Ausbildung Neueingetretener (Initiationsriten, Prüfungen usw.) erreicht werden, daß diese den Grundvoraussetzungen des Feldes die unbestrittene, unreflektierte, naive, eingeborene Anerkennung zollen, die die *doxa* als Urglaube definiert« (Bourdieu 1987, 124). »Natürlich«, fährt Bourdieu fort, »kann man in diesen magischen Kreis nicht durch spontane Willensentscheidung eintreten, sondern nur durch Geburt oder durch einen *langwierigen Prozess von Kooptation und Initiation*, der einer zweiten Geburt gleichkommt« (ebd.; Hervorhebung sh).

Doch genau durch ihren Eintritt, aufgrund des Willens, die herrschenden Kräfteverhältnisse umzustürzen, haben die AkteurInnen diese paradoxerweise bereits anerkannt, haben sie anerkannt, dass es sich lohnt, das Spiel zu spielen, haben sie das, worum es in diesem Feld geht, als wichtig genug bewertet, um sich einzumischen. Bourdieu schreibt:

> Jedes soziale Feld, ob das wissenschaftliche, das künstlerische, das bürokratische oder das politische, bringt es dahin, dass die Personen, die sich in es hineinbegeben, jenes Verhältnis zum Feld entwickeln, das ich *illusio* nenne. Sie mögen darauf aus sein, die Kräfteverhältnisse in diesem Feld umzustürzen, aber genau damit erweisen sie den Einsätzen ihre Anerkennung, sind sie nicht indifferent. *In einem Feld Revolution machen zu wollen heißt, das Wesentliche anzuerkennen, das von diesem Feld stillschweigend vorausgesetzt wird*, nämlich dass es wichtig ist, dass das, was dort auf dem Spiel steht, wichtig genug ist, um einem Lust auf Revolution zu machen (Bourdieu 1998b, 142; Hervorhebung sh).[19]

19 In *Die Regeln der Kunst* (1999) führt Bourdieu zur *illusio* weiter aus: »Jedes Feld er-

Dissidenz und Partizipation sind, mit anderen Worten, unauflöslich verknüpft: Teilhabe, ja Akzeptanz der herrschenden Spielregeln ist die paradoxe Voraussetzung für Veränderung. Im Lichte dieses von Bourdieu luzide beschriebenen Paradoxons sowie im Sinne der von Michel Foucault anvisierten genealogischen Aufgabe einer »historischen Ontologie unserer selbst« – verstanden als »historische Untersuchung der Ereignisse, die dazu geführt haben, uns als Subjekte dessen, was wir tun, denken und sagen, zu konstituieren und anzuerkennen« (Foucault 1990, 49) – verstehe ich meine Überlegungen als Reflexion des jüngst von Judith Butler in *Psyche der Macht* (2001) für die Frage der Subjektkonstitution formulierten Paradoxons, dass wir nämlich gerade den Mächten widersprechen (wollen), von denen unser Sein abhängig ist. »Die Annahme von Machtbedingungen«, schreibt Butler, »die man sich nicht selbst gegeben hat, für die man jedoch anfällig ist, von denen man, um zu sein, abhängig ist, erscheint als nüchterne Grundlage der Subjektwerdung« (Butler 2001, 25). Doch »die ›Annahme‹ oder ›Übernahme‹ der Macht« ist kein einfacher Prozess. »[D]enn die Macht wird, ist sie einmal angenommen, nicht mechanisch reproduziert. Vielmehr läuft sie dabei Gefahr, eine andere Form und Richtung anzunehmen« (ebd.).

Zwar machen wir, so ließe sich dieses Paradoxon in Anlehnung an Karl Marx' berühmte Formulierung aus dem *Achtzehnten Brumaire* (1972) für die Frage nach der Bedingung der Möglichkeit dissidenter Partizipation reformulieren, unser Wissen »nicht unter selbst gewählten, sondern unter unmittelbar vorgefundenen, gegebenen und überlieferten Umständen« – aber wir machen es (Marx 1972, 115). Wie Marx und Engels in der *Deutschen Ideologie* (1969) bemerken: Die »Umstände [machen; sh] ebenso sehr die Menschen, wie die Menschen die Umstände« (Marx/Engels 1969, 38). Darin liegt zunächst die Chance widerspenstiger Wissenskulturen. Denn im

zeugt seine eigene Form von *illusio* im Sinne eines Sich-Investierens, Sich-Einbringens in das Spiel, das die Akteure der Gleichgültigkeit entreißt und sie dazu bewegt und disponiert, die von der Logik des Feldes aus gesehen relevanten Unterscheidungen zu treffen. Aber es ist genauso wahr, dass eine gewisse Form der Identifikation mit dem Spiel, des Glaubens an das Spiel und das, was auf dem Spiel steht und dessen Wert das Spiel erst spielenswert macht, dem Funktionieren des Spiels vorausgeht, und dass die *collusio* der Akteure in der *illusio* der Konkurrenz zugrunde liegt, die sie zueinander in Gegensatz bringt und die das Spiel selbst ausmachen. Kurz, die *illusio* ist die Voraussetzung für das Funktionieren eines Spiels und zugleich, zumindest partiell, auch sein Ergebnis« (Bourdieu 1999, 360).

kreativen Prozess der Anfechtung dominanter Repräsentationen und sedimentierter, herrschaftsförmiger sozialer Praktiken in den Organisationen der Wissenschaft sowie durch die Produktion eigenen Wissens und eigener Repräsentationen brechen institutionell verfestigte Widersprüche und intellektuelle Begrenzungen auf, läuft das hegemoniale Wissen ›Gefahr, eine andere Form und Richtung anzunehmen‹.

In der Dialektik des Satzes, dass wir unsere Geschichte und unser Wissen machen, aber nicht unter selbst gewählten, sondern unter unmittelbar vorgefundenen Bedingungen, liegt indes auch die Herausforderung, auf die beständig neu zu antworten ist. Denn wir machen zwar die wissenschaftlichen Tatsachen – die Inhalte ebenso wie die organisatorischen Formen – selbst, und wir sind für die Gestalt des Feldes verantwortlich, aber wir machen diese Tatsachen eben ›unter unmittelbar vorgefundenen Bedingungen‹. Das heißt, wir machen sie von einer Stellung im Feld aus, die wir nicht selbst geschaffen haben, die uns »dazu bewegt und disponiert, die von der Logik des Feldes aus gesehen relevanten Unterscheidungen zu treffen« (Bourdieu 1999, 360), kurzum: die unsere Möglichkeiten vorab konfiguriert und begrenzt. Wie Peter Berger und Thomas Luckmann (1989) betonen: »Durch die bloße Tatsache ihres Vorhandenseins halten Institutionen menschliches Verhalten unter Kontrolle« (Berger/Luckmann 1989, 58). Sie stellen »Verhaltensmuster auf, welche es in eine Richtung lenken, ohne ›Rücksicht‹ auf die Richtungen, die theoretisch möglich wären. Dieser Kontrollcharakter ist der Institutionalisierung als solcher eigen« (ebd.). Mehr noch: »Organisationen sind«, so Oswald Neuberger, »herrschaftliche Einrichtungen, die das Handeln der Individuen dauerhaft so verzahnen, daß sie beim Verfolgen eigener Entwürfe und Interessen nicht anders können, als *auch* fremde Zwecke zu erfüllen« (Neuberger 1995, 33; Hervorhebung sh).

Insofern also auch kritische Wissensprojekte und kritische Praktiken von historisch gegebenen, institutionellen Bedingungen zwar nicht absolut determiniert, so doch konfiguriert und begrenzt sind, insofern, wie Sigmund Freud in seiner Schrift »Massenpsychologie und Ich-Analyse« (2000) festgestellt hatte, Institutionen die Individuen ihrer Reflexionsfähigkeit berauben, um ihr eigenes Überleben zu sichern, sind auch kritische Projekte beständig der Gefahr ausgesetzt, fremde Zwecke zu erfüllen und so eine andere als die intendierte oder imaginierte Form und Richtung anzunehmen. »Emanzipatorische Praxis«, so Edit Kirsch-Auwärters Argument, kann daher »unfreiwillig affirmativ werden«, und selbst »widerständige Repräsentationen können noch ausgrenzende, hegemoniale Instrumente« sein (Kirsch-Auwärter 1996, 28). Wir können also aus kritischen Wissensprojekten niemals vollständig und ausschließlich kritische, in Frage stellende Projekte machen, sie werden immer auch regulierende Projekte sein.

Doch gerade weil Kritik und Regulierung zwar spannungsreich, gleichwohl intim miteinander verkoppelt sind, gilt es, die nicht selbst geschaffenen Umstände und Bedingungen, unter denen wir handeln, das heißt in diesem Fall: Wissen produzieren, distribuieren und konsumieren, kritisch zu reflektieren. Es gilt, die »herrschaftsbedingten Grenzen im eigenen Denken und Handeln« (ebd., 44), im Sprechen und Schreiben, Lehren und Publizieren, im institutionellen Agieren und Reagieren beständig neu zu befragen. Denn die Anstrengung, »so genau wie möglich zu bestimmen, wessen und welches Handeln unter welchen Umständen [...] ermöglicht oder beschränkt wird« (Wagner 1995, 15), ist (eine) unabdingbare Voraussetzung, um der selbst gestellten Aufgabe eines Herrschaft transformierenden Wissensprojektes gerecht werden zu können.

2 Wechselwirkungen. Wissenschaft und Feminismus

> Der Glaube an den Wert wissenschaftlicher Wahrheit ist Produkt bestimmter Kulturen und nichts Naturgegebenes.
> [Max Weber]

2.1 Wechselwirkungen?

An diesem Punkt der Argumentation angelangt, scheint es angeraten, noch einmal zurückzutreten und uns einige der bisher eher implizit gebliebenen Setzungen zu vergegenwärtigen. Einerseits habe ich dargelegt, dass der akademisch werdende Feminismus die intellektuelle und institutionelle Transformation von Wissenschaft anstrebt, dass andererseits das feministische Wissensprojekt im Prozess seiner ›Beheimatung‹ in der Wissenschaft selbst Prozessen der Akademisierung unterworfen ist, es im akademischen Spiel, auf dem »Turnierplatz« Wissenschaft (Robert Merton 1985c), mitmischt, es dort um Anerkennung ansucht, ja ansuchen muss, um Wissen im eigenen Namen produzieren zu können. Des Weiteren habe ich argumentiert, dass Wissen in mehrfacher Hinsicht umstritten ist: Nicht nur ficht das neue Wissen das bereits etablierte an und trachtet danach, dieses zu verändern. Jenes muss sich auch in einem bereits existierenden sozialen Gefüge behaupten und wird folglich selbst in sozial regulierten und regulierenden Prozessen und durch diese (trans)formiert. Schließlich war mein Argument, dass Wissen von Gemeinschaften in sozialen, beständig anfechtbaren und angefochtenen Praktiken hervorgebracht wird und dass auch kritische Wissensprojekte niemals nur kritisch sein werden, sondern immer auch selbst nach innen wie nach außen regulierend wirken.

Wir haben es also mit verschiedenen Wechselwirkungen zu tun: Mit dem feministischen Projekt, Wissenschaft intellektuell und institutionell verändern zu wollen, dem *feminist turn*, auf der einen Seite und mit der regulierenden »Akademisierung«, so Hildegard Maria Nickel (2003), dem *academic turn* des Feminismus, wie es Ellen Messer-Davidow (2002) nennt, auf der anderen. Denn die

»Transformationen, die wir in den Disziplinen zu bewerkstelligen suchen, sind auch Transformationen unseres eigenen Denkens« (Marx Feree/Lorber/Hess 2000, xvi; Übersetzung sh). Doch in welchen Hinsichten kann sinnvoll von feministischen Transformationen ›der‹ Wissenschaft gesprochen werden, und in welchen Hinsichten hat ›die‹ Wissenschaft ›den‹ Feminismus verändert?

Um diese Wechselwirkungen wird es in diesem Kapitel gehen. Ich werde mich zunächst mit der Frage des *feminist turn* auseinander setzen. Dazu werden Autorinnen aus verschiedenen Disziplinen zu Wort kommen, die die Qualität und Reichweite des oft als Paradigmenwechsel bezeichneten Wandels der Wissenschaft durch die feministische Intervention beschreiben. Anhand zweier Aufsätze von Ute Gerhard werde ich anschließend die Frage der Beziehungen zwischen Wissenschaft und Feminismus exemplarisch am Fall der Soziologie diskutieren. In dieser Diskussion wird deutlich werden, dass die Beschreibungen des *feminist turn* eine der diskursiven Praktiken darstellen, durch die sich der akademische Feminismus in spezifischer Weise selbst konstituiert. Die Funktion dieser Praktik ist, so meine These, die performative Selbstproduktion des akademischen Feminismus als akademisch anerkanntes und zugleich widerspenstiges Wissensprojekt.

In einem Exkurs werde ich anschließend einer anderen Wechselwirkung nachgehen und die Frage nach »Homo. Academica«, genauer: die Frage nach den Bedingungen des Eintritts in die und der Zugehörigkeit von Frauen zur Wissenschaft stellen. Dies scheint mir deshalb wichtig zu sein, da die Bedingungen, unter denen Frauen zur Wissenschaft zugelassen wurden und am akademischen Geschehen teilhaben, auch das Potenzial des akademischen Feminismus, Wissenschaft zu verändern, umschreiben und begrenzen.

Vor diesem Hintergrund kehre ich im dritten Abschnitt dieses Kapitels zum *feminist turn* zurück. Erneut in Auseinandersetzung mit verschiedenen disziplinär orientierten Bilanzierungen des transformativen Potenzials des akademischen Feminismus werde ich zu zeigen versuchen, dass wir hinsichtlich der ›Transformationen, die wir in den Disziplinen zu bewerkstelligen‹ suchen, von Formen »integrativer Desintegration« (Sigrid Metz-Göckel 1993) beziehungsweise von »Integration durch Segregation und Marginalisierung« (Hildegard Maria Nickel 1999) des feministischen Wissens in die Disziplinen sprechen können: Wir haben es eher mit einem begrenzten Institutionenwandel zu tun, durch den das feministische Wissen sich partiell entfalten konnte, können jedoch keinesfalls von einem Paradigmenwechsel in den Disziplinen sprechen.

Abschließend frage ich nach den Hinsichten, in denen von einem *academic turn* des feministischen Wissens gesprochen werden kann. Es wird hier zu zeigen sein, dass die inhaltliche Entwicklung von Frauen- und Geschlechterforschung nicht von den institutionalisierten Praktiken und Verfahren, den etablierten Konventionen des Forschens und Schreibens, die Intelligibilität garantieren, von den Anforderungen an Professionalisierung oder den Rekrutierungs- und Sozialisierungsweisen der akademischen Dominanzkultur zu trennen ist.

2.2 Ein ›feminist turn‹?

Ist in der Frauen- und Geschlechterforschung von einem *feminist turn* die Rede, dann sind damit in aller Regel die Transformationen angesprochen, von denen die feministischen Wissenschaftlerinnen behaupten, sie selbst initiiert und forciert zu haben. Im Zentrum steht hier der Wandel des *mainstream*, das Vermögen des Feminismus, die wissenschaftlichen Institutionen und das wissenschaftliche Wissen zu transformieren. »Die neue Frauenforschung bzw. feministische Forschung«, schreibt etwa Heike Kahlert, sei »eine Bewegung zur Transformation von Wissenschaft« (Kahlert 2003b, 81). Frauenforschung habe sich dabei, so Karola Maltry (2003),

> von Beginn an als transformativ im doppelten Sinne verstanden: erstens in Bezug auf die Wissenschaft als feministische Wissenschaftskritik und zweitens in Bezug auf die gesellschaftliche Praxis, weil die wissenschaftliche Analyse der gesellschaftlichen Ungleichheit und Diskriminierung von Frauen die Transformation dieser Verhältnisse zum Ziel hatte (Maltry 2003, 21).

> Women's studies [so schließlich Diane Elam] machen sich daran, die Weisen des Schreibens, die pädagogischen Herangehensweisen, die Verfahrensweisen akademischen Austausches, das Verhältnis zu Sprachen, zu anderen Disziplinen, zur Institution im Allgemeinen, zu deren Innenleben wie ihrem Umfeld zu verändern (Elam 1994, 101; Übersetzung sh).[1]

1 Die Frage des *feminist turn* untersucht für die US-amerikanischen *Women's Studies* Marilyn Jacoby Boxer 1998, 51-78.

Es ist ein aufbegehrender, kühner Ton, in dem insbesondere die ersten wissenschaftlichen Texte geschrieben wurden, die im Umfeld der Neuen Frauenbewegung in den 1970er- und 1980er-Jahren entstanden.[2] Weil es keine, wie Barbara Holland-Cunz diese erste Phase resümiert, »von Herrschaft unberührten Kategorien, keinen erkennbaren Sinn im Betrieb der etablierten Wissenschaft, keine Möglichkeit [gab], dem Denken der Mächtigen dort zu entgehen, kein Entkommen aus dem ›heillosen Zustand‹ der Verstrickung in die ›Macht des Bestehenden‹« (Holland-Cunz 2003b, 27),[3] sahen wissenschaftlich arbeitende Feministinnen ihre Aufgabe darin, *Wissenschaft neu zu erfinden*. Es ist ein Impuls, der, wie Diane Elams Charakterisierung des Projekts der *Women's Studies* aus den frühen 1990er-Jahren verdeutlicht, lange über die Anfangszeit hinaus lebendig bleibt – und der zumindest latent auch im deutschsprachigen Kontext bis heute ein zentrales Kennzeichen des Selbst-Ideals der Frauen- und Geschlechterforschung darstellt.

Als ein solch kühnes Projekt der Neuerfindung von Wissenschaft formulierte dies etwa die auch für die deutsche Diskussion wichtige Wissenschaftstheoretikerin Sandra Harding in *Feministische Wissenschaftstheorie. Zum Verhältnis von Wissenschaft und sozialem Geschlecht* (1990):

> Als wir vor noch nicht einmal zwanzig Jahren in der neuen Frauenbewegung damit begannen, unsere Erfahrung theoretisch zu verarbeiten, wußten wir, daß unsere Aufgabe ebenso schwierig wie aufregend sein würde. Doch hätten wir uns wohl nicht einmal in unseren kühnsten Träumen vorstellen können, daß wir sowohl die Wissenschaft als auch das theoretische Denken würden neu erfinden müssen, um der gesellschaftlichen Erfahrung der Frauen ihren Sinn und ihre Bedeutung abzugewinnen (Harding 1990, 274).

In einem Memorandum des »Arbeitskreises Hessischer Wissenschaftlerinnen«,[4] veröffentlicht Mitte der 1980er-Jahre, ist zwar et-

2 Der feministische Aufbruch in die Wissenschaft ist noch einmal Gegenstand von Kapitel 4.

3 Holland-Cunz rekurriert hier auf Adorno und Horkheimer, die in der Vorrede zur *Dialektik der Aufklärung* notieren: »Es gehört zum heillosen Zustand, daß auch der ehrlichste Reformer, der in abgegriffener Sprache die Neuerung empfiehlt, durch Übernahme des eingeschliffenen Kategorienapparats und der dahinter stehenden schlechten Philosophie die Macht des Bestehenden verstärkt, die er brechen möchte« (Horkheimer/Adorno 1971, 4).

4 Abgedruckt in »Frauenforschung und Frauenförderung an den hessischen Hoch-

was vorsichtiger von der »Neudefinition wissenschaftlicher Kategorien und Theorien« die Rede; dass Wissenschaft aber so, wie sie ist, aus feministischer Perspektive kaum zu gebrauchen ist, machen auch die hessischen Wissenschaftlerinnen unmissverständlich klar:

Ziel der Frauenforschung ist, sexistische Vorurteilsstrukturen aufzudecken und in allen wissenschaftlichen Disziplinen scheinbar geschlechtsneutrale Aussagen zu überprüfen. Frauenforschung beinhaltet die kritische Überprüfung herkömmlicher wissenschaftlicher Erklärungsansätze und Theorien einschließlich der Methoden, deren sie sich bedienen. Frauenforschung läßt sich weder allein durch ein spezifisches Thema noch durch eine spezifische Methode definieren, vielleicht durch ein Erkenntnisinteresse, das auf die Aufhebung von Unterdrückung, Ausbeutung und Diskriminierung von Frauen gerichtet ist. Frauenforschung trägt zu einer Neudefinition wissenschaftlicher Kategorien und Theorien und damit auch zu einer gesellschaftlichen Veränderung bei.

Und in weniger prosaischem Ton als Sandra Harding spricht auch Ulla Bock noch 1991 in »Der lange Weg der Emanzipation. Interpretationen zum Verhältnis von Frauenbewegung, Frauenbildung und Frauenforschung« zwar nicht von der Neuerfindung der Wissenschaft, aber von einem Paradigmenwechsel, der in den Wissenschaften herbeigeführt werden soll. Bock schreibt:

Frauenforschung ist als ein Teil der Frauenbewegung (der theoretische, analytische Zweig) selbst Bewegung, eine offene Diskussion (Diskurs), in kritischer Haltung zu den dominanten Theorien in allen wissenschaftlichen Disziplinen mit dem Anspruch, einen Paradigmenwechsel in den Wissenschaften herbeizuführen (Bock 1991, 94).

Diesem »Paradigmenwechsel« scheinen wir heute, mehr als zehn Jahre später, näher als je zuvor zu sein. Obgleich die Vorstellung eines radikalen Neubeginns und der ganz anderen Wissenschaft immer auch kritisch befragt wurde[5] und obwohl sich Diagnosen fin-

schulen«, Schriftenreihe Hochschulen 5. Hrsg. vom Hessischen Ministerium für Wissenschaft und Kunst, Wiesbaden 1986.

5 So fragen beispielsweise Gudrun-Axeli Knapp und Angelika Wetterer im Vorwort zu *TraditionenBrüche. Entwicklungen feministischer Theorie* (1992b), ob es »einen radikalen Neubeginn, eine feministische Wissenschaft als ganz andere, als ›alternative Wissenschaft‹ überhaupt geben« kann (Knapp/Wetterer 1992a, 9). Die »verführerische Idee von Frauenforschung als ganz anderer Wissenschaft«, fahren sie fort, drücke »eher das Selbst-Ideal der Frauenforschung aus als die Realität – und

den, die feststellen, dass der bisherige Institutionalisierungsprozess der Frauenforschung »an der Oberfläche« geblieben sei und »auf herkömmliche Auffassungen in den Disziplinen nicht tiefer eingewirkt« habe (Hagemann-White 1995, 38),[6] mehren sich in jüngster Zeit quer durch die Disziplinen die Beschreibungen von den tief greifenden Veränderungen, die die feministische Intervention in der Wissenschaft bewirkt habe.

»Als kritisch-innovative Kraft«, so beispielsweise Heike Kahlert, sei Frauen- und Geschlechterforschung, die sich in nahezu allen Wissenschaftsdisziplinen entfaltet habe, »nicht mehr wegzudenken« und trage zu »einem zeitgemäße(re)n, moderne(re)n und demokratische(re)n Wissenschaftsverständnis bei« (Kahlert 2003a, 55). Wie erfolgreich diese Selbstbeschreibung gewesen ist, zeigen zudem die folgenden Belege: Sowohl der *Wissenschaftsrat* wie die *Deutsche Forschungsgemeinschaft* (DFG) betonen die Notwendigkeit der Erforschung der Geschlechterverhältnisse: Da »dem Geschlechterverhältnis«, so ist es in den 1998 vom Wissenschaftsrat vorgelegten *Empfehlungen zur Chancengleichheit von Frauen in Wissenschaft und Forschung* zu lesen, »eine wichtige Rolle bei der Konstruktion und Erfahrung sozialer Wirklichkeiten zukommt«, sei es »sinnvoll, die Bedeutung von Geschlechterrollen in Wissenschaft und Forschung zu analysieren und zu reflektieren« (Wissenschaftsrat 1998, 106). Und Gertrud Nunner-Winkler schreibt im Bericht der Senatskommission für Frauenforschung der DFG:

> Etwas plakativ formuliert: Was die Bildungsdebatte für die Sozialwissenschaften der 60er-Jahre bedeutete, das ist die Frauenforschung für die 80er-Jahre: ein Thema, an dem politisch-emanzipatorische Motivation, ein Interesse an technisch verwertbarem Planungswissen, institutionalisierte

wäre überdies durch ein Stück Verleugnung der eigenen Geschichte erkauft« (ebd., 11). Um welche Verleugnungen es sich handelt, führen Knapp und Wetterer freilich nicht aus.

6 Zu dieser Einschätzung kommt Carol Hagemann-White vor dem Hintergrund der Erfahrung mit der Umgestaltung von Wissenschaft, Lehre und Forschung in den neuen Bundesländern. Frauenforschung, so Hagemann-White, spielte dort in der curricularen und personellen Reorganisation der Fächer und Hochschulen überhaupt keine Rolle.
Die Umstrukturierung der Hochschulen in Ostdeutschland und die in diesem Prozess stattfindende Marginalisierung von Frauen- und Geschlechterforschung ist noch einmal Thema in Kapitel 5.1. Siehe hierzu u. a. Kahlert 1997; Dölling 2000 sowie Nickel 2000.

politische Reformdebatten und spontane soziale Aktivitäten und Bewegungen sich bündeln und Impulse für die Sozialwissenschaften ausstrahlen: neue empirische Forschungsfragen aufwerfen, neue Anwendungsfelder für tradierte theoretische Paradigmen eröffnen, die Neuinterpretation tradierter Begrifflichkeiten und die Entwicklung neuer theoretischer Sichtweisen erzwingen (Nunner-Winkler 1994, 44).

Zwar zurückhaltender in der Diktion, doch vom Erfolg der feministischen Transformation der Wissenschaft überzeugt, resümiert auch Renate Hof, in den Kulturwissenschaften sei »zumindest im englischsprachigen Bereich mit der Etablierung von *gender* als Analysekategorie [...] die Wirksamkeit der Relation der Geschlechter für das gesamte Gebiet der Kultur hervorgehoben« worden (Hof 2003, 332). Deutlich weitreichender bewerten dagegen sowohl die Literaturwissenschaftlerin Renate Kroll im Vorwort des Lexikons *Gender Studies. Geschlechterforschung* (2002a) als auch die Sozialwissenschaftlerinnen Anina Mischau und Mechthild Oechsle in ihrer Einführung zum Themenschwerpunkt »Wechselwirkungen, Risiken und Nebenwirkungen. Frauen- und Geschlechterforschung im Kontext von Disziplinen und Interdisziplinarität« (Heft 2+3/2003 der *Zeitschrift für Frauenforschung & Geschlechterstudien*) den *feminist turn* der Wissenschaft. In beiden Texten wird nachdrücklich die, wie Kroll (2002a, V) schreibt, profunde »Revision des Wissenschaftsverständnisses« durch die »fundamentale Analysekategorie« *gender* hervorgehoben:

So heterogen sich die Geschlechterforschung aber darbietet – konstant bleibt die Grundannahme, dass *gender* mehr ist als nur ein Forschungsaspekt unter anderen. Diese Erkenntnis hat zu einer Revision des Wissenschaftsverständnisses geführt. Ob Soziologie, Geschichts-, Politik-, Kunst-, Sprach- und Literaturwissenschaft, Theologie, Philosophie, Psychologie, Erziehungswissenschaft, Anthropologie, Theater-, Film- und Medienwissenschaften –, heute gilt in allen diesen Disziplinen *gender* als eine Kategorie, die Kultur und Gesellschaft nicht nur prägt (und durch die sie geprägt wird), sondern auch als Kategorie, die die gesellschaftliche Logik und kulturelle Bedeutungsstiftung organisiert. Als fundamentale Analysekategorie in den Wissenschaften führt *gender* auch zu wissenschaftlicher Vernetzung und Interdisziplinarität (Kroll 2002a, V).

Und Mischau/Oechsle führen aus:

Die feministische Wissenschaft und Theoriediskussion hat wesentlich zu einer kritischen Wissenschaftsreflexion, dem Aufdecken androzentrischer

Grundlagen ihrer jeweiligen Disziplinen, der Reformulierung des wissenschaftlichen Begründungszusammenhanges und der Neuformulierung des wissenschaftlichen Entdeckungszusammenhanges beigetragen. [...] Die Frauen- und Geschlechterforschung hat unbeirrt an der Transformation des hegemonialen Wissenschaftsdiskurses und dessen Deutungsmonopol gearbeitet und ein gegenhegemoniales Verständnis von Geschlechterverhältnissen etabliert. Durch die Frauen- und Geschlechterforschung hat die Erkenntnis, dass Geschlechterverhältnisse grundlegende gesellschaftliche Strukturierungs- und Organisationsformen darstellen, zunehmend Eingang in die Einzelwissenschaften gefunden und deren Forschungen, Publikationen und auch deren Lehrinhalte beeinflusst (Mischau/Oechsle 2003, 5).

Aus diesen Diagnosen lassen sich sehr deutlich zwei im Grunde einander widersprechende und widerstreitende Impulse entziffern, denen offensichtlich zugleich Rechnung getragen werden muss. Es gilt einerseits, die innovative Widerständigkeit des feministischen wissenschaftlichen Wissens zu dokumentieren: Dieses ist nicht einfach ein weiteres Gebiet wissenschaftlichen Wissens, sondern radikale Kritik an der herrschenden Wissenschaft, am hegemonialen Wissenschaftsdiskurs, der durch die feministische Kritik grundlegend revidiert und transformiert wird.[7] Es gilt andererseits aber auch, die Frauen- und Geschlechterforschung als integriertes und akzeptiertes akademisches Projekt zu präsentieren, das seine Geltungsansprüche in einer Vielzahl von Fächern entfalten konnte: *Gender* ist mehr ›als nur ein Forschungsaspekt unter anderen‹; ein ›breites Spektrum feministischer Forschungen hat das Innovationspotenzial, die Validität und Produktivität feministischer Perspektiven durch vielfältige Ergebnisse in beinahe allen sozial- und kulturwissenschaftlichen Disziplinen unter Beweis gestellt‹; *gender* gilt in allen sozial- und kulturwissenschaftlichen Disziplinen als ›fundamentale Analysekategorie‹; die feministische Theoriediskussion hat zur ›Reformulierung des wissenschaftlichen Begründungszusammenhanges und der Neuformulierung des wissenschaftlichen Entdeckungszusammenhanges beigetragen‹. Nicht zuletzt habe *gender* wesentlich zu ›wissenschaftlicher Vernetzung und Interdisziplinarität‹ geführt. Die Frauen- und Geschlechterforschung, das legt insbesondere dieser letzte Punkt nahe, hat also nicht nur die intellektuelle Landkar-

7 Dieses Selbst-Ideal wird uns noch einmal in Kapitel 6 beschäftigen.

te revidiert, sie hat darüber hinaus auch die institutionelle Kartografie von Wissenschaft verändert.[8]

Betrachten wir vor dem Hintergrund dieser generellen Einschätzungen die Frage, inwieweit von einem *feminist turn*, das heißt von einem feministischen Wandel der Wissenschaft, gesprochen werden kann, exemplarisch an einem Fach – der Soziologie – genauer, so zeigt sich ein deutlich inkongruenteres und widersprüchlicheres Bild. Ich will dies an zwei zeitlich dicht aufeinander folgenden Aufsätzen von Ute Gerhard diskutieren, die sich mit dem Verhältnis von Soziologie und Feminismus beschäftigen. Es handelt sich dabei zum einen um einen Aufsatz aus dem Jahr 1998 mit dem assoziationsreichen Titel »›Illegitime Töchter‹. Das komplizierte Verhältnis zwischen Feminismus und Soziologie« (1998a), erschienen in einem Sonderheft der *Kölner Zeitschrift für Soziologie und Sozialpsychologie* zum Thema der »Diagnosefähigkeit der Soziologie«, zum anderen um einen Text mit dem eher programmatischen Titel »Frauenbewegung – Frauenforschung – Frauenpolitik. Innovation und Selbstreflexion«, publiziert in einem Band der Buchreihe der Sektion Frauen- und Geschlechterforschung in der Deutschen Gesellschaft für Soziologie mit dem Titel *Zwischen Emanzipationsvision und Gesellschaftskritik. ReKonstruktionen der Geschlechterordnung* (2001).

Im Text »›Illegitime Töchter‹« zieht Gerhard eine negative Bilanz: Es sei (bisher) nicht gelungen, die Soziologie feministisch zu transformieren. Gerhard charakterisiert das Verhältnis zwischen Feminismus und Soziologie als ein Verhältnis »zwischen Affinität und Zurückweisung« (Gerhard 1998a, 365). Nüchtern konstatiert sie, »die Gesellschaftskritik des neuen Feminismus [habe; sh] trotz einer weitverbreiteten Gleichberechtigungsrhetorik in der gegenwärtigen soziologischen Theorie bisher keinen systematischen Niederschlag gefunden« (ebd., 345). Dies, so spitzt Gerhard ihre These zu, unterscheide die heutige soziologische Theorie von den soziologischen Klassikern, in deren Denken »die Geschlechterproblematik […] einen zentralen Stellenwert einnahm« und »für ihre Theoriebildung eine Rolle gespielt« habe (ebd.). Dagegen seien »die theoretische Herausforderung«, aber auch die »empirisch-analytische Reichweite der feministischen Perspektiven auf die Geschlechterverhältnisse

8 Die Funktion der oft programmatischen Rede von Inter- und Transdisziplinarität – auch im Diskurs der Frauen- und Geschlechterforschung – ist ein Thema von Kapitel 7.

als Focus der Gesellschaftsanalysen«, so Gerhards Fazit, »insbesondere in der deutschen Soziologie heute – im Gegensatz zur Soziologie am Ende des vorigen Jahrhunderts [d. i. das Ende des 19. Jahrhunderts; sh] – bis auf wenige Ausnahmen nicht erkannt, geschweige denn an zentraler Stelle thematisiert worden« (ebd., 371).

Auf den ersten Blick scheint Gerhard hier für die Soziologie lediglich zu diagnostizieren, was sich, entgegen den zuvor referierten optimistischen Einschätzungen, meines Erachtens wohl für die Mehrzahl der akademischen Fächer feststellen lässt: Einen ›systematischen Niederschlag‹, mit anderen Worten einen feministischen Umbau der Soziologie, kann Gerhard nicht erkennen. Von einem *feminist turn* der Wissenschaft kann also (noch) nicht die Rede sein.

Doch das wäre lediglich eine rückwärts gewandte Betrachtung, in der vorausgesetzt ist, dass die Dynamik wechselseitiger Formierung von Feminismus und Soziologie bereits an ihr Ende gekommen sei, sich beide Wissensformationen also nicht mehr weiterentwickeln würden. Lesen wir »›Illegitime Töchter‹« dagegen sowohl im Lichte der im Prolog entwickelten methodischen Überlegung, dass Texte (auch) als *politische Aktivität* zu verstehen sind, durch die *soziale Verhältnisse* gestiftet werden, als auch vor dem Hintergrund der Überlegung, dass *Wissen umstritten ist*, es innerhalb von Praxisgemeinschaften in jederzeit anfechtbaren Praktiken hervorgebracht wird, so lässt sich der Stellenwert von Gerhards Einlassung genauer verstehen.

Fragen wir also nach der Intervention, die Gerhards ›illegitime Töchter‹ versuchen, danach, welche Konstellation, welcher Kontext erzeugt wird – oder zumindest erzeugt werden soll. Dafür ist es zunächst wichtig, den Erscheinungsort des Textes – und damit den vorrangigen Adressatenkreis – zu berücksichtigen. Die Publikation in einer der drei in der soziologischen Fachgemeinschaft anerkannten deutschen soziologischen Zeitschriften[9] legt nahe, dass Gerhard mit diesem Text ein soziologisches Mainstream-Publikum adressiert in der Absicht, die heutige Soziologie an ihre Defizite hinsichtlich der Integration der feministischen Problematisierungen und Er-

9 Das sind die *Kölner Zeitschrift für Soziologie und Sozialpsychologie*, in der Gerhards Aufsatz erschienen ist, sowie die *Soziale Welt* und die *Zeitschrift für Soziologie*. Ergänzt wird diese Trias seit einigen Jahren durch das *Berliner Journal für Soziologie*. Zur Bedeutung von wissenschaftlichen Zeitschriften für die Disziplinwerdung von wissenschaftlichem Wissen siehe Stölting 1986, 145-194.

kenntnisse zu erinnern. Die – von Gerhard selbst als »ebenso kühn wie weitreichend« charakterisierte – These (ebd., 345), dass dies in der Tat als ein folgenreiches Defizit anzusehen ist, an dem sich nicht zuletzt, so das zumindest implizit enthaltene Argument, die Diagnosefähigkeit der Soziologie entscheidet, wird untermauert mit dem Verweis auf die soziologischen Klassiker Durkheim, Simmel und Tönnies. Denn in deren Gesellschaftstheorien habe das »von der Frauenbewegung problematisierte Geschlechterverhältnis [...] zumindest einen zentralen Stellenwert« eingenommen (ebd., 343), ja mehr noch, diese seien »nicht zuletzt wegen ihrer Thematisierung der problematisch gewordenen Geschlechterverhältnisse als ›klassisch‹ zu bezeichnen« (ebd., 365). Mit anderen Worten: Will die heutige soziologische Theorie ähnlich nachhaltig sein wie die soziologische Klassik, so wird sie nicht umhin können, sich der Problematik der Geschlechterverhältnisse anzunehmen. Andernfalls ist sie wohl zur Bedeutungslosigkeit verdammt.[10]

Gerhard sucht hier die Autorität der »Gründungsväter« zu nutzen (ebd., 373), um den Geltungsanspruch des eigenen intellektuellen Feldes zu unterstreichen. Obgleich deren Auseinandersetzung mit dem Geschlechterverhältnis durchaus zwiespältig zu bewerten sei, da die frühen Soziologen zwar »die mit der Frauenfrage und dem Emanzipationsstreben aufgeworfenen sozialen Probleme« erkannt und ausführlich diskutiert, sich in der Regel jedoch »indifferent bzw. abwehrend gegenüber den politischen Zielen der Frauenbewegung« verhalten hätten (ebd., 365), seien sie der heutigen Generation soziologischer Denker hinsichtlich der Einsicht in die konstitutive Verknüpfung der gesellschaftlichen Dynamik mit Geschlechterfragen doch überlegen.

»›Illegitime Töchter‹« kann daher gelesen werden als Versuch, an einer für die Soziologie strategisch bedeutsamen Stelle – die *Kölner Zeitschrift für Soziologie und Sozialpsychologie* ist die älteste der soziologischen Zeitschriften, sie wird international rezipiert und ist neben der *Zeitschrift für Soziologie* diejenige, die am deutlichsten für sich beansprucht, das Fach zu repräsentieren[11] – das soziologische Feld neu zu ordnen, kurzum: eine neue Konstellation, einen neuen

10 Es geht mir hier, um noch einmal daran zu erinnern, nicht darum, die inhaltliche Plausibilität der jeweiligen Argumente zu diskutieren, sondern um deren theoriepolitische Funktion.

11 Siehe hierzu auch Allmendinger/Hinz 2002b, 21.

Kontext zu erzeugen. Gerhard unternimmt es hier, in der Soziologie die Legitimität alter (Verwandtschafts-)Verhältnisse in Frage zu stellen und neue zu stiften: Wenngleich die »Enkelinnen der Gründungsväter« von der »soziologischen Disziplin allenfalls als ›illegitime Töchter‹ behandelt« würden (ebd.), so sind sie doch genau das, nämlich Enkelinnen – und damit ebenso legitime Erbinnen jener ›Gründungsväter‹ wie die heutigen Söhne, die sich als ebensolche verstehen.

Gerhards Aufsatz kann als paradigmatisch angesehen werden für den Stand der Beziehungen zwischen der Frauen- und Geschlechterforschung und den etablierten akademischen Fächern. Denn Integration und Marginalisierung sind hier auf paradoxe Weise miteinander verquickt: Der Frauen- und Geschlechterforschung wird zwar ein prominenter Platz eingeräumt, um ihre Kritik an der Soziologie zu artikulieren und die als legitim geltenden Verhältnisse anzuzweifeln. Zugleich ist damit aber auch an dieser prominenten Stelle durch eine der im deutschen soziologischen Feld wichtigsten VertreterInnen der Frauen- und Geschlechterforschung ausgesagt, dass das Projekt der feministischen Transformation der Soziologie bislang nur bedingt erfolgreich war. Gerhard selbst beschreibt dieses Verhältnis in einer an emotionale Bindungen erinnernden Terminologie als ein Verhältnis ›zwischen Affinität und Zurückweisung‹. Sie rekurriert dabei auf die berühmte Diagnose der US-amerikanischen Soziologinnen Judith Stacey und Barrie Thorne von 1985, die der Soziologie schon damals eine »besondere Resistenz« und ein »zwiespältiges Verhältnis« zur feministischen Theorie attestiert hatten, da sie feministische Fragestellungen ebenso kooptiere wie ghettoisiere (Stacey/Thorne 1985, 119).

Sigrid Weigel beschreibt dieses ›zwiespältige Verhältnis‹ präziser als »Dialektik von Ausschluss, Separierung und Integration« (Weigel 1999, 137) und erinnert damit an eine Diagnose, die Theresa Wobbe bereits 1988 formuliert hatte: Dass sich nämlich seit Beginn der Förderung von Frauenforschung an der Universität »die Handlungsspielräume für ebendiese Forschung wie auch für Wissenschaftlerinnen verschlechtert« hätten (Wobbe 1988, 127). Seitdem, so Wobbes schon damals eher ernüchterndes Fazit, »es ein institutionell zugelassenes Wissen über den marginalisierten Status von Frauen gibt, radikalisiert sich die Funktionsweise dieser Marginalisierung« (ebd.). Denn heute würde der Ausschluss im Unterschied zu den 1920er- und 1950er-Jahren, als die Frauen zwar formal zugelassen, faktisch jedoch weiterhin exkludiert waren, im »Wissen um die ungleichen Machtverhältnisse zwischen den Geschlechtern *in* der akademischen Institution« organisiert. »Was wäre«, fragt Wobbe abschließend, »wenn sich herausstellt, dass Frauenforschung zu einer Chiffre für die Zugangssperren von Frauen in die akademischen Institutionen geworden ist?« (Ebd.; Hervorhebung sh)

Zehn Jahre später ist diese Frage weitgehend aus dem Selbstverständigungsdiskurs der Frauen- und Geschlechterforschung verschwunden.[12] Zwar zitiert Gerhard die frühe Diagnose von Stacey und Thorne, die Soziologie habe die feministischen Fragestellungen ebenso kooptiert wie ghettoisiert, doch sie reflektiert die Dialektik von Integration, Separierung und Ausschluss ebenso wenig wie die eingangs dieses Kapitels zitierten Autorinnen. Welche Konsequenzen aber hätte es, wenn die Wobbes Frage implizite These, dass Frauenforschung womöglich nicht nur den ins Innere der akademischen Institutionen verlegten Ort des Ausschlusses von Frauen, sondern auch den Ort der Isolierung der feministischen Problematisierungen darstellt, in der Tat eine zutreffende Beschreibung der gegenwärtigen wissenschaftlichen Arbeitsteilung wäre? Die Frauen- und Geschlechterforschung also nicht nur zur ›Chiffre für die Zugangssperren von Frauen in die akademischen Institutionen geworden wäre‹, sondern auch für diese selbst das Zeichen für Marginalisierung darstellte? Dass Frauen- und Geschlechterforschung also innerhalb der Disziplinen für das »Besondere«, die Frage nach den Geschlechterverhältnissen, zuständig ist und der Mainstream für die so genannten allgemeinen Fragen, jene damit im Effekt dazu beiträgt, dass die Disziplinen in der Tat auch weiterhin »unter Absehung des Geschlechts« agieren können (Heintz 2001a, 9)?

12 Ausnahmen wären hier etwa Bock/Landweer 1994, die den Konnex von Marginalisierung und Integration an der Frage der Einrichtung von Frauenforschungsprofessuren diskutieren, sowie Lucke 2000. Lucke mutmaßt, es sei nicht auszuschließen, »dass es Soziologinnen nach der Einrichtung von Frauenforschungsprofessuren in Zukunft noch schwerer haben werden, außerhalb dieser ›Reservate‹ einen Ruf zu erlangen« (Lucke 2000, 116).

Die Verteilung wissenschaftlicher Güter

Legt man bibliometrische Indikatoren zugrunde, so ergibt – um dies an einer kleinen Stichprobe zu illustrieren – die Auswertung der Abstracts der Sonderhefte der *Kölner Zeitschrift für Soziologie und Sozialpsychologie* zwischen 1998 und 2002 jedenfalls folgendes Bild: Im Heft zur »Diagnosefähigkeit« (38/1998) beschäftigen sich die drei Aufsätze der Autorinnen (auch) mit Fragen des Geschlechterverhältnisses beziehungsweise mit der Frauenbewegung als sozialer Bewegung. Im darauf folgenden Heft »Soziale Integration« (39/1999) spielen Geschlechterfragen in keinem, in Heft 40/2000 zur »Europäisierung nationaler Gesellschaften« in einem Aufsatz (zur Migration) eine Rolle. Erst Heft 42/2002 über »Organisationssoziologie« kann einen substanziellen Anteil an Aufsätzen, nämlich 4 von 17, aufweisen, die Fragen des Geschlechterverhältnisses berücksichtigen beziehungsweise aus geschlechtertheoretischer Perspektive argumentieren. Einzig Heft 41/2001 zur »Geschlechtersoziologie« kehrt diese Verhältnisse um: Gemäß dem Themenschwerpunkt behandeln alle Texte Aspekte von Geschlechterverhältnissen. Sie tun dies allerdings auf einer Vielzahl soziologischer Teilgebiete: gesellschaftstheoretische Überlegungen, Ungleichheitsforschung, soziale Bewegungsforschung, Organisationssoziologie, Interaktionsforschung, Institutionenanalyse.[13]

13 Diese Aufzählung erhebt keinerlei Anspruch auf Repräsentativität; sie gibt dennoch ein in der Tendenz sicherlich recht getreues Bild der Verhältnisse in der Soziologie wieder. Siehe hierzu auch Allmendinger/Hinz 2002b, 26, die in ihrer Auswertung der *Kölner Zeitschrift für Soziologie und Sozialpsychologie* und der *Zeitschrift für Soziologie* zwischen 1993 und 1999 feststellen, dass sich in diesen »die *gender studies* kaum finden«.
Noch deutlich negativer fällt die Bilanz beispielsweise in der Politikwissenschaft aus: Im Zeitraum von 1985 bis 2003 erschienen in der *Politischen Vierteljahresschrift*, der zentralen deutschen politikwissenschaftlichen Zeitschrift, exakt zwei Artikel, die Geschlechterfragen behandeln (vgl. Sauer 2003, 28).

Wenden wir uns vor diesem Hintergrund dem zweiten Aufsatz von Ute Gerhard aus dem Jahr 2001 zu: »Frauenbewegung – Frauenforschung – Frauenpolitik. Innovation und Selbstreflexion«. Dieser adressiert im Unterschied zu »›Illegitime Töchter‹« direkt die wissenschaftliche Gemeinschaft der (sozialwissenschaftlichen) Frauen- und Geschlechterforscherinnen: Es handelt sich bei diesem Text um die verschriftlichte Version des Festvortrages anlässlich der Tagung zum zwanzigjährigen Jubiläum der Sektion Frauen- und Geschlechterforschung in der *Deutschen Gesellschaft für Soziologie*.[14]
Ob die Frauen- und Geschlechterforschung womöglich selbst dazu beiträgt, dass die feministischen Perspektiven ›bisher keinen systematischen Niederschlag in der soziologischen Theorie‹ gefunden haben, ist für Gerhard auch unter dem programmatischen Titel »Innovation und Selbstreflexion« keine Frage. Stattdessen nimmt Gerhard hier eine zentrale Verschiebung gegenüber dem früheren Text vor: Entgegen ihrem Befund in »›Illegitime Töchter‹« stellt sie nun fest, die feministischen Bestrebungen, Wissenschaft zu verändern, seien sehr erfolgreich gewesen. Damit rückt Gerhard näher zu den eingangs referierten positiven Bilanzierungen der Reichweite des *feminist turn*, die gegenwärtig den Diskurs dominieren. Urteilt Gerhard im ersten Text noch unmissverständlich, es gäbe »im deutschen *mainstream* keine systematische Behandlung der Geschlechterfrage, allenfalls ein sehr vereinzeltes Zugehen auf die feministisch aufgeworfenen Fragen« (Gerhard 1998a, 372), so resümiert sie in diesem Aufsatz, ein »breites Spektrum feministischer Forschungen [hätte; sh] das Innovationspotenzial, die Validität und Produktivität feministischer Perspektiven durch vielfältige Ergebnisse in beinahe allen sozial- und kulturwissenschaftlichen Disziplinen unter Beweis gestellt« (Gerhard 2001, 31). Feministische Fragestellungen hätten sich »in die verschiedensten Disziplinen eingenistet und [...] dort zumindest zur Beunruhigung des *mainstream*« beigetragen (ebd.). Gleichzeitig hätten »sich feministische Wissenschaftlerinnen insbesondere innerhalb einzelner Disziplinen profiliert«, und es sei »ein Prozess der Professionalisierung eingeleitet, der zugleich Spezialisie-

14 In der Vorbemerkung stellt Gerhard (2001, 21; Hervorhebung i. O.) fest, dass sie gemäß des ursprünglichen Formats – Festvortrag – »keine systematische Analyse anbieten [wird; sh], sondern eine recht persönliche Einschätzung des gegenwärtigen Standes der *Frauenbewegung* sowie des Verhältnisses von Frauenbewegung und *Frauen- und Geschlechterforschung*«.

rung« bedeute (ebd.). »In den Fächern und zwischen den Fächern«, fasst Gerhard hier abschließend zusammen, ist »es […] zur Verbreiterung und zu Ausdifferenzierungen gekommen, die es verbieten, von *der* Frauenforschung oder generalisierend von *einer* feministischen Perspektive auf die Wissenschaften zu sprechen« (ebd.; Hervorhebung i. O.).

Was die Transformation des akademischen Mainstream durch die feministischen Perspektiven angeht, so scheint diese Bilanz der vorangegangenen zu widersprechen: Gerhards früherer Aussage, die feministischen Perspektiven würden bestenfalls geduldet, steht hier die Behauptung der ›Beunruhigung‹ des jeweiligen disziplinären Mainstream gegenüber. Woran allerdings diese ›Beunruhigung‹ festgemacht werden kann, wann also davon gesprochen werden könnte, dass eine Disziplin feministisch transformiert wurde, dafür liefert Gerhard keine Kriterien.

Lesen wir jedoch auch diesen Text weniger hermeneutisch als auszulegendes Werk denn als politische Aktivität, erscheint der Widerspruch zwischen beiden Aufsätzen in einem anderen Licht. Denn strategisch gesehen verfolgen beide Texte letztlich dasselbe Ziel: Den Geltungsanspruch von Frauen- und Geschlechterforschung zu erzeugen, durchzusetzen und zu erhalten. Sie unterscheiden sich dabei lediglich in der Taktik: Während Gerhard dies in »›Illegitime Töchter‹« dadurch zu bewerkstelligen sucht, dass sie eine neue Genealogie im soziologischen Denken konstruiert, in der die feministischen Wissenschaftlerinnen als legitime Erbinnen der soziologischen Klassik verortet sind, steht in »Frauenbewegung – Frauenforschung – Frauenpolitik« der Aspekt der Selbstvergewisserung der (soziologischen) Frauen- und Geschlechterforschung und die Betonung der Erfolge und der Überlegenheit des feministischen Wissensprojektes im Vordergrund. So hebt Gerhard hier beispielsweise den ›Reifegrad‹ feministischen Wissens hervor:

> Die feministische Kritik, die durch die radikale Infragestellung tradierter Geschlechterrollen ausgelöst wurde und in Fortführung ihrer Wissenschaftskritik ihre eigenen Prämissen und Denkvoraussetzungen im Hinblick auf die Kategorie ›Frau‹ und ›Geschlecht‹ in Frage stellt oder überprüft, zeugt zunächst einmal von einem hohen Grad an Souveränität und Selbstreflexion (ebd., 32).

Bleiben wir vor diesem Hintergrund noch kurz bei einer signifikanten Trope in Gerhards Beitrag: der Topos der Beunruhigung des Mainstream durch die feministische Intervention. Nicht zuletzt über diesen Topos, der in verschiedenen Varianten eine geläufige Redefigur in den Betrachtungen feministischer Wissenschaftlerinnen über ihr eigenes Tun und die Reichweite des von ihnen anvisierten *feminist turn* darstellt, ist Gerhards Text mit dem feministisch-akademischen Selbstverständigungsdiskurs verknüpft, wird er Teil dieser Kräftekonstellation. Dieser feministische Selbstverständigungsdiskurs bildet den Resonanzraum für Gerhards Darstellung. Erst innerhalb dieses Resonanzraums, in dem zwischen den Texten ein beständiger Widerhall, eine diskursive Regelmäßigkeit erzeugt wird, gewinnt die Rede vom *feminist turn*, von der tief greifenden Veränderung von Wissenschaft durch die feministischen Problematisierungen, an Tiefenschärfe und Plausibilität.

Ich will dafür ergänzend zu den bereits eingangs zitierten Texten nur einige weitere Belege anführen, die zeigen, nach welchem Muster »wahre Aussagen« im Feld generiert werden: Gerhard selbst spricht davon, dass »die Leerstellen, der ›male bias‹ und damit die Voraussetzungen und Methoden, die so genannte Rationalität und Objektivität von Erkenntnis und Wissenschaft«, zur Disposition gestellt worden seien (ebd., 21). Die Soziologie sei daher, so die Autorinnen der 1997 in zweiter Auflage erschienenen Einführung in die *Feministische Soziologie*,

> ohne die Erkenntnisse und Ergebnisse, die feministische Wissenschaftlerinnen in den vergangenen zwanzig Jahren zur Situation von Frauen in der Gesellschaft erarbeitet haben, nicht mehr zu denken. Feministische Soziologinnen reformulieren zunehmend die soziologische Disziplin, indem sie deren Theorien, Begriffe und Methodologien bezüglich ihrer Geschlechtsblindheit bzw. Marginalisierung von Frauen kritisieren und aus der Perspektive der Geschlechterdifferenz neu zu schreiben beginnen. Dieser Transformationsprozess verändert sukzessiv die herkömmliche soziologische Forschung und die traditionelle soziologische Lehre (Brück u. a. 1997, 9).

Die Frauenforschung, so jüngst auch Doris Lucke, habe auf der Ebene der allgemeinen »Soziologie die Theoriebildung und die sozialwissenschaftliche Methodologie sowohl in wissenschaftstheoretischer wie in methodischer und methodologischer Hinsicht nachhaltig beeinflusst« (Lucke 2000, 110). Mit »Denkanstößen und zahlreichen Forschungsimpetus« habe sie »Theoriendynamiken und Paradigmenwechsel initiiert und die Diskurse darüber in Gang gehalten« (ebd.). Das Projekt der feministischen Transformation von Wissenschaft, so wiederum Heike Kahlert, habe »sich nicht mit der Kritik vorhandener Denkmodelle und Institutionen« begnügen können (Kahlert 2003b, 81). Die Vielfältigkeit von Frauen im Wissen zu finden, argumentiert auch die Philosophin Elizabeth K. Minnich (1994), bedeute, die traditionellen Bedeutungs- und Autoritätssysteme abzuschaffen und neue zu entwickeln. Und die englische Soziologin Anne Witz (1998) argumentiert, feministisch denkende und arbeitende Wissenschaftlerinnen könnten gar nicht anders, als die Disziplinen zu verändern, in denen sie arbeiten. Gleich welcher epistemische Ansatz der eigenen wissenschaftlichen Praxis zugrunde liege, alle feministischen SoziologInnen würden doch demselben »radikalen Impuls« folgen, nämlich »die Kritik der bestehenden Soziologie oder des paternalistischen Diskurses« (ebd., 49). Feministische SoziologInnen würden daher immer »*innerhalb der und gegen die Soziologie arbeiten*« (ebd.; Hervorhebung i. O.). Denn die Möglichkeit, »Frauen einfach vorhandenen Darstellungen des Sozialen ›dazuzuaddieren‹« und die Darstellungen selbst unverändert zu lassen, sei schon allein deshalb nie eine Möglichkeit gewesen, da »das begriffliche Instrumentarium der Soziologie sich nicht für eine Auseinandersetzung mit der Komplexität des vergeschlechtlichten Sozialen eignete und den Bedürfnissen feministischer SoziologInnen, Prozesse der Vergeschlechtlichung und spezifische Geschlechtsstrukturen zu erklären, nicht entsprach« (ebd., 49 f.).

Ein ähnliches Argument formuliert Sigrid Weigel für die Literaturwissenschaft: Feministische Literaturwissenschaftlerinnen hätten gar nicht anders gekonnt, als die Literaturwissenschaft zu verändern. Sie hätten sich nicht damit begnügen können, dem literarischen Kanon weibliche Autoren hinzuzufügen, vielmehr mussten dafür auch die literaturhistorischen Regeln der Kanonbildung kritisch befragt werden. Das Vorhaben, so Weigel, »die Geschichte der Literatur von Frauen zu rekonstruieren«, gleiche folglich einem »archäologischen Projekt«, gälte es doch, »die Spuren eines verdrängten Wissens von und über eine weibliche Kulturgeschichte zu entziffern« (Weigel 1999, 141). Bedeutsam sei es in diesem Unterfangen daher nicht nur, vergessene Autorinnen aufzufinden, sondern auch, die »Verfahrens- und Betrachtungsweisen, die den Ausschluss verschuldet haben«, zu untersuchen (ebd.). Insofern handele es sich beim Projekt der feministischen Literaturkritik nicht um eine »*Komplettierung* der Literaturgeschichte«, sondern um eine »*Re-Lektüre* der Regeln des literaturhistorischen Diskurses« (ebd., Hervorhebung i. O.).

Wenn die bisherige Diskussion der verschiedenen Positionen zur Qualität und Reichweite des *feminist turn* zusammengefasst wird, so scheint für die Mehrzahl der Autorinnen unstrittig zu sein, dass die feministischen Bemühungen, die akademischen Disziplinen zu transformieren, zumindest für einige Fächer in Ansätzen erfolgreich waren. In dieser optimistischen Sicht der Dinge, das legen die Texte nahe, hat der akademisch gewordene Feminismus nicht nur zu einer Erweiterung des Wissens und zum Auffüllen der Leerstellen im androzentrischen Diskurs geführt, sondern auch die jeweiligen Erkenntnisgegenstände und -perspektiven grundlegend revidiert. Aus dieser Perspektive wird es nur mehr eine Frage der Zeit sein, bis das feministische Wissen insgesamt die Oberfläche der disziplinären Ordnung des Wissens durchdrungen hat und in die Tiefe der Disziplinen vorgedrungen sein wird, um die dann noch ausstehenden Veränderungen an den jeweiligen begrifflichen Fundamenten vornehmen zu können. Gemessen an der *institutionellen Zeit* des akademischen Feminismus, das heißt an der Zeit, die Frauen als Forschende und Lehrende überhaupt am organisationalen und Wissen produzierenden Geschehen in akademischen Institutionen partizipieren, und vor allem gemessen an der Zeit, in der Wissenschaftlerinnen wissenschaftliches Wissen aus einer feministischen Perspektive produzieren (können), ist diese tendenziell optimistische Einschätzung auch nicht gänzlich von der Hand zu weisen. So kann etwa für die Soziologie unzweifelhaft argumentiert werden, dass bestimmte Forschungsfragen und -gegenstände vor allem durch die Frauen- und Geschlechterforschung auf die Agenda des Faches gelangten, etwa die soziologische Beschäftigung mit Körper.

Doch die Rede vom *feminist turn* hat auch eine strategische Funktion: Sie organisiert über den je eigenen Kontext, in dem die feministischen Problematisierungen und Wissensansprüche relevant gesetzt sind, deren Geltung. So gesehen geben die Bilanzierungen feministischer Wissenschaftlerinnen über den von ihnen initiierten *feminist turn* möglicherweise weniger Auskunft über die Reichweite und Wirkungen ihres Tuns im Feld der Disziplinen. Sie stellen im strengen Sinne keine kritische Evaluation dar, in welchen Hinsichten von feministisch initiierten Paradigmenwechseln in den Disziplinen gesprochen werden kann. In dieser Linie weitergedacht, sind sie vielmehr als »strategische Fiktionen« zu lesen (Susanne Luhmann 2001, 58), in denen und durch die der akademische Feminismus performativ hervorgebracht wird – und zwar als zugleich akzeptiertes, integriertes akademisches Feld *und* als oppositionell, widerständig und umstürzlerisch. Die Texte sind Teil der zu einem Dispositiv verknüpften intellektuellen und institutionellen Praktiken – in Hochschulen und Verlagen, in Zeitungen und Zeitschriften, in Rundfunk und Fernsehen, in politischen Parteien und Gruppen, auf Tagungen und Kongressen –, die die Verhältnisse schaffen (sollen), die notwendig sind, damit der akademische Feminismus verstanden wird, damit in seinen Begriffen gedacht wird, gedacht werden kann, die seine Kreditwürdigkeit im akademischen Feld unterstreichen, durch die er Geltung erlangt, durch die er aber auch sein Selbst-Ideal einer neuen, anderen Wissenschaft reproduziert.

Die Frage nach Qualität und Reichweite des *feminist turn* von Wissenschaft hat uns also auf eine gänzlich andere Spur gebracht. Statt über die feministische Transformation von Wissenschaft haben wir etwas darüber erfahren, wie die beteiligten Akteurinnen das Feld der Frauen- und Geschlechterforschung *als ein Bestimmtes* produzieren: In einer beständig reiterierten Kette diskursiver Äußerungen, die – indem sie durch die Verwendung gleicher oder ähnlicher Topoi Rückkopplungen produzieren – wechselseitig nicht nur aufeinander verweisen, sondern den akademischen Feminismus institutionell als eigenständiges, wirkmächtiges intellektuelles Feld verfestigen. In einer Serie letztlich kontingenter Diskursereignisse, in der auch differenten Wiederholung von theoretischen, methodischen und wissenschaftspolitischen Äußerungen entfaltet sich der akademisch werdende Feminismus mithin als ein Kontext – ein Resonanzraum – für die Rede seiner AutorInnen wie für alle anderen. Er wird darüber nicht nur als eigenständiges Wissen im wissenschaftlichen und gesellschaftlichen Raum identifizierbar, sondern im buchstäblichen Sinne auch zu einer ›materiellen Bedingung‹ im akademischen Feld.

So ist also nicht nur die erste Frage nach der feministischen Transformation von Wissenschaft in gewisser Weise noch unbeantwortet, sondern auch die nach der zweiten angenommenen Wechselwirkung: der Transformation des akademisch gewordenen Feminismus durch die Wissenschaft. Doch bevor ich mich erneut diesen Fragenkomplexen zuwende, möchte ich nun das Thema der *institutionellen Zeit* des akademischen Feminismus in den Vordergrund rücken, das heißt die Frage nach der Zeit, in der Frauen überhaupt als Forschende und Lehrende am organisationalen und Wissen produzierenden Geschehen in akademischen Institutionen partizipieren. Schließlich ist Teilhabe die zentrale Bedingung der Möglichkeit, transformativ zu wirken; sie ist die – wenn auch prekäre – Voraussetzung, um überhaupt feministisches wissenschaftliches Wissen schaffen zu können. Die Bedingungen aber, unter denen Frauen zugelassen wurden und am akademischen Geschehen teilhaben, umschreiben und begrenzen wiederum auch die feministischen Handlungsspielräume. Teil einer »historischen Ontologie« des akademisch gewordenen Feminismus, deren Ziel die experimentelle Erprobung der Grenzen desselben ist, ist daher die (zumindest partielle) Rekonstruktion der historisch gegebenen Koordinaten, innerhalb deren sich der akademische Feminismus formieren konnte.[15]

Fragen wir also nach der Zeit, die Frauen hatten und haben, Autorität *der* Wissenschaft und Autorität *in* der Wissenschaft zu erwerben: »Wie *auctoritas*-fähig ist die Frau« (Hassauer 2002, 55)? Innerhalb welcher symbolischen und materiellen Koordinaten wird ihr Teilhabe gewährt? Welche Matrix reguliert die diskursive Herstellung von Wissensfähigkeit und Wissenschaftsfähigkeit ›der‹ Frau?

Dabei werden wir feststellen, dass die Voraussetzungen extrem sind: Die, so die These, tendenziell bis heute im kollektiven Unbewussten der gesellschaftlichen Institution Wissenschaft existierende Gleichsetzung von männlichem Geschlecht mit Intellektualität und Wissen sowie die fortgesetzte Reproduktion des immanenten Widerspruchs zwischen Intellektualität und Weiblichkeit sind die Vorzeichen, unter denen sich Frauen den Zutritt zur Wissenschaft erstreiten und auf der akademischen Bühne erscheinen.[16] Es ist die-

15 Dies kann hier in der Tat nur exemplarisch an einem spezifischen, aber signifikanten historischen Ausschnitt – dem Kampf um die Zulassung von Frauen zur Wissenschaft in Deutschland an der Wende zum 20. Jahrhundert – und auf der Grundlage der existierenden Forschungsliteratur geschehen.

16 Marianne Schuller schlussfolgert, dass daraus ein »geschlechtsspezifisch unter-

se »Geschäftsordnung der Wissenschaft«, die »eine Geschlechterordnung« ist und »der in dreitausend Jahren abendländischer Zunftordnung eine geschlechtsabstinente symbolische Ordnung nicht gelingen will« (ebd., 52), die bis dato auch den Möglichkeitsraum reguliert, innerhalb dessen der akademische Feminismus agiert.

Exkurs: »Homo. Academica«?

Fragen wir also nach »*Homo. Academica*« (Friederike Hassauer 1994), nach Frauen als Produzentinnen von Wissen, so verdeutlicht schon ein flüchtiger Blick in die Geschichte des wechselvollen Verhältnisses von Frauen und Wissenschaft, dass ihre eigenständige Anwesenheit tatsächlich von kurzer Dauer ist – womöglich zu kurz, um die Autorität des männlich codierten und institutionengeschichtlich etablierten *Homo academicus* sowie die vergeschlechtlichte Regulierung von Wissenschaftsfähigkeit in Zweifel zu ziehen und (mehr als) eigene Akzente zu setzen. Ist die *Homo. Academica* also schlicht »ein Grammatikfehler«, wie Hassauer (2002, 52) an anderer Stelle fragt? Nein, antwortet sie selbst: Sie ist mehr als das, sie ist (noch immer) »Eine Absenz!« (ebd.). Denn ›Weiblichkeit‹ sei in der symbolischen Ordnung der Wissenschaft nicht symmetrisch zu ›Männlichkeit‹ repräsentierbar; ›Autorität‹ lasse sich nicht symmetrisch auf ›Weiblichkeit‹ zuschieben (vgl. ebd.).

Eine fürwahr starke These. Lässt sie sich halten? Ein Blick in die Geschichte zeigt, dass noch um die Wende vom 19. zum 20. Jahrhundert in Deutschland die klare Vorstellung von »der faktischen und häufig auch für notwendig gehaltenen Männlichkeit der Wissenschaft« (Hausen 1986, 38), die die soziale Schließung und Monopolisierung der akademischen Ausbildung und Lehre legitimierte, hegemonialer Konsens ist. Wenn Max Weber noch im vierten Jahr des Ersten Weltkrieges, im November 1917, in seinem Vortrag »Wissenschaft als Beruf«, den er vor einem studentischen Publikum in München hielt, wiederholt vom »Mann der Wissenschaft«, von den

schiedlicher Zugang zum Wissen und zur Intellektualität« resultiert: Während sich die männliche Identität über Intellektualisierungsprozesse stabilisiere, stelle »Intellektualität gegenüber der patriarchalen Weiblichkeitskodierung etwas Fremdes dar« (Schuller 1990, 192).

»Herren Studenten«, vom »Knaben«, der lernen will, spricht oder davon, dass einem »die besten Dinge [...] bei der Zigarre auf dem Kanapee« (Weber 1985, 590) einfallen, dann ist das durchaus wörtlich zu verstehen. Vor ihm saßen wahrscheinlich ausschließlich junge Männer, die dem Beruf des Wissenschaftlers zustrebten – und sollte sich eine junge Frau im Auditorium befunden haben, so musste sie halt selbst sehen, wo ihr Platz neben dem Zigarre rauchenden Herrn auf dem Kanapee sein würde. Wissenschaft als Beruf(ung) war für Frauen jedenfalls zum Zeitpunkt von Webers Vortrag erst seit wenigen Jahren in den Bereich des Möglichen gerückt. Das »Ansinnen von Frauen, Wissenschaft zum Beruf zu machen« – sofern sie denn die Chance hatten, diesen Wunsch zu äußern – habe so sehr dem Selbstverständnis des Berufsstandes Professor [widersprochen; sh], dass sich eine allgemeine Diskussion jenseits von Einzelfällen wie selbstverständlich erübrigte« (Häntzschel 1997, 86).

Bis 1908 existierte im Deutschen Reich keine institutionalisierte höhere Bildung für Mädchen und Frauen.[17] Zwar gab es 1896 in Preußen bereits 14 600 fest an Volksschulen und öffentlichen höheren Mädchenschulen angestellte Lehrerinnen, die meist in besonderen Lehrerinnenseminaren ausgebildet worden waren. Auch konnten junge Frauen ab 1893 in fünfjährigen Gymnasialkursen im Anschluss an die Mädchenschule die externe Reifeprüfung ablegen.[18] Ab 1896 ermöglichten zudem einige Universitäten Frauen den Status als Hörerinnen – gewährt als jedes Semester neu zu beantragendes Gastrecht, ohne jegliches akademische Recht, etwa Prüfungen abzulegen. Das volle Immatrikulationsrecht wurde Abiturientinnen allerdings erst 1900 in Baden, 1903 in Bayern und als vorletztem Land vor Mecklenburg-Vorpommern dann 1908 in Preußen zugestanden. Als Assistentinnen konnten sie ab ca. 1913/14 beschäftigt werden,[19] das Recht auf Habilitation erhielten Frauen, nachdem ein

17 Zur Bildungssituation von Frauen und den Anfängen des Frauenstudiums siehe insbesondere Frevert 1986; Huerkamp 1988; 1996; Costas 1995; Kleinau/Opitz 1996; Wobbe 1997; Honegger/Wobbe 1998; Dieckmann/Schöck-Quinteros 2000; Costas/Roß 2002; Mazón 2003.

18 Vgl. Frevert 1986, 119; Gerhard 1998a, 352.

19 Vgl. Vogt 2003, 161. Wobei zwischen den Fächern erhebliche Unterschiede existierten, was die Chance betraf, überhaupt eine Assistentur zu erhalten. So waren beispielsweise im Jahr 1907 in der Medizin ca. 50 % aller Privatdozenten über eine Assistenz finanziell abgesichert, in den Geisteswissenschaften dagegen 1910 erst 8 % (vgl. Schmeiser 1994, 52).

Erlass des preußischen Kultusministeriums im Mai 1908 es noch explizit ausgeschlossen hatte, erst nach der Novemberrevolution 1918, ein formaler Erlass dazu folgte 1920.[20]

Nun ist der Ausschluss der Frauen aus der Wissenschaft nicht allein Ergebnis überkommener geschlechtersegregierender Traditionen, die die Moderne langsam, aber stetig verzehren wird. Im Gegenteil: Erst im Zuge der Umstellung der gesellschaftlichen Primärdifferenzierung von Schichtung auf funktionale Differenzierung, in der eben auch die Wissenschaft als autonome – und verberuflichte – Sphäre entsteht, werden Frauen *definitiv* aus dieser ausgeschlossen.[21] Waren einzelne Frauen in der frühmodernen Wissenschaft noch über die Organisationsform des Haushalts an wissenschaftlichen Aktivitäten beteiligt, so grenzte erst die im 19. Jahrhundert sich durchsetzende Professionalisierung von Wissenschaft und deren räumliche Verortung in den Universitäten die Frauen radikal als ganzes Geschlecht aus. Explizite Regeln, die den Ausschluss der Frauen gestalten, formulierten die deutschen Universitäten dabei sogar erst ab den späten 1860er-Jahren.[22]

Die Ausdifferenzierung einer eigenen wissenschaftlichen Sphäre sowie die Ausbildung der wissenschaftlichen Tätigkeit als eigenständiger Handlungstypus ist aufs Engste mit der spezifisch moder-

20 Vgl. Vogt 2003, 167. Der als Erlass verstandene Brief des Preußischen Ministers für Wissenschaft, Kunst und Volksbildung vom 21. Februar 1920, der Frauen das Recht auf Habilitation zuerkennt, ist zurückzuführen auf die Beschwerde der Philosophin Edith Stein. Deren Habilitationsgesuch war – auch aufgrund der fehlenden Unterstützung ihres akademischen Mentors Edmund Husserl – an der Universität Göttingen abgelehnt worden. Ihr selbst nützte der Erlass allerdings nicht: Stein wurde nie habilitiert. Zu Leben und wissenschaftlichem Werdegang von Edith Stein siehe Wobbe 1997, 69 ff.

21 Obwohl Doris Janshen in ihrem kurzen Rückblick auf 800 Jahre Universitätsgeschichte feststellt: »Eines ist unbestreitbar – von Anfang an war mit Entschiedenheit die Beteiligung von Frauen nicht mitgedacht, nicht zufällig vergessen« (Janshen 1999a, 14).
»Der Blick«, so auch Hassauer, »auf genusmodalisierte Autorität der Wissenschaft und in der Wissenschaft umfasst daher sowohl das neuzeitliche, funktional ausdifferenzierte Subsystem als auch die Vorvergangenheit stratifizierter Gesellschaften« (Hassauer 2002, 50 f.).
Zum Ausschluss der Frauen aus der frühneuzeitlichen Wissenschaft siehe Schiebinger 1993; 2000, 35-50. Zur funktionalen Ausdifferenzierung von Wissenschaft in der Moderne vgl. Luhmann 1990; Stichweh 1991; 1994; Weingart 2001.

22 Vgl. Mazón 2003, 13.

nen, sich ebenfalls im Laufe des 19. Jahrhunderts verfestigenden geschlechtlichen Differenzierung und der damit verbundenen Dissoziation von Öffentlichkeit und Privatheit, von Erwerbstätigkeit und Familie verknüpft. Dabei begründeten »als neues, die Funktionssysteme übergreifendes Prinzip« (Wobbe 2003b, 17) das »moderne Konzept der Familie als private Intimsphäre und die Professionalisierung der Forschungspraktik neue Auffassungen von Arbeit und Arbeitsteilung, die geschlechtlich definiert wurden« (ebd., 16). Geschlecht wurde, mit anderen Worten, zum wichtigsten Ansatzpunkt für die Zuweisung von Arbeit und Arbeitsorten.

Die kontradiktorische und zugleich komplementär organisierte Trennung der Geschlechter und die mit der Herausbildung des modernen Universitätssystems – beginnend mit der von Deutschland ausgehenden Reorganisation der Universitäten zu Beginn des 19. Jahrhunderts – verbundene räumliche Trennung von Wissenschaft und Familie sowie die Konstruktion der wissenschaftlichen Tätigkeit als männlich codierter und Männern vorbehaltene Tätigkeit zwischen Beruf und Berufung[23] können daher als die entscheidenden Koordinaten angesehen werden, innerhalb deren der Ausschluss der Frauen aus der modernen Wissenschaft organisiert ist. Ihr Aufenthaltsrecht erstreckt sich zunächst lediglich darauf, peripheres Studienobjekt der Wissenschaft zu sein,[24] ausgeschlossen bleiben sie

23 Zur Formierung der wissenschaftlichen Tätigkeit zwischen Beruf und Berufung siehe neben Schmeiser 1994 und Mazón 2003, 19-49, besonders Daston 2003, die die Entstehung der »wissenschaftlichen Persona« im Verlauf des 18. und frühen 19. Jahrhunderts im Spannungsfeld von Arbeit und Berufung untersucht. Der »charismatische« Charakter der wissenschaftlichen Tätigkeit wird uns später noch beschäftigen. Heintz/Merz/Schumacher identifizieren zwei kulturelle Modelle idealer Wissenschaftlichkeit, die aus dem Fundus zeitgenössischer Männlichkeitsstereotype schöpften und zu denen Frauen dementsprechend keinen Zugang hatten: Das Bild des »hyperrationalen, kontrollierten und körperlosen Wissenschaftlers« einerseits und des »heroischen Wissenschaftlers, der […] unter Einsatz seines Körpers und unter Umständen auch seines Lebens in noch unbekannte Regionen der wirklichen Welt vordringt« (Heintz/Merz/Schumacher 2004, 56).

24 Claudia Honegger skizziert den Prozess der »Besonderung der Frau zum Studienobjekt«: »Ab der Mitte des 18. Jahrhunderts tritt also *der Mensch* auf den Plan; kurz darauf aber folgt ihm *das Weib* und damit das vertrackte Problem mit dem Geschlecht. […] Um die Mitte des 19. Jahrhunderts findet dieser Prozess seinen Abschluss. Das Geschlecht ist aus dem hehren Kosmos der Wissenschaften scheinbar ohne Rest verschwunden. Der Mann der Moderne scheint endgültig zum modernen Menschen der Humanwissenschaften verallgemeinert […]. Die Frau hinge-

dagegen von der Position der Produktion wissenschaftlichen Wissens. Ihre Position gleicht der der Fremden: sie sind *in*, aber nicht *of the academy*, anwesend, aber der *Civitas academia* genuin nicht zugehörig, geduldet, aber ohne akademische Mitgliedschaftsrechte.

Frauen auf heiligem akademischem Rasen

Es ist Virginia Woolf, die die Position der Anwesenheit, aber nicht Zugehörigkeit, ihres eingeschränkten akademischen Bürgerrechts wohl am eindrücklichsten beschrieben hat. In ihrem berühmten Essay *Ein Zimmer für sich allein* aus dem Jahre 1928 beschreibt Woolf eine Begegnung auf ihrem Weg zur Bibliothek der Universität Cambridge:
»Und so ertappte ich mich dabei, wie ich in äußerster Geschwindigkeit über eine große Rasenfläche ging. Sofort erhob sich die Gestalt eines Mannes, um mich abzufangen. Zunächst verstand ich nicht, daß das Gestikulieren eines merkwürdig aussehenden Objekts in Gehrock und Galahemd auf mich zielte. Sein Gesicht zeigte den Ausdruck von Entsetzen und Empörung. Mehr mein Instinkt als mein Verstand kam mir zur Hilfe; er war Pedell, ich eine Frau. Das war der Rasen; der Weg war dort. Nur die Mitglieder des Kollegiums und die Studenten durften hier gehen; mein Platz war der Kies. Solche Gedanken waren Werk eines Augenblicks. Als ich mich wieder auf dem Kiesweg befand, sanken die Arme des Pedells herab, sein Gesicht nahm wieder den gewohnten Ausdruck der Ausgeglichenheit an, und obwohl man auf Rasen besser läuft als auf Kies, war kein großer Schaden entstanden« (Woolf 1978, 7).
Doch es war ihr, der damals längst berühmten Schriftstellerin, nicht nur untersagt, auf dem ›heiligen‹ Rasen zu laufen;

gen driftet an die Peripherie ab, vor allem in die sich seit den 20er-Jahren des 19. Jahrhunderts konstituierende Gynäkologie als die Wissenschaft vom Weibe schlechthin« (Honegger 1991, 6).

auch der Eintritt in die Bibliothek war nicht ohne weiteres möglich: »[...] aber an dieser Stelle langte ich an der Tür an, die in die Bibliothek führte. Ich muß sie wohl geöffnet haben, denn sofort erschien wie ein Schutzengel, der mit flatterndem schwarzen Gewand anstelle von weißen Flügeln mir den Weg versperrte, ein abweisender, silberhaariger, freundlicher alter Herr, bedauerte mit leiser Stimme, während er mich hinauswinkte, daß Damen in die Bibliothek nur zugelassen sind, wenn sie von einem Kollegiumsmitglied begleitet werden oder ein Empfehlungsschreiben haben« (ebd., 9).

Doch seit Mitte des 19. Jahrhunderts hatten bürgerliche Frauen ihren Ausschluss aus Bildung und Ausbildung, Studium und Wissenschaft skandalisiert und mit der »Frauenfrage« Bewegung in das sie beharrlich exkludierende Spiel der Männer gebracht.[25] Bis weit ins 20. Jahrhundert hinein sollten sie allerdings seltene Ausnahmeerscheinungen bleiben, die wohl eher die sozial hergestellte und historisch sedimentierte Verknüpfung von Männlichkeit und dem Recht, Wissen zu produzieren und es sich anzueignen, bestätigten als in Frage stellten. So war in Deutschland bis 1920 keine Frau Mitglied einer Fakultät. Auf eine ordentliche Professur wurde in der Weimarer Republik nur in zwei Fällen eine Frau berufen: 1923 wird Margarete von Wrangell Professorin für Pflanzenernährung an der Landwirtschaftlichen Hochschule Hohenheim und Mathilde Vaerting erhält eine Professur für Erziehungswissenschaft an der Universität Jena.[26]

25 Hassauer (2002) sieht die Politisierung der »Frauenfrage« als Bildungsfrage im 19. Jahrhundert als neue Artikulation der *Querelle des Femmes*, die sich bereits Ende des 14., Anfang des 15. Jahrhunderts mit Christine de Pizan formiert hatte.

26 Vgl. Vogt 2003, 180 f. Über die genaue Zahl der Habilitationen von Frauen in Deutschland zwischen 1908 und 1933 herrscht in der Forschung einige Unklarheit. Siehe hierzu Andresen 2001, 109. Für eine Aufstellung der jeweils ersten drei Habilitationen und Professuren von Frauen in den einzelnen Fächern siehe Costas/Roß 2002, 31 f.

Nicht viel besser sieht es in den Jahrzehnten nach dem Ende des Nationalsozia-

Im Vordergrund des feministischen Kampfes stand daher zunächst der Kampf um die Öffnung des wissenschaftlichen Feldes. Dabei kämpften die bürgerlichen Frauen und Frauenvereine zwar für Gleichheit in den Bildungschancen, die Idee des besonderen Charakters weiblicher Bildung und der Differenz weiblicher Interessen und Lernfähigkeit zogen sie mehrheitlich jedoch nicht in Zweifel. Die im 19. Jahrhundert kontradiktorisch organisierte Ordnung der Geschlechter, die auch die Zuschreibung von Wissens- und Wissenschaftsfähigkeit auf männliche und weibliche Körper regulierte, stand zumindest für den bürgerlich gemäßigten Flügel der ersten Frauenbewegung im Grunde nicht zur Disposition.[27]

Doch einigen (wenigen) Frauen ging es schon damals nicht nur um den Ausschluss aus der Produktion und Rezeption wissenschaftlichen Wissens, sondern auch um eine Kritik am existierenden wissenschaftlichen Wissen und dessen Bedeutung für die (Re-)Produktion und Legitimation ihres Ausschlusses aus Wissenschaft, Politik und Gesellschaft – die Frage nach der Autoritätsfähigkeit der Frauen in der Wissenschaft war also längst gestellt. Feministinnen stellten »die ahistorische Natur der Totaldifferenz zwischen männlichem und weiblichem Geschlechtskörper und die davon abgeleiteten fundamentalen Differenzen zwischen männlicher und weiblicher Identität in Frage« (Bührmann 2000a, 83).[28] Sie wollten ein

lismus aus. 1952 gab es an den westdeutschen Hochschulen eine ordentliche und acht außerordentliche Professorinnen, der Anteil der Frauen am gesamten Lehrpersonal betrug 3,2 %. 1960 bekleiden 16 Frauen einen Lehrstuhl, der Anteil an den Professuren liegt bei 2,3 % (vgl. Andresen 2001, 110).

27 Vgl. hierzu Frevert 1986, 122 ff.; Gerhard 1998a, 361 ff.

28 Dass es in der ersten Frauenbewegung bereits erste Ansätze einer kritischen Geschlechterforschung gab, zeigt Andrea Bührmann (2000a; 2004) unter anderem an den Schriften von Helene Lange, Johanna Elberskirchen, Rosa Mayreder, Maxie Freimann und Tina Pfeiffer-Raimund. Frauenbewegung und -forschung hätten schon »zur Jahrhundertwende über eine Neubestimmung des Verhältnisses zwischen Natur und Kultur ein Denken in Frage stellen [wollen; sh], das die Begründung für die hierarchische Geschlechterordnung in die Sphäre des Biologischen verlagert« (Bührmann 2000a, 87).
Hedwig Dohm etwa untersuchte und kritisierte in ihrer Schrift *Die wissenschaftliche Emancipation der Frau* (1874) Weiblichkeitsnormen als Medien der »gewalttätigen Gleichformung«. Ebenso kritisierte Rosa Mayreder in *Kritik der Weiblichkeit* (1905) die »generalisierende Methode« stereotypisierender und festschreibender Darstellungen von »Weiblichkeit«, die mit Allgemeinbegriffen operiert, als ob man ein allgemeines »metaphysisches Realwesen« bestimmt hätte, »das in jedem

anderes Wissen, in dessen Zentrum die Entschlüsselung der Logik der »Versämtlichung« von Frauen als einem Modus ihrer Unterwerfung stand.

Auf Seiten der akademischen Männer mobilisierte die um die Wende zum 20. Jahrhundert immer dringlicher werdende Forderung der Frauen nach dem vollständigen Bürgerrecht in der Wissenschaft vor allem Abwehr sowie die Produktion neuer diskursiver Legitimationen des Ausschlusses der Frauen und darauf gründender Exklusionspraktiken – wobei sie allerdings durchaus auf Altbewährtes zurückgriffen.[29] Seit den späten 1860er-Jahren hatten »die lautstarken Gegner des Frauenstudiums« (Frevert 1986, 120) »physiologische, soziale, moralische, ökonomische Gründe« (ebd.) ge-, vor allem aber erfunden, um zu beweisen, dass Frauen für eine wissenschaftliche Ausbildung ungeeignet seien. Ute Frevert fasst die Argumentation der Gegner zusammen: »Erschwere die weibliche ›Natur‹, die die Frauen ihrem Körper und seinen zyklischen Störungen hilflos ausliefere, an sich schon die Beschäftigung mit wissenschaftlichem Stoff, spreche die sich daraus ableitende weibliche ›Bestimmung‹ erst recht dagegen« (ebd., 120 f.).[30]

Gegen Ende des 19. Jahrhunderts hatten sich die Positionen zwar ausdifferenziert, und mehr und mehr (akademische) Männer zeigten sich grundsätzlich aufgeschlossener gegenüber der Frage der Zulassung von Frauen zum Studium. Allerdings sprach sich »nur eine

Weibe zur Erscheinung kommt«. Man übersehe dabei, dass Männlichkeit und Weiblichkeit »bloße Kulturprodukte sind, nichts Feststehendes, noch etwas allgemein Zutreffendes«, und wehrt sich entschieden dagegen, »Mann und Weib nach ihrem geistigen Charakter einfach als Paraphrasen des Geschlechtsapparates aufzufassen«.

29 Insofern wäre Bourdieus Kommentar, dass »die Zugehörigkeit zu einem Feld *per definitionem* die Fähigkeit [impliziert; sh] in diesem Feld etwas zu bewirken (und sei es auch nur dadurch, dass man Ausschlussreaktionen bei denen provoziert, die in ihm die herrschenden Positionen einnehmen)« dahingehend zu erweitern, dass bereits die Forderung nach Zutritt Ausschlussreaktionen provoziert (vgl. Bourdieu/Wacquant 1996, 111).

30 Rudolf Virchow etwa schreibt in einem Text zur Frage der »Erziehung des Weibes für seinen Beruf« aus dem Jahr 1865, dass die Erziehung der Kinder »der höchste Beruf des Weibes« sei. »Würde es jemals die Regel«, so Virchow weiter, »ja würde überhaupt die Emancipation des Weibes, wie sie … hie und da angestrebt wird, durchzuführen versucht, so würde es nur geschehen können auf Kosten der Familie« (Virchow 1865, 17 f., 20, zitiert nach Frevert 1986, 121).

winzige Minderheit ohne jedes Wenn und Aber für die Zulassung weiblicher Studenten zu den Universitäten« aus (ebd., 121). Noch im Jahr 1897 hatte Arthur Kirchhoff, ein in Berlin lebender Journalist und selbst Befürworter der Zulassung von Frauen zum Studium, in Berlin eine Sammlung von Gutachten zur Frage der Befähigung von Frauen zum wissenschaftlichen Studium und Beruf veröffentlicht,[31] die die Stellungnahmen von 122 Professoren und Privatdozenten zur Frage der Zulassung von Frauen zum Universitätsstudium dokumentierte. Von diesen lehnten, wie Karin Hausen zeigen konnte, 32 »das Frauenstudium mit großer Entschiedenheit« ab, während 27 sich auf ein ›Jein‹ zurückzogen (Hausen 1986, 33 ff.).

Den entscheidenden Argumentationshorizont der Gutachten bildete das biologisch orientierte und fundierte Deutungsmuster der Geschlechterdifferenz. Sehr deutlich wird in den Stellungnahmen, dass für einen großen Teil der hier sich äußernden deutschen Akademiker Universität und Wissenschaft ein männliches Privileg und Refugium waren und bleiben sollten. Denn ›Bildung schadet dem Frauenkörper‹, so eins der häufig vorgetragenen Argumente. Nur der männliche Körper, so der kanonische Tenor aller ablehnenden Antworten, verfüge über die entsprechenden Fähigkeiten, die zum wissenschaftlichen Berufe qualifizieren: starke Körper- und Nervenkräfte, Verstand, Logik, Selbstständigkeit, Sicherheit, Produktivität, Originalität, Disziplin und Autorität, um nur einige zu nennen.[32] Dies alles, argumentierte der Historiker Georg Busolt, seien dagegen »Eigenschaften, die eine Frau ihrer ganzen Natur nach nicht besitzen kann«. »Deutsche Wissenschaft ist Männerwerk«, so auch der Vertreter der Philosophie, Adolf Lasson. Und der Jurist Otto Gierke formulierte: »Unsere Universitäten sind Männeruniversitäten«, sie sind »in ihrem ganzen inneren Leben dem männlichen Geiste angepaßt«, weshalb, so Gierke weiter, die Aka-

31 Arthur Kirchhoff (1897): »Die akademische Frau. Gutachten hervorragender Universitätsprofessoren, Frauenlehrer und Schriftsteller über die Befähigung der Frau zum wissenschaftlichen Studium und Berufe«. Alle Zitate aus den Gutachten, sofern nicht anders vermerkt, nach Hausen 1986.

32 Das »Argument«, nur der männliche Körper sei wissenschaftsfähig, bezog seine Plausibilität auch daraus, dass in den, wie Hanna Hacker schreibt, »vielfach neu konstituierten europäischen Staaten des späten 19. Jahrhunderts« Staatsbürgerschaft »wesentlich mit einer männlichen Formierung des Körpers verknüpft« war (Hacker 1998, 279).

demiker dafür Sorge tragen müssten, »daß unsere Männer Männer bleiben«, sei es »doch stets ein Zeichen des Verfalls, wenn die Männlichkeit den Männern abhanden kam und ihre Zuflucht zu den Frauen nahm!«[33] Die Zulassung von Frauen zum Studium, gar zum Studium der Jurisprudenz, führe Gesellschaft und Kultur folglich auf eine »abschüssige Bahn, auf der es keinen Halt mehr gibt«.[34] Und noch einmal der Philosoph Lasson: »Die Menschheit muß versinken, wenn die Männer zu Weibern werden; sie kann noch weniger bestehen, wenn die Weiber männlich werden. Die Einseitigkeit, die wir fachmäßige wissenschaftliche Bildung nennen, ist der Männer Sache. Banausentum bei den Männern ist schlimm. Aber der schrecklichste der Schrecken ist die Wissenschaftlichkeit der Weiber.«[35]

Doch auch die Argumente derjenigen, die die Öffnung der Wissenschaft vorsichtig bejahten und bereit waren, einzelne Frauen aufzunehmen, bewegten sich weiterhin im Horizont einer scheinbar naturgesetzlich organisierten, unveränderlichen Ordnung der Geschlechter. So gestand der Physiker Max Planck in seinem Gutachten zwar zu, dass einzelne Frauen durchaus Talent, Begabung und Neigung zum wissenschaftlichen Studium besäßen, sah aber durch den möglichen Eintritt der Frauen in die Wissenschaft nicht nur Gesellschaft und Kultur bedroht, sondern fürchtete gar einen irreparablen Eingriff in die Naturgesetze selbst, sollte man dieser Neigung allzu viel Raum und Möglichkeit bieten. Man könne daher, so Planck, »nicht stark genug betonen, daß die Natur selbst der Frau ihren Beruf als Mutter und als Hausfrau vorgeschrieben hat und daß Naturgesetze unter keinen Umständen ohne schwere Schädigungen, welche sich im vorliegenden Falle besonders an dem nachwachsenden Geschlecht zeigen würden, ignoriert werden können«.[36]

Noch einmal war also die, wie Hassauer schreibt, »autoritative alte anthropologische Option, an der alten, großen Extension weiblicher Geschlechtsnatur festzuhalten und – bei Einsatz von *ratio* – einen aporetischen Konflikt zu inszenieren« (Hassauer 2002, 60), ein probates Mittel, die männliche Homosozialität der akademi-

33 Gierke, zitiert nach Frevert 1986, 121.

34 Gierke, zitiert nach Braun 2000, 33 f.

35 Lasson, zitiert nach Heinsohn 2000, 61.

36 Planck, zitiert nach Frevert 1986, 121.

schen Welt (zumindest noch für einige Zeit) zu verteidigen. Dabei lautet die Option: »Extension von *ratio* und Wissen deformiert weibliche Geschlechtsnatur und Geschlechtsidentität. In Transgression der Genusgrenze mutieren Autoritätsträgerinnen statt dessen zu männlicher Geschlechtsnatur und männlicher Geschlechtsidentität« (ebd.).

Doch um die Wende zum 20. Jahrhundert waren die Kräfteverhältnisse zwischen den Geschlechtern längst nicht mehr festgezurrt; sozial, ökonomisch und kulturell weitreichende Veränderungen hatten auch die Organisation des Geschlechterverhältnisses erfasst und diese in Bewegung gebracht. In diesem Kontext lassen sich die von Kirchhoff initiierten Gutachten zur Wissenschaftsfähigkeit der Frauen mit Peter Wagner (1995) verstehen als Symptom der kulturell-intellektuellen ersten Krise der Moderne an jener Jahrhundertwende. Das institutionalisierte Set von Praktiken und Konventialisierungen in der von Wagner als *restringiert liberale Moderne* beschriebenen Phase (ebd., 71) war am Ausgang des 19. Jahrhunderts erodiert. Die Umwälzung sozialer Ordnungen im Verlauf dieses 19. Jahrhunderts, die die Integration – beziehungsweise zumindest die Forderung nach Integration – von immer mehr Teilen der Bevölkerung in moderne Praktiken und Institutionen zur Folge hatte, hatte auch die zunehmende Delegitimierung der Schranken bewirkt, die einst errichtet worden waren, um die universale Idee der Autonomie und Freiheit einzudämmen und auf einige wenige gesellschaftliche Gruppen (namentlich den männlichen Teil der Bourgeoisie) zu beschränken. Auf diese Erosion reagierten die gesellschaftlichen Eliten zumindest in einigen Bereichen mit erneuten Versuchen sozialer Schließung.[37]

Zu den sozialen Gruppen, die zunächst vom Projekt der Moderne ausgeschlossen waren, zählten vor allem die Frauen. Dabei resultierte ihr Ausschluss aus den verschiedenen Sphären öffentlichen Seins, wie gesehen, gerade aus der Einführung formalisierter Regeln im Zuge der bürgerlichen Neuordnung: »Der Ausschluss der Frauen aus der bürgerlichen Öffentlichkeit geschah nicht beiläufig, son-

37 Zudem ist die Unterscheidung Inklusion/Exklusion potenzieller Studierender, darauf weist Stichweh (1994) hin, für die evolutionäre Dynamik der modernen Universität von ähnlicher Bedeutung wie die Frage der Wissenschaftlichkeit. Allerdings sei, so Stichweh weiter, »Inklusion nie wirklich zum Programm der europäischen Hochschulen geworden« (Stichweh 1994, 258).

dern war ein zentrales Element ihrer Entstehung« (Landes 1988, 7). Dass gerade das Geschlechterverhältnis in dieser ersten Krise der Moderne zum Schauplatz diskursiver und sozialer Kämpfe um die Neuordnung moderner Ordnung werden konnte, deutet Wagner als Beleg dafür, dass dieses in den Diskursen und Praktiken der Moderne nur unzureichend, und das heißt eben auf der Basis so genannter »natürlicher« Gegebenheiten, die den Ausschluss der Frauen aus Öffentlichkeit, Politik, Berufstätigkeit und Wissenschaft legitimierten, gelöst worden war. Gegen Ende des 19. Jahrhunderts hatte jedoch die gesellschaftliche Dynamik, die aus der Spannung zwischen dem universalen Versprechen der Moderne und seiner nur partiellen Einlösung resultierte und die nicht zuletzt befördert wurde durch die Kämpfe der Frauen selbst, die Legitimität dieser Diskurse und Praktiken tendenziell aufgezehrt. Die »Anatomie der Differenz« (Schiebinger 1995), die »in der modernen Gesellschaft des 19. Jahrhunderts zum Prüfstein nicht nur politischer Rechte wurde, sondern auch darüber entschied, wer zur Wissenschaft Zugang erhielt« (Wobbe 2003a, 26), taugte jedenfalls nicht mehr umstandslos zur Legitimation des Ausschlusses der Frauen.

Die Gutachten der deutschen Professoren zur Wissenschaftsfähigkeit ›der‹ Frau verhandeln mithin nicht allein die Frage, ob Frauen zum Studium zugelassen werden sollten. Zur Verhandlung stand weit mehr, nämlich die Angst, dass Gesellschaft sich insgesamt nicht mehr ordnen ließe. Es ist wohl vor allem diese Angst, die sich um die Wende zum 20. Jahrhundert im allgegenwärtigen Phantasma der »Feminisierung der Kultur« (Bublitz 2000), der Angst vor der Verweiblichung von Berufstätigkeit, gesellschaftlicher Öffentlichkeit, Wissenschaft und Politik, kristallisierte. Dabei artikuliert sich die Angst der deutschen Professoren vor der drohenden Verweiblichung der Wissenschaft auf eigentümliche Weise in einer »immer wiederkehrenden Situationsdeutung des werdenden Professors als ›Braut‹«, wie sie Martin Schmeiser in seiner Studie zum Berufsschicksal des Professors zwischen 1870 und 1920 herauspräpariert hat. Diese Situationsdeutung stellte nachgerade eine »Schlüsselmetapher der akademischen Berufskultur des 19. und 20. Jahrhunderts« dar (Schmeiser 1994, 66).[38] Offenkundig sahen sich die akademischen Männer

38 Für die Wiener »*Zeit*« kommentierte Georg Simmel die Situation (1896) der Privatdozenten: »Der ›ewige Privatdozent‹ fängt allmählich an, eine typische Er-

aufgrund der »für die akademische Karriere spezifischen Freisetzung und Potenzierung von Erfolgsungewißheit« (ebd.) sowieso schon in einer feminisierten – und das heißt hier in einer abhängigen, zum Warten verdammten – Position, die durch die Öffnung der Wissenschaft für Frauen womöglich noch verstärkt werden würde. Gegen diese ›Bedrohung‹ durch Feminisierung mobilisieren die Gegner des Frauenstudiums noch einmal die schwindende Autorität einer vorgeblich »natürlichen« Gegebenheit: die seit Beginn der modernen Wissenschaften »scheinbar direkt der Natur abgelauschte partikularistische Ordnung der Geschlechter« (Honegger 1991, x).[39]

Die sich in den Gutachten mehr oder minder deutlich artikulierende Angst vor der ›Verweiblichung‹ der Wissenschaft und der drohenden ›Feminisierung der Kultur‹ insgesamt muss daher auch gelesen werden als *Statusangst*, das heißt als soziale Angst davor, dass sowohl die professorale Profession selbst als auch die anderen professionalisierten Berufe (insbesondere die medizinischen und juristischen) durch die Zulassung von Frauen ihren herausgehobenen Status einbüßen würden.[40] Diese Befürchtung hegte am Ausgang des 19. Jahrhunderts womöglich besonders der Professorenstand. Schließlich war der professorale kein Beruf wie alle anderen. Erst im frühen 19. Jahrhundert war die wissenschaftliche Tätigkeit in relativ kurzer Zeit nicht nur zu einem prestigeträchtigen und tendenziell mit einem Einkommen versehenen Beruf,[41] sondern zu einer gleichsam ›heiligen‹, einer sakralen, charismatischen Tätigkeit, einer »Be-

scheinung zu werden. [...] Es ist fast die Tragikomödie der alten Jungfer, zu der jetzt eine Anzahl durchaus tüchtiger und anerkannter Gelehrter verdammt ist.« Zitiert nach Schmeiser 1994, 66. Für weitere Belege siehe ebd.

39 Hannelore Bublitz hat die Transformation des sozialen in ein natürliches, das heißt biologisches Geschlecht als das »Geschlechterprogramm der Moderne« charakterisiert (Bublitz 2000, 64). Es stellt insofern kein transhistorisch gegebenes universales Deutungsmuster dar.

40 Wie die geschlechtersensible Professionssoziologie gezeigt hat, verliert jede verberuflichte Tätigkeit in der sozialen Statushierarchie an Wert, sobald sie mehrheitlich von Frauen ausgeübt wird: »Ein hoher Frauenanteil«, so Ulrike Teubner, »korreliert [...] mit einem geringen Sozialstatus. Dies gilt weitgehend unabhängig von den Arbeitsinhalten eines Berufs« (Teubner 1989, 34).
Zum Zusammenhang von Profession – Status – Geschlecht siehe besonders Wetterer 1992; 1993; 1995b; 2002a.

41 Erst ab etwa 1700, so Peter Burke, wurde es überhaupt möglich, »nicht nur als Lehrer oder Schriftsteller einem intellektuellen Broterwerb nachzugehen, sondern auch als Gehaltsempfänger bestimmter Organisationen, die sich der Akkumula-

rufung« geworden.[42] Die Tätigkeit des Forschens galt als spezifisch regelfremde, letztlich nicht erlernbare Tätigkeit,[43] die auf göttliche oder andere metaphysische Inspirationen angewiesen war.[44] Zugleich war es jedoch ein extrem prekärer Beruf, der sich zwar seit Beginn der Humboldt'schen Universitätsreform Anfang des 19. Jahrhunderts in bestimmten Hinsichten früher als die meisten anderen Berufe, die ein Studium voraussetzten, professionalisiert hatte, der für die Einzelnen jedoch ein hohes Risiko barg: konnten sie doch keineswegs sicher sein, dass die eingeschlagene akademische Laufbahn auch von beruflichem Erfolg, nämlich einer ordentlichen Professur – und damit materieller Absicherung –, gekrönt sein würde. Am Beginn des 20. Jahrhunderts war der Werdegang zum Professor jedenfalls mehr denn je ein »wilder Hasard«, wie Max Weber noch 1917 in seinem Vortrag »Wissenschaft als Beruf« sein Auditorium warnte.

Zum Zeitpunkt von Webers Vortrag befand sich der Professorenberuf in der Tat längst in einer Verberuflichungskrise. Die Zahl der Privatdozenten, die darauf hofften, auf eine ordentliche Professur gerufen zu werden, war einerseits stetig gestiegen,[45] andererseits gelang es dem deutschen Universitätssystem nicht, die Professoren-

tion von Wissen verschrieben hatten, namentlich der Akademien der Wissenschaften, wie sie in Paris, Berlin, Stockholm und St. Petersburg gegründet und finanziert wurden« (Burke 2001, 38).

42 Vgl. Schmeiser 1994; Daston 2003; Mazón 2003.

43 Zum Aspekt der Nicht-Erlernbarkeit von Wissenschaft siehe auch Stichweh 1994, 233.

44 »Ein tüchtiger Beamter kann man bei einiger Begabung durch Fleiß und Ausdauer werden; Forscher ist man von Gottes Gnaden«, so noch 1908 der Psychiater Emil Kraepelin auf dem III. Deutschen Hochschullehrertag 1909 in Dresden. Zitiert nach Schmeiser 1994, 35.
Folgt man Gerda Lerners (1991) Rekonstruktion patriarchaler Gesellschaftsordnungen, nach der diese sich durch die männliche Dominanz über das *sacerdotium* (das Privileg, die Verbindung zu Gott herzustellen), das *regnum* (die Macht, Herrschaft auszuüben) und das *studium* (das Recht zur Aneignung gesellschaftlich relevanten Wissens) auszeichnen, so könnte man diese Ausgestaltung der wissenschaftlichen Tätigkeit als charismatischem Akt als moderne Form der Verknüpfung von *sacerdotium* und *studium* – und damit als Rekonstruktion patriarchaler Ordnung – lesen.

45 Vgl. Schmeiser 1994, 25 ff. Laut dessen Berechnungen stehen im Jahr 1890 100 Ordinarien 108 (zum Teil unbezahlten) Extraordinarien und (grundsätzlich unbezahlten) Privatdozenten gegenüber. Bis zum Jahr 1910 hat sich die Situation wei-

karriere, die sich »sehr schnell zu einer hoch voraussetzungsvollen Qualifikationskarriere entwickelt hatte«, zu einer professionellen, das heißt einer Laufbahnkarriere umzugestalten (Schmeiser 1994, 28). Privatdozentur blieb eine Laufbahn ohne Laufbahncharakter.[46] Darüber hinaus hatte ab 1890 eine Diskussion über die »Auflösung« der Universität eingesetzt, die sich vor allem um die Frage des Niedergangs der deutschen Hochschule und den schleichenden, aber stetigen Verlust der damaligen Weltgeltung deutscher Wissenschaft drehte – und in deren Folge die Professoren wohl fürchteten, auch an sozialem Prestige einzubüßen.[47]

Zudem war Wissenschaft als Beruf womöglich deutlicher als andere Professionen der Zeit abhängig von einer funktionierenden geschlechtlichen Arbeitsteilung. Denn die wissenschaftliche Arbeit ebenso wie die Etablierung und Stabilisierung der ›wissenschaftlichen Persona‹ war auch am Ende des 19. Jahrhunderts noch wesentlich an die Kooperation von Ehefrau und Familie sowie eine funktionierende geschlechtliche Arbeitsteilung gebunden. Alles kam, wie Daston kommentiert, »auf die Kooperation der Familie

ter verschärft: Auf 100 Ordinarien kommen jetzt schon 152 Extraordinarien und Privatdozenten.

46 »Für die Privatdozentur war grundlegend, daß der mit der Habilitation sich vollziehende Akt der Zuordnung zu einer Berufsgruppe unter ausdrücklicher Vorenthaltung von Mitgliedschaftsrechten erfolgte. Im Gegensatz zu einer professionellen Karriere, in der die Realisierung von Qualifikationsleistungen mit einer stufenweise erfolgenden Zuerkennung von Mitgliedschaftsrechten verbunden ist, zog das Erbringen der Habilitationsleistung in rechtlicher und materieller Hinsicht eine Ausgliederung aus dem Mitgliedschaftsverbund nach sich« (Schmeiser 1994, 43).

Bis heute wird, darauf weist Andresen (2001, 67) hin, die WissenschaftlerInnenlaufbahn in der Hochschulforschung als durch finanzielle Probleme und soziale Unsicherheit gekennzeichnete Entwicklungs- und Wartezeit beschrieben, in der Zufall und Glück eine große Rolle spielen.

Angesichts der gegenwärtigen Reformen zur Lösung dieser Verberuflichungskrise, insbesondere der Einführung der Juniorprofessur, ist man geneigt zu glauben, dass es dem deutschen Universitätssystem dauerhaft nicht gelingt, die wissenschaftliche Laufbahn zu einer professionellen Karriere zu entwickeln.

47 »Vor 30 Jahren«, so ein Redner während des I. Deutschen Hochschullehrer-Tages in Straßburg 1908, »da war der akademische Lehrer ein Gegenstand der Bewunderung bei den vornehmensten Gesellschaftskreisen [...]. Wenn man heutzutage vom Professor Soundso spricht, geschieht es beinahe regelmäßig mit einem spöttischen Oberton, namentlich, wenn noch das Wort ›Herr‹ vorgesetzt wird. Die Mienen verziehen sich, man lächelt dazu.« Zitiert nach Schmeiser 1994, 25.

an, um die Arbeit zu Hause zu ermöglichen« (Daston 2003, 128). Ohne die »bedingungslose Unterstützung seiner Familie war die mühsame Arbeit des Gelehrten oder Wissenschaftlers weder möglich noch sinnvoll« (ebd., 129).[48] Diese ›bedingungslose Unterstützung‹ erstreckte sich nicht nur auf wissenschaftliche Hilfsdienste, die die Infrastruktur der Universität noch längst nicht bereitstellte; ebenso wichtig war die familiäre Anteilnahme, die oft »vielleicht einzige Quelle von Selbstbestätigung« (ebd.). Die Familie bildete mithin den Bestätigungsraum, in dem die wissenschaftliche Persona erst heranreifen konnte: »Es waren wohl maßgeblich bildungsbürgerliche Mütter, Ehefrauen, Schwestern und Töchter, die bei eigener Rollenrestriktion auf der Hinterbühne der Familie die kulturellen [und materiellen; sh] Ressourcen für die *wissenschaftliche persona* beisteuerten« (Wobbe 2003a, 25; Hervorhebung i. O.).

Versuchen wir an dieser Stelle ein Fazit: An der Wende vom 19. zum 20. Jahrhundert ist – wovon ja nicht zuletzt die von Kirchhoff gesammelten Gutachten zeugen – die *Doxa*[49] der unverbrüchlichen Affinität von Männlichkeit und Wissenschaft anfechtbar, sind die Transaktionskosten, um den absoluten Ausschluss der Frauen aus der Wissenschaft aufrechtzuerhalten, zu hoch geworden. Nicht zuletzt durch die Frauenbewegung war die Gesellschaft in Bewegung geraten, sodass sich mehr und mehr den Frauen zunächst verschlossen gebliebene Sphären für diese öffneten, öffnen mussten. Dazu gehörte auch die Wissenschaft: Formal erhalten die Frauen Zugang zunächst zur universitären Ausbildung, sukzessive auch zu Lehre und Forschung. Damit ist die Grundvoraussetzung, Wissen zu produzieren, gegeben: das formale Recht auf Mitgliedschaft in der *Civitas academia.* Wie aber steht es mit ihrer Autorität in der Wissenschaft? Welche Antwort können wir Hassauer auf die Frage ›Wie *auctoritas*-fähig ist die Frau?‹ geben? Hatte sie genügend Zeit, akademisch relevantes Kapital zu akkumulieren? Spielfähig zu werden? Das heißt – und mit Bourdieu gesprochen – »nicht nur die Regeln

48 Siehe hierzu auch Schiebinger 2000, 47 ff.

49 In der Bourdieu'schen Soziologie bezeichnet *Doxa* einen besonderen Zustand der symbolischen Ordnung, in dem gesellschaftliche Ordnung und die je individuellen Vorstellungen von ihr deckungsgleich sind. Die *Doxa* existiert jenseits der Reflexion, sie stellt eine Art »kollektives Unbewußtes« dar. Im Unterschied dazu bezeichnet *Orthodoxie* eine gesetzte, explizite Ordnung, die dementsprechend reflektiert werden kann und anfechtbar ist (vgl. Bourdieu 1976, 318-334).

des Spiels festzulegen, sondern auch die Regelmäßigkeiten des Spiels, die Gesetze etwa, die bestimmen, welche Forschungsgegenstände von Bedeutung sind, die darüber entscheiden, ob etwas als außergewöhnlich oder überholt gilt« (Bourdieu 1998a, 23 f.). Sind mit der Beseitigung der juridischen Barrieren auch die kulturellen Klippen und die in die organisatorischen Strukturen eingelassenen Hürden überwunden? Ist Geschlecht in der Wissenschaft tatsächlich ein Unterschied, der keinen Unterschied macht? Ist die Gleichsetzung von Intellektualität mit männlichem Geschlecht nachhaltig unterbrochen, ist die Tatsache, dass Wissenschaft als autonome Sphäre sich als exklusiv männliche Sphäre etablierte, hundert Jahre nach der Zulassung von Frauen irrelevant? Wenn aber Geschlecht doch ein Unterschied sein sollte, der einen Unterschied macht, was bedeutet dann das offensive Sprechen des Feminismus von Geschlecht/Geschlechterungleichheit? Welche Implikationen hat das Unterfangen, Geschlecht zu einer wissenschaftlich relevanten Kategorie zu machen und damit ein eigenes Territorium zu besetzen und zu gestalten? Sprechen feministische Wissenschaftlerinnen heute mit der gleichen Autorität wie ihre Kollegen? Werden ihre Beiträge gehört? Und von wem?

Wenn wir also *heute* nach »*Homo. Academica*« fragen, ist sie dann, wie Hassauer anlässlich ihrer eigenen Antrittsvorlesung vor nunmehr zehn Jahren wortgewaltig konstatierte, in »der symbolischen Ordnung der Institution« tatsächlich noch immer nicht repräsentiert, auch wenn sie mittlerweile als »Seltenheitsmitglied« in ihr vorkommen dürfe (Hassauer 1994, 32)? Trifft es zu, dass sie immer wieder »bei ihrem ersten Auftreten symbolisch nicht *member of the club*, sondern Geschlecht« repräsentiert, dass ihre »bloße Anwesenheit die informelle Kommunikation der Brüderhorde mit ihren Clubregeln und dem *old boys network*« irritiert (ebd.)? Werden Wissenschaftlerinnen, so sie einmal angekommen sind, unzweifelhaft »aufgesogen und unsichtbar im *main stream* der *male science*, weil ihre Abweichungsenergie erschöpft ist« (ebd.)? Hat sich folglich, wie Hassauer abschließend fragt, etwas »geändert in den wenigen Jahren, seit die Institution sich auf ihre zwar singuläre, aber konstante Anwesenheit einrichtet?« (Ebd.) Nein, antwortet sie selbst ebenso energisch wie unmissverständlich: »Wissenschaft als Beruf ist Männerdomäne geblieben. Wissenschaft als Beruf stattet den *homo academicus* aus mit Habitus, mit Bildungskapital, mit universitärem Machtkapital, mit symbolischem Kapital – alles gebunden an ›die im Feld wirksame Eigenschaft‹, an das stärkste Machtpotential: männliches Geschlecht. Was hat sich geändert? Nur die Besteckfragen. Konversationelle Usancen. Sprachregelungen« (ebd.).[50] Der »Raum Hochschule«, so auch Holland-Cunz, »funktioniert nach den Regeln der Homosozialität, d. h., Frauen werden selbst bei unübersehbarer Anwesenheit weniger oder gesondert wahrgenommen« (Holland-Cunz 2001, 48).

Betrachten wir, um nur einen Indikator herauszugreifen, noch einmal die numerische Zusammensetzung nach Geschlecht in den akademischen Organisationen, so müssen wir Hassauer und Holland-Cunz Recht geben. Die ›Besteckfragen‹, die ›konversationellen Usancen und Sprachregelungen‹ mögen sich geändert haben, wer das Besteck führt, ist dagegen – konfiguriert durch lokal und disziplinär bedingte Unterschiede[51] – immer noch vergleichsweise eindeutig entlang der Genusgrenze geregelt. Jedenfalls sind die akademischen Organisationen gegenwärtig, wie wir bereits im Prolog gesehen haben, noch weit davon entfernt, Wissenschaftlerinnen im gleichen Maße wie Wissenschaftler zu beteiligen. Der Selbstverständlichkeit, »Wissenschaft als Beruf« dauerhaft ausüben zu können, sind Wissenschaftlerinnen statistisch gesehen nur unwesentlich näher gekommen. Rund hundert Jahre nachdem in Deutschland die letzte formale Zulassungsschranke fiel, sind noch immer rund 90 % aller Professuren mit Männern besetzt. Selbst in denjenigen Fächern, namentlich in den Sprach- und Kulturwissenschaften, in denen Studentinnen für 73,8 % der Studienabschlüsse und 45,3 % der Promotionen verantwortlich zeichnen und fast jede dritte Habilitation von einer Wissenschaftlerin verfasst wird (28,3 %), stellen sie nur 18,6 % der ProfessorInnen, wobei sich auch hier die Pyramide nach oben drastisch verschlankt: unter den C4-ProfessorInnen finden sich noch 13,6 %. Andersherum betrachtet bedeutet

50 Hassauer rekurriert hier auf eine Passage in Bourdieus *Homo academicus* (1992a, 162): »Die aussagekräftigsten Unterschiede werden aber dann sichtbar, wenn auch die soziale Qualität der Kandidaten in Betracht gezogen wird: Um die mächtigsten Ordinarien sammeln sich in der Tat die Kandidaten mit den im Feld wirksamsten Eigenschaften (männliches Geschlecht, *agrégation* […], Absolvent der *Ecole normale supérieure*) und folglich auch dem stärksten ›Machtpotential‹.«

51 Zur Notwendigkeit, die Relevanz von Geschlecht im Kontext disziplinär unterschiedlicher Kulturen zu untersuchen, siehe Heintz/Merz/Schumacher 2004.

das: Studenten in den Sprach- und Kulturwissenschaften produzieren zwar nur ein Viertel der Abschlüsse, aber rund 55 % der Promotionen und 70 % der Habilitationen werden von Wissenschaftlern geschrieben – und am Ende der Leiter sind vier von fünf Professuren mit Männern besetzt.[52] Die Erfolgsaussichten eines männlichen Studierenden in diesen Fächern sind also, sofern er das Studium abschließt, ungleich besser als die seiner Kommilitonin. Dabei sind die Karriereunterschiede zwischen den Geschlechtern keineswegs Ausdruck mangelnder Karrierebereitschaft seitens der Wissenschaftlerinnen, sondern »allzu oft ein Ergebnis der Organisationsstrukturen«, wie Allmendinger, Stebut und Brückner (1999, 216) nüchtern vermerken.

Akademische Karrieren von Frauen			
Frauenanteile in %	1999	2000	2001
Studienanfängerinnen	49,3	49,2	49,4
Studierende	45,3	46,1	46,7
Absolventinnen	43,5	44,8	46,0
Promotionen	33,4	34,3	35,3
Habilitationen	17,7	18,4	17,2
Hauptberufliches wissenschaftliches/künstlerisches Personal	24,8	25,6	27,0
Professorinnen	9,8	10,5	11,2
C4-Professorinnen	6,4	7,1	7,7
Bevölkerung insgesamt	51,2	51,2	51,2

(Quelle: Frankfurter Rundschau, 14. Mai 2003, WB 5)

52 Die Chance von Frauen, Wissenschaft zum Beruf zu machen, verdeutlicht auch folgende Statistik: In den außerhochschulischen Forschungseinrichtungen sind im Jahr 2002 36,1 % der Studentischen Hilfskräfte Frauen, sie stellen 38,5 % der Doktoranden und 31 % der Postdoktoranden. Bei den nach BAT IIa eingruppierten MitarbeiterInnen liegt ihr Anteil noch bei 25,8 %, doch schon unter den nach BAT Ib bezahlten finden wir nur noch 15,9 % Frauen, bei den nach BAT Ia Eingruppierten 9,1 %, und schließlich sind in der Gruppe der nach BAT I Eingestuften nur noch 3,9 % der WissenschaftlerInnen weiblichen Geschlechts (vgl. Bericht der BLK 2003).

Und so langsam, wie sich numerisch die Organisationen der Wissenschaft von homosozialen zu geschlechterdemokratischen wandeln, so langsam wandelt sich die symbolische Ordnung, die vergeschlechtlichte »Geschäftsordnung der Wissenschaft« (Hassauer 2002, 52). Spuren geschlechtlichen Alltagswissens,[53] dass nämlich Wissenschaft eine ›männliche‹ Tätigkeit ist und Wissenschaftler Männer sind,[54] sich folglich »wissenschaftliche Autorität nicht symmetrisch auf Weiblichkeit zuschieben« lässt (ebd.), finden sich sowohl innerhalb der Wissenschaft als auch in der Gesellschaft noch immer zuhauf – wenn auch oft gewissermaßen unbemerkt, gleichsam beiläufig geäußert und im Schatten der hegemonialen Gleichheitsdiskurse zunehmend schwieriger thematisierbar. Zwar existiert eine geschlechtsbezogene stabile Exklusivität der Wissenschaft heute nicht mehr, und Geschlecht ist als Ordnungsprinzip in vielen Fällen kontextgebunden modifiziert. Doch das impliziert nicht, dass die Hierarchisierung von Männern und Frauen verschwunden ist; wir haben es vielmehr zu tun mit einem komplexen Muster aus Inklusion und Exklusion, aus »rhetorischer Präsenz und faktischer Marginalität« (Wetterer 1994; 1998), aus einem Nebeneinander von Gleichheitsdiskursen und »asymmetrischer Geschlechterkultur« (Ursula Müller 1999b), die eine Vielfalt von Formen und Intensitäten geschlechtlicher Differenzierung und Ungleichheit erzeugen. Dieses Muster aus Inklusion und Exklusion umschreibt dabei nicht nur die Chancen von Frauen, Wissenschaftlerin zu werden und zu bleiben, in diesem Koordinatennetz entscheiden sich auch die Chancen und die Reichweite des feministischen Wissensprojektes. Kehren wir damit zurück zum *feminist turn*, zur Frage danach, inwieweit von einem feministischen Paradigmenwechsel (in) der Wissenschaft gesprochen werden kann.

Wie Christine Wimbauer (1999, 157) zeigen konnte, existiert zudem ein Zusammenhang zwischen dem Prekärwerden von Arbeitsverhältnissen in der Wissenschaft und den Beschäftigungschancen von Frauen: Die Ausweitung von Befristungen erhöht deren Einstellungschancen auf solche befristeten Stellen, der Zugang zu den unbefristeten Positionen bleibt ihnen dagegen weitgehend verschlossen.

53 Einen systematischen Begriff von »Geschlechter-Wissen« entwickeln Andresen/Dölling/Kimmerle 2003, 114ff.

54 Zum Konnex von Männlichkeit und Wissenschaft siehe auch Beaufaÿs 2003 sowie Schiebinger 2000, 103-120.

»Patriarchen und Pioniere: Helden im Wissenschaftsspiel«? (Elisabeth List)

Zwei Beispiele unter vielen, die auch aktuell den Konnex von Wissenschaft und Männlichkeit reproduzieren und zugleich gerade die Beiläufigkeit, den Common-Sense-Charakter dieses Geschlechterwissens belegen, sind die Folgenden:

»Jünger, freier, offener – der Juniorprofessor sollte die vergreiste Uni aufmischen. Doch viele Länder und Ordinarien mögen ihn nicht. Zwei Jahre nach seiner Geburt ist fraglich: Kommt Prof. Smart ans Ziel? Wird er Vorbild für Deutschlands Bummel-Studis?«, betitelte *die tageszeitung* (4. Februar 2004, 19) einen Artikel von Christian Füller zur Bilanz der Juniorprofessur. Der ganzseitige Artikel spricht dort, wo es um die Institution »Juniorprofessur« geht, fast durchgängig vom »Juniorprofessor«, gelegentlich auch von der »Juniorprofessur«; einzig bei den konkreten Beispielen wird auch von zwei »Juniorprofessorinnen« berichtet. Aufschlussreich ist zudem die Fülle geschlechterpolitisch assoziationsreicher Bilder: Da ist vom »Marathonmann«, vom »Iron Man«, von der »schlagkräftigen Reservearmee«, aber auch vom »grünschnäbeligen Konkurrenten« und »Schwächling« die Rede.

Ich zitiere die Eingangspassage ausführlich: »Der Juniorprofessor geht um in Deutschland. Er hat sich auf den langen Weg zum Lehrstuhl gemacht. Er will besser ans Ziel kommen als die bisherigen Professorenbewerber: schneller, jünger, vielseitiger. Doch nun wird er schon kurz nach dem Start vermessen. Streckenposten stoppen die Zeit. Sie messen die Schrittlänge, sie fühlen den Puls – und fällen ihr Urteil: Er wird nicht ins Ziel kommen, heißt es. Die vermeintliche Jahrhundertreform der Bundesregierung, die dem Marathonmann 2002 das Leben schenkte, sie gilt manchen bereits jetzt als gescheitert.«

Den Juniorprofessor grafisch in Szene setzte die *ZEIT*-Redaktion (15. April 2004, 81) (vgl. *Abb. 1*).

2.3 Feminist turn: »Integrative Desintegration«

Nun ist die Frage nach Autorität in der Wissenschaft, mithin nach der Chance des akademisch werdenden Feminismus, nicht nur Gehör zu finden, sondern transformativ auf die existierenden Disziplinen einzuwirken, weder allein eine Frage von Geschlecht noch ausschließlich eine von Zahl und Status.[55] In der Tat sind Frauen heute nicht mehr (nur) Objekt des Wissens,[56] sie sind dessen Subjekte geworden. Feministinnen haben gar ein eigenständiges intellektuelles Unternehmen gegründet und treten als Akteurinnen mit Entscheidungskompetenz in Hochschulreformprozessen in Erscheinung. Allein die Tatsache, dass es ein weit verzweigtes Netz von Einrichtungen der Frauen- und Geschlechterforschung gibt, ist Beweis dafür, dass die Wissenschaft sich verändert hat, wir nicht mehr von ›der‹ Fremdheit ›der‹ Frauen in der Wissenschaft, von zwei geschlechtlich getrennten Welten sprechen können. Feministische Wissenschaftlerinnen stehen nicht mehr *»ante portas«*.[57] Sie mögen

55 Zum komplizierten Verhältnis von numerischem Frauenanteil in wissenschaftlichen Disziplinen und der Chance, wissenschaftlich anerkannt zu werden und eine wissenschaftliche Karriere zu machen, siehe Heintz/Merz/Schumacher 2004, 59 ff.

56 Wobei sie in manchen Disziplinen durchaus auch noch als Objekte der Forschung zu entdecken wären. So merkt Birgit Sauer an, Frauen hätten in die politikwissenschaftliche Disziplin bisher als »Objekte der Forschung« nur zögerlich Eingang gefunden (Sauer 2003, 33). Die Politikwissenschaft mache in ihrer Fixierung auf »Machteliten«, die hauptsächlich männlich zusammengesetzt sind, folglich »vornehmlich Männer zu ihrem Untersuchungsgegenstand« (ebd.) – ohne dass dies allerdings bemerkt würde, müsste hier wohl ergänzt werden.

57 »Frauen ante portas – Ausschluss, Ausstieg oder ... ?« war das Thema der Jahres-

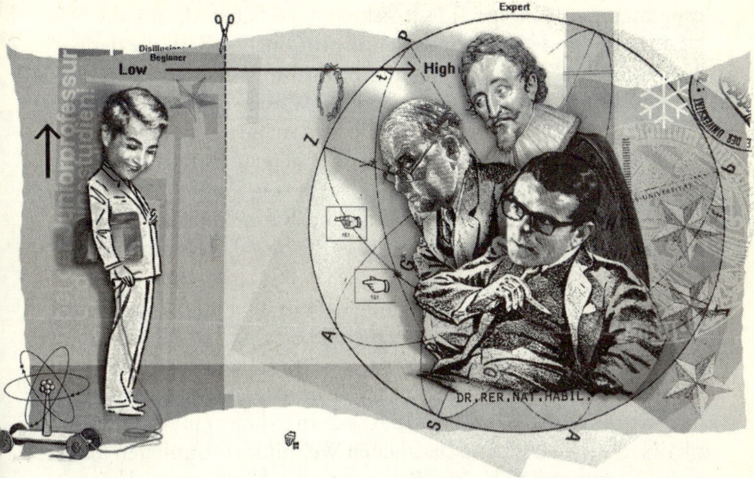

Abb. 1: Juniorprofessor, in: *DIE ZEIT* vom 15. April 2004.
© Daniel Matzenbacher für DIE ZEIT. www.matzenbacher.de

symbolisch und kulturell noch immer ausgegrenzt, normativ und numerisch marginalisiert sein, aber sie sind auch mittendrin[58]; sie sind *in,* wenn sie auch längst noch nicht *of the academy* sind, um noch einmal an Sue Wises Formulierung zu erinnern – und ihre partielle Integration eröffnet (beschränkte) Möglichkeiten, nicht nur auf Gestalt und Inhalte der Wissenschaft Einfluss zu nehmen, sondern selbst machtvoll innerhalb der akademischen Organisationen zu agieren.

Gemessen an der Zahl – wir erinnern uns: im Jahr 2001 sind 88,8 % aller Professuren mit Männern besetzt, der Anteil der Professuren für Frauen- und Geschlechterforschung an allen Professuren beträgt 0,3 % –, gemessen an den historisch gegebenen Startbe-

tagung der Sektion Frauenforschung in den Sozialwissenschaften in der DGS im Mai 1983 in München (vgl. Sektionsrat der Sektion Frauenforschung, *Aus der Geschichte … – Die Sektion ›Frauenforschung in den Sozialwissenschaften‹ in der DGS,* 2001, 22).

58 *Ausgegrenzt und mittendrin – Frauen in der Wissenschaft* ist der Titel einer Publikation zum Thema, die auf eine Tagung an der Humboldt-Universität zu Berlin im Oktober 1992 zurückgeht (Arndt u. a. 1993).

dingungen – der vergeschlechtlichten ›Geschäftsordnung der Wissenschaft‹ – und gemessen an der institutionellen Zeit, die der nach akademischen Weihen strebende Feminismus hatte, akademische Glaubwürdigkeit zu erwerben und die Wissenschaft zu verändern, gibt es zweifellos sogar viele Gründe, den im ersten Teil dieses Kapitels referierten optimistischen Bewertungen zuzustimmen und das Projekt feministische Wissenschaft als Erfolgsstory zu betrachten. Über »feministische Wissenschafts- und Rationalitätskritik« (Klinger 1990, 21), insbesondere aber »über die bloße Tatsache, dass es sie gibt« (ebd.), können wir uns denn auch immer noch gar nicht genug wundern, wie schon vor bald 15 Jahren die Philosophin Cornelia Klinger in ihrem Text »Bis hierher und wie weiter? Überlegungen zur feministischen Wissenschafts- und Rationalitätskritik« (1990) feststellte. Schließlich sei es der feministischen Bewegung nicht an der Wiege gesungen worden, »dass sie eines Tages eine radikale Kritik des modernen wissenschaftlichen Weltbildes formulieren und eigene Konzepte von Denken, Erkennen und Wissen entwickeln würde« (ebd.).

Gewiss: Wohl selten hat eine politische Bewegung das Projekt der Dezentrierung dominanter Wissensproduktion so radikal und tendenziell auch erfolgreich betrieben wie die feministische Bewegung. Keiner anderen sozialen Bewegung in der Bundesrepublik ist es – trotz nach wie vor erheblicher Widerstände der verschiedensten Art – vergleichbar gut gelungen, eine solch stabile Infrastruktur aus Professuren, Zentren, interdisziplinären Einrichtungen, berufspolitischen Vereinigungen, Netzwerken, Zeitschriften und seit einigen Jahren auch eigenständigen Studiengängen zu etablieren. Schier unüberschaubar ist mittlerweile auch die Zahl der Publikationen: War es vor zwanzig Jahren noch kaum möglich, mehr als einen Meter im Bücherregal mit feministischen wissenschaftlichen Publikationen zu füllen, so hat sich die internationale Produktion heute in einem Maße thematisch und theoretisch ausdifferenziert, dass schon lange keine(r) mehr GeneralistIn in Sachen Frauen- und Geschlechterforschung sein kann.

Unbestreitbar ist auch, dass feministische Wissenschaftlerinnen das ›alte‹ Wissen in Zweifel gezogen haben, ja in Zweifel ziehen mussten, wie Anne Witz und Sigrid Weigel argumentierten. Eine »paradigmatische Leistung« im Sinne Thomas Kuhns (1976) ist in jedem Fall die Transformation von »Geschlecht« als einem naturalisierten, vor allem innerwissenschaftliche Ordnung generierenden und garantierenden Moment in ein kritisches Objekt des Wissens. In einer Vielzahl wissenschaftlicher Disziplinen ist sie zumindest »rhetorisch präsent« (Kahlert 2003a, 66). Die US-amerikanische Geschichte der *Women's Studies* bilanzierend, stellen Claire Goldberg Moses und Leslie Wahl Rabine fest, dass der akademische Feminismus wesentlich für die »gegenwärtige Krise der Disziplinen« verantwortlich sei (Moses/Rabine 1993, 2; Übersetzung sh), und Marilyn Jacoby Boxer konstatiert sogar, diese hätten »wie keine andere Bildungsbewegung in der jüngeren Geschichte damit begonnen, das menschliche Bewusstsein auf tief greifende und nachhaltige Art und Weise zu verändern« (Boxer 1998, 49; Übersetzung sh). Feministische Wissenschaftlerinnen waren mit ihrer Intervention so erfolgreich, dass heute, so wiederum für den deutschen Kontext Renate Kroll in einer eigenartig changierenden Formulierung emphatisch, Gender in den Sozial- und Kulturwissenschaften als eine Kategorie gelte, »die Kultur und Gesellschaft nicht nur prägt (und durch die sie geprägt wird), sondern auch als Kategorie, die die gesellschaftliche Logik und kulturelle Bedeutungsstiftung organisiert« (Kroll 2002a, V).

Doch auch wenn der feministische Einfluss auf Kultur und Gesellschaft, auf die Inhalte und Organisationen der Wissenschaft zweifellos gegeben ist, bleibt *erstens* zu fragen, ob Einfluss auch ein Beleg für Kausalität ist, mit anderen Worten, ob der Wandel in den wissenschaftlichen Institutionen und Inhalten in der Tat das direkte Ergebnis feministischer Interventionen ist, schließlich ist es schwierig, diese Intervention zu trennen von anderen intellektuellen und politischen Entwicklungen, die (mit) darüber entscheiden, was gelehrt und geforscht wird. Darüber hinausgehend wäre aber *zweitens* vor allem zu fragen, ob die Existenz einer florierenden akademisch institutionalisierten Frauen- und Geschlechterforschung tatsächlich ein Indikator dafür ist, dass die Disziplinen in ihren Forschungsperspektiven, ihrer jeweiligen Gegenstandskonstitution und ihren wie auch immer deutlich konturierten theoretischen Axiomatiken beeinflusst werden konnten. Können wir von einem *Paradigmenwechsel* sprechen? Oder haben wir es nicht vielmehr, so

59 Die Formel der »integrativen Desintegration« ist gewöhnlich bezogen auf die Integration von Wissenschaftlerinnen in die akademischen Organisationen und nicht auf die Frage der Integration des feministischen Wissens.

meine These, mit Formen »integrativer Desintegration« (Metz-Göckel 1993) zu tun?[59] Mit anderen Worten: Mit einem partiellen, unterschiedlichen wissenschaftsinternen und -externen Faktoren geschuldeten Institutionenwandel, der nur zum Teil den feministischen Aktivitäten zurechenbar ist, durch den Frauen- und Geschlechterforschung zwar ein wie auch immer bescheidenes Heim in den ›Häusern des Wissens‹ gefunden hat, durch den es aber nicht zu einem grundlegenden Umbau dieser Häuser gekommen ist.

Was die erste Frage nach der Kausalität angeht, so warnte Florence Howe schon Anfang der 1980er-Jahre in einer Evaluation des US-amerikanischen *National Institute of Education* zur Frage des Einflusses der *Women's Studies* auf die Fächer und Curricula vor Überschätzung des feministischen Transformationspotentials. Nicht ausgemacht sei, so Howe, welchen Faktoren die als feministisch bewerteten Veränderungen angerechnet werden könnten:

> Impact implies causality, but it often proves difficult to establish whether changes on a campus can be attributed to the work of women's studies faculty and students, to the effects of the broader women's movement on and off campus, to changes in the climate of opinion, or even to stubborn material factors like the new female majority in many undergraduate populations. Women's studies is itself a product of such a combination of factors and can, in certain respects, be seen as an agent of change and as a mediator between the factors producing change and the academic community (Howe 1980, 38).

»Wissensfortschritte«, so auch Gabriele Griffin für die britischen *Women's Studies*, seien noch »nicht mit einer Veränderung von Wissen gleichzusetzen« (Griffin 2002, 84). Zwar hätten diese ohne Zweifel »das Wissen auf signifikante Weise bereichert«, es blieben aber »viele Fragen offen, die sich auf einen wirklichen Paradigmenwechsel in der Wissensproduktion und -dissemination beziehen« (ebd.). Nach hunderten von feministischen »Curriculum-Transformationsprojekten«, bemerkt nüchtern Boxer für die US-amerikanischen *Women's Studies*, hätten die akademischen Disziplinen dennoch ihre gegebenen Strukturen, ihre Kursprogramme und ihre Curricula unbeschadet retten können – und dies entgegen ihrer zuvor zitierten Feststellung, die *Women's Studies* hätten wie keine andere Bildungsbewegung in der jüngeren Geschichte damit begonnen, das menschliche Bewusstsein auf tief greifende und nachhaltige Art und Weise zu verändern. »Sometimes«, so ihr Fazit, »women are added and not stirred« (Boxer 1998, 76). Schließlich hatten Judith Stacey und Barrie Thorne bereits 1985 in ihrem viel diskutierten Aufsatz »Feministische Revolution in der Soziologie? Ein Vergleich feministischer Ansätze in der Geschichte, Literaturwissenschaft, Anthropologie und Soziologie in den USA« darauf hingewiesen, dass für einen erfolgreichen »Paradigmenwechsel« nicht nur die Umwandlung der »richtungweisenden Ausgangshypothesen und grundlegenden Begriffsrahmen« nötig sei, sondern auch die breite Akzeptanz dieser Transformation in der entsprechenden Disziplin (Stacey/Thorne 1985, 119).

Betrachten wir das hiesige Feld der wissenschaftlichen Disziplinen, so kann auch fast 20 Jahre nach der Feststellung von Thorne und Stacey, es käme nicht allein auf das von Feministinnen produzierte Wissen an, sondern auch auf dessen Akzeptanz, nicht von einer solchen ›breiten Akzeptanz‹ der feministischen Transformation gesprochen werden. Der längst akademisch gewordene Feminismus, an dem zwar in mancherlei Hinsicht kein Weg vorbeiführt, ist dennoch längst keine anerkannte Stimme in den ›Häusern des Wissens‹. Feststellbar ist quer durch das Fächerspektrum eine (unterschiedlich tiefe) Kluft zwischen dem Niveau ihrer institutionellen Verstetigung einerseits und dem Grad der Akzeptanz ihrer Ansätze, Konzepte und Debatten andererseits. Die Geschichte der Etablierung des akademisch werdenden Feminismus kann, wie auch ich es gerade getan habe, zwar durchaus als Erfolgsgeschichte erzählt werden – und in vielerlei Hinsicht ist sie auch eine. Sieht man jedoch genauer hin, ergibt sich ein deutlich heterogeneres Bild. Zwar sei, so Karin Hausen, das »Projekt der feministischen Wissenschaftskritik nach Inhalt, Reichweite und Anspruch zweifellos bemerkenswert« (Hausen 1997, 206). Doch entsprechend bemerkt werde es nicht: »Die in über zwanzig Jahren in der internationalen Forschung erzielten Ergebnisse, methodischen Erfahrungen und theoretischen Einsichten der Frauen- und Geschlechterforschung erfreuen sich keineswegs allgemeiner Aufmerksamkeit, prinzipieller Akzeptanz, kritischer Auseinandersetzung und Verbreitung in der scientific community« (ebd.). Die »Matrix des Wissens«, argumentiert Hassauer, sei in der »Autorität ihrer Schemata und Modelle, ihrer leitenden Werte und musterhaften Problemlösungen wissenschaftsgeschichtlich gerade eben erst an den Rand des *gender turn* und damit an den Rand des alten patriarchalen Paradigmas gerückt«

(Hassauer 2002, 55). Ähnlich skeptisch äußerten sich vor rund zehn Jahren angesichts der Transformationen der ostdeutschen Hochschulen Ulla Bock und Hilge Landweer. Wenn es heiße, so ihr damaliges Fazit, dass Frauen- und Geschlechterforschung hoffähig geworden sei, so würde »dabei übersehen, dass in den offiziellen Debatten um die zukünftige Hochschulstruktur und um die Planung der Universitäten – gerade auch in den neuen Bundesländern – Frauenforschung an den Rand des Kanons der Wissenschaften verwiesen bleibt« (Bock/Landweer 1994, 99).

Insgesamt, das ergibt die zweite Durchsicht der Evaluierungen von Frauen- und Geschlechterforscherinnen zur Qualität und Reichweite des *feminist turn*, haben die extensiven intellektuellen Entwicklungen im Feld der Frauen- und Geschlechterforschung die jeweiligen disziplinären Curricula und Axiomatiken nur begrenzt aus ihrem Rhythmus gebracht.[60] Möglich war dagegen in vielen Fächern die Institutionalisierung der Frauen- und Geschlechterforschung als ›Bindestrichgebiet‹, als »anerkannte Nebensache« (Andresen 2001); entstanden ist eine Reihe von disziplinären feministischen Mikrokosmen, in denen, wie Sauer für die Politikwissenschaft argumentiert, die geschlechterforscherische Aufarbeitung der Teilgebiete des jeweiligen Faches stattfand, ohne dass dies die Kerne der Fächer nachhaltig tangiert hätte (vgl. Sauer 2003, 31).

Obgleich hier zwischen den Disziplinen erhebliche Differenzen und Ungleichzeitigkeiten feststellbar sind, so kann doch davon gesprochen werden, dass diese in der Mehrzahl von einer genuinen Berücksichtigung von Fragen der Vergeschlechtlichung in politischen, sozialen, kulturellen, individuellen oder technologischen und naturwissenschaftlichen Prozessen immer noch weit entfernt sind. Drastisch beschreibt Margaret Conkey beispielsweise für die Archäologie diese Kluft zwischen der Reichweite und Fülle der feministischen Erkenntnisse auf der einen Seite und deren Wahrnehmung und Anerkennung innerhalb des Faches auf der anderen:

60 Dies kann hier nicht für alle Fächer geleistet werden. Für Einschätzungen zu anderen als den hier skizzierten Fächern siehe unter anderen die Beiträge in Bußmann/Hof 1995; Janshen 1999b; *Potsdamer Studien zur Frauen- und Geschlechterforschung* 3/1 (1999); Braun/Stephan 2000; Cottmann/Kortendiek/Schildmann 2000b; Würzbach 2002 für einen Überblick, sowie Kroll/Zimmermann 1995 für die Romanistik, Medick/Trepp 1998 für die Geschichtswissenschaft; Lanwerd 2004 für die Religionswissenschaft und Schabert 2004 für die Anglistik.

> Has feminism changed archaeology? Absolutely: the archaeological study of gender and the gender of archaeology are in most introductory textbooks. Gender and feminist archaeology are topics of entries in the current spate of encylopedias of archaeology and of the social sciences, and an entire encyclopedia of archaeology and gender is in the works. […] Yet in some ways, these are phenomena that can be more or less ignored; passive smoke has had more impact on American social life than passive ›acceptance‹ of archaeology of gender or feminist archaeology has had on archaeological practice. Undertakings in gender or feminist research are still relatively ghettoized: it is mostly women who ›do‹ it (Conkey 2003, 875 f.).

Vom »Prinzip der Invisibilisierung« (Sauer 2003, 27) spricht in diesem Zusammenhang Birgit Sauer für die *Politikwissenschaft*: Jenseits der »(kleinen) frauenforscherischen Community entwickelte das Fach weder eine Kultur noch eine Struktur der Anerkennung und des Respekts für die Geschlechterforschung« (ebd.). Der politikwissenschaftliche »Malestream« betreibe »business as usual«, behandele seine Forschungsgegenstände und Themen geschlechtsneutral, negiere also, dass Geschlecht in der Politik ›einen Unterschied‹ macht. Deutlich skeptischer als die eingangs referierten optimistischen Einschätzungen hinsichtlich der ›Transformationen, die wir in den Disziplinen zu bewerkstelligen‹ suchten, beurteilt auch Hildegard Maria Nickel die Situation in den *Sozialwissenschaften*: Zwar hätten Sozialwissenschaftlerinnen »ihre Sicht der Dinge in die Debatte geworfen und sich schließlich Gehör verschafft«, zwar sei »die Anzahl der genuszentrierten Forschungen und Studienangebote gewachsen«, doch »ob das schon Indizien für die Integration des Geschlechteransatzes in traditionelle Einzelwissenschaften sind und ob das für eine Akzeptanz der Geschlechterperspektive im akademischen Fächerkanon« spreche, sei offen (Nickel 2000, 130 f.). Für die Sozialwissenschaften, insbesondere für die Politikwissenschaft, müsse das bezweifelt werden. Für die *Romanistik* stellen Renate Kroll und Margarete Zimmermann »höchst signifikante Ausblendungen und Lücken« fest (Kroll/Zimmermann 1995, 9). Die deutsche Romanistik zeichne sich durch ein »weit verbreitetes Desinteresse an Ansätzen der (französischen und nordamerikanischen) feministischen Literaturtheorie und -wissenschaft« aus (ebd.).

Ähnlich zurückhaltend fällt auch Cornelia Klingers Befund für die *Philosophie* aus. In diese habe die »feministische Kritik an der philosophischen Tradition kaum [...] eindringen können, so dass die Frage nach der Geschlechterdifferenz immer noch als ›komische Frage‹« gelte (Klinger 1998, 96).[61] Zwar seien die Zeiten »offener Ablehnung und expliziter Zurückweisung« vorbei, dagegen hätten sich aber »viel indirektere Formen der Ausgrenzung beziehungsweise Immunisierung entwickelt« (ebd., 97). Dazu gehörten erstens die »zahlreichen Lippenbekenntnisse innerhalb der Kollegenschaft, die der feministischen Kritik auf einer rhetorischen Ebene immense Wichtigkeit und Bedeutung zusprechen« (ebd.). Dazu gehöre zweitens das, was »periphere Kooptierung« genannt werden könne: die »möglichst peripher, temporär, unverbindlich und unterhalb der Institutionalisierungsschwelle bleibende Weise, feministische Ansätze ohne langfristige Verbindlichkeiten zu kooptieren« (ebd.). Die »dritte und vielleicht heimtückischste Form des Widerstands beziehungsweise der Immunisierung«, von der Klinger spricht, haben wir als generelles Phänomen bereits im Prolog kennen gelernt: Die Beförderung der feministischen Kritik in die Vergangenheit, in den »Zustand des Sich-zu-Tode-gesiegt-Habens« (ebd.).

Auch in den *Wirtschaftswissenschaften* konstatiert Hedwig Rudolph (1999) die Marginalisierung nicht nur von Frauen und ihrer Lebenssituation, sondern auf der Ebene der Theoriebildung auch die Nichtberücksichtigung des Geschlechterverhältnisses. Schließlich beantwortet Londa Schiebinger die Frage »Has feminism changed science?« (Schiebinger 2003, 864) für die *naturwissenschaftlichen Fächer* mit einem ›Ja, aber‹: Feministische Naturwissenschaftlerinnen hätten neue Verknüpfungen vorgeschlagen und neue Forschungsstrategien in ihrem jeweiligen Fach entwickelt, aber der Prozess müsse noch viel weiter gehen. Dass hier das Tempo womöglich langsamer ist als in anderen Fächerkulturen, bemerkt Schiebinger an anderer Stelle:[62]

61 Für die Situation in der Philosophie siehe auch Klinger 1995 sowie Lettow 1999 und Nagl-Docekal 1999.

62 Für einen Überblick über die Entwicklung der feministischen Naturwissenschaft und Naturwissenschaftskritik vgl. den von Barbara Orland und Elvira Scheich herausgegebenen Band *Das Geschlecht der Natur. Feministische Beiträge zur Geschichte und Theorie der Naturwissenschaften* (1995). Einen aktuellen Einblick in die *feminist science studies* bieten die Aufsätze von Margaret Conkey (Archäologie), Amy Bug (Physik) und Patty Gowaty (Evolutionsbiologie) im von Londa Schiebinger edierten Schwerpunkt »Feminism Inside the Sciences«, in: *Signs* 28/3 (2003).

Da die moderne Wissenschaft das Produkt des jahrhundertelangen Fernhaltens von Frauen ist, erfordert der Prozess, Frauen in die Naturwissenschaften einzugliedern, tief greifende strukturelle Änderungen in der Wissenschaftskultur, bei den wissenschaftlichen Methoden und Inhalten, und wird solche auch noch künftig fordern. Man sollte nicht erwarten, dass Frauen in einem Unternehmen, das von Anfang so angelegt war, sie auszuschließen, sogleich mit Erfolg glänzen könnten« (Schiebinger 2000, 23).

Freilich sind diese Negativbefunde ebenso sehr nur die halbe Wahrheit wie die eingangs referierten Erfolgsgeschichten. Denn trotz aller Abwehr, wie subtil und wirkungsvoll auch immer sie organisiert sein mag, ist es eben zu jenem partiellen Institutionenwandel gekommen; ist in vielen Fächern und an vielen Hochschulen Frauen- und Geschlechterforschung akkommodiert worden und ist oftmals Teil prüfungsrelevanter Curricula, kurzum: ein Faktor im akademischen Leben geworden. Erklärungsbedürftig ist also beides, Anerkennung wie Entwertung: Warum kann sich der akademisch gewordene Feminismus einerseits institutionell durchsetzen und warum kann Frauen- und Geschlechterforschung andererseits legitim disqualifiziert werden? Wie ist das Zugleich von integrativen – aber auch normalisierend wirkenden – Bewegungen und ungebrochen entwertenden und marginalisierenden Tendenzen zu verstehen? Wie kann Frauen- und Geschlechterforschung an einem Ort als Zeichen von Innovation und Exzellenz, von Modernisierung und Dynamik gelten,[63] während sie anderenorts immer noch basale Anerkennungskämpfe führt oder gar als schon überholt angesehen wird?[64] Ihr Anspruch »auf den Titel einer Wissenschaft« mithin, wie Georg Simmel es für die Anfänge der Soziologie konstatierte, »keineswegs unbestritten ist« und sich selbst dort, »wo ihr dieser zuge-

63 So lobte Klaus Landfried, zum damaligen Zeitpunkt Präsident der Hochschulrektorenkonferenz, die im Umfeld der *expo 2000* in Hannover durchgeführte *Internationale Frauenuniversität* (IFu) als »kleines, schnelles Boot«, das dabei sei, den eingeschränkt manövrierfähigen »Supertanker« Universität zu überholen. Die IFu, so Landfried, sei in Interdisziplinarität und Internationalität unerreicht (vgl. »Frau Schnellboot vor Herrn Supertanker«, in: *die tageszeitung*, 5. Juni 2002, 14).
Zur Internationalen Frauenuniversität siehe unter anderen Metz-Göckel 2002b sowie Becker 2003.

64 Dabei wäre allerdings in einem mittlerweile deutlich ausdifferenzierten Feld feministischen Wissens, in dem konkurrierende theoretische, methodische und wissenschaftspolitische Orientierungen existieren, zu fragen, was genau anerkannt und was entwertet wird.

standen wird, über ihren Inhalt und ihre Ziele ein Chaos von Meinungen ausbreitet, deren Widersprüche und Unklarheiten den Zweifel, ob man es hier überhaupt mit einer wissenschaftlich berechtigten Fragestellung zu tun hat, immer von neuem nähren« (Simmel 1983, 37).

Einfache Gleichungen taugen also kaum noch: Weder ist Frauen- und Geschlechterforschung nur marginalisiert und ausgegrenzt, noch ist sie – trotz der Tendenzen eines Vorrückens von der Peripherie in die Zentren – eine selbstverständlich gehörte Stimme im Kanon des wissenschaftlichen Wissens geworden.[65] Weder kann umstandslos davon gesprochen werden, dass »durch die Frauen- und Geschlechterforschung die Erkenntnis, dass Geschlechterverhältnisse grundlegende gesellschaftliche Strukturierungs- und Organisationsformen darstellen, zunehmend Eingang in die Einzelwissenschaften gefunden und deren Forschungen, Publikationen und auch deren Lehrinhalte beeinflusst« hat (Mischau/Oechsle 2003, 5), noch pauschal von einer Koalition der Abweisung. Was sich dagegen zeigt, ist ein Bild, in dem Transformation von Fächern und beharrliche Resistenz gegenüber feministischen Perspektiven, Anerkennung und Entwertung, fortgesetzte Ausgrenzung und integrative Normalisierung eine komplexe, in sich widersprüchliche Allianz eingegangen sind. Was sich zeigt, ist ein »Bild der Überlagerungen von Erfolgen, Ausschlüssen, Behinderungen, zögerndem Zugelassen-Werden, überraschten und ebenso überraschenden Anerkennungen, denen wiederum Abwertungen folgen« (Ursula Müller 2003, 59). Ungleichzeitigkeiten und Paradoxien bestimmen den Rhythmus: Im Feld des akademisch gewordenen Feminismus ist untrüglich eine – für die Kürze der Zeit beispiellose – komplexe Ausdifferenzierung von Theorien, Methoden, Herangehensweisen und empirischen Gegenständen festzustellen, während im Feld des wissenschaftlichen Wissens insgesamt die Bilanz sehr gemischt ausfällt.

Doch ungeachtet disziplinär bedingter Ungleichzeitigkeiten ist zu konstatieren, dass die geschlechtlich kodierte Dichotomie von Universalem/Partikularem im akademischen Feld eher mühelos reproduziert statt transformiert wird: In einer aufs Ganze gesehen schier reibungslos funktionierenden geschlechtlichen Arbeitstei-

65 Vgl. hierzu auch Dölling/Hark 2000.

lung bestellen männliche Wissenschaftler das Allgemeine der jeweiligen Disziplin, während Frauen- und GeschlechterforscherInnen den »Sonderfall« Geschlecht bearbeiten. Die widersprüchlich strukturierte »integrative Desintegration« von Wissenschaftlerinnen in die akademischen Organisationen wiederholt sich offensichtlich in der Produktion und Organisation des Wissens selbst: Themen und Ansätze werden zwar vereinzelt dem jeweiligen Kanon eines Faches einverleibt – meist allerdings, ohne dass eine Reflexion darauf stattfindet, was die Integration feministischer Perspektiven tatsächlich für das kanonisierte Wissen bedeutet. In der Regel sind jedoch gewissermaßen feministische Parallelwelten entstanden, an denen zwar nicht unbedingt vorbeizukommen ist – ja Frauen- und Geschlechterforschung kann sogar durchaus auch einmal als Wettbewerbsvorteil in der Konkurrenz der Hochschulen untereinander wahrgenommen und eingesetzt werden. Deren Potenzial für »Kurskorrekturen« (Knapp 1998d) wurde bisher jedoch nur in bescheidenem Umfang realisiert. Der bisher zu beobachtende stetig betriebene Ausbau von Frauen- und Geschlechterforschung trägt so womöglich unfreiwillig eher zur Arretierung der seit Ende des 18. Jahrhunderts etablierten akademischen Geschlechterordnung bei, als dass diese wirkungsvoll unterlaufen würde.

Entlastet die Frauen- und Geschlechterforschung also im Effekt tatsächlich die Disziplinen von der Frage nach Geschlecht/Geschlechterverhältnissen, sodass diese auch weiterhin »unter Absehung des Geschlechts« agieren können (Heintz 2001a, 9)? Wird sie zur Chiffre für die Isolierung der Problematisierung von Geschlechterverhältnissen im Innern der Universitäten? »Ein ›Risiko‹ für die Durchsetzung und Entfaltung einer ihre feministischen Wurzeln nicht verleugnenden Geschlechterforschung«, so noch einmal Müller, liegt jedenfalls darin, »dass Differenzbildungen zu Lasten von Frauen ein noch vorhandenes gesellschaftliches Muster sind« (Ursula Müller 2003, 59). Und dies wirkt sich auch auf die Durchsetzung und Anerkennung der Frauen- und Geschlechterforschung aus. Denn die ›Herstellung‹ neuer Diskurse durch die Frauen- und Geschlechterforschung vollzieht sich im Rahmen einer ›alten‹, »nämlich asymmetrischen Geschlechterkultur, die zwar durch Frauenbewegung und -forschung schon verändert, aber noch nicht verschwunden« ist (ebd.). Der Versuch, die Geschlechterdifferenz durch feministisches wissenschaftliches Wissen zu deplausibilisieren, kann also der Gefahr ihrer Redramatisierung nur begrenzt entgehen.

Aber was folgt daraus? Muss der akademische Feminismus notwendig scheitern? Oder müssen Frauen- und GeschlechterforscherInnen einfach nur die Anstrengungen verstärken, innerhalb der Disziplinen intelligibel, anerkennbar zu werden, um den angestrebten Paradigmenwechsel zu bewerkstelligen? Doch wie verhält sich das wiederum zum Projekt der, wie Klinger es beschrieben hatte, Entwicklung ›eigener Konzepte von Denken, Erkennen und Wissen‹? Wie ist in diesem Zusammenhang die in den vergangenen Jahren an bundesdeutschen Universitäten und Fachhochschulen vergleichsweise intensiv betriebene Einrichtung von Studiengängen zur Frauen- und Geschlechterforschung sowie die verstärkte Gründung von Forschungs- und Koordinationszentren zu sehen?[66] Ist sie bereits eine Reaktion darauf, dass der ›trojanische Weg‹, das heißt der Weg *in* die Disziplinen, um so Wissenschaft insgesamt zu transformieren, an seine Grenze gelangt ist? Aber könnte nicht auch diese Entwicklung *in the long run* dazu führen, die angesprochene geschlechtliche Arbeitsteilung zwischen den Disziplinen auf der einen Seite und der Frauen- und Geschlechterforschung auf der anderen zu reproduzieren statt zu transformieren?

Zudem sind hier nicht nur erhebliche lokale Ungleichzeitigkeiten – zwischen alten und neuen Bundesländern, zwischen dem Norden und dem Süden der Republik – sowie, wie wir gesehen haben, erhebliche disziplinäre Unterschiede festzustellen; die in den vergangenen Jahren entstandenen Zentren und Studiengänge, Programme

66 Ulla Bock (2002) listet neben 23 Koordinations- und Forschungszentren für Frauen- und Geschlechterforschung an Universitäten – die an Fachhochschulen etablierten Einrichtungen sind hier nicht mitgezählt – 15 Studiengänge und -schwerpunkte auf, die bereits existieren beziehungsweise in Planung sind, wobei bis auf zwei alle seit 1997 eingerichtet wurden. Sigrid Metz-Göckel (2002, 31) spricht von 30 Universitäten und einigen Fachhochschulen in der BRD, an denen »in der einen oder anderen Form ein bisschen Frauenforschung und Geschlechterstudien« institutionalisiert seien.
Gabriele Jähnert (2004) verzeichnet für Deutschland, Österreich und die Schweiz insgesamt sechs Magisterteilstudiengänge (Haupt- und Nebenfach), zwei BA-/MA-Studiengänge (einer in Planung), zehn Interdisziplinäre Studienschwerpunkte, fünf Wahlfachangebote (alle in Österreich und der Schweiz) sowie drei Aufbaustudiengänge, drei DFG-geförderte Graduiertenkollegs und vier Schweizer Graduiertenkollegs.

und Projekte sind darüber hinaus in der Regel auch finanziell vergleichsweise schlecht abgesichert, meist nur schwach in den Verfassungen der Hochschule verankert, extrem eingeschränkt in ihrer institutionellen Handlungsfähigkeit – etwa hinsichtlich personalpolitischer und fiskalischer Autonomie sowie hinsichtlich der Gestaltung ihrer Lehrpläne –, immer noch weitgehend abhängig von politisch durchgesetzten Sonderprogrammen, selten unumstritten und überhaupt nur überlebensfähig dank dem, was die US-amerikanische Soziologin Arlie Hochschild (1989) in anderem Zusammenhang *the second shift* im Leben von Frauen nannte. Das heißt, die Programme, Studiengänge und Zentren basieren oft auf einer solchen »zweiten Schicht«, die (noch meist) Wissenschaftlerinnen ›im Dienste der Sache‹ leisten. Darüber hinaus erfolgt die verstärkte Institutionalisierung der Frauen- und Geschlechterforschung derzeit, worauf Gudrun-Axeli Knapp bereits vor einigen Jahren hinwies, oft nicht aus inhaltlichen Überlegungen, sondern als »Notwehrmaßnahme, damit Frauenforschung nicht aus den *lean universities* der Zukunft verschwindet« (Knapp 1998c, 51).[67]

Tatsächlich ist Frauen- und Geschlechterforschung vom Ziel der Transformation des vorgefundenen Wissens oder vom Status eines autonomen, unangefochtenen Feldes noch ebenso weit entfernt wie Frauen von der Selbstverständlichkeit, »Wissenschaft als Beruf« dauerhaft ausüben zu können – und Ersteres gilt jenseits der Erwägungen, ob dies überhaupt theoretisch wie politisch anzustreben sei. War Frauen- und Geschlechterforschung mithin in den alten ›Häusern des Wissens‹ schon in die Besenkammer verbannt, in der wenig Bewegung möglich war, so ist fraglich, ob ihr in den anorektischen Wissensanstalten der Zukunft mehr als ein Zimmer – oder gar eine Zimmerflucht – mit Aussicht beschert sein wird.

67 Diese institutionellen, ökonomischen und politischen Rahmenbedingungen sind noch einmal ausführlich Thema in Kapitel 7.

2.4 Ein ›academic turn‹?

Kommen wir nun zur zweiten Wechselwirkung, den ›Transformationen unseres eigenen Denkens‹, wie Myra Marx Ferree, Judith Lorber und Beth Hess (2000, xvi) es genannt hatten. Die Diskussion des *feminist turn* hat unter anderem eines deutlich gemacht: Die akademischen Einrichtungen schließen den Feminismus, der akademisch werden will, nicht kategorisch aus. Sie arbeiten in erster Linie nicht repressiv und ausschließend, nicht mit absoluter Segregation, mit verstärkter Verteidigung der eigenen Grenzen oder der völligen Verweigerung von Anerkennung – obwohl all dies gelegentlich probate Mittel sind. Auch antworten sie auf die feministische Intervention in das Wissen nicht mit einem Paradigmenwechsel, sondern mit einem *partiellen Institutionenwandel*. Die etablierte Wissenschaft begegnet der feministischen Herausforderung produktiv und einschließend – wenn auch diese fast immer an ihren Rändern positionierend. Das aber bedeutet, nüchtern betrachtet, dass Feminismus auf seinem Weg in die Institution auch Charakteristika dieser Institution annehmen wird, dass deren Handlungslogiken und -routinen teilhaben an der Gestalt des akademisch werdenden Feminismus. Eine Diskussion des *feminist turn* kommt also nicht umhin, auch nach dem *academic turn* von Feminismus zu fragen. Denn die inhaltliche Entwicklung von Frauen- und Geschlechterforschung muss im Zusammenhang betrachtet werden mit den institutionellen Gegebenheiten, das heißt sowohl mit den Anforderungen, die das System Wissenschaft an diejenigen Wissensformationen stellt, die Teil jenes Systems werden wollen – und das ist vor allem die Anforderung, sich als Disziplin auszuweisen[68] –, als auch mit den etablierten akademischen Konventionen etwa des Forschens und Schreibens, mit den Anforderungen an Professionalisierung oder den Rekrutierungs- und Sozialisierungsweisen der akademischen »Dominanzkultur« (Rommelspacher 1995).

In welchen Hinsichten indes kann von einem *academic turn* des feministischen Wissensprojektes gesprochen werden? Kehren wir dafür zunächst noch einmal zu Ute Gerhards Text »Frauenbewegung – Frauenforschung – Frauenpolitik. Innovation und Selbstre-

68 Was eine Wissensformation zu einer wissenschaftlichen Disziplin macht, ist Thema von Kapitel 6.

flexion« (2001) zurück. Gerhard spricht hier einerseits von der »Profilierung feministischer Wissenschaftlerinnen innerhalb einzelner Disziplinen« (Gerhard 2001, 31), andererseits von einem »Prozess der Professionalisierung«, der zugleich »Spezialisierung« bedeute (ebd.). Doch was mit Profilierung, Professionalisierung und Spezialisierung wissenschaftssoziologisch gesehen einhergeht – etwa die Schaffung exklusiver Mitgliedschaftsrollen und Karrierestrukturen sowie eine zunehmende Standardisierung der wissenschaftlichen Tätigkeit –, diskutiert Gerhard nicht. Sie betrachtet diese Entwicklung weder im Kontext der Regeln, Routinen und Praktiken der Institution Wissenschaft noch im Hinblick auf andere, nichtintellektuelle Interessen von Frauen- und GeschlechterforscherInnen wie die Etablierung einer neuen intellektuellen Identität und beruflichen Rolle.[69] Stattdessen wird die Beobachtung, dass sich feministische Wissenschaftlerinnen profiliert, professionalisiert und spezialisiert haben, hier einzig als Ergebnis der progressiven intellektuellen Entwicklung von Frauen- und Geschlechterforschung dargestellt, als Ausdruck einer internen, feministischen Imperativen folgenden Logik intellektueller Differenzierung.

Danach zu fragen, inwiefern beispielsweise Professionalisierung womöglich auch Ergebnis eines Assimilationsprozesses an die Regeln und Routinen der Institution Wissenschaft ist, bedeutet nun nicht, dies *per se* als Zeichen der Anpassung an den »normalwissenschaftlichen male stream« zu deuten (Holland-Cunz 2003b, 30), mithin schlicht wider Professionalisierung zu argumentieren. Denn zunächst ist das Interesse an der Etablierung einer neuen intellektuellen Identität und beruflichen Rolle ein legitimes Interesse. Darüber hinaus ist, wie Holland-Cunz argumentiert, das »Insistieren auf *eigenlogischen* professionellen Arbeitsweisen [...] für innovative, markante, politisch scharfsinnige und scharf gesellschaftskritische Theoriebildung und Forschung unverzichtbar« (ebd.; Hervorhebung i. O.). Zweifellos muss feministische Theorie, gerade wenn sie Theorie als eingreifende Praxis versteht, auf solchen eigenlogischen

69 Auf diesen Aspekt im Prozess der Herausbildung neuer Disziplinen weisen Ben-David/Collins (1974) hin. Am Beispiel der Psychologie argumentieren sie, das Wachstum einer Disziplin sei unter anderem davon abhängig, ob »Personen an der neuen Idee Interesse finden, nicht nur als intellektuellem Inhalt, sondern auch als einem potenziellen Mittel, eine neue intellektuelle Identität und insbesondere eine neue berufliche Rolle zu etablieren« (Ben-David/Collins 1974, 123).

Arbeitsweisen bestehen, nicht zuletzt um auch andere feministische Praktiken – politische, kulturelle, soziale – und deren Realitätseffekte kritisch reflektieren zu können. Aber gerade weil das Verhältnis von Theorie und Praxis, politischer Bewegung und wissenschaftlicher Reflexion ungleich komplizierter ist, als es zu Beginn des feministischen Wissensprojektes gedacht werden konnte,[70] gerade weil es im Sinne der Entwicklung radikaler gesellschafts- und wissenschaftskritischer Perspektiven notwendig war und ist, sich von feministischen Dogmen und Orthodoxien zu trennen, muss auch die Emanzipation der feministischen Theorie von der feministischen Praxis kritisch reflektiert werden. Wir müssen uns nur, wie Holland-Cunz fordert, »rigoros klar machen«, was es bedeutet, »selbst zu einem Teil der normal science geworden zu sein« (ebd., 46), und nicht zuletzt nach den Realitätseffekten fragen, die dies für die feministischen Wissenspraktiken hat. Denn auch für den akademisch gewordenen Feminismus gilt, dass »unsere Erfahrung [uns; sh] belügt«, wie Sandra Harding formuliert (1994, 303). Anders gesagt: Auch innerhalb der akademischen Organisationen verstellen Erfahrungen und Praxisformen eher den Weg zur Erkenntnis, als dass sie ihn ebnen.

Begreifen wir zudem Professionalisierungsprozesse »als kollektive Kämpfe um soziale (Aufwärts-)Mobilität, [...] und um die Etablierung sozial exklusiver Zugangskriterien zu einem elitären Berufs-›Stand‹« (Wetterer 1993, 46), müssen genau diese Prozesse befragt werden, wenn der Anspruch, Wissen/Wissenschaft zu transformieren, gar »bessere Wissenschaft« (Harding 1990) zu machen, mehr als Selbstbestätigung des eigenen Erfolges oder der meist unausgesprochen vorausgesetzten kritischen Randständigkeit, Oppositionalität und/oder Fremdheit von Frauen- und Geschlechterforschung in der Wissenschaft sein soll. Denn »Professionalisierungsprozesse sind immer auch Prozesse der Machtbildung« (Wetterer 1993, 46), in denen es »um die Durchsetzung spezifischer materieller Interessen« geht (ebd.) und in denen »Strategien der Ausschließung und Ausgrenzung« zum Einsatz kommen (ebd.), um ein bestimmtes Berufsfeld so zu strukturieren, dass der Zugang zur Profession selbst möglichst exklusiv bleibt.[71] Es wäre folglich ebenso naiv anzunehmen,

70 Dieses Verhältnis wird uns noch einmal in Kapitel 4.2 beschäftigen.

71 Zur Professionalisierung der akademischen Berufe siehe besonders Stichweh 1994, 278-336.

das Feld ›der‹ Frauen- und Geschlechterforschung wäre frei von diesen Prozessen der Machtbildung und deren Reproduktion, wie anzunehmen, Professionalisierung folge dort aufgrund des Selbstbildes der Marginalität anderen Regeln als denjenigen, die die (geschlechtersensible) Professionssoziologie für die Professionalisierungsprozesse in anderen Berufen rekonstruiert hat.

Mehr noch: Wenn Professionalisierung auch »das Sich-Hineinbegeben in die Profession« (Roloff 1993, 222), den individuellen und kollektiven »Prozess der Sozialisation in Exklusivität« meint (ebd.), es sich also um Prozesse handelt, in denen es um die Initiierung in und Inkorporierung von »moralischen Ökonomien« – die je spezifischen disziplinären »Fühlweisen« sowie »Seh-, Verstehens- und Handlungsweisen« (Daston 2001c, 159) – geht, um Prozesse, in denen »unbestimmte Kenntnisse und Verhaltensweisen, z. B. die Art des Auftretens, die die Mitgliedschaft zur Profession erst vollständig machen« (Roloff 1993, 222), erworben werden[72] und in denen in einem »langwierigen Prozeß von Kooptation und Initiation, der einer zweiten Geburt gleichkommt« (Bourdieu 1987, 124), Konformität und Kohäsion, Zugehörigkeit und Zustimmung zur Institution produziert werden, haben wir es dann nicht auch mit Prozessen zu tun, die mit Michel Foucault (1976) als Prozesse der Hervorbringung von »Disziplinarindividuen« verstanden werden können?

Das hieße, es geht in der akademischen Sozialisation nicht allein darum, spezifische Fertigkeiten zu erlangen, die eine(n) dazu befähigen, wissenschaftlich zu arbeiten. Vielmehr geht es auch um die Konstituierung je spezifisch habitualisierter Subjekte, die aufgrund

72 Roloff (1993) beschreibt den Prozess der Professionalisierung folgendermaßen: »Der Begriff zielt damit auf die sozialisatorischen Wirkungen der Hochschulausbildung als Voraussetzung für den späteren Eintritt in den Beruf, die Sozialisation im Beruf und das Erlernen der spezifischen fachlichen Kompetenz und Voraussetzungen. Außerdem umfaßt diese Bedeutung den Erwerb von unbestimmten Kenntnissen und Verhaltensweisen, z. B. die Art des Auftretens, die die Mitgliedschaft zur Profession erst vollständig machen. Der individuelle Vorgang ist die Entwicklung von Zugehörigkeit und Selbstverständnis« (Roloff 1993, 222). Zur »Habilitation als wissenschaftliche Sozialisation« vgl. Andresen 2001, 85ff. Mit Bezug auf Brenner 1993, 332, versteht Andresen die Habilitation als Phase der wissenschaftlichen Sozialisation, die »neben der Einübung in bestehende Spielregeln, Umgangs- und Arbeitsformen auch die Einübung ›in das Paradigma eines Fachs, wie es in Lehrbüchern, Konventionen und Traditionen sedimentiert ist‹, beinhaltet« (Andresen 2001, 86).

dieses Habitus an die Institution gebunden werden und gebunden sind, um die Inkorporierung der sozialen Zwänge, die »in den Köpfen vorhanden« sind, »nämlich in Form der Dispositionen, die man in den Disziplinen der *scientific community* erwirbt« (Bourdieu 1998b, 217). Wäre dann aber im Rahmen einer Diskussion der Professionalisierung von Frauen- und Geschlechterforschung nicht zwingend danach zu fragen, zu welchen Subjekten wir werden? Und wäre nicht auch zwingend zu fragen, inwiefern die in dieser Konstituierung unzweifelhaft begründete Handlungsmächtigkeit, die Chance also, in einem Feld zu intervenieren, es dauerhaft durch die Produktion eigenen Wissens zu verändern, auch eine Weise der Unterwerfung unter diese nicht selbst gegebenen, aber auch im Feld der Frauen- und Geschlechterforschung wirksamen Bedingungen darstellt? Und gilt es nicht, diese Fragen genau deshalb zu stellen, weil Gerhard für die feministische Kritik »einen hohen Grad an Souveränität und Selbstreflexion« reklamiert (Gerhard 2001, 32)?

Doch in Ute Gerhards Bilanz bleibt die Frage ungestellt, ob Professionalisierung und Profilierung nicht zumindest auch als Effekte der Formatierung durch die Institution denn ausschließlich als notwendige oder, wie es Gerhards Beschreibung nahe legt, gleichsam naturwüchsige Entwicklung des feministischen Wissensprojektes verstanden werden müssten. Zwar sind thematische, theoretische und methodologische Ausdifferenzierungen in der Tat intellektuell unabdingbar, und auch Spezialisierung und Professionalisierung sind in gewissen Hinsichten nicht nur unvermeidliche, fremdbestimmte Prozesse, sondern sogar notwendig für die intellektuelle Entwicklung von Wissen. Doch kann Spezialisierung ebenso ein Effekt davon sein, dass Wissenschaft auch eine ganz gewöhnliche Profession ist, in der beispielsweise danach getrachtet wird, den eigenen Status zu verbessern oder Prestige zu erwerben und zu vermehren. Wenn zudem eine immer größere Zahl von WissenschaftlerInnen im Feld der Frauen- und Geschlechterforschung zu reüssieren sucht, *muss* es zu einer Proliferation von Themen und Theorien, Forschungsgegenständen und Untersuchungsdesigns kommen, um gewissermaßen alle unterbringen zu können.[73] Spezialisierung ist in-

73 Für die Entwicklung des Wissens im deutschen Universitätssystem im 19. Jahrhundert beschreibt Wolf Lepenies (1989) dies nüchtern so: »(Schlecht bezahlter) Garant wissenschaftlicher Dynamik im deutschen Universitätssystem des 19. Jahrhunderts war die Institution des Privatdozenten. [W]eil sie untereinander kon-

sofern nicht nur ein Indikator für den Grad der intellektuellen Ausgereiftheit des feministischen Wissens. Es ist auch ein Mechanismus, der die Gelegenheit bietet, dass möglichst viele im Feld der Frauen- und Geschlechterforschung unterkommen und eine akademische Karriere machen können, indem dieses beständig ausgeweitet wird, zugleich aber auch Selektionsmechanismen installiert werden. »Je mehr Frauen in diesen Bereich [die Frauen- und Geschlechterforschung; sh] hineindrängten«, so auch Evelyn Annuß (1996), »desto größer wurde auch die Notwendigkeit gegenseitiger Abgrenzung« (Annuß 1996, 520 f.).

Spezialisierung kann insofern auch als Resultat eines strategischen Verhaltens interpretiert werden: Nimmt die Zahl der KonkurrentInnen und damit auch die Intensität der Konkurrenz unter ihnen zu, dann steigt der Anreiz für Differenzierung über die Suche nach ›Nischen‹ oder über die Spezialisierung des Forschungs- und Lehrbetriebs. Dabei erfolgt allerdings, worauf Peter Weingart (2001, 106) hinweist, Spezialisierung »nicht in thematisch kontingenter Weise, sondern wird durch die bestehenden intellektuellen Ausgangsstrukturen, also durch die Struktur der Disziplinen, ihre Gegenstandsbereiche und Forschungsfragen gesteuert«.

Das Unternehmen der intellektuellen Ausdifferenzierung des akademisch werdenden Feminismus ist folglich ebenso wenig von intellektuell bereits sedimentierten Disziplinstrukturen, etablierten Gegenstandsbereichen und intelligiblen Forschungsfragen und von institutionellen Form(at)ierungsprozessen zu trennen wie vom politischen Kampf um Terrain und Zugangskriterien, um legitime Mitgliedschaft und Ressourcen oder von der Notwendigkeit, aus der Berufung einen Beruf zu machen – und es ist nicht zuletzt nicht zu trennen von der individuellen Suche nach Anerkennung, vom *quest for recognition* als dem wesentlichen Motor wissenschaftlicher Entwicklung (Becher/Trowler 2001, 75).[74]

kurrieren *müssen*, mit den Ordinarien aber nicht konkurrieren *dürfen*, [werden] die Privatdozenten gezwungen, neue Fragestellungen, neue Spezialgebiete, ja sogar neue Disziplinen zu entwickeln, und der ökonomische Überlebenszwang, der auf ihnen lastet, wird zum Garanten wissenschaftlicher Innovation« (Lepenies 1989, 142 f.).

74 Auch diskutiert Gerhard ihre Diagnose der Professionalisierung und Spezialisierung feministischer Wissenschaft nicht im Kontext der gegenwärtig stattfindenden weiträumigen Veränderungen der gesellschaftlichen Bedeutung und Funk-

Wir haben es also mit (Trans-)Formationsprozessen zu tun, in denen intellektuelle und institutionelle Faktoren eng ineinander greifen und es nicht leicht zu entscheiden ist, welche Effekte welchem Faktor zugerechnet werden können. Es dürfte jedoch bereits deutlich geworden sein, dass der »institutionelle Faktor« (Stölting 1986, 14) eine nicht unwesentliche Rolle spielt. Das heißt, die inhaltliche Gestalt des akademischen Feminismus wird auch in den und durch die institutionellen Regeln und Verfahren, die etablierten und routinisierten Praxisformen der akademischen Dominanzkultur entscheidend geprägt. Diese sind nicht nur nicht unwesentlich beteiligt daran, *dass* feministisches Wissen sich entwickelt, sondern auch, *wie* es sich entwickelt: empirisch orientiert oder eher theoretisch, interdisziplinär oder disziplingebunden, stärker den etablierten Konventionen wissenschaftlichen Schreibens folgend oder eine Mischung der Genres erprobend. Es ist diese Anforderung, sich an den etablierten Konventionen wissenschaftlichen Schreibens zu orientieren, mit der ich mich abschließend beschäftigen möchte.

In einem einsichtsvollen und bemerkenswerten Editorial,[75] »On Writing Feminist Academic Prose« (1992), beschreibt die damalige Herausgeberin der US-amerikanischen feministischen Zeitschrift *Signs. Journal of Women in Culture and Society*, Ruth-Ellen Boetcher

tion, der Position und der Aufgaben von Hochschule und Wissenschaft. Im Rahmen dieser Transformationen – etwa die verstärkte Ökonomisierung von Wissenschaft und Hochschule, die Orientierung an instrumentellen, marktwirtschaftlich informierten Kriterien von Effizienz oder die Reformulierung ihrer Ausbildungsaufgaben und die zunehmende Flexibilisierung von Beschäftigungsverhältnissen in der Wissenschaft – müsste zumindest gefragt werden, inwiefern der wachsende Druck auf die Hochschulen, die von ihnen vermittelten Qualifikationen den Bedürfnissen des Arbeitsmarktes anzupassen, auch die Frauen- und Geschlechterforschung zwingt, sich in diesen Rationalitäten zu definieren. Gefragt werden müsste folglich, mit welchem Modus von Professionalisierung wir es gegenwärtig zu tun haben und inwieweit dieser (noch) mit dem feministischen Ziel der intellektuellen und institutionellen Transformation von Wissenschaft kompatibel ist. Denn ein ausschließlich von den Interessen des Marktes bestimmtes Professionalitätsverständnis, so gibt Angelika Wetterer (2002b) zu bedenken, könnte das gesellschafts- und wissenschaftskritische Potenzial der Frauen- und Geschlechterforschung gefährden.

75 Bemerkenswert ist Boetcher Joeres' Editorial deshalb, weil international wohl kaum eine feministisch-akademische Zeitschrift ein vergleichbares wissenschaftliches Renommee hat wie *Signs* und diese sich doch auch immer wieder energisch

Joeres, den Prozess der subkutanen Transformationen in und durch Institutionalisierungsprozesse(n):

If feminism is to be inside the academy, it goes without saying that it will take on characteristics of that institution. It will begin to define itself as a discipline, for example, because it will want to lessen its reputation as being made up of magpies and nomads who, after all, really don't belong [...] And in the effort to give ourselves the prestige we seek – to mirror those who are successful in the ways in which the academy defines success – we may try to align ourselves with those who represent High Theory, which speaks a language not known for its accessibility. In all of these cases, the institutionalizing process has not always been beneficial or benign to us (Boetcher Joeres 1992, 704).

Boetcher Joeres bilanziert die ambivalente Partnerschaft zwischen der Institution Wissenschaft/Universität und dem akademischen Feminismus nüchtern und ohne Larmoyanz: Zweifellos wird Feminismus Charakteristika der Institution übernehmen, wenn er Teil derselben sein will. Das birgt gewisse Gefahren: Feminismus wird womöglich problematische, seinen Zielen nicht dienliche Bündnisse eingehen, sich Produktions- und Artikulationsweisen aneignen, die exkludierend wirken. Der Institutionalisierungsprozess des feministischen Wissensunternehmens ist also, so Boetcher Joeres' Fazit, durchaus ambivalent zu bewerten und nicht immer von Vorteil gewesen. Eine Bilanz, die sie einige Jahre später in nun deutlich schärferem Ton wiederholt. Sie schreibt:

I am baffled at what I view as one of the disadvantages of having the feminist movement institutionalized in the academy – namely, its apparent need to adopt one of the worst characteristics of that institution, its separating, alienating, exclusive language. [...] If we do not enter into the new century with a sense of alarm about these developments, then my gloomy prediction is that we academic feminists will soon be indistinguishable from the rest of the academy, just a newer tool of an entrenched and unchanging power structure (Boetcher Joeres 2000, 1153; 1155).

und selbstkritisch sowohl mit der eigenen widersprüchlichen Positionierung in der akademischen Landschaft als auch mit den Veränderungen, die *Signs* aufgrund seines akademischen Erfolges erfuhr, auseinander gesetzt hat.
Zur Geschichte und Politik feministisch-akademischer Zeitschriften in den USA siehe McDermott 1994.

Doch Boetcher Joeres' kritische Bilanzierung der Institutionalisierung verdeutlicht noch etwas anderes: Es mag zwar in dieser unbehaglichen Partnerschaft zwischen Feminismus und Wissenschaft unvermeidliche Risiken und Nebenwirkungen geben – und dies gilt letztlich auch für die Seite der Wissenschaft. Aber feministische Wissenschaftlerinnen haben es immer wieder auch verstanden, den kritischen Spagat zwischen der Teilhabe am akademischen Establishment und der feministischen Herausforderung desselben zu bewerkstelligen, indem sie den schmalen Grat, auf dem Kritik in Affirmation umschlägt, nicht aus den Augen verloren. So schlägt Boetcher Joeres in jenem Editorial von 1992 vor, um die Tendenz der Assimilation an die problematischen, exkludierenden Standards wissenschaftlichen Schreibens zu korrigieren, müsse *Signs* gleichsam aus dem Zentrum herausgeholt und repositioniert werden als

> alternative space within the academy that might represent a way back to our origins as a nomadic people whose acceptance *of/in the institutions as home* is never entirely unproblematic: a space that can allow for difference in the ways we communicate with each other (Boetcher Joeres 1992, 704; Hervorhebung sh).

Es ist genau dieses Moment – nämlich den zentripetal wirkenden Kräften, die den Feminismus gleichsam ins Innere der Institution hineinziehen, immer wieder zentrifugale Fliehkräfte entgegenzusetzen, sedimentierte institutionelle wie intellektuelle Praktiken kritisch zu befragen und sich notfalls auch selbst radikal in Frage zu stellen –, das die spezifisch reflexive Produktivität des feministischen Wissensprojektes ausmacht – und auch in Zukunft ausmachen wird.

Nach dem *academic turn* von Feminismus zu fragen, nach den Transformationen, die dieser im Verlauf seiner akademischen Institutionalisierung erfuhr, ist folglich keine scholastische Übung. Im Gegenteil: Es ist Teil der notwendigen Arbeit, gerade die »scholastische Sicht« (Bourdieu 1998b, 205), die darin besteht, die Voraussetzungen des eigenen Denkens im Ungedachten zu belassen, zu befragen. Diese Grabungsarbeit am eigenen Denken ist eine der Bedingungen der Möglichkeit für das feministische Projekt der »Transformation der androzentrisch verengten Wissenschaften« (Bock/Landweer 1994, 108). Denn insofern die feministische Intervention nicht nur das wissenschaftliche Wissen und die Institution

Wissenschaft zu verändern trachtet, sondern, wie die von Boetcher Joeres am Beispiel der Sprache reflektierte Erfahrung der Veränderung in der und durch die Institution Wissenschaft zeigt, auch der akademisch gewordene Feminismus (trans)formiert wird von den in der Institution geltenden Regeln und Routinen, den organisationalen Hierarchien und den »mächtigen Mikrostrukturen der Normalwissenschaft« (Holland-Cunz 2001, 48), gilt es, genau diese ›institutionelle Kehrseite‹, die auf subkutane Weise an der Gestalt des akademischen Feminismus mitarbeitet, beständig um- und umzukehren.

3 Wissenschaft verstehen. Soziologische Sondierungen

> Wissenschaft ist eine gesellschaftliche Veranstaltung. [Jürgen Mittelstraß]

3.1 Wissenschaft verstehen?

Wie die Diskussion der Wechselwirkungen zwischen Wissenschaft und Feminismus gezeigt hat, ist die Antwort auf die Frage, wie neue Wissensunternehmungen im Prozess der von ihnen angestrebten Transformation von Wissenschaft selbst transformiert werden, genau in jenem komplexen, ungleichzeitig organisierten und unterschiedlichen Logiken gehorchenden Netz heterogener Praktiken der *intellektuellen und institutionellen* Form(at)ierung von Wissen zu finden. Anders und soziologisch wenig überraschend gesagt: Wissenschaft ist eine ›gesellschaftliche Veranstaltung‹, ein soziales Ereignis, eine Form sozialer Praxis. Ihre Kommunikation beispielsweise ist entgegen dem eigenen Selbstverständnis nicht universalistisch, sondern oft genug sozialstrukturell selektiert und strategisch; ihre Theoriewahl ist nicht autonom, sondern gesellschaftlich mit bestimmt; ihre Ergebnisse sind nicht restlos versachlicht, sondern sozial ausgehandelt.

Allerdings haben wir damit zwar eine Antwort, aber noch keine Klärung dessen, was es genau bedeutet, von Wissenschaft als einer ›gesellschaftlichen Veranstaltung‹ zu sprechen. Wie kann dieses Netz intellektueller und institutioneller Praktiken, der Zusammenhang zwischen *epistemischen* Handlungsorientierungen und *sozialen* Orientierungen, zwischen *Erkenntnis und Interesse* (Jürgen Habermas 1973), der Konnex von intellektuellen und institutionellen Strukturen und Mechanismen beschrieben werden?

Die *Wissenssoziologie* und die *Wissenschaftssoziologie* haben sich dieser Frage in sehr unterschiedlicher Weise angenommen.[1] Während die *klassische Wissenssoziologie* (3.2.1) auf die epistemische Di-

1 Für einen instruktiven Überblick über die wissenschaftliche Beschäftigung mit Wissen und Wissenschaft vgl. neben Stark 1981; Heintz 1993; 1998; 2000 und Maasen 1999 besonders Felt/Nowotny/Taschwer 1995 sowie Weingart 2003.

mension fokussiert und die gesellschaftliche Bedingtheit von Wissen in den Vordergrund stellt, klammert die *strukturfunktionalistische Wissenschaftssoziologie* (3.2.2) das Wissen selbst nahezu vollständig aus und richtet ihr Augenmerk auf Wissenschaft als soziale Veranstaltung. Robert Merton als ihr wichtigster Vertreter fokussiert dabei vor allem die wissenschaftsinternen Normen und Regeln, die garantieren, dass die Institution Wissenschaft funktioniert, das heißt ihre Aufgabe erfüllt, gesichertes Wissen zu produzieren. Obgleich mit Merton die Sozialwelt der Wissenschaft erstmals in den Blick gerückt ist, bleiben wichtige Fragen noch ungestellt, etwa Fragen der Disziplinentstehung und -entwicklung. Die Entstehung, Entwicklung und Institutionalisierung wissenschaftlicher Spezialgebiete sowie die *scientific community* als soziale (Kommunikations-) Gemeinschaft – und damit die Frage nach dem Zusammenhang zwischen der epistemischen und sozialen Organisation von Wissenschaft – sind dann die Themen der insbesondere im Gefolge von Thomas Kuhns Arbeiten entstehenden *institutionalistischen* Studien (3.2.4). Diese unterscheiden sich von den neuen *wissenssoziologischen Ansätzen* – insbesondere dem so genannten *Strong Programme* (3.2.3), die das wissenssoziologische Paradigma insofern radikalisieren, als sie von der gesellschaftlichen Bedingtheit auch *allen* wissenschaftlichen Wissens ausgehen –, dahingehend, dass die institutionalistischen Studien stärker an wissenschaftsinternen sozialen Prozessen und Dynamiken interessiert sind, während die neuen wissenssoziologischen Analysen die allgemeine gesellschaftliche Bedingtheit von Wissenschaft sowie die Verflochtenheit von Wissenschaft und Gesellschaft zu identifizieren suchen. In der theoretisch dem *Strong Programme* hinsichtlich ihres Erkenntnisinteresses – die Rekonstruktion von Prozessen der Wissensproduktion –, aber auch den institutionalistischen Studien verwandten *sozialkonstruktivistischen Wissenschaftssoziologie* (3.2.3) wird dann dem Herstellungsprozess von Wissen gleichsam direkt auf den Leib gerückt. Hier stehen die in mikrosoziologischen Verfahren rekonstruierten Produktionsverfahren und -bedingungen (natur)wissenschaftlichen Wissens im Labor im Vordergrund.

Im ersten Teil dieses Kapitels wird es um eine knappe theoriehistorisch orientierte Darstellung und Diskussion der Erträge dieser unterschiedlichen wissens- und wissenschaftssoziologischen Perspektiven gehen, geleitet *erstens* von der Frage, wie das Zusammenspiel von intellektuellen und institutionellen Strukturen und Mechanismen konzipiert wird, und *zweitens* von der Frage, welche Praktiken des ›Wissenschaft-Machens‹ identifiziert werden. Im zweiten Teil kehre ich zurück zur Frage nach der Chance, in herrschaftlich strukturierten Organisationen transformativ agieren zu können. Dafür werde ich mit Pierre Bourdieu, Mary Douglas und Michel Foucault sowie im Anschluss an macht- und organisationssoziologische Ansätze die in den vorangegangenen Kapiteln zwar argumentativ bereits in Anspruch genommene, aber eher implizit vorausgesetzte konflikt- beziehungsweise machttheoretische Perspektive auf das wissenschaftliche Feld wieder aufnehmen und genauer diskutieren, was es bedeuten könnte, von der herrschaftlichen Verfasstheit von Wissenschaft zu sprechen. Denn weder mit der Metapher eines *Netzes* von Praktiken noch in den Modellen, die die *scientific community* als Handlungszusammenhang begreifen, der soziale und epistemische Dimensionen integriert, ist der »Turnierplatz« Wissenschaft hinlänglich erfasst. Geben diese Modelle doch nur sehr begrenzt Auskunft über Wissenschaft als in sozialer, funktionaler, organisationeller und personeller Hinsicht extrem asymmetrisch und widersprüchlich organisierter, zugleich amorpher Schauplatz von Kämpfen, in denen widerstreitende Interessen unterschiedlichster Art aufeinander treffen. Schließlich geht es in dieser Studie ja nicht allein um die Frage, wie (neues) Wissen in der Verschränkung von institutionellen und intellektuellen Faktoren form(at)iert wird, sondern vor allem um die gewissermaßen tiefer gelegte Frage, unter welchen Voraussetzungen neue Wissensprojekte sich überhaupt formieren und etablieren und darüber hinaus transformativ in das Wissen und dessen Ordnung intervenieren können. Anders gesagt: Insofern die Organisationen der Wissenschaft keine machtfreien Räume sind – gleichwohl sie sich als machtfrei imaginieren –, insofern also in den wissenschaftlichen Einrichtungen substanzielle, operationale und strategische Entscheidungen[2] innerhalb von Machtbeziehungen getroffen werden und auch die Etablierung wissenschaftlicher Innovationen als Ergebnis sozialer Machtkämpfe angesehen werden kann, geht es in der Tat um ›die‹ Machtfrage. Wenn der Platz im akademischen Gefüge erkämpft werden muss und das Ergebnis von Anerkennungskämpfen ist, stellt sich die Frage nach dem Funk-

2 Zu dieser Typologie der Entscheidungsarten in den Organisationen der Wissenschaft vgl. Braun 2001, 244 f.

tionieren der *akademischen Machtspiele*, das heißt nach dem, was die Spiele am Laufen hält, nach welchen Regeln gespielt wird, und schließlich nach den für eine transformierende Intervention nötigen Machtmitteln und -ressourcen und ihrer Verteilung. Kurzum: Wenn Macht mit Max Weber (1984, 89) verstanden werden kann als die »Chance, innerhalb einer sozialen Beziehung den eigenen Willen auch gegen Widerstreben durchzusetzen«, so gilt es zu fragen, worin die Chance von Feministinnen besteht, dem feministischen Wissen nicht nur akademische Kreditwürdigkeit zu verschaffen, sondern darüber hinaus auch noch die akademischen Strukturen und die wissenschaftlichen Inhalte zu transformieren.

3.2 Der ›intellektuelle‹ und der ›institutionelle‹ Faktor

Wissenschaft als eine Praxis zu verstehen, in der soziale und intellektuelle Dimensionen unterschieden und gleichwohl als eng miteinander verschränkte, sich wechselseitig konfigurierende Faktoren gedacht werden, ist Konsens in der Wissenschaftssoziologie und -geschichte. Dies kann daher und soll hier auch nicht als eine gänzlich neue Perspektive ausgegeben werden. Erst jüngst hat der Wissenschaftshistoriker Peter Burke in *Papier und Marktgeschrei. Die Geburt der Wissensgesellschaft* (2001) die Bedeutung von Institutionalisierungsprozessen für die intellektuelle Entwicklung des Wissens hervorgehoben. Der institutionelle Kontext des Wissens, so Burke, sei ein wesentlicher Bestandteil seiner Geschichte. Intellektuelle Debatten etwa seien »stark durch die Formen von Soziabilität bestimmt und durch die sozialen Netzwerke, in denen sie stattfinden, vom Seminarraum bis zum Kaffeehaus« (Burke 2001, 58). Auch der Wissenschaftshistoriker Timothy Lenoir plädiert in *Instituting Science. The Cultural Production of Scientific Disciplines* (1997) dafür, Wissen und Institution sowie deren jeweilige gesellschaftliche Einbettung nicht voneinander zu trennen: »Die Inhalte des Wissens sollten nicht unabhängig von den institutionellen Formen behandelt werden; darüber hinaus ist die Wissensproduktion immer schon aufgeladen mit politischen Interessen und sozialer Kontrolle« (Lenoir 1997, 75; Übersetzung sh). Ebenso plädieren Tony Becher und Paul Trowler in *Academic Tribes and Territories. Intellectual Enquiry and the Culture of Disciplines* (2001) dafür, von einem wechselseitig konstitutiven Zusammenhang zwischen intellektueller und sozialer – beziehungsweise in ihrer Diktion: kultureller – Dimension auszugehen. Die Art und Weise etwa, wie bestimmte Gruppen von AkademikerInnen – *academic tribes* – ihr professionelles Leben organisieren, sei in wichtigen Hinsichten verbunden mit den intellektuellen Aufgaben, mit denen sie beschäftigt sind (Becher/Trowler 2001, 23). Insbesondere die Art und Weise, *wie* sie sich mit ihren Gegenständen beschäftigen, die Erzählungen, die sie über ihr Tun entwickeln – ihre Alltagstheorien – sowie die Art und Weise, wie neue Mitglieder rekrutiert und initiiert werden, die Weisen des Sprechens über das eigene Fach, aber auch über andere FachvertreterInnen, sind für Becher und Trowler wichtige strukturierende Faktoren in der Ausgestaltung der jeweiligen disziplinären Kulturen, den *academic territories*. In der Praxis, schlussfolgern sie, sind fachlich-akademische Kulturen und disziplinäre Epistemologien untrennbar miteinander verwoben:

> [D]isciplinary knowledge forms are to a large extent constituted and instantiated socially. Meanwhile their constitution has a reciprocal effect on the cultures from which they spring. The relationship, then, involves a *mutually dependent interplay* of, on the one hand, the structural force of the epistemological character of disciplines that conditions culture and, on the other, the agentic capacity of individuals and groups for autonomous action, including interpretive acts (ebd., 23 f.; Hervorhebung sh).

Zwischen kognitiver beziehungsweise intellektueller Institutionalisierung von Wissenschaft und sozialer Institutionalisierung unterscheidet auch der Wissenschaftssoziologe Richard Whitley in *The Intellectual and Social Organization of the Sciences* (1984). Mit *kognitiver Institutionalisierung* bezeichnet Whitley den Prozess, in dem WissenschaftlerInnen Übereinstimmung in den Wissenszielen entwickeln, während mit *sozialer Institutionalisierung* schlicht die Schaffung und Aufrechterhaltung derjenigen Strukturen und Organisationsformen gemeint ist, mit denen WissenschaftlerInnen sich eine Identität als »vorgestellte Gemeinschaft« (Anderson 1998) geben und den/die so die einzelne WissenschaftlerIn als Mitglied einer spezifischen *scientific community* ausweisen. Dabei können die Prozesse der kognitiven und sozialen Institutionalisierung sehr ungleichzeitig verlaufen. Ein hohes Niveau kognitiver Institutionalisierung kann mit einem niedrigen Niveau sozialer Institutionalisierung einhergehen und umgekehrt – und in der Entwicklung der Frauen- und Geschlechterforschung sind beide Konstellationen bereits aufgetreten.

Auch Erhard Stölting und Beate Krais unterscheiden intellektuelle und institutionelle Dimensionen: Stölting bestimmt Wissenschaft zunächst als eine »bestimmte Form der Erkenntnis, von der gefordert wird, daß sie mehr als andere Formen des Denkens und Wahrnehmens gegenstandsadäquat, richtig oder wahr ist« (Stölting 1986, 11). In seiner zweiten Bedeutung stehe das Wort Wissenschaft für »eine gesellschaftliche Institution, die sich seit dem 19. Jahrhundert ausdehnt und verfestigt, immer mehr zum Gegenstand besonderer politisch-administrativer Regelungen wird und in unterschiedlicher Weise in gesellschaftliche Praxiszusammenhänge integriert wird« (ebd.). Während Stölting in epistemischer Hinsicht auf die spezifische Funktion wissenschaftlichen Wissens in modernen Gesellschaften abhebt (Wahrheit), betont Krais (2000b) die soziologisch relevanten Aspekte: Unter der epistemischen Dimension fasst sie unter anderem »Denkweisen, Problemlösungsstrategien, methodische Standards, die ›gesicherten Kenntnisse‹ eines Faches zu einem bestimmten Zeitpunkt« (Krais 2000b, 34). Die soziale Dimension bezeichnet bei ihr im Unterschied zu Stölting weniger die Relation Wissenschaft/Gesellschaft oder die Funktion von Wissenschaft in modernen Gesellschaften als die sozial strukturierte ›Innenwelt‹ der Wissenschaft sowie ihr alltägliches soziales ›Innenleben‹: Die »Organisation der wissenschaftlichen Arbeit, Strukturen und Hierarchien der *scientific community*, die alltägliche Praxis des ›Wissenschaft-Machens‹, Sitten und Gebräuche, ›Ideologien‹, Denkmuster und Sichtweisen, soziale Bewertungen« (ebd.). ›Innenwelt‹ bezeichnet also eher die Sozialstruktur und die soziale Topografie der Wissenschaft, ›Innenleben‹ dagegen deren (zum Beispiel vergeschlechtlichte) Kultur. Dabei betont Krais, dass eine »soziologische Analyse ›der Wissenschaft‹« nur Sinn mache, »wenn man erstens zwischen einer epistemischen und sozialen Dimension von Wissenschaft unterscheidet und zweitens eine kontingente Beziehung zwischen diesen beiden Dimensionen annimmt« (ebd.).

3.2.1 Der ›intellektuelle‹ Faktor: ›Klassische‹ Wissenssoziologie

Dass Wissen ein soziales Phänomen ist, ist keine genuin neue Einsicht der Soziologie: Die Frage nach den *Bedingungen von Erkenntnis* taucht historisch bereits mit dem Projekt des neuzeitlichen Erkennens und der Aufklärung auf.[3] Doch als ›Verkörperung von Vernunft‹ gilt gerade wissenschaftliches Wissen bis ins 20. Jahrhundert als besonderer, analytischer Reflexion eben nicht zugänglicher Fall von Wissen. Wahrheit, die sich in modernen Gesellschaften in ebendiesem wissenschaftlichen Wissen materialisiert, so das Diktum, hat keine Geschichte. Doch spätestens mit Karl Mannheims Arbeiten in den 1920er-Jahren, die die *Wissenssoziologie* als eigenständige »soziologische Disziplin« (Mannheim 1982, 216) begründen,[4] ist dieses Diktum in Zweifel gezogen worden. Mit der programmatischen These der »Seinsverbundenheit des Wissens« (ebd., 217), die in »historisch-soziologischer Forschung an den verschiedenen Wissensgehalten der Vergangenheit und Gegenwart« herausgestellt werden sollte (ebd.), macht Mannheim die soziale Bedingtheit von Denken und Wissen zu *dem* Axiom der Wissenssoziologie. Das Wissen reflektiere nicht einfach den Gegenstand, auf den es bezogen ist. Vielmehr würden sowohl die Denkinhalte als auch der Rahmen, innerhalb dessen die Kriterien zur Beurteilung des Wissens entwickelt

3 Für einen Überblick zur »Vor- und Frühgeschichte der Wissenssoziologie« vgl. Maasen 1999, 8 ff., sowie die Einträge zu ›Wissenschaftsgeschichte‹ in *Handlexikon zur Wissenschaftstheorie* 1992, 411 ff.

4 Hier sind insbesondere Mannheims Aufsatz »Das Problem der Generationen« von 1928, die Schrift *Ideologie und Utopie* und der Aufsatz »Die Bedeutung der Konkurrenz auf dem Gebiete des Geistigen«, beide aus dem Jahr 1929, sowie der programmatische Aufsatz zur »Wissenssoziologie« in Alfred Vierkandts *Handwörterbuch der Soziologie* von 1931 zu nennen.
Peter Burke (2001, 11 ff.) unterscheidet drei nationale wissenssoziologische Linien: eine französische, beginnend mit Auguste Comte, Émile Durkheim und Marcel Mauss, eine deutsche Linie, beginnend mit Max Weber, Max Scheler und Karl Mannheim, sowie eine US-amerikanische Linie, beginnend mit Thorstein Veblen. Neben den von Burke genannten Linien nennt Robert Merton in »Zur Wissenssoziologie« (1985b) insbesondere noch Karl Marx und Friedrich Engels als Begründer wissenssoziologischen Denkens. Der Marxismus, so Merton, »bilde das Sturmzentrum der Wissenssoziologie« (1985b, 225). Auch Gerard Delanty (2001, 13 f.) nennt neben Comte, Durkheim und Mannheim Hegel und Marx.

werden, durch den sozialen Standort der Denkenden sowie durch den ihnen vorgegebenen »Erfahrungszusammenhang« beeinflusst (ebd., 218). Das »Apriori«, dass »im Gebiete des Wandels des Geistigen alles vom ›Geiste‹ her zu verstehen sei«, müsse deshalb aufgegeben werden, um das »Hineinragen der sozialen Prozesse in das ›Geistige‹« untersuchen zu können (ebd.).

Mannheim nimmt im Prinzip kein Denken und kein Wissen – auch nicht das eigene – von dieser Situierung und Kontextualität aus. Einzig das so genannte »harte« naturwissenschaftliche Wissen gilt der Wissenssoziologie als »Wahrheit-an-sich-Sphäre« (Mannheim 1929a, 251). Denn die »Naturwissenschaft« sei »hochgradig unabhängig von der historisch-sozialen Perspektive des Forschers« (ebd., 297). Da das naturwissenschaftliche Wissen als nicht »standortgebunden« gilt, nicht Ergebnis von Interaktion und sozialer Sinngebung ist, kann es folglich auch nicht zum Gegenstand soziologischer Untersuchung werden.

Ungeachtet dessen, dass Mannheim das naturwissenschaftliche Wissen hier ausnimmt, ist für ihn auch die Idee der Wahrheit »in den historischen Wandel einbezogen« (ebd., 227). Wahrheit ist nicht ahistorisch, überzeitlich und ortsunabhängig. Im Gegenteil: Sie ist abhängig von der jeweiligen »paradigmatischen Wissensform einer Zeit und deren Struktur« (ebd.) – eine These, die einige Jahrzehnte später Robert Merton in seinem kanonischen Aufsatz »Zur Wissenssoziologie« (1985b) als »kopernikanische Wende« in der Wissenssoziologie bezeichnen sollte (Merton 1985b, 221): »Ein zentraler Punkt«, so Merton,

> in dem *alle* wissenssoziologischen Ansätze übereinstimmen, wird durch die These markiert, Denken habe eine existentielle Grundlage, insofern es nicht immanent, nicht aus sich heraus determiniert wird und insofern einige seiner Aspekte aus extra-kognitiven Faktoren abgeleitet werden können (ebd., 225; Hervorhebung sh).

Mannheim greift für seine Wissenssoziologie auf frühere soziologische Überlegungen zurück, insbesondere auf Max Scheler, der in seiner Schrift von 1924, »Probleme einer Soziologie des Wissens« (1960), als Hauptaufgabe der Wissenssoziologie die Erkundung der Beziehungen zwischen den verschiedenen Formen von Wissen und den ihnen zugrunde liegenden gesellschaftlichen Strukturen formuliert hatte – und mit dieser Schrift im Übrigen der *Wissenssoziologie* ihren Namen gibt. Den Gedanken, dass basale Kategorien des Wissens sozialen Ursprungs sind, hatten auch Émile Durkheim und Marcel Mauss schon 1903 (deutsch 1987) in ihrer Schrift »Über einige primitive Formen von Klassifikation. Ein Beitrag zur Erforschung der kollektiven Vorstellungen« präsentiert. Kognitive Klassifikationssysteme, so Durkheim/Mauss, seien Widerspiegelungen sozialer Klassifikationen und Strukturen. In *Die elementaren Formen des religiösen Lebens* von 1912 (deutsch 1981) führt Durkheim diesen Gedanken fort. Wenn kognitive Klassifikationen Ausdruck sozialer Klassifikationen sind, dann sind »[d]ie menschlichen Denkkategorien niemals in einer bestimmten Form festgelegt. Sie entstehen, vergehen und entstehen ständig neu; sie wechseln nach Ort und Zeit« (Durkheim 1981, 35).[5]

Wenige Jahrzehnte nach Durkheim und Mauss, 1935, präsentiert Ludwik Fleck mit seiner Schrift *Entstehung und Entwicklung einer wissenschaftlichen Tatsache* (1980) seine »Lehre vom Denkstil und Denkkollektiv«. Hierin argumentiert Fleck, dass »[w]enigstens drei Viertel und vielleicht die Gesamtheit alles Wissenschaftsinhaltes denkhistorisch, psychologisch und denksoziologisch bedingt und erklärbar« seien (Fleck 1980, 32). Am Beispiel der Entstehung des Begriffs der »Syphilis« zeigt er, dass dieser Begriff »ohne Geschichte überhaupt nicht erlangbar« gewesen wäre (ebd.). Er müsse daher als »denkhistorisches Ereignis« untersucht werden, das heißt »wie ein Ergebnis der Entwicklung und des Zusammentreffens einiger kollektiver Denklinien« (ebd.). Flecks Arbeit stellt also eine frühe Radikalisierung der wissenssoziologischen Perspektive dar, insofern er explizit auch naturwissenschaftliches und medizinisches Wissen als soziologisch und historisch bedingt begreift.

5 Allerdings wandte Durkheim diese Überlegungen nicht auf wissenschaftliches Wissen an, da ihm dieses aufgrund der Autonomie der Institution Wissenschaft in differenzierten Gesellschaften als objektives, damit soziologisch nicht analysierbares Wissen galt.
Mit Durkheim – und Ludwik Fleck – gegen Durkheim argumentiert Mary Douglas in *Wie Institutionen denken* (1991). Sie beschreibt Durkheims Programm als »soziologische Epistemologie« (Douglas 1991, 27), in deren Rahmen weder Wissenschaft noch Religion eine »Sonderstellung« (ebd., 68) erhalten sollten. Denn beide seien »unwahrscheinliche Leistungen, solange wir nicht erklären können, wie individuelle Denker sich zusammentun und ein kollektives Gut schaffen« (ebd.).

Das *Soziale,* so viel dürfte diese knappe Skizze deutlich gemacht haben, tritt in der klassischen Wissenssoziologie vor allem als *externe* Kraft in Erscheinung. Es sind externe Faktoren – Klassenzugehörigkeit, Generation, Beruf, Religion, also kulturelle beziehungsweise soziale Einflüsse oder Bedingtheiten, aber auch epochenspezifische Deutungsmuster, soziale oder politische Interessen –, die gewissermaßen von ›außen‹ das Denken und Handeln der WissenschaftlerInnen dirigieren und so auf die Gestalt des Wissens Einfluss nehmen. Die *interne* Dimension, das heißt die Frage danach, *wie* wissenschaftliches Wissen ›gemacht‹ wird, die alltägliche Praxis des ›Wissenschaft-Machens‹ also, wird in dieser Perspektive ebenso wenig thematisiert wie die Hierarchien, die selektierende (vergeschlechtlichte) Sozialstruktur der *scientific community* oder ihre intern geltenden Regeln und Routinen sowie die Organisation der wissenschaftlichen Arbeit. Für die Frage nach den ›internen‹ sozialen Prozessen, in denen wissenschaftliches Wissen produziert und (um-)geformt wird, durch die wissenschaftliche Kommunikationsgemeinschaften und Disziplinen gestiftet werden, nach den Praktiken, mit denen Geltung organisiert wird, bietet die klassische Wissenssoziologie mithin nur begrenzt taugliche Werkzeuge.

Ludwik Flecks Arbeiten müssen allerdings aus dieser Einschätzung teilweise ausgenommen werden. Denn er geht nicht nur von der historischen und soziologischen Bedingtheit der auch wissenschaftlich wirksamen »Denkstile« aus, er untersucht ebenfalls die *interne* soziale Dynamik und Struktur von wissenschaftlicher Arbeit. Fleck wäre insofern ein Vertreter der noch zu diskutierenden institutionalistischen Linie in der Wissenschaftsforschung *avant la lettre.* So rückt er wohl als Erster die Bedeutung von Ausbildung für die Analyse der Entstehung einer ForscherInnengemeinschaft in den Vordergrund. Wie Lothar Schäfer und Thomas Schnelle (1980, xxxiv) in der Einleitung zu Flecks *Entstehung und Entwicklung einer wissenschaftlichen Tatsache* hervorheben, betone dieser, dass sich »Mitgliedschaft und Identität, Arbeitsweise und Problemstellung, theoretisches Rüstzeug und experimentelle Verwendung« ausbilden beziehungsweise erworben werden in der konkreten Ausbildungsphase des Vor- und Nachmachens exemplarischer Leistungen. Fleck widmet hier insbesondere Lehrbüchern besondere Aufmerksamkeit. Durch sie, so seine Annahme, erfolgt die *Initiation* in ein Gebiet. Insofern seien sie als Institution einer Forschergemeinschaft zu betrachten.[6]

3.2.2 Der ›institutionelle‹ Faktor: Strukturfunktionalistische Wissenschaftssoziologie

Den soziologischen Blick in die Innenwelt der Wissenschaft ›riskiert‹ endgültig erst die strukturfunktionalistische *Wissenschaftssoziologie*. Von einer solchen Soziologie der ›Welt der Wissenschaft‹, in der diese selbst als soziologisch rekonstruierbare Welt betrachtet wird, kann seit den Arbeiten Robert Mertons ab Anfang der 1940er-Jahre gesprochen werden. Wissenschaft als soziologisch rekonstruierbare Welt zu betrachten bedeutet für Merton zweierlei: Einerseits müsse Wissenschaft sich befragen lassen nach ihrer Beziehung zum sozialen Kosmos, in den sie eingebettet ist. Hier stehen also die Wechselwirkungen zwischen Wissenschaft und anderen gesellschaftlichen Sphären im Vordergrund. Dabei ging es Merton im Unterschied zur klassischen Wissenssoziologie allerdings weniger um die soziale Bedingtheit des Denkens als um die Frage, unter welchen gesellschaftlichen Bedingungen überhaupt wissenschaftliches Wissen entsteht und welche Bedingungen folglich die Autonomie von Wissenschaft gewährleisten, damit diese ihre Funktion, mehr ›gesichertes Wissen‹, erfüllen kann. Andererseits müsse Wissenschaft aber auch als *Welt mit eigenen und eigens zu beschreibenden Regeln ihres Funktionierens* rekonstruiert werden. Hier rücken demgemäß die *internen* sozialen Strukturen der Wissenschaft, deren soziale ›Innenwelt‹, in den Vordergrund. Merton untersucht hier unter anderem das Kommunikationssystem, die Motivationsstruktur, das Wettbewerbs- und das Belohnungssystem in der Wissenschaft.

Mertons Interesse richtet sich dabei vor allem darauf, die Normbeziehungsweise Regelgeleitetheit von Wissenschaft zu rekonstruieren. Denn er geht davon aus, dass in der Wissenschaft eine solche normative Struktur institutioneller Imperative – das *Ethos der Wissenschaft*, »jener affektiv getönte Komplex von Werten und Normen, der als für den Wissenschaftler bindend betrachtet wird« (Merton 1985c, 88) – existiert, die nicht nur für den organisatorischen Zu-

6 Vgl. Fleck 1980, 146 ff. Die Bedeutung von Lehrbüchern für die Disziplinwerdung von Frauen- und Geschlechterforschung wird uns in Kapitel 6 beschäftigen.

sammenhalt der WissenschaftlerInnen sorgen, sondern auch garantieren, dass Wissenschaft (relativ) reibungslos funktioniert und so ihr *funktionales Ziel* erreicht, nämlich den Bestand abgesicherten Wissens zu vergrößern. Merton (1985c, 90ff.) identifiziert vier Komplexe solcher allgemein geteilter Imperative: *Universalismus*, das heißt: Die »Annahme oder Zurückweisung von Behauptungen, die auf dem Turnierplatz der Wissenschaft um ihre Anerkennung ringen«, dürfe nicht von den individuellen oder sozialen Merkmalen ihrer Verfechter abhängen. Deren »Rasse, Nationalität, Religion, Klasse und persönliche Eigenschaften« seien irrelevant. *Kommun(al)ismus* steht deskriptiv und präskriptiv für die Verpflichtung, das wissenschaftliche Wissen als Ergebnis der Anstrengungen der gesamten *scientific community* allen Mitgliedern gleichermaßen zugänglich zu machen. Denn als »gemeinsames Erbe« könne der »individuelle Produzent nur sehr begrenzte Ansprüche« auf das wissenschaftliche Wissen erheben. Sie beschränkten sich auf »Anerkennung und Ansehen« als das einzige Besitzrecht, das die Wissenschaft kennt. Die Norm der *Uneigennützigkeit* zielt darauf, dass kein anderes Ziel zu verfolgen ist als das, besseres Wissen zu produzieren. Die Einhaltung dieser Norm resultiert nicht aus der moralischen Überlegenheit der WissenschaftlerInnen, sondern aus einem »spezifischen System institutioneller Kontrolle«. Habe »die Institution uneigennütziges Handeln einmal zur Pflicht« gemacht, liege es »im Interesse der Wissenschaftler, dieser Forderung zu genügen – bei Strafe von Sanktionen und, sofern sie die Norm verinnerlicht haben, bei Strafe psychologischer Konflikte«. Die Norm des *organisierten Skeptizismus* bezeichnet schließlich nicht nur ein institutionelles, sondern auch ein methodologisches Gebot. Wissenschaft verfüge über eingebaute Strukturen, die eine Dogmatisierung verhindern und für eine faire Überprüfung der wissenschaftlichen Ergebnisse Sorge tragen. Erst wenn Ergebnisse diese Überprüfung durch die Gemeinschaft der Wissenschaftler durchlaufen hätten, könnten sie wissenschaftliche Geltung beanspruchen.[7]

7 Diese Regeln sind im Wesentlichen seit Gründung der englischen *Royal Society* im Jahre 1666 unverändert geblieben, und insofern ist das Merton'sche Ethos eher als analytische Verdichtung historisch entstandener und tradierter Verhaltensmuster zu verstehen denn als präskriptiver Satz normativer Regelungen.
Es war Robert Boyle, der führende Vertreter der experimentellen Philosophie im England des 17. Jahrhunderts, der sie formulierte: 1. Meinungen werden von Per-

Mertons ›Ethos der Wissenschaft‹, der Gedanke, dass Wissenschaft nicht nur idealtypisch, sondern auch praktisch ein normgeleitetes Unternehmen ist, ist nicht unwidersprochen geblieben.[8] »Seit langem«, so Weingart, gelte es »als eine überholte Beschreibung der Wissenschaft beziehungsweise Erklärung des Handelns von Wissenschaftlern« (Weingart 2003, 17). Insbesondere die Frage, inwieweit das ›Innenleben‹ wissenschaftlicher Organisationen und das Handeln der wissenschaftlichen AkteurInnen tatsächlich mit Hilfe dieser Imperative zu rekonstruieren ist, wurde wiederholt kritisiert. Christian Fleck (2000) etwa merkt an, dass beispielsweise die Norm des Universalismus wohl eher als Weber'scher Idealtypus zu verstehen sei denn als Beschreibung des realen Verhaltens von WissenschaftlerInnen.[9] Denn während es »den ›universalistischen‹, professionellen Soziologen nicht gibt« (Fleck 2000, 60), existierten »Verkörperungen seines Antipoden« durchaus: »Stammes-Soziologen nehmen nur wahr, was von ihresgleichen stammt oder von der Stammesautorität approbiert wurde« (ebd.).

sonen getrennt, das heißt, der Autor wird isoliert von dem Text, den er verfasst hat, und den Meinungen, die er vertritt. 2. Wahrheit entsteht in der Unterhaltung aller Beteiligten; alle haben einen Anteil an der Entstehung des Konsensus. 3. Die Konversation ist höflich und gesittet. 4. Der Gegenstand des intellektuellen Austauschs und das Mittel, mit Hilfe dessen es zur Übereinstimmung kommt, ist die ›experimentelle Tatsache‹ (vgl. Shapin/Schaffer 1985, 74 f.).

8 Zu kritischen Einschätzungen vgl. auch Stölting 1986, 22 ff.; Zuckerman/Cole/Bruer 1991; Heintz 1998, 59 ff.; Engler 2001, 140 ff., sowie besonders instruktiv Weingart 2001, 68 ff. Für einen generellen Überblick zur Diskussion der Merton'schen Normen vgl. Weingart 2003, 16 ff.

9 Es wäre allerdings eine Überlegung wert, ob das von Merton beschriebene Ethos zwar das Handeln von WissenschaftlerInnen nicht *in toto* erklärt, es dennoch eine konstitutive Rolle in deren subjektivierender Sozialisation spielt, in der vor allem Bindung an die Institution erzeugt werden soll. Merton selbst spricht von ›Gewissen‹ beziehungsweise vom ›Über-Ich‹, das sich in diesem Ethos materialisiere. Das Ethos wäre insofern Teil des *scripts* des »Vordergrunds« der Wissenschaft (Goffman 1983, 217).

Darüber hinaus sichern Universitäten als *serielle,* nur lose verkoppelte Organisationen ihre Funktionsfähigkeit gerade durch die *Internalisierung* von Werten (vgl. Paris 2001, 208). Da Werte nicht gefordert, sondern nur praktiziert werden könnten, setze dies voraus, dass die normativen Orientierungen den Menschen »gewissermaßen zur zweiten Natur geworden sind«. Paris ist jedoch Realist genug, darauf hinzuweisen, dass »die Normativität der Institution heute nicht selten in eine Machtquelle derjenigen [umschlägt; sh], die sie am striktesten instrumentalisieren und ihren Werten nur mehr zynisch begegnen« (ebd., 209).

Gegen diese Version der Kritik an Merton wendet Peter Weingart ein, die »Feststellung, dass Wissenschaftler sich statistisch nicht gemäß den Normen des Ethos verhalten« (Weingart 2001, 78), bleibe soziologisch vordergründig und erfasse die Frage ihrer fortdauernden Geltung nicht. »Es sei denn, die beobachteten Verhaltens*muster* (gesetzt, es handelt sich um solche) ließen sich als Manifestationen eines neuen institutionellen Arrangements erweisen« (ebd.). Weingart selbst versteht Mertons Normen daher als »*historisch* entstandene Regeln der Kommunikation über gesichertes Wissen« (ebd., 70; Hervorhebung sh) und nicht als Satz statistischer Normen, die Auskunft über das tatsächliche Verhalten von WissenschaftlerInnen geben. Diese historisch gewordene Valenz des Merton'schen Kodex scheint Stölting (2002) dagegen für aufgezehrt zu halten: Angesichts der Umstellung auf die modernen Leistungsindikatoren hielten die »überkommenen wissenschaftlichen Normen« nicht stand (Stölting 2002, 74); Mertons normative Orientierungen seien daher zwar nicht beseitigt, hätten aber »zunehmend dekorative« Funktion (ebd.).

Nicht auf die Realitätstüchtigkeit des Merton'schen Kodex, sondern auf dessen analytische Tragweite zielt Timothy Lenoirs (1997, 7) Forderung, die Normen der Uneigennützigkeit (*disinterestedness*) und Autonomie gänzlich aufzugeben. Da Fragen von sozialer Distinktion, von Prestige und Anerkennung sowie des Kampfes um ökonomische und technische Ressourcen mindestens seit Beginn des 20. Jahrhunderts untrennbar mit der Produktion (natur)wissenschaftlichen und technischen Wissens verbunden seien, gäbe es keinen Grund, soziale und politische Fragen getrennt von den intellektuellen zu behandeln. Denn aus dieser Sicht seien Uneigennützigkeit und Autonomie lediglich Idealisierungen, die der Praxis von WissenschaftlerInnen künstlich übergestülpt würden. Ähnlich kritisch merkt auch Pierre Bourdieu (1998b) an, Merton trage zwar »der Existenz des wissenschaftlichen Mikrokosmos« Rechnung (Bourdieu 1998b, 85), wende aber »weiterhin analytische Kategorien auf ihn an, die er sich von ebendieser Welt vorschreiben lässt« (ebd.). Merton gebe mithin »als Beschreibung der positiven Gesetze ihres Funktionierens aus, was nur eine Auflistung der normativen Regeln ist, zu denen man sich in ihr offiziell bekennt« (ebd.).

Bourdieus Argument kann zwar zugunsten desjenigen Mertons entgegengehalten werden, dass dieser sehr wohl Hinweise liefert für den Hiatus zwischen den institutionalisierten, prinzipiell handlungsleitenden Normen und dem, was in der Welt der Wissenschaft praktisch geschieht. Merton beschreibt die Welt der Wissenschaft durchaus als eine Welt, in der Konkurrenz und Konflikte, Rivalitäten und Ressentiments auftreten und in der die Frage, welchen wissenschaftlichen Leistungen Anerkennung gezollt wird, auch von der Position und dem bereits erworbenen Renommee eines/einer WissenschaftlerIn (der von Merton beschriebene »Matthäus-Effekt«[10]) oder dem Geschlecht (das »Jesus-Sirach-Moment«) abhängig ist. Am Beispiel von Mehrfachentdeckungen[11] zeigt Merton zudem, wie Erkenntnis, wissenschaftliche Sozialstruktur und Gefühle eng miteinander verknüpft sind. Allerdings sind diese Fälle, in denen soziale Faktoren, egoistische Interessen oder gar Gefühle dominieren, für Merton immer Extremfälle und Ausnahmen, eigentlich vorkommen dürften sie nicht.

Doch nicht nur der Hiatus zwischen der Beschreibung wissenschaftlicher Praxis als normgeleitetes Unternehmen und dem, was praktisch geschieht, bleibt bei Merton unaufgelöst. Auch die Frage, wie der von Merton in den Vordergrund gerückte ›institutionelle‹ Faktor mit dem ›intellektuellen‹ interagiert, in welcher Weise also die soziale Ordnung der Wissenschaft und das Handeln der WissenschaftlerInnen in das produzierte Wissen interferieren, ist selten Gegenstand seiner Reflexion. Mertons Interesse gilt in einer strukturfunktionalistischen Perspektive vorrangig den institutionalisierten – und offenkundig idealtypisch verdichteten – Mechanismen, die seiner Ansicht nach garantieren oder dazu beitragen, dass die Ziele der Institution Wissenschaft – Produktion, Beurteilung, Vermehrung und Distribution von Wissen mit Geltungsanspruch – realisiert werden.

Im Kontext eines präsentistischen und rationalistischen Verständnisses von wissenschaftlichem Wissen liegt der Schwerpunkt daher auf der Analyse der *institutionellen* beziehungsweise *normativen Strukturen* von Wissenschaft und nicht auf der Analyse des Wis-

10 Für eine kritische Diskussion des »Matthäus-Effekts« aus feministischer Perspektive siehe besonders den für die feministische Wissenschaftsforschung wichtigen Text von Margaret W. Rossiter, »Der ~~Matthäus~~ Matilda-Effekt in der Wissenschaft« ([1993]; deutsch 2003).

11 Zu Mehrfachentdeckungen siehe Merton 1985a, 258-300.

sens selbst.[12] Merton vernachlässigt also sowohl die intellektuelle Dimension – das wissenschaftliche Wissen sowie dessen ›Gemachtheit‹ – als auch die Frage des Konnex von institutionellem und intellektuellem Faktor. Auch die in Mertons Nachfolge stehende strukturfunktionalistische Wissenschaftssoziologie[13] richtet ihr Augenmerk vorrangig auf die normativen und makrosoziologischen institutionellen Rahmenbedingungen wissenschaftlicher Produktion; epistemische Reflexionen sowie die Prozesse der Herstellung und Vermittlung von wissenschaftlichem Wissen spielen dagegen kaum eine Rolle.

3.2.3 Wissenschaft-Machen I: Sozialkonstruktivistische Wissenssoziologie der Wissenschaft

Die epistemische Dimension rückt erst wieder in den 1970er-Jahren in den verschiedenen Varianten einer *sozialkonstruktivistischen Wissenssoziologie der Wissenschaft*, die sich zum Teil explizit in Auseinandersetzung mit und Abgrenzung von der strukturfunktionalistischen Wissenschaftssoziologie entwickelt, in den Blick. Diese habe, so die sozialkonstruktivistisch informierte Kritik, die institutionelle Dimension – und diese zudem in einer sehr spezifischen Weise – zu deutlich in den Vordergrund gerückt, die »Natur« des Wissens beziehungsweise dessen soziale Bedingtheit und die unmittelbare Produktion des Wissens aber ausgeblendet. SoziologInnen, so David Bloor 1976 in seinem »Strong Programme in the Sociology of Knowledge« (²1991), hätten ihre Aufmerksamkeit allzu eifrig ausschließlich auf die institutionellen Rahmenbedingungen von Wissenschaft gerichtet sowie auf externe Faktoren, die im Zusammenhang mit dem Wachstum oder der Richtung von Wissenschaft stehen. Die Verfasstheit des so produzierten Wissens sei dabei außen vor geblieben. An die Stelle der Frage nach den Funktionsweisen von Wissenschaft müsse daher gerade diese Frage nach der *sozialen Verfasstheit des wissenschaftlichen Wissens* treten. Die Kriterien, denen eine Wissensso-

12 Eine Kritik an Mertons positivistisch orientiertem Begriff wissenschaftlichen Wissens siehe in: Daston 2001c.

13 Hier sind insbesondere die Arbeiten von Joseph Ben-David 1971; 1991 zu nennen. Für eine kritische Diskussion der strukturfunktionalistischen Richtung in der Wissenschaftssoziologie siehe Lenoir 1997, 3 ff.

ziologie der Wissenschaft, so Bloor weiter, genügen müsse, seien die Kriterien *Kausalität*, *Unvoreingenommenheit*, *Symmetrie* und *Reflexivität*. Das bedeutet, wissenschaftliche Aussagen sollten kausal mit sozialen Bedingungen erklärt werden, die Unterscheidung ›wahr‹/›falsch‹ sollte keine Rolle spielen, ›wahre‹ Aussagen sollten vielmehr durch dieselben Ursachen erklärt werden wie als ›falsch‹ verworfene, und schließlich solle das Programm auch auf die Wissenssoziologie selbst angewendet werden.

Bloor nimmt dabei explizit das Axiom der Mannheim'schen Wissenssoziologie, die ›Seinsverbundenheit des Denkens‹, wieder auf, radikalisiert Mannheims Ansatz jedoch in zweifacher Hinsicht: *Erstens* weitet er die These der ›Seinsbedingtheit‹ aus auf naturwissenschaftliches und mathematisches Wissen,[14] das Mannheim selbst strikt ausgenommen hatte, und plädiert *zweitens* dafür, dass auch validiertes (natur)wissenschaftliches Wissen in derselben Weise auf seine soziale ›Kontamination‹ zu befragen sei wie das als ›falsch‹ verworfene (ebd., 7), denn Objektivität sei immer eine soziale Konstruktion (ebd., 158).

Die im Umfeld von Bloor entstandenen Studien greifen insbesondere dessen erste Forderung, Kausalität, auf und gründen auf der Annahme einer Homologie zwischen sozialen und epistemischen Strukturen: Wissenschaftsexterne (gesellschaftliche) und -interne (zum Beispiel berufliche) Interessen leiten nicht nur die Auswahl der Theorien und empirischen Verfahren, sondern bestimmen auch, wie konkurrierende Ansätze bewertet werden und welche Haltung WissenschaftlerInnen ihnen gegenüber einnehmen. Doch ähnlich wie in der klassischen Wissenssoziologie wird letztlich auch in diesen Varianten der sozialkonstruktivistischen Wissenssoziologie das Soziale vor allem als wissenschaftsexterner Faktor begriffen, und noch die ›internen‹ sozialen Interessen werden als dem Wissen selbst äußerliche (zum Beispiel als Karriereinteresse, Etablierung und Legitimierung von Status oder neuen kulturellen Milieus) gefasst. Der ›institutionelle Faktor‹, wie er in der strukturfunktionalistischen Tradition verstanden worden war, spielt hier gemäß dem sozialkonstruktivistischen Programm überhaupt keine Rolle mehr.

Es ist insbesondere Bloors programmatische Forderung der *Kau-*

14 Auf die Mathematik bezieht sich denn auch die Bezeichnung eines ›*Strong programme*‹. Im Gegensatz zu Mannheims Wissenssoziologie sollte dieses sich gerade an der ›härtesten‹ Wissenschaft beweisen.

salität, die in die Kritik geriet. So wendet beispielsweise Bourdieu gegen die Vertreter des *Strong programme* und in deutlicher Abgrenzung seines eigenen Theorieprogramms von dem der Wissenssoziologie der Wissenschaft ein:

[A]uf die Rolle des symbolischen Kapitals als Waffe und Objekt der wissenschaftlichen Kämpfe hinzuweisen heißt nicht, das Streben nach dem symbolischen Profit zum alleinigen Zweck, zur alleinigen *raison d'être* des wissenschaftlichen Verhaltens zu erklären; die agonistische Logik des wissenschaftlichen Feldes aufzudecken heißt nicht, darüber hinwegzusehen, dass Konkurrenz und wechselseitige Ergänzung oder Kooperation einander nicht ausschließen und dass unter bestimmten Bedingungen gerade dieser Konkurrenz und diesem Wettstreit die ›Kontrollen‹ und ›Erkenntnisinteressen‹ entspringen können, die die naive Wahrnehmung registriert, ohne nach den sozialen Bedingungen ihrer Entstehung zu fragen (Bourdieu 1998b, 87).

In die sozialkonstruktivistisch orientierte Wissenssoziologie der Wissenschaft gehören darüber hinaus auch diejenigen Ansätze, die »Wissenschaft als Tätigkeit« konzeptualisieren (Heintz 1993, 541). Hier stehen mikrosoziologisch orientierte, auf ethnografischen und anthropologischen Beobachtungsstrategien basierende Analysen an den Orten der Wissensproduktion, insbesondere in den natur- und technowissenschaftlichen Labors, im Vordergrund. Anders als in Mertons Soziologie der Wissenschaft ist das Ziel nicht die Rekonstruktion allgemeiner Prinzipien, sondern die lokaler wissenschaftlicher Praxis. Es geht darum, die *soziale* »Fabrikation von Erkenntnis« zu verstehen (Knorr-Cetina 1984). Wissenschaft wird folglich als *Praxis* untersucht und Wissen als innerhalb eines »›seamless web‹ unterschiedlichster sozialer Faktoren, die von der Kleinwelt des Labors bis zur gesellschaftsweiten Ideologie reichen können« (Schimank 1995, 42), *hergestelltes Wissen* angesehen. Ausgehend von der These, dass Beobachtungen nicht für sich sprechen, steht daher das *Forschungshandeln* im Mittelpunkt. Untersucht wird, wie die wissenschaftlichen ›Tatsachen‹ innerhalb und außerhalb der Labors erzeugt werden und welche Rolle dabei den Interaktions- und Aushandlungsprozessen zwischen den beteiligten ForscherInnen, Instrumenten und Apparaturen zukommt. Erstmals in der soziologischen Beschäftigung mit Wissen/Wissenschaft rücken damit die AkteurInnen und deren Handeln in den Blick.

Das ›Soziale‹ wird hier zunächst als *wissenschaftsinterne* Dimension gefasst, nämlich als soziale Interaktion (im Labor). Es ist anders als in der klassischen Wissenssoziologie oder im *Strong Programme* nicht als externe Kraft konzeptualisiert, die von außen auf die Wissenschaft einwirkt. Vielmehr »bemächtigen« sich, wie Karin Knorr-Cetina ausführt, die Wissenschaften »sozialer Praktiken als Instrumenten der Erkenntnisfabrikation« (Knorr-Cetina 1988, 87). Allerdings wird darüber hinaus auch nach der Rolle gefragt, die die Einbindung der ForscherInnen in weitere, in die Spezifizierung eines Problems und seiner Lösungen einbezogene gesellschaftliche Kontexte spielt.

In der Perspektive der ›Laborstudien‹ gelten also sowohl die wissenschaftlichen Probleme als auch die Problemlösungen als sozial ›gemacht‹.[15] Diese sind Resultat interaktiver Prozesse und sozialer Dynamiken sowie von Repräsentationsarbeit in »transwissenschaftlichen Feldern«, in denen die im Labor versammelte *scientific community* sowie die außen um sie herum gelagerten *peers* durch schrittweise Möglichkeitsreduzierung ›entscheiden‹, was als Problem und was als Lösung gilt (Knorr-Cetina 1984, 154). Das so produzierte Wissen ist entscheidungsgeladenes, kontextuell kontingentes und lokales Wissen. In der Wissenschaft passiert, so die weitgreifende These, nichts »epistemologisch Besonderes« (Knorr-Cetina 1995, 151). Die »transwissenschaftlichen Felder« beschreibt Knorr-Cetina als »Handlungsarenen, die sowohl *transepistemisch* als auch *transwissenschaftlich* sind« (ebd.). Sie umfassen »›gemischte‹ Gruppen und Argumente, die sich nicht einfach in eine Kategorie der der ›Wissenschaft‹ oder dem ›Spezialgebiet‹ angehöriger Angelegenheiten einerseits und eine Kategorie ›sonstiger‹ Geschäfte andererseits zerlegen lassen« (ebd.).

Doch trotz der Betonung des sozial bedingten Charakters wissenschaftlichen Wissens fokussiert auch der »Laboransatz« stärker die epistemische Dimension, wobei eben weniger die Inhalte des untersuchten Wissens interessieren als die soziale Beschaffenheit des Wissensprozesses. Der institutionelle Faktor – sofern davon überhaupt gesprochen werden kann – wird vor allem auf der mikroso-

15 Mehr noch: Knorr-Cetina (2002) geht davon aus, dass analog der im Labor stattfindenden Transformation von »Naturobjekten« in »Bilder, Extrakte und eine Vielzahl anderer Elemente« auch die »Wissenschaftlerinnen und Wissenschaftler zu spezifischen epistemischen Subjekten transformiert« werden (Knorr-Cetina 2002, 51 f.).

ziologischen Ebene eines *science in the making* beziehungsweise des Handelns, Verhandelns und Verhaltens einzelner WissenschaftlerInnen betrachtet. Fragen von Institutionenbildung und -entwicklung oder Fragen von Disziplinentstehung und -formierung spielen ebenso wenig eine Rolle wie die ›Innenwelt‹, das heißt die Sozialstruktur, die unterschiedlichen Positionierungen von AkteurInnen und deren unterschiedliche Kapitalausstattung – und damit deren asymmetrisch verteilte Chancen, Geltungsansprüche durchzusetzen, ein neues wissenschaftliches Gebiet zu etablieren.

3.2.4 Wissenschaft-Machen II: Paradigmenwechsel und Institutionenbildung

Diese ›Innenwelt‹ der Wissenschaft ist Gegenstand der ›institutionalistischen‹ Richtung in der Wissenschaftssoziologie. Hier geht es vorrangig um die Frage, wie neue wissenschaftliche Gebiete entstehen, sich weiterentwickeln und womöglich als Disziplinen verstetigen. Um zu verstehen, was auf dem Weg des feministischen Wissensprojektes von der Inkubation über die Emergenz zur funktionierenden Struktur passiert, scheinen die institutionalistischen Studien daher die tauglichsten Werkzeuge zu liefen.

Der wesentliche Impuls für die institutionalistische Richtung war Thomas Kuhns nachhaltig einflussreiches Buch *Die Struktur wissenschaftlicher Revolutionen* (1976). Kuhn stellte die wissenschaftliche Betrachtung von Wissenschaft gewissermaßen vom Kopf auf die Füße. Denn dominierte bis dahin eine Sicht, die die wissenschaftliche Entwicklung als linearen oder kumulativen Prozess begriff, in dem Wissen beständig aufgetürmt und durch stete Prüfung kontinuierlich verbessert werde, so ging Kuhn davon aus, dass sich der ›Fortschritt‹ in der Wissenschaft als eine Abfolge von »Revolutionen« beschreiben lasse, denen Perioden »normaler Wissenschaft« folgen.[16]

16 Hans-Jörg Rheinberger (1992) weist darauf hin, dass Kuhns Programm die allgemeine Wissenschaftsgeschichte, die von der Kontinuität eines kumulativen Prozesses der Wissensentwicklung ausging, zwar nachhaltig herausgefordert habe; es bleibe jedoch das gemeinsame Charakteristikum dieser beiden Konzeptionen, dass sie eine »globale epistemische Struktur, genannt ›Wissenschaft‹, voraussetzten, die als solche entweder kontinuierlich sich der Wahrheit nähert oder periodisch aufgrund eines neuen Paradigmas restrukturiert wird« (Rheinberger 1992, 49).

Als »normale Wissenschaft« charakterisiert Kuhn dabei diejenige Forschung, »die fest auf einer oder mehreren wissenschaftlichen Leistungen der Vergangenheit beruht, Leistungen, die von einer bestimmten wissenschaftlichen Gemeinschaft eine Zeitlang als Grundlagen für ihre weitere Arbeit anerkannt werden« (Kuhn 1976, 25). Darüber hinaus sei für den Status einer »normalen Wissenschaft« relevant, dass eine Leistung neuartig genug sein müsse, »um eine beständige Gruppe von Anhängern anzuziehen, die ihre Wissenschaft bisher auf andere Art betrieben hatten«, und gleichzeitig offen genug, um der neuen Gruppe von Fachleuten alle möglichen ungelösten Probleme zu stellen (ebd.). Leistungen, die diese Kriterien erfüllen, bezeichnet Kuhn als »Paradigmata« – und es ist, wie er weiter ausführt, das Studium ebenjener Paradigmata, die für die Studenten die wichtigste Vorbereitung für die Mitgliedschaft in einer bestimmten wissenschaftlichen Gemeinschaft darstellen (ebd., 26).

Revolutionen in der Wissenschaft würden dann ausgelöst, wenn ein etabliertes Paradigma erschöpft und die Zweifel durch die in der Forschung (unabsichtlich) produzierten »Anomalien« so groß geworden sind, dass innovative WissenschaftlerInnen sich ›genötigt‹ sehen, ein neues Paradigma zu formulieren (ebd., 65).[17] Dabei seien es in der Regel gerade die noch wenig in eine Disziplin integrierten, jungen WissenschaftlerInnen, die in der Lage sind, ein neues Paradigma zu erfinden. In einer Passage, in der Kuhn sich der geläufigen Metaphorik von den ›Männern der Wissenschaft‹, die, Pionieren gleich, neue Kontinente entdecken und erforschen, bedient, schreibt er:

> Fast immer waren die Männer, denen diese fundamentale Erfindung eines neuen Paradigmas gelang, entweder sehr jung oder auf dem Gebiet, dessen Paradigma sie änderten, sehr neu [...], denn offensichtlich sind gerade jene, die nicht durch frühere Praxis an die traditionellen Regeln der normalen Wissenschaft gebunden sind, besonders geeignet zu erkennen, daß diese Regeln nicht mehr ein spielbares Spiel definieren, und daher ein anderes System von Regeln zu ersinnen (ebd., 103).

17 Kuhns Modell bezieht sich ausschließlich auf naturwissenschaftliches Wissen. Im Gegensatz zu dem gerade in den sozial-, kultur- und geisteswissenschaftlichen Disziplinen nahezu ubiquitär auftretenden Begriff des Paradigmas beziehungsweise Paradigmenwechsels geht Kuhn davon aus, dass es in diesen Disziplinen überhaupt keine Paradigmen gibt. Vgl. hierzu auch Maasen/Weingart 2000, 63-90.

Kuhns entscheidende Intervention, das verdeutlicht diese Passage, besteht darin, dass er das Fortschrittsmodell der Wissensentwicklung durch das Modell der Krise ersetzt: Nur weil (natur)wissenschaftliche Disziplinen in der Lage sind, sich von Zeit zu Zeit in Krisen zu stürzen beziehungsweise durch ›junge‹, gewissermaßen noch nicht fertig sozialisierte Wissenschaftler in eine Krise gestürzt werden, gibt es überhaupt Dynamik in der Wissensentwicklung. In der Folge einer solchen ›erfolgreichen‹ Revolution finden sich alle WissenschaftlerInnen eines Gebietes dann gleichsam »auf einen anderen Planeten versetzt« und haben es »mit einer anderen Welt zu tun« (ebd., 123). Dabei sind es oft genug ganz banale und weniger in der Empirie der Forschung begründete Umstände, die zur Ablösung eines geltenden Paradigmas und zur Schaffung eines neuen führen.

Kuhn versteht die Paradigmen – die er nicht zwingend im Sinne einer geteilten Theorie auffasst, sondern relativ offen definiert als das, »was den Mitgliedern einer wissenschaftlichen Gemeinschaft gemeinsam ist« (ebd., 2) – als auf mehreren Ebenen handlungsleitend. Sie erfüllen damit eine ähnliche Funktion wie die von Merton identifizierten Normen: Paradigmen strukturieren den Erkenntnisprozess, bestimmen die als zu lösend angesehenen Probleme sowie deren Lösungen und stiften sozialen Zusammenhang – Kuhn spricht hier von »Paradigmengruppen«.[18] Diese »Paradigmengruppen« sind Argumentations- *und* Handlungszusammenhang. Damit hatte der Physiker Kuhn die, wie Weingart resümiert, »Tür zur soziologischen Analyse wissenschaftlicher *Inhalte* und deren Verknüpfung mit der wissenschaftlichen Sozialstruktur« geöffnet (Weingart 2003, 44; Hervorhebung i. O.).

Denn eine neue Idee, gar ein neues Paradigma setzt sich nicht umstandslos durch, weil die Argumente dafür sprechen. Es muss etwas dafür getan werden – und dieses Tun ist nicht allein intellektueller Art. Es braucht neue Regeln, neue Instrumente, Theorien, technische Fertigkeiten und soziale Praktiken, um einer Idee zum Durchbruch zu verhelfen. Die neue ›Paradigmengruppe‹ muss darüber hinaus kulturell gemacht werden, sie braucht Erzählungen ihrer Genealogie, Kriterien, um zu entscheiden, wer dazugehört und wer nicht, sie braucht Mechanismen für die inhaltliche Reproduk-

18 Kuhns Konzept der ›Paradigmengruppe‹ schließt an Ludwik Flecks Konzept der ›Denkkollektive‹ an.

tion und personelle Rekrutierung, Orte der Begegnung und des Austauschs, Medien für die Distribution ihrer Erkenntnisse.

Soziologisch sind hier also zunächst zwei Mechanismen relevant: Sozialisation und Institutionalisierung. Denn ein neues Paradigma – die Existenz in einer neuen Welt – verlangt eine neue Sozialisation. Für diese Sozialisation braucht es allerdings auch neue Institutionen und Instanzen – Professuren, Zentren, Studiengänge, Zeitschriften, Kongresse, Fachbereiche – ebenso wie neue Rituale, kulturelle Praktiken und soziale Regeln.

Im Anschluss an Kuhn entstand eine Reihe von Studien, die die *Entstehung und Institutionalisierung wissenschaftlicher Spezialgebiete* zunächst meist anhand naturwissenschaftlicher Disziplinen oder Gebiete rekonstruierten, diese Perspektive dann aber auch auf andere Fächer ausdehnten.[19] Terry Clark (1974, 105; Hervorhebung i. O.) identifiziert am Beispiel der Geschichte der französischen Soziologie drei Elemente, die für die Entwicklung eines neuen Gebietes grundlegend seien:

a) Ein Satz zusammenhängender Ideen, eine Art von *Paradigma*,
b) *talentierte Individuen*, um diese Ideen zu erweitern, und
c) *Institutionalisierung* der grundlegenden Strukturen zur Erhaltung und Erweiterung von Ideen auf dem betreffenden Gebiet.

Für den Prozess der Institutionalisierung eines neuen Gebietes unterscheidet Clark fünf Stadien: Vom (a) »einsamen Wissenschaftler« über (b) die »Amateurwissenschaft« zur (c) »entstehenden akademischen Wissenschaft« und schließlich (d) zur »etablierten Wissenschaft« und (e) der so genannten »Big Science« (ebd., 109 ff.).[20]

19 Für naturwissenschaftliche Disziplinen beziehungsweise Spezialgebiete siehe besonders Mullins 1974; Edge/Mulkay 1976; Lemaine u. a. 1976; für die Soziologie Mullins 1973; 1981a und Terry Clark 1974; für die deutsche Soziologie in der Weimarer Republik Stölting 1986; für die Ethnomethodologie Mullins 1981b; für Disziplinentwicklung generell Clark 1974 sowie Weingart 1974.
Wie die Veröffentlichungsdaten zeigen, ist diese Richtung zwar nicht unbedingt weiterverfolgt worden, in der wissenschaftssoziologischen Literatur gilt sie jedoch nach wie vor als gültige soziologische Beschreibung der Entwicklung wissenschaftlicher Gebiete (vgl. hierzu auch Schimank 1995 sowie Weingart 2001; 2003).

20 Stölting (1986, 27) bezweifelt allerdings, ob das »meist anhand naturwissenschaftlicher Disziplinen und Unterdisziplinen entwickelte Institutionalisierungsmodell, das den Blick auf deren Autonomie und Stabilisierung lenkte, oder der glatte historische Gang von dem einsamen Forscher über die Amateurwissenschaft bis zur

Ein mehrstufiges Modell der sozialen Verfertigung neuer Disziplinen entwickelten auch Belver Griffith und Nicolas Mullins (1974). Am Beginn steht die Kommunikation zwischen wenigen WissenschaftlerInnen sowie die allmähliche *Bildung eines Kommunikationsnetzwerkes*. In dieser ersten Phase kann von hoher intellektueller Übereinstimmung einiger weniger ForscherInnen aus verschiedenen Gebieten gesprochen werden, die eine neue Sichtweise auf ein als gemeinsam identifiziertes Problem einnehmen – was Whitley ›kognitive Institutionalisierung‹ nennt. In einer zweiten Phase geht es um den *Ausbau des Kommunikationsnetzwerkes*. Die Verbindungen zwischen WissenschaftlerInnen auf dem neuen Feld nehmen zu, die Zahl der unabhängigen ForscherInnen nimmt ab, das Netzwerk wächst zusätzlich durch Rekrutierung von Studierenden und NachwuchswissenschaftlerInnen. In der dritten Phase geht es um die *Stabilisierung des Netzwerkes*. Die Gruppenbildung wird bewusst, Grenzen werden gezogen – etwa durch eine Namensgebung: Die Gruppe gibt sich eine Identität, konstituiert sich als ›vorgestellte Gemeinschaft‹. Die Innenbeziehungen werden stabiler, ein Dogma wird formuliert. In der letzten Phase steht die *Institutionalisierung* regulärer Prozesse der Rekrutierung und Ausbildung, von Mitgliedschaftsprüfungen sowie von Zeitschriften, Konferenzen usw. im Vordergrund.

Griffith und Mullins zeigen, dass Gruppen, die eine radikale Reorganisation ihres Fachgebietes vornehmen (wollen), strategisch handeln. Auch »bahnbrechende konzeptuelle Veränderungen« (Weingart 2003, 47) etablieren sich nicht von alleine, sondern erst durch das strategische Handeln von Gruppen: Bewusst und aktiv erhöhen sie ihren internen Kommunikations- und Organisationsgrad, um den sozialen Zusammenhalt und die Verpflichtung auf das Dogma zu sichern. Die parallel verlaufende aktive Abgrenzung nach außen wird durch die Behauptung ›innovativer Durchbrüche‹ abgesichert. Zugleich versuchen die neuen Paradigmengruppen strategisch auf ihre Umwelt einzuwirken, indem sie die institutionellen Voraussetzungen für den Bestand und das Wachstum der eigenen Gruppe beziehungsweise des Gebietes zu schaffen suchen.

fest etablierten Wissenschaft« in dieser Form den Geistes- und Sozialwissenschaften unterstellt werden könne.

3.3 Zwischenbilanz

Versuchen wir abschließend hinsichtlich der beiden Fragen, die die vorangegangene Darstellung und Diskussion der verschiedenen wissens- und wissenschaftssoziologischen Ansätze anleiteten, ein Fazit: Wie konzipieren *erstens* die verschiedenen Ansätze das Zusammenspiel von ›intellektuellem‹ und ›institutionellem‹ Faktor? Und *zweitens*, welche Praktiken des Wissenschaft-Machens identifizieren sie?

3.3.1 Der ›intellektuelle‹ und der ›institutionelle‹ Faktor im Zusammenspiel

Das Zusammenspiel von ›intellektuellem‹ und ›institutionellem‹ Faktor konzipieren die verschiedenen Ansätze, wie wir gesehen haben, sehr unterschiedlich. Die *klassische* ebenso wie die *neue Wissenssoziologie* sucht die Dynamik des wissenschaftlichen Wissens mit externen, sozialstrukturell vermittelten Interessen und Positionierungen zu erklären, vernachlässigt dabei aber sowohl die institutionelle ›Innenwelt‹ der Wissenschaft mit ›eigenen und eigens zu beschreibenden Regeln‹ wie deren ›Innenleben‹ als auch die Frage, wie Innenwelt und Innenleben mit dem Wissen vermittelt sind.

Mit Mertons *strukturfunktionalistischer Wissenschaftssoziologie* rückt dann zwar der ›soziale Kosmos‹ Wissenschaft in den Blick, allerdings um den Preis, dass nun das Wissen weitgehend außen vor bleibt. Mertons Verständnis von Wissenschaft als von Normen geleitetes Unternehmen, in dem es seiner Auffassung nach einzig um die Erweiterung gesicherten Wissens geht und Konflikte eher als Zeichen von Dysfunktionalität denn als konstitutives Merkmal von Wissensproduktion zu werten sind, blockiert darüber hinaus tendenziell die Antwort auf die Frage, wie asymmetrische Positionierungen im wissenschaftlichen Feld, Konflikte um die Intelligibilität und Legitimität von Wissen, wie Konkurrenz und Kämpfe um Anerkennung auf dem ›Turnierplatz Wissenschaft‹ oder die Kluft zwischen der normativen Beschreibung von Wissenschaft und der Realität der wissenschaftlichen Praxis zu verstehen sind.

Aber auch in der *sozialkonstruktivistischen Wissenschaftssoziologie* taucht die Welt der Wissenschaft nur in bestimmten Hinsichten auf. Wissenschaft wird in diesen Ansätzen zwar als soziale Tätigkeit begriffen, und das wissenschaftliche Wissen gilt als soziale Konstruktion, als (inter)aktive Leistung der Akteure. Auch ist mit dem Begriff der ›transwissenschaftlichen Felder‹, innerhalb deren sowohl die zu lösenden Probleme als auch das Wissen erzeugt werden, ein Instrumentarium gegeben, das es prinzipiell ermöglicht, den Konnex zwischen epistemischen und sozialen Dimensionen in den Blick zu nehmen. Doch im Mittelpunkt der sozialkonstruktivistischen Ansätze steht die mikrosoziologische Rekonstruktion derjenigen Vorgänge und Interaktionen, die *unmittelbar* die Wissensgenerierung betreffen; die Erklärungskraft ist in erster Linie bezogen auf die im Labor beobachteten Interaktionsbeziehungen.

Der ›institutionelle Faktor‹, wie er in der strukturfunktionalistischen Linie konzipiert worden war, beispielsweise die sich aus den Anerkennungsverhältnissen ergebende Sozialstruktur der wissenschaftlichen Welt oder diejenigen Phänomene, die in den Blick geraten, wenn man Wissenschaft als Feld von Kämpfen begreift, etwa interne hochschulpolitische Dynamiken oder die »asymmetrische Geschlechterkultur« (Ursula Müller) in der Wissenschaft, spielen in den sozialkonstruktivistischen Ansätzen ebenso wenig eine systematische Rolle wie externe Dynamiken, etwa das Verhältnis Staat – Hochschule oder die Relation Staat – Hochschule – Markt. Auch die Frage, wie ein neuer Wissensanspruch im Feld der Disziplinen artikuliert und legitimiert werden kann, ist im Rahmen dieses Forschungsprogramms nur begrenzt beantwortbar. Zwar können die Laborstudien zeigen, wie es im Verlauf der Kommunikation im Labor zu einer Stabilisierung wissenschaftlicher ›Fakten‹ aufgrund der schrittweisen Einschränkung von Möglichkeiten kommt; zudem wird der Prozess der Wissensgenerierung bis hin zur Publikation der Forschungsergebnisse als ›Reinigungsprozess‹ beschrieben, in dem »alle Spuren der ursprünglich gegebenen Bedingungen des Forschungsprozesses beseitigt sind« (Weingart 2003, 69 f.). Die Geltung eines Wissens ist in diesem Forschungsprogramm zwar Ergebnis sozialen Handelns und nicht in dessen ›Wahrheit‹ begründet; die über das Forschungshandeln hinausgehenden Praktiken der Wissensproduktion interessieren in den Laborstudien jedoch nicht.

Genauere Einsichten in die Prozesse der Durchsetzung und Verstetigung neuen Wissens und damit in die konflikthafte, von Interessengegensätzen bestimmte ›Innenwelt‹ von Organisationen liefern dagegen die im Anschluss an Kuhn entstandenen *institutiona-*

listischen Studien. Diese betonen die Notwendigkeit, strategisch zu handeln und institutionelle Verdichtungen auszubilden, um neuen Wissensansprüchen überhaupt zum Durchbruch und zur Anerkennung zu verhelfen. Schlicht gesagt: Ohne Institutionalisierungen kein Wissen. Die institutionalistischen Studien verweisen damit sowohl auf den diskontinuierlichen, umstrittenen Charakter von Wissensformationen als auch auf die Ungleichzeitigkeit sozialer und kognitiver Institutionalisierungsprozesse.

Doch auch in den institutionalistischen Studien bleibt die soziale ›Innenwelt‹ der Wissenschaft in mehreren Hinsichten merkwürdig unbeleuchtet. Ebenso wie in den sozialkonstruktivistisch orientierten Studien sind auch hier die vergeschlechtlichte, hierarchisch organisierte disziplinäre Sozialstruktur sowie die geschlechtliche und andere Ungleichheit reproduzierenden »segregierenden Praktiken« (Kirsch-Auwärter 1995, 74), die (mit) darüber entscheiden, wer überhaupt legitimiert ist zu sprechen, und nicht zuletzt die Organisationskultur in der Wissenschaft, jene »gelebte Kehrseite der öffentlichen Ziele, das informelle ›zweite‹ Leben der Institutionen«, Leerstellen (ebd., 73). Auch die Frage unterschiedlicher Positionierungen im wissenschaftlichen Feld beziehungsweise unterschiedlicher Kapitalausstattungen oder die Frage nach der – geschlechtsindizierten – Autorität von Sprechpositionen, die allesamt entscheidend dafür sind, ob ein neuer Wissensanspruch überhaupt artikuliert und gehört werden kann, ist nicht von Belang.

Verbunden sind die verschiedenen Ansätze allerdings durch die unterschiedlich akzentuierte These, dass die Produktion neuen wissenschaftlichen Wissens, dessen Durchsetzung, Etablierung und Verstetigung nicht nur als ein immanent kognitiver Prozess verstanden werden kann. *Vielmehr gilt es, die Produktion von Wissen als Prozess zu sehen, in dem ›interne‹ und ›externe‹, soziale und politische, kognitive und institutionelle Elemente zusammenspielen.* Damit rückt nicht nur das mit Krais bereits angesprochene ›Wissenschaft-*Machen*‹, die Tatsache, dass Wissen nicht einfach gewonnen, sondern in diskursiven, sozialen und kommunikativen Praktiken *gemacht* wird, in den Blick, sondern auch die Tatsache, dass es reproduziert und in institutionalisierte Formen gegossen werden muss, um überhaupt existent zu sein.

Die Relevanz einer solchen Perspektive zeigt sich etwa an der Frage, wie es trotz der prinzipiellen Unabgeschlossenheit des wissenschaftlichen Wissens immer wieder zu »Schließungen« kommt. Bettina Heintz argumentiert hier am Beispiel der Entstehung, des Argumentationsverlaufs und der Beendigung von Kontroversen, »dass der innerwissenschaftliche Konsens nicht nur rational oder sachlich begründet ist, sondern auch soziale Dimensionen hat« (Heintz 2000, 108). »Das ›gute Argument‹« scheint allein »jedenfalls nicht auszureichen, um eine Kontroverse für sich zu entscheiden. Vielmehr spielen auch wissenschaftliches Ansehen, Geschlechtszugehörigkeit, Nationalität, Koalitionsbildungen, Zugang zu Fachzeitschriften und Tagungen eine wesentliche Rolle für den Verlauf und den Ausgang einer wissenschaftlichen Kontroverse« (ebd.). Die Voraussetzung, um eine Kontroverse erfolgreich beenden und damit (zumindest temporär) den eigenen Wissensanspruch erfolgreich legitimieren zu können, ist mithin nicht nur die inhaltliche Kompetenz der beteiligten WissenschaftlerInnen oder die intellektuelle »Brillanz« der Ergebnisse. Entscheidend scheint auch – wie wir sowohl in der Diskussion des Versuchs von Bettina Heintz, eine neue feministische Taxonomie zu entwerfen, als auch am Beispiel von Ute Gerhards Bilanzierung des Verhältnisses von Soziologie und Feminismus gesehen haben – die Position zu sein, die im wissenschaftlichen Feld eingenommen wird oder eingenommen werden kann. Entscheidend ist die bereits erworbene Reputation, sind die ›charismatischen Namen‹, die zur Verfügung stehenden und eingesetzten rhetorischen und politischen Strategien, die möglichen inner- und außerwissenschaftlichen Koalitionsbildungen, der Zugriff auf Fachzeitschriften und andere Ressourcen, etwa eine soziale Bewegung oder staatliche Akteure.

Doch bevor wir uns im folgenden Abschnitt genauer mit dieser politischen Seite des ›Wissenschaft-Machens‹ beschäftigen, sei hier bezüglich der Interdependenzen zwischen intellektuellem und institutionellem Faktor noch einmal daran erinnert, dass die intellektuelle und die soziale Dimension in der Praxis des ›Wissenschaft-Machens‹ zwar im Zusammenspiel zu sehen sind, wie wir an der Verquickung von Professionalisierung und Spezialisierung der Frauen- und Geschlechterforschung auf der einen Seite und der intellektuellen Ausdifferenzierung des Feldes auf der anderen sehen konnten. Doch verdeutlichte gerade diese Diskussion auch, dass es nicht leicht zu entscheiden ist, was welchem Faktor zugerechnet oder ob gar von Kausalität gesprochen werden kann.

Der ›intellektuelle‹ und der ›institutionelle‹ Faktor müssen daher heuristisch unterschieden und es muß von einer *kontingenten Relation* zwischen beiden ausgegangen werden. Zwar existieren zwischen Inhalt und Organisationsweisen Interdependenzen, zwar sind die Arten und Weisen von Erkenntnisgewinnung, ja die gewonnenen Erkenntnisse selbst weder unabhängig von den Erzählungen, die wir über unsere Praxis oder über die Aufgabe des von uns produzierten Wissens produzieren noch von den gesellschaftlichen wie den institutionellen Kontexten, innerhalb deren sie gewonnen werden. Umgekehrt konfigurieren die Epistemologien und Wissensbestände einer Disziplin, deren theoretische und methodologische Selbstverständnisse auch die Organisationskultur der wissenschaftlichen Einrichtungen, Netzwerke und Strukturen. Dennoch ist es aus zwei Gründen sinnvoll, diese Dimensionen heuristisch zu unterscheiden und ihre Relation als kontingent zu fassen: *Erstens* kann so den Ungleichzeitigkeiten zwischen sozialer und intellektueller Institutionalisierung Rechnung getragen und *zweitens* können reduktionistische Kausallogiken vermieden werden – etwa im Sinne einer absoluten Determiniertheit der wissenschaftlichen Erkenntnisse durch externe Kräfte, die Reduktion von Erkenntnis auf Rhetorik oder im Sinne eines Verständnisses von Wissenschaft als ›Fortsetzung der Politik mit anderen Mitteln‹ beziehungsweise umgekehrt eines Verständnisses von Wissenschaft, in dem institutionelle Strukturen als gleichsam naturwüchsig aus Problemdefinitionen oder dem intellektuellen Zuschnitt von Fragen hervorgehend betrachtet werden.

Von der *Ungleichzeitigkeit* und der *kontingenten Relation* zwischen *intellektueller und institutioneller Dimension* auszugehen hilft uns, zentrale Momente der Geschichte der Frauen- und Geschlechterforschung besser zu verstehen, etwa deren Selbstbeschreibung als ›interdisziplinär‹ oder ›transdisziplinär‹. Diese aus mehreren und noch zu erörternden Gründen notwendige programmatische Selbstbeschreibung ist einer der wesentlichen Gründe dafür, dass die Mehrzahl ihrer universitären und außeruniversitären Einrichtungen als inter- beziehungsweise transdisziplinäre Zentren, Studiengänge oder Institute konzipiert und realisiert wurden und werden.[21] Dies reicht – und das Folgende ist eine zufällige Auswahl – vom Selbst-

21 Der Diskurs zu Inter- bzw. Transdisziplinarität in der Frauen- und Geschlechterforschung ist noch einmal ausführlich Thema von Kapitel 7.

verständnis der »Sektion Frauen- und Geschlechterforschung in den Sozialwissenschaften in der DGS«, die sich 1979 explizit als Forum nicht nur für Soziologinnen, sondern für alle Sozialwissenschaftlerinnen gründete, über das 1980 gegründete »Interdisziplinäre Frauenforschungs-Zentrum« an der Universität Bielefeld oder das 1983 gegründete außeruniversitäre »Feministische Interdisziplinäre Forschungsinstitut« in Frankfurt am Main, das 1996 gegründete »Zentrum für Interdisziplinäre Frauen- und Geschlechterforschung« an der Technischen Universität Berlin, den 1997 eingerichteten transdisziplinären Aufbaustudiengang »Kulturwissenschaftliche Geschlechterstudien« an der Universität Oldenburg bis zum ebenfalls 1997 gestarteten interdisziplinären Magister-Studiengang »Geschlechterstudien/Gender Studies« und dem 1989 gegründeten »Zentrum für interdisziplinäre Frauenforschung« an der Humboldt-Universität zu Berlin, die 2003 im »Zentrum für transdisziplinäre Geschlechterstudien« zusammengefasst wurden, sowie dem seit 2001 angebotenen Zertifikat »Interdisziplinäre Geschlechterstudien« der Universität Trier. Schaut man sich zudem die Programme von Tagungen und Ringvorlesungen im Feld der Frauen- und Geschlechterforschung an, so ist ferner festzustellen, dass Inter- und Transdisziplinarität als Themenschwerpunkt nie fehlt.

Von einer über diese Selbstbeschreibung als ›interdisziplinär‹ hinausgehenden ausgereiften interdisziplinären Methodologie (in) der Frauen- und Geschlechterforschung kann allerdings bis heute nur bedingt gesprochen werden. Wir haben es also (momentan) mit einer Situation zu tun, in der soziale und – zumindest in dieser Frage – intellektuelle Institutionalisierung erheblich divergieren. Allerdings bieten diese neuen ›interdisziplinären‹ institutionellen Strukturen tendenziell wiederum die Möglichkeit, an einer inter- oder transdisziplinären epistemischen Fundierung der Frauen- und Geschlechterforschung zu arbeiten und so das proklamierte inhaltliche Selbstverständnis sowie die bereits etablierte institutionelle Struktur auch intellektuell einzuholen.

Mit der heuristischen Unterscheidung zwischen kognitiver und sozialer Institutionalisierung ist darüber hinaus eine Perspektive gewonnen, um die Frage des zweiten Kapitels nach *Reichweite und Grenzen feministischer Transformationsbestrebungen von Wissen und Wissenschaft* differenzierter beurteilen zu können. So wäre der institutionelle Ausbau der Frauen- und Geschlechterforschung nicht zwingend als Indikator ihres intellektuellen Niveaus zu sehen, vielmehr kann dieser Ausbau auch als politisch motiviert verstanden werden – etwa weil die Förderung von Frauen- und Geschlechterforschung als Mittel angesehen wird, das Ziel der Gleichstellung der Geschlechter in der Wissenschaft zu erreichen, oder aber weil lokal einzelne Hochschulen *Gender Studies* als globalen Wettbewerbsvorteil im Verteilungskampf um staatliche Ressourcen und internationale akademische Reputation bewerten. Umgekehrt übersetzt sich intellektuelles Niveau nicht automatisch in entsprechende soziale Institutionalisierungen. Dies ist womöglich entweder von den ProtagonistInnen eines neuen Wissens nicht beabsichtigt – und in den Anfängen des feministischen Wissensprojektes argumentierten ja in der Tat viele Feministinnen gegen die akademische Institutionalisierung des feministischen Wissens –, oder es ist institutionell nicht durchsetzbar. Ebenso sind weder die Zahl der Publikationen aus der Frauen- und Geschlechterforschung in einem Fach noch die intellektuelle Reichweite und Differenziertheit im Feld der Frauen- und Geschlechterforschung zwingende Indikatoren dafür, dass die feministischen Erkenntnisse integriert oder gar die Disziplinen in ihren Axiomatiken beeinflusst oder umgebaut wurden. Auch in politisch ›von unten‹ erkämpften und ›von oben‹ – das sind im Falle des akademisch werdenden Feminismus interessanterweise vor allem staatliche, nichtakademische Akteure – unterstützten ›institutionellen Nischen‹, die nur lose in die Fächerstruktur integriert sind, kann (temporär) erfolgreich feministisches Wissen produziert werden, ohne dass die Fächer dadurch zu größeren Umbauten genötigt wären. Dass seit einigen Jahren verstärkt eigenständige (Teil-)Studiengänge für Frauen- und Geschlechterforschung eingerichtet werden, damit also tendenziell der Weg *aus* den Fächern eingeschlagen wird, nachdem institutionell zunächst durch die Einrichtung von entsprechenden Professuren der Weg *in* die Fächer gesucht wurde, kann in diesem Zusammenhang auch als Reaktion auf die nur bedingt erfolgreiche Transformation der Fächer gesehen werden.

3.3.2 Praktiken des Wissenschaft-Machens

Kommen wir zur zweiten Frage: Welche *Praktiken* des Wissenschaft-Machens werden identifiziert? Da sind zunächst die *sozialen Praktiken der Erzeugung von wissenschaftlichem Konsens*, die innerwissenschaftlichen Kommunikations- und Durchsetzungsprozesse, in deren Verlauf Deutungen entwickelt, bestritten, stabilisiert, verteidigt und wieder destabilisiert werden, wie sie insbesondere die ›Laborstudien‹ rekonstruiert haben. Von Bedeutung sind auch die *diskursiven Praktiken und Repertoires*, die WissenschaftlerInnen verwenden, um über ihre Forschung zu berichten, ihr Fachgebiet oder ihre Disziplin darzustellen. Besonders zu nennen sind die durchaus sehr ›weltlichen‹ *Aktivitäten der institutionellen Verdichtung und Verstetigung von Wissen*, wie sie insbesondere in den institutionalistischen Studien rekonstruiert wurden. Das sind beispielsweise *Praktiken der Herausbildung von disziplinären Zentren und Peripherien*, von *Sozialstrukturen*, in denen es ›Etablierte‹ und ›Außenseiter‹ gibt, oder die Etablierung neuer Felder wissenschaftlichen Wissens durch ›Grenzarbeit‹, *boundary-work* (Gieryn 1983; 1999).[22]

Auf diese ›Grenzarbeit‹ will ich hier noch etwas ausführlicher eingehen, da mir dieses Konzept am produktivsten erscheint für die Erörterung der Frage, wie Wissen sich als wissenschaftliches Wissen etabliert und stabilisiert. Was genau ist unter *boundary-work* zu verstehen? Welche Praktiken kommen in der Arbeit an der Grenze zum Einsatz?

Unter *boundary-work* sind zum einen *Praktiken der Grenzziehung* innerhalb der Wissenschaft zwischen Disziplinen, Fächern und Theorieansätzen sowie gegenüber anderen, nichtwissenschaftlichen Wissens- und Praxisformen zu verstehen. Es handelt sich vor allem um differenzierende Aktivitäten, durch die bestimmten Wissensformationen auf der Basis differierender Methoden, Werte, Wissensbestände oder Organisationsstile ausgewählte Charakteristika zugeschrieben werden, um sie so als von anderen wissenschaftlichen beziehungsweise nichtwissenschaftlichen Wissensformationen abgegrenzte Formationen bestimmen zu können. Grenzziehende Praktiken haben eine integrierende und gegen äußere Einflüsse schützende Identitätsfunktion: »Wissenschaft muß für einzelne Disziplinen eine ›innere Umwelt‹ garantieren, die sicherstellt, daß nicht etwa einzelne Disziplinen durch Außenkontakte korrumpiert werden und außerwissenschaftliche Werte und Normen für innerwissenschaftliche Relevanzen substituieren« (Stichweh 1994, 28). Zum an-

22 Zu *boundary-work* als kognitiver Leistung und sozialer Praxis, in der es um die Herstellung struktureller Differenz – und damit von sozialer Ordnung – geht, siehe auch Heintz u. a. 1997, 9 f.; 36 ff.

deren umfasst *boundary-work* Praktiken der *Grenzüberschreitung und -auflösung*, etwa die Rede von neuen, wissenschaftlich noch zu erschließenden Territorien, Versuche der *Vermischung* und *Hybridisierung* wissenschaftlicher Gebiete[23] sowie Praktiken, in denen Grenzziehung und -überschreitung zugleich stattfinden: Praktiken der *analogisierenden Abgrenzung*.

Grenzarbeit findet, so Gieryn (1999, 24), permanent in routinisierten, alltäglichen, praktischen Handlungen statt: In der Curriculum-Bildung, in Förderpolitiken, in den Politiken der Annahme oder Ablehnung von Manuskripten durch Zeitschriften. Sie sei vor allem als *rhetorischer Stil* zu untersuchen: »in the symbolic formulations and figurative languages« (Gieryn 1983, 782). Denn Wissenschaftler hätten eine Vielzahl kultureller Repertoires, um »ideologische« Selbstbeschreibungen zu konstruieren. Bei der Analyse müsse daher auf stilistische Mittel – Metaphern, Hyperbolik, Ironie, Sarkasmus – sowie auf syntaktische Mittel – Antithesen, Umkehrungen, Wiederholungen – geachtet werden.[24]

Boundary-work tritt dann auf, wie Gieryn feststellt, wenn folgende Ziele verfolgt werden:

> 1. Expansion professionaler Autorität oder Expertise in Domänen, die bereits von anderen Professionen, Wissensformationen oder Disziplinen beansprucht werden, dabei den Kontrast zwischen den Rivalen betonend; 2. Monopolisierung von professioneller Autorität und von Ressourcen, dabei die Rivalen durch Titulierung als Außenseiter (›pseudo‹, ›deviant‹ oder ›Amateure/Laien‹) ausschließend; 3. Schutz der Autonomie für die eigenen professionellen Aktivitäten (Gieryn 1983, 791 f.; Übersetzung sh).

Vor diesem Hintergrund versteht Gieryn *boundary-work* als wesentlich ideologische Aktivität, da es nicht nur um epistemische Differenzierungen gehe, sondern auch um die Allokation von materiellen Ressourcen sowie professionellen Privilegien.

Insbesondere die Grenzziehung wissenschaftlich/nichtwissenschaftlich erweist sich für die Etablierung eines Wissens als wissenschaftliches Wissen als besonders potent. Denn die Zuordnung des Attributs »unwissenschaftlich« bedeutet nicht nur, dass die so angegriffenen Positionen falsch sind, dass sie im Foucault'schen Sinne

23 Vgl. hierzu Thompson Klein 1993.

24 Solche rhetorischen Mittel werden uns besonders in Kapitel 5 beschäftigen.

nicht »im Wahren« sein können, sondern auch, dass sie im Bereich der akademischen Wissenschaft nichts zu suchen haben. Umgekehrt ist mit der Selbstattribuierung »wissenschaftlich« der Anspruch auf einen Platz im akademischen Gefüge formuliert. Mary Douglas (1991) beschreibt diese Arbeit an der Grenze zwischen wissenschaftlichem und nichtwissenschaftlichem Wissen im Modell eines affektgeladenen Kampfes:

Wissenschaftliche Theorie ist das Ergebnis eines Kampfes zwischen Klassifikationen, die eine Gruppe von Wissenschaftlern zu wissenschaftlichen Zwecken entwickelt hat, und den Klassifikationen, die in einer weiteren gesellschaftlichen Umwelt Anwendung finden. Beide sind emotional aufgeladen, und beide hängen von sozialer Interaktion ab. Die eine von beiden (die wissenschaftliche Klassifikation) unternimmt entschiedene Anstrengungen, ihre Konzepte zu spezialisieren und zu verfeinern, damit sie in einem Diskurs eingesetzt werden können, der sich von den in der weiteren sozialen Gruppe verankerten Ideen unterscheidet (Douglas 1991, 94).

Über die prominente *boundary-work* hinausgehend, zählen zu den Praktiken des Wissenschaft-Machens aber auch gewissermaßen »magische« *Praktiken des Organisierens* und des *Lokalisierens*, das heißt die Schaffung einer *wissenschaftlichen Infrastruktur* (Gesellschaften, Zeitschriften, Lehrstühle, Studiengänge usw.), die konstitutiv ist, um das neue Wissen ins Leben zu rufen und es als gegeben zu behaupten. Diese »Magie« von gleichsam zirkulär ablaufenden Institutionalisierungsprozessen beschreibt Stölting (1986) am Beispiel der Soziologie in der Weimarer Republik:

Das Postulat eines besonderen Gegenstandes, der einer besonderen Disziplin bedürfe, mußte sich in den Glauben verwandeln, daß diese Disziplin existiere. Mit soziologischen Zeitschriften, Lehrstühlen und einer soziologischen Gesellschaft wären dann aber nicht nur disziplinäre Organisationsformen geschaffen, sondern auch der Beweis möglich, daß die Disziplin tatsächlich existierte. Gerade durch diesen Mechanismus aber existierte sie dann wirklich als Institution (Stölting 1986, 6).

Schließlich gehören zum Wissenschaft-Machen im wissenschaftlichen Alltag fest etablierte, unhinterfragte und routinisierte *disziplinäre* und *disziplinierende* Praktiken: Praktiken des *Klassifizierens* und *Kontrollierens, Examinierens* und *Zensierens*[25] und die kontinu-

25 Vgl. Sosnoski 1993.

ierliche Formatierung des Wissens durch *Praktiken der Lehre* und *Praktiken der (Re-)Produktion wissbarer Objekte und wissender Subjekte.*[26] Ebenso spielen *Praktiken der Kanonisierung und Curriculum-Bildung* wie das Schreiben von Historiografien und systematisierenden Darstellungen sowie *Praktiken der Bewertung* und *Rekrutierung* des wissenschaftlichen Nachwuchses eine Rolle. Und nicht zuletzt umfasst das ›Wissenschaft-Machen‹ *Praktiken der Distribution* und *Konsumtion*, des Verkaufs und Erwerbs von Wissen.

3.4 Der »Turnierplatz« Wissenschaft

Kommen wir nun zur Frage nach der Möglichkeit transformierenden Handelns in Organisationen, die, so das Argument im ersten Kapitel, das »Handeln der Individuen dauerhaft so verzahnen, dass sie beim Verfolgen eigener Entwürfe und Interessen nicht anders können, als auch fremde Zwecke zu erfüllen« (Neuberger 1995, 33). Fragen wir zunächst, inwiefern die akademischen Organisationen als ›herrschaftliche Einrichtungen‹ beschrieben werden können und *Wissenschaft-Machen als politisches*, in ›machtvollen‹ – und vermachteten – sozialen Räumen stattfindendes *Geschehen*. Damit rückt die Frage nach der *organisationellen Ökonomie akademischer Einrichtungen* in den Blick.

Dass es sich beim Wissenschaft-Machen um ein machtvolles Geschehen handelt, dafür liefert bereits Bettina Heintz' Beobachtung, die Frage, welche wissenschaftliche Sichtweise sich durchsetzt, sei auch eine Frage der Positionierung im wissenschaftlichen Feld, abhängig etwa von Geschlecht, sozialer Herkunft, akademischem Prestige und dem Zugang zu Ressourcen, einen wichtigen Hinweis. Denn dies verweist darauf, dass ›Wissenschaft-Machen‹ in einem bezüglich Handlungsoptionen und Erfolgsaussichten in mehrfacher Hinsicht asymmetrisch strukturierten sozialen Raum stattfindet.

Mit dem erhabenen Bild des Tuns des/der in Solitude mit sich und den Gedanken oder der Materie ringenden WissenschaftlerIn, deren Forschungsergebnisse sich – gemäß der von Merton destillierten *Universalismus*-Norm, bei der Beurteilung wissenschaftlicher

26 Vgl. hierzu auch Hoskin 1993.

Leistungen spielten weder »Rasse, Nationalität, Religion, Klasse« noch »persönliche Eigenschaften« eine Rolle – einzig kraft ihrer intellektuellen Überlegenheit durchsetzen, weist diese weltliche Sicht des ›Wissenschaft-Machens‹ allerdings, wenn überhaupt, nur sehr vage Affinitäten auf. Dennoch bedarf eine Beschreibung von Wissenschaft als einem Geschehen, das eher ein konzertiertes *politisches* Geschehen denn ein a-soziales, von jeglicher gesellschaftlicher Beimengung freies ›Ringen‹ um wissenschaftliche Wahrheit zu sein scheint, weiterer Klärung. Denn eine solche Darstellung steht im eklatanten Widerspruch zu den idealtypischen Beschreibungen des wissenschaftlichen Tuns als zweckfreiem, nur der Weiterentwicklung von Wissen verpflichtetem Tun. Insbesondere scheint es der Selbstwahrnehmung der akademischen Organisationen als ›machtfreien‹ Räumen zu widersprechen, in denen die wissenschaftliche Entwicklung durch universalistisch orientierte, unvoreingenommene, umfassende und fortwährende Kritik unter *peers* vonstatten geht, in denen Entscheidungen rational getroffen und argumentativ abgesichert sind, unbeeinflusst von ökonomischen, gesellschaftlichen und politischen Interessen oder vergeschlechtlichten Vorurteilen. Dabei gilt es allerdings, bei aller Betonung der politischen Dimension des wissenschaftlichen Geschehens, ebenso sehr wie die »hagiografische« Auffassung, die die Wissenschaft idealisiert, auch die »zynische« Haltung, die sie auf eine soziale Arena wie jede andere reduziert (Bourdieu 1998a, 27), und eine reine machttheoretische Betrachtungsweise zu vermeiden.

3.4.1 Wissenschaft-Machen III: Ein politisches Geschehen?

Von SoziologInnen ist dieser politische Charakter des Machens von Wissenschaft in sehr unterschiedlicher Diktion beschrieben worden – und nicht immer, um vorrangig auch diesen politischen Charakter herauszustellen. Bettina Heintz resümiert, wie wir gesehen haben, soziologisch nüchtern, Wissenschaft finde in einem asymmetrisch strukturierten sozialen Raum statt, in dem nicht allein das ›gute Argument‹ zählt, sondern auch die Fähigkeiten und Mittel von Bedeutung sind, jenes als solches (an)erkennbar in der relevanten *scientific community* zu platzieren. Wissenschaft-Machen besteht mithin wesentlich aus Kommunikations- und Durchsetzungsprozessen, in deren Verlauf Deutungen entwickelt, bestritten, verteidigt und destabilisiert werden. Heintz rückt also den Aspekt der *kommunikativen Härtung* des Wissens in allerdings hinsichtlich der Durchsetzungschancen asymmetrisch strukturierten Räumen in den Vordergrund.

In deutlich ›heißerem‹ Vokabular als Heintz konstatiert Pierre Bourdieu (1998a, 29 f.), dass es die konkurrierenden sozialen Konstruktionen von Realität sind, die wissenschaftlichen Repräsentationen also, die sich im wissenschaftlichen Feld gegenüberstehen. Für deren Deutungsüberlegenheit würden die beteiligten AkteurInnen »mit dem gesamten, kollektiv angehäuften und kollektiv angewandten Arsenal von Methoden, Instrumenten, Techniken, unter dem Druck der Disziplinierungen und Zensuren des Feldes und unter Mithilfe jener unsichtbaren Tugend einer Orchestrierung der *habitus*« kämpfen (ebd.). Jede ›rein‹ wissenschaftliche Entscheidung, etwa die Wahl des Forschungsgebietes, der Methoden, des Publikationsortes, sei daher unter bestimmten Aspekten auch zu verstehen als eine politische Strategie, die auf die Maximierung des eigenen wissenschaftlichen Profits – Reputation – ziele (vgl. ebd.).[27]

Über Heintz hinausgehend, betont Bourdieu vor allem das Moment des Kampfes, den Einsatz in diesem Kampf – es geht um nicht weniger als um ›konkurrierende soziale Konstruktionen von Realität‹ – sowie die Tatsache, dass das wissenschaftliche Feld ein von Disziplinierungen und Zensuren geprägtes Feld ist. In diesem ist folglich nicht alles gleichermaßen denkbar. Über wissenschaftlichen Erfolg oder Misserfolg entscheidet daher auch die Virtuosität in der ›Orchestrierung‹ des im wissenschaftlichen Feld relevanten *habitus*.

Davon, dass »auf dem *Turnierplatz der Wissenschaft*« um Anerkennung für die je eigenen Wahrheitsansprüche gerungen wird, hatte auch schon Robert Merton gesprochen (1985c, 90; Hervorhebung sh). Merton ist jedoch, anders als Bourdieu und Heintz, der Überzeugung, Wissenschaft funktioniere nach universalistischen Prinzipien, gemäß deren wissenschaftliche Erkenntnisse einzig nach ihrem Inhalt beurteilt würden. Zudem garantiere der Mechanismus konkurrenzbetonter Kooperation, dass Erkenntnis zwar über den Wettbewerb gewonnen, die Ergebnisse des Wettstreits dann aber vergemeinschaftet würden. Wir sollen uns Wissenschaft also als fai-

27 Richard Whitley (1984) beschreibt wissenschaftliche Organisationen daher auch als »reputationale Organisationen«.

res und normativ geregeltes ›Turnier‹ unter Gleichen vorstellen, in dem ›soziale Merkmale‹ keine Rolle spielen und letztlich nicht der Sieg über die vermeintlichen Gegner oder die Verbesserung der eigenen Position zählt, sondern einzig »die Erweiterung des Wissens als eines Werts an sich« (Merton 1972, 132).

Als buchstäblich machiavellistischen Machtprozess, in dem es gerade um den Sieg über die vermeintlichen Gegner und die Durchsetzung der *eigenen* wissenschaftlichen Weltsicht geht und nur bedingt um ›die Erweiterung des Wissens als Wert an sich‹, beschreibt dagegen Erhard Stölting (2001) das Geschäft des Wissenschaft-Machens:

> Die Vertreter unterschiedlicher Schulen [...] tendierten immer dazu, einander für unqualifiziert oder verblendet zu halten. Die Auseinandersetzungen unterschiedlicher Richtungen bestanden oft nicht im Austausch von Argumenten, sondern in Taktiken, die Gegner von Stellen oder Forschungsressourcen fernzuhalten. Wer in Entscheidungspositionen saß, konnte zur Blüte oder zum Dahinwelken ganzer Forschungsrichtungen beitragen (Stölting 2001, 35).

»Universitäre Urteilsprozesse«, fährt Stölting fort, »waren und sind mithin auch *soziale Prozesse*« (ebd.). So habe es eine minoritäre Position immer schwer, berufungsfähig zu werden. Denn die Institution tendiere zur Schließung. Die Durchsetzung wissenschaftlicher Innovationen sei daher nicht selten nur nach erbitterten Machtkämpfen oder durch die Wahrnehmung taktischer Chancen möglich.

Fassen wir diese Positionen zusammen, so besagt die These, dass es sich beim Wissenschaft-Machen auch um ein politisches Geschehen handelt, zunächst nicht mehr, aber auch nicht weniger, als dass »menschliche Interaktion, auch in sehr strukturierten Handlungsfeldern, [...] *immer auch politisch*« ist (Friedberg 1995, 9; Hervorhebung sh) – eine eigentlich recht simple, aber gerade im wissenschaftlichen Feld gerne im Ungefähren belassene Tatsache. Das heißt, auch in der Welt der Wissenschaft kommen »alle die Phänomene ins Spiel, die man normalerweise dem Feld der Politik zuordnet« (ebd.).[28] Denn menschliche Interaktion, so Friedberg weiter,

28 Was allerdings nicht bedeutet, so Friedberg an anderer Stelle (1995, 9, Fußnote 6), dass mit der Betonung des politischen Charakters jeglichen Handelns und jeglicher Interaktion Handeln und Interaktion auf eine politische Dimension redu-

sei immer »getragen von mehr oder weniger bewussten Interessen, Absichten, ja sogar Strategien: diese erzeugen Machtbeziehungen, die sich durch Verhandlungs- und Feilschbeziehungen abstimmen und in denen Legitimitätsfragen eine große Rolle spielen« (ebd.).

Im Lichte dieser Einsicht und entgegen Mertons Darstellung des akademischen Geschehens als fairem, regelgeleitetem ›Turnier‹, in dem einzig die letztlich kooperative Erweiterung des Wissens zählt, scheint es also sinnvoller, Wissenschaft als ein konfliktgeladenes, dynamisches Feld von Kämpfen zu denken. In diesen kann sich das ›bessere‹, ›andere‹ oder schlicht ›neue‹ Wissen durchsetzen, muss es aber nicht. Anders gesagt: Dessen Durchsetzung ist von einer Vielzahl letztlich kontingenter und nicht ausschließlich intellektueller Faktoren abhängig – etwa von der Chance, erfolgreiche ›Verhandlungs- und Feilschbeziehungen‹ zu organisieren, von der Fähigkeit, den relevanten *habitus* überzeugend zu orchestrieren, und nicht zuletzt vom Vermögen, auch andere als intellektuelle oder akademische Ressourcen mobilisieren zu können, um dem eigenen Vorhaben zum Durchbruch zu verhelfen.

Die Metapher des ›Turnierplatzes‹, die nahe legt, es handele sich um ein egalitär strukturiertes, getreu unhintergehbar zu befolgender und für alle gleichermaßen geltender Regeln ausgetragenes faires Turnier, in dem sich die Beste und das beste Wissen durchsetzen, erfasst das Geschehen in der Wissenschaft also nur unzureichend. Sie legt zudem nahe, dass den AkteurInnen, wie in einem Turnier üblich, nicht nur die gleichen Wettkampfbedingungen garantiert sind, sondern dass sie auch nur gegen »Gleichgewichtige« antreten. Tatsächlich haben wir es jedoch ebenso wenig mit gleichen Bedingungen für alle wie mit symmetrisch positionierten und ausgestatteten AkteurInnen zu tun. Auch mit einem Kampf, der nur in einer Arena – dem vorgeblich fair und vorurteilslos organisierten Wettstreit um die ›besten Ideen‹ – ausgetragen wird, ist das Geschehen in der Wissenschaft weit entfernt. Im Gegenteil: Um Geltung wird in mehr als einer Arena gerungen, und in jeder Arena wird nicht nur nach anderen Regeln gespielt, es geht auch um verschiedene, oft konkurrierende Ziele. Erst wenn wir die verschiedenen Arenen, die in ihnen ausgetragenen Spiele und die komplizierten Beziehungen zwischen den Arenen in den Blick nehmen, können wir die »spezi-

ziert werden sollen. Gleichwohl sei ebenfalls nicht einleuchtend, diese politische Dimension aus der Analyse herauszuhalten.

fische Ökonomie des organisationalen Geschehens« in der Wissenschaft verstehen (Kirsch-Auwärter 1995, 78).[29] Wenden wir uns daher im folgenden Abschnitt genauer dieser spezifischen Ökonomie des organisationalen Geschehens in akademischen Organisationen zu.

3.4.2 Ökonomien organisationalen Handelns

Mit der Frage nach den Ökonomien organisationalen Handelns rückt das, was ich die *soziale Topografie* von Organisationen nennen möchte, in den Blick. Gemeint ist damit nur vordergründig die gewissermaßen territorial gedachte, funktionale Ausdifferenzierung einer Organisation – in den akademischen Einrichtungen ist das zum einen die in Fachbereiche, Fakultäten und Institute geronnene Disziplinstruktur, zum anderen die parallele Doppelstruktur von Wissenschaft und Verwaltung, ergänzt durch eine Vielzahl von hybrid strukturierten Einrichtungen, die sowohl Aufgaben in Lehre und Forschung als auch Verwaltungsfunktionen übernehmen.[30] Mit *sozialer Topografie* soll hier vielmehr die quer zu dieser funktionalen Differenzierung existierende und topisch zu denkende *Tiefenstruktur* unterschiedlicher Handlungsebenen und die mit diesen Ebenen verbundenen konkurrierenden und widerstreitenden Rationalitäten und Handlungslogiken gefasst werden.

Von einer solchen topisch organisierten Tiefenstruktur auszugehen, in der verschiedene Ebenen beziehungsweise Systeme unterschiedliche Aufgaben übernehmen, scheint gerade für die Organisation Hochschule besonders nahe liegend zu sein, stellt diese doch einen Typus von Organisation mit besonderer Struktur und Funktionslogik dar. Denn jenseits ihrer globalen Funktionsbestimmung

29 Für einen Überblick zu denjenigen Ansätzen in der soziologischen Organisationsforschung, die »Organisationen als Arenen interessegeleiteter Aushandlungen« verstehen, siehe Andresen/Dölling/Kimmerle 2003, 38 ff.
Für einen Überblick zu Theorien der Organisation siehe Ortmann/Sydow/Türk 2000, für den Stand der organisationssoziologischen Debatte siehe Allmendinger/Hinz 2002b.

30 So waren vor allem anfänglich – und an einzelnen Hochschulen ist dies bis heute der Fall – die Frauenbeauftragten und Gleichstellungseinrichtungen nicht nur für die Umsetzung von Chancengleichheit und Gleichstellungsrichtlinien zuständig, sie organisier(t)en auch Lehre und Forschung im Bereich der Frauen- und Geschlechterforschung.

– Produktion und Dissemination von Wissen, Rekrutierung und Sozialisation von Personal – und jenseits dessen, dass einige ihrer Rahmenbedingungen relativ fixiert sind (Infrastruktur, Gebäude, Etat, organisatorische Gliederung, Verfahrensregeln oder basale Leistungserwartungen), zeichnen sich die akademischen Organisationen vor allem durch eines aus, dass sie sich nämlich als »organisiertes Soziotop« darstellen (Luhmann 1992, 94), das aus vielen Welten besteht. Diese sind zwar nur lose verkoppelt, aber dennoch in einer bestimmten Weise zueinander angeordnet. Sie können darüber hinaus miteinander in Konflikte über die zu verfolgenden Ziele verwickelt sein. Zudem sind Hochschulen, worüber seltene Einmütigkeit in der Hochschulforschung herrscht, gekennzeichnet durch »Informalität der Kommunikations- und Handlungsstrukturen, eine konstitutive Zielambiguität« (ebd.) sowie vielfältige, oft inkommensurable Entscheidungsabläufe, die zu einer »Hypertrophie von Entscheidungsmöglichkeiten« führen (Luhmann 1992, 110). Zwar seien Hochschulen, so auch Carola Beckmeier und Aylâ Neusel (1991, 12), als »Verbund lose verkoppelter Strukturelemente« – Rektorat, Verwaltung, Fachbereiche, Disziplinen, Institute, Professuren – durch einen vom Staat vorgegebenen Organisationsrahmen gekennzeichnet, dennoch seien alle AkteurInnen in den Hochschulen – auch die so genannten Untereinheiten, zum Beispiel die LehrstuhlinhaberInnen – dank dieses hohen Grads an Informalität der Kommunikations- und Handlungsstrukturen verhältnismäßig autonom und verfügten über einen relativ großen Handlungsspielraum, eigene Entscheidungsregelungen zu erzeugen.

Die Organisationsstruktur und -kultur von Hochschulen präsentiert sich daher, so Beckmeier/Neusel, als »brisante Mischung von struktureller Offenheit und kultureller Determiniertheit« (ebd., 106), die eine Organisation besonderer Art konstituiere: »ein träges, unbewegliches, loses Gebilde einerseits, das andererseits eine Summe von kleinen Fürstentümern (oder Unternehmen, je nach Führungsform) unterhält, die clever und quirlig um eigenes Wohl und eigenen Vorteil feilschen, durchaus mit differenten Zielen, Verfahren und Resultaten innerhalb der einen Organisation« (ebd.).[31]

31 Zu Hochschulen als Verbund lose verkoppelter Strukturelemente, die dementsprechend heterogene und einander ausschließende Ziele entwickeln, siehe auch Stichweh 1994, 264 ff., sowie Minssen/Wilkesmann 2003. In akteurstheoretischer Perspektive, die Organisationen als »korporative Akteure« fasst, welche sich aus

Optimistisch betrachtet, kann dies lokal die Emergenz von Koalitionen und Handlungspielräumen bedeuten, die Feministinnen nutzen können, um Frauen- und Geschlechterforschung zu verstetigen und Geltung für ihr Wissen zu organisieren. So argumentiert beispielsweise Sigrid Metz-Göckel, »organisierte Anarchie« impliziere die Erweiterung von Handlungsspielräumen für Frauen- und GeschlechterforscherInnen (Metz-Göckel 1999, 162). Das allerdings setzt voraus, dass feministische WissenschaftlerInnen bereits ›spielfähig‹ geworden sind, genügend akademisch relevantes Kapital akkumuliert haben oder aber sich lokal Öffnungen in den meist festgezurrten Interessen- und Machtkonstellationen ergeben. Auch widersprechen erste empirische Ergebnisse etwa bezüglich Personalselektion und Karrierechancen von Wissenschaftlerinnen dieser optimistischen Betrachtung ›organisierter Anarchien‹. In diesen konnte gezeigt werden, dass gerade die Einschränkung von Informalität, das heißt Transparenz in den Entscheidungsabläufen sowie das Ausmaß der Standardisierung entscheidende Faktoren für die Karrieremöglichkeiten von Frauen darstellen.[32] Ebenso verweisen erste empirische Ergebnisse darauf, dass es Wissenschaftlerinnen in Disziplinen mit hohem kognitiven Konsens und Standardisierungsgrad besser gelingt, wissenschaftliche Anerkennung für ihre Forschung zu erlangen.[33] Andersherum gesagt: »Unstrukturierte Situationen schaffen Raum für Selbstinszenierungen und partikularistische Zu-

»Verhandlungskonstellationen individueller Akteure konstituieren«, unterscheidet Schimank (2002, 36) Organisationen nach dem Grad ihrer kollektiven Handlungsfähigkeit. Hochschulen ordnet er dabei – als »organisierte Anarchien«, wie diese in der Forschungsliteratur oft bezeichnet werden – am Pol kaum gegebener Handlungsfähigkeit ein.

Ohne den Begriff zu verwenden, beschreibt Luhmann die organisierte Anarchie in den Hochschulen wie folgt: »Das System hat gelernt durch Aufbau von Komplexität, durch Bürokratisierung, durch Demobürokratisierung, wenn man so sagen will. Was geblieben ist, ist eine unzählige Menge von Kommissionen; was geblieben ist, ist die Unmöglichkeit, belanglose Entscheidungen auf der Verwaltungsebene allein zu treffen [...]. Da aber die Voten in den Kommissionen wiederum noch nicht die Voten in den endgültigen Entscheidungsinstanzen sind, wird oft ein Dienstweg von fünf bis sechs Stationen oder eine Hierarchie dieser Art eingebaut, was im Zweifel dazu führt, daß man mit dem, was man anfängt, nie zum Ende kommt« (Luhmann 1992, 110 f.).

32 Vgl. hierzu Allmendinger 2003; Heintz 2003.

33 Vgl. hierzu Heintz/Merz/Schumacher 2004, 280.

schreibungen, von denen vor allem jenes Geschlecht profitiert, das kulturell höher bewertet wird und über bessere Strategien des ›impression management‹ verfügt« (Heintz 2003, 229).[34] Darüber hinaus sind tief in die Macht- und Ressourcenverteilung eingreifende Veränderungen, wie sie sowohl die Frauen- und Geschlechterforschung wie die Gleichstellungspolitiken anstreben, wohl ohne einen breiten Konsens kaum durchsetzbar. Dieser ist wiederum nur auf der Grundlage der gegebenen Machtkonstellation zu haben: »Er ist dann am leichtesten zu erreichen, wenn sich nichts grundlegend ändert und somit die bestehende Machtverteilung nicht tangiert wird« (Brüggemeier 2000, 465).

Ein in der sozialwissenschaftlichen Organisationstheorie geläufiges Modell, um nun die topische Tiefenstruktur von Organisationen darzustellen, ist das von Frederick Bailey (1977) im Anschluss an Erving Goffmans (1983) Unterscheidung von *Vorder-* und *Hinterbühne*[35] um die *Unterbühne* ergänzte und an Freuds zweitem topischen Modell aus ›Es, Ich und Über-Ich‹[36] orientierte Instanzen-Modell, das schematisch folgendermaßen dargestellt werden kann:[37]

<table>
<tr><td>Vorderbühne</td><td>Hinterbühne</td></tr>
<tr><td colspan="2">Unterbühne</td></tr>
</table>

Diese drei Bühnen des organisationalen Geschehens symbolisieren unterschiedliche Vergesellschaftungstypen und Handlungslogiken. Sie stabilisieren sich wechselseitig, weshalb die Grenzen zwischen

34 Ähnlich auch Mary Frank Fox: »When standards are subjective and loosely defined, it is more likely that men will be perceived to be the superior candidates, that gender bias will operate« (Frank Fox 1995, 222).

35 Goffman selbst hat dieses Modell allerdings entwickelt zur Beschreibung von »sozialer Interaktion unter natürlichen Bedingungen« (Goffman 1983, 218), nicht zur Beschreibung von Handeln und Interaktion in Organisationen.

36 Siehe hier insbesondere Freuds Schrift *Das Ich und das Es* (2000 [1921]). Zum Begriff der Topik siehe Laplanche/Pontalis 1972, 503 ff.

37 Bailey entwickelte dieses Modell im Rahmen einer Untersuchung der »Folklore« akademischer Politik; siehe hierzu auch Neuberger 1995, 44 ff., sowie Paris 2001, 203 f.

ihnen einerseits deutlich erkennbar, andererseits aber durchlässig genug sein müssen, damit zwischen den Bühnen hin und her gewechselt und die jeweiligen Ressourcen mobilisiert werden können.

Auf der *Vorderbühne* agiert die offizielle Organisation (in Freuds Modell die Instanz des ›Über-Ichs‹). Hier gilt das *script* der offiziellen und formalisierten Regeln und Vorschriften – zu denen mittlerweile eben ein dichtes Regelwerk von Gleichstellungsrichtlinien gehört sowie gelegentlich auch die Anforderung, Frauen- und Geschlechterforschung zu fördern und zu etablieren. Hier gilt aber auch das weitgehend nicht fixierte Merton'sche Ethos der Wissenschaft oder das Leitbild, dass wissenschaftliche Organisationen rational handelnde Organisationen sind – und in rational handelnden Organisationen gilt, dass diese ausschließlich gemäß funktionaler Erfordernisse handeln. Hier gilt für das wissenschaftliche Tun, dass die Theorien und Ergebnisse anderer unvoreingenommen und offen rezipiert werden, gleichgültig ob dieses Wissen die eigene Forschung unterstützt oder ihr widerspricht. Hier gilt das Prinzip, dass einzig die wissenschaftliche Leistung zählt und diese nur nach ihrem Inhalt und nicht nach ihren Urhebern beurteilt wird.

Auf der Vorderbühne gilt auch die vielfältig kodifizierte und institutionalisierte Norm der Nicht-Diskriminierung beziehungsweise der Gleichbehandlung von Frauen und Männern. Eine Norm, die bis in die individuelle Wahrnehmung der sozialen Irrelevanz von Geschlecht/Geschlechterhierarchie durchgesetzt ist.[38] Dabei muss dies wohl eher, wie Ursula Müller (1999a) gezeigt hat, als Modernisierung von Vorurteilsstrukturen gesehen werden. So würden Differenzkonstruktionen, die Frauen offen die Befähigung als Wissenschaftlerin absprechen, zwar nicht mehr artikuliert, stattdessen würden ungleiche Chancen auf »rückständige gesellschaftliche Leitbilder und Arbeitsverteilungen« zurückgeführt (Müller 1999a, 145), die Frauen eine wissenschaftliche Karriere erschweren.[39] Dies liege

38 So konnten Andresen/Dölling/Kimmerle (2003, 155; Hervorhebung i. O.) für ihr Untersuchungsfeld – kommunale Verwaltung – zeigen, dass der »universalistische Code im Geschlechter-Wissen« die Wahrnehmungsmuster der AkteurInnen bestimmt: »Geschlecht spielt in der Organisation keine Rolle, hier gilt: *Alle haben die gleichen Chancen*, alle werden gleich behandelt, entscheidend ist die *individuelle Leistung.*«

39 Wie Beate Krais und Tanja Krumpeter (1997, 34) in einer Untersuchung zu beruf-

»nach Meinung der Hochschullehrer jedoch nicht an Strukturen wissenschaftlicher Karrieren und Prozessen universitärer Auswahl, sondern an gesamtgesellschaftlichen Prozessen, deren Veränderung viel Zeit braucht und sich zudem dem Einflussbereich von Hochschullehrern entziehe« (ebd.). Im Ergebnis ist daher die vergeschlechtlichte Sozialstruktur und Organisationskultur von Wissenschaft auf deren Vorderbühne kaum noch thematisierbar beziehungsweise wo dies geschieht, etwa in Gleichstellungspolitiken oder auch in der Frauen- und Geschlechterforschung, produziert die Thematisierung oft genug den paradoxen Effekt der Marginalisierung von Frauen und/oder feministischen Perspektiven.

Auf der *Hinterbühne* (in Freuds Modell die Instanz des ›Ich‹) wird dagegen das Stück »Wir stellen Gemeinschaft her« gegeben. Die Hinterbühne ist der Ort der Informalität. Hier werden die formalen Regeln im informellen Umgang miteinander immer wieder passend gemacht. Statt Prinzipien dominiert der ›gesunde Menschenverstand‹, entschieden wird ›je nach Lage der Dinge‹.[40] Herstellung von Gemeinschaft bedeutet aber auch, dass auf der Hinterbühne ungebrochen die »Differenzsemantik fortexistiert« (Wobbe 2003a, 15). Hier haben wir es mit bewertenden Klassifikationsprozessen – und folglich mit Prozessen sozialer Schließung – entlang von Geschlecht, Heteronormativität, sozialer Herkunft, Alter, Hautfarbe und Habitus zu tun, die auf der Vorderbühne nicht (mehr) legitim artikuliert werden können. Von den »›geheimen Mechanismen der Macht‹, die unerwünschte und gewollte Unterschiede zwischen Frauen und Männern hervorbringen« und so informell Geschlechterungleichheit herstellen, spricht in diesem Zusammenhang Sigrid Metz-Göckel (1997, 18).[41] Auf der Hinterbühne werden Fragen von

lichen Werdegängen von Wissenschaftlerinnen in der Max-Planck-Gesellschaft zeigen konnten, verweise »die ständige Rede, Mutterschaft und Forschung seien nicht kompatibel«, Frauen immer wieder auf eine Rolle, »die sie mit ihrem Engagement in der Forschung für sich bereits – und für alle sichtbar – wenn nicht abgelehnt, so doch nicht zu ihrem vorrangigen Lebensziel gemacht haben«.

40 Freud beschreibt das ›Ich‹ wiederholt als Mittler oder Grenzwesen, das sich bemüht, widersprüchlichen Erfahrungen und Anforderungen gerecht zu werden: »Als Grenzwesen will das Ich zwischen der Welt und dem Es vermitteln, das Es der Welt gefügig machen und die Welt mittels seiner Muskelaktionen dem Es-Wunsch gerecht machen« (Freud 2000 [1923], 322).

41 Einen drastischen Einblick in diese Prozesse sexistischer Entwertung liefert Ulrich Siegele (1998) über seine Erfahrungen als Mitglied einer universitären Frauen-

Zugehörigkeit, von »Konformität und Kohäsion«, von »Beteiligung und Unterordnung von Mitgliedern« (Kirsch-Auwärter 1995, 73) verhandelt, hier wird die »durchgängige Hierarchisierung von Kontexten und Kulturen« (ebd., 77) reproduziert,[42] steht die »Passfähigkeit« (Zimmermann 2000) von Bewerbern und Bewerberinnen zur Disposition, werden Vorabsprachen getroffen, wer für welche Ämter in der Hochschule kandidiert und gewählt wird, wer wo GutachterIn werden soll,[43] wie ein Fach institutionell entwickelt und verstetigt wird. Hier spielen Vertrauen, Bekanntschaft und soziale Intimität sowie bestimmte Formen informeller und impliziter Kommunikation[44] eine bedeutende Rolle. Denn auf der Hinterbühne regieren die informalen Netzwerke – die berühmten ›Seilschaften‹, die heimlichen ›Schulen‹, die ›Reviere‹ und ›Erbhöfe‹, die »faktischen Nichtangriffspakte zwischen Professoren« (Schimank 2001, 233) –, die sich vollkommen unabhängig von den globalen Organisationszielen wie der Herstellung von Geschlechtergerechtigkeit oder der Etablierung von Frauen- und Geschlechterforschung herausbilden und diese auch unterlaufen, sie konterkarieren oder ihnen zuwiderlaufen können.

förderkommission: »Denn wenn ich für die Frauenkommission geredet und gehandelt habe, bin ich oft wie eine Frau behandelt worden. Ich bin unter massiven emotionalen Druck gesetzt worden. Ich bin mit der herablassenden Nachsicht behandelt worden, als reichten meine geistigen Gaben und Kenntnisse eben doch nicht recht hin, um den Höhenflug männlicher Gedanken zu begreifen. Meine Äußerungen sind ignoriert worden, und wenn sie allzu unbequem waren, wurde später behauptet, ich hätte sie gar nicht getan [...] Ich habe durch die Aufgabe, in Berufungskommissionen die Interessen von Bewerberinnen zu vertreten, mit neuen Ohren und dem Gefühl der Beschämung die methodische Abwertung der Leistungen von Frauen und die Beleidigung durch sexistische Äußerungen erfahren. Das Spektrum reichte von subtilen Sticheleien der Wortwahl und des Wortspiels bis zur Ausstreuung eines denunziatorischen Gerüchts im Senat, das, wäre der Urheber dingfest zu machen gewesen, zweifelsohne eine strafrechtliche Verfolgung erlaubt hätte« (Siegele 1998, 70).

42 »Der Modus der Hierarchie prägt Organisationen. Keine Organisation ohne Hierarchie – wie immer ›flach‹ oder polyarchisch überformt sie auch beschaffen sein mag«, so auch Schimank 2002, 32.

43 Zur Analyse von Geschlechterkonstellationen in wissenschaftlichen Eliten siehe Zimmermann 2002.

44 Die Implizitheit der Kommunikation auf der Hinterbühne beschreibt Bourdieu für das intellektuelle Feld: »Die Kommunikation zwischen sozialen Handlungsträgern, die verschiedenen sozialen Feldern angehören, die verschiedene Stellungen im sozialen Raum einnehmen, ist voller Implizitem, Unausgesprochenem.

Die *Unterbühne* (die Instanz des ›Es‹) schließlich ist die Plattform für das Spiel der Leidenschaften. Sie liegt quer zu Vorder- und Hinterbühne und bildet für beide das Fundament; sie ist das energetische Hauptreservoir, die Asservatenkammer, aus der die akademischen Kämpfe auf Vorder- und Hinterbühne gleichermaßen gespeist werden. Hier gedeihen nicht nur Ängste und Befürchtungen, Bedürfnisse und Hoffnungen, Idiosynkrasien und Voreingenommenheiten, Eitelkeiten und Borniertheiten, werden Freund- und Feindschaften, Klatsch und Verleumdung, Intimität und Rache gepflegt. Die Unterbühne ist auch der Schauplatz der »Mikropolitik der Gefühle« (Knapp 1990), der Verhandlung des affektiven, oft vergeschlechtlichten Unterfutters von wissenschaftlichen Kulturen und Disziplinen, von Theorien und Methoden wie auch der affektiven Bindungen an Disziplinen, Theorien und Methoden. Allgemein gesprochen ist die Unterbühne der Ort der Verhandlung von Identifikation und Disidentifikation mit Theorien, methodischen Vorgehensweisen, mit Disziplinen und Forschungsfeldern, kurzum der Ort der Psychodynamik der Ordnung des Wissens.[45]

Die Wirklichkeit der Wissenschaft kann nun als das gewissermaßen multimediale Spektakel der verschiedenen, gleichzeitig auf diesen Bühnen aufgeführten und sich in ihren Zielen durchaus widersprechenden (wissenschafts)politischen Dramen begriffen werden. Es handelt sich dabei um Dramen in immer schon vielfältig regulierten Räumen; um Dramen, die im Rahmen abgelagerter und oft überkommener Vorstellungen tendenziell männlich geprägter akademischer Kultur und innerhalb weitgehend festgezurrter Interessen- und Machtkonstellationen spielen.[46] Der Inhalt des Dramas ist insofern recht einfach wiederzugeben. Auf dem Spielplan steht ein

Die Intellektuellen sind Profis in der Kunst des Maskierens, des Verschleierns« (Bourdieu 1991, 14 f.).

45 Die Psychodynamik der Ordnung des Wissens ist noch einmal Thema in Kapitel 7.

46 Den gegenwärtigen Status quo der Interessen- und Machtkonstellation in der hochschulischen Selbstverwaltung beschreibt Schimank (2001, 233 ff.) als »Kumulation von Blockadepositionen«, die eher gestaltungsverhindernd wirke. Im Einzelnen identifiziert er sechs Komponenten: 1. die ›formelle Autonomie jedes einzelnen Professors‹, 2. die informellen ›faktischen Nichtangriffspakte zwischen den Professoren‹, 3. die ›Gruppenuniversität‹, 4. weitere Interessengruppen, die ›allgemeinere gesellschaftliche Zielsetzungen‹ verfolgen (sein Beispiel: die Frauenbewegung), 5. die ›unaufhaltsame Überwucherung der deutschen Hochschulen durch

Stück, das von ›Landnahme‹ handelt, von Kämpfen, in denen bereits etablierten wissenschaftlichen Disziplinen Terrain abgetrotzt oder innerhalb einer Disziplin eigenes Territorium abgerungen werden soll, in dem es um die Aushandlung von Rangfolgen sowohl zwischen Fächern als auch innerhalb der Fächer, um legitime Genealogien und Kartografien des Wissens geht, aber auch um die Allokation und Distribution ökonomischer Ressourcen. Dargeboten wird das wohl älteste Stück aus dem Repertoire der Macht: der Erhalt oder die Veränderung der »symbolischen Ordnung« – in der Wissenschaft.

Dabei treffen auf diesen verschiedenen Bühnen des sozialen Lebens der akademischen Organisationen nicht – wie *im Prinzip* im Turnier – gleich positionierte und ausgestattete Akteure und Akteurinnen aufeinander. Vielmehr begegnen sich mit unterschiedlich gewichtigen Kapitalsorten in unterschiedlichen Mischungsverhältnissen ausgestattete ›Haupt-‹ und ›NebendarstellerInnen‹, die mit wechselnden Strategien und in wechselnden Bündnissen die lokale Ordnung einer Organisation immer neu aushandeln (müssen). ›Geschlecht‹ fungiert in diesem Ensemble organisationaler Praktiken, in den alltäglichen Interaktionen, Kommunikations- und Wahrnehmungsformen, in den kognitiven und normativen Regeln, den autoritativen und materiellen Positionierungen als zentrales Ordnungsmittel und »kulturelles Superschema« (Ridgeway 2001). Geschlecht, so ein durchgängiger Befund vieler Studien, prägt die alltäglichen Handlungsabläufe in der Hochschule und wird durch diese immer wieder reproduziert.[47] Geschlecht kann also als eine der gewichtigsten Kapitalsorten angesehen werden, es ist ein »Master-Status« (Rossiter 2003). Erinnern wir uns an Friederike Hassauers in durchaus polemischer Schärfe vorgetragenes Urteil: »Wissenschaft als Beruf stattet den *homo academicus* aus mit Habitus, mit Bildungskapital, mit universitärem Machtkapital, mit symbolischem Kapital – alles gebunden an ›die im Feld wirksame Eigenschaft‹, an das stärkste Machtpotential: männliches Geschlecht« (Hassauer

staatliche Regulierungen‹ sowie 6. die sich in Reaktion auf die Verzahnung dieser Machtkomponenten lokal bildenden ›informellen Netzwerke als mehr oder minder subversive Kampfbündnisse‹.

47 Hier geht es mir allerdings nicht darum, Organisationen als essenziell vergeschlechtlicht zu charakterisieren, Geschlecht also einen quasi ontologischen Status zuzuschreiben. Vgl. hierzu Britton 2000; Wilz 2001 sowie Wharton 2002.

1994, 32). Für Männer und Frauen in der Wissenschaft gelten daher sehr unterschiedliche Wettkampfbedingungen.

Entscheidend für die Durchsetzung eines neuen Wissensanspruchs ist daher nicht nur, ob den neuen AkteurInnen Zugang zu allen Bühnen gewährt wird oder sie diesen erstreiten können. Entscheidend ist auch, ob es gelingt, Einfluss auf das jeweils für diese Bühne maßgebliche Manuskript zu nehmen, um so Legitimität für die eigenen Wissensansprüche zu erzeugen. So mag es zwar durchaus Teil des offiziellen (politisch durchgesetzten) *scripts* der Vorderbühne sein, dass die Förderung von Frauen- und Geschlechterforschung ein wissenschaftlich anerkanntes Ziel darstellt, dem *alle* AkteurInnen verpflichtet sind. Ob es freilich auch tatsächlich verfolgt wird, entscheidet sich womöglich eher auf der Hinterbühne, ist also beispielsweise abhängig davon, ob es Frauen- und GeschlechterforscherInnen gelingt, anerkannter Teil der (männlich dominierten) akademischen Gemeinschaft zu werden und in den informellen, oft aber ausschlaggebenden (professoral hegemonialisierten) Entscheidungsroutinen Gehör und Unterstützung für ihre Anliegen zu finden.[48] Ob sie allerdings wiederum als legitime Mitglieder der ›akademischen Bürgerschaft‹ angesehen werden (können), wird auch bestimmt vom die Unterbühne regierenden – vergeschlechtlichten – Spiel der Leidenschaften. So stellen nach wie vor wirksame Stereotypisierungen der Unvereinbarkeit von ›Intellekt‹ und ›Weiblichkeit‹ oder, wie Ursula Müller (2003, 60) anführt, »Konstruktionen von ›Geschlecht‹ als Besonderung, dessen wissenschaftliche Bearbeitung zu ›Spezialqualifikationen‹ führe, die zum ›Kern‹ der Disziplin nichts beitragen«, beziehungsweise die Befürchtung der Entwertung einer Disziplin durch »Feminisierung« nicht nur wirksame Barrieren für die gleichberechtigte Beteiligung von Frauen am wissenschaftlichen Geschehen dar, sie sind auch wirkmächtige Hemmnisse für die Anerkennung feministischer Perspektiven oder gar von

48 Vgl. hierzu auch Pache 2004.

49 Von den erheblichen Widerständen gegenüber einem Curriculum-Transformationsprojekt an der Universität von Arizona, an dem 45 (meist männliche) HochschullehrerInnen aus 13 verschiedenen Fächern teilnahmen, berichten Susan Hardy Aiken u. a. (1987, 255-275). So sei dem crossdisziplinären Team, das mit der Durchführung des Projektes betraut war, »territoriale Invasion« vorgeworfen worden oder seine Arbeit sei »ideologisch motiviert«. In Umkehrung der vergeschlechtlichten akademischen Positionshierarchien hätten die etablierten männ-

Frauen- und Geschlechterforschung als eigenständiger (Teil-)Disziplin.[49] Fragt man also nach den Möglichkeiten, neues feministisches Wissen zu generieren, etablieren und verstetigen zu können, so muss auch nach der »gendered substructure« (Acker 1990) in wissenschaftlichen Organisationen gefragt werden.

3.4.3 Wissenschaft – eine Welt wie jede andere?

Versuchen wir an dieser Stelle hinsichtlich der Frage, in welchen Hinsichten von Wissenschaft-Machen als einem politischen Geschehen gesprochen werden kann, ein Fazit, so zeigt sich die ›Welt der Wissenschaft‹ zunächst als eine Welt wie alle anderen. Wie anderswo ringen AkteurInnen mit je nach ihrer Position in der Struktur des Kraftfelds unterschiedlichen Mitteln und Zwecken um Macht, Interessen und Kapital, wie anderswo kämpfen sie mit Erhaltungs- oder Subversionsstrategien um Erhalt oder Veränderung von Kräfteverhältnissen. Doch Wissenschaft ist auch eine relativ autonome Welt *für sich* mit eigenen Gesetzen für ihr Funktionieren und eigenem *feldspezifischen* Einsatz; kurz: Ihre Währung und ihre Kapitalsorten sind andere als in anderen sozialen Welten. Es ist eine Welt mit einer eigenen *illusio*, die – »im Sinne eines Sich-Investierens, Sich-Einbringens in das Spiel« – die »Akteure [...] dazu bewegt und disponiert, die von der Logik des Feldes aus gesehen relevanten Unterscheidungen zu treffen« (Bourdieu 1999, 360). Wissenschaft mag folglich mit anderen sozialen Feldern und den dort stattfindenden Kämpfen, mit anderen kulturellen Formationen und Diskursen, mit anderen Aktivitäten und Praktiken vergleichbar sein, sie ist dennoch eine von anderen Feldern und Institutionen, Aktivitäten und sozialen Praktiken unterscheidbare Welt. WissenschaftlerInnen mögen sich im Feld der Wissenschaft daher zwar verhalten ›wie anderswo‹, sie mögen die Anerkennung der von ihnen vertretenen Theorien oder der empirischen Ergebnisse, die ihre Theorien bestätigen sollen, (notwendigerweise auch) mit weltlichen Mitteln verfolgen, und sie tun dies mit dem Ziel, ›Kapital‹ anzusammeln. Aber sie tun dies nicht mit beliebigen Mitteln, sondern sowohl im

lichen Professoren die meist jungen Projektmitarbeiterinnen als ›police force‹ oder als ›group of schoolteachers‹ tituliert.

50 Für eine Diskussion der im Kontext von Hochschule legitimen Machtformen, Machtmittel und -methoden vgl. Paris 2001, 196 ff.

Rahmen der innerhalb der akademischen Organisationen als legitim angesehenen Machtmittel und -methoden[50] als auch »im Kontext des ›Wahrheitscodes‹ des Wissenschaftssystems und unter dessen spezifischen Beschränkungen« (Weingart 2003, 84).

So kann beispielsweise die Durchsetzung von Argumenten nicht allein auf den erfolgreichen Einsatz der richtigen Machtmittel und -methoden reduziert werden, denn »Handlungsstrategien zur Durchsetzung von Argumenten« verhelfen »*nicht beliebigen* Argumenten zur Geltung« (Weingart 1974, 23; Hervorhebung i. O.). Die Tatsache, »daß es sich bei Argumentationen um soziale Prozesse handelt und Durchsetzungsstrategien im Spiel sind« (ebd.), zwingt allerdings zu dem korrespondierenden Schluss, »daß Argumente andererseits auch nicht *notwendig* aufeinander bezogen sein müßten« (ebd.). Es ist also nicht so, »daß die Durchsetzungsstrategien gar keine oder bestenfalls periphere Bedeutung haben, sondern Argumente verdanken ihre Geltung umgekehrt den sie stützenden Strategien. Innerhalb des Spannungsfeldes dieses scheinbaren Paradoxes vollzieht sich der wissenschaftliche Prozeß« (ebd.). Schlicht gesagt: *Wissenschaft ist nicht gleich Politik, doch ohne Politik ist das Wissen nicht(s).*

Für den akademisch werdenden Feminismus stellt dieses Paradox eine besondere Herausforderung dar. Von Beginn an dem Verdacht ausgesetzt, lediglich ein ideologisches beziehungsweise politisches Unternehmen zu sein, werden seine Argumente bis heute in den verschiedenen disziplinären *scientific communities* (auch) als politische oder parteiische Argumente rezipiert und als wissenschaftlich nur eingeschränkt (im Unterschied zur geltenden wissenschaftlichen Norm, dass wissenschaftliches Wissen immer vorläufig ist) gültig bewertet. Der Feminismus, bemerkt Barbara Hahn, sei an deutschen Universitäten heute »die einzige theoretische Richtung, die unter Ideologieverdacht steht« (Hahn 2002, 157).[51] Feministische WissenschaftlerInnen mögen sich daher in der Tat genötigt se-

51 Ein aktuelles Beispiel liefert Paris (2001, 202, Fußnote 11; Hervorhebung sh). Ich zitiere ausführlich: »Die organisationssoziologische Untersuchung von Hochschulen und Hochschulkonflikten ist in Deutschland kaum entwickelt. Eine instruktive Ausnahme ist der Band ›Nach allen Regeln der Kunst. Macht und Geschlecht in Organisationen‹ (Volmerg u. a. 1995). Ihm liegt, *trotz des irreführenden feministisch-agitatorischen Titels* (*nur zwei der neun Beiträge argumentieren in simpel geschlechtsgeneralisierender Perspektive*), eine gute Idee zugrunde.«

hen, wie Bourdieu sagt, die ›von der Logik des Feldes aus gesehen relevanten Unterscheidungen zu treffen‹ und sich »dem Druck der Disziplinierungen und Zensuren des Feldes« in besonderer Weise zu beugen (Bourdieu 1998a, 29 f.), indem sie ihre Argumente mit dem »gesamten, kollektiv angehäuften und kollektiv angewandten Arsenal von Methoden, Instrumenten, Techniken« zu bewehren suchen (ebd.), um so den Nachweis von Wissenschaftlichkeit zu erbringen. Die – trotz institutioneller Erfolge – nach wie vor marginale und prekäre Position von Frauen- und GeschlechterforscherInnen könnte insofern also Anlass sein, die geltenden Normen gewissermaßen überzuerfüllen, statt sie kritisch zu befragen und »disloyal gegenüber den Disziplinen« zu agieren (Stacey 1997).

3.5 Das »Möglichkeitsfeld« Wissenschaft

Verfolgen wir diese letzte Überlegung vor dem Hintergrund des Arguments, dass – in Weingarts Formulierung – wissenschaftliche Positionen zwar nicht beliebig sein können, sie dennoch in gewisser Hinsicht nur politisch eine Chance haben, da sie ihre Geltung (auch) ›den sie stützenden Strategien‹ verdanken, weiter und nehmen dabei die Frage nach den Bedingungen der Möglichkeit ›dissidenter Partizipation‹ wieder auf: Ist es zwingend, die von der Logik des Feldes aus gesehen relevanten Unterscheidungen zu treffen? Müssen wir uns ›dem Druck der Disziplinierungen und Zensuren des Feldes‹ beugen? Sind wir damit immer schon in der Falle der Macht?

Rekapitulieren wir zunächst die für diese Frage zentralen Prämissen und bisherigen Erkenntnisse: Im *ersten* Kapitel habe ich die Tatsache, dass die AkteurInnen, deren Anspruch die Produktion von ›machtempfindlichem‹ und ›herrschaftskritischem‹ feministischem Wissen ist, dieses Wissen innerhalb der wissenschaftlichen Welt als einem spezifisch regulierten und oft gegen die Intentionen und den Willen der Subjekte verselbstständigtem sozialen Gefüge produzieren, als zentrale und prekäre Herausforderung des akademisch werdenden Feminismus benannt. Prekär deshalb, weil dies zunächst die *Akzeptanz* der im wissenschaftlichen Feld gültigen Regeln und Einsätze voraussetzt, weil Dissidenz und Partizipation untrennbar zusammengehören. Im *zweiten* Kapitel, das sich mit der Frage der

Wechselwirkungen zwischen Wissenschaft und Feminismus beschäftigte, sowie in der Zusammenschau der wissens- und wissenschaftssoziologischen Ansätze in diesem *dritten* Kapitel wurde deutlich, dass Wissenschaft-Machen ein komplexer, nur begrenzt steuerbarer Prozess ist, in dem intellektuelle, institutionelle und soziale Faktoren nicht nur in der Form(at)ierung von Wissen vielfältig ineinander greifen, sondern sich auch die Frage nach der Reichweite feministischer Transformationen im Geflecht epistemischer und institutioneller Faktoren entscheidet. Schließlich haben wir im vorangegangenen Abschnitt gesehen, dass die akademischen Organisationen soziologisch als ›herrschaftliche Einrichtungen‹, mindestens aber als vermachtete Räume gefasst werden können, in denen auf verschiedenen Bühnen vielfältige und widerstreitende Interessen aufeinander treffen und die AkteurInnen asymmetrisch positioniert, folglich auch ihre Handlungsoptionen asymmetrisch organisiert sind.

3.5.1 Wissenschaft – ein »stahlhartes Gehäuse«?

Doch impliziert die Rede von ›herrschaftlichen Einrichtungen‹, dass die akademischen Organisationen tatsächlich als »stahlharte Gehäuse« im Weber'schen Sinne (1993, 153) oder als »für bestimmte Zwecke programmierte Höllenmaschinen« (Bourdieu/Wacquant 1996, 133) zu verstehen sind? Hochschulen und andere wissenschaftliche Organisationen mögen zwar extrem vermachtete soziale Räume sein, die aufgrund ihrer komplexen und oft widersprüchlich gefügten Arrangements Handlungsoptionen restringieren und den Individuen ihre Logik zu oktroyieren suchen. Doch sind sie deshalb im Sinne Althussers (1977) als »Apparate« zu verstehen, die keinen Spielraum lassen und in denen wir nicht anders können, als (auch) fremde Zwecke zu verfolgen? Sind, im Gegenteil, auch scheinbar stabile Formen gemeinsamen Handelns – wie wir sie in Organisationen finden – nicht flüssiger, als man annimmt? Ist, wo wir es mit Kämpfen zu tun haben, der Gang der Dinge ›immer schon‹ entschieden? Ist folglich Dissidenz nicht immer ebenso sehr eine Option wie Assimilation, ungeachtet dessen, dass auch Assimilation Institutionen verändert?

Nehmen wir also die Frage nach der Bedingung der Möglichkeit transformierenden feministischen Handelns in der Wissenschaft noch einmal aus einer handlungstheoretischen Perspektive in Angriff: Wie kann das ›Spiel der Kräfte‹, das Verhältnis von Freiheit und Zwang, von ›Positioniert-Werden‹ und ›Sich-frei-im-Spiel-Bewegen‹, von Kritik und Regulierung, von Transformation und Reproduktion, von feministischer Intervention in Wissenschaft und der ›herrschaftlichen‹ Transformation des Feminismus, gedacht werden?

Ausgangspunkt ist das – zwar theoretisch unterschiedlich akzentuierte und begründete, dennoch einhellige – Argument der Mehrzahl der hier diskutierten AutorInnen, dass Wissensbehauptungen ihre Geltung *sozialen* Durchsetzungsstrategien verdanken. Wissenschaft-Machen ist, mit anderen Worten, *konzertiertes* Handeln – »*acting in concert*«, wie Edmund Burke in anderem Zusammenhang schrieb.[52] Das aber bedeutet, dass der Kraft der eigenen Argumente oder den selbst eingesetzten ›stützenden Strategien‹ ebenso viel Bedeutung zukommt wie der Frage, inwieweit es gelingt, Unterstützung bei den relevanten institutionellen Anderen zu finden.

Damit ist nicht nur die unauflösliche Verbindung zwischen Macht und Kooperation angesprochen, das heißt, dass wir immer auf andere angewiesen sind, um etwas ›in die Tat umzusetzen‹. Angesprochen ist damit vor allem, dass es sich dabei um ein *kontingentes* Geschehen handelt.[53] Denn insofern zur Realisierung eines Vorhabens immer die Kooperation anderer nötig ist, ist niemals vollständig absehbar, welche Richtung das eigene Unterfangen nehmen

52 Zitiert nach Arendt 1994, 224.

53 »Uncertainty, contingency, and transformation are part and parcel of the process of joint action. To assume that the diversified joint actions which comprise a human society are set to follow fixed and established channels is a sheer gratuitous assumption«, so Herbert Blumer (1969, 72). Das Resultat des Handelns, so auch Hannah Arendt, hat »eher den Charakter einer Geschichte, die so lange weitergeht, als gehandelt wird, deren Ende und Endresultat aber keiner, auch nicht der, welcher die Geschichte anfing, voraussehen und konzipieren kann« (Arendt 1994, 224).
Die Macht des Handelns, etwas zu bewirken, was vorher nicht existierte, beruht mithin nicht nur darauf, dass Handeln ein einmaliger, noch nicht da gewesener, im genuinen Sinne *kreativer* Akt ist, sondern ebenso sehr darauf, dass bereits ein soziales Gewebe existiert, in das der neue Faden geknüpft wird, dass es andere gibt, die diesen Faden aufnehmen, die Geschichte weiterspinnen, sie allerdings auch unvorhersehbar anders weiterentwickeln und gestalten werden.
Zu Handeln als kreativer Praxis siehe insbesondere Joas 1992. Vgl. auch Bourdieu/Wacquant 1996, 154f.

wird. Wie Friedberg schreibt, ist die »Durchführung der Vorhaben und ›Unternehmungen‹ von Menschen stets von problematischen (das heißt in bezug auf die Wahrscheinlichkeit ihres Vorhandenseins, ihrer Funktionsweise oder ihres Auftretens unvorhersehbaren) Ereignissen, Verkettungen, Einrichtungen und Instrumenten abhängig«, und dies trifft immer zu, »unabhängig von der Art dieser Vorhaben und Unternehmungen und vom Grad der Entwicklung und Zuverlässigkeit der Apparate und Technologien, auf die sie sich bei ihrem Handeln stützen« (Friedberg 1995, 255). Das ist der undramatische soziologische Hintergrund meines Argumentes, dass die Absicht, ›machtempfindliches‹ Wissen produzieren zu wollen, lediglich eine notwendige, keinesfalls aber zureichende Bedingung ist nicht nur für das Projekt der feministischen Transformation von Wissenschaft, sondern vor allem für das Vorhaben, anderes, ›besseres‹ Wissen zu produzieren. Denn Absichten sind erstens niemals ausreichend und zweitens niemals immun gegenüber den gesellschaftlichen Strukturen, Prozessen und Institutionen, in denen sie artikuliert werden. Ebenso wenig verhalten sich diese neutral gegenüber den innerhalb ihrer Grenzen artikulierten Zielen.

Anders gesagt: Zwar entsteht erst durch die Initiative Einzelner oder einer Gruppe etwas Neues – und wir werden im folgenden Kapitel sehen, dass Feministinnen in der Tat etwas Neues schufen –, aber es ist von Anfang an nicht *souveräne* Aktivität. Es findet in einer schon existierenden sozialen Welt statt. Das, was durch Handeln entsteht, wird in jene vorgefundene Welt hineingesetzt – und ist bereits im Moment seines Erscheinens auf vielfältige Weise von dieser Welt organisiert. Zwar mögen Einzelne etwas Neues beginnen; dauerhaft realisiert werden kann es jedoch nur im Bezug auf die Welt und unter Mit- und damit Einwirkung der (individuellen und institutionellen) Anderen und innerhalb bereits gegebener gesellschaftlicher Verhältnisse, institutioneller Ordnungen und sozialer Grammatiken. Jedes soziale Unternehmen, gleich ob es sich um eine politische Bewegung oder ein akademisch werdendes Wissensprojekt handelt, ist daher – da es auf dem Weg von der Inkubation über die Emergenz zur funktionierenden Struktur in soziale Mikrokosmen, in nationale und lokale, kulturelle, wissenschaftliche und politische Konstellationen und Kräfteverhältnisse eingebettet ist und in bereits existierende Netzwerke und Organisationen eintritt – immer schon von einem Überhang an gesellschaftlicher Objektivität konfiguriert.

Wir agieren also immer innerhalb gegebener Strukturen und Institutionen, Praktiken und Diskurse. Mehr noch: Innovatives Handeln wird erst durch den Zugriff auf die gegebenen Regeln und Ressourcen möglich. Diese den Institutionen eigenen Regeln und Ressourcen wirken allerdings zugleich auch regulierend und handlungsbeschränkend, insofern nicht alle *denkbaren* Möglichkeiten gleichermaßen wahrscheinlich sind. Handeln, so Peter Wagner (1995), findet »in Kontexten statt, in denen die Einzelnen ihr eigenes ›historisches‹ Wissen (als Spuren in ihrem Gedächtnis) von Regeln und ihren Bedeutungen, von der konkreten Anwendbarkeit der Regeln und von dem wahrscheinlichen Ergebnis ihrer Anwendung oder Änderung, einsetzen und sich den Interpretationen der gleichen oder anderer Regeln durch andere Menschen gegenübersehen« (Wagner 1995, 47).

Handeln ist also weder *in toto* autonom – da die Interpretationen der Regeln durch andere unserem Handeln Grenzen setzt –, noch ist es restlos determiniert. Menschen sind in ihrem Tun immer kreativ und routinisiert zugleich. Sie agieren habitualisiert, »geschult« – etwa im Sinne der Aneignung von Einstellungen oder dass sie sich als genuiner Teil eines sozialen Gebildes, einer Nation, eines Staates, einer sozialen Bewegung, ›der‹ Wissenschaft, wahrnehmen und insofern sie die Rationalität dieses Gebildes als gegebene und zu reproduzierende hinnehmen. Sie handeln aber auch kreativ, insofern sie fähig sind, von vorgegebenen Wegen abzuweichen, immer wieder neu anzufangen und zwischen Optionen zu wählen. Sie können auch stillgestellte Möglichkeiten wieder aktivieren und habitualisierte Routinen schlicht nicht mehr bedienen – und somit Institutionen und deren Rituale und Routinen auch ›sterben‹ lassen.

Wenn Institutionen – und das gilt auch für die Institution Wissenschaft – also in der Tat weder als ›stahlharte Gehäuse‹ noch als ›Höllenmaschinen‹ oder stets das gleiche Produkt ausspuckende ›Apparate‹ verstanden werden sollten, wenn sie aber auch nicht allein als ermöglichende Struktur begriffen werden können, die gegenüber den Absichten und Zielen ihrer Mitglieder neutral bleibt, wie können wir dann das komplizierte Verhältnis von Ermöglichung und Beschränkung, von Kritik und Regulierung verstehen? Die Einsichten von Mary Douglas (1991) in die Denk- und Funktionsweise von Institutionen helfen hier weiter. Damit Institutionen überhaupt funktionieren, so zunächst Douglas' Ausgangspunkt, bedarf es nicht nur plausibler kognitiver Klassifikationen und beständiger »sozialer Interaktion« (Douglas 1991, 106), die diese Klassifikationen aufrechterhalten. Institutionen funktionieren vielmehr erst dann, »wenn ein drittes tragendes Moment hinzukommt, wenn nämlich *die moralische Energie der Mitglieder in den Dienst der Institution gestellt wird*« (ebd.; Hervorhebung sh). Dies bewerkstelligen Institutionen, indem sie sich unseres Denkens bemächtigen. Douglas schreibt:

> Institutionen steuern das individuelle Gedächtnis und lenken unsere Wahrnehmung in Bahnen, die mit den von ihnen autorisierten Beziehungen verträglich sind. Sie fixieren Prozesse, die ihrem Wesen nach dynamisch sind, sie verbergen ihren Einfluß, und sie reizen unsere Emotionen zu einem standardisierten Angriff auf standardisierte Fragen. Man füge alldem noch hinzu, daß sie sich mit einer Aura der Richtigkeit umgeben und ihr Netz wechselseitiger Stützung durch unser gesamtes Informationssystem ziehen. Da ist es kein Wunder, wenn sie uns in den Bann ihrer narzißtischen Nabelschau ziehen. Jedes Problem, über das wir nachzudenken versuchen, verwandeln sie automatisch in ihr eigenes Organisationsproblem. Die Lösungen, die sie anbieten, stammen ausschließlich aus dem beschränkten Bereich ihrer Erfahrung. Falls die Institution sich auf Partizipation stützt, wird sie uns antworten: ›Mehr Partizipation!‹ Falls sie auf Autorität basiert, wird sie immer nur antworten: ›Mehr Autorität!‹ Institutionen haben die Megalomanie von Computern, deren gesamte Weltsicht auf ihr Programm beschränkt ist (ebd., 106).

Douglas' Ausführungen legen zunächst eine eher pessimistische Bewertung der Chance nahe, innerhalb von Institutionen transformativ zu agieren. Denn ihre Sicht scheint das Bild des ›Apparates‹ zu bestärken: Institutionen ›steuern Gedächtnis‹, sie ›fixieren Prozesse‹, sie restringieren Handlungsoptionen, funktionieren megalomanisch. Doch Douglas lenkt unseren Blick nicht nur auf das, was Institutionen ›tun‹ beziehungsweise wie sie denken, genauer: wie sie das, was ihre Mitglieder tun oder denken, strukturieren und in Dienst nehmen. Vielmehr nimmt sie eine Verschiebung vor: Nicht nur handeln die Mitglieder in Institutionen – nur deshalb überdauern diese –, Institutionen werden in Douglas' Ausführungen darüber hinaus sichtbar als soziale Entitäten, die nicht einfach da sind, sondern von ihren Mitgliedern reproduziert werden müssen, damit sie da sind. Zwar gelingt es der Institution, die ›moralische Energie‹

ihrer Mitglieder im Sinne der eigenen Reproduktion zu nutzen. Damit ist diese aber zugleich abhängig davon, dass wir unser Denken, unsere moralische Energie in ihren Dienst stellen. Zwar bilden Institutionen Traditionen und Routinen, kognitive, normative und regulative Verständigungen aus, die die in ihnen möglichen sozialen Handlungen begrenzen, die steuern, was erinnert und was vergessen wird. Zwar haben Institutionen die Tendenz, sich gegen ihre Mitglieder zu verselbstständigen, doch, so Douglas entschieden: »*Institutionen können keine Ziele verfolgen. [...] Nur Individuen können Absichten verfolgen, bewußt planen und Strategien entwerfen*« (ebd., 150; Hervorhebung sh).

Mit Douglas gewinnen wir also eine Perspektive auf Institutionen, mit der diese wesentlich anders denn als mechanische, immer das gleiche Produkt hervorbringende ›Apparate‹ begriffen werden können. Mit einem Begriff von Michel Foucault können wir sie jetzt als bereits strukturierte und ihrerseits strukturierende *Möglichkeitsfelder* beschreiben, in denen gehandelt werden kann – und muss. Das Konzept des »Möglichkeitsfeldes« ermöglicht es, das Verhältnis von Kritik und Regulierung, Transformation und Reproduktion soziologisch entlastet jenseits fundamentaler Oppositionen von Kritik *oder* Regulierung zu denken, und fundiert damit – trotz oder gerade wegen Douglas' Einsicht, dass Institutionen, die auf Partizipation gründen, immer mehr Partizipation fordern – den Gedanken, dass *Dissidenz Partizipation zur Voraussetzung* hat.

3.5.2 Wissenschaft – ein »Möglichkeitsfeld«?

Als Begriff taucht das Konzept des ›Möglichkeitsfeldes‹ im Kontext von Foucaults letzter Phase der Entwicklung einer »Analytik« der Macht auf. Es sind die so genannte »Pastoralmacht« und das Konzept der *gouvernementalité*, die Foucault nun ins Zentrum rückt. Die der Machtanalytik von Foucault von Beginn an inhärente Idee der *Relationalität von Macht* wird damit um eine weitere Dimension ergänzt: Foucault denkt Macht generell als dynamisches ›Spiel‹ nichtzentralistischer Kräfte, als »zufälliges Spiel der Herrschaftsbeziehungen« (Foucault 2002, 175). Die historisch dominanten Formen erlangen ihre Hegemonie nicht durch meisterhafte Planung oder per Dekret, sondern durch in sehr verstreuten Lokalitäten stattfindende, nicht koordinierte vielfältige Prozesse unterschiedlichster Herkunft, durch Regulierung und Normalisierung noch der geringfügigsten und banalsten Momente sowie vor allem durch Techniken der *gouvernementalité*. Diese Techniken umfassen dabei nicht nur die mehr oder minder institutionell organisierte Ausübung von Macht über Individuen und Kollektive, sondern vor allem die Fähigkeit, *den Rahmen zu setzen, innerhalb dessen Individuen sich verhalten und handeln*.

Macht ist in Foucaults Analytik also weder Substanz noch Form, sie ist auch nicht der ›Besitz‹ einer Klasse, Gruppe oder Clique. Macht ist kein Attribut, kein Gut, das man mit sich führen kann, das aufbewahrt, gespart und bei gegebener Gelegenheit ausgegeben werden kann; sie existiert nur *in actu*. Foucault konzipiert Macht folglich als ein *Verhältnis zwischen Handlungsweisen*: »Handeln auf ein Handeln, auf mögliche oder wirkliche, künftige oder gegenwärtige Handlungen« (Foucault 1987, 254; Hervorhebung sh). Machtausübung besteht in diesem Modell im »›Führen der Führungen‹ und in der *Schaffung der Wahrscheinlichkeit*« (ebd., 255; Hervorhebung sh): »Vielleicht«, schreibt Foucault,

> eignet sich ein Begriff wie *Führung* gerade kraft seines Doppelsinns gut dazu, das Spezifische an den Machtverhältnissen zu erfassen. ›Führung‹ ist zugleich die Tätigkeit des ›Anführens‹ anderer (vermöge mehr oder weniger strikter Zwangsmechanismen) und die Weise des Sich-Verhaltens in einem mehr oder weniger offenen Feld von Möglichkeiten. Machtausübung besteht im »Führen der Führungen« und in der Schaffung der Wahrscheinlichkeit (Foucault 1987, 255).

Innerhalb eines »Möglichkeitsfeldes« können daher zwar »mehrere ›Führungen‹, mehrere Reaktionen und verschiedene Verhaltensweisen statthaben«, da wir es mit einem stets »offenen Feld von Möglichkeiten« zu tun haben (ebd.). Allerdings sind nicht alle Verhaltensweisen qua gegebener *Rationalitätsordnung*, das heißt der Übereinstimmung von Regeln, Verfahren, Verhaltensweisen und Denkformen mit der Gesamtheit der Bedingungen, unter denen es zu einem bestimmten Zeitpunkt möglich ist, bestimmte Aufgaben anzugehen, gleich wahrscheinlich. Nur bestimmte Verhaltensweisen gelten innerhalb eines Feldes als rational, andere erscheinen dagegen als irrational. Rationalität ist bei Foucault folglich nie ein normativ verstandener Begriff. Er bezieht sich weniger auf Vernunft denn auf *historische Praktiken*, die innerhalb einer bestimmten Rationalitätsordnung intelligibel werden.[54]

Institutionen sind nun von einer solchen Rationalitätsordnung strukturiert, und sie nutzen diese, um das Handeln ihrer Mitglieder zu regulieren: Sie geben Regeln und Routinen vor; sie regieren, indem sie das Handeln der AkteurInnen strukturieren, indem sie deren ›Führungen führen‹ – und hier erkennen wir Douglas' Gedanken der Wirkungsweise von Institutionen wieder, dass sie nämlich auf der Basis der ›moralischen Energie‹ ihrer Mitglieder funktionieren. Durch diese Regeln und Routinen wird Handeln erst sinnvoll: Bestimmte Handlungsweisen werden nahe gelegt und andere Handlungen unwahrscheinlich – im Sinne von nichtrational – gemacht. Schimank (2002) spricht hier – ohne Bezug auf Foucault oder Douglas – von »Rationalitätsfiktionen«, die ein »Entscheidungsmuster, das gesellschaftlich als rational gilt« (Schimank 2002, 49), derart fixieren, dass diejenigen, die sich an diesem Muster orientieren, in den Augen aller nichts falsch machen. »Innerhalb institutioneller Ordnungen tätig zu sein, ist [daher; sh] nicht automatisch mit Handlungsmächtigkeit [*agency*; sh] verbunden«, bemerkt dazu nüchtern Dorothy Smith (2000, 1148; Übersetzung sh).

Handeln ist folglich immer schon *organisierte* Aktivität. Und dies gilt auch für das Handeln in der Institution Wissenschaft. Bourdieu (1998b) spricht hier von der *Eigengesetzlichkeit* des wissenschaftlichen Feldes, in dem zwar die krassesten Zwänge der normalen Welt aufgehoben seien, das aber der Entstehungsort einer neuen Form von Notwendigkeit oder Zwang sei: Die »logischen Zwänge« nähmen hier die

> Form von sozialen Zwängen an (und umgekehrt); sie sind in den Köpfen vorhanden, nämlich in Form der Dispositionen, die man in den Disziplinen der *scientific community* erwirbt, sie sind aber auch in der Objektivität des wissenschaftlichen Felds vorhanden, nämlich in Form von Institutionen wie den Verfahren zur Regelung von Diskussion, Widerlegung, Dialog, vor allem aber vielleicht in Form der – positiven oder negativen – Sanktionen,

54 Im Kern ist Rationalisierung eine psychoanalytische Kategorie, die Laplanche/Pontalis (1972) definieren als »Vorgehen, durch welches das Subjekt versucht, einer Verhaltensweise, einer Handlung, einem Gedanken etc., deren wirkliche Motive nicht erkannt werden, eine logisch kohärente oder moralisch akzeptable Lösung zu geben« (Laplanche/Pontalis 1972, 418).

mit denen das Feld die individuelle Produktion belegt (Bourdieu 1998b, 217).

Wahrscheinlich ist daher womöglich eher die Aufrechterhaltung der Routinen des wissenschaftlichen Feldes als deren Infragestellung. Wahrscheinlich ist die Orientierung an der vorgefundenen Organisationskultur sowie die Reproduktion und Stabilisierung gegebener Hierarchien als deren Transformation. Wahrscheinlich scheint eher die Orientierung an bereits existierenden hegemonialen Standards zum Beispiel von Wissenschaftlichkeit oder Bewertung als die verändernde Intervention in diese. Wahrscheinlich ist eher die Reproduktion segregierender Praktiken – entlang geschlechtlicher und heteronormativer Linien – als deren Dekonstruktion.

Nun ist dies nicht als moralisches Argument zu verstehen, etwa in dem Sinne, dass sich die neuen AkteurInnen womöglich zu schnell an die vorgefundenen Strukturen und die vorgefundene, in der Regel hierarchische Organisationskultur beziehungsweise an etablierte Kriterien von Wissenschaftlichkeit anpassen. Vielmehr wiederholen die AkteurInnen, die institutionell und disziplinär routinisierte Praktiken ausführen, lediglich das, was bereits durch die und in der Kontinuität von Praxis abgesichert ist. Es ist mithin eher davon auszugehen, dass, wie Edit Kirsch-Auwärter (1995) kommentiert, »[o]rganisationskulturell geprägte Deutungs- und Handlungsmuster [...] als herrschaftsförmig konstituierte Denk- und Praxisformen in wissenschaftlichen Institutionen auch jenseits von restriktiven Strukturvorgaben ganz eigene detrimentale Effekte« erzeugen (Kirsch-Auwärter 1995, 79). Die Handelnden wirken, wie Bourdieu (1992a) anmerkt, zwar an der Konstruktion der Strukturen mit, sie tun dies jedoch »innerhalb der Grenzen der strukturellen Zwänge, die auf ihre Konstruktionsakte sowohl von außen als auch von innen einwirken« (Bourdieu 1992a, 13). Kritik bewegt sich mithin immer schon im Spannungsfeld der Aporie, sich als Kritik in bereits regulierten Formen artikulieren zu müssen, weshalb niemals eine sichere Grenze zwischen Kritik und Regulierung existieren wird.

Doch wenn wir das wissenschaftliche Feld als dynamisches Möglichkeitsfeld denken, als ein Feld, in dem »mehrere ›Führungen‹, mehrere Reaktionen und verschiedene Verhaltensweisen statthaben können« (Foucault 1987, 255), bedeutet das auch, dass wir so, aber auch anders handeln können. Dass wir mit den normativen und regulativen Anforderungen, mit denen wir institutionell konfrontiert werden und uns konfrontieren, streiten können, wir uns ihnen widersetzen, sie aushandeln und ›passend‹ machen können. Denn das neue feministische Wissen wird zwar innerhalb gegebener Strukturen, innerhalb einer gegebenen »Ordnung des Diskurses« (Michel Foucault 1991) und innerhalb der Grenzen gegebener Begriffe und Kategorien sowie institutioneller Arrangements artikuliert, es ist aber niemals in Gänze von diesen determiniert. Neue Repräsentationen vermögen auch neue Aktionsräume zu erschließen. Wo verschiedene Interessen am Werk sind, ist es auch möglich, das Spektrum der Handlungen und Optionen zu erweitern. Akademische Institutionalisierung muss folglich institutionell weder die Reproduktion gegebener Hierarchien noch intellektuell von hierarchischem, reduktionistischem oder ausschließendem Denken bedeuten. »Anhaltendes Jammern, destruktive Strategien im Umgang mit Autonomie, die Etablierung von Abhängigkeiten anstelle von wertschätzender Kollegialität oder kräftezehrende Konkurrenzszenarien«, so Mechthild Bereswill (2001), »die Institution Wissenschaft mag solche Mechanismen nicht nur fördern, sondern auch fordern; fraglos unterwerfen müssen wir uns aber selbst dann nicht, wenn wir diese Institution zu repräsentieren gelernt haben« (Bereswill 2001, 75).

Ohne hier einer deterministischen Sichtweise, die Handeln lediglich als Funktion von Strukturen begreift, oder einer voluntaristischen Perspektive das Wort reden zu wollen, die suggeriert, wir könnten frei von den »Zwängen der Struktur des Raumes« (Bourdieu 1998a, 21) agieren, gilt also dennoch, dass die von den institutionell wirksam werdenden Diskursen und Praktiken ausgehenden Anrufungen in bestimmte Positionen niemals identisch sind damit, wie wir diese Positionen gestalten und umarbeiten. Wir können sie ins Leere laufen lassen oder sie neu hervorbringen. *Die ›Natur‹ sozialer Ordnungen ist: Kontingenz.* Ordnungen können jederzeit durch eine neue Anordnung der Verhaltensweisen in Frage gestellt werden – und dafür kann es die verschiedensten Gründe geben: Neue Gelegenheiten tun sich auf, neue Fähigkeiten ermöglichen die Mobilisierung neuer Ressourcen. Dadurch entsteht eine neue Definition von Wirklichkeit, die es erlaubt, ein neues Kräfteverhältnis aufzubauen, ein neues Spiel ins Leben zu rufen. Denn die – wenn auch marginale – »Zugehörigkeit zu einem Feld impliziert *per definitionem* die Fähigkeit, in diesem Feld etwas zu bewirken« (Bourdieu/Wacquant 1996, 111).

Doch wenn die Möglichkeit, ein neues Spiel ins Leben zu rufen, die Möglichkeit der Umarbeitung, gar der Transformation eines Feldes begrenzt ist durch strukturelle Zwänge, das heißt bestimmt ist von der »Struktur der objektiven Beziehungen zwischen den Akteuren« (Bourdieu 1998a, 20), und wenn durch diese Struktur festgelegt ist, was wir tun können und was nicht, diese Struktur aber wiederum definiert ist »durch die jeweils augenblickliche Verteilung wissenschaftlichen Kapitals«, und wenn der Umfang dieses Kapitals »den AkteurInnen ihre Stellung im Feld zuweist« (ebd.), dann sind die AkteurInnen in einem Feld gerade in dieser Hinsicht nicht einfach verschieden, sondern *nicht gleich* im Sinne dieser ungleichen Verteilung des in einem Feld relevanten Kapitals.

Es ist demnach die jeweilige Zusammensetzung der verschiedenen Kapitalien, die über die Chance entscheidet, dem eigenen Wissensanspruch zur Geltung zu verhelfen und die intellektuellen wie institutionellen akademischen Strukturen zu verändern, sich Gehör zu verschaffen und eine Äußerung zu produzieren, die als zum Feld gehörig wahrgenommen werden kann – mit anderen Worten: legitimiert sprechen und handeln und so das Feld selbst manipulieren beziehungsweise transformieren zu können. Timothy Lenoir (1997) kommentiert diese Chancen wie folgt:

> Within an institutional context, it is when one attempts to try something new, to occupy a new position in the field of struggle for honor, prestige, or resources authorized by the ›rules of the game‹, to act outside the repertoire of moves allowed by the institution, that one tests one's level of institutional acculturation. One may slip successfully inside a minute but enabling gap, or one may find that invisible walls suddenly become palpable constraints to action (Lenoir 1997, 3).

Deshalb können paradoxerweise gerade neue und/oder marginalisierte AkteurInnen, die (noch) über wenig Kapital verfügen, womöglich weniger unabhängig von den Bedingungen und Beziehungen, die sie vorfinden, agieren als bereits etablierte Akteure, die über ein gewichtigeres *Portfolio* verfügen. Nichts ist daher schwieriger, »um nicht zu sagen unmöglicher, als ein Feld zu ›manipulieren‹« (Bourdieu 1998a, 21 f.).

Dennoch: Wir haben es, wie wir in den beiden folgenden Kapiteln sehen werden, nicht mit einem Prozess zu tun, in dem die neu ins Feld des wissenschaftlichen Wissens eintretenden feministischen

AkteurInnen und das neu produzierte Wissen den dort geltenden Regeln und den dominanten akademischen und disziplinären Ökonomien ungeschützt ausgeliefert sind. Auch feministische WissenschaftlerInnen sind, wie alle AkteurInnen, nicht Opfer der Umstände, denen sie ›ausgesetzt‹ sind. Sie assimilieren sich nicht passiv an das sie umgebende Umfeld, sondern strukturieren es ihrerseits; auch sie entwickeln wie alle AkteurInnen dauernd »Hypothesen über die sie umgebende Welt« (Friedberg 1995, 203), konstruieren »Beziehungs- und Bündnisnetze« (ebd.), die es ihnen erlauben, ihre Hypothesen zu bestätigen und sie gegenüber Anfechtungen zu behaupten. Feministinnen wussten sehr wohl die akademischen Regeln und die akademischen sowie nichtakademischen Ressourcen zu nutzen, um die Geltung ihres Anliegens durchzusetzen. Mit Hilfe einer Vielzahl höchst unterschiedlicher Praktiken gelang es ihnen, im wissenschaftlichen Feld eine neue Kräftekonstellation ins Leben zu rufen und Legitimität für ihr Anliegen und ihr Wissen zu erzeugen. Damit aber etablierten sie sich auch als Akteurinnen, die das Feld des Wissens neu zu ordnen und neue Teilungen hervorzubringen wussten und die nicht zuletzt selbst zu Akteurinnen der Reproduktion der Institution wurden.

3.6 Zwischenbilanz: Transformation und Reproduktion

Versuchen wir ein abschließendes Fazit: Die Struktur des Feldes, die hegemonialen Sichtweisen, die in einem Feld geltenden Regeln werden entsprechend der geltenden Rationalitätsordnung reproduziert, sie können aber auch verändert werden oder gar ›sterben‹. Mehr noch: Das etablierte Wissen wird bereits im Moment seiner intellektuellen und institutionellen Anfechtung verändert, die Anfechtung selbst ist Indiz dafür, dass sich Wissenschaft bereits verändert hat, eben nicht länger unanfechtbar war. Mit dem Eintritt in eine Arena beginnen allerdings nicht nur die neuen AkteurInnen mit ihrer Arbeit an der Transformation der vorgefundenen Struktur. Vielmehr beginnt auch diese ihre Arbeit der Form(at)ierung des Neuankömmlings. Neue Wissensprojekte können Teil der zu reproduzierenden Struktur werden – und sie werden dies auch. Haben sie

Gestalt angenommen, werden sie ihrerseits ausgestattet mit Verhandlungsbeziehungen und Bündnissen, die ihre je eigene Dynamik entwickeln. Neue wissenschaftliche Formationen werden folglich selbst zu ihrerseits strukturierenden Elementen, die Beziehungen stabilisieren und die, indem sie das tun, womöglich oder sogar sehr wahrscheinlich andere Innovationen oder Interventionen in Wissen/Wissenschaft erschweren oder gar verhindern.

Wir haben es also mit einem Geschehen zu tun, in dem es um Transformation *und* Reproduktion zugleich geht und in dem kein gesicherter Index existiert für die Grenze zwischen Transformation und Reproduktion, zwischen Kritik und Regulierung. Zwar dürfte, allgemein gesprochen, es dem/der Einzelnen in einer AußenseiterInnenposition leichter fallen, unorthodoxe neue Ideen hervorzubringen. Um diese Ideen jedoch in die Praxis umzusetzen, sind wiederum Institutionen nötig. Doch dann scheint es praktisch unvermeidlich zu sein, dass neue Formationen früher oder später erstarren, sich die Arbeit auf die Reproduktion der Institutionen konzentriert und so zu einem Hemmnis für andere Innovationen wird. »So gesehen«, schreibt Peter Burke (2001),

> ist die Sozialgeschichte des Wissens [...] die Geschichte der Interaktion zwischen Außenseitern und Establishments, zwischen Laien und Fachleuten, intellektuellen Unternehmern und intellektuellen Rentiers. Es gibt auch ein Wechselspiel zwischen Innovation und Routine, Beweglichkeit und Erstarrung, tauenden und gefrierenden Tendenzen, inoffiziellem und offiziellem Wissen. Auf der einen Seite haben wir offene Zirkel und Netzwerke, auf der anderen Institutionen mit festem Mitgliederstamm und offiziell definierten Sphären der Notwendigkeit, die sich gegen ihre Rivalen, aber auch gegen Nichtfachleute durch dauerhafte Barrieren abschirmen (Burke 2001, 66 f.).

Auf eine knappe Formel gebracht: Neue Wissensprojekte werden geformt durch und in den Relais zwischen Handlung und Struktur, zwischen Intellektualisierung und Institutionalisierung, zwischen Transformation und Reproduktion, zwischen den existierenden Regeln und den widerstreitenden sozialen Kräften, die an diesen Regeln arbeiten. *Wissen, Wissensformationen sowie die Institutionen und Organisationen des Wissens sind folglich niemals statisch. Sie sind dynamisch, unabgeschlossen und immer umstritten.*

Zweiter Teil
Umstrittene Wissensformation

4 Zwischen Aktivismus und Akademie

> Can she be in the institution but not of it – a member who subverts all the membership rules? Or does admission transform her too?
>
> [Diane Elam & Robyn Wiegman]

> Wir müssen mit dieser Gesellschaft nicht zufrieden sein; aber wir können es nicht sein, wenn wir nicht lernen, mit Organisationen auszukommen und sie mit ihren eigenen Mitteln auszutricksen, wenn sich die Mühe lohnt. [Niklas Luhmann]

4.1 Die Zeit des Feminismus?

Um das Jahr 1973 ›zündet‹ an einigen westdeutschen Hochschulen der Gedanke der »Frauenforschung«, die zu diesem Zeitpunkt noch längst keinen Begriff von sich selbst gewonnen hatte. Die Studentenbewegung war nach der Selbstauflösung des *Sozialistischen Deutschen Studentenbundes* (SDS) im März 1970 weitgehend zerfallen, im »Seminar-Marxismus« (Prokop 1986, 83) sedimentiert oder hatte sich im Zuge der »proletarischen Wende« (Demirović 1999, 937) von der Universität ab- und dem Kampf in den Betrieben und Stadtteilen zugewandt. Doch die Universität als Ort für die intellektuelle Reflexion gesellschaftlicher Verhältnisse und als Arena politischer Veränderung ist nicht gänzlich in den Hintergrund gerückt: Frauen entdecken die Universität neu als Ort des Lernens und lebendiger Debatten, als Ort der Selbstentdeckung und der Verständigung über gesellschaftliche Anliegen – und als Adressatin ihrer Forderungen. »Ich denke«, schreibt ›Susanne aus München‹ im Frühjahr 1974 in der dritten Ausgabe der überregional zirkulierenden und von wechselnden Frauengruppen herausgegebenen *Frauenzeitung* in einem Artikel, in dem sie von ihren Erfahrungen mit den »*Woman Studies*« in San Francisco (USA) berichtet, »es ist an der Zeit, daß wir hier in der BRD mal darüber debattieren, welche Konsequenzen wir aus unserer Situation als Studentinnen ziehen wollen und aus der Tatsache, daß eine mit patriarchalischen und sexistischen Strukturen durchsetzte Wissenschaft gegen unsere Interessen gerichtet ist. Wir haben nicht das Recht, während unserer Studienzeit unsere eigene frauenspezifische studentische Situation zu vernachlässigen« (*Frauenzeitung* Nr. 3, März 1974, 10).

Damit war ein neuer Ton in der noch jungen feministischen Bewegung und in der (hochschul)politischen Debatte angeschlagen. Studentinnen ergriffen das Wort. Sie kritisierten nicht nur die vermachteten Lehr- und Lernformen an der Universität, sondern auch die erstarrte Praxis des studentischen Protests. Sie machten die Hochschulen und die Wissenschaft zu Arenen ihrer »Emanzipation« und zollten der Wissenschaft gerade darin im Sinne von Bourdieus Idee der *illusio* ihren Tribut: Sie waren »vom Spiel erfasst, vom Spiel gefangen«, glaubten, »dass das Spiel den Einsatz wert ist« (Bourdieu 1998b, 141). In einem Flugblatt zum studentischen Streik im Wintersemester 1973/74 an der Frankfurter Johann Wolfgang Goethe-Universität, übertitelt mit »Dieser Streik muß unser Streik werden!«, kritisierten die Frauen der Frankfurter »Uni-Frauengruppe« (*Frauenjahrbuch* 1, 1975, 159) zunächst die gängige Seminarpraxis: »Obwohl manche Seminare durchaus fortschrittliche Themen behandeln, ist die Form, in der sie ablaufen, die des alten hierarchischen Seminarbetriebs und widerspricht eigentlich dem Inhalt.« Im Hinblick auf die studentische Protestpraxis fahren sie fort:

Die drei existierenden Formen studentischen Daseins können nicht länger Alternativen für uns sein! Nämlich. 1. Kritikloses Konsumieren und Anwenden von Wissenschaft. 2. Zu meinen, es sei schon alles dadurch gewonnen, daß man den Fuß aufs Betriebsgelände setzt, ohne die dort gemachten Erfahrungen an die Uni zurückzuvermitteln. 3. Unterwerfung in Hochschulgruppen, deren Kritik derartig allgemein ist (und damit natürlich unheimlich radikal sein kann), daß sie zwar den Kapitalismus angreifen, die konkreten Formen, in denen sich der Kapitalismus organisiert, jedoch unangetastet lassen (ebd., 161).

War die Kritik an Wissenschaft bis dahin im Wesentlichen im Kontext der Studentenbewegung und in der Sprache marxistischer und der Kritischen Theorie Frankfurter Provenienz formuliert worden, so rückten die feministischen Studentinnen nun die »Patriarchatskritik« in den Vordergrund. »Es waren«, erinnert sich Christiane Schmerl (1999), »nicht mehr in erster Linie ›das Kapital‹, ›das Sys-

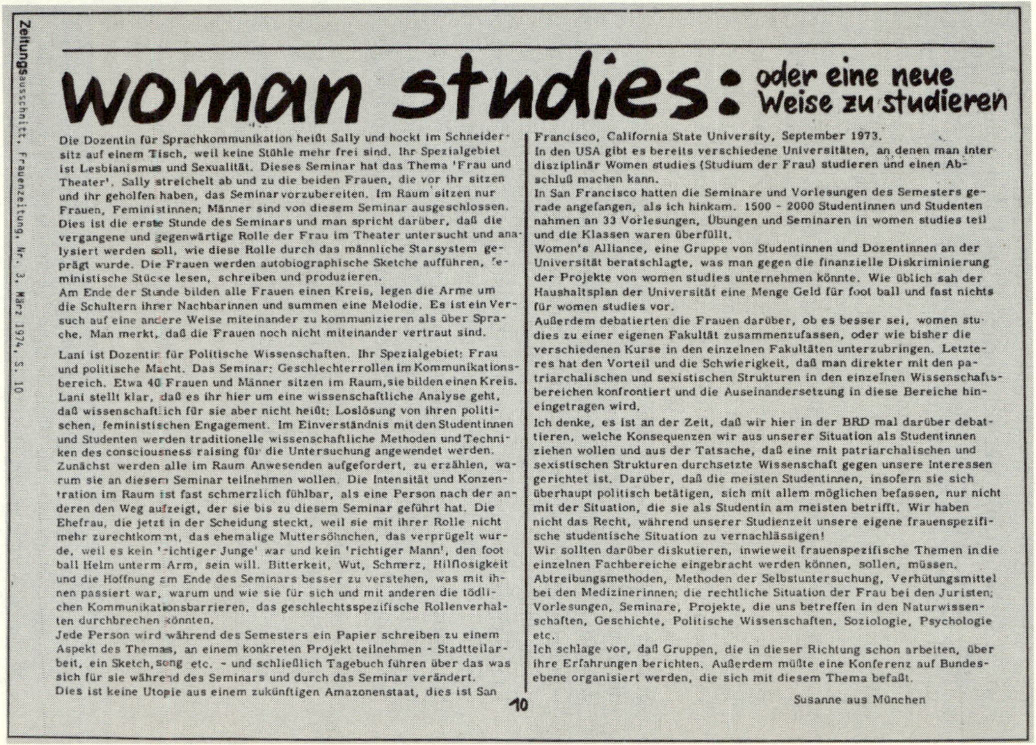

Zeitungsausschnitt, Frauenzeitung, Nr. 3, März 1974, S. 10

woman studies: oder eine neue Weise zu studieren

Die Dozentin für Sprachkommunikation heißt Sally und hockt im Schneidersitz auf einem Tisch, weil keine Stühle mehr frei sind. Ihr Spezialgebiet ist Lesbianismus und Sexualität. Dieses Seminar hat das Thema 'Frau und Theater'. Sally streichelt ab und zu die beiden Frauen, die vor ihr sitzen und ihr geholfen haben, das Seminar vorzubereiten. Im Raum sitzen nur Frauen, Feministinnen; Männer sind von diesem Seminar ausgeschlossen. Dies ist die erste Stunde des Seminars und man spricht darüber, daß die vergangene und gegenwärtige Rolle der Frau im Theater untersucht und analysiert werden soll, wie diese Rolle durch das männliche Starsystem geprägt wurde. Die Frauen werden autobiographische Sketche aufführen, feministische Stücke lesen, schreiben und produzieren.
Am Ende der Stunde bilden alle Frauen einen Kreis, legen die Arme um die Schultern ihrer Nachbarinnen und summen eine Melodie. Es ist ein Versuch auf eine andere Weise miteinander zu kommunizieren als über Sprache. Man merkt, daß die Frauen noch nicht miteinander vertraut sind.

Lani ist Dozentin für Politische Wissenschaften. Ihr Spezialgebiet: Frau und politische Macht. Das Seminar: Geschlechterrollen im Kommunikationsbereich. Etwa 40 Frauen und Männer sitzen im Raum, sie bilden einen Kreis. Lani stellt klar, daß es ihr hier um eine wissenschaftliche Analyse geht, daß wissenschaftlich für sie aber nicht heißt: Loslösung von ihren politischen, feministischen Engagement. Im Einverständnis mit den Studentinnen und Studenten werden traditionelle wissenschaftliche Methoden und Techniken des consciousness raising für die Untersuchung angewendet werden.
Zunächst werden alle im Raum Anwesenden aufgefordert, zu erzählen, warum sie an diesem Seminar teilnehmen wollen. Die Intensität und Konzentration im Raum ist fast schmerzlich fühlbar, als eine Person nach der anderen den Weg aufzeigt, der sie bis zu diesem Seminar geführt hat. Die Ehefrau, die jetzt in der Scheidung steckt, weil sie mit ihrer Rolle nicht mehr zurechtkommt, das ehemalige Muttersöhnchen, das verprügelt wurde, weil es kein 'richtiger Junge' war und kein 'richtiger Mann', den foot ball Helm unterm Arm, sein will. Bitterkeit, Wut, Schmerz, Hilflosigkeit und die Hoffnung am Ende des Seminars besser zu verstehen, was mit ihnen passiert war, warum und wie sie für sich und mit anderen die tödlichen Kommunikationsbarrieren, das geschlechtsspezifische Rollenverhalten durchbrechen könnten.
Jede Person wird während des Semesters ein Papier schreiben zu einem Aspekt des Themas, an einem konkreten Projekt teilnehmen - Stadtteilarbeit, ein Sketch, song etc. - und schließlich Tagebuch führen über das was sich für sie während des Seminars und durch das Seminar verändert.
Dies ist keine Utopie aus einem zukünftigen Amazonenstaat, dies ist San Francisco, California State University, September 1973.
In den USA gibt es bereits verschiedene Universitäten, an denen man inter disziplinär Women studies (Studium der Frau) studieren und einen Abschluß machen kann.
In San Francisco hatten die Seminare und Vorlesungen des Semesters gerade angefangen, als ich hinkam. 1500 - 2000 Studentinnen und Studenten nahmen an 33 Vorlesungen, Übungen und Seminaren in women studies teil und die Klassen waren überfüllt.
Women's Alliance, eine Gruppe von Studentinnen und Dozentinnen an der Universität beratschlagte, was man gegen die finanzielle Diskriminierung der Projekte von women studies unternehmen könnte. Wie üblich sah der Haushaltsplan der Universität eine Menge Geld für foot ball und fast nichts für women studies vor.
Außerdem debattierten die Frauen darüber, ob es besser sei, women studies zu einer eigenen Fakultät zusammenzufassen, oder wie bisher die verschiedenen Kurse in den einzelnen Fakultäten unterzubringen. Letzteres hat den Vorteil und die Schwierigkeit, daß man direkter mit den patriarchalischen und sexistischen Strukturen in den einzelnen Wissenschaftsbereichen konfrontiert und die Auseinandersetzung in diese Bereiche hineingetragen wird.
Ich denke, es ist an der Zeit, daß wir hier in der BRD mal darüber debattieren, welche Konsequenzen wir aus unserer Situation als Studentinnen ziehen wollen und aus der Tatsache, daß eine mit patriarchalischen und sexistischen Strukturen durchsetzte Wissenschaft gegen unsere Interessen gerichtet ist. Darüber, daß die meisten Studentinnen, insofern sie sich überhaupt politisch betätigen, sich mit allem möglichen befassen, nur nicht mit der Situation, die sie als Studentin am meisten betrifft. Wir haben nicht das Recht, während unserer Studienzeit unsere eigene frauenspezifische studentische Situation zu vernachlässigen!
Wir sollten darüber diskutieren, inwieweit frauenspezifische Themen in die einzelnen Fachbereiche eingebracht werden können, sollen, müssen. Abtreibungsmethoden, Methoden der Selbstuntersuchung, Verhütungsmittel bei den Medizinerinnen; die rechtliche Situation der Frau bei den Juristen; Vorlesungen, Seminare, Projekte, die uns betreffen in den Naturwissenschaften, Geschichte, Politische Wissenschaften, Soziologie, Psychologie etc.
Ich schlage vor, daß Gruppen, die in dieser Richtung schon arbeiten, über ihre Erfahrungen berichten. Außerdem müßte eine Konferenz auf Bundesebene organisiert werden, die sich mit diesem Thema befaßt.

Susanne aus München

10

Abb. 2: Artikel »Woman Studies« aus *Frauenzeitung* Nr. 3.

tem‹ oder die historisch entstandenen ›ungerechten Verhältnisse‹, wie es die Neue Linke sah, nicht mehr nur ›die Kultur‹, ›die Gesellschaft‹ oder ›die Institutionen‹, wie es kritische Liberale formuliert hatten. Das Patriarchat bekam Namen und Adresse. Männer waren nicht nur Opfer und Handlanger ›des‹ Systems, sondern sie waren außerdem Nutznießer und aktive Gestalter« (Schmerl 1999, 7).

4.1.1 Aufbrüche – ›Frauenforschung‹ avant la lettre

Bereits im Wintersemester 1971/72 hatte in der Soziologie an der Freien Universität Berlin (FU) ein von Jutta Menschik geleiteter mehrsemestriger Seminarzyklus begonnen zum Thema »Frau im Erwerbsleben der BRD«. Im Wintersemester 1972/73 folgte der insgesamt viersemestrige Seminarzyklus »Psychologische Probleme der Berufstätigkeit der Frau«, ebenfalls in der Soziologie (geleitet von Jutta Menschik und Ursula Scheu, ab Sommersemester 1973 von Letzterer alleine durchgeführt).[1] Unabhängig von diesen Seminaren diskutierte ab 1972 im 1. Berliner Frauenzentrum in der Kreuzberger Hornstraße eine »Unifrauengruppe« die Idee, ein interdisziplinäres »Frauenseminar«[2] zur Lage von Dozentinnen und Studentinnen an der FU durchzuführen, das dann im Wintersemester 1974/75 unter dem Titel »Ursachen und Bedingungen psychologischer Konflikte bei Studentinnen« in der Soziologie

1 Für diese und die folgenden Angaben zu so genannten »frauenspezifischen« Lehrveranstaltungen an den Berliner Hochschulen vgl. das nicht vollständige Verzeichnis der zwischen 1972 und 1977 an Berliner Universitäten und Volkshochschulen abgehaltenen Veranstaltungen in der Dokumentation der ersten Berliner Sommeruniversität für Frauen, *Frauen und Wissenschaft* (1977, 402-408).

2 Erst dieses Seminar wird in den verschiedenen Dokumenten über die Berliner Aktivitäten als »Frauenseminar« bezeichnet. Das meinte – auch in Abgrenzung zu den Lehrveranstaltungen von Jutta Menschik – vor allem, dass Studentinnen und Dozentinnen die Seminare gemeinsam geplant hatten, und weniger, dass es sich um Lehrveranstaltungen handelte, an denen Männer prinzipiell nicht teilnehmen konnten. Im Gegenteil: In einem Erfahrungsbericht zu »Bedeutung und Formen von Frauenseminaren an Hochschulen« in der Dokumentation der 2. Berliner Sommeruniversität bilanziert Dietlinde Gipser (1978) zwar, dass »Frauenseminare, das heißt Seminare, die ausschließlich für Studentinnen angeboten werden, [...] vor allem in den ersten Semestern besucht werden« sollten. Darüber hinaus müssten jedoch »Seminare mit frauenspezifischen Problemlagen allen Studenten angeboten [...] und das Interesse der männlichen Studierenden [...] geweckt werden« (Gipser 1978, 471).

stattfand. Im Sommersemester 1975 beginnt die drei Semester währende Auseinandersetzung zum Verhältnis von »Marxismus-Feminismus« – kurz »ma-femme« genannt (Politikwissenschaft). Und schließlich startet im Wintersemester 1975/76 der von Carol Hagemann-White geleitete Projektkurs »Zur Situation der Frau« (Soziologie) – mit der Teilnahmevoraussetzung: »gelebte Erfahrung als Frau« (Hagemann-White 1995, 19). Im Bericht der »Marxismus-Feminismus-Gruppe« im *Fraueninfo Berlin*, der Selbstdarstellungsbroschüre des Berliner Frauenzentrums aus dem Jahr 1976, heißt es, gemeinsamer »Ausgangspunkt bei der Frage nach dem Verhältnis von marxistischer Gesellschaftsanalyse und feministischer Strategie« sei die Erfahrung gewesen, »daß sowohl in der gängigen Wissenschaftstheorie als auch in der Praxis der linken Bewegung die spezifischen Probleme der Frauen und die Frage nach den revolutionären Bedingungen von Frauenkämpfen nicht berücksichtigt wurden« (*Fraueninfo Berlin* 1976, 35). Motiv für das »ma-femme«-Seminar sei daher neben der Klärung der Frage, ob die autonome Frauenbewegung Teil der Linken sei, der Wunsch, die politische Praxis im Frauenzentrum mit der Theoriearbeit an der Universität zu verbinden. Darüber hinaus sei es darum gegangen, »feministische Theoriebildung« an der Universität zu institutionalisieren (ebd., 34).

Auch in Frankfurt am Main finden im Streik-Wintersemester 1973/74 die beiden ersten »Frauen-Seminare« statt.[3] Diesen Seminaren waren bereits etliche Tutorien zu »Frauenthemen« vorangegangen, insbesondere zu geschlechtsspezifischer Sozialisation, wie Regina Becker-Schmidt sich erinnert:

> Ich habe mit frauenspezifischen Themen angefangen, ehe ich überhaupt ›Frauenforschung‹ im Kopf hatte. Ich habe nämlich sehr früh angefangen, in den 68er-Jahren in Frankfurt während meiner Dozentinnenzeit. Also ich habe – in Zusammenarbeit mit Ulrike Prokop – eigentlich zunächst damit angefangen, mich mit geschlechtsspezifischer Sozialisation, genauer: mit der geschlechtsspezifischen Sozialisation in der Psychoanalyse zu beschäfti-

3 Die Bezeichnung »Frauenseminar« bezieht sich zu diesem Zeitpunkt auch in Frankfurt am Main nicht unbedingt darauf, dass ausschließlich Frauen am Seminar teilnehmen, sondern darauf, dass Frauen das Seminar autonom vorbereiten und es sich um so genannte »Frauenthemen« handelt. Das erste »Frauenseminar« in Frankfurt hatte, erinnert sich Ulrike Prokop, überraschenderweise zunächst ein »überwiegend männliches Publikum« (Prokop 1986, 83).

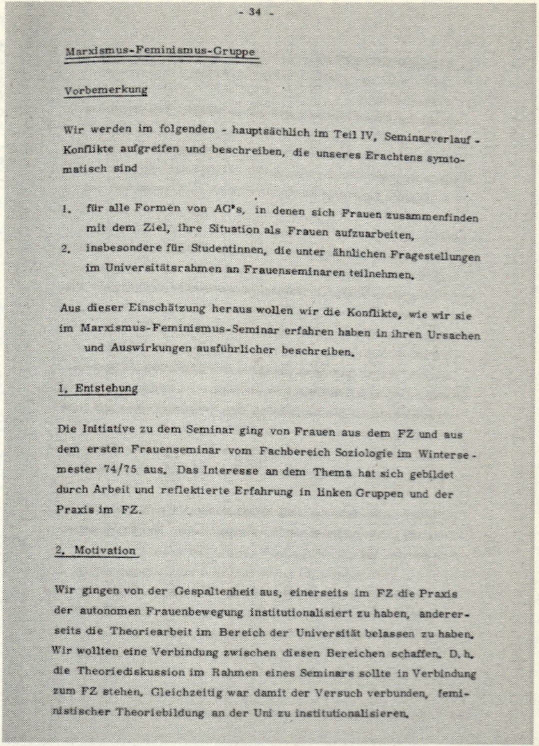

- 34 -

Marxismus-Feminismus-Gruppe

Vorbemerkung

Wir werden im folgenden - hauptsächlich im Teil IV, Seminarverlauf - Konflikte aufgreifen und beschreiben, die unseres Erachtens symtomatisch sind

1. für alle Formen von AG's, in denen sich Frauen zusammenfinden mit dem Ziel, ihre Situation als Frauen aufzuarbeiten,
2. insbesondere für Studentinnen, die unter ähnlichen Fragestellungen im Universitätsrahmen an Frauenseminaren teilnehmen.

Aus dieser Einschätzung heraus wollen wir die Konflikte, wie wir sie im Marxismus-Feminismus-Seminar erfahren haben in ihren Ursachen und Auswirkungen ausführlicher beschreiben.

1. Entstehung

Die Initiative zu dem Seminar ging von Frauen aus dem FZ und aus dem ersten Frauenseminar vom Fachbereich Soziologie im Wintersemester 74/75 aus. Das Interesse an dem Thema hat sich gebildet durch Arbeit und reflektierte Erfahrung in linken Gruppen und der Praxis im FZ.

2. Motivation

Wir gingen von der Gespaltenheit aus, einerseits im FZ die Praxis der autonomen Frauenbewegung institutionalisiert zu haben, andererseits die Theoriearbeit im Bereich der Universität belassen zu haben. Wir wollten eine Verbindung zwischen diesen Bereichen schaffen. D.h. die Theoriediskussion im Rahmen eines Seminars sollte in Verbindung zum FZ stehen. Gleichzeitig war damit der Versuch verbunden, feministischer Theoriebildung an der Uni zu institutionalisieren.

Abb. 3: *Fraueninfo*, ma-femme-Gruppe.

III. Inhaltliche Vorbereitung

1. Fragestellungen:
   1. Ist die Frauenbewegung, auch als autonome, Teil der linken Bewegung?
   2. Welcher Zusammenhang besteht zwischen Marxismus und Feminismus?
   3. Welches Verhältnis haben wir Frauen zu Wissenschaft und Theorie?

"Der gemeinsame Ausgangspunkt bei der Frage nach dem Verhältnis von marxistischer Gesellschaftsanalyse und feministischer Strategie war unsere Erfahrung, daß sowohl in der gängigen Wissenschaftstheorie als auch in der Praxis der linken Bewegung die spezifischen Probleme der Frauen und die Frage nach den revolutionären Bedingungen von Frauenkämpfen nicht berücksichtigt wurden. Zudem ist in der gesamten Geschichte der Arbeiterbewegung das Objektverhältnis zu den Frauen nie konsequent aufgebrochen worden. Bis heute haben sich Frauenbewegung und linke Bewegung nicht zueinander definiert, wenn wir hier von pauschalen Statements und Diskriminierungen von Seiten der linken Bewegung einmal absehen wollen." (Zitat READER, Vorwort)

Wir haben das Seminar auch in dem Sinne als politische Aktion begriffen, als es dabei um die Konstituierung von Frauenarbeit an der Uni geht.

1. Durchsetzung und Anerkennung als Seminar, d.h. gleichberechtigt auf der Ebene anderer Seminare, Durchsetzung der Wissenschaftlichkeit der Themen- und Fragestellungen.
2. Neue Arbeitsformen (Ausschaltung von Konkurrenz, Integration von Subjektivität).

Der Bezug zur autonomen Frauenbewegung stellte sich für uns über:

1. die Herausarbeitung der Entwicklung und der gegenwärtigen Strukturen der patriarchalisch-kapitalistischen Gesellschaft als
2. Analyse und Ansätze zur Strategiebildung, um konkret Aussagen über die notwendigen gesellschaftlichen Praxisfelder von Frauenarbeit machen zu können, die
3. Perspektivaussagen für die autonome Frauenbewegung bedeuten.

2. Arbeitsschwerpunkte:
   1. Marcuses Thesen zum Zusammenhang Marxismus-Feminismus sein Begriff des "weiblichen Sozialismus"
   2. Ökonomische Stellung der Frau - ihre politische Macht/Zum Problem des Lohns für Hausarbeit, bzw. Produktion und Reproduktion der Ware Arbeitskraft.
   3. Geschlechterkampf - Klassenkampf/Zum Zusammenhang von Kapitalismus und Patriarchat.
   4. Ziele und Formen der Organisierung von Frauen
   5. Verhältnis der Frauenbewegung zur linken Bewegung/Behandlung der Frauenfrage in der sogenannten sozialistischen Bewegung.
   6. Entstehungsgeschichte und Entwicklung patriarchalischer Strukturen.

Die 3-monatige Vorbereitung bis Semesterbeginn war großtenteils die inhaltliche Diskussion dieser Themen, die von uns in einem Reader - gedacht als Arbeitsgrundlage für das Seminar - festgehalten wurde (siehe auch ausführliche Literaturliste).
Eigentlich erst kurz vor Semesterbeginn stellte sich für uns verstärkt die Frage der didaktischen Umsetzbarkeit. Das dies ein von uns zu wenig bedachtes Problem war, wird an der Darstellung des Seminarverlaufs deutlich.

gen. Das war der erste Zugang zu frauenspezifischen Themen, aber darunter habe ich damals überhaupt noch nicht Frauenforschung verstanden.[4]

Vor allem aber hatten sich die Frankfurter Frauen in den »Schulungskursen« des Weiberrates bereits intensiv mit feministischen Texten, insbesondere mit Simone de Beauvoirs *Das andere Geschlecht* (1992 [1949]), mit Anne Koedts Text »Der Mythos vom vaginalen Orgasmus« (1988 [o. J.]), mit Kate Milletts *Sexual Politics* (1974; [1971]) und mit der Methode des *Consciousness-Raising* als Praxis der politischen Sozialisation, aber auch als wissensgenerierender Praxis auseinander gesetzt.[5]

Die Themen der ersten Frankfurter Seminare sind: »Aspekte der weiblichen Identitätsbildung« in der Soziologie sowie »Texte von und über Frauen und das in diesen vermittelte Frauenbild« in der Germanistik (*Frauenjahrbuch* 1, 1975, 158). Im selben Semester, 1973/74, organisieren sich die Teilnehmerinnen der Frankfurter Seminare auch in der »Uni-Frauengruppe«. Unzufrieden über das mit Ablauf des Semesters vorläufige Ende der Seminare, wird der Wunsch, »die Frauenproblematik ins normale Studium« zu integrieren (ebd., 162), zum (hochschul)politischen Programm. Schon im darauf folgenden Sommersemester 1974 bringen die Frankfurter »Uni-Frauen« einen Antrag auf Einrichtung eines »Lehrstuhls für Frauenfragen« in die Fachbereichskonferenz des Fachbereichs »Gesellschaftswissenschaften« ein – mit der Stellenbeschreibung: »Kritik der Weiblichkeitsideologie«. Wider Erwarten findet ihre Forderung Gehör und Unterstützung: Der Antrag wird schon in dieser Sitzung der Fachbereichskonferenz mit 19 : 11 : 2 Stimmen angenommen (ebd., 165).

An der 1968 neu gegründeten Universität Bielefeld finden die ersten so genannten frauenthematischen Seminare ab 1974 zunächst in der Soziologie, dann auch in der Pädagogik, der Literaturwissenschaft, Linguistik, Geschichte und Philosophie statt (Schmerl 1999, 18 f.). Die Bielefelder Aktivitäten hatten schon bald zu einem so hohen Niveau institutioneller Verdichtung geführt, dass bereits 1979 eine vom Land Nordrhein-Westfalen und der Universität kofinanzierte ›Geschäftsstelle Frauenforschung‹ eingerichtet wurde, deren Aufgabe die Vorbereitung eines interfakultativen »Universitäts-

4 Zitiert in Hagemann-White 1995, 135.

5 Zu den frühen Lektüren der feministisch werdenden Frauen im Umfeld des SDS und in den »Weiberräten« siehe Kramer 1994, 72 f., sowie Schulz 2002, 44-75.

schwerpunktes Frauenforschung« war.[6] Dieser wurde dann 1982 in Form eines universitären Forschungszentrums unter dem Namen »Interdisziplinäre Forschungsgruppe Frauenforschung« (IFF) eingerichtet.[7]

Ab dem Jahr 1973 werden auch vermehrt feministische Schriften publiziert: Der Westberliner Merve Verlag beispielsweise verlegt Mariarosa Dalla Costas und Selma James' radikale Analyse *Die Macht der Frauen und der Umsturz der Gesellschaft* (1973), die nicht nur die feministische »Lohn-für-Hausarbeitsdebatte« initiieren und fundieren sollte,[8] sondern in Umrissen ein später zentrales Theorem der sozialwissenschaftlichen Frauen- und Geschlechterforschung, die »doppelte Vergesellschaftung« (Becker-Schmidt 1987), bereits vorwegnahm.

Ebenfalls 1973 erscheint im Frankfurter Suhrkamp Verlag die Studie von Gisela Brandt, Johanna Kootz und Gisela Steppke, *Zur*

6 Vgl. hierzu Mischau/Oechsle 2003, 6.

7 Die Universität Bielefeld (IFF) und die Freie Universität Berlin – mit der 1981 eingerichteten »Zentraleinrichtung zur Förderung von Frauenstudien und Frauenforschung« – sind damit die ersten Hochschulen, die eigene organisatorische Einheiten für die Lehre und Forschung im Bereich Frauenforschung schaffen.
Berlin (West), Frankfurt am Main und Bielefeld sind selbstredend nicht die einzigen Hochschulorte, an denen die Idee der ›Frauenforschung‹ in den frühen 1970er-Jahren konkret wird. Auch an anderen Hochschulen fanden bereits Anfang der 1970er-Jahre Seminare und/oder Tutorien zu »Frauenthemen« statt; in Münster bot Karin Schrader-Klebert, damals Assistentin an der Pädagogischen Hochschule, bereits 1966 ein Seminar zum Thema Frau an (vgl. hierzu auch Schulz 2002, 84). Dennoch sind Frankfurt, Berlin und Bielefeld zum einen – im Fall von Berlin und Frankfurt – als herausragende Zentren der Studentenbewegung, in deren Gruppen eben auch viele Frauen politisch aktiv waren, und zum anderen als Hochschulen, an denen bereits Dozentinnen lehrten, die das feministische Anliegen unterstützten beziehungsweise diesem gegenüber zumindest aufgeschlossen waren, nicht zufällig die Orte, an denen der Gedanke der Frauenforschung sich sehr früh materialisiert. Im Fall von Bielefeld ist als weiterer wesentlicher Faktor natürlich der Umstand zu werten, dass es sich um eine universitäre Neugründung handelte und es insofern Spielräume für Neues gab – zudem hatte Bielefeld explizit den Auftrag und das Selbstverständnis, Reformuniversität zu sein.

8 Siehe hierzu insbesondere die Beiträge im Schwerpunkt »Lohn für Hausarbeit« in der Dokumentation der 2. Berliner Sommeruniversität für Frauen im Oktober 1977, *Frauen als bezahlte und unbezahlte Arbeitskräfte* (1978, 108-140; 168-242). Die frühen feministischen Ansätze zur geschlechtlichen Teilung der Arbeit, so auch Dalla Costas und James' Analyse, diskutiert jüngst Eichhorn 2004.

Frauenfrage im Kapitalismus – ursprünglich eine Studienabschlussarbeit, die schnell große Verbreitung findet.[9] Der Titel ist Programm: Er signalisiert, dass die Wissenschaftlerinnen sich nicht mehr damit zufrieden geben, der bereits existierenden Literatur zur »sozialen Lage der erwerbstätigen Frau in der Bundesrepublik Deutschland« (Brandt u. a. 1973, 7) lediglich weitere empirische Daten hinzuzufügen. Zwar rücken auch Brandt u. a. die erwerbstätige Frau in den Vordergrund, doch die Situation von Frauen könne nicht isoliert verstanden werden, sondern müsse in die theoretische Analyse der »politisch-ökonomischen Verhältnisse« (ebd.) insgesamt eingebettet werden. ›Mann‹ und ›Frau‹ sind folglich – so sah es die Mehrzahl der im Umfeld der neuen Linken aktiven Frauen – in erster Linie gesellschaftliche Kategorien und nur aus den Verhältnissen heraus zu verstehen. Und gerade an der Situation der Frauen werde einerseits die widersprüchliche Verfasstheit kapitalistischer Produktions- und Reproduktionsverhältnisse besonders deutlich, andererseits seien die Konflikte und Widersprüche, mit denen Frauen konfrontiert sind, nur im Kontext ebendieser widersprüchlichen Verfasstheit von Produktion und Reproduktion zu verstehen:

Die Definition der sozialen Rolle der Frau ist durch den Widerspruch gekennzeichnet, der sich aus ihrer Arbeitssituation ergibt: einerseits ist sie als Lohnabhängige der kapitalistischen Produktion unterworfen, andererseits verbringt sie den größten Teil ihres Arbeitslebens mit Tätigkeiten im Haushalt und mit der Kindererziehung, also außerhalb der Warenproduktion (ebd., 104).

Zur Frauenfrage im Kapitalismus ist zwar nicht der erste deutschsprachige Text, der eine feministische Analyse der Unterdrückung von Frauen versucht: Bereits im Juni 1969 war der im Kontext der Auseinandersetzungen zwischen Frauen und Männern im SDS entstandene Text von Karin Schrader-Klebert »Die kulturelle Revolution der Frau« im *Kursbuch* 17 erschienen.[10] Ungeachtet dessen und auch ungeachtet seiner Verortung in marxistischer Theorie kann *Zur Frauenfrage* dennoch als die erste deutschsprachige *feministische* Monografie gelten, die im Radius der gerade entstehenden Schnittstelle zwischen Universität und Neuer Frauenbewegung geschrieben

9 Mein Exemplar verzeichnet 1979 bereits die 4. Auflage.

10 Zwar leistet auch dieser nahezu legendär gewordene Text von Schrader-Klebert eine theoretische Analyse, ist jedoch deutlicher als *Zur Frauenfrage im Kapitalismus* ein politisch-agitatorischer und kein wissenschaftlicher Text.

wurde, obgleich der Begriff Feminismus im gesamten Text kein einziges Mal verwendet wird.[11]

Ein feministischer Text ist *Zur Frauenfrage*, weil die Studie im Unterschied zu den sozial- und politikwissenschaftlichen Studien aus den 1950er- und 1960er-Jahren – etwa zur Frauen- und Müttererwerbstätigkeit oder zur politischen Aktivität von Frauen,[12] die beanspruchten, sich ›rein‹ wissenschaftlich mit der sozialen Lage einer »Problemgruppe«, den Frauen, zu beschäftigen – nicht nur vor dem gesellschaftlichen Hintergrund einer Entwicklung geschrieben wurde, zu der der Text selbst beitrug: die Politisierung des Geschlechterverhältnisses – was Brandt, Kootz und Steppke die »Aktualisierung der sogenannten Frauenfrage« nennen (Brandt u. a. 1973, 7). Feministisch ist er vor allem deshalb, weil die Autorinnen ihre Studie – im Sinne der Vorstellung, dass Theorie und politische Praxis als untrennbarer Zusammenhang zu denken sind – als einen Beitrag zum politischen Kampf für die Emanzipation der Frauen verstehen. *Zur Frauenfrage* ist damit angesiedelt im Horizont eines Begriffs, der wohl als *die* Signatur der im weitesten Sinne »68er-Bewegungen« gelten kann: Emanzipation.[13] Gleich zu Beginn formulieren Brandt u. a.:

11 Womit er sich allerdings durchaus im Einklang mit der damaligen Haltung vieler Frauen befand, die sich im Umfeld der neuen Linken organisiert hatten. »Feminismus« war für diese anfänglich zu sehr im widersprüchlichen System der bürgerlichen Gesellschaft befangen, Ausdruck »bürgerlicher Beschränktheit« und von »(klein)bürgerliche[m] Individualismus«. Erst im Zuge der ab Anfang 1971 stattfindenden Annäherung an diejenigen Frauengruppen, die für die Abschaffung des Paragraphen 218 kämpften, begannen auch die linken Frauengruppen, sich als »feministisch« zu definieren. Vgl. hierzu die Chronologie der Jahre 1968 bis 1973 in Frankfurt am Main, »Vom SDS zum Frauenzentrum« im *Frauenjahrbuch* 1, 1975, 10-48. Siehe auch die Porträts zu Frigga Haug und Helke Sander in Kätzel 2002.

12 Zu nennen wäre hier etwa die Studie von Elisabeth Pfeil, *Die Berufstätigkeit von Müttern. Eine empirisch-soziologische Erhebung an 900 Müttern aus vollständigen Familien* (1961), Gabrielle Bremmes Studie *Die politische Rolle der Frau in Deutschland. Eine Untersuchung über den Einfluß der Frauen bei Wahlen und ihre Teilnahme in Partei und Parlament* (1956) oder der *Bericht der Bundesregierung über die Situation der Frauen in Beruf, Familie und Gesellschaft* (Bundesdrucksache V/909, 1966).

Für einen kurzen Abriss der Frauenforschung in der Nachkriegszeit vgl. Frevert 1994; Hagemann-White 1995, 12 ff., sowie Parpart 2000, 54 ff.

13 Für die Zeit nach 1968 schreibt Luhmann (1992) in »Die Universität als organisierte Institution«: »Zu den neuen metaphysischen Anfangsgründen dieser Ent-

Wenn wir die Kritik der politischen Emanzipation aufnehmen, so gehen wir davon aus, daß bei dem heutigen Stand der Produktivkräfte konkrete Möglichkeiten aufgezeigt werden können, gesellschaftliches und individuelles Interesse in Übereinstimmung zu bringen, und daß deren Verhinderung gleichzusetzen ist mit der Stabilisierung von Herrschaftsstrukturen und der Verhinderung des gesellschaftlichen Fortschritts. Das bedeutet, daß die Forderung nach menschlicher Emanzipation nicht in den Bereich des theoretisch-utopischen Denkens verwiesen werden kann (ebd., 12).

Dass die »Frauenfrage« überhaupt aktualisiert werden konnte, deuten Brandt u. a. – sprachlich völlig im opaken Duktus der Zeit – als Indiz dafür, dass »in einem gesellschaftlich wichtigen Bereich Widersprüche aufgebrochen sind und in dem Maße negativ wirksam werden, wie den durch sie ausgedrückten veränderten gesellschaftlichen Bedürfnissen angemessene Reaktionen ausbleiben« (ebd.).

4.1.2 Kontextualisierungen

Gerade einmal fünf Jahre lagen zwischen der Veröffentlichung von *Die Frauenfrage im Kapitalismus*, der Frankfurter Forderung nach einem »Lehrstuhl für Kritik der Weiblichkeitsideologie«, den Berliner, Bielefelder und Frankfurter Seminaren und der berühmt gewordenen Rede, die Helke Sander im Namen des Berliner »Aktionsrates zur Befreiung der Frauen« am 13. September 1968, dem zweiten Tag der 23. Delegiertenkonferenz des SDS in Frankfurt am

wicklung gehörte, daß man auf ›Emanzipation‹ Wert legte und dieses Ziel in der Form von ›Partizipation‹ zu erreichen hoffte« (Luhmann 1992, 96).
Auch Erhard Stölting (2002) hebt die Bedeutung des Begriffs »Emanzipation« hervor: »›Emanzipation‹ war der Schlüsselbegriff für die Lektüre von Karl Marx und Sigmund Freud. Er wirkte motivierend bis in die praktische Lebensführung hinein, er inspirierte die Gründung der Kinderläden, die pädagogischen Experimente, die Versuche, das private Leben zu politisieren und zu verändern, und blieb schließlich fortwirkendes Motiv in der Frauenbewegung. Der wichtigste Gegenbegriff war der der ›Entfremdung‹, oder – in Lukács' Formulierung – der der ›Verdinglichung‹. Unter ›Emanzipation‹ wurde als Ziel die Durchsetzung einer Selbstbestimmung der Individuen verstanden, aber auch die Selbstbestimmung von gesellschaftlichen Einheiten, die scheinbar unüberwindbaren Zwängen unterlegen gewesen waren. In der Übernahme des Gegensatzpaares von ›Emanzipation‹ und ›Entfremdung‹ war die ausdrücklich normative Ablehnung einer wertfreien Wissenschaft schon implizit enthalten« (Stölting 2002, 201).

Main, vorgetragen hatte.[14] Die Kritik des Berliner Aktionsrates zielte aufs Ganze: Der SDS sei ein »Spiegelbild der gesamtgesellschaftlichen Verhältnisse« (Sander 1988, 39) und würde das »spezifische Ausbeutungsverhältnis, unter dem die Frauen stehen« (ebd., 40), ebenso tabuisieren wie die Gesellschaft insgesamt. Männliche Wortführer würden die Politik des Verbandes dominieren, und die politischen Initiativen von Frauen seien durch die strikt praktizierte Trennung zwischen Öffentlichkeit und Privatheit ausgegrenzt. Insofern die Genossen zu einer Diskussion dieser Themen nicht bereit seien, sei auch der SDS »nichts weiter als ein aufgeblasener konterrevolutionärer Hefeteig« (ebd., 47).

Sanders Rede und insbesondere Sigrid Rügers auf die Rede folgender und nicht minder berühmter – und berüchtigter – Wurf von drei Tomaten, mit dem Rüger spontan ihrer Empörung darüber, dass »die Genossen über die Rede stillschweigend hinweggehen wollten« (Anders 1988, 10), Ausdruck verleiht, kann als der *symbolische* Beginn der Neuen Frauenbewegung in Westdeutschland gelten, wobei der Tomatenwurf selbst wohl sehr buchstäblich gemeint war.[15] In den dem Tomatenwurf folgenden fünf Jahren hatte der zunächst nur zögerlich in Gang gekommene, dann aber in den Ak-

14 Entsprechend der damals üblichen Praxis, Texte als Kollektivprodukte zu betrachten, die entweder gar nicht namentlich gekennzeichnet waren oder nur mit Vornamen, ist die Rede ohne Nennung von Helke Sander meines Wissens erstmals abgedruckt im *Frauenjahrbuch* 1, 1975, 10-15. Ich zitiere nach dem Wiederabdruck, dann unter Helke Sanders Namen, in: Anders 1988, 39-47.

15 Alle großen Tages- und Wochenzeitungen berichten damals von diesem 13. September. Die Bedeutung von Sanders Frankfurter Rede und Rügers Tomatenwurf hebt Ulrike Meinhof im Dezember 1968 in *konkret* hervor. Unter dem Titel »Frauen im SDS oder: In eigener Sache« schreibt sie: »Der Konflikt, der in Frankfurt nach, ich weiß nicht wie vielen Jahrzehnten wieder öffentlich geworden ist – wenn er es so dezidiert überhaupt schon jemals war – ist kein erfundener, keiner, zu dem man sich so oder so verhalten kann, kein angelesener; den kennt, wer Familie hat, nur daß hier erstmalig klargestellt wurde, daß diese Privatsache keine Privatsache ist. [...] Nicht dem permanenten Ehekrach soll das Wort geredet werden, sondern der Öffentlichkeit des Krachs [...]« (Meinhof 1994, 150 f.).
Aus der Vielzahl von Veröffentlichungen zu diesem Ereignis und seinen weit reichenden Folgen sei insbesondere auf *Wie weit flog die Tomate? Eine 68erinnen-Gala der Reflexion*, herausgegeben vom Feministischen Institut der Heinrich-Böll-Stiftung (1999), hingewiesen. Die Generation der so genannten »68erinnen« ist Thema eines Porträtbandes von Ute Kätzel 2002. Zu den Ereignissen in Frankfurt am Main am 13. September 1968 siehe auch Schulz 2002, 81-85.

tionsformen immer unverfrorener und den Forderungen leidenschaftlicher gewordene feministische Aufbruch die Koordinaten im Geschlechterverhältnis radikal verschoben. Zwar fand die Mehrzahl der Frauen im SDS den Auftritt von Sander und Rüger zunächst eher peinlich.[16] Auch unter den Frauen des Frankfurter SDS löste die Rede anfangs kaum ein Echo aus. Erst im November desselben Jahres, nachdem Frankfurter SDS-Frauen bei einer Veranstaltung der SPD in der Paulskirche zum 50. Jahrestag der Einführung des Frauenwahlrechts unter Einsatz körperlicher Gewalt daran gehindert worden waren, ein Flugblatt zu verlesen, in dem sie die Kluft zwischen gesetzlicher Norm und gesellschaftlicher Wirklichkeit thematisierten, schlossen sich die Frauen zum Frankfurter »Weiberrat« zusammen.

In den darauf folgenden Jahren organisieren sich Frauen bundesweit in »Aktionsgruppen«, in »Weiberräten«, als »Frauenaktion« oder schlicht in »Frauengruppen«; sie gründen Verlage und Zeitschriften, in denen sie die ersten feministischen Kampfschriften, Pamphlete und politisch-analytischen Texte veröffentlichen, sie feiern Feste und organisieren Kongresse, sie stören politische Veranstaltungen und Strafrechtsprozesse und organisieren »Abtreibungsfahrten« in die Niederlande. Ab 1972 tragen die Frauen den Geschlechterkonflikt verstärkt aus den Frauen- und Lesbenzentren,[17] aus den »Frauenforen« der Volkshochschulen, den »Bewusstwerdungs- und Selbsterfahrungsgruppen« hinaus und auf die Straße. Das Geschlechterverhältnis hatten die Frauen so erfolgreich entprivatisiert und folgenreich politisiert – um dann dieses Ärgernis auch in die Hochschulen zu tragen.

Dabei ist der Aufbruch der Frauen als Teil tief greifender gesellschaftlicher Veränderungen in den 1960er- und 1970er-Jahren zu sehen. Es waren, so Silvia Kontos (2004), »Brüche des Fordismus, die den Raum für weitreichende Problematisierungen des Geschlechterverhältnisses geöffnet« hatten (Kontos 2004). Maßgeblich für

16 So berichtet es Helke Sander, zitiert nach *Emma*-Sonderband »Schwesternlust & Schwesternfrust – Zwanzig Jahre Frauenbewegung« (1991, 47).

17 Das *Frauenjahrbuch* 1 verzeichnet 1975 in 66 westdeutschen Groß- und Kleinstädten von Aachen über Dreieichenhain bis Freiburg Frauengruppen und -zentren. Hagemann-White vermerkt, bis Frühjahr 1974 seien »rund ein Dutzend solcher selbstfinanzierter Räume ›der Bewegung‹« entstanden (Hagemann-White 1995, 24).

den »Take-off« der Frauenbewegung sei zum einen der »patriarchale Überhang des rheinischen Kapitalismus« gewesen, zu dessen »korporatistische[m] Konsensmodell auch die normative Vorgabe der ›Hausfrauenehe‹ gehörte (ebd.), zum anderen die »weniger spektakulären Zugewinne der Frauen im Hinblick auf Qualifikation und Erwerbsbeteiligung« (ebd.). Das gesellschaftliche Reformklima der sozialliberalen Koalition hätte ein Übriges getan, um die »konservative Starre der Adenauer-Republik« (ebd.) aufzuweichen und so auch den Geschlechterkonflikt freizusetzen.

Die neue Frauenbewegung und in der Folge die Frauenforschung formierten sich, mit anderen Worten, in einem Kontext veränderter Reproduktionsbedingungen des Geschlechterverhältnisses. Seit Beginn des 20. Jahrhunderts waren formale Zugangsbeschränkungen zwar diskontinuierlich, dennoch zunehmend aufgelöst worden. Dies hatte die – freilich zögerlich realisierte – Inklusion von Frauen in gesellschaftliche Teilsysteme – Recht, Arbeitsmarkt, Bildung, Politik – zur Folge. Doch die formale Gleichstellung erfolgte unter der Bedingung »hierarchisierender Differenzierung« (Dölling 2003, 87); strukturelle und symbolische Asymmetrien im Geschlechterverhältnis bestanden weiter fort. Als Diskrepanz zwischen der Möglichkeit individueller und gesellschaftlicher Differenzierung und geschlechtlicher Beschränkung wird dieser Widerspruch dann im letzten Drittel des 20. Jahrhunderts von der neuen Frauenbewegung erneut politisiert.[18]

In den 1960er- und 1970er-Jahren hatte es zudem einen deutlichen Ausbau der Hochschulausbildung gegeben, unter zwar zögerlich realisierter, dennoch steigender Beteiligung von Frauen. Zahlreiche Hochschulen waren neu gegründet worden, es war zu einem deutlichen Anstieg der Studierendenzahlen insgesamt gekommen: Waren 1960 rund 215 000 Studierende immatrikuliert, so sind es 1970 bereits 510 000. Unter diesen sind mehr und mehr Frauen zu finden: Allein zwischen 1970 und 1975 steigt der Anteil der Frauen an den Studienanfängern von 8,7 % im Jahr 1970 auf 14,4 % im Jahr 1975.[19] Auch das wissenschaftliche Personal war entscheidend ver-

18 Vgl. hierzu auch Wobbe 1999, 184 f.

19 Laut der Hochschulstatistik des Statistischen Bundesamtes, die allerdings erst Daten ab 1970 enthält. Allerdings bewegt sich dies insgesamt auf einem sehr niedrigen Niveau: 1970 haben nur 4 von 100 Männern und 2 von 100 Frauen eine Hochschulausbildung (vgl. Petra Müller 1978, 121).

stärkt worden: Zwischen 1970 und 1975 hatte sich etwa der Anteil der ProfessorInnenstellen an den Hochschulen verdoppelt: von 14 856 im Jahr 1970 auf 30 480 im Jahr 1975.

	Hochschulen* wissenschaftliches Personal		davon Universitäten (und Pädagogische Hochschulen) wissenschaftliches Personal	
Jahr	Insgesamt	ProfessorInnen	Insgesamt	ProfessorInnen
1960	19 140	5 466	12 576	4 888
1965	36 626	9 402	26 274	8 255
1970	54 519	18 856	38 024	12 047
1975	78 113	30 480	49 755	17 531
1980	79 102	32 816	47 951	18 005
1985	80 465	33 461	46 758	17 286

(*Quelle*: Engler 2001, 155 nach Daten des Wissenschaftsrates)

* Die Bezeichnung Hochschulen umfasst Universitäten, Pädagogische Hochschulen, Hochschulkliniken, Gesamthochschulen, Kunsthochschulen und Fachhochschulen.

Auch die Aktionen der Frauen selbst blieben nicht ohne Wirkung: Gezielt vor allem die Presse nutzend – etwa in der von Alice Schwarzer initiierten Selbstbezichtigungsaktion, bei der in der *Stern*-Ausgabe vom 6. Juni 1971 374 Frauen erklärten: »Wir haben abgetrieben!« – beziehungsweise die teilweise skandalisierende Berichterstattung vor allem in den Printmedien bewusst in Kauf nehmend,[20] unterbricht die Frauenbewegung mit hoher symbolischer Effektivität das routinisierte, Ungleichheiten reproduzierende Handeln im

20 Von einer dieser gezielt die (Massen-)Medien nutzenden Aktionen berichtet Regina Dackweiler (1995): Anfang 1973 störten Frankfurter Frauen mit einem Go-in die in einer Frankfurter Diskothek stattfindende Wahl von »Miss-Teenager-Beinen«. Die BILD-Zeitung berichtet von der Aktion: »50 Protestmädchen« hätten die Wahl unter dem Motto »Hier verkauft ihr unsre Knie wie der Bauer ein Stück Vieh. Und seid ihr alle noch so geil – wir bieten uns nicht länger feil!! Vorwärts zur Schwanzvermessung der Jury!« verhindert (Dackweiler 1995, 173).

Geschlechterverhältnis, indem sie die so genannte private Dimension des Geschlechterverhältnisses in den Kontext gesellschaftlicher Reproduktion stellt. Dabei sind anfänglich die politischen Ziele des feministischen Aufbruchs nicht der Kampf um gleiche Rechte und für Gleichberechtigung, sondern Selbstbestimmung und Autonomie. Und Autonomie meinte ein Doppeltes: »Die individuelle Selbstbestimmung im Sinne persönlicher Befreiung von Herrschaft und Bevormundung und die institutionelle Unabhängigkeit von den bisherigen Formen und Organisationen des Politischen, insbesondere von den bestehenden Organisationen und Parteien« (Gerhard 1994, 14). So sind es daher auch zunächst die scheinbar privaten Themen, die die Frauen mobilisieren und die die Diskurse antreiben: Kontrolle der Sexualität von Frauen, Körper, (Hetero-) Sexualität, lesbische Lebensweisen, Gesundheit, sexuelle Gewalt, neue Lebensformen, Neubestimmung von Mutterschaft.[21]

Ulrike Prokop, damals Assistentin am Fachbereich Gesellschaftswissenschaften in Frankfurt am Main, beschreibt die frühen 1970er-Jahre als eine Zeit, in der Frauen sich selbst entdeckten und sich in auch aus heutiger Sicht anmaßend erscheinender Selbstinteressiertheit und Selbstbezüglichkeit vor allem einander zuwandten. Es sei eine ›schnell laufende Zeit‹ gewesen: eine Zeit des intellektuellen, politischen und persönlichen Aufbruchs von Frauen. Eine Zeit intensiver Begegnung zwischen Frauen und intensiver Bewegung zwischen den Seminaren, der Uni-Frauengruppe und den außerakademischen feministischen Zusammenhängen. Eine Zeit, in der Grenzen zwischen den verschiedenen sozialen Räumen kaum existierten: »Seminar und die Frauengruppe« sind dasselbe (Prokop 1986, 87). Eine Zeit zudem, in der Frauen beginnen, sich die Wissenschaft – das Wissen wie die Institution – auf neue, radikale Art und Weise zu Eigen zu machen, und die Frauenseminare eine zentrale Bedeutung für die Stiftung eines wissenschaftlichen Diskurses zwischen Frauen hatten. »Durch die bewußte Hinwendung zu ›Frauenfragen‹«, so

21 Siehe hierzu auch Holland-Cunz (2003a, 143 ff.), die die 1970er-Jahre unter den Stichworten »Körperpolitik und Selbsterfahrung« verhandelt.
Die starke Betonung von Autonomie, verbunden mit einem ausgeprägten Anti-Etatismus, muss im Rückblick allerdings im Kontext wohlfahrtsstaatlicher Prosperität gesehen werden. Das sozialdemokratische *Credo*, Modernisierung sozialstaatlich abzufedern, erlaubte auch der Frauenbewegung, sich politisch als autonom zu definieren, zugleich aber ihre Projekte staatlich finanzieren zu lassen.

Carol Hagemann-White (1988), »wurden nunmehr Frauen für Frauen die maßgeblichen Gesprächspartner, deren Bestätigung und Anregung, deren Widerspruch oder Zustimmung entscheidend war. Es entstand das Novum eines eigenständigen wissenschaftlichen Diskurses unter Frauen« (Hagemann-White 1988, 10 f.). Ulrike Prokop beschreibt das folgendermaßen:

> Der Weiberrat, das war die erste Neudefinition. Seit den dreisten Schriften von Lida Gustava Heymann und Hedwig Dohm hatte es diesen fordernden Ton von Frauen in Deutschland nicht mehr gegeben. Der Weiberrat hatte nicht die Absicht, sich nützlich zu machen – außer für die Frauen selbst. Das Recht auf den eigenen Körper, die eigene Lust, die eigene Sprache wurde eingeklagt und mit einer Wut gefordert, wie sie entsteht, wenn Frauen erkennen, daß sie gelinkt wurden. [...] Die Entdeckung einer neuen Identität und von überraschenden Gemeinsamkeiten mit anderen ist immer die Zeit, die schneller läuft. Aufregung, Angst und Glück. Lust und Liebe, Entdeckungen, Kurswechsel im eigenen Leben. Das Frauenzentrum, die Abtreibungsdebatte, Sexualität, Gewalt gegen Frauen, Hausfrauenlohn, Lesbenbewegung. Auch die Uni wurde wieder ein Ort der lebendigen Debatten. Das ist zu zaghaft ausgedrückt. Die Frauenseminare 1974 bis 1977, für uns waren sie damals – die Arbeitsgruppen, unsere Treffen – das Wichtigste überhaupt (Prokop 1986, 82 f.).

4.1.3 ›Frauenforschung‹ formiert sich – Ein Frankfurter ›Lehrstück‹

Die neue ›Frauenforschung‹, das verdeutlicht Prokops Resümee, ist anfänglich vor allem Teil des Projekts der politischen, intellektuellen und auch emotionalen Selbstverständigung von Frauen. Zentraler Fluchtpunkt dieser groß und kollektiv angelegten Selbsterfahrung und Bewusstseinsbildung (*consciousness raising*) ist der Gedanke, dass die »Frauenbefreiung« plötzlich nicht nur möglich, sondern auch zum Greifen nah erscheint. ›Frauenforschung‹ ist daher zunächst kein genuin und vor allem kein ausschließlich akademisches Projekt, auch wenn junge Wissenschaftlerinnen und Studentinnen wohl die ›kritische Masse‹ stellen und diese, wie die frühe Forderung der Frankfurter Studentinnen und Assistentinnen nach einem Lehrstuhl zeigt, auch recht gezielt ihre Interessen in die Hochschulen tragen.

Doch die Transformation von Wissenschaft steht anfangs nicht im Mittelpunkt der Aktivitäten; ins Zentrum haben die Frauen vielmehr sich selbst gerückt. Im Zentrum steht die »Überwindung der Sprachlosigkeit«, wie es wenige Jahre später Gabriele Dietze (1979) formulieren wird, die Entdeckung der eigenen Subjektivität, die Aufhebung dessen, was als »Entfremdung« in allen Bereichen des Lebens, so auch in der Wissenschaft, wahrgenommen wurde. Die Frankfurter Uni-Frauen schreiben in der Begründung für ihre »Forderung nach einer Planstelle für Kritik der Weiblichkeitsideologie bei Marx, Freud usw.«:

Nachdem Tausende von Frauen diese Entfremdung, Unterdrückung und Diffamierung auf sich genommen haben, die Frauen ein Minimum an Anerkennung erlitten haben und in dem Maße, als die Frauen begannen, sich auf sich selbst zu besinnen, sagen wir heute von uns aus: die Wissenschaft, wie sie heute praktiziert wird, steht inhaltlich und formal im Widerspruch zu uns Frauen. Aber wir sind nicht mehr bereit, uns anzupassen, die Unterdrückung und Entfremdung auf uns zu nehmen. Wir wollen eine Wissenschaft betreiben, die uns entspricht, in der wir uns wiederfinden (*Frauenjahrbuch* 1, 1975, 164).

Ähnlich argumentieren auch Carol Hagemann-White und Ingrid Schmidt-Harzbach in einem Artikel mit der Überschrift »Warum Frauenstudium?« im Infoblatt der Freien Universität Berlin (FU) im Sommersemester 1975. Sie antworteten damit auf eine im vorangegangenen FU-Info erschienene Polemik, in der unter dem Titel »Die Minderheit will Mehrheit sein!« der Grundsatzbeschluss des Frauenseminars, keine Männer zuzulassen, scharf attackiert worden war. Frauen, so Hagemann-White/Schmidt-Harzbach, »wollen wissenschaftlich arbeiten im Interesse ihrer eigenen Identität und ihrer eigenen Praxis, im Interesse einer theoretisch fundierten Perspektive für die autonome Frauenbewegung« (Hagemann-White/Schmidt-Harzbach 1991, 96).

Was in diesen ersten Texten besonders ins Auge fällt, ist – neben dem Ton, der signalisiert, wie sehr die Frauen sich im Foucault'schen Sinne »im Wahren« erlebten – vor allem die Unbekümmertheit, mit der Widersprüchliches miteinander verknüpft wird. Die Frauen kritisieren die ›herrschende‹ Wissenschaft aufs Schärfste, sprechen ihr ab, Wesentliches zur Geschlechterfrage ausgesagt beziehungsweise – im Zweifelsfall – nur Ideologie, Entfremdung und Verdinglichung produziert zu haben. Ebenso vehement kritisieren sie die Institution

Carol Hagemann-White
Ingrid Schmidt-Harzbach

Einer der Höhepunkte in der Auseinandersetzung um das erste Frauenseminar an der Freien Universität Berlin war ein Artikel (von einer Frau verfaßt) im FU-Informationsblatt, der unter dem Titel „Die Minderheit will Mehrheit sein!" die Feministinnen hart attackiert. Polemisch wird gefragt, ob denn neuerdings persönliche Erfahrung Grundlage von Wissenschaft sein könne, und ob nun auch wieder getrennt geschlechtliche Schulen eingeführt werden sollen. Anlaß für den antifeministischen Ausbruch: Der Grundsatzbeschluß des Frauenseminars, keine Männer zuzulassen. Auf diesen Artikel und die Diskussion in der EPK (Entwicklungsplanungskommission) der Soziologen antworteten im folgenden FU-Info zwei Dozentinnen aus dem Seminar.

Warum Frauenstudium?

Warum wollen Frauen Lehrveranstaltungen, in denen sie ohne Männer über gesellschaftliche Probleme arbeiten können? Der Standpunkt der Gegner solcher Veranstaltungen wird durchweg als vernünftig verklärt, während die Argumente der an der Veranstaltung interessierten Frauen entstellt und lächerlich gemacht werden.

Die Autorin des Artikels, sowie die Mehrheit der EPK-Mitglieder wundern sich einerseits nicht darüber, daß sich an den Fachbereichen immer mehr Frauengruppen bilden, um sich gemeinsam besser gegen Vorurteile und Benachteiligungen wehren zu können, d. h. Selbsterfahrungsprozesse werden positiv bewertet, andererseits wird demgegenüber antagonistisch die Wissenschaftlichkeit von Lehrveranstaltungen gestellt: Erfahrungen müssen intellektuell nachvollziehbar sein. Betroffenheit als Ausgangspunkt wissenschaftlichen Arbeitens wird nicht anerkannt.

Die Auseinandersetzung mit der eigenen Erfahrung wird in das Recht des Privaten verwiesen, dort, wo Unmittelbarkeit immer schon zur Frauenrolle gehörte. Frauen wollen aber gerade nicht, wie es Männer mit Hilfe „ihrer" Frauen traditionell tun konnten, sich privat aufmöbeln und „selbstsicher" werden, um dann gestärkt in den bestehenden Wissenschaftsbetrieb einzutreten. Sie wollen wissenschaftlich arbeiten im Interesse ihrer eigenen Identität und ihrer eigenen Praxis, im Interesse einer theoretisch fundierten Perspektive für die autonome Frauenbewegung.

Der Hinweis, daß die Frauen ihre Diskriminierung zusätzlich zum Studium,nämlich in Frauengruppen, angehen sollten, verlangt von den Frauen wieder einmal das Doppelte an Anstrengung, um in dem von Männern beherrschten System zu überleben.

Natürlich handelt es sich nicht um „weibliche", sondern um gesellschaftliche Probleme. Tatsache ist, daß die Widersprüchlichkeit der Lage der Frau in ihren vielfältigen Dimensionen bisher nicht Gegenstand von Wissenschaft in dem Maße war, wie es ihrer tatsächlichen gesellschaftlichen Relevanz entsprechen würde. Historische Tatsache ist auch, daß die gesellschaftliche Diskriminierung unterdrückter Gruppen erst dann wissenschaftlich zureichend untersucht wurde, als diese Gruppen selbst mit der Untersuchung ihrer Lage begonnen hatten und zum Teil eigene Studien- und Forschungsbereiche durchsetzten – so z. B. die Schwarzen, die Mexikaner, und eben auch die feministischen Frauen in der USA. „Black Studies", „Women's Studies" sind dort eigenständige Disziplinen.
Die Autorin bekräftigt das Argument aus der EPK: „Es sei das erste Mal, daß Erfahrung zur Bedingung einer wissenschaftlichen Lehrveranstaltung gemacht werde." Hier erreicht die blinde Ideologie abgehobener Wissenschaft einen Gipfel. Als sei die von Studenten zunehmend erforderte Teilnahme an Grundkursen, etc., ja selbst schon das Abitur nicht intensivste, dauerhaft prägende Erfahrung. Erfahrung, die häufig mit dem Lernziel „Anleitung zum wissenschaftlichen Arbeiten" schamhaft umschrieben wird. Wer an der Hochschule lehrt und meint, er setze zwar Wissen, aber keine Erfahrung voraus, hat sich noch keine Rechenschaft darüber abgegeben, was er tut.

Wer aber publizistisch hier „Wissen" und „Erfahrung" gegeneinander ausspielt, will den feministischen Standpunkt in der Wissenschaft öffentlich diskriminieren, noch bevor er sich an der Universität überhaupt hat entfalten können.

Gleich zu Anfang ihres Artikels verweist die Autorin auf den Gleichheitsgrundsatz, doch weder sie noch die EPK konnte uns sagen, worin die „Benachteiligung" für Männer besteht, wenn Frauen auch einmal unter sich wissenschaftlich arbeiten. Die Betroffenheit der Männer vom Problem der Unterdrückung der Frau hat eine andere Qualität und erfordert eine andere Aufarbeitung als die Betroffenheit der Frauen selbst, ihre Teilnahme zwingt den Frauen die doppelte Anstrengung auf, gleichzeitig die Erkenntnis und Analyse der eigenen Unterdrückung zu leisten und dies als ein schon Begriffenes den Männern zu vermitteln: überdies hemmt die Anwesenheit der Männer Frauen oft daran, und schränkt somit die empirische Basis der Arbeit im Seminar ein. Wie viele Jahre lang haben männliche Kollegen und Koryphäen geschlossene Projektgruppen durchgeführt und die konstitutive Männerherrschaft ihrer Arbeit unter der diskreten Formel verdeckt: Neuaufnahmen nur nach persönlicher Rücksprache – es krähte kein Hahn danach.

Wollen aber Frauen einmal den Kreis ihrer Projektteilnehmerinnen auf diejenigen einschränken, die über eigene Erfahrungen als Frau schon etwas nachgedacht haben, so wird diese eine Veranstaltung ins Licht des Minderheitenterrors gerückt.

Abb. 4: Artikel Hagemann-White/Schmidt-Harzbach. (*Quelle:* Reprint in *EMMA*-Sonderband »Schwesternlust & Schwesternfrust – 20 Jahre Frauenbewegung« Oktober 1991, 96).

Wissenschaft, die Frauen entweder gänzlich ausgeschlossen, nur minimal wertgeschätzt oder aber dem »vorgegebenen Wissenschaftsgebaren« unterworfen habe (*Frauenjahrbuch* 1, 1975, 163). Und nicht zuletzt kritisieren sie die autoritären und hierarchischen Interaktionsformen in den Seminaren. Und doch sehen sie Wissenschaft als eine zentrale »Produktivkraft« für gesellschaftliche und individuelle Emanzipation, für Selbstfindung und -entwicklung an: ›Wir wollen eine Wissenschaft betreiben, die uns entspricht, in der wir uns wiederfinden‹, eine Wissenschaft, die ›im Interesse ihrer eigenen Identität und ihrer eigenen Praxis‹ ist und eine ›theoretische fundierte Perspektive‹ politischer Praxis leistet.

Doch obwohl den Frauen mehr als deutlich war, dass Wissenschaft, wenn sie ›im Interesse ihrer eigenen Identität und Praxis‹ sein soll, in ›kapitalistischen Verwertungszusammenhängen‹ nicht bleiben kann, wie sie ist, blieb die Vorstellung, *wie* sie verändert werden müsste – jenseits der Forderung, dass die »kapitalistischen Verkehrsformen« überwunden werden und Fundament des Wissens die eigene Erfahrung, die »eigene, konkret erfahrbare Subjektivität« sein müsse –, mehr als vage. Erfahrung und Subjektivität sind dabei zentrale, in vielen Texten auftauchende Schlüsselbegriffe.[22] In der Begründung der Frankfurter Uni-Frauengruppe für die Professur heißt es:

> Eine Wissenschaft, die nicht mehr auf Konkurrenz, Triebverzicht und Unterdrückung von Emotionalität beruht, den zur Erhaltung des Kapitalismus notwendigen Verkehrsformen, die in der Wissenschaft reproduziert werden und sie deshalb, selbst bei anderem Anspruch, verwertbar bleiben läßt. Erst eine Wissenschaft, deren Inhalte durch Emotionalität und die eigene, konkret erfahrbare Subjektivität vermittelt ist, kann den Rahmen der kapitalistischen Subsumtion sprengen, das heißt revolutionäre emanzipative Kraft werden (*Frauenjahrbuch* 1, 1975, 164).

Der Einfluss der ›linken‹ Theorie, insbesondere die von der Kritischen Theorie herrührende Vorstellung, Theorie und Praxis nicht nur als Einheit, sondern Theorie selbst als widerständige Praxis zu verstehen, ist in dieser Textpassage deutlich zu erkennen. Doch un-

22 Die Suche nach eigener Subjektivität in der Wissenschaft ist in den Texten der späten 1970er- und frühen 1980er-Jahre, die die Erfahrungen von Frauen im Wissenschaftsbetrieb verhandeln, ein häufig wiederkehrendes Motiv. Vgl. hierzu etwa die Texte von Reinke 1981, Braunmühl 1981, Schlüpmann 1981.

verkennbar sind auch die neuen, nichtakademischen, feministischen Einflüsse. Denn als die Uni-Frauengruppe in Frankfurt ihre Forderung nach einem Lehrstuhl in die Universität trug, hatten die Frauen im Frankfurter Weiberrat sich längst mit einer anderen, Theorie und politische Praxis verbindenden, emanzipatorischen Praxis auseinander gesetzt: der Methode des *Consciousness Raising*, wie sie in den feministischen Gruppen in den USA praktiziert wurde. Bereits 1972 hatte der Weiberrat unter seinem offiziellen Namen »Arbeitskollektiv der Sozialistischen Frauen Frankfurt/M.« und unter dem Titel *Frauen gemeinsam sind stark!* eine Sammlung von Texten und Materialien der *Women's Liberation Movement* in den USA veröffentlicht. Im Vorwort des Bandes erläutern die Frankfurterinnen ausführlich, was unter *Consciousness Raising* zu verstehen ist:

In den kleinen Gruppen der WL arbeiten die Frauen ihre subjektiven Erfahrungen auf, das heißt, sie interpretieren sie gemeinsam, verallgemeinern und systematisieren sie, indem sie sie in ihren gesellschaftlichen Zusammenhang stellen. [...] Die theoretische Arbeit ist Teil der politischen Praxis im unmittelbaren Sinn, weil in ihr Bewußtseinsbildungsprozesse, Stadien der Selbstveränderung, die Konstitution eines subjektiven Interesses an Revolution innerhalb solidarischer Kollektive beschrieben werden. [...] Die Bindung theoretischer Arbeit an die politischen Interessen und ihr Zusammenhang mit der Subjektivität und Emotionalität der Betroffenen bleibt auf diese Weise transparent. Die WL-Gruppen machen die Erfahrung der eigenen Unterdrückungssituation als Frau zum Ausgangspunkt der theoretischen Erarbeitung der gesellschaftlichen Realität des kapitalistischen Systems (Arbeitskollektiv der sozialistischen Frauen Frankfurt/Main (Hg.), *Frauen gemeinsam sind stark*, 1972, 7 f.).

Die Frankfurterinnen stützten sich dabei wesentlich auf einen Artikel von Pamela Allen, »Der Freiraum«, in dem Allen die Arbeit in den von ihr *Small Groups*, »Kleine Gruppen«, genannten Zusammenschlüssen der US-amerikanischen Frauenbewegung erläutert. Diese basierten auf vier »Gruppenprozessen«: »›sich selbst darstellen‹, ›Erfahrungen teilen‹, ›analysieren‹ und ›abstrahieren‹« (Allen 1972, 63). Mit Hilfe dieser Prinzipien, so die Vorstellung der Frankfurter Frauen, ließe sich auch eine andere, neue, den Interessen der Frauen an individueller und gesellschaftlicher Emanzipation entsprechende Wissenschaft betreiben. Deutlich wird hieran die auch von Prokop beschriebene Durchlässigkeit zwischen politischen und wissenschaftlichen Zusammenhängen: ›Seminar und

Abb. 5: Titelblatt: *Frauen gemeinsam sind stark!*

Frauengruppe waren dasselbe‹. Von einer abgegrenzten, ausdifferenzierten akademischen Frauenforschung kann also längst noch nicht die Rede sein. In einer Art »fröhlicher Wissenschaft« mixten die Frauen Versatzstücke marxistischer und Kritischer Theorie mit den theoretischen Ansätzen des Feminismus, wie sie der Weiberrat in den Texten aus der US-amerikanischen Frauenbefreiungsbewegung gefunden hatte, und der dort praktizierten Methode des *Consciousness Raising* als wissensgenerierender Praxis.

Doch die machtvolle feministische Rhetorik wird konterkariert von einem an den lokalen Frankfurter akademischen Gegebenheiten orientierten Pragmatismus. Zwar ist der Impuls für den akademischen Raum beanspruchenden Feminismus ein politischer, zwar kritisieren die Frankfurter Frauen die Wissenschaft, die sie vorfinden, vehement und mit Leidenschaft, dennoch greifen sie offensichtlich recht selbstverständlich auch auf die gegebenen akademischen Strukturen, Ressourcen und Rhetoriken zurück. Hier zeigt sich, dass die lokalen Kontexte – in Gestalt der organisatorischen und inhaltlichen Struktur des noch jungen Frankfurter Fachbereichs »Gesellschaftswissenschaften«[23] sowie der die damalige Soziologie in Frankfurt dominierenden Theorien des Marxismus, der Psychoanalyse und insbesondere der Kritischen Theorie – die Inhalte des akademisch werdenden Feminismus letztlich womöglich nachhaltiger formatieren, als es die feministischen Ideen je gekonnt hätten. Gefordert hatten die in der »Uni-Frauengruppe« organisierten Frankfurterinnen zwar einen Lehrstuhl für ›Kritik der Weiblichkeitsideologie bei Marx, Freud usw.‹. Sie rückten also die Ideologiekritik an den (in Frankfurt) dominierenden Theorien in den Vordergrund. Ihre inhaltliche Begründung für den Lehrstuhl zielt jedoch deutlich auf eine auf materialistischen und psychoanalytischen Erklärungsmodellen gründende Soziologie des »weiblichen Lebenszusammenhangs« (Prokop 1976). Diese orientierte sich stark

23 Der Fachbereich war erst zwei Jahre zuvor, im Sommer 1971, im Rahmen der Umstrukturierung der Fakultäten der Frankfurter Universität in Fachbereiche neu gegründet worden. Integriert wurden in diesen neuen Fachbereich das ›alte‹ Soziologische Seminar des *Instituts für Sozialforschung*, die Soziologie und Politikwissenschaft der ehemaligen WiSo-Fakultät sowie die entsprechenden Institute der Abteilung für Erziehungswissenschaft, die für die Lehrerausbildung zuständig war. Vgl. hierzu den von Heinz Steinert herausgegebenen Band *Die (mindestens) zwei Sozialwissenschaften in Frankfurt und ihre Geschichte* (1990).

an der Struktur des Fachbereichs Gesellschaftswissenschaften, der zu dieser Zeit unter anderem aus den Abteilungen ›Produktion‹ und ›Sozialisation‹ besteht. Zwar konstatieren die Frauen, dass diese Aufteilung der »Komplexität einer ›Soziologie der Frau‹ nicht gerecht« würde (*Frauenjahrbuch* 1, 1975, 166), pragmatisch sei es jedoch sinnvoll, von ihr auszugehen. Da zudem »in der BRD die Industriesoziologie sich für weibliche Erwerbstätigkeit zu interessieren« beginne (ebd.) – realisiert unter anderem in einem Projekt am Frankfurter *Institut für Sozialforschung* im Rahmen des damaligen DFG-Schwerpunktes »Integration der Frau in die Berufswelt« –, das Themenspektrum Produktion/Reproduktion damit also schon abgedeckt sei, wäre es nahe liegend, »den Schwerpunkt der Stelle an diesem Fachbereich auf geschlechtsspezifische Sozialisationsprozesse unter dem Aspekt der Genese weiblicher Identität zu legen« (ebd.).

Der Zuschnitt möglicher Themen, die bis dahin aus Sicht der Studentinnen nicht repräsentiert waren, veranschaulicht die deutliche Differenz zwischen der feministischen Rhetorik, in der Unterdrückung und Entfremdung, Revolution und Emanzipation, Emotionalität und Subjektivität die Signalwörter sind, und deren Übersetzung in soziologisch konventionalisierte Beschreibungsweisen:

1. Weibliche Geschlechtsrolle und Beruf; 2. geschlechtsspezifische Persönlichkeitsstrukturen; 3. Geschlechtsrollenidentifikation, ihre Mechanismen und Bedingungen; 4. Geschlechtsrollenidentifikation und motivationale und kognitive Entwicklung; 5. Das Verhältnis von technischem Wandel, Frauenerwerbstätigkeit; 6. Identifikation der Frau mit Berufsrolle oder Familie/der Produktion oder der Reproduktion; 7. Frauen an der Universität bzw. Frauen in wissenschaftlichen Berufen (ebd., 164).

Im schließlich mit 31 : 1 : 1 Stimmen angenommenen Ausschreibungstext spielt dann weder die (Ideologie-)Kritik an Marx und Freud noch das Vokabular der Aufhebung von Entfremdung und Unterdrückung sowie der ›Überwindung kapitalistischer Verkehrsformen‹ oder gar die Idee einer ›anderen‹ Wissenschaft eine besondere Rolle. Stattdessen ist der Fokus ausschließlich auf ›die‹ Frau, ihre Sozialisation und ihre Identität im Spannungsfeld von Produktion und Reproduktion gerichtet. Die Forderung nach einer ›Wissenschaft, deren Inhalte durch Emotionalität und die eigene, konkret erfahrbare Subjektivität vermittelt sind‹, hatte sich verwandelt in die unter ›Sonstiges‹ aufgelisteten Anforderungen ›eigene Erfahrungen in der aktuellen Frauenbewegung‹ sowie ein ›Arbeitsstil, der eine angstfreie Kommunikation möglich macht‹:

Schwerpunkt: Soziologie der Frau unter besonderer Berücksichtigung primärer, sekundärer und beruflicher geschlechtsspezifischer Sozialisationsprozesse. Es soll versucht werden, auf der Grundlage einer materialistisch orientierten, psychoanalytischen Sozialisationstheorie in Verbindung mit Theorien zur gesellschaftlichen Produktion und Reproduktion die Probleme der Genese weiblicher Identitätsbildung und Formen ihrer praktischen Veränderung zu bearbeiten.
Die Bewerberin sollte über Kenntnisse der genannten Theorieansätze sowie der Entwicklung weiblicher Erwerbstätigkeit, des historischen Wandels und der Veränderbarkeit der Frauenrolle, der Geschichte der proletarischen und bürgerlichen Frauenbewegung verfügen.
Erwünscht sind eigene Erfahrungen in der aktuellen Frauenbewegung. Von der Bewerberin wird ein Arbeitsstil erwartet, der eine angstfreie Kommunikation möglich macht (ebd., 167).[24]

Am Frankfurter ›Lehrstück‹ zeigt sich exemplarisch, wie die inhaltliche Gestalt des akademisch werdenden Feminismus nicht nur von den feministischen Bewegungskontexten, sondern auch von den lokal vorgefundenen intellektuellen und institutionellen Gegebenheiten imprägniert ist. Die institutionelle Struktur des Fachbereichs Gesellschaftswissenschaften sowie die in Frankfurt dominierenden Theorien lieferten sowohl den organisatorischen Rahmen als auch die Theoriesprache, innerhalb deren sich das noch vage feministische Anliegen akademisch artikulierte, artikulieren konnte.[25] Noch

24 Die Nachhaltigkeit dieses Zuschnitts zeigt sich noch in der Denomination der dann dreizehn Jahre später tatsächlich eingerichteten Frankfurter Professur: »Frauenarbeit in Produktion und Reproduktion/Frauenbewegung«.

25 Niklas Luhmann hatte schon 1968 in seinem Beitrag zum Band *Studenten in Opposition* (Baier 1968), »Status quo als Argument«, darauf hingewiesen, dass die politischen und akademischen Institutionen ihre Stabilität aus dem Versprechen bezogen, Veränderung sei möglich, aber schwierig. Der Student [!] finde sich »eingeladen zur Kritik«, das System sperre ihn nicht aus, sondern gebe sich vielmehr veränderungsbereit. Aber die Offerten seien »mit dem Angebot von Rollen verbunden, in denen der Status quo, die allgemeine Reduktion der Komplexität anerkannt werden muß. Der Protest muß dann in verhandlungsfähige Ziele umgemünzt, die Rhetorik des Systems übernommen, das Errungene muß zementiert werden. So kann der Student den Anschluß an die moralische Basis der Gesellschaft gewinnen, wenn er die Einigungsformel akzeptiert, die Unberechenbares ausgrenzt« (Luhmann 1992, 25).

bevor etwa die Frage entschieden war, ob und wie Frauenforschung überhaupt institutionell organisiert sein soll, in welchem Fach, ob in einzelnen Professuren oder aber in alle Lehrstühle und Gebiete eingeführt werden müsste, hatte sie schon – da die aktiven Frauen Studentinnen der Soziologie waren, da die Soziologie in vielerlei Hinsicht das Fach der Stunde war, da es Assistentinnen – Ulrike Prokop und Regina Becker-Schmidt – gab, die bereits ›Frauenforschung‹ *avant la lettre* betrieben, und da sich der Fachbereich Gesellschaftswissenschaften den feministischen Anliegen am weitesten öffnete – eine disziplinäre Gestalt, die Gestalt der Soziologie, und eine institutionelle Form, einen Lehrstuhl, angenommen.

Betrachten wir das Frankfurter ›Lehrstück‹ noch einmal genauer aus der institutionalistischen Perspektive, nämlich unter der Frage, welche Faktoren ausschlaggebend waren, dass Feminismus dort überhaupt als akademisches Unternehmen realisiert werden konnte, so zeigt sich, dass zwei der drei Kriterien, die Terry Clark (1974, 105) als ausschlaggebend für die Entwicklung eines neuen wissenschaftlichen Gebietes nennt, tendenziell gegeben waren: a) ›ein Satz zusammenhängender Ideen, eine Art von Paradigma‹ und b) ›talentierte Individuen‹, die diese Ideen sukzessive erweitern und verbreitern. Da ist zunächst eine politische Idee, die Idee der Emanzipation. Und zudem eine – im lokalen Maßstab – große Zahl politisch bereits aktiver Frauen, eine ›kritische Masse‹. Die Idee der Emanzipation respektive der ›Frauenbefreiung‹ war in der Tat stark genug, als intellektuelle Anleitung zu dienen, obgleich sie mitnichten ein auch nur annähernd kohärentes wissenschaftliches Paradigma darstellte. Carol Hagemann-White (1995) beschreibt die Vagheit der damaligen ›Erkenntnisse‹:

Was tatsächlich stattfand in einer Vielzahl unterschiedlichster Fachgebiete, war eine weitgreifende, alle verfügbaren Kenntnisse und Bruchstücke einbeziehende Diskussion um die Möglichkeit der Frauenbefreiung. In dem zu dieser Zeit als ›emanzipatorisch‹ geltenden Vokabular, mit seiner Verweisung auf die Erklärung aus materiellen Basisverhältnissen und auf das notwendige Begreifen der Totalität, wurden gemeinsam entdeckte, subjektiv als stimmig empfundene Zusammenhänge als ›gesellschaftlich‹ bezeichnet, oft ohne daß klar wurde, was darunter zu verstehen sei: Häufig wäre eine Kennzeichnung als kulturelle Zusammenhänge mindestens ebenso treffend gewesen. Das Charakteristikum dieser Phase ist am ehesten als eine Verweigerung gegenüber den Disziplinen zu beschreiben sowie als eine rasche Abfolge von aufblitzenden neuen Themen und Fragen, die wie überspringende Funken von der Bewegung in die Seminare gelangten (Hagemann-White 1995, 19).

Es war zudem ein Gedanke, der gemeinschaftsbildend wirkte und die für die Initiierung eines neuen Projektes nötige soziale Integration zwischen den Frauen beförderte. Darüber hinaus gab es schlicht genügend ›talentierte Individuen‹, namentlich Studentinnen und junge Wissenschaftlerinnen, die in den Zusammenhängen der Studentenbewegung gelernt hatten, sich politisch zu organisieren und zu artikulieren, die Flugblätter schreiben und Aktionen organisieren konnten und die nicht zuletzt theoretisch geschult waren. Sie trugen die für sie mächtig gewordenen feministischen Ideen in die Universität hinein und begannen, diesen ein wissenschaftliches Format zu geben. Durch den intensiven personellen und räumlichen Austausch entstand darüber hinaus schnell ein dichtes Kommunikationsnetzwerk, in dem die einzelnen Ideen mit großer Geschwindigkeit zirkulieren konnten und Verbreitung fanden. Dies ist einer der wesentlichen Faktoren in der Herausbildung neuer wissenschaftlicher Gebiete – verdichtete Kommunikation –, auf den Griffith/Mullins (1974, 226) hingewiesen haben. Die Tatsache, dass die Frauen im Wesentlichen Studentinnen und Assistentinnen in der Soziologie waren und dass die Soziologie zudem im Laufe der 1970er-Jahre im Zuge des Hochschulausbaus zu einem großen, fast überall vertretenen Fach geworden war, erklärt darüber hinaus, warum diese das Fach ist, in dem die Anfänge der bundesdeutschen Frauenforschung zu finden sind. Es ist zudem auch als ein wesentlicher Faktor anzusehen für die im Vergleich zu anderen Fächern fortgeschrittene Institutionalisierung soziologischer Frauen- und Geschlechterforschung und die bis heute ungleichzeitige disziplinäre Entwicklung von Frauen- und Geschlechterforschung.

Was den Frauen dabei anfänglich auch in den Universitäten hilft, ihr Anliegen als legitimes einzubringen, ist die *politisch* erzeugte Plausibilität feministischer Ideen. Gerade an den so genannten ›linken‹ sozialwissenschaftlichen Fachbereichen wie an der Berliner Freien Universität und der Universität Frankfurt, in denen – ein Erbe der Studentenbewegung – die diffuse Vorstellung regierte, dass die Soziologie die Ursachen von Ungerechtigkeit aufklären und man so einer besseren Welt näher kommen würde, fanden sie vordergründig Unterstützung für ihr Anliegen.[26] So berichten die Frankfurter Frauen von der bereits erwähnten Sitzung der Fachbereichskonferenz im Sommersemester 1974, in der sie ihren Antrag für die Professur einbrachten, dass sie entgegen ihrer Erwartung keine »aggressive Diskussion« erlebten, sondern ihre Argumentation allen vollkommen einzuleuchten schien (*Frauenjahrbuch* 1, 1975, 165). Doch sollte dies nur der erste Akt sein. Bereits im nächsten Akt, in den Diskussionen um den Ausschreibungstext im »Ausschuss für Lehre und Studium«, damals kurz LUST genannt, erlebten die Frauen, dass ihr Wissensanspruch nicht *per se* als legitim angesehen und dementsprechend vehement bestritten wurde. Schnell wurde deutlich, dass sich ihre Interessen jenseits der ebenso allgemeinen wie diffusen politischen Akzeptanz des feministischen Anliegens vor allem in einer sedimentierten akademischen Ordnung würde behaupten müssen: »Hier wurde uns besonders klar, wie sehr wir, um unsere Forderungen durchsetzen zu können, unsere Sprache verändern – ja beschränken mußten« (ebd., 166).

In den folgenden Jahren wird der Beschluss der Fachbereichskonferenz verschleppt.[27] Statt der Professur wird eine befristete Stelle für einen/eine Wissenschaftliche MitarbeiterIn mit dem Schwerpunkt »Soziologie der Frau« eingerichtet, und es werden einige Lehraufträge vergeben. Der Kampf der Frauen für eine Professur erlahmt. Erst 1980 ergibt sich eine neue Gelegenheit, als am Fachbereich Gesellschaftswissenschaften eine Professur für »Soziale Bewegungen« neu besetzt werden soll. Erneut werden Frauen aktiv, und das »Frauenplenum« der Frankfurter Universität engagiert sich intensiv für die Besetzung dieser Stelle mit einer feministischen Wissenschaftlerin. In der Tat wird die feministische Sozialwissenschaftlerin Maria Mies von der Berufungskommission auf den ersten Platz der Berufungsliste gesetzt. Diese Liste wird mit einem Sondervotum

26 Sein Unverständnis für die »Oppositionssoziologie Frankfurter Provenienz« kaum verhehlend, kommentiert Luhmann (1992): »Die Frankfurter Schule hielt noch an der Vorstellung fest, daß die Realwidersprüche der Gesellschaft sichtbar gemacht werden könnten und dem kritischen Beobachter seinen Gegenstandsbezug vermitteln, wie immer er dann als Aufklärer in die Widersprüche hineingezogen werde« (Luhmann 1992, 150).

27 Für eine Chronologie der Geschichte des Kampfes um den Frankfurter Frauenlehrstuhl siehe die von Ute Kraft bearbeitete »Tabellarische Chronologie« in der vom Frauen- und Lesbenplenum der Universität Frankfurt herausgegebenen gleichnamigen Dokumentation (1986, 11-19).

der als konservativ geltenden Hochschullehrergruppe »Gruppe 75«, in dem diese beanstandet, der Erstplatzierten ginge es mehr um »Emanzipation und Humanität als um methodische Exaktheit«, im Februar 1981 an den Akademischen Senat weitergeleitet. Mehr als ein Jahr danach, im Oktober 1982, lehnt der hessische Kultusminister die Liste ab mit der Begründung, die Kapazitäten des Fachbereiches seien nicht ausgelastet. Zudem seien Bewerber- und Gutachterauswahl zu eng und der Schwerpunkt nicht notwendig. Auch diese Stelle sollte nie besetzt werden, und es bedurfte weiterer fünf Jahre intensiver Kämpfe, bis es, wie erwähnt, im dritten Anlauf gelingt, eine Professur für Frauenforschung einzurichten und 1987 zu besetzen.

Das im dritten Kapitel skizzierte topografische ›Bühnen‹-Modell zur Beschreibung der spezifischen Ökonomie des Geschehens in wissenschaftlichen Institutionen (vgl. S. 184) bietet ein Instrumentarium, um die organisationale Dynamik in diesem ersten ›Lehrstück‹ der Etablierung von Frauenforschung zu verstehen: Auf der ›Vorderbühne‹ der Frankfurter Hochschulgremien gilt nicht nur das *script* der offiziellen und formalisierten Regeln und Vorschriften, nach dem die Argumente anderer unvoreingenommen und offen aufgenommen werden. Es gilt nicht nur das Leitbild, dass die Organisationen der Wissenschaft rational handelnde Organisationen sind, sondern auch das (soziologische) *Credo* der Zeit, dass Wissenschaft Aufklärung und so Teil gesamtgesellschaftlicher Emanzipation ist. Insofern konnte die Fachbereichskonferenz der Frankfurter Gesellschaftswissenschaften kaum anders, als den ersten Antrag der Uni-Frauengruppe 1974 positiv abzustimmen. Auch die Frauen selbst hatten ihr Anliegen in diesem Sinne gerahmt, auf dieses Selbstverständnis der Aufklärung gesetzt und bereits im Vorfeld versucht, ›linke‹ Professoren für ihr Anliegen zu gewinnen.

Doch das Spiel auf der Vorderbühne wird konterkariert vom *script* der ›Hinterbühne‹, auf der Fragen von Zugehörigkeit, von Konformität und Kohäsion, der Zusammensetzung der akademischen Gemeinschaft verhandelt werden und auf der andere als die ethischen Normen gelten, die Merton idealtypisch rekonstruiert hat. Hier galt es etwa auszutarieren, wie viele Professorinnen die Gemeinschaft der Hochschullehrer ›verträgt‹, hier wurde die narzisstische Kränkung bearbeitet, die der Frontalangriff der Frauen gerade für die ›linken‹ Männer bedeutet haben musste. So bemühen die vornehmlich männlichen Mitglieder des Ausschusses für Studium und Lehre in der ersten Runde 1974 nicht zufällig das formale Argument, dass die Forderung der Studentinnen, der Lehrstuhl müsse mit einer Frau besetzt werden, eine Verletzung des Grundgesetzes darstelle und somit die darin garantierte Chancengleichheit nicht gewahrt würde. Hier zeigt sich das komplexe Zusammenspiel von Vorder- und Hinterbühne. Mit der Aufrufung von Artikel 3, Absatz 2 des Grundgesetzes, Männer und Frauen sind gleichberechtigt, bestätigen die Mitglieder des LUST-Ausschusses das Selbstbild der Organisation Universität als rational handelnde Organisation und sind zugleich in der Lage, ihre nichtrationalen Vorbehalte in legitimer Weise zu artikulieren. In der zweiten Runde des Kampfes um die Professur Anfang der 1980er-Jahre taucht dann ein weiteres Set aus dem häufig benutzten Arsenal der Argumente gegen Frauen- und Geschlechterforschung auf – deren politische Kontamination, ihre mangelnde methodische Exaktheit oder theoretische Unausgereiftheit, die Parteilichkeit und damit Verzerrtheit der Forschung –, das im Kern ähnlich funktioniert.

Die Stücke auf beiden Bühnen speisen sich schließlich aus der ›Unterbühne‹ und ihrer Asservatenkammer der Leidenschaften. Hier agieren widersprüchlich ineinander verwobene Ängste und Hoffnungen, Idiosynkrasien und Wünsche. Während sich die Akteure für das Spiel auf der Vorderbühne beispielsweise aus der Abteilung ›Hoffnungen und Erwartungen an politische Visionen‹ bedienen beziehungsweise die phantasmatische Macht (grund)gesetzlicher Normen aufrufen, dominieren auf der Hinterbühne Ängste vor Autoritätsverlust auf Seiten der Männer und Phantasien, historisch im Recht zu sein, auf Seiten der Frauen. Das widersprüchliche Verhältnis der »linken Professoren zur Frauenbewegung« beschreibt Silvia Kontos (1986) in ihrer Reflexion der zweiten Phase des Kampfes um die Frankfurter Professur um 1980 als eines des »typischen Widerspruchs zwischen einer allgemeinen Akklamation und der selbstverständlichen Einsicht in die Notwendigkeit der Frauenemanzipation, die sich zuweilen bis zu emphatischen Beschwörungen der emanzipativen Kraft der Frauenbewegung« steigere, und der »konkreten Abwertung der konkreten Äußerungen dieser Frauenbewegung«, die von der »beständigen Mäkelei an der Qualität wissenschaftlicher Arbeiten von Frauen über den Vorwurf ›unpolitischen‹ oder reaktionären Verhaltens bis hin zur Kritik an der eigenen (Ehe-)Frau wegen mangelnder feministischer Radikalität« reiche (Kontos 1986, 94).

4.2 Zwischen Aktivismus und Akademie

Der feministische Aufbruch in die Wissenschaft weitet sich in den Jahren nach 1973 aus. In Berlin entwickeln Dozentinnen aus dem Seminar »Marxismus-Feminismus« an der Freien Universität Berlin den Gedanken, nach dem Vorbild der US-amerikanischen *Summer Schools* in Berlin eine Sommeruniversität für Frauen durchzuführen. Im Sommer 1976 ist es dann so weit: Am 6. Juli wird die erste Sommeruniversität eröffnet. Mehr als 500 Frauen aus der gesamten Bundesrepublik nehmen daran teil. Die ebenso ehrgeizige wie wagemutige, ebenso vermessene wie vage Zielsetzung ist mehr denn je, die Welt *und* die Wissenschaft radikal zu verändern, um die Frauen zu befreien. So postuliert die Historikerin Gisela Bock (1977) in ihrem Vortrag »Frauenbewegung und Frauenuniversität. Zur politischen Bedeutung der ›Sommeruniversität für Frauen‹«, mit dem sie diese erste »Berliner Sommeruniversität« eröffnet:

> [...] wir wollten hier das realisieren, was wir in der Frauenbewegung erfahren hatten: daß das Persönliche auch politisch – und wissenschaftlich! – ist und daß wir gemeinsam stark sind. Aber wir wollen nicht nur die akademische Wissenschaft um einen sogenannten Frauenaspekt additiv ergänzen, wir wollen nicht nur Forschungslücken erst entdecken und dann ausfüllen. Wir wollen mehr als nur Objekt und Subjekt der Wissenschaft werden: wir wollen sie und die Gesellschaft verändern. Radikal. [...] Die Wissenschaft, die wir wollen, spürt [...] diejenigen Angelpunkte und Gelenkstellen auf, an denen wir ansetzen müssen, um eine Gesellschaft radikal zu verändern, die auf unserer institutionalisierten Ohnmacht beruht und eine Wissenschaft hervorbringt, die uns verschweigt oder nur als Spezialfall zuläßt (Bock 1977, 18, 20).

Es ist dieser leidenschaftliche Elan, die Überzeugung, dass revolutionäre Veränderung möglich ist, der den akademisch werdenden Feminismus anfänglich wesentlich bestimmt und vorantreibt. Aus einem Selbstverständnis der Dissidenz, einem unbedingten Willen zur Emanzipation, dem Wunsch nach radikaler Veränderung der Gesellschaft und der Überwindung der ›institutionalisierten Ohnmacht‹ der Frauen sowie aus der oft durchaus dogmatischen Gewissheit, »wahr zu sprechen«, bezieht er seine Spannkraft und Überzeugungsfähigkeit. Ohne diesen Elan – und vielleicht auch ohne den anfänglichen Dogmatismus – wäre ›Frauenforschung‹ womöglich nicht akademische Realität geworden.[28] Noch mehr als zehn Jahre nach der ersten Sommeruniversität in Berlin beschreibt Marlis Krüger (1987) diesen revolutionären Elan in ihrem Text »Überlegungen und Thesen zu einer feministischen (Sozial-)Wissenschaft«:

> Der gegenwärtige Diskurs unter feministischen (Sozial-)Wissenschaftlerinnen vermittelt ein Gefühl des ›Aufbruchs‹ – etwas Neues soll geschaffen werden: Ansprüche werden erhoben, die die eingefahrenen Denkmuster herausfordern sollen; etablierte Methoden werden zurückgewiesen und als unbrauchbar verworfen; neue methodologische Postulate werden aufgestellt; die herrschenden Normen und Prinzipien unserer wissenschaftlichen Tätigkeit überhaupt werden in Zweifel gezogen, und die einst so eindeutigen Abgrenzungen zwischen ›wissenschaftlich‹ und ›nicht-wissenschaftlich‹ scheinen mehr und mehr zu verschwimmen. Dem vorwärtsdrängenden, wissenschaftlich revolutionierenden und politisch radikalen Impetus feministischer (Sozial-)Wissenschaft sowie der Lebendigkeit des Diskurses kann sich m. E. niemand entziehen, der/die noch einen Funken intellektueller Neugierde in sich trägt und politisch-ethische Empörungsfähigkeit über ungerechte und unterdrückende Verhältnisse behalten hat – trotz weltweit widriger Umstände inner- und außerhalb Akademias (Krüger 1987, 58).

4.2.1 Aporien des Widerstreits zwischen Aktivismus und Akademie

Das in Bocks Vortrag anvisierte Programm einer Übersetzung des politischen Aktivismus in Wissenschaft ist jedoch nicht nur eine wesentliche Quelle des Antriebs des Feminismus, der akademisch werden will. Jenes Programm spannt diesen von Beginn an auch ein in

28 Mit größerem zeitlichen Abstand zur Gründungsphase beschreibt Bonnie Zimmerman (1993) für den US-Kontext freimütig auch die Kehrseite dieses radikalen feministischen Impetus: »We broke new ground in virtually every area of society. We took risks and created dazzlingly new ideas and interpretations. Because we were pioneers – because we fervently believed (rightly or wrongly) that we had been born anew – we were also ideologues and fanatics, passionate about our new religion. We believed that we were stripping away the lies and myths of the past to reveal the ›real truth‹ about women and lesbians. We were sweeping the house clean. It was that commitment to truth-telling that made us so intense, and so dogmatic at times« (Zimmerman 1993, 115).

Abb. 6: Plakat der Sommeruniversität 1976.

widerstreitende, sich wechselseitig immer wieder herausfordernde Logiken von Politik und Wissenschaft, von Bewegung und Institution, Aktivismus und Akademie.[29] Dieser in immer wieder neuen Artikulationen auftretende Widerstreit – beispielsweise als ›Professionalisierung *versus* Politisierung‹, als ›Theorie *versus* Praxis‹ – ist bis heute einer der zentralen Schauplätze der Produktion und Reproduktion des akademisch gewordenen Feminismus.[30] Gemessen an gängigen Wörterbuchdefinitionen, so kommentierte diesen Widerstreit zwischen Aktivismus und Akademie für den US-amerikanischen Kontext noch jüngst Judith Stacey (2000), stellt der akademische Feminismus ein Oxymoron dar: »If an academic«, so Stacey, »is someone ›scholarly to the point of being unaware of the outside world‹ who pursues knowledge that is ›theoretical or speculative without a practical purpose or intention‹ [...], such an intellectual should find herself categorically at odds with the fundamentally political character of the ›F‹ word« (Stacey 2000, 1190).[31] Doch – der lexikalischen Unmöglichkeit akademischen Feminismus trotzend – Stacey fährt unbeirrt fort: »[H]owever oxymoronic the concept in theory may be, in practice academic feminism has become a social fact« (ebd.).

Der Widerstreit zwischen Aktivismus und Akademie produziert darüber hinaus eine im Untergrund des akademisch gewordenen Feminismus bis heute wirksame Aporie, wie wir im zweiten Kapitel in den Bilanzierungen des *feminist turn* gesehen haben: Nicht nur finden sich auch gegenwärtig noch die widerstreitenden Impulse, nämlich kritischer Rand *und* Teil des Ganzen sein zu wollen. Darüber hinaus such(t)en die Frauen gleichsam auch die Quadratur des

29 Regina Becker-Schmidt und Gudrun-Axeli Knapp (2000) sprechen von einem »Spannungsverhältnis, in dem sich feministische Theoriebildung trotz aller Akademisierung und Professionalisierung bis heute bewegt« (Becker-Schmidt/Knapp 2000, 7).

30 Er liefert allerdings auch, wie wir im folgenden Abschnitt sehen werden, eine Folie für die gegenwärtig zu beobachtenden Distinktionskämpfe innerhalb des Feldes, etwa zwischen feministischer Theorie und Gender Studies.

31 Stacey (2000) rekurriert hier auf die Definitionen des *American Heritage Dictionary of the English Language* (1992) für »›*academic*‹ (scholarly to the point of being unaware of the outside world [...] Formalistic or conventional [...] Theoretical or speculative without a practical purpose or intention. Having no practical purpose or use)« und »›*feminism*‹ (Belief in the social, political and economic equality of the sexes. The movement organized around this belief)« (Stacey 2000, 1189).

Kreises: Gerade an der Institution, die sie als Teil der männlichen Hegemonie identifiziert und daher als radikal veränderungsbedürftig diagnostiziert hatten, woll(t)en feministische WissenschaftlerInnen partizipieren, sie radikal transformieren und selbst zu einer der Arenen feministisch orientierter gesellschaftlicher Veränderung machen. »Die Hochschulen«, schreibt etwa Heike Kahlert (2000) noch 25 Jahre nach der ersten Sommeruniversität, »sind [...] ein zentraler gesellschaftlicher Ort für feministische Interventionen« (Kahlert 2000, 7). Die feministischen Neuankömmlinge sahen sich folglich von Anfang an vor die paradox strukturierte Aufgabe gestellt, *gegen* die geltenden Regeln und Routinen angehen zu wollen, doch zugleich *innerhalb* dieser agieren zu müssen, um erfolgreich zu sein. »Frauen- und/oder Geschlechterforschung in der Bundesrepublik« oszilliere daher seit Beginn ihrer Institutionalisierung »zwischen den Polen *subversive, feministisch begründete Ansprüche* einerseits und *Normalisierungsrealität* andererseits«, wie Lerke Gravenhorst (2001, 96; Hervorhebung i. O.) im Rückblick auf 20 Jahre Institutionalisierungsgeschichte von (soziologischer) Frauen- und Geschlechterforschung argumentiert. So sei beispielsweise die Entscheidung für die Bezeichnung ›Frauenforschung‹ als Name für die »Sektion Frauenforschung in den Sozialwissenschaften in der DGS«[32] als Resultat einer sprachlichen Normalisierung zu verstehen. Denn zum Zeitpunkt der Sektionsgründung, Ende der 1970er-Jahre, sei das »semantische Feld ›feministisch/Feminismus‹« so negativ konnotiert gewesen (ebd.), dass eine feministische Benennung erfolglos gewesen wäre. Die »offizielle Anerkennung von Frauenforschung als Wissenschaftsdisziplin« wäre ohne diese semantische Anpassung, so Gravenhorst weiter, »in der Bundesrepublik wohl kaum erfolgt« (ebd., 97).

Ähnlich wie beim ›Frankfurter Lehrstück‹ wird auch in dieser Namensgebung die prekäre Herausforderung, vor die sich die ProtagonistInnen des akademisch werdenden Feminismus gestellt sehen, deutlich. Um als wissenschaftliches Wissen anerkennbar zu sein – und nur dann würden die in diesem Namen erhobenen Wahrheitsansprüche Relevanz beanspruchen können –, mussten feministische Wissenschaftlerinnen das eigene Anliegen und die eigenen Gel-

32 Diese hat sich im Jahr 2002 umbenannt in »Sektion Frauen- und Geschlechterforschung in der DGS«.

tungsansprüche innerhalb einer bereits existierenden institutionellen und diskursiven Ordnung, innerhalb gegebener methodischer und theoretischer Repertoires, innerhalb etablierter sprachlicher Konventionen, die akademische Intelligibilität garantierten, einer Ordnung, die sich ihnen zunächst als selbstverständlich gegebene und sich selbstverständlich reproduzierende darbot, formulieren. Eine Herausforderung, die feministische Wissenschaftlerinnen schon früh, nämlich in der Einleitung zum 1978 erschienenen ersten Heft der *beiträge zur feministischen theorie und praxis*, erkannten und thematisierten:

Die Schwierigkeiten [...] sind erheblich. Sie können hier nur angedeutet werden. Eines der größten Probleme ist die Tatsache, daß die Auseinandersetzung um ein neues Wissenschaftsverständnis zunächst mit dem wissenschaftlichen Instrumentarium geführt werden muß, das vorhanden ist. Das führt häufig zu der schizophrenen Situation, daß feministische Forscherinnen in ihren theoretischen Arbeiten Sexismus in der Wissenschaft verurteilen, aber dann völlig unkritisch das Instrumentarium ebendieser Wissenschaft in ihren empirischen Untersuchungen anwenden (*beiträge zur feministischen theorie und praxis* 1, 1978, 11).

Die historisch erste Antwort des akademisch werdenden Feminismus auf diese aus dem Widerstreit zwischen Aktivismus und Akademie resultierende Aporie bestand nun darin, sich gewissermaßen drinnen *und* draußen zugleich, nämlich auf der Schwelle (zur Universität) zu platzieren. Die Erfahrung, thematisch und personell ausgeschlossen zu sein, beantworteten die Frauen mit dem politischen Kampf für ein eigenes Territorium in der Wissenschaft, das (zunächst) exklusiv von und für Frauen reserviert sein sollte, dessen Ort sie gleichwohl innerhalb der Universität sahen. Die Wissenschaftlerinnen verfolgten eine Politik, die darauf zielte, eine Brücke zwischen Frauenzentrum und Hörsaal zu schlagen. Studentinnen und Wissenschaftlerinnen beriefen sich für ihre akademischen Ziele auf die politische Frauenbewegung und deren Ziele, aktivierten außerakademische Potenziale und Ressourcen, um sich innerhalb der Universität durchzusetzen. Als »Antwort auf den blockierten Zugang zu den Institutionen und deren Abwehr gegen innovative Gedanken von Frauen« (Hagemann-White 2001a, 63) bildeten sie eigene Gruppen, Strukturen, Netzwerke und Einrichtungen,[33] um

33 In den 1970er- und 1980er-Jahren entsteht eine Vielzahl von autonomen feminis-

von hier aus die akademischen Disziplinen und Ökonomien kritisieren und die Wissenschaft transformieren zu können.

Diese autonome feministische Infrastruktur stellte insofern nicht nur eine wichtige, wenn nicht die wesentliche personelle und intellektuelle Ressource dar, um das akademische Projekt realisieren zu können. Sie war anfänglich auch der zentrale Reflexionsraum für das neue Wissen wie für die Erfahrungen mit Hierarchie und Ausgrenzung, mit den »machtrelevanten Teilungen«, die sich, wie Marianne Schuller in ihrem Beitrag zur siebten und letzten Berliner Sommeruniversität 1983, »Widerstand oder Anpassung im Widerstand. Zum Funktionieren von Frauen in wissenschaftlichen Institutionen«, kritisiert, sowohl institutionell als auch intellektuell »innerhalb des Feminismus und der Frauenbewegung etabliert« hätten (Schuller 1984, 314). Die Organisatorinnen der ersten Berliner Sommeruniversität betonten daher nicht zufällig die enge Verbindung mit der politischen Frauenbewegung. Erst durch diese sei die Sommeruniversität überhaupt möglich geworden. Gisela Bock schreibt:

> [I]n der Zwischenzeit ist eine Frauenbewegung entstanden und ist zu einer Massenbewegung geworden, eine Frauenbewegung, die sich anfänglich in Frauenzentren organisiert hat, aber immer mehr über diese Zentren hinausgreift. Die Sommer-Universität, die etwas an der Universität verändern will, ist also nicht etwa möglich geworden, weil ein paar Dozentinnen etwas kapiert haben, sondern weil viele Frauen kapiert haben und dabei sind, etwas an der Gesellschaft zu verändern. Uns liegt sehr daran, diesen Zusammenhang zwischen unserer Veranstaltung an der Universität und der außeruniversitären Frauenbewegung hervorzuheben, und in der Tat stammten die ersten frauenbezogenen Initiativen an der FU von Frauen aus dem Frauenzentrum und seinem Umkreis (Bock 1977, 15).

Aus dieser engen Verbindung zwischen Frauenbewegung und den entstehenden wissenschaftlichen Projekten resultiert der Anspruch, dass die Sommeruniversität nicht nur *allen* Frauen, unabhängig von ihren formalen Voraussetzungen und akademischen Qualifikationen, offen stehen müsse, sondern auch Raum für alle Themen und Fragen bieten müsse. Ein Anspruch allerdings, der sich in der Praxis

tischen Projekten – Zeitschriften, Verlage, Buchläden, Bildungsprojekte, Akademien, Schulen, feministische Forschungseinrichtungen, Archive, Museen, Galerien –, in denen feministisches Wissen produziert, distribuiert und konsumiert wird.

der Sommeruniversität weitaus schwieriger umsetzen als formulieren ließ. Von den Schwierigkeiten der Umsetzung berichten die Organisatorinnen der ersten Sommeruniversität in der Einleitung der Dokumentation: So hätten nichtakademisch berufstätige Frauen nur schwer teilnehmen können, Mütter kritisierten die »Mütter- und Kinder-feindlichen Züge der herkömmlichen Universität«, die sich auch in den Veranstaltungen der Sommeruniversität niedergeschlagen hätten, und lesbische Frauen die fehlende Thematisierung ihrer Erfahrungen und Lebenszusammenhänge (*Frauen und Wissenschaft* 1977, 10 f.). Entgegen einer mittlerweile üblich gewordenen Version der Geschichte der neuen Frauenbewegung, der zufolge die Differenzen zwischen Frauen erst Ende der 1980er-Jahre ›entdeckt‹ worden seien, kann von einer homogenen Vorstellung ›der‹ Frau also schon damals nicht die Rede sein. Von Anfang an war die Kategorie ›Frau‹ und das, was sie bezeichnen sollte, eine instabile und umstrittene Kategorie, wenngleich – rückblickend gesehen – die Differenzen des Anfangs weniger ausgetragen und bearbeitet denn ›vertagt‹ wurden.

Institutionell verdankt der akademisch gewordene Feminismus seine Existenz also auch außerwissenschaftlichen Zusammenhängen, namentlich der neuen Frauenbewegung sowie den wissenschaftspolitischen Aktivitäten der in der feministischen Bewegung engagierten Wissenschaftlerinnen. Die Sommeruniversität, so hatte Gisela Bock argumentiert, sei möglich geworden, »weil viele Frauen kapiert haben und dabei sind, etwas an der Gesellschaft zu verändern«, weil Impulse aus der Bewegung in die Universität hineingetragen worden waren (Bock 1977, 15). Intellektuell entstehen konnte der *akademische* Feminismus, weil die *Doxa* der Naturgegebenheit des Geschlechterverhältnisses, der ›natürlich‹ gegebenen Unterordnung der Frau, bereits durch den *politischen* Feminismus herausgefordert war. Den Bruch mit der normalen Erfahrung, in der die Welt als selbstverständlich und fraglos gegebene erscheint, hatten Frauen politisch bereits vollzogen. Die politische Skandalisierung der in der Praxis systematisch verborgenen, weil nicht vorkommenden Konstruktionsprinzipien der Geschlechterordnung hatte jene auch der wissenschaftlichen Reflexion zugänglich gemacht.

4.2.2 Aporien der Anerkennung

Feministische Wissenschaftlerinnen formulierten folglich ihr eigenes Wissensprojekt dezidiert als radikale Kritik an der so genannten »herrschenden Wissenschaft« (Bock 1977, 17). Diese hätte nicht nur die Lebensrealitäten von Frauen verzerrt, verschwiegen oder reduziert dargestellt, sondern sei auch beteiligt an jener Konstruktion der Naturgegebenheit des Geschlechterverhältnisses. Die Realitäten von Frauen seien daher in der Begrifflichkeit und mit dem Instrumentarium dieser ›herrschenden Wissenschaft‹ weder beschreibnoch erklärbar. Diese könne daher nicht einfach um einen so genannten »Frauenaspekt« ergänzt, sondern müsse radikal verändert und neu erfunden werden (ebd.). Die feministische Lösung schien also zu sein, sich gänzlich von ›der‹ herrschenden Wissenschaft abzuwenden, die Legitimität ihrer Interpretationen zu bestreiten und sich selbst radikal zum Subjekt und Objekt der intellektuellen Reflexion zu machen.

Doch ungeachtet der radikalen Kritik an der »herrschenden Wissenschaft« stritten die Wissenschaftlerinnen auch für die Anerkennung ihrer wissenschaftlichen Erkenntnisse gerade durch diese »herrschende Wissenschaft«. Denn um diese ›herrschende Wissenschaft‹ herausfordern und Wissenschaft radikal verändern zu können, mussten Feministinnen zunächst den Zutritt und die nötige Anerkennung und Reputation erringen, um überhaupt autorisiert sprechen und handeln zu können.[34] Dies aber war, wie schon die Organisatorinnen der ersten Berliner Sommeruniversität erkannten, nur um den Preis der »Anpassung an die Prinzipien der Uni-

34 Die gültige Währung in der Wissenschaft, erkannte schon Robert Merton (1985a), ist Anerkennung: »Kontinuierliche Bewertung von geleisteter Arbeit und Anerkennung guter Arbeit bilden einen der Mechanismen, die die Welt der Wissenschaft zusammenhalten« (Merton 1985a, 132). Im Unterschied zu Merton, der zwar Konkurrenz und Ringen um Anerkennung als dynamisches Prinzip der Wissenschaft anerkannte, dies aber als funktionalen Imperativ im Dienste der Aufgabe der Wissensvermehrung betrachtet, denn »[i]m allgemeinen ist das Bedürfnis nach Anerkennung der eigenen Leistung, die dem Wissenschaftler anzeigt, daß die sachkundigen Kollegen seine Arbeit für lohnend halten, Ergebnis eines hingebungsvollen Bemühens um die Erweiterung des Wissens als eines Werts an sich« (Merton 1985a, 132), weist Karin Knorr-Cetina (1982) darauf hin, dass das, was zählt, nicht das Ergebnis selbst ist. Vielmehr diene dieses als Mittel zum Zweck des eigenen professionellen Fortkommens.

versität«, um den »Preis einer weitgehenden Selbstverleugnung« möglich (*Frauen und Wissenschaft* 1977, 9).[35]

Nun ist Anerkennung in akademischen Institutionen zwar die gültige Währung, Voraussetzung, um relevante Aussagen machen zu können. Sie ist aber vor allem ein knapp gehandeltes Gut: Ein Gut, dessen Distribution politisch umkämpft ist und das, wie Bourdieu (1975) anmerkt, im wissenschaftlichen Feld paradoxerweise nur von den eigenen KollegInnen gewährt werden kann. Von jenen also, die zugleich KonkurentInnen um ebendieses Gut sind, da nur im wissenschaftlichen Feld die KonkurrentInnen zugleich die primären KonsumentInnen der eigenen Produkte sind. Wem nun Zutritt gewährt wird, wer die Chance erhält, Anerkennung und Reputation zu erwerben und aufgrund dieser Reputation autorisiert zu sprechen, ist aber, wie wir im zweiten Kapitel gesehen haben, reguliert durch eine bis heute wirksame vergeschlechtlichte akademische Geschäftsordnung. »Because judgements of the highest quality«, stellt Michael Mulkay (1979) – wahrscheinlich ohne sich bewusst zu sein, dass er hier in der Tat von Männern spricht – fest,

can only be made by men who are already eminent, those at the top of the various informal scientific hierarchies excercise great influence over the standards operative within their fields. And those scientists who wish to advance their careers and to produce results which are accepted as significant contributions to knowledge must comply with the standards set by these leaders (Mulkay 1979, 67).

Ähnlich kommentieren auch Tony Becher und Paul Trowler: »However important quality may be, it is not only what you write but who you are and where you come frome that counts« (Becher/Trowler

35 Ausführlich hatten bereits 1974 Dozentinnen des *Women's Studies*-Programm an der Universität von San Diego, USA, die Erfahrungen der ersten drei Jahre in einer Broschüre mit dem Titel *Women's Studies and Socialist Feminism* resümiert: »In the three years of this Women's Studies Program we have found that the university not only absorbs our struggles, our ideas, but it also absorbs us, those of us who work here on a day to day basis. It prevents us from raising important political issues on the campus at large that relate directly to women. The incredible paper work and bureaucracy, the deans meeting, faculty meetings, space (office) allocations, faculty time sheets, on and on the list goes. All of this works to bog us down into the structures of the university and to make us loose sight of our original struggles and demands. This form of bureaucratic bullshit (BB) keeps us from initiating struggle« (zitiert nach Boxer 1998, 165).

2001, 78). An die Gewährung von Anerkennung ist mithin eine paradoxe Bedingung (der Macht) geknüpft: Wer um Anerkennung ansucht, muss bereits über Kapital verfügen, um überhaupt mitspielen zu können, muss sich in intelligiblen Termini, also als institutionell (an)erkennbar präsentieren – und ist damit unweigerlich bereits in die existierenden Machtrelationen eingetreten. Gerade das, was verändert werden soll, ist also zugleich das, was Anerkennbarkeit garantiert; Transformation ist folglich an die ›Unterwerfung‹ unter nicht selbst gewählte Bedingungen geknüpft.

Versuchen wir ein erstes Fazit aus dieser *mini-history* der Entstehung des feministischen Wissensprojektes, so erzählt diese vor allem von den komplexen und komplizierten Bedingungen, widerständiges Wissen zu produzieren, insbesondere von dem Paradoxon, dass die Bedingungen innerhalb deren kritisches Wissen produziert werden kann, Teil des Zusammenhangs ist, der begriffen werden muss. Sie berichtet davon, dass das feministische wissenschaftliche Wissen *umstrittenes Wissen* ist, ein Wissen, das wissenschaftliche und akademische Hegemonien anficht, das aber selbst von außen wie von innen angefochten wird. Sie erzählt davon, dass es ein Wissen ist, das sich in Ungleichzeitigkeiten und Gegenläufigkeiten entwickelt und insofern in Zeit und Raum veränderlich ist. Sie erzählt davon, dass Affirmation und Dissidenz, Partizipation und Transformation, Subversion und Normalisierung, Kritik und Regulierung oftmals nur schwer zu unterscheiden sind. Und sie erzählt von den Aporien, den daraus erwachsenden Ambivalenzen, den Befürchtungen und Hoffnungen, die die Geschichte des feministischen wissenschaftlichen Wissens von Beginn an begleiten, die es bis heute strukturieren – und die noch in den Versuchen, sich von dieser Geschichte zu trennen, auffindbar sind.

4.3 Feminismus und Gender. Nur eine »Wortunterscheidung«?

Doch kehren wir an dieser Stelle noch einmal zu Gisela Bocks Eröffnungsvortrag anlässlich der ersten Sommeruniversität zurück und befragen die Geschichte des akademisch werdenden Feminismus noch aus einer anderen Perspektive. Was geschah mit dem

Anspruch der »Herrschaftsabsage« im Ringen um akademische Anerkennung? Sind Registerwechsel zu verzeichnen und, wenn ja, welche? Welche Reformulierungen und Revisionen lassen sich feststellen? Und wofür stehen diese? Handelt es sich um reine, ›der Sache angemessene‹ theoretische und methodologische Verfeinerungen, um bloße ›Wortunterscheidungen‹, oder sind sie nicht doch, wie die Analyse des Textes von Bettina Heintz, »Die Auflösung der Geschlechterdifferenz« (1993), gezeigt hat, als Signal eines ›Klassenkampfes‹ (Michel Pêcheux) respektive als Zeichen territorialer Neuordnungen des akademischen Feminismus zu verstehen?

Ausgangspunkt und Antrieb der ›Frauenforschung‹ in den 1970er-Jahren, das machen Bocks Ausführungen deutlich, war ein politisches Motiv: eine Vision, in der individuelle *und* gesellschaftliche Emanzipation als eng miteinander verknüpft gedacht wurden.[36] Bocks Argument reflektiert damit einen in den sozialen Bewegungen der 1970er-Jahre dominanten Gedanken: die Verbindung von individueller und gesellschaftlicher Emanzipation. »Möglicherweise werden wir mit unserer Frage nach Frauenmacht und -identität, nach den Bedürfnissen und nach der Dialektik von Macht und Ohnmacht der Frauen nicht nur Vorurteile und Irrtümer aufdecken, sondern *für die gesamte heutige Gesellschaft die Frage der Macht neu formulieren können*«, so hatte Bock das ambitionierte feministische Programm skizziert (Bock 1977, 20; Hervorhebung i. O.). Durch die Überwindung der Herrschaft von Männern über Frauen und die individuelle Emanzipation jeder Frau würde Gesellschaft, so die Vorstellung und Überzeugung, sich insgesamt wandeln. Der akademisch werdende Feminismus versteht sich als Teil dieses politischen Projektes: Nicht nur ›Vorurteile und Irrtümer‹ über ›die‹ Frau sollen aufgedeckt werden, mit der feministischen Frage nach

36 Ähnlich beschreibt auch Margit Brückner (1997) das Gründungsmoment der Neuen Frauenbewegung: »Ausgangspunkt der Neuen Frauenbewegung ist eine ›Politik in der ersten Person‹, die Idee, gleichzeitig sich selbst und die gesellschaftlichen Strukturen zu verändern« (Brückner 1997, 464).
Wie zentral der Gedanke der Verknüpfung individueller und gesellschaftlicher Emanzipation war, zeigt ein literaturwissenschaftlicher Beitrag zur ersten Berliner Sommeruniversität von Irmela von der Lühe (1977), »Die Frau als Naturwesen im Volksbuch von der ›Melusine‹«. Lühes Interpretation des frühneuzeitlichen Melusine-Romans endet wie folgt: »Ungewollt sagt der Text damit aber auch noch etwas anderes, er sagt, daß die Befreiung der Frau die Befreiung der Gesellschaft bedeuten kann« (von der Lühe 1977, 229).

der Verteilung von Macht und Ohnmacht im Geschlechterverhältnis lässt sich womöglich ›für die gesamte heutige Gesellschaft die Frage der Macht neu formulieren‹.

Dass Frauenforschung und Frauenbewegung Teil desselben politischen Projektes sind, »(un)geliebte Schwestern«, wie es Sigrid Metz-Göckel 1987 beschreibt, und dass jene ihre wissenschaftlichen Fragestellungen zwar aus den politischen Themen der Frauenbewegung gewann, diese aber auch durch die theoretischen Erkenntnisse der Frauenforschung fundiert, reflektiert und weiterentwickelt werden sollte, war zwar in der Tat eines der unumstrittenen Axiome der ersten Jahre. »Für all unser Denken und Tun«, resümierte dies jüngst Ute Gerhard (2001),

> war und ist seit nun mehr als zwanzig Jahren das Aufkommen der neuen Frauenbewegung der entscheidende Anstoß gewesen, Vorbedingung und Ausgangspunkt eben auch für die Frauenforschung, die heute Geschlechterforschung genannt wird [...] Am Anfang gaben die Anlässe und Streitpunkte der westdeutschen Frauenbewegung der Frauenforschung ihre Themen und Fragestellungen vor (Gerhard 2001, 21f.).

Ihre eigene Argumentation einschränkend, dass die Frauenbewegung Vorbedingung und Ausgangspunkt der Frauenforschung gewesen sei, bemerkt Gerhard zur strittigen Frage des Verhältnisses der ›Schwestern‹ aber auch:

> Nun war und ist das Verhältnis von Frauenbewegung zu Frauenforschung nicht nur eng, sondern auch kompliziert. Wechselseitig aufeinander verwiesen, verlöre Frauenforschung ihr kritisches Potenzial unvoreingenommener Erkenntnis, wenn sie sich lediglich in den Dienst einer bestimmten politischen Praxis stellte. Die eigene Involviertheit [...] erwies sich in diesem Fall ganz offensichtlich als Hemmschwelle (ebd., 23).[37]

37 Ähnlich argumentierte die US-amerikanische Anthropologin Judith Shapiro (1981, 126f.) bereits vor mehr als 20 Jahren, dass die Lockerung der Verbindung zwischen Aktivismus und Wissenschaft befreiende Konsequenzen für beide haben würde: »The danger in too close an association between scholarship and social reformism is not only in the limits it places on intellectual inquiry, but also in the implication that our activities as social, moral, and political beings are dependent on what we are able to discover in our scientific research. Loosening the tie would have liberating consequences for scholarship and for feminism as a social movement.«

Es ist daher gerade nicht der Fall, wie jüngst Stefan Hirschauer (2003) nahe legt, dass sich die frühe ›Frauenforschung‹ »im Rahmen einer politisch gewollten Identifizierung von Forschungssubjekt und -objekt« (Hirschauer 2003, 462) bereitwillig politisch von »›der‹ Frauenbewegung in Dienst nehmen« ließ (ebd., 463). Im Gegenteil: ›Frauenforschung‹ versteht sich von Anfang an auch als Reflexionsraum für die unbegriffene Praxis der Frauenbewegung. Deren »Theoriedefizit« wird durchaus als Manko und Schwachstelle empfunden und Theoriearbeit folgerichtig als Chance gesehen, gerade die Verdinglichung von Weiblichkeit und Männlichkeit auch in der feministischen Praxis zu reflektieren. In der Einleitung zum ersten Heft der *beiträge zur feministischen theorie und praxis* schreibt die Redaktion:

Eine der wesentlichen Ursachen [für die Unfähigkeit zur Strategiebildung; sh] dürfte [...] der Mangel an theoretischer Arbeit sein. Dieses Theoriedefizit der Frauenbewegung ist keinesfalls das Ergebnis einer spezifisch weiblichen Schwäche, sondern ist die Folge der bewussten Ablehnung von Theorie überhaupt durch große Teile der Frauenbewegung, weil die heute herrschende technokratische Theoriebildung und Analyse als etwas Männliches, gleichzeitig aber auch als die einzig mögliche Form von Theorie überhaupt angesehen wird. Heute beginnen mehr und mehr Frauen zu verstehen, dass die unhistorische und undialektische Umkehrung und Umwertung der gesellschaftlichen Spaltung in weibliche und männliche ›Rollen‹, der Verzicht auf ›Kopfarbeit‹, weil angeblich männlich[,] und der Rückzug auf ›Herz- und Baucharbeit‹[,] weil weiblich und darum angeblich besser, die alten Verhältnisse nicht aufbricht[,] sondern durch die Propagierung einer ›neuen Weiblichkeit‹ geradezu stabilisiert. Diese Erkenntnis macht das Bemühen um theoretische Klarheit zu einer dringenden Forderung der Bewegung (*beiträge zur feministischen theorie und praxis* 1, 1978, 10).

Politische Praxis bedarf, so die Überzeugung der *beiträge*-Redakteurinnen, gerade der theoretischen Analyse gesellschaftlicher Verhältnisse. Allerdings braucht feministische Theorie auch die Auseinandersetzung mit der politischen Praxis der Frauenbewegung, um nicht »zu einem unkritisch-positivistischen Ansatz« (Krüger 1987, 78) zu verkommen: »Ihren kritischen Impetus kann feministische Theorie nur behalten, wenn sie von sozialen Bewegungen gespeist wird, freilich ohne von diesen verschluckt zu werden« (ebd.).

Das Verhältnis der ›Schwestern‹ war von Beginn an also – entgegen heute zirkulierenden Narrationen, die die Ununterscheidbarkeit der beiden Praktiken unterstellen – ein umstrittenes Verhältnis. Wer sollte den Ton angeben? War Frauenforschung ›nur‹ der ›verlängerte Arm‹ der Frauenbewegung, an deren Themen und Fragen sich jene orientieren sollte, wie manche argumentierten? Oder sollten die Wissenschaftlerinnen die (intellektuelle) Avantgarde der Bewegung sein, jene also die Themen für diese artikulieren? Sollte Frauenforschung in den Kontexten der Frauenbewegung, also »autonom«, betrieben werden oder könnte auch der Weg in die Institutionen ein nicht nur gangbarer, sondern auch erfolgreicher Weg sein?

Konstitutiv für das Projekt feministischen wissenschaftlichen Wissens war anfänglich darüber hinaus, wie wir in Bocks Text gesehen haben, die Überzeugung, dass ein Zusammenhang besteht zwischen den herrschaftsförmig verfassten Gesellschafts- und Geschlechterverhältnissen und der modernen Wissenschaft.[38] Und genau dieser Konnex von Wissenschaft und Gesellschaft wurde gewissermaßen als Kippschalter im Prozess der Transformation von Wissenschaft gedacht. Wäre dieser erst einmal umgelegt, sprich: wäre für ›die gesamte heutige Gesellschaft die Frage der Macht neu formuliert‹, würde, wie Gisela Bock gemutmaßt hatte, auch die radikale Transformation von Wissenschaft unweigerlich folgen. Denn der Versuch, feministische Fragestellungen in die Wissenschaft einzuführen, würde notwendigerweise, so wiederum die Redaktion der *beiträge zur feministischen theorie und praxis*, an die »Grenzen des herrschenden Wissenschaftsverständnisses« führen (*beiträge zur feministischen theorie und praxis* 1, 1978, 11). Es gäbe deshalb keine Alternative dazu, »nach neuen, der eigenen Zielsetzung angemessenen Forschungskonzepten, Methoden und wissenschaftstheoretischen Grundlagen zu suchen« (ebd.):

Wenn wir versuchen, feministische Fragestellungen in die Wissenschaft einzuführen, dann stoßen wir notwendigerweise an die Grenzen des herr-

38 Die US-amerikanische Neurophysiologin und feministische Wissenschaftlerin Ruth Bleier (1988) formulierte diesen Zusammenhang für die Naturwissenschaften folgendermaßen: »Ich glaube[,] es existiert ein Zusammenhang zwischen den wissenschaftlichen Theorien über Geschlechterdifferenzen, der gesellschaftlichen Minderwertigkeit von Frauen und dem faktischen Ausschluß von Frauen als Kollegen und Gleichrangigige aus den meisten naturwissenschaftlichen Fakultäten und anderen naturwissenschaftlichen Einrichtungen« (Bleier 1988, 193, zitiert nach Orland/Rössler 1995, 14).

schenden Wissenschaftsverständnisses, der anerkannten Forschungskonzepte und Forschungsmethoden. Das gilt insbesondere, wenn wir unsere Betroffenheit als Frauen an unserem Arbeitsplatz in der Praxis, in Forschung und Lehre nicht verleugnen. Wir werden daher nicht umhinkönnen, nach neuen, unserer Zielsetzung angemessenen Forschungskonzepten, Methoden und wissenschaftstheoretischen Grundlagen zu suchen. Das beinhaltet gleichzeitig die Erarbeitung einer die Frauenfrage umfassenden Gesellschaftstheorie (ebd.).

Im Unterschied zu solch dezidierten Positionen, in denen feministische Forschung, Politik und Bewegung eine enge, gleichwohl immer umstrittene Verbindung eingegangen waren und die in der zweiten Hälfte der 1970er-, aber auch noch während der 1980er-Jahre den Selbstverständigungsdiskurs der Frauenforscherinnen und feministischen Wissenschaftlerinnen wesentlich bestimmten, ist es sicherlich gerechtfertigt zu sagen, dass sich der Betrachterin heute ein wesentlich heterogeneres und von Gegenläufigkeiten geprägtes Bild bietet, in dem subtile, aber für das Feld signifikante Verschiebungen festzustellen sind. Unübersehbar ist zunächst die Ausdifferenzierung der Benennungen.[39] Statt ›Frauenforschung‹, ›feministischer Wissenschaft‹ oder ›feministischen Studien‹ finden sich gegenwärtig immer häufiger – und diese Benennungen ersetzend – die Bezeichnungen ›Frauen- und Geschlechterforschung‹, ›Geschlechterforschung‹, ›Geschlechterstudien‹ und ›Gender Studies‹ beziehungsweise verschiedene Kombinationen dieser letztgenannten, insbesondere die tendenziell tautologische Formulierung ›Geschlechterstudien/Gender Studies‹. Allerdings sind bis dato fließende Übergänge in der Verwendung all dieser Benennungen festzustellen, und auch das Wort Feminismus ist nicht gänzlich verschwunden.[40] Dabei wird die Bezeichnung ›Gender Studies‹ insbesondere dann benutzt, wenn es gilt, wissenschaftliche Dignität

39 Wobei festzuhalten ist, dass von Beginn an verschiedene Bezeichnungen kursierten. Gisela Bock etwa spricht von »frauenspezifischer Forschung und Lehre, frauenbezogenem Studium, Frauenstudium, Frauenwissenschaft oder feministischer Wissenschaft« (Bock 1977, 18). Der Begriff »Geschlecht« taucht in den späten 1970er-Jahren noch kaum auf. Doch im sozialwissenschaftlichen feministischen Diskurs ist bereits von »Geschlecht und Klasse« (Franke 1978) sowie von »geschlechtlicher Arbeitsteilung« (Mies 1980) die Rede.

40 An der Universität Bremen existiert seit 1998 ein »Zentrum für feministische Studien« und an der Philipps-Universität Marburg wurde 2001 das »Zentrum für Gender Studies und feministische Zukunftsforschung« gegründet.

zu demonstrieren oder eine im Unterschied zur Frauenforschung oder feministischen Wissenschaft größere analytische Reichweite, aber auch einen umfassenderen Gegenstandsbereich der ›Gender Studies‹ zu behaupten.[41]

›Gender Studies‹ präsentieren sich dabei wahlweise als wissenschaftliche Fundierung, historische Fortführung oder auch kritische Überwindung von Feminismus beziehungsweise Frauenforschung, und der Begriff ›Gender‹ taucht in einer Vielzahl von Bedeutungen und Verwendungsweisen auf: als Kategorie mit größerer epistemischer und analytischer Reichweite, als Kriterium historischer und politischer Unterscheidung und als Benennung eines Objektbereiches. Unschwer ist zu erkennen, dass wir es hier mit Kämpfen um ein ›eigenes‹ Territorium für ›Gender Studies‹ zu tun haben, für dessen Legitimität seine VerfechterInnen auch auf latent und manifest im wissenschaftlichen Feld seit Beginn des feministischen Wissensprojektes existierende Vorbehalte gegenüber Feminismus – etwa den Vorwurf, Feminismus sei Ideologie beziehungsweise Politik, aber keine Wissenschaft[42] – zurückgreifen, respektive dass von der Bezeichnung ›Frauenforschung‹ umstandslos darauf geschlossen wird, das anfängliche Selbstverständnis ›der‹ Frauenforschung sei in der Formel ›von Frauen, für Frauen, über Frauen‹ aufgegangen.

Aber auch die inhaltlichen Bestimmungen dessen, worum es geht, sind gegenwärtig höchst disparat und immer weniger auf einen Begriff zu bringen. So finden sich einerseits gegenwärtig noch entschiedene Artikulationen des feministischen Wissensprojektes in starken Begriffen einer normativen Herrschaftskritik. Diese beschreiben den »Ansatzpunkt feministischer Wissenschaften« als »Kritik an Geschlechterhierarchien und Geschlechternormen«, womit »notwendigerweise eine normative Dimension einherzugehen [scheint; sh], die in der Verurteilung von Herrschaftsverhältnissen von Männern über Frauen in struktureller, symbolischer und persönlicher Hinsicht besteht« (Ernst 1999, 13).[43] Es finden sich ande-

41 Zur Politik der Benennungen siehe auch Diane Richardson und Victoria Robinson »*Theorizing Women's Studies, Gender Studies and Masculinity: The Politics of Naming*« (1994).

42 So jüngst Hirschauer (2003), der die ›Gender Studies‹ als »Geschlechtsdifferenzierungsforschung« vom angeblich »politischen Populismus« der Frauenforschung abgrenzt.

43 Ernst verortet feministische Wissenschaft damit in unmittelbarer Nähe zur frühen

rerseits aber auch eher schwache programmatische Bestimmungen respektive solche, die konsequent für eine Emanzipation der ›Gender Studies‹ von ihrem vermeintlichen feministisch-politischen Ballast eintreten. In Ersteren wird als Ziel von »feministischer Forschung« die Verankerung der »Relevanz der Kategorie ›Geschlecht‹ in allen Disziplinen und Teildisziplinen, mindestens in denen der Geistes- und Sozialwissenschaften, in Wissenschaftsgeschichte und -theorie sowie für Naturwissenschafts- und Technikkritik« beschrieben (Bock/Landweer 1994, 99 f.), während Letztere ›Gender Studies‹ entweder als enorm weiten Schirmbegriff verstehen, der verschiedene »Teilbereiche, z. B. Frauenforschung, *Women's Studies,* dekonstruktiver Feminismus, *Men's Studies* und *Queer Theory*«,[44] umfasst, oder – völlig entgegengesetzt – für einen sehr eng gefassten Begriff von ›Gender Studies‹ plädieren, die sich auf die »Beobachtung der Geschlechterunterscheidung« (Hirschauer 2003, 466) beschränken. Auch wird der Inhalt von ›Gender-Studien‹ beschrieben als Auseinandersetzung mit der »Konstruiertheit von Geschlechtsidentität«, verbunden mit einer Einladung »an männliche Wissenschaftler, sich mit der Konstruiertheit ihrer eigenen und der in Texten vermittelten Geschlechtsidentität auseinander zu setzen«. Damit könne die

> ungute ›Arbeitsteilung‹ zwischen Frauen, die Frauenforschung beziehungsweise feministische Forschung betreiben, und Männern, die sich der ›richtigen‹ Wissenschaft widmen, aufgehoben werden, und [...] Schluss gemacht werden mit den unterschwelligen Vorbehalten gegenüber Männern, die ›Frauenforschung‹[,] und Frauen, die ›Männerforschung‹ betreiben (Braun/Stephan 2000, 11).

Vom anfangs leidenschaftlich vertretenen Anspruch der »Herrschaftsabsage« beziehungsweise Herrschaftskritik, davon, Gesellschaft mit Hilfe der feministischen Erkenntnisse nicht nur besser beschreiben, sondern radikal verändern zu können, aber auch davon, dass ›Frauenforschung‹ Reflexionsraum feministischer politischer Praxis ist, ist in diesen letztgenannten Selbstbeschreibungen

Kritischen Theorie: Wissenschaft, so bestimmt Max Horkheimer (1988) deren Programm, »zielt nirgends bloß auf Vermehrung des Wissens als solchem ab, sondern auf die Emanzipation des Menschen aus versklavenden Verhältnissen« (Horkheimer 1988, 217 f.).

44 So der Umschlagtext des Metzler Lexikons *Gender Studies/Geschlechterforschung* (2002b), hg. von Renate Kroll.

nur noch vage die Rede: »[...] weil die Gender-Forschung von ihrem Anspruch her gesellschaftliche Verhältnisse nicht nur in Frage stellt, sondern auch verändern möchte« (Stephan 2000, 92). Zudem kann gegenwärtig durchaus der Eindruck entstehen, dass das sich nun verstärkt als wissenschaftliches Fach präsentierende Feld der ›Geschlechter-‹ beziehungsweise ›Gender-Studien‹ rhetorisch (mancherorts) den Nachweis seiner akademischen Professionalität und Relevanz nicht nur durch eine solche in der Tat, wie der Autor des im Prolog zitierten *ZEIT*-Artikels bemerkt hatte, eher ›kühle‹ Begrifflichkeit zu führen sucht. Auffallend ist auch die häufig anzutreffende Rede von der notwendigen Abgrenzung gegenüber nichtwissenschaftlichen frauenpolitischen Kontexten und feministischen Perspektiven, gilt doch gerade die durch die Grenzziehung zwischen ›wissenschaftlich‹/›nichtwissenschaftlich‹ entstehende Identität, wie wir in den Ausführungen zu *boundary-work* als Praxis des Wissenschaft-Machens gesehen haben, gemeinhin als besonderer Nachweis von Professionalität und wissenschaftlicher Reife. ›Geschlecht‹ beziehungsweise ›Gender‹ fungiert in diesen Taxonomien vor allem als theoriepolitischer Einsatz, als Grenzobjekt, mit dem Frauen- und GeschlechterforscherInnen das Kräfteverhältnis im wissenschaftlichen Feld insgesamt, zunehmend aber innerhalb des Territoriums des akademischen Feminismus zu verändern suchen. So wird wiederholt, wie etwa die Lektüre der Einleitung von Christina von Braun und Inge Stephan zum Band *Gender Studien. Eine Einführung* (2000) zeigt, eine deutliche Distanz artikuliert gegenüber der »älteren feministischen Forschung«, die als ausschließend und ausgrenzend beschrieben wird (Braun/Stephan 2000, 10 f.).[45]
Von dieser den Feminismus in die Geschichte verweisenden Version findet sich auch eine oberflächlich betrachtet reflektierte Variante, die jedoch unfreiwillig ebenfalls die eingangs mit McRobbie (2003) beschriebene Bewegung, Feminismus zugleich anzuerkennen und des Feldes zu verweisen, wiederholt: »Die gegenwärtige Frauenforschung«, schreibt beispielsweise Paula-Irene Villa (2000b),

45 Im selben Band beschreibt Stephan (2000) für die Literaturwissenschaft allerdings eine Kontinuität zwischen Feminismus und Geschlechterforschung: »Wie auch in anderen Wissenschaftsdisziplinen geht die aktuelle literaturwissenschaftliche Geschlechterforschung auf die feministischen Aufbrüche der 68er Generation zurück.« Feministische Literaturwissenschaft habe gar, so Stephan weiter, »die Kategorie des Geschlechts theoriefähig gemacht« (Stephan 2000, 292).

ist zu ihrer Entstehung und damit auch zur zweiten Frauenbewegung in eine reflexive und zugleich anerkennende Distanz gegangen. Im Großen und Ganzen davon entfernt, die Postulate von Mies (1978) emphatisch einzulösen – welche die Frauenforschung als akademischen Arm der politischen Frauenbewegung charakterisierten, indem sie auf Parteilichkeit, Gesellschaftskritik und Veränderung bestehender Verhältnisse abzielten –, ist die Frauenforschung heute ein komplexes wissenschaftliches Feld (Villa 2000b, 21).

Obwohl von einer ›reflexiven und zugleich anerkennenden Distanz‹ gegenüber der Frauenbewegung und der früh(er)en Frauenforschung gesprochen wird, konstruiert der Text doch einen letztlich dubiosen Kontrast zwischen der frühen ›Frauenforschung‹, die durch ›Parteilichkeit, Gesellschaftskritik und Veränderung bestehender Verhältnisse‹ charakterisiert wird, und der ›gegenwärtigen Frauenforschung‹, die sich demgegenüber als ›komplexes wissenschaftliches Feld‹ darstellt.

Tatsächlich scheint also weder der enge, wenngleich umstrittene Nexus von Wissenschaft und Politik, der die Anfänge des feministischen Wissensprojektes kennzeichnete, gegenwärtig eindeutig zu den Axiomen der ›Gender Studies‹ zu gehören, noch ist klar erkennbar, dass sie sich als feministisches Wissensprojekt verstehen. Dem in mehrfacher Hinsicht als »offen« konzipierten Projekt der feministischen Sommeruniversitäten, die nicht nur die »Fragestellungen, Inhalte und Forderungen der Frauenbewegung in die Universität« tragen (*Frauen und Wissenschaft* 1977, 14), sondern auch für »alle« Frauen offene Wissensorte jenseits formaler akademischer Zugangsqualifikationen schaffen wollten, stehen heute in wachsendem Maße ›Geschlechter-‹ beziehungsweise ›Gender-Studiengänge‹ gegenüber, in denen (universitätsinterne) *Numeri Clausi* (NC) über die Zulassung zum Studium entscheiden und die sich mit ihren Studienordnungen, kanonisierten Leselisten und zertifizierten Abschlüssen vorrangig als professionalisiertes akademisches, aber auch als berufsqualifizierendes Lehrfach präsentieren.

4.4 Politik der Erzählungen

Auf den ersten Blick legen die Wegmarken, die ich gewählt habe, um den Werdegang des akademischen Feminismus zu beschreiben – von den Visionen individueller und gesellschaftlicher Emanzipation zu einem heute NC-geregelten Studienfach mit berufsqualifizierendem Anspruch, von Feminismus zu Gender, von Geschlechterkampf zu Geschlechtsdifferenzierungsforschung –, die Choreografie einer eindimensionalen und linearen Geschichte von Aufstieg und Fall der feministischen politischen Ansprüche und der normalisierenden Unterwerfung des feministischen Wissensprojekts unter akademisch-institutionelle Zwänge nahe.

Die These der Normalisierung und Entpolitisierung des feministischen Wissensprojektes ist im deutschen Kontext jüngst tatsächlich häufig vertreten worden. In äußerst dezidierter Diktion kritisiert etwa Barbara Holland-Cunz (2001) die Tendenzen der Normalisierung innerhalb der Frauen- und Geschlechterforschung: »Pointiert ausgedrückt, ließe sich die These formulieren, dass innerhalb der Frauen- und Geschlechterforschung eine *Normalisierung zur Normalwissenschaft* stattgefunden hat« (Holland-Cunz 2001, 47; Hervorhebung i. O.). Die »Reproduktion des Wissenschaftsbetriebes mit seinen herrschaftlichen In- und Exklusionen« würde »mittlerweile auch von Wissenschaftlerinnen unreflektiert betrieben« (ebd., 50). Von einer »feministischen Normalisierung zur Normalwissenschaft« (ebd.), so Holland-Cunz, könne deshalb »*in einem Sinne dezidiert*« gesprochen werden (ebd.): »Wo kritische Reflexion der herrschenden Verfahren und Mechanismen nicht mehr regelmäßig stattfindet, wo fraglos den ritualisierten Regeln gefolgt wird, wo das ›Spiel‹ bruchlos zur eigenen Orientierung wird« (ebd., 51; Hervorhebung i. O.). Dabei beträfen die »Normalisierungen des Feminismus« die wissenschaftlichen ebenso wie die politischen Akteurinnen (ebd., 47). Zwar habe, so Holland-Cunz an anderer Stelle (2003a), die »Einfügbarkeit der feministischen Theorie in den etablierten, normalen, normalwissenschaftlichen universitären Betrieb [...] auch heute noch Grenzen« (Holland-Cunz 2003a, 168). Doch schleife »die berufsfeministische Alltagspraxis durch wachsende Distanz zu außeruniversitären Perspektiven die feministischen ›Ecken und Kanten‹ der akademischen Akteurinnen ab« (ebd.).[46]

46 Holland-Cunz (2003a) bringt die Entpolitisierung der feministischen Theorie in einen irritierenden unmittelbaren Zusammenhang mit der »feministischen Postmoderne«. Am Beispiel von Judith Butlers Buch *Gender Trouble* (1990), das, so Holland-Cunz, »im Unterschied zu den meisten anderen, wesentlich älteren, bedeutenden ideengeschichtlichen Werken des Feminismus [...] sofort den Sprung in die *Hauptwerke der politischen Theorie* geschafft« habe, zeige sich, dass diese »gut

Auch Sigrid Metz-Göckel (2002a) spricht vom »Verbrauch der Visionen« im Prozess der Institutionalisierung von Frauenforschung: »Frauenforschung hat sich mehr und mehr von ihren Visionen einer anderen Hochschule und Wissenschaft gelöst« (Metz-Göckel 2002a, 31). Sie sei »eine Karriereschiene wie alle anderen geworden« (ebd.), ihre Institutionalisierung begleitet von Veralltäglichung, interner Differenzierung und Hierarchisierung. Zudem könne »die Begriffsbildung Geschlechterforschung [...] auch konservative Kreise [befriedigen], die alles beim Alten lassen wollen, denn ›Geschlechter‹ und Genderforschung klingt viel weniger provokativ und angepasster als Frauenforschung« (ebd.). Ähnlich hatte schon Mitte der 1990er-Jahre Carol Hagemann-White (1995) bilanziert, dass die Professionalisierung der Frauenforschung dazu führe, dass Lehre und Forschung zur »alltäglichen Berufsroutine« würden (Hagemann-White 1995, 35).[47]

Betrachten wir nun den gegenwärtigen akademischen Feminismus nicht isoliert, bemessen wir den *state of the art* nicht allein an den – wie auch immer prekären – institutionellen Erfolgen, sondern im weiträumig aufgespannten Gefüge sowohl der aktuell sich verändernden Funktion von Universität im Kontext globalisierter (Wissens-)Ökonomien als auch der institutionellen und politischen Transformationen innerhalb der Universität, etwa hinsichtlich Studienorganisation und Curriculum-Gestaltung, disziplinärer, aber auch disziplinübergreifender Einteilungen und Zuordnungen, hinsichtlich Evaluation und Bewertung, interdisziplinärer Profilbildung und globalisierter »Modernisierung«, hinsichtlich der (Neu-) Ordnung des wissenschaftlichen Wissens nach Kriterien, was »gebraucht« wird und was man sich »leisten« kann, so mögen die Professionalisierungsbestrebungen der ›Gender Studies‹, ihre Profilierung als innovativ, international und inter- oder transdisziplinär in

in den Mainstream integrierbar« sei (ebd.), zwar »intellektuell außerordentlich anregend, doch weitgehend entpolitisiert und in den akademischen Betrieb als neueste interessante Mode bruchlos einfügbar« (Holland-Cunz 2003a, 167).

47 Zu einer »verfallstheoretischen«, pessimistischen Bewertung der institutionellen Entwicklung der *Women's Studies* in den USA kommt auch Ellen Messer-Davidow (2002): »In 1970, we spoke grandiosely of transforming the disciplines, by 1995, we had reconfigured a few and established feminist subfields in the rest. In short, what started as little more than a euphoric vision was realized as a vast academic-feminist knowledge enterprise« (Messer-Davidow 2002, 85).

der Tat eher als Teil der Transformationen der Universität in global wettbewerbsfähige Unternehmen[48] denn als kritische, gegenkulturelle (Wissens-)Praxis erscheinen – und würden insofern die These der Entpolitisierung und Normalisierung bestätigen. Doch statt vorschnell eindeutige Diagnosen und Urteile zu produzieren, scheint es mir sinnvoller, jede Diskussion und Bewertung des feministischen Wissensprojektes, die Einschätzung seines transformatorischen Potenzials oder auch seiner normalisierten Entwicklung jeweils innerhalb der Kontexte institutioneller akademischer Politiken und Entwicklungen zu situieren. Wir sollten unsere Aufmerksamkeit daher stärker als bisher auf die Spezifika und Kräfte der Universität als politischer Arena und als Ort der (Re-)Produktion des akademischen Feminismus richten.

Verstehen wir Geschichten über die Geschichte zudem nicht einfach als getreues Abbild dieser Geschichte, sondern als hergestellte und von aktuellen Imperativen ebenso wie von womöglich unbewussten Wünschen regierte »interessierte« Geschichten, durch die ebenso sehr die Vergangenheit rekonstruiert wie die Gegenwart geordnet und die Zukunft entworfen werden soll,[49] die also aus heutiger Perspektive, mit heutigen Zielen und im Kontext gegenwärtiger wissenschaftlicher, politischer und kultureller Referenzen und Anforderungen erzählt werden, stellt sich die Frage nach der *Politik von Erzählungen* und ihren Implikationen. Danach also, wie durch Erzählungen und Interpretationen das in Rede stehende Feld geordnet und die Beziehung zwischen Gegenwart und Vergangenheit choreografiert wird, wie Sichtweisen legitimiert respektive delegitimiert werden, wie Erzählungen also (mit) darüber entscheiden, wer legitim dazugehört und wer nicht, was eine dem Feld zugehörige Äußerung ist und was nicht, was in Zukunft wie und von wem gedacht und geforscht werden kann. Michel de Certeau (1991) beschreibt

48 Diese Transformationen werden uns noch einmal ausführlich in Kapitel 7 beschäftigen.

49 Ähnlich argumentiert Susan Stanton Friedman (1995): »History writing orders the past in relation to the *needs of the present and the future*. The narrative act of assigning meaning to the past potentially intervenes in the present and the future construction of history« (Friedman 1995, 13; Hervorhebung sh).
So auch Hayden White (1987): »A specifically historical inquiry is born less of the necessity to establish that certain events occured than what certain events might mean for a given group, society, or culture's conception of its *present tasks and future prospects*« (White 1987, 487; Hervorhebung sh).

solche ordnenden, disziplinierenden Verfahren als Auswahl »zwischen dem, was ›verstanden‹ werden kann, und dem, was *vergessen* werden muss, um die Darstellung einer gegenwärtigen Intelligibilität zu erreichen« (de Certeau 1991, 13 f.). Dies schützt jedoch nicht vor der »Wiederkehr des Verdrängten«, der »Rückkehr dessen, was in einem bestimmten Augenblick undenkbar geworden ist, damit eine neue Identität denkbar wird« (ebd.).[50]

In einem aufschlussreichen Aufsatz hat jüngst Jane Newman (2002) auf die Problematik des *presentism* in der Geschichtsschreibung sowie der Curriculum-Bildung in den US-amerikanischen *Women's Studies* hingewiesen. Dieser *presentism* verleite dazu, Geschichte immer von den aktuellen Erfordernissen her zu konstruieren und zu beurteilen, ohne dabei die je eigenen, von gegenwärtigen Interessen motivierten Investitionen in diese narrativen Konstruktionen zu reflektieren. Newman schreibt:

> If we ask students to begin thinking feminism as a matter of complexity only in our postmodern present, or, in a related gesture, if we pass on to them the habit of seeing the ›origins of feminism‹ only from a presentist perspective, one that judges the past interesting only when and if it ›reflects back to us histories of modernist or postmodernist identities‹ we neglect to interrogate our own investments in the need to construct that present – our present, in other words –, as the culmination of a narrative of victors. When we fail, that is, to challenge both students and ourselves to theorize alterity as an issue of change over time as well as of geographical distance, ethnic difference, and sexual choice, we repress and refuse to confront not only the ›thickness‹ of historical difference itself, but also the dimensions of what is perhaps the most pressing issue in Women's Studies today – namely, the impact on its fundamental critical task of the gradual institutionalization of the field as an academic discipline, a development fueled, I would argue, by our (self)implication in a narrative of progress whose hero(in)es inhabit only the present (ebd., 144 ff.).

Auf die Schwierigkeit ebenso wie auf die Notwendigkeit feministischer Historiografien im Plural hat daher Susan Stanford Friedman (1995) aufmerksam gemacht. Statt nach der definitiven Narration von Feminismus respektive jedes gegebenen Moments in der Geschichte von Feminismus zu suchen, sollten wir das Potenzial vieler

50 Das Thema des institutionellen Vergessens wird uns noch einmal in Kapitel 6 beschäftigen.

lokaler Geschichten von Feminismus anerkennen, von denen keine beanspruchen könnte, die Totalität feministischer Geschichte zu repräsentieren. Das würde bedeuten, dass wir nicht nur die Existenz vieler Stimmen stärken müssten, die mit der doppelten Aufgabe, feministische Geschichte zu machen, beschäftigt sind, sondern dass wir in den Geschichten, die wir selbst erzählen, die Möglichkeit anderer Stimmen, die unsere Geschichten wieder und neu erzählen, berücksichtigen.[51]

Welche Implikationen und welche Funktion hat es also, die Geschichte des akademischen Feminismus zu erzählen entweder als heroische Fortschrittsgeschichte, »als letztes Refugium des Fortschrittsglaubens« (Hahn 2002, 157), als Geschichte von bestenfalls naiven Anfängen über allmähliches Wachstum und graduelle Verfeinerung zu immer größerer Differenziertheit oder, umgekehrt, als gleichsam apokalyptische Geschichte der Normalisierung, als Geschichte von Aufstieg und Fall, von einer Revolution, die von ihren eigenen Kindern aufgefressen wird, und schließlich von einem nostalgischen Blick zurück im Zorn – Erzählungen, in denen in jedem Fall die Heldinnen immer in der Gegenwart zu finden sind? In welcher Weise disziplinieren diese Erzählungen die Gegenwart und die Zukunft des feministischen Wissensprojektes? Welche Befürchtungen werden jeweils aufgerufen, welche Sackgassen beschworen? Welche Versprechen gemacht, welche Zukünfte entworfen? Was bedeutet es beispielsweise, wenn, wie in der folgenden Textpassage von Inge Stephan und Christina von Braun, ›Frauen‹ beziehungsweise ›Feminismus‹ als Zeichen der Stationen eines Irrwegs erzählt werden, von dem wir dank der Kategorie ›Gender‹ wieder auf den rechten Weg zurück in eine viel versprechende Zukunft gefunden haben? So als sei ›Gender‹ per se immun gegen die Art von Ausschlüssen und Ausblendungen, die (heute) mit den Kategorien ›Frau‹ beziehungsweise ›Feminismus‹ assoziiert werden:

51 Friedman (1995, 40 f.) folgt in ihrer Argumentation einem Argument von R. Radhakrishnan (1992), den sie wie folgt zitiert: »My objective here […] is to suggest that no one discourse or historiography has the ethicopolitical legitimacy to represent the totality, and that the concept of ›totality‹ should be understood not as a pregiven horizon but as the necessary and inevitable ›effect‹ or function of the many relational dialogues, contestations, and asymmetries among the many positions […] that constitute the field.«

Der Vorteil der *gender*-Kategorie liegt im Vergleich zu den von der älteren feministischen Forschung verwendeten Begriffen ›Weiblichkeit‹ und ›Männlichkeit‹ in ihrem Vermögen, beide Geschlechter einzuschließen, problematische Trennungen aufzuheben und Übergänge fließend zu halten (Braun/Stephan 2000, 10).

Gender erscheint hier als eine Kategorie mit fast magisch zu nennenden Qualitäten, insofern ihr attestiert wird, weitreichende Transformationen (in) der Wissenschaft bewirkt zu haben. Ihre kritische Kapazität und Mobilität wird einzig dadurch gewonnen, dass ›Weiblichkeit‹ und ›Männlichkeit‹ als fixierte, trennende und bornierte Kategorien entworfen werden. Doch warum sollte Gender offensichtlich *per se* zu etwas in der Lage sein, was mit den so genannten ›älteren‹ Begriffen nicht möglich war? Welche Phantasien über Vollständigkeit – Gender schließt beide Geschlechter ein – beherrschen hier die Entscheidungen für die Privilegierung eines bestimmten Begriffsinstrumentariums über ein anderes? Auch von der Skepsis gegenüber Gender, wie sie etwa von Rosi Braidotti (1994) oder wiederholt von Joan Scott (1994, 2001) vorgetragen wurde, dass nämlich, so Scott, Gender als »eine Facette des Strebens der feministischen Wissenschaft nach akademischer Legitimität« eingesetzt würde (Scott 1994, 33) und so zu einer »Möglichkeit geworden ist, zum Feminismus Stellung zu beziehen« beziehungsweise sich von dessen »angeblich scharfer Polemik abzugrenzen« (Scott 2001, 55), ist in diesen Erzählungen nichts zu finden.

Doch die Frage nach der Politik der Erzählungen muss sich auch die Erzählung, die von mir im Verlauf dieses Buches unweigerlich produziert worden ist und noch weiter produziert wird, stellen lassen, muss ich mir stellen lassen. Auch meine Narration schreibt sich nicht nur ein ins Feld beziehungsweise schreibt dieses linear fort, sondern (be)schreibt und ordnet es auf spezifische Weise neu, ist ein Einsatz in der Gegenwart des Feldes und mehr noch für dessen Zukunft. Ist es also überhaupt angemessen, eine Geschichte des feministischen Wissensprojektes statt im Zeichen des Fortschritts im Zeichen des Verlustes von politischen Ansprüchen und theoretischer Radikalität zu beginnen? Lässt sich gegen die Sichtweise, das feministische Wissensprojekt habe sich im Verlauf seiner Institutionalisierung fortschreitend normalisiert, nicht zu Recht das Argument anführen, dass bestimmte (rhetorische) Anpassungen (Normalisierungen?) nötig waren, um desto subversiver und nachhaltiger das Projekt der Transformation von Wissenschaft und Gesellschaft betreiben zu können? Was also wären Kriterien erfolgreicher Subversion, und wer entscheidet über sie? Ist die Verfeinerung zu immer größerer theoretischer Differenziertheit nicht Indiz der intellektuellen Vitalität und reflexiven Kraft des akademischen Feminismus? Und wurden die Institutionen der Wissenschaft, die Weisen der Produktion wissenschaftlichen Wissens, die disziplinären Kulturen und akademischen Ökonomien nicht doch grundlegend transformiert durch die feministische Intervention? Haben Feministinnen nicht, wie Doris Janshen schreibt (1999a), eine zukunftsfähige »politische Kultur an den Universitäten« als Fundament einer neuen »Wissenschaftskultur« geschaffen (Janshen 1999a, 21)?

Welche anderen als apokalyptische Verfallserzählungen sind folglich denkbar, und welche existieren? Tatsächlich wird die Geschichte der Institutionalisierung feministischer Wissenschaft in der Bundesrepublik ja bisher, wie wir im zweiten Kapitel gesehen haben, vorrangig als Fortschrittsgeschichte erzählt: Etwa in der Version einer mehrstufigen Erfolgsgeschichte von Aufbruch über Ausbreitung und Durchsetzung zu Professionalisierung (Hagemann-White 1995) beziehungsweise von Androzentrismuskritik über Innovation, Transformation und (Selbst-)Reflexion zu Implementation und Integration (Schmerl 1999) oder, wie die Narration von von Braun und Stephan (2000) nahe legt, in einer Version, in der wir das Dunkel der Wirren und Irrwege feministischer Wissenschaft hinter uns gelassen haben und (endlich) im Licht der aufgeklärten Gender-Forschung angekommen sind.

Ohne Zweifel ist Geschichte jedoch polychromatischer, als es diese von präsentistischen Interessen geleiteten Rekonstruktionen vermuten lassen. So finden sich zuhauf Belege dafür, dass etwa die Frage nach den »gespannten Verhältnissen« (Knapp 1990), also nach den spannungsreichen Beziehungen zwischen politischer Praxis und wissenschaftlicher Erkenntnis und Reflexion seit den Anfängen Anlass für konfliktreiche Kontroversen war und bis heute sehr verschieden beantwortet wird.[52] Auch trafen in der Geschichte des fe-

52 Den engen Zusammenhang zwischen wissenschaftlichem Erkenntnisinteresse und politischer Praxis thematisieren auch Regina Becker-Schmidt und Gudrun-Axeli Knapp (2000, 7 f.). Als Beispiele für Themen und Anliegen, in denen sich beides – Erkenntnisinteresse und politische Praxis – kristallisierte, nennen sie die Hausarbeitsdebatte in den 1970er-Jahren, die Mittäterschaftsdebatte sowie die

ministischen wissenschaftlichen Wissens seit der ersten Berliner Sommeruniversität für Frauen immer wieder unterschiedliche Vorstellungen und Konzepte, Ansprüche und Interessen sowie als einander ausschließend gehandelte Alternativen – Autonomie *versus* Institution, Disziplinarität *versus* Interdisziplinarität, Theorie *versus* Praxis, Objektivität *versus* Parteilichkeit – aufeinander. Nicht zuletzt resultiert die international dynamische Entwicklung feministischer Theorie bis heute nicht nur aus der Reflexion der Standortgebundenheit des eigenen Wissens, also aus einer eher innerwissenschaftlichen Dynamik, sondern auch aus den Infragestellungen seitens feministischer Bewegungen. »Das Wesentliche feministischer Forschung und Kritik«, schreibt Joan Scott (2001), habe »immer in der Weigerung bestanden, den Status quo zu bedienen« (Scott 2001, 60). Historisch, fährt sie fort, habe der »Feminismus einer Konsolidierung von ›Frauen‹ in homogene Kategorien selbst dann widerstanden, wenn er politische Appelle im Namen ›der Frauen‹ lancierte«, und gerade dies sei »eine Quelle der kreativsten politischen Interventionen von feministischer Seite« (ebd.).

Ist daher die Geschichte des feministischen wissenschaftlichen Wissens – wie im Übrigen die Geschichte jeglichen Wissens – nicht sinnvoller als diskontinuierliche Geschichte von Umstrittenheit und Konflikt, als Geschichte eines *umstrittenen Wissens* zu erzählen? Das heißt als labyrinthische Geschichte von theoretischen und methodischen Um-, Irr- und Seitenwegen, von Auf- und Abbrüchen, von kategorialen Fixierungen und deren Infragestellung. Und als Geschichte, in der lediglich retrospektiv datierbare Phasen, Generationen oder als progressiv wahrgenommene Entwicklungsverläufe, Haupt- und Seitenlinien ausgemacht werden können. Sollte sie daher statt als teleologischer Entwicklungsroman oder epistemische Fortschrittsnarration oder aber als ebenso linear gedachte Verfallsnarration nicht besser als Geschichte eines spannungs- und konfliktreichen, heterogenen und unabschließbaren Wissens erzählt werden? Als Geschichte eines Wissens, das von gesellschaftlichen Widersprüchen und internen Kämpfen, von Brüchen und Divergenzen, Parteiung und Spaltung, von individuellen Interessen in Bezug auf Prestige, Anerkennung und Reputation, aber auch von

Auseinandersetzungen um Gleichheit und Differenz in den 1980er-Jahren oder die Diskussion um Dekonstruktion und das Thema der sozialen und kulturellen Heterogenität von Frauen in den 1990ern.

außerwissenschaftlichen politischen Interessen und Konjunkturen, von emotionalen Bindungen und Widerständen geprägt ist und dessen Verlauf und je zukünftige Kontur immer unabsehbar gewesen ist und bleiben wird? Denn, wie Jane Newman (2002) schreibt: »Die Farben ebenso wie die Konturen der Vergangenheit sind auch ohne unsere Intervention ebenso tief wie komplex wie die der Gegenwart« (Newman 2002, 171; Übersetzung sh).

5 Grenzziehungen. Die Stabilisierung von Wissen

> Die menschlichen Denkkategorien sind niemals in einer bestimmten Form festgelegt. Sie entstehen, vergehen und entstehen ständig neu; sie wechseln nach Ort und Zeit. [Émile Durkheim]

5.1 Kategoriales Unbehagen

1991 veröffentlichte der Frankfurter Suhrkamp Verlag als zweiten Band einer Reihe mit dem Titel »Gender Studies. Vom Unterschied der Geschlechter« das Buch einer bis dahin auch im US-amerikanischen Kontext nur wenig bekannten feministischen Philosophin: Judith Butlers *Gender Trouble. Feminism and the Subversion of Identity* (1990). Der Verlag gibt der deutschen Übersetzung den Titel *Das Unbehagen der Geschlechter*; ein Titel, der, wenn nicht beabsichtigt, so sicherlich nicht zufällig die Assoziation mit Sigmund Freuds berühmtem Essay *Das Unbehagen in der Kultur* (2000 [1930]) weckt, wenngleich sich Butler in *Gender Trouble* zwar mit Freuds Theorie der melancholisch strukturierten Ich-Bildung auseinander setzt,[1] auf jenen Essay jedoch nicht rekurriert. Der englischsprachige Untertitel *Feminism and the Subversion of Identity* ist in der deutschen Version getilgt, auch das Impressum nennt als Titel der Originalausgabe lediglich *Gender Trouble*. Durch diese Auslassung wird nicht nur das theoriepolitische Programm von *Gender Trouble*, die Kritik an der identitätspolitischen Fundierung von Feminismus, unterschlagen, es wird auch die Situierung des Buches im Kontext feministischer Theorie und Praxis negiert. Zunächst scheint es also die Publikationsstrategie des Verlages gewesen zu sein, die *Gender Trouble* in Opposition zum Feminismus brachte, obwohl Butler selbst nicht müde wurde zu betonen, dass ihre Arbeit einen Beitrag zur feministischen Theorie darstelle.[2]

1 Vgl. Butler 1991, 93-104.

2 Es kann und wird hier nicht um eine detaillierte Rekonstruktion von *Gender Trouble* beziehungsweise Butlers Werk insgesamt gehen. Auch auf die unbändige Fül-

Nun sagen Titel ebenso sehr wie über den Inhalt eines Buches etwas über Marketingstrategien oder dessen potenzielle Publika aus; manchmal fangen sie gar – und dies wahrscheinlich eher ungewollt – den Zeitgeist ein. Der deutsche Titel *Das Unbehagen der Geschlechter* ist hier in mehreren Hinsichten aufschlussreich. So antizipierte – oder war sie durch diese nahe gelegt? – die Titelpolitik des Suhrkamp Verlages gleichsam die anfänglich distanzierende Reaktion etlicher deutscher feministischer Wissenschaftlerinnen. Der Titel fing auch das moderne Unbehagen am Geschlecht ein, vielleicht auch das Unbehagen der Geschlechter miteinander,[3] sowie das sich aus vielen unterschiedlichen Quellen speisende Unbehagen am Feminismus. Zugleich aber schien *Das Unbehagen der Geschlechter* auf einen vorläufigen Punkt zu bringen, was zum damaligen Zeitpunkt noch eher diffus, jedenfalls begrifflich noch kaum gefasst war, nämlich ein *kategoriales Unbehagen* vieler feministischer Wissenschaftlerinnen mit der eigenen Theorie und Wissensproduktion, eine Skepsis gegenüber dem feministischen Potenzial, die eigenen Prämissen und kategorialen Verankerungen sowie die darin implizierten Ausschlüsse zu reflektieren. Dieses Unbehagen bezog sich nicht nur auf die Kohärenz und Tragweite von Geschlecht als intellektuell anregender und analytisch tragfähiger Kategorie, sondern auch auf den, wie Gudrun-Axeli Knapp schon 1988 formuliert hatte, »(un)heimlichen Positivismus in einigen gängigen feministischen Aussagen zu ›Weiblichkeit‹, ›Mütterlichkeit‹, ›weiblichem Arbeitsvermögen‹«, in denen sie eine »unbedachte Ideologisierung« zu erkennen glaubte (Knapp 2001, 253).[4] Und nicht zuletzt kündigte der deutsche Titel

le von Auseinandersetzungen mit ihren Texten kann nicht eingegangen werden. Es sei daher auf die Einführungen zu Butler von Hannelore Bublitz (2002) und Paula-Irene Villa (2003a) verwiesen.

3 Die Assoziation mit Freuds *Das Unbehagen in der Kultur* scheint insofern in der Tat nicht gänzlich zufällig, klingen doch Freuds Ausführungen über die drei Quellen, »aus denen unser Leiden kommt«, nämlich »die Übermacht der Natur, die Hinfälligkeit unseres eigenen Körpers und die Unzulänglichkeit der Einrichtungen, welche die Beziehungen der Menschen zueinander in Familie, Staat und Gesellschaft regeln«, wie ein fernes Echo *dieses* Unbehagens der Geschlechter (Freud 2000 [1930], 217).

4 *Gender Trouble*, so auch Andrea Rödig (1994), »habe zur rechten Zeit auf den Punkt gebracht, was viele feministische Theorien seit langem schon unterschwellig beunruhigte: daß sie implizit immer noch auf ein Substanzdenken rekurrierten« (Rödig 1994, 92).

die zum damaligen Zeitpunkt sich anbahnende Grenzziehung im akademischen Feminismus an, die uns bereits im Prolog dieses Buches in der Diskussion von Bettina Heintz' Text »Die Auflösung der Geschlechterdifferenz« (1993) sowie im vorangegangenen Kapitel in der Auseinandersetzung mit dem Begriffswechsel von ›Feminismus‹ beziehungsweise ›Frauen‹ zu ›Gender‹ beschäftigt hat: die Grenzziehung zwischen Frauenforschung und Feminismus auf der einen und Geschlechterforschung und Gender Studies auf der anderen Seite, die »Umorientierung im geschlechtertheoretischen Denken«, wie Heintz (1993, 37) es wenig später programmatisch formulieren sollte.

Insofern stellt *Gender Trouble* sowie dessen Rezeption in der Tat ein diskursives Ereignis, eine politische Aktivität dar, durch die *soziale Verhältnisse* gestiftet werden und eine neue Kräftekonstellation ins Leben gerufen wird: eine »Aktivität, die interveniert und einen Kontext zu erzeugen sucht« (Demirović 1999, 37). *Gender Trouble* sowie die so genannte »Butler-Debatte« wurde, mit anderen Worten, zu einem der Schauplätze für grundlegende Transformationen sowohl in der feministischen Diskurskonstellation wie auch auf dem institutionellen Terrain des akademischen Feminismus.

Tatsächlich hielt *Gender Trouble* bereits unmittelbar nach seiner Veröffentlichung, wie Käthe Trittin schon 1992 in ihrer Rezension des Buches in der Zeitschrift *Die Philosophin* schrieb, »nicht wenige Seminare und Symposien in Atem« (Trittin 1992, 75). Jedenfalls stürzte es die »feministische Diskussion, die sich endlich im Besitz stabiler Kategorien glaubte, zweifellos in eine heillose Irritation« (ebd., 77). »Es gab«, so auch Astrid Deuber-Mankowsky zwei Jahre später in der Schweizer *WochenZeitung*, »kein Symposium, keine Diskussion mehr, an dem nicht heftig über die Frage gestritten wurde, ob die Kategorie des Geschlechts, für deren Einführung frau so hart gekämpft hatte, wieder aufzugeben sei oder nicht« (Deuber-Mankowsky 1994, 16). Kurz gesagt: *Gender Trouble* wurde zum Gegenstand von und Auftakt zu einer Serie von Auseinandersetzungen darüber, was das zum damaligen Zeitpunkt sowohl disziplinär als auch hinsichtlich der in Anschlag gebrachten theoretischen Konzepte und Methoden schon hochgradig ausdifferenzierte Feld des akademisch gewordenen Feminismus (noch) zusammenhält. Eine Frage, die sich gerade in dieser Zeit vor dem Hintergrund der Begegnungen und Auseinandersetzungen zwischen ost- und westdeutschen Feministinnen, zwischen deutschen Wissenschaftlerinnen und jenen mit Migrationshintergrund sowie zwischen heterosexuellen und lesbischen akademischen Feministinnen stellte. *Gender Trouble* war zudem Anstoß für eine Reihe von kulturellen Kämpfen, in denen – oft, wie zu zeigen sein wird, emblematisiert in einer als zwielichtig, geschlechtlich ambig, ja geradezu ›monströs‹ stilisierten Figur »Judith Butler« – die Fragen der *constituency* und der Sozialordnung des akademischen Feminismus auf der Tagesordnung standen. Verhandelt wurden dessen legitime Genealogien, die Beziehungen zwischen feministischem ›Establishment‹ und feministischen ›AußenseiterInnen‹ und nicht zuletzt die Frage des Stellenwerts lesbischer Differenz für den Feminismus.

Denn mit der frühen Rezeption von *Gender Trouble* wurde nicht nur, wie Patricia Purtschert (2003) anmerkt, »ein Diskussionsfeld festgelegt, das die feministische Diskussion poststrukturalistischer und dekonstruktiver Ansätze im deutschsprachigen Kontext bis heute bestimmt« (Purtschert 2003, 148). Vielmehr war die »Butler-Debatte« eine der Arenen, in denen der akademische Feminismus sein inhaltliches Selbstverständnis zu klären suchte und in denen auf vielfältigste Weise die Kategorie Geschlecht beziehungsweise Gender *als Objekt des Wissens und zugleich als Kategorie der Analyse* geschärft wurde – wodurch der akademische Feminismus nicht zuletzt seinen Anspruch auf ein eigenständiges Territorium im Feld der wissenschaftlichen Disziplinen erhärtete. Eine der zentralen Grenzlinien, an denen jene diskursive Härtung vollzogen wurde, war, wie wir im Verlauf dieses Kapitels sehen werden, die Verhandlung der Frage, welche Rolle die Analyse von (Hetero-)Sexualität spielen sollte. Nicht zufällig fällt die Auseinandersetzung um *Gender Trouble* in eine bestimmte Phase der Entwicklung des deutschsprachigen akademischen Feminismus: Es ist die Phase, in der dieser – unterstützt durch die Einrichtung etlicher Frauenforschungsprofessuren sowie anderer staatlicher und hochschulinterner Förderprogramme – deutlicher als je zuvor Teil der akademischen Institutionen wird, eine Entwicklung, die schließlich ab der zweiten Hälfte der 1990er-Jahre in die Einrichtung eigenständiger Studiengänge zu Frauen- und Geschlechterforschung beziehungsweise Gender Studies mündet. »›Frauenforscherin‹« war also, wie Carol Hagemann-White (1995) schreibt, »zu einer Profession geworden, in der auch die im Wissenschaftssystem höchstbewerteten Gratifikationen erreichbar schienen, in der die Lehre und Forschung aber auch zur alltäglichen Berufsroutine werden mussten« (Hagemann-White 1995, 35). Es stand also viel auf dem Spiel.

Doch in einer entscheidenden Hinsicht hatte dieser Aufschwung seinen Preis. Denn, wie wir im folgenden Kapitel ausführlich betrachten werden, insofern erst »normativ geforderte Selbstbeschränkung« (Rehberg 2000, 35), verstanden »seit je als die Legitimierung durch die Besonderheit eines Gegenstandes und/oder einer methodisch gesicherten Blickrichtung« (ebd.), den »Aufstieg einer Wissensproduktion in den Kreis der universitär etablierten Wissenschaften ermöglicht« (ebd.), muss der akademisch werdende Feminismus auch einen solch eigenständigen Gegenstand und/oder eine gesicherte Blickrichtung vorweisen können, um den eigenen Wissensanspruch dauerhaft legitimieren zu können. Der politische Aufwind alleine würde jedenfalls *in the long run* nicht ausreichen, um im ›Kreis der universitär etablierten Wissenschaften‹ zu bestehen. *Gender Trouble* bot in dieser Hinsicht, wenn man so will, auch einen willkommenen Anlass, um das eigene kategoriale Unbehagen zu bearbeiten und die Konturen des eigenen Feldes zu schärfen. Der akademisch gewordene Feminismus bediente sich dabei etablierter Praktiken des Wissenschaft-Machens, wie wir sie im dritten Kapitel kennen gelernt haben: Praktiken der diskursiven Grenzziehung sowie der ›reinigenden‹ und ordnenden Klassifizierung dessen, wovon Feminismus etwas wissen will.

5.1.1 Kontextualisierungen

Das Unbehagen der Geschlechter erschien in der Tat zu einem Zeitpunkt, als sich der akademische Feminismus in Deutschland in mehreren Hinsichten im Umbruch befand. Es ist zunächst die Zeit, in der dieser seiner »interdisziplinären Kinderstube« entwächst (Hausen 1998, 63), in der noch niemand versucht hatte, »eine disziplinäre Zugangsberechtigung zum Revier einzufordern« (ebd.). Korrespondierend dazu differenziert sich der akademisch werdende Feminismus im Zuge der seit der Besetzung der Frankfurter Professur im Jahr 1987 erfolgenden Einrichtung von unbefristeten Professuren in dieser Zeit verstärkt disziplinär aus. In Nordrhein-Westfalen beispielsweise, das aufgrund der Entscheidung der damaligen Wissenschaftsministerin eine Vorreiterrolle hinsichtlich der Etablierung von Frauenforschungsprofessuren einnahm, sind 1990 bereits 24 Professorinnen im »Netzwerk Frauenforschung« organisiert. Zudem wurde die Förderung von Frauenforschung in mehreren Bundesländern im Bereich der Nachwuchsqualifikation ausgebaut.[5] Der akademisch werdende Feminismus erlebte in diesem Zeitraum also eine erste intensive Phase akademischer Professionalisierung.[6] Mit der professoralen Verstetigung von Frauenforschung rückte ferner die Thematik der Kodifizierung des Wissens für die und dessen Reproduktion in der Lehre in den Vordergrund. So wurde die Frage nach dem Sinn eines »Kanons« wichtiger Schriften bedeutsam. Die »Sektion Frauenforschung in den Sozialwissenschaften in der DGS« diskutierte beispielsweise den Stellenwert von »Leselisten«, wie sie in anderen Sektionen in der DGS üblich waren. Gewarnt wurde vor den Gefahren der Erstarrung und sozialen Schließung, die Aufgaben in der Lehre schienen allerdings eine gewisse Kodifizierung und Kanonisierung auch unumgänglich zu machen.[7]

Es ist aber auch die Zeit, in der der Institutionalisierungsprozess trotz dieses politisch unterstützten Schubes – unter anderem durch die im Zuge der deutschen Vereinigung stattfindende Um- und Neustrukturierung der Hochschulen und akademischen Fächer in Ostdeutschland – an Grenzen stößt und in der die Frauenforscherinnen die Erfahrung machen, wie leicht ihr Feld wieder marginalisiert werden kann: Zeichen dafür, dass es nicht zu einem paradigmatischen Wandel der Fächer gekommen war.[8] Was sie in dieser

5 Vgl. hierzu auch Hagemann-White 1995, 35.

6 Vgl. ebd., 35 ff.; Lenz 2002, 61 f.

7 Exemplarisch für diese Auseinandersetzung um Kanonisierung und Tradierung des feministischen Wissens sowie um die sich vollziehende Veränderung der Position feministischer Dozentinnen siehe die Beiträge zum Workshop »Lehre in der Frauenforschung«, der Sektion »Frauenforschung in den Sozialwissenschaften in der DGS« im Juni 1990 in Hamburg (vgl. Fabianke/Kahlert 1991). Die Kanon-Frage wird uns noch einmal in Kapitel 6 beschäftigen.

8 Vgl. hierzu Hagemann-White 1995, 38 ff.; Bock/Landweer 1994, 99; Nickel 1999; Dölling 1993; 2000.
Zwischen 1989 und 1996 wurden lediglich 3 Koordinations- und Forschungszentren für Frauen- und Geschlechterforschung an deutschen Universitäten neu eingerichtet. Davon ist eins das 1989 noch vor der Wende gegründete *Zentrum für interdisziplinäre Frauenforschung* (ZiF) an der HU Berlin, das bis zur Gründung des *Interdisziplinären Zentrums für Frauen- und Geschlechterforschung* an der Universität Greifswald im Jahr 1996 die einzige Einrichtung zur Frauen- und Geschlech-

Situation aber auch erleben, ist, dass mit dem Ende des Realsozialismus bestimmte bis dahin im Diskurs der Frauen- und Geschlechterforschung durchaus tonangebende Denktraditionen schlagartig abgewertet wurden und damit Reputations- und Anerkennungsverluste für die Vertreterinnen dieser Denktraditionen drohten.[9] Und nicht zuletzt ist es die Zeit, in der sich die Verbindungen zwischen Feminismus, Frauenbewegung und Frauenforschung, zwischen Theorie und Praxis, zwischen akademischem Feminismus und feministischem Aktivismus auch durch die während der 1980er-Jahre in Westdeutschland erfolgte »Professionalisierung und Integration der Neuen Frauenbewegung in politische und gesellschaftliche Verbände« deutlich lockern und verändern (Lenz 2002, 58).

In solchen Zusammenhängen stand folglich (erneut) das Selbstverständnis des akademisch werdenden Feminismus zur Klärung an. Frauenforschung hatte sich lange Zeit als ›akademischer Arm‹ beziehungsweise als akademischer Teil einer politischen Bewegung verstanden, deren Aufgabe es einerseits sei, »der politischen Praxis, mit der sie selten unmittelbar zusammenfällt, Argumentationsmaterial, Anhalt und Orientierung« zu geben (Knapp 1990, 9), diese andererseits aber auch kritisch zu reflektieren, standen »Forschungsthemen, -verfahren und sogar Forschungsergebnisse unter dem Legitimationszwang von Bewegungsnähe und Bewegungsnützlichkeit, und sei es nur als rhetorische Formeln« (Holland-Cunz 2003b, 30), so rücken jetzt beispielsweise die Spannungen zwischen Bewegung und Wissenschaft stärker in den Vordergrund.[10] Gerade

terforschung an einer ostdeutschen Hochschule sein sollte. Zudem sind von den 76 im Dezember 1993 existierenden Frauenforschungsprofessuren an Universitäten laut der *Zentraleinrichtung zur Förderung von Frauenstudien und Frauenforschung an der FU Berlin* von 1994 lediglich zwei (HU Berlin, Universität Potsdam) an ostdeutschen Hochschulen zu finden. Von diesen 76 Professuren sind zum damaligen Zeitpunkt 43 besetzt, fünf vakant, 17 im Berufungsverfahren und 11 in Planung. Die lokale Kräftekonstellation, die die Einrichtung des ZiF im »sich auflösenden universitären Feld der im Verschwinden begriffenen DDR« (Dölling 2000, 156) ermöglichte und die an der HU Berlin auch von entscheidender Bedeutung war für die Einrichtung von Professuren mit einer Frauenforschungsdenomination, hat Dölling rekonstruiert (ebd.). Vgl. hierzu auch die Beiträge von Nickel, Dölling, Pelkner und Jähnert in *Bulletin* Nr. 19 des ZiF (1999).

9 Ich verdanke diesen Hinweis Irene Dölling.

10 So hatte die »Sektion Frauenforschung in den Sozialwissenschaften in der DGS«

die enge Verbindung zwischen Wissenschaft und Politik, der die erste Zeit der Frauenforschung stark prägende Imperativ der »Parteilichkeit«, wie er in den von Maria Mies im ersten Heft der *beiträge zur feministischen theorie und praxis* veröffentlichten »Methodologischen Postulaten zur Frauenforschung« (1978) formuliert worden war,[11] wurde als möglicher Hinderungsgrund für die kritische Weiterentwicklung des feministischen Wissens analysiert. Wissenschaft, so beispielsweise Gudrun-Axeli Knapp im Wintersemester 1988/89 in einem Vortrag an der Universität Oldenburg, »Zum Problem der Radikalität in der feministischen Wissenschaft«, müsse »prinzipiell beim ›Einerseits/Andererseits‹ bleiben können, wenn die Realität, die sie untersucht, eben so verfaßt ist« (Knapp 1990, 22). Die Radikalität von Frauenforschung erweise sich dagegen nicht an der einseitigen, dualistischem Denken verhafteten Parteilichkeit für Frauen (als Opfer der Verhältnisse), sondern im differenzierten und differenzierenden, »Ungleichzeitigkeiten und Widersprüche« (ebd.) begreifenden Denken derjenigen »Seiten gesellschaftlicher Realität, die Frauen nach wie vor vereinseitigen, deklassieren und entwerten« (ebd., 24).

In diesem institutionellen, politischen und wissenschaftlichen Umfeld waren es anfangs insbesondere zwei Themen Butlers, die Anlass für »gereizte Debatten« (Niekant 1999) lieferten: Ihre These, dass das »feministische ›Wir‹ stets nur eine phantasmatische Konstruktion« sei (Butler 1991, 209), sowie ihr Unterfangen, »den [zweigeschlechtlichen; sh] Körper neu und anders zu begreifen« (ebd., 26) – und das hieß vor allem, ihn jenseits der Natur/Kultur-Begrifflichkeit als spezifische Form der Klassifikation zu denken. Wieder verhandelt wurde folglich das Verhältnis von Materialität, Körper, Sprache und Geschlecht sowie Fragen von *agency* und Subjekt und

im April 1988 in Hannover einen Workshop zum Thema »Frauenforschung im Spannungsfeld von Wissenschaft und Politik« durchgeführt.

11 »Das Postulat der *Wertfreiheit*«, so Maria Mies 1978 in den »Postulaten«, »der Neutralität, und Indifferenz gegenüber den Forschungsobjekten – bisher wichtigster Maßstab für Objektivität – wird ersetzt durch bewußte *Parteilichkeit.* Bewußte Parteilichkeit wird erreicht durch eine teilweise Identifikation mit den ›Forschungsobjekten‹« (Mies 1978, 47; Hervorhebung i. O.).
Die Auseinandersetzung mit den von Mies formulierten Postulaten hat eine lange Geschichte in der (sozialwissenschaftlichen) Frauenforschung. Siehe hierzu besonders Diezinger/Kitzer/Anker u. a. 1994 sowie zuletzt Holland-Cunz 2003b.

nicht zuletzt die Zukunft feministischer Theoriebildung, ja von Feminismus selbst.

5.1.2 Neue Fragen – verschobene Fundamente?

Die Fragen, die mit *Gender Trouble* auf die Agenda gesetzt waren, erwiesen sich für die feministische Theorie als von recht fundamentaler Bedeutung: Ist Geschlecht eine Kategorie der Natur oder der Kultur? Sollte Geschlecht gänzlich kulturell sein, eine soziale Konstruktion – was zunächst immer den Verdacht weckte, dass damit die soziale Schwerkraft der Geschlechterverhältnisse, die Funktion von Geschlecht als »sozialer Platzanweiser« (Knapp 2001, 252), in Frage gestellt sei –, wie kann Feminismus dann im Namen von Frauen (politisch) sprechen und handeln? Insofern Butlers These zutrifft, dass »Frau« eine regulatorische Phantasie ist, durch deren Gebrauch unweigerlich die normativen und normalisierenden Beziehungen zwischen *sex, gender* und Begehren reproduziert werden, wie kann »Frau« dann als begründende Kategorie feministischer Theorie dienen? Sollten aber weder Gender noch »Frau« als fundierende – und privilegierte – Kategorien taugen, auf welcher Grundlage kann Feminismus dann weiterhin auf seinem Existenzrecht und seinen politischen Zielsetzungen insistieren?

Mehr noch: Wenn auch »widerständige Repräsentationen noch ausgrenzende, hegemoniale Instrumente sein können« (Kirsch-Auwärter 1996, 34), wenn »unsere Erfahrung [uns; sh] belügt«, wie Sandra Harding (1994, 303) konstatiert, wie begegnet die feministische Theorie dann der Gefahr, in der Rekonstruktion der Erfahrungen von Frauen – und Männern – in den eigenen Begrifflichkeiten möglicherweise die hierarchischen Dichotomien zu wiederholen, die es zu verändern gilt? Müssen aber Geschlecht, Geschlechterverhältnis, Geschlechterdifferenz in der Frauen- und Geschlechterforschung als Erkenntnisgegenstände (notwendig?) vorausgesetzt werden, zugleich aber als kontinuierlich hergestellt, in sozialen und kulturellen Praktiken gemacht und nicht als *per se* gegeben begriffen werden, resultiert dann daraus nicht, dass die Geschlechterdifferenz auch im und durch feministisches Wissen in einer spezifischen Weise konstruiert wird? Das heißt, dass feministische Theorie teilhat an der Produktion der Unterscheidung nach Geschlecht. Ist daher die feministische Theorie nicht ganz besonders mit der Anforderung konfrontiert, in den eigenen Analysen vom Unterschied der Geschlechter und der sozialen, kulturellen, politischen und symbolischen Organisation der Geschlechterverhältnisse sich zugleich reflexiv und kritisch zum eigenen Wissen zu verhalten? Wenn, mit anderen Worten, das Projekt, die Erfahrungen von Frauen und Männern in feministischer Perspektive und herrschaftskritischer Absicht zu rekonstruieren, dennoch Gefahr läuft, in den eigenen Begrifflichkeiten die hierarchische Dichotomie der Geschlechter zu wiederholen, die es doch zu verändern gilt, wie kann dann der Tendenz begegnet werden, »Wahrnehmungs- und Denkkategorien als Erkenntnismittel zu verwenden, die [...] als Erkenntnisgegenstand zu behandeln wären« (Bourdieu 1997a, 153)?[12] Wie antwortet, noch anders gesagt, feministische Theorie – und Praxis – auf das Paradox des Unterscheidens, das heißt, unterscheiden zu müssen, um Wahrnehmung und Erkenntnis zu ermöglichen, damit aber womöglich Asymmetrien, wenn nicht Hierarchien zwischen den differenzierten Begriffen zu produzieren?[13]

Das waren zwar für den Feminismus keine gänzlich neuen Probleme, die Wucht, die *Gender Trouble* in der feministischen Diskurskonstellation entfaltete, resultierte daher wohl eher daraus, dass es eine den Feminismus seit seinen Anfängen umtreibende Aporie in für diesen existenzieller, weil mit dem eigenen Ungedachten in einer spezifischen Hinsicht konfrontierenden Weise radikalisierte. Es

12 Von dieser Überlegung Bourdieus ausgehend, fragt Dölling (1999a) für die sozialwissenschaftliche Frauen- und Geschlechterforschung nach den Perspektiven von »Geschlecht« als analytischer Kategorie. Siehe hierzu auch Dölling 2004, 85 ff.

13 Dies ist Thema eines Aufsatzes von Renate Hof: »Gender and Difference. Paradoxieprobleme des Unterscheidens« (1992), in dem sie kritisch an Luhmanns kontrovers diskutierten Text »Frauen, Männer und George Spencer Brown« (2003) anschließt. Hofs Text, der für die amerikanistische und kulturwissenschaftliche Geschlechterforschung einflussreich gewesen ist, schränkt insofern die Beobachtung von Pasero/Weinbach (2003a, 7), Luhmann habe »keinen Eingang in den ›mainstream‹ der Gender-Forschung« gefunden, zumindest ein. Offensichtlich hatten diese nur ein disziplinär begrenztes Spektrum der Frauen- und Geschlechterforschung im Blick. Davon abgesehen scheint mir der Nachweis der Produktivität dieser systemtheoretischen Herangehensweise für die kritische Dekonstruktion von Geschlechterverhältnissen noch auszustehen.
Für eine ausführliche kritische Lektüre von Hof unter der Perspektive der Reproduktion von Heteronormativität siehe Schlichter 2003. Zu den Anschlussmöglichkeiten der Systemtheorie für die Frauen- und Geschlechterforschung siehe Teubner 2001.

handelt sich dabei um eine Aporie, die schon Simone de Beauvoirs Epoche machendem Werk *Le deuxième sexe* (1949) als Moment der Unruhe eingeschrieben ist: Was bedeutet die Erkenntnis, dass ›die Frau nicht existiert‹, das heißt eine ›Erfindung‹ ist, für das feministische Projekt, eine Theorie sexueller Differenz, eine Theorie des Unterschieds der Geschlechter zu schreiben? Wie entgeht, fragt Teresa de Lauretis rund vierzig Jahre nach Beauvoir in ihrem einflussreichen Aufsatz »The Technology of Gender« (1986), »kritisches feministisches Denken« der Gefahr, im begrifflichen Rahmen eines universalen Geschlechtergegensatzes gefangen« gehalten zu werden (de Lauretis 1996, 59), wenn dieser selbst dort noch regiert, wo das feministische Denken glaubt diesem schon entkommen zu sein, insbesondere in der Unterscheidung von *sex* und *gender*?[14] Mit anderen Worten, kann die sexuelle Differenz überhaupt gedacht werden, ohne die »Natur der Dinge«, das, was Pierre Bourdieu *Doxa* nennt, also die »in die Objektivität der sozialen Strukturen und in die Subjektivität der mentalen Strukturen« (Bourdieu 1997a, 153) eingeschriebenen und stillschweigend vorausgesetzten Vorannahmen zu wiederholen? Um welche Vorannahmen handelt es sich? Was ist das Ungedachte des feministischen Denkens? Kann feministische Theorie überhaupt dem Dilemma entgehen, womöglich in der eigenen Theoriebildung den Dualismus von Natur/Kultur zu wiederholen, ergo selbst naturalisierend zu wirken und eine Natur des Geschlechts vorgängig zu setzen? Ein Dilemma, das auch im deutschsprachigen feministischen Diskurs vor *Gender Trouble* wiederholt thematisiert worden war: So hatten beispielsweise Carol Hagemann-White (1984; 2001) oder Regine Gildemeister und Angelika Wetterer (1992) wiederholt darauf hingewiesen, dass nicht nur in der Alltagserfahrung die »Alltagstheorie der Zweigeschlechtlichkeit« dominiere. Auch in das feministische wissenschaftliche Denken fließe sie, trotz dessen antibiologistischer und antiessentialistischer Haltung und der Zurückweisung einer gegebenen Natur der Frau beziehungsweise des Mannes, oft genug unbemerkt ein, dabei die Theorien und Ergebnisse jedoch wesentlich beeinflussend. Carol Hagemann-White (1984) konstatierte bereits Anfang der 1980er-Jahre eine »Rezeptionssperre« gegenüber solchen Ansätzen – etwa sozialkonstruktivistischen oder ethnomethodologischen –, die

14 Zur Genealogie der *sex/gender*-Debatte siehe unter anderen Knapp 2000, 65-73.

die Begründetheit von Geschlecht in einer jenseits von Kultur oder Sozialität liegenden Natur bestritten.

War die *sex/gender*-Unterscheidung daher einst eingeführt worden, um dieser ›Gefangennahme‹ zu entgehen und einen analytischen Raum beispielsweise für die Kritik an geschlechtlichen Stereotypisierungen zu gewinnen, das heißt um die soziale Verfasstheit von Geschlecht thematisieren zu können, so zeigte sich jetzt, dass noch diese Reformulierungen der Geschlechterdifferenz vom Natur/Kultur-Dualismus regiert wurden, insofern sie Ausdruck eines »verlagerten Biologismus« sind (Gildemeister/Wetterer 1992, 206), in dem »kulturelles« Geschlecht, *gender*, immer noch auf »biologisches« Geschlecht, *sex*, bezogen bleibt. Denn auch die These der Unterscheidung in *sex* und *gender*, in »biologisches« und »soziales« Geschlecht, setzt bereits eine als kulturell vorgängig gedachte Realität der anatomisch organisierten Geschlechterdifferenz – *sex* – voraus, die später in den Repräsentationssystemen der Kultur lediglich neu besetzt und in das soziale Geschlecht – *gender* – verwandelt wird. Selbst in diesen theoretisch avancierten Fassungen sexueller Differenz bleibt also die soziokulturelle Differenz der Geschlechter an ihren natural gedachten Grund kausal rückgekoppelt.[15]

Die Dekonstruktion dieser problematischen Bindung von *sex/gender* hatte Teresa de Lauretis schon Mitte der 1980er-Jahre zu bewerkstelligen versucht. Im direkten Anschluss an Foucaults in *Sexualität und Wahrheit. Der Wille zum Wissen* (1977) entfaltete These einer »politischen Technologie« der Sexualität (Foucault 1977, 153) hatte de Lauretis in ihrem Weichen stellenden Aufsatz »The Technology of Gender«, der wiederum ihr Buch *Technologies of Gender* (1987) eröffnet, Gender als eine solche politische Technologie rekonstruiert.[16] Wie die Sexualität, so de Lauretis' Argument, sei auch »das Geschlecht keine Eigenschaft der Körper oder etwas ursprüng-

15 Unter der Fragestellung, welche Herausforderung Intersexualität für die Geschlechterforschung darstellt, hat sich jüngst Dietze 2003 erhellend mit den Aporien der *sex/gender*-Unterscheidung auseinander gesetzt. Zur Problematik dieser Aporie für die feministische Theorie siehe auch Klinger 1995 sowie Hark 2001a.

16 Interessanterweise wurde de Lauretis' Dekonstruktion der *sex/gender*-Unterscheidung bis Mitte der 1990er-Jahre in deutschsprachigen Kontexten kaum rezipiert. So ist *Technologies of Gender* bis heute nicht ins Deutsche übersetzt. Der Aufsatz »The Technology of Gender« erschien auf Deutsch erst im Jahr 1996, wurde also tendenziell im Licht von *Gender Trouble* gelesen, obwohl er diesem zeitlich und theoretisch vorausgeht.

lich im Menschen Existierendes, sondern, mit Foucault gedacht, ›ein Ensemble von Auswirkungen, die in den Körpern, den Verhaltensweisen, den gesellschaftlichen Beziehungen durch das Dispositiv einer komplexen politischen Technologie herbeigeführt werden‹« (de Lauretis 1996b, 59). Diese ›komplexe politische Technologie‹ produziere eben nicht nur das, was wir gemeinhin das soziale Geschlecht nennen, es bewirke auch jenes ›Ensemble von Auswirkungen‹ in den Körpern und den Verhaltensweisen: wie wir unsere Körperlichkeit, Emotionalität usw. wahrnehmen, das also, was wir gemeinhin als *sex* bezeichnen und als das unverwechselbar uns Zugehörige erkennen. *Geschlecht* – ebenso wie etwa Sexualität – ist mithin zu verstehen als *diskursiv verfahrende politische Technologie, die systematisch die Gegenstände bildet, von denen sie spricht*: die Erfahrung unserer Körper, unser Begehren, unser Handeln, aber auch unsere sozialen Beziehungen und kulturellen Ordnungen.

5.1.3 Gender Trouble. Kategorialer Ärger

Gender Trouble radikalisiert nun diese Kritik an der *sex/gender*-Differenz, insofern Butler hier konsequent mit der Vorstellung bricht, Geschlecht sei eine natürliche Eigenschaft von Körpern, die wiederum die Grundlage einer wie auch immer natürlich gegebenen Geschlechterdifferenz oder einer in Natur verbürgten sozialen Ordnung der Geschlechter bilden. Alle Aussagen über Identität und das »natürliche« Geschlecht würden, so auch Butler, letztlich durch kulturelle und wissenschaftliche Diskurse erst ermöglicht. *Gender* sei daher nicht Ausdruck eines inneren Kerns oder einer statischen Essenz, sondern eine wiederholte Einsetzung von Normen, die nachträglich das Erscheinen von *gender* als Auswirkung einer dauernden inneren Tiefe produziere. Auch vorgeblich essenzielle Geschlechtsidentitäten (*sex*) seien daher als Effekte kultureller Normen zu lesen. Jeglicher Rekurs auf »vordiskursive Geschlechtskörper« stelle somit eine Strategie enthistorisierender Naturalisierung dar. Die Produktion von Geschlecht als vorgeblich natürlichem, anatomisch-biologischem – und damit auch die Grenze zwischen *sex* und *gender*, zwischen biologischem und sozialem Geschlecht, zwischen Natur und Kultur – müsse folglich, so Butler theoretisch nahezu analog zu de Lauretis, als »Effekt des kulturellen Konstruktionsapparates« verstanden (Butler 1991, 24), *sex* beziehungsweise der geschlechtliche

Körper selbst als unhintergehbar sprachlich verfasst betrachtet werden. Dies jedenfalls ist die provokante These, mit der Butler *Gender Trouble* eröffnet:

If the immutable character of sex is contested, perhaps this construct called ›*sex*‹ is as culturally constructed as gender; indeed perhaps it *was always already gender*, with the consequence that the distinction between sex and gender turns out to be no distinction at all (Butler 1990, 7; Hervorhebung sh).

Damit war ein diskurstheoretisch wie dekonstruktivistisch informiertes Programm anvisiert, wie die Differenz der Geschlechter gedacht werden kann, ohne diese – ob gewollt oder nicht – immer wieder an ihren natural gedachten Grund kausal rückzukoppeln und ohne Natur schlicht durch Kultur zu ersetzen. Nämlich nicht durch die Ersetzung des biologischen oder evolutionistischen Mythos durch einen kulturalistischen, in denen die Geschlechter im ersten Fall als »zivilisatorische Elaborate eines biologischen Substrats« und im zweiten Fall etwa als »bloße Interaktionsprodukte« gedacht werden (Runte 1996, 45), sondern durch die dekonstruktive doppelte Bewegung der gleichzeitigen *Umkehrung und Verschiebung* des Natur/Kultur-Dualismus. Die Geschlechterdifferenz ist also weder in Natur noch in Kultur verankert. Da die Unterscheidung von Natur/Kultur selbst eine Unterscheidung *innerhalb* der Kultur ist, liegt sie der Geschlechterdifferenz nicht voraus, kann diese folglich auch nicht begründen. Diese ist ontologisch nicht präzise zu verorten, sie ist weder »gänzlich gegeben noch gänzlich konstruiert«, so Butler (1997) in einem späteren Text. Sie kommentiert:

So wie ich sie verstehe, ist die Geschlechterdifferenz ein Ort, an dem wieder und wieder die Frage in bezug auf das Verhältnis des Biologischen zum Kulturellen gestellt wird, an dem sie gestellt werden muß und kann, aber wo sie, strenggenommen, nicht beantwortet werden kann. Wenn wir sie als eine Grenzvorstellung verstehen, so hat die Geschlechterdifferenz psychische, somatische und soziale Dimensionen, die sich niemals gänzlich ineinander überführen lassen, die aber deshalb nicht letztlich voneinander abgesetzt sind (Butler 1997, 36).

Doch Butler ist es nicht allein um die Dekonstruktion der *sex/gender*-Unterscheidung zu tun. Mit der Kritik anatomischer »Gegebenheiten« verfolgt sie in *Gender Trouble* vielmehr das Ziel, den soziokulturellen Rahmen, innerhalb dessen der Körper eine fundierende Rolle bei der Bestimmung des sozialen Geschlechts einnimmt, auf seine diskurs- und machtpolitische Funktion hin zu befragen. Ihre Kritik richtet sich auf die *normative* und *normalisierende* Kraft des »biologischen Geschlechts«, die die Materialisierung von Körpern regiert, indem sie bestimmte sexuierte Identifizierungen ermöglicht oder auch erzwingt, davon abweichende dagegen verworfen oder verleugnet werden.

Reguliert wird dieser Prozess der Materialisierung der vergeschlechtlichten Körper durch eine »heterosexuelle Matrix« (Butler 1991, 63), die Butler als »Matrix der Intelligibilität« (ebd., 39) des Geschlechts bestimmt, das heißt als diejenige »kulturelle Matrix[,] durch die die geschlechtlich bestimmte Identität intelligibel wird« (ebd., 38 f.). Dass Heterosexualität in diesem Sinne der Zweigeschlechtlichkeit vorausgeht, es die »heterosexuelle Matrix« ist, die die Einheit von Geschlecht, Identität, Begehren und Sexualität organisiert und aufrechterhält, ist wohl Butlers stärkstes – und das die feministische Theorie am meisten verstörende – Argument in *Gender Trouble*:

Die Instituierung einer naturalisierten Zwangsheterosexualität *erfordert und reguliert* die Geschlechtsidentität als binäre Beziehung, in der sich der männliche Term vom weiblichen unterscheidet. Diese Differenzierung vollendet sich durch die Praktiken des heterosexuellen Begehrens. Der Akt, die beiden entgegengesetzten Momente der Binarität zu differenzieren, führt dazu, daß sich jeder der Terme festigt bzw. jeweils eine innere Kohärenz von anatomischem Geschlecht [*sex*], Geschlechtsidentität [*gender*] und Begehren gewinnt (ebd., 46; Hervorhebung sh).

Mit diesem Konzept der »heterosexuellen Matrix« als der Matrix, durch die Geschlecht intelligibel wird, war Butler den einen entscheidenden Schritt weiter gegangen als die Mehrzahl der bisherigen Ansätze im Spektrum feministischer Theorien.[17] Es ist dieser Schritt, der den – wie das, wie wir noch sehen werden, rhetorische

17 Butler war selbstredend nicht die erste feministische Theoretikerin, die diese Verknüpfung herstellte. Sie konnte vielmehr bereits auf ein vielschichtiges (radikal)-feministisches Archiv der Theoretisierung des Zusammenhangs von Geschlecht und Sexualität zurückgreifen. Auch hier würde eine auch nur ansatzweise erschöpfende Genealogie den Rahmen dieses Buches sprengen. Es seien daher nur zwei Autorinnen genannt, die zentral für Butler sind: Monique Wittigs Texte aus den späten 1970er und den 1980er-Jahren, die 1992 gesammelt unter dem Titel *The*

Arsenal vieler akademischer, besonders aber der feuilletonistischen Texte der so genannten »Butler-Debatte« belegt – deutlich affektiv aufgeladenen Untergrund bildet für den *kategorialen Ärger*, den *Gender Trouble* im (akademischen) Feminismus in Deutschland verursachte. Denn indem Butler die Herstellung von Geschlecht theoretisch systematisch mit Heterosexualität als Institution verknüpft, ließ sich fortan im Prinzip die kritische Analyse von Geschlecht/Geschlechterdifferenz nicht mehr trennen von der Frage, wie dies mit der Instituierung und Reproduktion der heterosexuellen Matrix verquickt ist. Doch genau dieser Frage war das feministische Denken bis dahin über weite Strecken ausgewichen, wenn es nicht gar die Heterosexualisierung von Geschlecht selbst betrieben hatte.[18] Butler konfrontierte nun in *Gender Trouble* den akademisch gewordenen Feminismus – tatsächlich nicht zum ersten Mal, vielleicht aber theoretisch am weitgreifendsten – mit diesem ihm eigenen Ungedachten, dass ihm nämlich Heterosexualität als nicht reflektierte Bedingung der Möglichkeit, Geschlecht zu denken, eingeschrieben war. Feminismus also auf problematische Weise womöglich selbst nicht nur zur Naturalisierung des Unterschieds der Geschlechter beitrug, sondern vor allem zur Naturalisierung von Heterosexualität.[19]

Hatten sich mithin Frauenforschung und feministische Theorie ursprünglich formiert als Reaktion auf die Marginalisierung von Frauen und Fragen des Geschlechterverhältnisses sowie die Ausblendung von Gewalt und Hierarchien zwischen den Geschlechtern, sich also als gegenkulturelles, interventionistisches Projekt entwerfen können, das im Namen ›aller‹ Frauen agierte und das seine Legitimität (auch) daraus bezog, genau jene Marginalisierungen und Ausblendungen aufgedeckt und zu seinem Thema gemacht zu haben, so sah sich die feministische Theorie jetzt vehement mit der

Straight Mind erschienen, sowie Adrienne Richs Aufsatz »Zwangsheterosexualität und lesbische Existenz« (1983).
Zur Matrix beziehungsweise Institution Heterosexualität siehe auch de Lauretis 1990 sowie Hark 1993b.

18 Vgl. hierzu auch Schlichter 2003, 54 f.; Purtschert 2003, 149 f.

19 Auch für den US-amerikanischen feministischen Kontext argumentiert Berenice Hausman in ihrer Studie *Changing Sex* (1995) im Anschluss an Judith Butler, dass Gender zu einem Zeichen für Heterosexualität verdichtet wurde: »[...] gender is a concept meaningful only within heterosexuality and in advocacy to heterosexuality – after all its signification is the heterosexual subject« (Hausman 1995, 194).

Kritik konfrontiert, in die Produktion des eigenen Gegenstandes und damit in die Produktion der Grenze zwischen Denkbarem – Kontingenz – und Gedachtem – Formation – involviert zu sein. Feministische Theorie, so die KritikerInnen, produziere selbst Ausschlüsse im Wissen, die konstitutiv sind für das, was im feministischen Wissen repräsentiert ist. So konnte die an Judith Butler, aber auch an Teresa de Lauretis sowie die früheren Kritiken von lesbischer Seite[20] anschließende *queere* Kritik[21] zeigen, dass die Nichtberücksichtigung von Heterosexualität als einem von Macht durchzogenen gesellschaftlichen Ordnungsprinzip die Vorstellung einer quasi naturhaft gegebenen wechselseitigen Ergänzung der beiden Geschlechter stützt; eine Vorstellung, deren Geschichte und Struktur doch gerade Gegenstand feministischer Untersuchung sein müsste.[22]

5.2 Umkämpftes Territorium

Über diese metatheoretischen Verhandlungen hinaus wurde *Gender Trouble* auch zum Emblem von zunächst subtilen, langfristig jedoch entscheidenden Verschiebungen und Umstellungen sowie von bereits existierenden tiefen Verwerfungen in der *Sozialstruktur* des deutschsprachigen akademischen Feminismus. Die inzwischen längst unter dem Namen »Butler-Debatte« oder »Gender-Debatte« abgelegte Kontroverse sollte, wie gesagt, zu einem zentralen Schauplatz der Neuordnung des intellektuellen und institutionellen Territoriums des akademischen Feminismus werden. Im Verlauf und in der Nachfolge dieser symbolischen Kämpfe, die nur zum Teil mit Butler und *Gender Trouble* zu tun hatten beziehungsweise die das symbolische Gewicht nutzten, das mit diesem Namen und Titel verbunden ist,[23] um eigene Perspektiven zu etablieren, wurden äußere

20 Siehe hierzu unter anderen Hark 1987; Hacker 1989; Pagenstecher 1990; Hänsch 2003. Für eine Darstellung der Entwicklung deutschsprachiger Lesbenforschung siehe Hark 2004.

21 Zur deutschsprachigen (hetero)sexualitätskritischen *Queer Theory* siehe unter anderem Genschel 1997; Hey u. a. 1997; Quaestio 2000; Genschel u. a. 2001; Heidel u. a. 2001; Breger 2002; Engel 2002; Hark 2004; 2005.

22 Siehe hierzu auch Ott 1998, 11 f.

23 Jüngstes Beispiel dafür ist der von Pasero und Weinbach herausgegebene Band

und innere Grenzen dieses Territoriums insbesondere entlang der Linien disziplinärer Formationen und konkurrierender Theorien neu vermessen sowie alte und neue Ansprüche auf diesem Terrain bestritten und verteidigt. Es wurden die Gegenstandsbereiche und Objekte des feministischen Wissens neu definiert und neue Taxonomien des feministischen Wissens etabliert; neu ausgelotet wurde auch die Sozialordnung des feministischen Feldes und das Feld einer (noch) »virtuellen Disziplin« abgesteckt (Annuß 1999, 94).

Katalysator für diese Kämpfe um die Neuordnung des feministischen Territoriums war Butlers dezidiert vorgetragene Kritik an dem feministischen Anspruch, ›alle‹ Frauen zu repräsentieren,[24] insbesondere aber ihr Zweifel daran, ob es überhaupt eine politische Notwendigkeit gibt, eine Sprache und Politik zu entwickeln, die alle Frauen adäquat repräsentieren würden.[25] Diese Kritik provozierte im deutschsprachigen feministischen Feld verschiedene, ja deutlich antagonistische Reaktionen: Wähnten sich die einen durch Butlers Kritik delegitimiert, bot diese anderen eine machtvolle Plattform, um bis dahin immer wieder marginalisierte und innerhalb der feministischen Theorie und Praxis verdrängte Erfahrungen zu thematisieren.[26]

Symptomatisch für die sich hier artikulierenden Gegensätze war beispielsweise die Auseinandersetzung um Butlers Ausführungen zur Geschlechterparodie. In dem programmatisch »Von der Parodie

Frauen, Männer, Gender Trouble (2003b), der sich im Titel rhetorisch an Butler anlehnt, aber theoretisch in einer gänzlich anderen Tradition steht, nämlich derjenigen der Luhmann'schen Systemtheorie.

24 Butler ist allerdings beileibe nicht die Erste, die diese Kritik vortrug. Im Gegenteil: Sie konnte gerade im US-amerikanischen Kontext bereits auf eine sehr lange Tradition der Kritik von *women of color* an der Universalisierung der Kategorie ›Frau‹ als ›weiße Frau‹ zurückgreifen. Dabei muss auch ihr tendenziell der Vorwurf gemacht werden, dass sie diese Kritik in Anspruch nimmt, ohne die entsprechenden Autorinnen beziehungsweise Texte zu nennen.
Exemplarisch genannt für die Kritik an der (impliziten) Universalisierung der Kategorie ›Frau‹ als ›weiße Frau‹ sei hier Elizabeth Spelmans Buch *Inessential Women. Problems of Exclusion in Feminist Thought* (1988).

25 Sie schreibt: »Das feministische ›Wir‹ ist stets nur eine phantasmatische Konstruktion, die zwar bestimmten Zwecken dient, aber zugleich die innere Vielschichtigkeit und Unbestimmtheit dieses ›Wir‹ verleugnet und sich nur durch die Ausschließung eines Teils der Wählerschaft [*constituency*] konstituiert, die sie zugleich zu repräsentieren sucht« (Butler 1991, 209).

26 Vgl. hierzu auch Hänsch 1999, 49 ff.

zur Politik« betitelten letzten Abschnitt von *Gender Trouble* hatte Butler vorgeschlagen, parodistische Verfahren, »die das Original, das Authentische und das Reale selbst als Effekt darstellen« (Butler 1991, 215), als Praxis zu verstehen, in der der abgeleitete und phantasmatische Charakter jeglicher Geschlechtsidentität ausgestellt werde und deren Effekt die Vervielfältigung von Geschlechterkonfigurationen, die Destabilisierung substantivischer Identität und naturalisierter Zwangsheterosexualität sei. Obwohl Butler akribisch darauf achtete, lediglich von der *Möglichkeit* einer solchen neuen Politik zu sprechen, und wiederholt darauf hinwies, dass es nicht um »jede neue Möglichkeit *qua* Möglichkeit« ginge (ebd., 218), sondern darum, »jene Möglichkeiten zu reformulieren, die *bereits* existieren, wenn auch in Bereichen, die als kulturell unintelligibel und unmöglich gelten« (ebd.; Hervorhebung i. O.), entzweiten sich gerade an diesem Punkt die feministischen Gemüter mitunter am heftigsten. Sahen die einen darin den Versuch der Formulierung eines politisch-theoretischen Projektes, das die Grenzen der kulturellen Intelligibilität in Frage stellte, und das Unterfangen zum Inhalt hatte, verworfene sexuelle und geschlechtliche Realitäten zu reartikulieren,[27] fürchteten die anderen den Niedergang des politischen Feminismus, die Auflösung der Geschlechter und die Negierung materieller Geschlechterverhältnisse. Insbesondere einige der zum damaligen Zeitpunkt akademisch bereits etablierten feministischen Wissenschaftlerinnen disqualifizierten *Gender Trouble* als »höchst oberflächliches und ärgerliches Buch« (Hagemann-White 1993, 69), sie warfen Butler die Verabschiedung der Geschlechterdifferenz zugunsten eines »vergnüglichen Maskenballs, worin wir alle nach Lust und Laune einmal Frau, einmal Mann sein können« (ebd.), oder die theoretisch betriebene »Entkörperung« (Duden 1993) des weiblichen Geschlechts vor, was der Beraubung des Grundes feministischer Politik gleichkäme.[28]

Während also einige der institutionell etablierten (akademi-

27 Dieses Unterfangen akzentuiert Biddy Martin (1996b): »Butlers Argumentationsweise unterstreicht die Bedeutung des Sichtbarmachens von Komplexitäten, die bereits bestehen, die aber durch diskursive und institutionelle Ordnungen mit großem Einsatz für die Definition brauchbarer Subjekte undenkbar, unsichtbar oder unmöglich gemacht werden« (Martin 1996b, 54).

28 Für eine ausführliche Diskussion der Auseinandersetzung um die Politik in/der Geschlechterparodie siehe Hark 1998b.

schen) Feministinnen sich über den Butler unterstellten Relativismus und ihre vorgeblich apolitische Haltung empörten, hatte sie gerade für andere, teilweise akademisch weniger etablierte eine eminent politische Bedeutung. In deren Augen hatte Butler erneut auf Exklusionsmechanismen und damit auf Erfahrungen von Marginalisierung und Ignoranz aufmerksam gemacht, die viele Frauen in der Geschichte des feministischen Aktivismus und der feministischen Theorie erfahren hatten. Diese waren es denn auch, die eine kritische Revision nicht nur des Subjekts des Feminismus forderten, sondern auch der seine Produktion bestimmenden Mechanismen von In- und Exklusion. Denn die Vorstellung eines widerständigen Subjekts, so die Argumentation, ist politisch nur sinnvoll, wenn es als *regulierendes Konzept* verstanden wird, das seine Bedeutung ebenso sehr durch das erhält, was ausgeschlossen wird, wie durch das, was eingeschlossen ist. Auf dem Spiel stand mithin nicht nur das »*proper object*« (Butler 1994), das legitime Wissensobjekt des akademischen Feminismus. Auf dem Spiel stand auch die Frage nach dem Subjekt von Feminismus und der feministischen Theorie, danach, wer diese legitim repräsentiert und durch diese repräsentiert wird.

5.2.1 Streit der Generationen?

Ein zentraler Topos in der deutschen Auseinandersetzung um *Gender Trouble* war der Topos der »Generation« beziehungsweise des Konflikts zwischen verschiedenen feministischen Generationen: zwischen »Gründerinnen, Macherinnen und Konsumentinnen« (Stoehr 1994), zwischen jüngeren Frauen, die »von einer Welle der Butler-Begeisterung erfasst zu sein scheinen« (Landweer 1994, 127), und älteren Feministinnen, die »kopfschüttelnd davorstehen« (ebd.), zwischen den »Pionierinnen der harten 1970er«-Jahre (Lenz 1994, 30) und den »eigenständigen Töchtern« (ebd.), die Frauenforschung ab Mitte der 1980er-Jahre als tendenziell bereits akademisch etabliertes Angebot kennen lernten und es mit eigenen Bedeutungen füllten (ebd., 42). Mit dem Topos der »Generation« machte sich besonders die Generation der »Pionierinnen« den »Streit um Begriffe und Orientierungen« verstehbar (Landweer/Rumpf 1993, 3). Denn es handele sich hierbei, so mutmaßten Landweer/Rumpf – die selbst, altersmäßig gesehen, verschiedenen Generationen angehören –, nicht »›nur‹ um unüberbrückbar verschiedene theoretischpolitische Orientierungen« (ebd.). Vielmehr würden die »wechselseitigen Irritationen« wohl verständlicher, »wenn genauer untersucht würde, ob nicht der Erfahrungshintergrund jüngerer Wissenschaftlerinnen und Studentinnen ein völlig anderer ist als in den Anfängen der Frauenbewegung« (ebd.). Dabei seien, so Landweer wenig später, »Generationengrenzen [...] genauso wenig zu überspringen wie Geschlechtergrenzen«, auch wenn Generationen als konstruiert zu verstehen seien (Landweer 1994, 118).

Der Topos der »Generation« diente jedoch nicht allein dazu, unterschiedliche Erfahrungshorizonte verstehbar zu machen, er fungierte auch als Strategie der Verschiebung, der Ersetzung und der Verdrängung beziehungsweise Verleugnung.[29] Denn den sich anbahnenden Konflikt als einen Konflikt zwischen Generationen zu rahmen ermöglichte es nicht nur, zu unterschlagen, dass sich hier ein sehr materieller Konflikt um Terrain, Ressourcen und Definitionsmacht abzeichnete. Es ermöglichte auch, das intellektuelle Trauma zu übergehen, das Butlers wichtigster – und verstörendster – Beitrag zur feministischen Theorie ausgelöst hatte, nämlich Heterosexualität – die sie analytisch als ein Machtregime rekonstruiert hatte, dessen Aufgabe die Produktion und Regulierung einer Matrix vergeschlechtlichter soziosexueller Subjektpositionen ist – ins Zentrum der feministischen Theoriebildung gerückt zu haben. Denn ungeachtet der Tatsache, dass einige – meist weniger etablierte, in den Netzwerken der Frauenforschung weniger gut verankerte und damit über deutlich schlechtere Zugänge zu den feministischen Publikationsmöglichkeiten verfügende – WissenschaftlerInnen die theoretischen Konzepte der US-amerikanischen *Queer Theory* adaptierten und in der Folge produktiv weiterentwickelten, ignorierten weite Teile des Mainstream deutschsprachiger feministischer Theorie *erstens* Butlers Positionierung innerhalb dieses theoretischen und politischen Kontextes und marginalisierten *zweitens* die theoretischen Konzepte selbst.[30]

29 Ich schließe damit in einem eher losen, dennoch nicht völlig losgelösten Sinne an die Bedeutung der Begriffe »Verschiebung«, »Ersetzung«, »Verdrängung« und »Verleugnung« in der Psychoanalyse an. Für eine Definition der Begriffe in der psychoanalytischen Theorie siehe die entsprechenden Einträge in Laplanche/Pontalis 1972.

30 Dies gilt auch für die Rezeption beispielsweise der Arbeiten von Teresa de Lauretis, insbesondere für die Rezeption ihres Buches *The Practice of Love. Lesbian Iden-*

Statt also die Frage nach der Bedeutung und Funktion von (Hetero-)Sexualität für die Konstruktion aller soziosymbolischen Formationen, insbesondere für die Konstruktion von Geschlecht aufzunehmen, fuhren deutschsprachige Frauen- und GeschlechterforscherInnen damit fort, *die unausgesprochene Heterosexualisierung von Geschlecht fortzuschreiben*, das Ungedachte im Ungedachten zu belassen: »Heterosexualität«, so Ulrike Hänsch noch 2003, erscheine in zahlreichen Fragestellungen und Untersuchungen der Frauen- und Geschlechterforschung als gewissermaßen »›immer schon da‹« (Hänsch 2003, 100).[31]

Zugleich bot der Topos der ›Generation‹ aber auch die Möglichkeit, in verschobener Weise von der *queeren* Herausforderung zu sprechen. Denn mit dem Topos der ›Generation‹ war die Frage nach den Genealogien, den legitimen ›Verwandtschaftsverhältnissen‹ im Feminismus aufgeworfen worden: Hatten, zugespitzt formuliert, die als ›Töchter‹ deklarierten und reklamierten jüngeren Frauen das ›Recht‹, Feminismus ›mit anderen Bedeutungen zu füllen‹, wie Lenz festgestellt hatte? Hatten sie das ›Recht‹, sich anderen Sichtweisen als denjenigen der ›Mütter‹, die sich selbst als ›Pionierinnen‹ deklarierten, zuzuwenden? Oder verschleuderten, wie Irene Stoehr im

tity and Perverse Desire (1994), das 1996 als *Die andere Szene. Psychoanalyse und lesbische Sexualität* erschien und vor allem rezipiert wurde als Beitrag zur psychoanalytischen Theorie und nicht als Theorie lesbischer Sexualität, wie de Lauretis es selbst gefasst hatte.

In den bereits erwähnten Einführungen zu Butler von Bublitz (2002) und Villa (2003a) ist die »heterosexuelle Matrix« zwar jeweils nicht Thema eines eigenen Kapitels; in beiden Fällen wird aber der konstitutive Zusammenhang von Zweigeschlechtlichkeit und Heterosexualität in den jeweiligen Kapiteln zu Butlers Theorie der Intelligibilität der Geschlechter verhandelt. Auch Knapp (2000) thematisiert diesen Zusammenhang ausdrücklich, weist aber ebenfalls darauf hin, dass dieser Aspekt von Butlers Theorie eher im Rahmen der *Queer Theory* als im feministischen Diskurs rezipiert wurde.

31 Beispielsweise, so Hänsch (2003) weiter, werde in der geschlechtersensiblen Biografieforschung, angeleitet durch die theoretische Annahme der »doppelten Vergesellschaftung«, empirisch oft »sehr global diagnostiziert, dass es eine doppelte Einbindung in Beruf und Familie sei, die den Lebensverlauf von Frauen objektiv und subjektiv präge« (Hänsch 2003, 100). Dagegen tauche »in den biografischen Erzählungen vieler lesbischer Frauen keineswegs der Konflikt zwischen Beruf und Familie als biografische Grundproblematik auf, vielmehr konstatiert sich hier ein biografisch viel bedeutsamerer Konflikt zwischen heteronormativen Anforderungen und den als unlebbar vermittelten homosexuellen Wünschen« (ebd., 101).

durchaus selbstironischen Blick auf die Befürchtung der ›Mütter-Generation‹ fragt, die jungen Frauen gar »das feministische Erbe« (Stoehr 1994, 109)? Und entscheidender noch: Welche – metaphorisch gesprochen – Verwandtschaftslinien, welche Affiliationen sollten im Feminismus als legitim gelten, welche nicht? Wem ›durften‹, wem ›sollten‹ die jungen Frauen folgen? Wem ›wollten‹ sie folgen? Welche Funktion hatte in diesem Zusammenhang die häufig anzutreffende Beschreibung der Beziehungen zwischen den als ›Generationen‹ bezeichneten verschiedenen feministischen Kohorten im Bild der ›Mutter-Tochter-Beziehung‹?[32] Und welche Funktion hat gerade in diesem Kontext die als ›vermännlicht‹, als »Sohn ihrer Zeit« (Rödig 1997) konstruierte Figur »Judith Butler«, der die jungen Frauen, die Studentinnen, angeblich ›mit Begeisterung‹ folgten? Stellte diese Art der hypostatischen Gegenüberstellung des ›Mütterlichen‹ und ›Männlichen‹ sowie die nahezu ubiquitäre Metaphorisierung der Beziehungen zwischen ›jungen‹ und ›älteren‹ Feministinnen in der Mutter-Tochter-Beziehung womöglich ein Vehikel dar, um, wie Domna Stanton (1986) bereits vor geraumer Zeit für den angloamerikanischen feministischen Diskurs argumentiert hatte, »die lesbische Beziehung in einer auf Dauer homosexuellenfeindlichen Hegemonie zur Sprache bringen zu können« (Stanton 1986, 177)?

5.2.2 Die strukturierende Macht des Unbewussten

Tatsächlich fungierte *queer* hierzulande anfangs als zugleich an- und abwesende Gefahr. Bedroht war nicht nur die Kohärenz, die Einheit und der Status von Frauen- und Geschlechterforschung als legitimes Feld wissenschaftlichen Wissens. »Butler« schien darüber hinaus auch den ›Pionierinnen der harten 1970er-Jahre‹, die ›hart für die Einführung der Kategorie Geschlecht gekämpft hatten‹, ihren privilegierten Platz auf dem feministischen Territorium streitig zu machen; es ging also um »Verlustdrohungen« (Hänsch 1999, 54). *Queer* wurde so zum gewissermaßen unausgesprochenen Namen, der die Ängste vor dem Verlust einer symbolisch privilegierten Position – ›Pionierin‹ des Feminismus –, vor Auflösung und Grenzüberschreitung, vor Entpolitisierung und nicht zuletzt vor dem Verlust von

32 Etwa bei Stoehr 1994; 1999 und Landweer 1994; 1996.

Definitions- und damit Handlungsmacht über das feministische Feld bannen sollte. Damit erfüllte *queer* paradoxerweise aber auch eine für jede Wissensformation notwendige Funktion: Der unter dem Zeichen *queer* auftretende Wissensanspruch übernahm die Funktion der Grenze – oder sie wurde diesem Zeichen zugeschrieben –, die einen Kontext fixiert und so das Wissen stabilisiert.

Um diese Dimension, um die strukturierende Macht des Unbewussten, wird es im Abschnitt »Grenzziehungen« (5.3) gehen. Ich werde, orientiert an Althussers Praxis der »symptomalen Lektüre« (Althusser/Balibar 1972, 31), nach dem Unsichtbaren im Diskurs fragen, das sich, so Althusser, nur »in seiner Qualität als theoretisches Versehen, als Abwesenheit, als Mangel oder Symptom« geltend macht (ebd.). Danach also, was im Anschluss an Foucaults Ausführungen in *Die Ordnung der Dinge* (1971) sowie in der *Archäologie des Wissens* (1973) auch als das *positive Unbewußte* des feministischen Diskurses bezeichnet werden kann: Das »positive Unbewußte des Wissens« (Foucault 1971, 11), jene »Ebene, die dem Bewußtsein des Wissenschaftlers entgleitet und dennoch Teil des wissenschaftlichen Diskurses ist« (ebd., 11 f.). Das, was »in den fast unwahrnehmbaren Bruchstellen der manifesten Worte ans Licht« kommt (Foucault 1973, 42), jener »kleine und unsichtbare Text, der den Zwischenraum der geschriebenen Zeilen durchläuft und sie manchmal umstößt« (ebd., 43). Es geht also nicht um die offen zu Tage tretenden oder auch die versteckten Intentionen der Subjekte, die eine Äußerung tätigen, sondern *um die Äußerungen selbst*. Butlers These der heterosexuellen Matrix als konstitutive Voraussetzung von Zweigeschlechtlichkeit wurde zwar im deutschsprachigen Kontext anfangs ziemlich beharrlich ausgeblendet, galt also nicht einmal als kritikwürdig. Doch die in dieser These artikulierte Herausforderung des feministischen Wissens, die zukünftig mit dem Zeichen *queer* verbunden sein sollte, ist auf der manifesten Ebene der Texte nicht vollständig abwesend; sie kann nicht restlos ausgesperrt werden, da ihr eben auch eine wichtige Funktion im feministischen Diskurs zukommt. Denn die *queere* Herausforderung fungiert zugleich als eine »partikulare Differenz« (Laclau 1998, 246; Hervorhebung sh), der »*innerhalb* der Grenzen die Grenzrolle« zugewiesen wird (ebd.). Und deren Aufgabe ist es, die feministische Wissensformation zu stabilisieren und die Grenze dessen zu sichern, wovon Feminismus etwas wissen will.

Die unter dem Zeichen *queer* sich formierende theoretische Herausforderung des feministischen Wissens wird, mit anderen Worten, nicht absolut exkludiert; sie stellt vielmehr die »Präsenz einer Absenz« (ebd.) im Innern des feministischen Diskurses dar. Da *queer* in dieser Debatte die ›Grenzrolle‹ zugewiesen ist, muss es »irgendeine Form diskursiver Präsenz haben« (ebd., 251). Wie aber gestaltet der feministische Diskurs diese diskursive Präsenz? Welche Diskursstrategien werden eingesetzt? Welche Interpretationsrepertoires benutzt? Als was kommt *queer* ›in den fast unwahrnehmbaren Bruchstellen der manifesten Worte ans Licht‹? Was ist der ›kleine und unsichtbare Text, der den Zwischenraum der geschriebenen Zeilen durchläuft und sie manchmal umstößt‹?

Der feministische Diskurs bedient sich dafür, so möchte ich argumentieren, unter anderem aus einem historisch und kulturell gut etablierten und interdiskursiv funktionierenden Archiv: Es ist das Archiv der Homophobie.[33] Denn die Form der diskursiven Präsenz, die der Problematisierung von Heteronormativität besonders zu Beginn der durch *Gender Trouble* ausgelösten Auseinandersetzungen zugewiesen wird oder die sie annimmt, ist im Wesentlichen die *latent homophob strukturierte, phantasmatische Personifizierung* der theoretischen Herausforderung, die *Gender Trouble* darstellte. Der akademische Feminismus suchte der *queeren* Herausforderung zu begegnen, indem eine ›monströse‹ Figur »Judith Butler« konstruiert wird. Diese wird, wie wir sehen werden, nicht nur als eine Bedrohung der politischen und theoretischen Einheit von Feminismus dargestellt, sondern vor allem entworfen wird als eine Gefahr für die ›feministische Jugend‹, die vor dem Gift der Dekonstruktion – Barbara Duden etwa sprach vom »Ätzbad der dekonstruktiven Lektüre« (Duden 1993, 31) – geschützt werden müsse. Solche phantasmatischen Figuren oder Bilder können mit Michèle Le Doeuff auch verstanden werden als Sequenzen, die insofern funktional sind für den

33 Den Begriff des »Archivs« verwende ich hier im Sinne von Foucaults *Archäologie des Wissens* (1973) als Basis und Konstruktion der Analyse. Das heißt, das Archiv ist zwar Gegenstand der Analyse, es ist dieser jedoch nicht vorgängig, sondern wird als solches erst in der Analyse fabriziert. Ein diskursives Archiv zu untersuchen bedeutet folglich, »anhand einer Serie von Texten die wesentlichen Aussagen zu sichten und zu ordnen; auf der Basis dieses Archivs erst kann man dann inhaltliche Aussagen darüber machen, wie Diskurse die soziale Welt des Bezeichneten in ihrer historischen Spezifität hervorbringen« (Sarasin 2001, 62).

systematischen Textzusammenhang, als sie »fundieren, was das System nicht rechtfertigen kann, [die] aber zugleich für sein Funktionieren notwendig« sind.[34] Es geht also nicht um die ›reale‹ Person Judith Butler, sondern um die phantasmatische Figur »Judith Butler«.

Dass *queer* als ›Präsenz einer Absenz‹ konstruiert wird, ist dabei, so meine These, kein neues Phänomen. Es handelt sich vielmehr um die Reartikulation einer den Feminismus kontinuierlich begleitenden Absenz: Den inneren Ausschluss der lesbischen Differenz sowie der Problematisierung sowohl dieses Ausschlusses als auch der Kritik am feministischen Heterozentrismus, wie sie zunächst durch den lesbischen Aktivismus, dann auch durch die lesbische (und lesbisch-feministische) Theorie seit den Anfängen des neuen Feminismus in den 1970er-Jahren artikuliert worden war.

5.3 Grenzziehungen

Seit seinem Beginn in den 1970er-Jahren hatte Feminismus die lesbische Differenz konstruiert als ›Präsenz einer Absenz‹. Und es scheint, als sei im Feminismus keine Differenz besser geeignet gewesen, die Grenzrolle einzunehmen, als die lesbische Differenz – ist es doch am Ort dieser Grenze möglich, die Frage zu verhandeln, wer oder was »Frauen« sind.[35] Zugleich aber beunruhigt diese Differenz die Kohärenz von »Frau« vielleicht am deutlichsten: Sind Lesben nun, wie Monique Wittig Ende der 1970er-Jahre kontrovers deklarierte, »keine Frauen«,[36] oder ist – im Gegenteil –, wie Siegrid Schä-

34 Zitiert nach Lettow 1999, 22.

35 Kultur- und wissenschaftshistorisch gesehen, diente bereits die ›Erfindung‹ der sexualwissenschaftlichen beziehungsweise psychiatrischen Kategorie »weibliche Homosexualität« als »Conträrsexualität« im späten 19. Jahrhundert dem Zweck, einen diskursiven Ort zu schaffen, um die Frage der »Weiblichkeit« zu verhandeln. Vgl. hierzu besonders Hacker 1987 sowie Hark 1999a, 78 ff.

36 So Monique Wittig 1979 in ihrem international in der feministischen Öffentlichkeit Aufsehen erregenden Beitrag »One is not Born a Woman« auf einer Konferenz zu Simone de Beauvoir in New York City. Siehe hierzu noch Jahre später das Interview von Renate Stendhal mit Monique Wittig, »›sich selbst lieben‹. Ein Gespräch in Paris«, in: *Emma* 3/1986. Wittigs Text ist abgedruckt in ihrer Essaysammlung *The Straight Mind* (1992).

fer (1977) versicherte, »keine weiblicher«?[37] Die lesbische Differenz wird folglich niemals vollständig verleugnet beziehungsweise verworfen,[38] denn um die Grenzrolle einnehmen zu können, muss sie ja ›irgendeine diskursive Präsenz‹ haben; ja bisweilen thematisiert Feminismus die lesbische Differenz daher gar exzessiv. Doch meist ist die dieser Differenz zugestandene Präsenz die eines »magischen Zeichens« (Hark 1996a), einer »rhetorischen Figur, einer Trope« (de Lauretis 1997, 43). Denn niemals geht es (in) der feministischen Theorie, so de Lauretis (1996a) an anderer Stelle, um die »psychische und/oder gesellschaftliche Realität des Lesbianismus« (de Lauretis 1996a, 154), sondern um Lesbianismus als »phantasmatischen Ort« (ebd.). Feminismus thematisiert folglich die lesbische Differenz nicht, um *von* ihr zu sprechen, sondern gleichermaßen als Ort der Projektion feministischer Phantasien – etwa einer idealisierten feministischen Sozialität – wie der Stabilisierung der Kategorie »Frau/en«. Das bedeutet nicht, dass Feminismus die lesbische Differenz ausschließlich oder vorrangig in offen oder verdeckt homophober Weise anspricht. Im Gegenteil: Gelegentlich wird sie symbolisch, wie wir noch sehen werden, sogar privilegiert. Immer aber behandelt Feminismus die lesbische Differenz in Abgrenzung und/oder Opposition zur Kategorie »Frau«; jene fungiert mithin als das Andere von »Frau« – und sichert so deren reklamierte Universalität. Die Diskursivierung der lesbischen Differenz als ›phantasmatischem Ort‹ dient insofern dazu, die Grenzen des Wissensobjekts »Frau/en« beziehungsweise »Geschlecht« zu markieren und zu sichern. Und nicht zuletzt fungiert sie als Mittel, die feministischen Wissensobjekte akademisch intelligibel, weniger anstößig zu machen.

Das feministische Archiv enthält nun eine Fülle von Belegen, an denen sich zeigen lässt, wie der Feminismus die lesbische Differenz

37 »Keine ist weiblicher« ist der Titel eines Artikels der Sexualforscherin Siegrid Schäfer zu lesbischen Lebensweisen in *Psychologie heute* 7/1977.

38 Der Begriff der »Verwerfung« umfasst eine Reihe von Bedeutungen. Buchstäblich bedeutet er genau das: wegwerfen, etwas von sich werfen. Psychoanalytisch gesehen bezieht Verwerfung sich auf Ereignisse, die im Unbewussten abgewehrt werden, bevor sie überhaupt die Schwelle zum Symbolischen (zur Sozialität) überschreiten konnten. Er lässt sich aber auch als »Abjektion«, als *Akt innerhalb der Grenzen des Symbolischen* verstehen, etwa im Sinne einer Erniedrigung, die in den Begriffen der Sozialität geschieht (vgl. hierzu auch Butler 1995, 323 f., Fußnote 4, sowie Engel 2002, 30 f.).

als einen solchen – im Sinne de Lauretis' – ›phantasmatischen Ort‹ konstruiert, indem er sie als rhetorische Figur, als Trope spricht. Ich werde dies daher zunächst exemplarisch an einem Text aus den 1980er- und dem Programm einer akademischen feministischen Konferenz aus den 1990er-Jahren rekonstruieren. Zu zeigen ist, wie der feministische Diskurs auf das Paradox antwortet, ein kohärentes Wissensobjekt »Frau/en« zu beanspruchen und zugleich die Heterogenität der Frauen thematisieren zu müssen. Der akademisch werdende Feminismus ›löst‹ dieses Paradox, indem er Differenz in einer Weise aufnimmt, die seine jeweilige kategoriale Fundierung nicht verstört. Der buchstäbliche *gender trouble* wird jedenfalls erfolgreich stillgestellt.

5.3.1 »Wir Frauen« und die »lesbische Avantgarde«

Im Jahr 1987 veröffentlichen die *beiträge zur feministischen theorie und praxis* – neben den *Feministischen Studien* gerade in den 1980er-Jahren die wichtigste feministische deutsche Theoriezeitschrift – ein Heft (Nr. 20) zum Thema Sexualität unter dem Titel »Der neue Charme der sexuellen Unterwerfung«. Im »Call for Papers« für dieses Heft, den die Redaktion in der vorangegangenen Heftnummer unter der Überschrift »Sexualität und Gesundheit« publiziert hatte, war unter anderem um Beiträge zu folgendem Thema gebeten worden: Was ist »aus lesbischer Sexualität als feministisch politischer Avantgarde [geworden]?« (*beiträge zur feministischen theorie und praxis* 19/1987, 136).

Die Frage nach ›lesbischer Sexualität als feministisch politischer Avantgarde‹ ist in diesem »Call for Papers« die einzige Frage, die die lesbische Differenz thematisiert. Zudem waren in keiner der zuvor seit 1978 erschienenen 19 Ausgaben der *beiträge zur feministischen theorie und praxis* zu Themen wie »Weibliche Biographien« (7/1982), »Gegen welchen Krieg – für welchen Frieden« (8/1983), zu »Neue Verhältnisse in Technopatria – Zukunft der Frauenarbeit« (9+10/1983), zu »Frauenforschung oder feministische Forschung« (11/1984), »Unser Staat?« (13/1985) oder zu »Frauen zwischen Auslese und Ausmerze« (14/1985) sowie »Neue Heimat Therapie« (17/1986) lesbische Lebensweisen thematisiert worden, noch war nach der Bedeutung von (Hetero-)Sexualität für die Geschlechterverhältnisse oder gar nach der möglicherweise heterosexuellen Fun-

Vorankündigung Heft 20: Sexualität und Gesundheit

Gesundheit und Sexualität sind Seismographen für das Maß an Kontrolle und Verfügung, das Frauen in verschiedenen Gesellschaften über ihre Körper und ihr Leben haben. Die Beschäftigung mit dem Themenkreis ist dringlich, weil der wissenschaftlich-technische, politische und ideologische Zugriff auf das, woran wir lange unsere Träume von Autonomie festgemacht haben, in den letzten Jahren massiv zugenommen hat.
Wir möchten die in Heft 14 eröffnete Debatte über Gen- und Reproduktionstechniken und Bevölkerungskontrolle fortsetzen, weil die technopatriarchale Zurichtung des größten Machtpotentials der Frau, ihres Gebärvermögens, in atemberaubendem Tempo bei uns und in der Dritten Welt fortschreitet. Parallel zu dieser technischen Verfügbarmachung läuft ein moralisches Roll-Back und eine normative Unterwerfung weiblicher Sexualität, durch den Siegeszug von Porno- und Brutalo-Videos ebenso wie durch die konservative Attacke auf den § 218.
Als Rohstoff werden weibliche Körper im internationalen Rahmen durch den Sextourismus und den zunehmend aufblühenden Frauenhandel wie auch durch die alltägliche sexuelle Gewalt gegen Mädchen und Frauen bei uns benutzt. Wird einerseits die männliche Verfügungsgewalt über die weibliche Sexualität untermauert, so bereitet andererseits die moraltriefende Mythenbildung um Aids den Weg für die industrielle klinische Menschenproduktion und die Kastrierung von Lebendigkeit schlechthin. Der lebendige Körper und die natürliche Fortpflanzung gelten immer mehr als gefährlich und krankhaft. Wegen der „Triebhaftigkeit" und Unzuverlässigkeit der Männer sollen wir Frauen auch nun wieder die Verantwortung übernehmen, für die Vorbeugung vor Aids wie für die Pflege der Viruskranken.
Der Staat schafft sich mit Hilfe von Datenverbünden im Gesundheitswesen ein weiteres Glied in der Kette perfekter Erfassung und Überwachung der Einzelnen, während er mit dem Abbau von Leistungen im Rahmen des Krankenversicherungssystems die Gesundheit der sozial Schwachen und neuen Armen, und dies sind bekanntlich überwiegend Frauen, empfindlich trifft.
Wir möchten unsere feministische Sicht von Sexualität präzisieren, sie abgrenzen gegen den genitalfixierten männeridentifizierten Sex, der Beziehungs- und Alltagszusammenhänge abspaltet. Wir möchten Bilder, Zerrbilder und Symbole von Sexualität hinterfragen. Was ist aus der in den sechziger Jahren propagierten „sexuellen Befreiung" geworden und was aus lesbischer Sexualität als feministisch politischer Avantgarde? Welche Träume, Wünsche, Utopien verbinden wir jetzt mit unserer Sexualität? Wie leben wir Sexualität heute zwischen Verführung und Verfügbarkeit?
Redaktionsschluß: 29. Mai 1987

***Korrektur zu Heft 18**, Ethnologinnentagung in Zürich, S. 129–130.*
Die Sätze müssen wie folgt lauten:
1. Mit mehr als zwanzig Referentinnen wurden uns ein großes Fressen serviert, das hieß von früh bis spät konsumieren, ohne genug Zeit zu haben,. . . (S. 129, 1. Spalte, 1. Absatz).
2. Genau dieser Anpassungsmechanismus ist auf dem Hintergrund der zunehmenden Institutionalisierung von Frauenforschung zu sehen. Wichtige Ansätze der Frauenforschung wurden als historisch endlich überwundene Phasen dargestellt. (S. 129, 1. Spalte, 2. Absatz).

Abb. 7: »Call for Papers«,
beiträge zur feministischen Theorie und Praxis 20, 1987.

dierung feministischen Denkens gefragt worden. Doch jetzt, im zehnten Jahrgang der *beiträge zur feministischen theorie und praxis*, erinnert sich der Feminismus seiner ›illegitimen Cousine‹, ›der‹ Lesbe, in einer sehr spezifischen Weise und einem sehr speziellen Kontext: den feministischen Konzeptualisierungen – Phantasien? – von (lesbischer) Sexualität als revolutionärer Kraft.

Betrachten wir diesen »Call for Papers« genauer, so zeigt sich, dass hier nicht die psychische oder gesellschaftliche Realität lesbischer Erfahrung interessiert, sondern lesbische Differenz als Trope gesprochen, als phantasmatischer Ort konstruiert wird: Gefragt wird nicht, wie beispielsweise Lesben Sexualität (er)leben, sondern ›was aus lesbischer Sexualität als feministisch politischer Avantgarde‹ geworden ist. Die lesbische Erfahrung interessiert mithin nur, wie der Text selbst sagt, als ›Bild, Zerrbild und Symbol‹: Lesbianismus wird zunächst aufgerufen als ultimatives feministisches Ziel, wie er besonders im Feminismus der 1970er-Jahre entworfen worden war. Dieses Ziel wird aber zugleich durch die darauf folgende Frage, ›Welche Träume, Wünsche, Utopien verbinden wir jetzt mit unserer Sexualität?‹, bereits als – mythische – Vergangenheit markiert.

Bildlich gesprochen wird hier die lesbische Differenz wie ein Panier kurz über die Bühne getragen, um dann wieder im Fundus versenkt zu werden. Wenn aber die feministische Theorie nichts von der gesellschaftlichen oder psychischen Realität lesbischer Erfahrung wissen will, bleibt zu fragen, warum diese hier in dieser Weise aufgerufen wird, welche Funktion also dem Zeigen dieses Paniers zukommt. Schauen wir uns dafür noch einmal genauer an, was im Text geschieht. Zunächst wird gleich im ersten Satz des Textes die Relevanz der feministischen Thematisierung von Sexualität und Gesundheit hervorgehoben: Diese seien »Seismographen für das Maß an Kontrolle und Verfügung, das Frauen in verschiedenen Gesellschaften über ihre Körper und ihr Leben haben«. Und genau diese Kontrolle und Verfügung über Körper und Leben – Autonomie also – sei »in den letzten Jahren massiv« unter Druck geraten. Der Text fährt fort mit einer Diagnose derjenigen Verhältnisse, die es dringend erforderlich machten, sich mit Gesundheit und Sexualität zu beschäftigen: »Die technopatriarchale Zurichtung des größten Machtpotentials der Frau, ihres Gebärvermögens«, schreite »in atemberaubendem Tempo bei uns und in der dritten Welt fort«. Parallel dazu laufe ein »moralisches Roll-Back und eine normative

Unterwerfung weiblicher Sexualität«, darüber hinaus werde der weibliche Körper international »als Rohstoff« benutzt. Dabei gälten der »lebendige Körper und die natürliche Fortpflanzung immer mehr als gefährlich und krankhaft«: »Lebendigkeit schlechthin« werde kastriert.

»Frau« ist im Text eine im Wesentlichen undifferenzierte Kategorie, nicht markiert von Sexualität, Klasse, Rasse, Ethnizität oder geopolitischer Position. Durchgängig konstruiert der Text Frauen als Kollektiv, dessen Mitglieder zwar unterschiedlichen Formen männlicher Herrschaft unterworfen sind, die aber letztlich alle in gleicher Weise der »männlichen Verfügungsgewalt über weibliche Sexualität«, der »technopatriarchalen Zurichtung des größten Machtpotentials der Frau, ihres Gebärvermögens«, der »normativen Unterwerfung weiblicher Sexualität«, Sextourismus und Frauenhandel wie der »alltäglichen sexuellen Gewalt gegen Mädchen und Frauen« ausgesetzt sind. Erst im letzten Absatz wird dann die universale Kategorie »wir Frauen« durch die Trope der ›lesbischen Sexualität als feministisch politischer Avantgarde‹ markiert. Es ist die einzige Differenz, die der Text setzt. Errichtet wird damit eine Grenze zwischen ›uns‹ und ›denen‹: zwischen ›wir Frauen‹ und ›lesbischer Sexualität als politischer Avantgarde‹. Interessanterweise geschieht dies dadurch, dass die lesbische Differenz hervorgehoben, symbolisch privilegiert – sie ist Avantgarde des Feminismus – und zugleich isoliert wird. Damit erfüllt die Trope der ›lesbischen Sexualität als Avantgarde‹ eine doppelte Funktion: Sie wird zum Platzhalter für »unsere Träume von Autonomie«, von denen der Text eingangs spricht. Sie ermöglicht also allen Frauen, sich als autonome Subjekte zu imaginieren, die der Fremdbestimmung und Unterwerfung unter männliche Kontrolle entkommen sind.[39] Diese Trope ermöglicht es aber auch, das Bild der kollektiv unterworfenen Frau stabil zu halten. Die unterstellte Universalität von ›Frauen‹ wird durch die Einführung der Trope ›lesbische Sexualität als politische Avantgarde‹ also paradoxerweise nicht dekonstruiert, sondern bestärkt.

39 De Lauretis (1996a) argumentiert, die feministische Theorie gestalte den Ort der weiblichen Homosexualität als einen Ort, der Frauen »die Möglichkeit von Subjekt und Begehren« verspricht: »In dem Maße, in dem allen Frauen der Zugang zu jenem Ort möglich ist, garantiert die weibliche Homosexualität den Frauen den Status sexuierter und begehrender Subjekte, worauf auch immer ihr Begehren gerichtet sein mag« (de Lauretis 1996a, 154).

Dieser Anspruch auf Universalität war im Feminismus der 1970er- und 1980er-Jahre von zentraler strategischer Bedeutung. Hatte dieser doch reklamiert, im Namen der marginalisierten Hälfte der Menschheit, im Namen aller Frauen, zu sprechen. Hier schien Feminismus sich auf unangreifbarem Terrain zu bewegen. Wenn ›die‹ Wissenschaft die Hälfte der Welt übersehen hatte, schien der Anspruch des akademisch werdenden Feminismus, diese Auslassung zu korrigieren, jenseits allen Zweifels. Folglich konnten Differenzen zwischen Frauen, hier also die Differenz zwischen lesbischen und heterosexuellen Lebensweisen und Erfahrungen, lediglich auf der Basis thematisiert werden, dass diese Thematisierung die Fundamente von Feminismus nicht in Frage stellte.[40]

5.3.2 »Feminismus und seine Koalitionen mit anderen sozialen Gruppen«

1997, zehn Jahre später, zu einem Zeitpunkt, als die Auseinandersetzung um *Gender Trouble* ihren Höhepunkt längst überschritten und auch deutlich an Schärfe verloren hatte, ein Zeitpunkt aber auch, an dem (der akademisch gewordene) Feminismus eine Reihe von scharfen Auseinandersetzungen um die Differenzen zwischen Frauen erlebte, fand an der Ruhr-Universität Bochum anlässlich der Vertretung der »Marie-Jahoda-Gastprofessur für Internationale Frauenforschung« durch die US-amerikanische Soziologin Judith Lorber eine Konferenz zum Thema »*Feminism and Social Change*« statt. Hauptreferentin war Judith Lorber, die über die Zukunft von Feminismus – »*Feminism's Future*« – spricht. Einen zweiten Hauptvortrag hielt die deutsche Sozialwissenschaftlerin Ulrike Teubner zum Thema »*Breaking up Binary Thinking*«. Im Anschluss an diese Vorträge hatten die Organisatorinnen eine Reihe von Arbeitsgruppen geplant, die unter das Thema »*Feminism and its coalitions with other social groups*« gestellt worden waren. In diesen sollten ›andere‹ Erfahrungen und Verhältnisse von Differenzierung, Marginalisierung und Hierarchisierung – entlang der Achsen von Klasse, Ethni-

40 Womit allerdings nicht gesagt sein soll, dass es möglich wäre, diesen falschen Universalismus im Sinne einer vollständigen Repräsentation ›aller‹ Frauen zu überwinden. Das Ziel müsste vielmehr sein, die Funktion solcher vermeintlicher Universalismen ebenso wie die Funktion der jeweils zur Stabilisierung dieser Universalismen eingesetzten ›Anderen‹ zu analysieren.

zität und Homo-/Bisexualität – sowie das Verhältnis zwischen Feminismus und den von diesen Differenzierungen betroffenen ›anderen sozialen Gruppen‹ thematisiert werden.

Dieses Setting und die dadurch hergestellte »Ordnung der Dinge« provoziert selbstredend eine Reihe von Fragen: Was ist Feminismus, wenn Fragen von Klasse, Rasse/Ethnizität und Lesbianismus/Bisexualität erst behandelt werden, *nachdem* die Zukunft von Feminismus diskutiert wurde? Wieso wird das binäre Denken erst aufgebrochen und dann in der Anordnung der Workshops wieder restauriert? Mit welcher Konzeption von Feminismus haben wir es hier also zu tun: Ein Feminismus, der offensichtlich frei zu sein scheint von der Thematisierung von Klasse, Rasse und Sexualität? Was und wen adressiert ein solcher Feminismus, wenn diese Themen und Gruppen als »andere« markiert werden? Mehr noch: Was sind die theoretischen Konsequenzen für das feministische Denken, wenn Fragen von Rasse, Klasse und Sexualität definiert werden als etwas, was lediglich ›andere‹, zudem scheinbar klar markierte Gruppen betrifft?

Auf den ersten Blick scheint die beiden Diskursfragmente mehr zu trennen als die zehn Jahre, die zwischen ihnen liegen. Unübersehbar ist beispielsweise, dass sich das feministische Vokabular radikal verändert hat. Vom ›Technopatriarchat‹ etwa wäre heute in keinem akademischen Text aus der Frauen- und Geschlechterforschung noch die Rede. Dennoch sind die Parallelen unübersehbar. Ähnlich dem »Call for Papers« der *beiträge*-Redaktion konstruiert auch dieses Workshop-Programm eine Dichotomie, in der Frauen/Feminismus den universalen Term repräsentiert, einen Term, der nicht markiert ist durch Sexualität, Klasse, Rasse und Ethnizität, während diese zunächst als Gruppendifferenz reifiziert werden, um sie dann nach Belieben von Feminismus abtrennen zu können: »*Feminism and its coalitions with other social groups*«.

Zweifelsohne hatten die Organisatorinnen der Tagung eine solche ›Ordnung der Dinge‹ nicht intendiert. Das Konferenzprogramm zeigt vielmehr die Spuren der Auseinandersetzungen um die Dezentrierung der Kategorie »Frauen«, die die Jahre zwischen diesen beiden Diskursfragmenten geprägt hatten. Das Programm dokumentiert, dass der akademisch gewordene Feminismus sehr wohl antwortet auf die »anti-universalistischen Herausforderungen« (Dietze 2003), die die lesbische Kritik sowie die Kritik schwarzer

Frauen während der 1980er- und 1990er-Jahre formuliert hatten. Allerdings nimmt diese Antwort vor allem die Form der freundlichen Geste des Hinzufügens der Anderen an. Eine Befragung der Konstruktionslogik von ›wir und die Anderen‹ ist zumindest im Setting der Tagung nicht zu erkennen.[41] Die Privilegierung von Geschlecht als zentraler Kategorie der Analyse produziert folglich eine neue Zentrum/Peripherie-Beziehung, durch die andere Forschungsperspektiven, wie die Frage nach den Konstitutionslogiken, Konstruktionsprozessen und Wirkungsweisen von Rasse und Sexualität, marginalisiert werden.

Wenn aber »verschieden markierte Subjekte durch sehr verschiedene *Arten* von Macht konstituiert werden und nicht nur durch verschiedene Mächte« (Brown 1997, 86; Hervorhebung i. O.; Übersetzung sh), mit anderen Worten, wenn die »Konstruktion von Subjekten nicht entlang diskreter Linien von Nationalität, Rasse, Sexualität, Geschlecht, Kaste und so weiter verläuft, sind diese Mächte der Subjektformation auch nicht innerhalb des Subjekts separierbar« (ebd.). Folglich kann die Praxis der Auflistung von Differenzen und des Hinzuaddierens der Anderen die Arbeit, das komplexe und komplizierte Zusammenspiel der subjektformierenden Mächte zu untersuchen, nicht leisten, da es unmöglich ist, Rasse von Geschlecht oder Geschlecht von Sexualität abzuziehen. Entgegen der Intention, die verschiedenen Weisen von hierarchisierender Differenzierung zu analysieren, trägt der additive Ansatz also wenig dazu bei, sozial produzierte und durchgesetzte hierarchische Differenzen zu analysieren oder gar sie herauszufordern und zu verändern. Eine kritische Praxis der Analyse hierarchisierender Differenzen würde mithin erfordern, dass wir danach fragen, wie diese Differenzen in unseren eigenen analytischen Konstruktionen konzipiert und positioniert werden.

Wie diese Beispiele zeigen, stellt das Verhältnis zwischen (akademischem) Feminismus und lesbischer Differenz, ihre veränderliche und zugleich beharrliche Konfiguration, die Grenzen, Begrenzungen und Beschränkungen der Allianz zwischen Feminismus und Lesbianismus, ja die Frage der Allianz selbst eine komplizierte und komplexe Arena wechselseitiger Herausforderungen dar. Obwohl

41 Dies geschah dann aber sehr wohl in der Praxis des Workshops, wie die Analyse des Konferenz-Settings von Ulrike Hänsch (2001) zeigt, die die Arbeitsgruppe zu Homo-/Bisexualität leitete.

Lesbianismus politisch seit den späten 1970er-Jahren als »magisches Zeichen« des Feminismus, als Emblem revolutionärer Veränderung fungiert hatte, scheut der akademisch gewordene Feminismus davor zurück, die lesbische Differenz zu thematisieren beziehungsweise die Herausforderung der Infragestellung von Heteronormativität anzunehmen.

Dagegen informiert die unhinterfragte Präsupposition normativer Heterosexualität die deutschsprachige Frauen- und Geschlechterforschung bis heute. Ungeachtet der Tatsache, dass lesbische Theoretikerinnen kontinuierlich den »lesbischen Vorwurf« (Hacker 1989) vortrugen, konstruieren die hegemonialen feministischen Diskurse »Frauen« immer noch in der Regel als selbstverständlich heterosexuell, dadurch also nicht nur die Kategorie »Frau« naturalisierend, sondern auch die Institution Heterosexualität. Was dabei unterschlagen wird, ist, dass überhaupt konstruiert wird und dass diese Konstruktionen regulieren, was und wer zählt und was und wer nicht zählt, worüber legitim gesprochen werden kann und was im Ungedachten verbleibt. Denn weder die »Frauen« in der Frauenforschung noch das »Geschlecht« in der Geschlechterforschung existieren in einem sozialen und/oder politischen Vakuum. Im Gegenteil: Was »Frau«, was »Geschlecht« bedeutet, ist immer Ergebnis sozialer Praxis und geformt durch diejenigen, die die Macht haben, die Vision der Divisionen von Welt zu manipulieren. Mehr noch: Wie alle Termini sind »Frau« beziehungsweise »Geschlecht« trügerische Termini, insofern sie eine monolithische Erfahrung voraussetzen und befördern, in der geschlechtliche, sexuelle, nationale und andere Differenzen überschrieben sind durch die unterstellte Gemeinsamkeit der Erfahrung aller Frauen.

Damit sei nicht gesagt, dass Frauen- und Geschlechterforschung indifferent gegenüber Differenzen ist. Auch ist die Einsicht in die Heterogenität aller Frauen, wie wir im vierten Kapitel am Beispiel der Konflikte während der ersten Sommeruniversität 1976 in Berlin gesehen haben, keine gänzlich neue Einsicht. Dennoch hat der akademisch gewordene Feminismus noch anzuerkennen, dass die Thematisierung von Differenzen bedeutet, auch die eigenen analytischen Kategorien sowie die diese fundierenden Vorannahmen kritisch in den Blick zu nehmen. Ich bin der Ansicht, wir müssten damit beginnen, unsere Denkkategorien als sehr spezifische Momente in Raum und Zeit zu begreifen. Sie sind, wie Durkheim

(1981) sagt, »niemals in einer bestimmten Form festgelegt« (Durkheim 1981, 35). Vielmehr »entstehen, vergehen und entstehen« sie ständig neu (ebd.); »sie wechseln nach Ort und Zeit« (ebd.). Sie sind, mit anderen Worten, Produkte sozialer Praxis in einem bestimmten Feld und nicht Repräsentationen gegebener Entitäten in der Realität. Die Aufgabe bestünde also darin, Praktiken der Evaluation zu entwickeln, mit denen wir unsere eigenen »semiotischen Technologien« (Haraway 2001, 284), die bedeutungsvolle Realitäten produzieren, untersuchen können. Erst das wird es uns ermöglichen, die Differenz zwischen Ungedachtem und Gedachtem, zwischen Kontingenz und Formation zu bedenken. Mehr noch: zu bedenken, wie sehr das Gedachte auf dem Ungedachten basiert.

5.3.3 Monströser Körper. Theorie als (lesbische) Verführung

Zeitlich zwischen der Frage nach ›lesbischer Sexualität als feministischer Avantgarde‹ im ersten und der Positionierung der lesbischen Differenz als ›das Andere‹ des Feminismus im zweiten Beispiel liegt nun die Auseinandersetzung um *Gender Trouble*. Wie ich zu Beginn dieses Kapitels dargelegt habe, schien die Verlagsstrategie die ablehnende Reaktion vieler deutscher feministischer Wissenschaftlerinnen zu antizipieren. Diese sahen in *Gender Trouble* die »Verabschiedung des Projekts feministischer Politik« (Landweer/Rumpf 1993, 6) sowie die Auflösung der das feministische Denken begründenden Kategorie »Geschlecht« und fühlten sich folglich aufgerufen, beides gegen jegliche Infragestellung zu verteidigen. Zwar räumten einige ein, die Kritik essenzialistischer und naturalisierter Ideen über Geschlecht und Identität sei längst überfällig gewesen, doch es herrschte weitgehende Einhelligkeit darüber, dass Butler über das Ziel hinausgeschossen sei. Die Kritik an dem, was als ihr naiver »Idealismus« (Landweer/Rumpf 1993, 4), ihre »Diskursontologie« (Landweer 1993, 41) oder auch als ihre »Irrealisierungsrhetorik« (Hirschauer 1993, 58) bezeichnet wurde, fiel dementsprechend deutlich aus. Zwar sei, so beispielsweise Landweer (1993), die Kritik an der *sex/gender*-Unterscheidung dort berechtigt, wo sie sich gegen eine Naturalisierung ›unserer‹ Interpretation der »gestalthaften Geschlechterunterscheidung« richte (Landweer 1993, 42), sie schieße aber »über ihr Ziel insofern hinaus, als sie ›Geschlecht‹ als reines Diskursprodukt ansieht, das in sozialen Praktiken lediglich ›aufgeführt‹, zur Darstellung gebracht wird« (ebd.).

Es war insbesondere die Unterstellung, bei Butler sei ›alles Diskurs‹, wie die Behauptung, die von ihr vertretene Dekonstruktion zweifle noch die in der anthropologischen Gegebenheit der Generativität und der Notwendigkeit der heterosexuell organisierten Reproduktion der Gattung begründete Unhintergehbarkeit der Geschlechterdifferenz an,[42] womit folglich der geschlechtlichen Beliebigkeit Tür und Tor geöffnet sei, gegen die sich der akademisch gewordene Feminismus meinte schützen zu müssen. Exemplarisch für diese ambivalente, in der Tendenz jedoch eindeutig ablehnende Haltung ist Landweers Position in ihrem Beitrag zum viel diskutierten Heft der *Feministischen Studien* »Kritik der Kategorie ›Geschlecht‹« (1993): »Kritik und Verteidigung der Kategorie Geschlecht. Wahrnehmungs- und symboltheoretische Überlegungen zur sex/gender-Unterscheidung«. Landweer schreibt:

> Die Kritik an solchen Positionen ist sicherlich überfällig. Aber muß in solchen Kritikprozessen die Kategorie ›Geschlecht‹ selbst verabschiedet bzw. als reine Diskurserfindung behandelt werden? Dem Glauben an die Biologie setzt ein Teil der skizzierten Kritik nicht nur die Plausibilisierung der Konstruiertheit biologischer Begrifflichkeiten, sondern auch den Glauben an die prinzipielle Konstruierbarkeit *aller* sozialen Kategorien entgegen (also hier: Geschlecht müsse nicht notwendig nur zwei Unterkategorien umfassen, sondern könne mindestens prinzipiell auch ganz anders konstruiert werden). Mir scheint hier ein neuer Mythos zu entstehen. [...] Es ist eine zu starke Vereinfachung zu meinen, erst der Mythos oder die Ideologie oder ›der Diskurs‹ treibe die Differenz hervor (Landweer 1993, 35).

Es ist zwar nicht ganz leicht zu entscheiden, wo Landweer hier die von ihr kritisierten Positionen referiert oder wo sie diese im Sinne ihres eigenen Arguments in unverkennbar verzerrter Weise skizziert – wer beispielsweise hatte wo argumentiert, dass Geschlecht eine ›reine Diskurserfindung‹ sei, es folglich so oder so oder anders konstruiert werden und man nach Belieben aus dem Zwang, ein Geschlecht zu sein, aussteigen könne? Mehr als deutlich wird allerdings Landweers Überzeugung, Zweigeschlechtlichkeit sei eine unhinter-

42 Vgl. Landweer 1993, 36f.

gehbare kulturelle Konstante: Alles andere sei bloß ›ein neuer Mythos‹.

Landweers Kritik ist freilich noch aus einem anderen – und für die hier verfolgte Argumentation entscheidenderen – Grund exemplarisch. Denn die von ihr vorausgesetzte Zweigeschlechtlichkeit ist unausgesprochen als heterosexuell organisierte Zweigeschlechtlichkeit gedacht. Geradezu paradigmatisch zeigt daher Landweers Position, wie die von Seiten der *Queer Theory* kritisierte Heteronormativität im feministischen Denken am Werk ist. Indem Landweer die Geschlechterdifferenz als – kulturell zwar durchaus variablen – Ausdruck der *jede* Kultur umtreibenden »Herausforderung Generativität« bestimmt (ebd., 36), konturiert sie Heterosexualität implizit nicht nur als unhintergehbare, gewissermaßen transzendentale Voraussetzung jeglicher Kultur, das also, was Kultur erst ermöglicht und daher in jedem Fall geschützt werden muss.[43] Vielmehr nimmt Heterosexualität in ihrem Konzept auch den Platz des Undenkbaren ein: Es ist die für die feministische Theorie nicht denkbare Bedingung des Denkens selbst. Landweer schreibt:

Die Dramen, die die Geschlechterdifferenz inszenieren, liegen, um es metaphorisch zu sagen, ›tiefer‹ als nur auf der Ebene von Diskursen, d. h. von begrifflichem Denken. Sie sind primär mehr oder weniger phantastische und mythische Antworten auf gestalthafte Wahrnehmungen vom Typus Geschlechterdifferenz. Sie werden, mit Beobachtungen von generativen Prozessen zusammengenommen, zu ›Lebenssymbolen‹ verknüpft. Das mythische Theater der Geschlechterdifferenz gibt der Fremdheit der beiden Seiten der generativen Differenz einen symbolischen Ausdruck, ohne sie durch diese Artikulation aufheben zu können. Wie Mythen generell nicht, so ist auch den Mythen über Geschlecht nicht beizukommen, indem man sie ›richtig‹ interpretiert und/oder einer Mythenkritik unterzieht [...]. Kritisiert werden können einzelne Mythen, aber nicht der Mythos der Differenz prinzipiell – weil es den scheinbar neutralen Punkt, von dem aus dies geschehen könnte, nicht gibt (ebd., 42 f.).

Was hier, oberflächlich betrachtet, eine Tautologie in Landweers Argumentation zu sein scheint – die Dramen, die die Geschlechterdifferenz inszenieren, sind Antworten auf gestalthafte Wahrnehmungen vom Typus Geschlechterdifferenz –, ist tatsächlich hinsichtlich

43 »Western political thought«, so Michael Warner (1993a), »has taken the heterosexual couple to represent the principle of social union itself« (Warner 1993a, xxi). Siehe hierzu auch Schlichter 2003, 54.

des ›Schutzes‹ der Heterosexualität recht effektiv, denn Landweer nimmt diese gewissermaßen ›aus der Geschichte‹ heraus. Zunächst stellt sie fest, dass sich uns die Geschlechterdifferenz immer schon in mythischer Form präsentiert: Es sind ›mehr oder weniger phantastische und mythische Antworten‹. Wir können also letztlich von ihr nichts wissen als die Mythen und Dramen, die sie inszenieren. Zugleich führt Landweer jedoch eine feine, aber entscheidende Differenz ein: Kritisiert werden könnten immer nur *bestimmte* Mythen über die Geschlechterdifferenz. Die ›generative Differenz‹ selbst sei dagegen vom Denken nicht einzuholen, da ›es den scheinbar neutralen Punkt, von dem aus dies geschehen könnte‹, nicht gäbe. Damit hatte Landweer, ohne sich mehr als *en passant* mit Butlers zentraler These, Zweigeschlechtlichkeit werde erst durch die »heterosexuelle Matrix« intelligibel, auseinander gesetzt zu haben, deren Projekt als Ganzes in Frage gestellt: Heterosexualität – in Landweers Diktion: ›das mythische Theater der Geschlechterdifferenz‹, das der ›Fremdheit der beiden Seiten der generativen Differenz‹ Ausdruck gibt – kann nicht thematisiert werden; diese stellt die unteilbare Basis jeglicher Gemeinschaft, die scheinbar unhintergehbare Bedingung der Reproduktion dar, ohne die es weder Kultur noch Gesellschaft gibt.[44] Damit aber reifiziert Landweer Heterosexualität als transzendentale Bedingung von Kultur und Wissen,[45] als, wie David Halperin (1995) argumentiert, »privilegierte Form von Subjektivität; als die unbedingte Bedingung des Wissens, die dadurch verhindert, selbst ein Objekt des Wissens, ein Ziel von Kritik zu werden« (Halperin 1995, 47; Übersetzung sh).

44 »Queer-Politiken« wie diejenige Butlers, so Landweer an anderer Stelle (1994), übersähen daher die Provinzialität ihrer Entstehungsbedingungen, wenn sie Folgendes nicht bedenken: »Wenn in euroamerikanischen Metropolen Generativität derartig marginalisiert ist, dass der androzentrische (?) Machbarkeitswahn eine Klassifikationsmöglichkeit von Individuen jenseits des Geschlechts vorstellbar macht, so ist die Bedingung der Denkmöglichkeit doch die altmodische Vermehrung von Menschen an anderen Orten als in der eigenen kleinen Welt. Das ›Wirkliche‹ ist eben doch eine Bedingung des Möglichen [...]« (Landweer 1994, 131 f.).

45 Dafür muss Landweer sich allerdings gar nicht sonderlich anstrengen. Denn »Heterosexualität historisch sichtbar zu machen« ist, wie Eve Sedgwick (1993) schreibt, »schwierig, da es der Heterosexualität unter ihren verschiedenen institutionellen Pseudonymen wie Erbschaft, Heirat, Dynastie, Familie, Domestizität oder Bevölkerung erlaubt wurde, sich vollständig als die Geschichte selbst zu maskieren« (Sedgwick 1993, 10 f.; Übersetzung sh).

Die eingangs angesprochene affektive Vehemenz, in der die Auseinandersetzung um *Gender Trouble* anfangs geführt wurde, wird meines Erachtens erst vor diesem Hintergrund verständlich. Diese Vehemenz zeigt sich in der häufigen Verwendung von in der Regel in wissenschaftlichen Texten nicht gebräuchlicher erregter – und teilweise ressentimentgeladener – Sprache. Sie zeigt sich aber auch in der besonders in den feuilletonistischen Texten anzutreffenden Konstruktion einer monströsen, geschlechtlich uneindeutigen, die ›feministische Jugend‹ verführenden Figur »Judith Butler« sowie in den wiederholten Beschreibungen von Butlers akademischen Vorträgen als popkulturellen oder kultisch-religiösen Ereignissen, bei denen »Butler« auf eine ihr hörige Gemeinde treffe.[46] Denn hier ging es nicht nur um ›Kritik und Verteidigung der Kategorie Geschlecht‹, hier ging es um legitime Genealogien im Feminismus, um kulturelle Gewissheiten, etwa darum, was es heißt, eine »Frau« zu sein – und es ging nicht zuletzt um die Verteidigung der heterosexuellen Fundierung von Kultur und Sozialität. Wie sehr die unter dem Namen »Butler« emblematisch zusammengefassten theoretischen Perspektiven in diesen Hinsichten als Bedrohung wahrge-

46 Bevor ich nun zur Diskussion dieser These komme, sei mir eine persönliche Bemerkung erlaubt: Während des Schreibens war ich mit einer für die von mir hier vertretene These nicht unwichtigen ethischen Fragestellung konfrontiert, die Butler selbst in anderem Zusammenhang in ihrem Buch *Haß spricht. Zur Politik des Performativen* (1998a) problematisiert: Was bedeutet die »Existenz der verletzenden Sprache« (ebd., 45) – und um solche handelt es sich unzweifelhaft bei den von mir diskutierten Diskursfragmenten – sowie die Tatsache, dass *hate speech* »Zitatcharakter« (ebd.) hat, für »die Frage, welche Art von Sprache man gebrauchen sollte« (ebd.). Butler argumentiert, dass der »Zitatcharakter des Diskurses unser Verantwortungsgefühl eher stärken und vertiefen« könne (ebd., 46), da die SprecherIn dafür verantwortlich sei, dieses Sprechen in bestimmter Form zu wiederholen und so »die Kontexte von Haß und Verletzung« aktualisiert würden (ebd.). Allerdings bestünde diese Verantwortlichkeit nicht darin, die Sprache neu zu erfinden, sondern darin, »mit der Erbschaft ihres Gebrauchs, die das jeweilige Sprechen einschränkt und ermöglicht, umzugehen« (ebd.).
Ich sah mich daher vor die Alternative gestellt, entweder nicht wörtlich zu zitieren, um die homophobe Rede in meinem eigenen Text nicht weiter zirkulieren zu lassen, oder sie um den Preis der Aktualisierung der Verletzung zu wiederholen, um meiner These materiale Gestalt zu geben. Ich habe mich für Letzteres entschieden, da es mir letztlich darauf ankam zu zeigen, wie auch der feministische Diskurs durch Machtdynamiken strukturiert ist und selbst als Instanz der Macht auftreten kann.

nommen wurden, verdeutlicht die folgende Passage aus der Einleitung zum Heft »Kritik der Kategorie ›Geschlecht‹« der *Feministischen Studien* von Hilge Landweer und Mechthild Rumpf:

Der Idealismus dieser Position hat einen ihm selbst undurchsichtigen ›materiellen‹ Hintergrund. Wir sehen ihn vor allem in den schon skizzierten generationenspezifischen Bedingungen. Deshalb ist damit zu rechnen, daß das, was an theoretischer Positionierung in breiterem Umfang erst mit Butler in die Welt gekommen ist, nicht allein durch eine Auseinandersetzung mit ihren Thesen aus der Welt zu schaffen ist, sondern daß es eines Wahr- und Ernstnehmens der theoriepolitischen Orientierungsinteressen der neuen feministischen Generation bedarf (Landweer/Rumpf 1993, 4).

Diese Passage macht die Ängste, die mit der mit dem Namen »Butler« assoziierten theoretischen Intervention verbunden waren, mehr als deutlich. »Butler« tritt hier als Figur des Fremden auf: Sie kommt von außen, in bestimmter Weise aus einer uns bis dahin unbekannten Welt, denn etwas kam erst mit ihr in die Welt. Sie wird zudem als unglaublich mächtig skizziert: Es sei damit zu rechnen, ›daß das, was an theoretischer Positionierung in breiterem Umfang erst mit Butler in die Welt gekommen ist, nicht allein durch eine Auseinandersetzung mit ihren Thesen aus der Welt zu schaffen ist‹. Gleichwohl, das legt diese Passage auch nahe, muss es wohl wieder aus der Welt geschafft werden. Darüber hinaus scheint »Butler« – im doppelten Sinne von Repräsentation als Darstellung und Vertretung – eine ›neue feministische Generation‹ zu repräsentieren, die aufgrund ›generationenspezifischer Bedingungen‹ substanziell andere ›theoriepolitische Orientierungsinteressen‹ hat.

Auf der argumentativen Oberfläche des Textes wird also durchaus zugestanden, dass es um eine Auseinandersetzung mit Butlers Thesen gehen müsse. Sehen wir uns dagegen das Interpretationsrepertoire an, den ›kleinen und unsichtbaren Text, der den Zwischenraum der geschriebenen Zeilen durchläuft‹, so zeigt sich, dass hier vor allem das Ziel verfolgt wird, diese Thesen von der Welt fernzuhalten. Denn »Butler« wird hier als Außenseiterin skizziert, sie ist die ›Fremde‹, keine ›von uns‹. Allenfalls ist sie, wenn sie denn überhaupt zum Feminismus gehört, Vertreterin einer ›neuen feministischen Generation‹ mit gänzlich anderen ›theoriepolitischen Orientierungsinteressen‹. Durch sie ist etwas in die Welt gekommen, das man nicht mehr so einfach loswerden wird, das man aber loswerden möchte, ist es doch etwas, was die Kohärenz des Feldes, die Normen, die Regeln des Benehmens, den gemeinsamen Erfahrungshintergrund, die gemeinsame Geschichte und – ganz entscheidend – die Vision der relevanten Teilungen in Frage zu stellen und zu bedrohen scheint.

Dass »Judith Butler« nicht dazugehört, betont auch die Körperhistorikerin Barbara Duden in ihrem Beitrag »Die Frau ohne Unterleib: Zu Judith Butlers Entkörperung« (1993) in jenem Heft der *Feministischen Studien*. Duden will »Butler« explizit nicht als Beitrag zur feministischen Theorie lesen, sondern als Symptom, als Zeitdokument der Körpergeschichte, für dessen Interpretation sie als Körperhistorikerin über die angemessene Kompetenz verfügt.[47] Duden schreibt:

Ebensowenig will ich Butler in der innerfeministischen Debatte kritisch verorten. Ich lese Butler im Zusammenhang der Körpergeschichte als Zeitdokument und nicht im Rahmen der feministischen Theorien (Duden 1993, 24).

Die Trope der Verführung, die in der Einleitung von Hilge Landweers und Mechthild Rumpfs Einleitung explizit noch keine Rolle spielt – allerdings im Topos der ›Generation‹ subkutan präsent ist –, kommt dann in Dudens Text unmissverständlich zum Ausdruck in der Sorge um ›die Studentinnen‹, die Butlers Text vertrauten, obwohl diese selbst wohl auf dieses Vertrauen pfeife:

Durch ihre unbegrenzte parodistische Pose macht es Butler klar, daß sie auf das Vertrauen ihrer Leserin pfeift. Ich kann diesem Text kein Vertrauen entgegenbringen. Was mich besorgt macht, ist eine Studentin, mit der ich neulich sprach. Sie versucht dem Text Butlers Vertrauen zu schenken: weil er von einer Frau geschrieben ist und ihr, wie sie sagt, als Medizin dient, um ihr Unwohlsein im Alltag zusammen mit ihrer Körperlichkeit abzulegen (ebd., 33, Fußnote 12).

Dudens Sorge um die gleichsam unschuldige, ahnungslose Studentin, die einer in ›unbegrenzter parodistischer Pose‹ erstarrten Verführerin auf den Leim geht, resoniert hier mit einer Phantasie, wie

47 Umgekehrt, daran sei an dieser Stelle noch einmal erinnert, lese auch ich die feministischen Texte symptomal. Es geht hier nicht um Dudens Aussagen als genuin ihre; diese stellen vielmehr symptomatische Verdichtungen dar, durch die das kollektive Unbewusste des feministischen Diskurses an die Oberfläche tritt.

sie weniger in den akademischen Texten als in den auch von Wissenschaftlerinnen geschriebenen feuilletonistischen Beiträgen in der »Butler-Debatte« wieder und wieder produziert wird. Obgleich diese als journalistische Beiträge ein anderes Ziel – Berichterstattung von Ereignissen und nicht wissenschaftliche Auseinandersetzung – verfolgen, sind sie mit den akademischen Texten interdiskursiv verknüpft und verleihen diesen eine bestimmte ideologische Tiefe: Es ist die phantasmatische Konstruktion der Figur »Judith Butler« als Verführerin der jungen Frauen, die latent auch in den akademischen Texten als ›kleiner, unsichtbarer Text zwischen den Zeilen‹ präsent ist. In den Texten des Feuilletons wird Butler explizit als die ›vermännlichte‹ Lesbe entworfen, die die Kohärenz des Feminismus bedroht und mit ihren Theorien sowie ihrer körperlichen Erscheinung die jungen Frauen irritiert und verführt. Man könnte dies mit Butlers (1995) eigenen – nicht in Reaktion auf diese Repräsentation geschriebenen – Worten fassen: Die »symbolische Figur vermännlichter weiblicher Homosexualität« sei gleichsam ein »Gespenst« (Butler 1995, 144), das vom Symbolischen »als dessen bedrohliches Außen zur Absicherung seiner ungebrochenen Vorherrschaft hervorgebracht wird« (ebd.). Gegen diese ›Bedrohung‹ setzten sich feministische Wissenschaftlerinnen zur Wehr, um die Grenzen des Territoriums der Frauen- und Geschlechterforschung und insbesondere die jungen Frauen selbst zu schützen. Wieder ist es Barbara Duden (1993), die diese Position am deutlichsten vertritt:

> So wie mir kein Psychoanalytiker einsichtig machen kann, daß meine Widerstände mir wertvolle Einsichten verschließen, *so lasse ich mir von keinem Dekonstruktivisten meine Leibhaftigkeit ausreden*. Es ist an der Zeit, daß wir die Möglichkeit anerkennen, daß es heute auch im sogenannten wissenschaftlichen Gespräch über Frauen in der Geschichte heterogene Positionen gibt, deren Vertreterinnen miteinander nicht mehr sprechen können. [...] Seit ich mich mit Körpergeschichte befasse, *bin ich entschlossen, mir meinen Umgang mit dem Körpererlebnis der Frau in der Vergangenheit durch die Dekonstruktion der Postmoderne nicht nehmen zu lassen* (Duden 1993, 28 f.; Hervorhebung sh).[48]

48 Duden geht damit in gewisser Weise hinter ihr in *Der Frauenleib als öffentlicher Ort* (1991) formuliertes Theorieprogramm zurück: »Ich gehe der Frage nach, wie seit dem 18. Jahrhundert die wissenschaftliche Tatsache ›Frau‹ so hergestellt und popularisiert wurde, daß ich sie an mir erlebe. [...] Was ich verstehen will, ist die

Duden, das legt schon der Titel ihres Textes, »Die Frau ohne Unterleib: Zu Judith Butlers Entkörperung«, nahe, sorgt sich vor allem um die Effekte, die das, was sie »Judith Butlers Entkörperung« nennt, zeitigen könnte: Effekte der Entsinnlichung, des Verlusts der Erfahrung von ›Leibhaftigkeit‹, von sinnlicher Wahrnehmung (ebd., 25). Die semantische Ambivalenz des Titels ist wohl mit Bedacht gewählt: Butler selbst wird als ›monströser Körper‹, eben als »Frau ohne Unterleib«, stilisiert, zugleich soll das, was von ihrer Theorie ausgeht, als gewaltsamer Akt der ›zynischen Entkörperung‹ verstanden werden. Duden schreibt:

> Dieses Unbehagen [...] wird akut, wenn in der von Frau Butler zitierten Literatur ›Frau‹ zum Phantom hinter einer Stimme definiert wird, die ihren Klang gänzlich verloren hat. Gerade weil ich mir der tiefen Historizität von Richtung, Fluß, Stimme und Rhythmus historischer Frauen bewußt bin, erschreckt mich die unter dem Deckmantel der gepflegten Ironie betriebene zynische Entkörperung durch die wetteifernde Anpassung feministischer Koryphäen an die Epigonen der großen Brüder [...]. Wir brauchen eine Bezeichnung für dieses Produkt eines stimmlosen Diskurses, das Frau Butler offenbar selbst darstellt: Wir können von diesem phantasmatischen Produkt neuer Subjektivität als der *entkörperten Frau* sprechen (ebd., 26; Hervorhebung i. O.).

Die Sorge um den Verlust von weiblicher Sinnlichkeit, dessen, was es heißt, eine »Frau« zu sein, und die Sorge um die bedrohlichen Konsequenzen dieses Verlustes äußerten auch andere Feministinnen. So fürchtete die Philosophin Allison Weir (1993) in ihrem Beitrag zur Reihe »sex&gender« der *Frankfurter Rundschau*, Butler verliere »jegliches Gespür für die Ambiguität und Komplexität dessen, was es bedeutet, eine Frau zu ›sein‹, sich selbst als Frau zu identifizieren« (Weir 1993, 8). Und Ulrike Baureithel (1992) warnte in der *WochenZeitung*, die »Ignoranz der Amerikanerin« gegenüber den »geschlechtlich-reproduktiven Potenzen« könnte bereits Effekt einer Situation sein, »in der diese Potenz stillschweigend gentechnologisch ›abgewickelt‹ wird« (Baureithel 1992, 16).

Diese phantasmatische Konstruktion der Figur »Judith Butler«, die weder geschlechtlich eindeutig zu lesen ist noch offenkundig selbst wisse, was ›es bedeutet, eine Frau zu sein‹, die ihr Publikum ob

leibhaftige Selbstdarstellung der Frau in zwei Vorgängen, die einander bedingen: einerseits in der Verinnerlichung von wissenschaftlichen Begriffen, andererseits in der Selbstzuschreibung technogener Bilder« (Duden 1991, 10 ff.).

dieser Uneindeutigkeit verwirrt und zugleich in ihren Bann zieht, die auf das Vertrauen ihrer Leserinnen ›pfeift‹, ist bis Ende der 1990er-Jahre ein solider Bestandteil der Berichterstattung von Butlers akademischen Vorträgen im deutschsprachigen Raum. Die in diesen Texten entworfene Figur »Judith Butler« ist zusammengesetzt aus Bildern souveräner Maskulinität, geschlechtlicher Transgression und erotisch aufgeladenen Verführungsphantasien. In nahezu jedem Text figuriert diese ›symbolische Figur vermännlichter weiblicher Homosexualität‹ als mächtige und zugleich monströse Gefahr: ›Sie‹ ist fähig, Studentinnen zu beeinflussen, diesen ihre authentische Körpererfahrung abspenstig zu machen, sie zu verwirren – und nicht zuletzt Massen zu bekehren. Die Variationen (in) dieser Konstruktion sind dabei erstaunlich gering, die wesentlichen Elemente sind offensichtlich von Anfang an verfügbar und relativ fixiert. Schon Butlers ersten Vortrag in Deutschland nach der Veröffentlichung von *Gender Trouble* im Frankfurter *Institut für Sozialforschung* beschreibt die Journalistin Christel Zahlmann (1993) unter der Überschrift »Der Körper als Fiktion« in der *Frankfurter Rundschau* in diesen Bildern:

Wenn die junge Professorin es ihren Lesern schon nicht ganz leicht macht, dann ihren Hörern noch um vieles weniger. Während sie, von wirklicher Leidenschaft erfüllt, über die Schwierigkeit doziert, noch in irgendeiner Form positiv zu bestimmen, was ›Körper‹ eigentlich ist, verwirrt sie das Publikum dadurch, daß sie in doppelter Weise präsent ist: In ihrer Rede und in ihrem Körper, den Traditionalisten ganz einfach als ›männlich‹ bezeichnen würden. Als sympathischer, schmaler, energischer junger Mann, vielleicht italienischer Abstammung, mit exakt geschnittener Herrenfrisur, lebhaft gestikulierend, steht sie am Pult und führt vor Augen, was ›weiblich‹ alles einschließt, besser: wie überholt es ist, Körpern ein genau definiertes Geschlecht zuzuordnen (Zahlmann 1993, 16).

Die *Rundschau*-Autorin konstruiert die Figur »Butler« als ›sympathischen, schmalen, energischen jungen Mann, vielleicht italienischer Abstammung,[49] mit exakt geschnittener Herrenfrisur‹ und zugleich als irgendwie phantomartige Kreatur, die ihr Publikum dadurch verwirrt, dass sie in ›doppelter Weise präsent ist: In ihrer Rede und in ihrem Körper‹. Dieser scheint nicht die Norm angemessener

49 Interessanterweise bedurfte die Figur »Butler« offensichtlich auch einer ethnischen Markierung. Auf ihre von Butler selbst nie verschwiegene jüdische Herkunft konnte – oder wollte? – wohl nicht zurückgegriffen werden.

Weiblichkeit zu verkörpern: ›Traditionalisten‹ würden ihn ›ganz einfach als männlich‹ bezeichnen. Gleichwohl scheint von dieser Inszenierung offensichtlich auch eine Faszination auszugehen: Butler führt vor, ›wie überholt es ist, Körpern ein genau definiertes Geschlecht zuzuordnen‹.

Diese Konstruktion einer männlichen Persona, gar des irritierenden, verführenden Mannes – die unterstellte italienische Abstammung tut hier ihr Übriges –, dominiert insbesondere die frühe Berichterstattung zu den Vorträgen von Judith Butler. Diese werden zudem fast immer als Auftritte eines ›Stars‹[50] beziehungsweise als religiös-kultische Veranstaltungen und nicht als akademische Vorträge beschrieben. So schreibt die Philosophin Beate Rössler in der *tageszeitung* über Butlers Vortrag an der FU Berlin im Mai 1993:

> Butlers sicherlich 200 Zuhörerinnen und vielleicht 50 Zuhörer am Freitag abend in der FU wußten sich zum großen Teil in verschworenem Einverständnis mit der Vortragenden: Auf weite Strecken herrschte eher das Klima einer Gemeindeversammlung als eines akademischen Vortrages. Woher kommt diese ungeheure Wirkung, die Judith Butler auf (akademische) Frauen ausübt? Ihre Inszenierung als Person ist zwar beeindruckend, aber so ungewöhnlich nicht, nämlich eher männlich-burschikos, ihr Auftreten höchst souverän, ihre Sprache trotz der komplizierten Materie klar und transparent (Rössler 1993, 24).

Die auch in diesem Text verwendeten Bilder – das des Verführers junger Frauen, die Geschlechtergrenzen überschreitende Figur, das ›männlich-burschikose‹ Auftreten, die ›ungeheure Wirkung‹, die Butler auf Frauen auszuüben scheint, und nicht zuletzt die Bilder aus einem religiös-kultischen Repertoire – Gemeindeversammlung, verschworenes Einverständnis – bestimmen weithin die Berichterstattung. Insbesondere das phantasmatische Setting des sexuellen Kultes, den Butler und ihre AnhängerInnen zelebrieren, wird zu einem häufig verwendeten Topos: Unter dem Titel »Gender shop-

50 Dies reicht bis in die Details, die eher an Popkonzerte als an Vorträge in akademischen Foren erinnern. So schreiben Anette Baldauf, Andrea Griesebner und Maria Mesner (1996) in der Zeitschrift *L'Homme. Zeitschrift für Feministische Geschichtswissenschaft* über Butlers ersten »öffentlichen Auftritt in Wien«, der Vortrag habe mehr Interessierte angezogen, als der »Kleine Festsaal der Universität Wien fassen konnte«. Doch »trotz Hitze, räumlicher Enge und schlechter Akustik« hätte die »Fangemeinde immerhin zwei Stunden ausgeharrt«.

ping« schreibt beispielsweise Ingo Arend im *Freitag* über eine Diskussionsveranstaltung mit Judith Butler in der Berliner Literaturwerkstatt, »Hunderte« hätten »in Berlin an Judith Butlers Lippen« gehangen (Arend 1997, 12). Anke Westphal berichtet vom selben Ereignis in der *Berliner Zeitung*, Judith Butler gelte als »Päpstin der *Queer Theory*« (Westphal 1997, 16). Diese sei als Wissenschaft »erfunden« worden, um »Heterosexualität als repressive politische Institution« zu analysieren (ebd.). Das aber sei wohl nicht mehr als eine Art von »Pan-Individualismus« (ebd.), der zu dem werde, »was er bekämpft: zu einer Form repressiver Toleranz« (ebd.). Anlässlich Butlers Vortrag 1997 im Rahmen der Reihe des Potsdamer Einsteinforums »Erbschaft unserer Zeit« in der Berliner Staatsbibliothek beschreibt dann die Journalistin Mariam Niroumand (1997) unter der Überschrift »Wie im Phantomschmerz« das Ereignis in der *tageszeitung* als Messe und Butler selbst, die »wie im Phantomschmerz« agiert habe, als Priesterin, die zu einer »Gemeinde der längst Konvertierten« spricht. Dabei sei diese konvertierte Gemeinde nur gekommen, »um die sich hier formierende philosophische Legitimation einer sexuellen Präferenz zu hören«:

Man konnte nicht umhin, an eine Messe zu denken, als am Dienstag abend die amerikanische [...] Philosophin Judith Butler in der Berliner Staatsbibliothek auf ihr Publikum traf. Bis hinaus auf die Potsdamer Straße standen die Zuhörer, die nur noch aus Lautsprechern verfolgen konnten, was im beängstigend vollen Otto-Braun-Saal vor sich ging. In eindringlichem getragenen Ton präsentierte Butler [...] ihre Überlegungen zur Figur der Antigone. [...] Man ahnt schon, worauf das hinausläuft, und ungeduldiges Füßescharren in den Reihen der Zuhörer signalisierte, dass viele gekommen waren, um die sich hier formierende philosophische Legitimation einer sexuellen Präferenz zu hören [...]. Wie im Phantomschmerz agierend, sprach Butler zu einer Gemeinde der längst Konvertierten (Niroumand 1997, 16).

Dasselbe Ereignis beschreibt Ina Hartwig (1997) in der *Frankfurter Rundschau* unter dem Titel »Antigones Anspruch und Gomorrha«:

Butler, selber bekennend, genoß sichtlich, wie die Bewohnerinnen Gomorrhas sich bis vor ihre Füße ergossen. [...] Ja, glücklich war dieses Publikum [...] Butler hat, das war nicht zu übersehen, einen kultischen Status innerhalb der feministisch-universitären Welt (Hartwig 1997, 18).

Niroumands und Hartwigs Szenarien stellen, wie unschwer zu argumentieren ist, wohl das ultimative Verführungsszenario dar. Die Figur »Judith Butler« wird konstruiert als Priesterin eines sexuellen Kultes, die es genießt, zu den ihr hörigen Massen zu predigen, und die Philosophie Butlers wird delegitimiert als ›Legitimation einer sexuellen Präferenz‹.[51]

In der Besprechung von Butlers Buch *Haß spricht. Zur Politik des Performativen* (1998a) reproduziert Niroumand (1998) die Szene, dass es Butler lediglich um die Legitimierung ihrer »sexuellen Orientierung als Lesbe« ginge, erneut, diesmal gerahmt durch den Topos der »Menschheitsdämmerung«:

> Butler verdankt ihren auch in Deutschland beachtlichen Publikumszulauf wohl der Tatsache, dass sie ihre sexuelle Orientierung als Lesbe in Philosophie oder Anthropologie und überhaupt eine Menschheitsdämmerung zu übersetzen versucht. Homosexualität ist für sie eine Form der sprachlich-körperlichen Subversion, die alle Systeme zum Tanzen zu bringen vermag (Niroumand 1998, 26).

Das Motiv der ›Menschheitsdämmerung‹ spielte, wie wir gesehen haben, auch in vielen feministischen Texten zu Butler im Zusammenhang mit dem Topos der Gefahr der gentechnologischen Abschaffung der Frau beziehungsweise der Ersetzung ihrer generativen Potenz durch die Reproduktionsmedizin und im Beharren darauf, dass es schließlich die heterosexuell organisierte Reproduktion sei, die Gesellschaft und damit Phänomene wie die *queere* Geschlechtertransgression erst ermöglichten, eine Rolle. Es taucht erneut in der *ZEIT* in einem Artikel von Jörg Lau (1998) unter dem Titel »Die Männerphantasien des Feminismus« auf:

> Judith Butler ist der Kopf einer Denkschule, die sich zugleich als neue akademische Disziplin und als eine Art Lebensreformbewegung formiert hat. Unter dem Etikett »Gender Studies« betreiben Butler und ihre Adepten eine Revision der Geisteswissenschaften, die ungeachtet – vielleicht aber auch gerade wegen – ihrer radikalen Rhetorik innerhalb weniger Jahre kanonisiert und mit Planstellen bedacht worden ist. Die Anhängerinnen der Gender Studies beerben die klassische feministische Kritik an der vermeint-

51 Auch diese Phrase, dass es lediglich um die Legitimierung einer bestimmten sexuellen Orientierung beziehungsweise Präferenz ginge, taucht wiederholt auf. Häufig ist zu lesen, »Butler« sei ›selber bekennend‹: eine »bekennende Lesbe«, von »Bekenntnisdrang« erfüllt usw. Mit dem Wort des ›Bekenntnisses‹ ist zudem die interdiskursive Verbindung zum Religiösen garantiert.

lichen Unverrückbarkeit des Geschlechterschemas, aber sie gehen dabei einen entscheidenden Schritt weiter: Sie ziehen das Schema selbst, die binäre Opposition, in den Mahlstrom ihrer Analysen. [...] Man könnte es auch so sagen: Sie [d. i. Butler; sh] konstruiert einen künftigen Feminismus, der dann endlich ohne Frauen auskommen könnte. [...] Aus den Ruinen der Geschlechterkämpfe soll sich ein neuer Mensch erheben, den die Last des Körpers mit seiner sexuellen Binarität nicht mehr niederhält: Er hat dank Gender Studies gelernt, sein vermeintlich natürliches Geschlecht als kulturabhängigen ›Diskurseffekt‹ zu durchschauen. [...] Es ist erstaunlich: Mag Judith Butler in der Theorie auch noch so sehr die männliche Vernunft und ihre lineare Fortschrittshoffnung angreifen – sie selbst lockt mit einem Heilsversprechen, das gar nicht so weit von den jüngsten Jungenträumen der Machbarkeit entfernt ist. Der Traum von der völligen sexuellen Selbstermächtigung des Menschengeschlechts, das nur endlich lernen müsse, sich seines Abstands von der Natur zu freuen, konvergiert merkwürdig mit den neuesten Heilslehren der Reproduktionsmedizin: Gender Studies und Gentechnik, das sind zwei phantasmagorische Fluchtbewegungen aus dem heutigen Unbehagen der Geschlechter (Lau 1998, 32).

Laus Text stellt den Endpunkt des in diesem Abschnitt rekonstruierten Diskurses dar. Hier sind noch einmal die wesentlichen diskursiven Elemente – diejenigen, aus denen die homophob strukturierte, ›monströse‹ und eine Gefahr darstellende Figur »Judith Butler« zusammengesetzt ist, ebenso wie die religiös-kultischen – versammelt und in apokalyptischer Diktion und Absicht verdichtet: Butler sei ›Kopf einer Denkschule‹, die zugleich ›eine Art Lebensreformbewegung‹ ist. Mit ihren ›Adepten‹ strebe sie nicht nur eine ›Revision der Geisteswissenschaften‹ an, sondern die Zerstörung der uns bekannten Geschlechterwelt. Sie konstruiere einen Feminismus, ›der ohne Frauen auskommen wird‹. Aus den ›Ruinen der Geschlechterkämpfe‹ werde sich dann ein ›neuer Mensch‹ erheben, der sich von der sexuellen Differenz befreit habe. Denn dieser neue Mensch habe die Geschlechtlichkeit längst hinter sich gelassen, da die Gender Studies ihn gelehrt hätten, das ›vermeintlich natürliche Geschlecht als kulturabhängigen Diskurseffekt‹ zu durchschauen. Lau rückt Butlers ›Heilsversprechen‹ – ähnlich wie etliche der akademisch-feministischen Texte[52] – in die Nähe von Gentechnik und Reproduktionsmedizin; es sei damit ›gar nicht so weit von den jüngsten Jungenträumen der Machbarkeit entfernt‹. Die Iteration dieser

52 Vgl. Baureithel 1992; Duden 1993; Treusch-Dieter 1994.

auch in den feministischen Texten zirkulierenden Diskurselemente in Laus Artikel stiftet eine eigentümliche Diskurskoalition zwischen diesem im Kern antifeministisch argumentierenden Text und jenen Beiträgen feministischer Wissenschaftlerinnen, die das Ende der Geschlechterdifferenz befürchteten und daher glaubten, den Angriff auf Heterosexualität und Generativität abwehren zu müssen.

Versuchen wir an dieser Stelle und bevor wir abschließend zur Thematik der akademischen Stabilisierung des feministischen Wissens kommen, ein vorläufiges Fazit. Die dieses Kapitel strukturierende These umfasste mehrere Teile: Die frühe Auseinandersetzung um *Gender Trouble* fungierte *erstens* als Arena für die Neuordnung des institutionellen und intellektuellen Territoriums des akademischen Feminismus. Auf der Agenda stand sowohl die Klärung von dessen Sozialordnung, die Frage der legitimen Mitgliedschaft, als auch die Verhandlung der Frage, wovon Feminismus etwas wissen will. Einer der zentralen Schauplätze stellte hier Butlers These von der heterosexuellen Matrix als konstitutiver Voraussetzung von Zweigeschlechtlichkeit dar. Mit dieser These – und das ist der *zweite* Teil meiner These – hatte Butler auf bis dahin wohl theoretisch weitreichendste Weise den akademisch gewordenen Feminismus konfrontiert mit dem ihm eigenen Ungedachten, dass ihm nämlich Heterosexualität als nicht reflektierte Bedingung der Möglichkeit, Geschlecht zu denken, eingeschrieben ist. Die in dieser These artikulierte Herausforderung des feministischen Wissens, die zukünftig mit dem Zeichen *queer* verbunden sein sollte, wurde anfangs im deutschsprachigen feministischen Kontext von einigen bis dahin tonangebenden Wissenschaftlerinnen beharrlich ausgeblendet, war aber auf der manifesten Ebene der Texte dennoch nicht vollständig abwesend. Denn der *queeren* Problematisierung von Heteronormativität kam auch eine wichtige Funktion zu: die Sicherung der Grenzen der feministischen Wissensformation. Dafür musste *queer* ›irgendeine Form diskursiver Präsenz‹ zugebilligt werden, und zwar eine Form, die es erlaubte, zugleich davon zu sprechen *und* zu schweigen. Diese der Problematisierung von Heteronormativität besonders zu Beginn der Auseinandersetzungen um *Gender Trouble* zugewiesene Form der diskursiven Präsenz ist im Wesentlichen, wie wir gesehen haben, die homophob strukturierte, phantasmatische Personifizierung der Kritik. Indem eine Figur »Judith Butler« konstruiert wird, von der eine Gefahr ausgeht, kann von der *queeren*

Herausforderung gesprochen werden. Dieses Sprechen kennzeichnet die Problematisierung von Heteronormativität jedoch zugleich als etwas, das ›von außen‹ kommt, das nicht genuin dazugehört, vor dem es sich gar zu schützen gilt. Für den akademisch gewordenen Feminismus ist die »Butler-Debatte«, die sich zu einem nicht unwichtigen Zeitpunkt in der Geschichte der akademischen Institutionalisierung des feministischen Wissensprojektes ereignet, daher auch überaus wertvoll, bietet sie doch die Gelegenheit zu identitätssichernder *boundary-work*.

5.4 Die Stabilisierung von Wissen

Nun könnte im Rückblick auf diese Debatte entgegnet werden, dass Butlers Werk doch Bestandteil des feministischen Kanons geworden ist; ja dass kaum eine feministische Theorie in den 1990er-Jahren erfolgreicher war als diejenige Butlers. Wieso sich also noch mit dieser erregten Debatte aufhalten? Mehr noch: Hält die These, dass heteronormativitätskritische Perspektiven im feministischen Wissen marginalisiert wurden, überhaupt einer genaueren Überprüfung stand? Wenden wir uns daher abschließend diesem *dritten* Teil meiner These zu, dass nämlich das feministische Wissen, genauer: seine in der Nachfolge der »Butler-Debatte« zentral werdende Wissenskategorie »Geschlecht« respektive Gender, akademisch stabilisiert wurde durch eine *Grenzziehung*, die Grenzziehung gegenüber der Kategorie »Sexualität«. Mit der Konstitution eines *proper object* (Butler 1994), eines angemessenen Wissensobjektes, verschaffte die Frauen- und Geschlechterforschung sich ein Eintrittsbillett für das wissenschaftliche Feld.

Doch vergegenwärtigen wir uns, bevor wir abschließend den Aspekt der Stabilisierung von Wissen diskutieren, zunächst noch einmal die zentralen Elemente dieses Teils meiner These. Die verwerfende Grenzziehung gegenüber der im Zeichen von *queer* auftretenden Heteronormativitätskritik, wie sie in der »Butler-Debatte« zum Ausdruck kam, stellte zum einen die Reartikulation des den Feminismus begleitenden ›inneren Ausschlusses‹ der lesbischen Differenz und der Kritik am feministischen Heterozentrismus dar. Sie sollte zum anderen zu einer entscheidenden Weiche für die inhaltliche Weiterentwicklung und Ordnung des feministischen akademischen

Wissens werden. Während beispielsweise in angloamerikanischen akademischen Kontexten *Queer Theory* sowohl zu einem prominenten Feld wurde, durch das Sexualität als kritische Kategorie des Wissens etabliert werden konnte, als auch zu einem Feld, von dem aus das komplexe Verhältnis von Geschlecht und Sexualität einer kritischen Revision unterzogen wurde, gelang es der *Queer Theory* im deutschsprachigen Raum nicht, in diesen Hinsichten entscheidend zu intervenieren. Im Gegenteil: Nicht nur wurde *Queer Theory* hierzulande kaum als der Frauen- und Geschlechterforschung ebenbürtige intellektuelle Kraft (von dieser) anerkannt, auch die Thematisierung von (Hetero-)Sexualität blieb bis heute an die Ränder des feministischen Denkens verwiesen.[53]

Der akademisch gewordene Feminismus erwies sich so als *gatekeeper* gegenüber (hetero)sexualitätskritischen Forschungsperspektiven beziehungsweise gegenüber *Queer Theory*: Feminismus übernahm die Funktion, den Zugang von *Queer Theory* zur Akademie zu regulieren. Jedenfalls wurden die *Queer Studies* im deutschen Sprachraum – ungeachtet auch hier existierender disziplinärer Ungleichzeitigkeiten etwa zwischen der Amerikanistik[54] und der Soziologie – bislang auch von Seiten der Frauen- und Geschlechterforschung vergleichsweise wenig rezipiert und diskutiert. Noch weniger ist es gelungen, *Queer Studies* institutionell entweder im Rahmen der seit der zweiten Hälfte der 1990er-Jahre verstärkt entstehenden Studiengänge und Studienschwerpunkte zur Frauen- und Geschlechterforschung oder gar eigenständig zu verstetigen.[55] Nicht zuletzt zeigt sich das Desinteresse an *Queer Theory* daran, dass bis heute mit Ausnahme der Bücher und Aufsätze von Judith Butler kaum ein Text aus der im Wesentlichen nordamerikanischen und britischen *queeren* Wissensproduktion übersetzt wurde.[56]

53 Eine knappe Skizze der feministischen Diskurse zu Sexualität bietet Bührmann 2000b, 193-197.

54 Die zentrale Zeitschrift der deutschen Amerikanistik, *Amerikastudien/American Studies*, widmete *Queer Theory* ein ganzes Heft (Nr. 46/1, 2001), herausgegeben von Catrin Gersdorf und Ralph J. Poole.

55 Vgl. hierzu auch Genschel u. a. 2001, 184 f.; Breger 2002, 328; Kraß 2003a, 19; Hark 2004. Ironischerweise wird die Thematisierung dieses Ausschlusses, wie wir im vierten Kapitel gesehen haben, strategisch gegenwärtig von jenen genutzt, die Gender Studies als »Geschlechtsdifferenzierungsforschung« (Hirschauer 2003) in Abgrenzung von Frauen- und Geschlechterforschung oder feministischer Theorie zu profilieren suchen.

Schauen wir uns darüber hinaus die Schwerpunktsetzungen und Curricula der an deutschen, österreichischen und Schweizer Hochschulen eingerichteten Geschlechterstudiengänge und Studienschwerpunkte an, so zeigt sich ein recht homogenes Bild.[57] Mit Ausnahme des Aufbaustudiengangs »Kulturwissenschaftliche Geschlechterstudien« an der Universität Oldenburg sowie des Magisternebenfaches »Gender Studies« der Universität Hamburg,[58] deren Curricula *Queer Studies* explizit als Schwerpunkt setzen, ist *Queer Theory* in keinem der Studiengänge curricular verankert.[59] In Variation der These, dass wir es, wie wir im zweiten Kapitel gesehen haben, bei der Integration von Frauen- und Geschlechterforschung in die Disziplinen mit Formen »integrativer Desintegration« zu tun haben, lässt sich auch für die Integration *queerer* beziehungsweise (hetero)sexualitätskritischer Perspektiven davon sprechen, dass diese in den Studiengängen allenfalls marginal integriert wurden.

Im Unterschied zur curricularen Verankerung der *Queer Studies* findet sich das Stichwort »Sexualität« – meist in Verbindung mit Körper – in der Nennung von curricularen Schwerpunkten häufi-

56 Ausnahmen sind die Sammelbände von Hark 1996b, Quaestio 2000, Kraß 2003b, sowie Haase u.a. 2005, in denen sich einige wichtige Übersetzungen finden. Allerdings ist ungefähr seit 2001 festzustellen, dass *Queer Theory* häufiger einen Platz im feministischen Konferenzgeschehen findet sowie in den jüngst vermehrt publizierten Handwörterbüchern und Lexika zur Frauen- und Geschlechterforschung berücksichtigt wird.

57 Ich stütze mich hier auf die Synopse der Studiengänge und Studienschwerpunkte im Band des Zentrums für transdisziplinäre Geschlechterstudien HU Berlin (Hg.), *Geschlechterstudien im deutschsprachigen Raum. Studiengänge, Erfahrungen, Herausforderungen* (2004, 21-67).

58 Das Magisternebenfach »Gender Studies« der Universität Hamburg verzeichnet *Queer Studies* zwar als Pflichtbestandteil der Studienordnung; die entsprechende Professur wurde allerdings nicht besetzt und ist inzwischen gestrichen worden.

59 Dies schließt selbstredend nicht aus, dass *queere* Perspektiven sehr wohl in der Lehre einen Platz finden und dies lokal dazu führen kann, dass Queer Studies ein größeres Gewicht einnehmen, als ihnen curricular zunächst zugestanden wurde. Allerdings handelt es sich bei diesen Lehrangeboten bisher in der Regel um Lehraufträge oder um Angebote seitens des akademischen Mittelbaus. Es ist also sowohl abhängig davon, dass einzelne WissenschaftlerInnen diese Lehre anbieten, als auch davon, dass in den jeweils zuständigen Gremien lokale Kräftekonstellationen existieren, die solche Lehrangebote unterstützen. Eine wichtige Akteursgruppe sind in diesem Zusammenhang die Studierenden der Geschlechterstudien, die ihr Interesse an diesen Themen artikulieren und entsprechende Angebote einfordern.

ger. Die Universität Hannover beispielsweise nennt als einen ihrer Studienschwerpunkte »Körper und Sexualpolitik«, das von verschiedenen Universitäten getragene internetbasierte Studienangebot VINGS (*Virtual International Gender Studies*) bietet einen Schwerpunkt »Körper, Sexualität, Gesundheit« an, und die Universität Graz nennt einen Schwerpunkt »Schauplätze und Prozesse des Gendering: Kommunikation, Sozialisation, Sexualität«. Darüber hinaus ist davon auszugehen, dass etwa in einem Schwerpunkt »Subjekt, Körper, Identität«[60] oder »Herrschaft und Normativität«, wie sie im Rahmen des »Gender Studies«-Studiengangs der Universität Basel angeboten werden, heteronormativitätskritische Perspektiven Berücksichtigung finden.

Doch betrachten wir die Weisen, in denen der akademisch gewordene Feminismus von Sexualität spricht, genauer, so fällt auf, dass, wie Christiane Schmerl u. a. im Vorwort des Bandes *Sexuelle Szenen. Inszenierungen von Geschlecht und Sexualität in modernen Gesellschaften* (2000) anmerken, in der feministischen Geschlechterdebatte »die Implikationen der so genannten ›normalen‹ Sexualität in ihrer Bedeutung für das gesellschaftliche Verhältnis der Geschlechter zueinander kaum thematisiert« wurden (Schmerl u. a. 2000, 5). Schmerl u. a. sehen die Defizite in der feministischen Wissensproduktion offensichtlich weniger darin, dass überhaupt nicht von Sexualität gesprochen, als darin, *wie* sie thematisiert wird. In der Tat ist die Frauen- und Geschlechterforschung weit davon entfernt, Sexualität ebenso wie Geschlecht als Kategorie der Macht zu denken. In der Regel taucht Sexualität, wenn überhaupt, in der verdinglichten Gestalt der »sexuellen Orientierung« und nicht als sozial, politisch oder kulturell relevante Kategorie auf. So nimmt, um dies an einem Beispiel zu illustrieren, Regina Dackweiler (2001) in einem Beitrag zu Konturen einer feministischen Definition von Staatsbürgerschaft folgende Anordnung der »Achsen sozialer Differenz« vor: »Klasse, Geschlecht, Hautfarbe und Ethnie« (Dackweiler 2001, 182). Diese unterscheidet Dackweiler von »sexueller Orientierung als Lebensentwurf oder Behinderung« (ebd.). Ungeachtet dessen also, dass sie weder diskutiert, ob die erstgenannten Kategorien auf derselben Ebene liegen, noch auf deren unterschiedliche Kon-

60 Ein vergleichbarer Baustein findet sich in einer Reihe weiterer Studiengänge und Studienschwerpunkte, etwa an den Universitäten Oldenburg, Göttingen und Marburg.

stitutions- und Herrschaftslogiken eingeht, denkt Dackweiler Sexualität nur als ›Orientierung‹ beziehungsweise ›Lebensentwurf‹, mithin als Kategorie des Privaten und nicht des Politischen.[61]

Trifft dies auch für die curriculare Positionierung von Sexualität als Gegenstand des Wissens zu? Betrachten wir dafür exemplarisch zwei der Studienordnungen für Geschlechterstudien beziehungsweise Gender Studies genauer: Den ersten deutschen Magister-Hauptfachstudiengang »Geschlechterstudien/Gender Studies«, der 1997 an der Humboldt-Universität zu Berlin (HU Berlin) eingerichtet wurde, sowie den seit Sommersemester 2002 angebotenen Studiengang »Gender Studies« der Universität Basel.

Kommen wir zunächst zu den »Geschlechterstudien/Gender Studies« an der HU Berlin. Die Studienordnung,[62] die zwar ausdrücklich betont, in den Geschlechterstudien werde »interdisziplinäres Denken« gefördert, enthält in § 1, Absatz 2 folgenden »allgemeinen, nach Disziplinen geordneten Überblick«:

1. Sozialwissenschaften: Ökonomische, soziale und politische Aspekte der Entstehung, Festschreibung und Veränderung von Geschlechterverhältnissen.
2. Erziehungswissenschaft: Geschlechtsspezifische Aspekte in den Bildungstheorien, in den Bildungsinstitutionen, im Erziehungsalltag von Kindern und Jugendlichen sowie das Bildungsverhalten und die geschlechtsspezifischen Bildungsinteressen von Erwachsenen in der Weiterbildung.
3. Rechtswissenschaft: Funktion des Rechts für die Gestaltung von Geschlechterverhältnissen; geschlechtsspezifische Sichtweisen in der Rechtssetzung; normative und institutionelle Diskriminierungen.
4. Agrarwissenschaften: Arbeitsteilung und Geschlechterverhältnisse in ruralen Gesellschaften; Umgang mit Ressourcen und Veränderung von Handlungsspielräumen im Prozess der Industrialisierung und Modernisierung der Landwirtschaft und des Gartenbaus.
5. Medizin und Sexualwissenschaft: Biomedizinische und psychosoziale Entwicklungsprozesse der Geschlechter (einschließlich Wechselwirkungen und Störungsmöglichkeiten); Sexualität, Partnerschaft und Reproduktion

61 Anders dagegen jüngst Cornelia Klinger (2003), die in ihrem Entwurf einer Systematik der »Ungleichheit in den Verhältnissen von Klasse, Rasse und Geschlecht« Sexualität zwar nicht gleichermaßen systematisch behandelt wie jene, aber immerhin darauf hinweist, dass Sexualität »einen mächtigen gesellschaftlichen Ordnungsstiftungs- bzw. Einschluss-/Ausschluss-Faktor darstellt« (Klinger 2003, 31).

62 Die Studienordnung findet sich unter www.gender.hu-berlin.de

im medizinischen Kontext, sexuelles Erleben und Verhalten im sozialen Wandel; Krankheit bzw. Gesundheit und Geschlecht in Medizin und Medizingeschichte; Empirie, präventive und pathogenetische Konzepte geschlechtstypisch verteilter und geschlechtsspezifischer Erkrankungen.
6. Literatur-, Sprach-, Kultur- und Kunstwissenschaften: Die Konstruktion von Geschlecht und Geschlechterbildern in Literatur, Sprache, Kunst und anderen visuellen, akustischen bzw. elektronischen Medien sowie der spezifische Wandel von Geschlechterbildern durch die Medien selbst.
7. Geschichtswissenschaften: Der Wandel von Geschlechterverhältnissen in Beziehung zu politischen und ideologischen Systemen bzw. historischen Ereignissen; die Wirkungsmacht von Geschlechterimaginationen in kulturgeschichtlichen Zusammenhängen.
8. Theologie: Legitimierung und Kritik bestehender Geschlechterverhältnisse durch Menschen- und Gottesbilder der Bibel (Altes und Neues Testament); christlich-theologische Interpretation der biblischen Texte und die Bedeutung der Geschlechterrollen für die Geschichte der Kirche; Auswirkungen religiöser Bilder auf das Leben und die Strukturierung von Gesellschaft und Individuum.
9. Philosophie: Geschlechtsspezifische Aspekte des Begriffs der ›Vernunft‹; Geschlechtsproblematik des Subjektbegriffes; die Bedeutung von Weiblichkeit und Männlichkeit für die Theoriebildung.

Fragen wir nach der Ordnung der Wissensdinge in dieser Studienordnung, so finden wir nicht nur eine klare disziplinäre Zuordnung von Gegenständen, sondern auch eine Definition dieser Gegenstände: Geschlecht hat etwas mit Ökonomie, Gesellschaft und Politik zu tun, mit Vernunft und Religion, mit Literatur, Sprache, Kunst und Medien, mit Industrialisierung und Modernisierung, mit Recht und Diskriminierung, mit Bildungsinstitutionen und Bildungsinteressen; Sexualität dagegen mit Partnerschaft und Reproduktion im medizinischen Kontext, mit sexuellem Erleben und Verhalten im sozialen Wandel, mit biomedizinischen und psychosozialen Entwicklungsprozessen der Geschlechter. Dass Sexualität nicht nur sozialem Wandel unterworfen ist, sondern selbst gesellschaftliche Verhältnisse organisiert, dass Sexualität kulturelle Bedeutungen erzeugt und diese Bedeutungen entscheidend sind für soziale Ordnungen, eben auch für die Ordnung der Geschlechter, ist in dieser Anordnung und Definition der jeweils den Disziplinen angemessenen Gegenstände nicht denkbar. Zudem ist die Verbindung mit feministischen Kämpfen, in denen es zentral um die Problematisierung von *sexual politics* ging, in dieser Anordnung nicht mehr zu erkennen.

Nun kann man argumentieren, dass Studienordnungen einzig und allein einem strategischen Zweck dienen: dem Nachweis akademischer Intelligibilität. Insofern hätten sie keine oder nur wenig Relevanz für die Inhalte des Wissens. Im Zweifelsfall würden diese Inhalte in der Praxis des Wissenschaft-Machens, in Forschung und Lehre, ohnehin beständig neu gestaltet. Doch dieses Arrangement, Geschlecht in die Zuständigkeit der Sozialwissenschaften, der Erziehungs-, Rechts- und Kulturwissenschaften, der Agrar- und Geschichtswissenschaften zu überweisen und Sexualität der Zuständigkeit von Medizin und Sexualwissenschaft zu überantworten, hat eine Relevanz dafür, welche Orte als die legitimen Orte zu gelten haben, an denen Geschlecht und Sexualität untersucht werden und was untersucht wird. Geschlecht ist hier bestimmt als ein Gegenstand, der mit Öffentlichkeit assoziiert ist, während Sexualität im Privaten verortet wird. Zudem gehört Geschlecht in den Bereich sozialer Verhältnisse, kultureller Bedeutungen, historischer Entwicklung, rechtlicher und anderer Institutionen. Sexualität wird dagegen konzipiert als etwas, was Individuen mehr oder weniger unabhängig von Sozialität haben: es ist eine Frage von Reproduktion im medizinischen Kontext, von Erleben und Verhalten im sozialen Wandel. Die HU-Studienordnung reproduziert damit eine für das westliche Denken, wie *queere* TheoretikerInnen wiederholt argumentierten, konstitutive Unterscheidung, die Sexualität und Sozialität als einander entgegengesetzt begreift. Diese Unterscheidung werde vor allem produziert und aufrechterhalten durch die Trennung von privat/öffentlich.[63]

Damit soll nicht einfach behauptet werden, dass in der HU-Studienordnung sedimentierte disziplinäre Grenzziehungen unbedacht reproduziert werden. Im Gegenteil: Der Selbstausweis als Disziplin beziehungsweise Quasi-Disziplin ist im Kontext der nach wie vor disziplinär organisierten Institution Hochschule womöglich geradezu zwingend; er ist Teil der prekären Herausforderung dissidenter Partizipation. Denn sich kritisch gegenüber Disziplinarität zu positionieren in einem Raum, in dem Disziplinarität die dominante Währung ist, ist selbstredend eine prekäre Politik für die Frauen- und Geschlechterforschung, da sie zugleich noch immer damit beschäftigt ist, die akademische Legiti-

63 Vgl. hierzu insbesondere Richardson 1996, 9 ff.

mität des eigenen Unterfangens zu behaupten und aufrechtzuerhalten.[64]

Diese Ambivalenz zeigt sich in der HU-Studienordnung darin, dass diese einerseits nicht müde wird zu betonen, Geschlechterforschung sei »nicht als eine Diszplin im klassischen Sinne zu verstehen«, sondern als »Mittlerin einer spezifischen – auch kritischen – Blickweise gegenüber den traditionellen Wissenschaften«, dass aber andererseits ein (vorläufiger) disziplinärer Kanon entwickelt wird, in dem Wissensobjekte und Gegenstände disziplinär klar verortet sind.

Wir müssen daher die Studienordnung als Element des Ensembles der objektiv gegebenen Kräfteverhältnisse sehen, die im Moment der Ermöglichung auch bestimmte Formen institutionell bedingter Beschränkung produzieren. Und das gilt, wie wir in Kapitel 3.5 gesehen haben, für die ›Neuankömmlinge‹ womöglich deutlicher als für bereits etablierte Akteure im Wissenschaftsspiel, die über ein gewichtigeres *Portfolio* verfügen und damit über größere Chancen, ihre Sicht der Teilungen der Welt durchzusetzen. Das aber bedeutet nichts anderes, als dass das Spiel nach den gegebenen Regeln gespielt werden muss, dass die bereits existierenden Standards von Plausibilität genutzt werden müssen, um Intelligibilität zu etablieren, dass im Rahmen der etablierten Sicht der Teilungen der Welt gesprochen, das heißt Bezug genommen werden muss auf bereits existierende disziplinäre Grenzen, auf angemessene Wissensobjekte und Methodologien.

Kommen wir nun zum Baseler Modell.[65] Auf den ersten Blick scheint dieses der Logik des disziplinären Spiels entkommen zu sein. Statt einer Auflistung der Disziplinen und der in diesen möglichen Themen strukturieren die Baseler »Gender Studies« das Feld des feministischen Wissens entlang einer in der feministischen Theorie lange etablierten epistemischen Differenzierung, die auf Sandra Harding (1990) zurückgeht. Unterschieden werden drei Dimensionen der Vergeschlechtlichung: individuelle, strukturelle und symbolische Konstitutionsprozesse von Geschlecht. Diese Dimensionen existierten, so die Baseler »Wegleitung Gender Studies«, »teilweise nebeneinander, manchmal sogar historisch ungleichzeitig«.

64 Vgl. hierzu auch Pache 2004.

65 Die »Wegleitung Gender Studies« findet sich unter www.genderstudies.unibas.ch

Zudem sei »inzwischen klar, dass ein enger Zusammenhang zwischen Geschlecht und ›Rasse‹/Ethnizität, Klasse und sexueller Orientierung« bestehe. Der Baseler Studiengang vermeidet also die vorgeblich trennscharfe Zuweisung von Wissensobjekten an bestimmte Disziplinen. Er stellt darüber hinaus fest, dass von einem Zusammenhang zwischen Geschlecht und anderen Weisen hierarchisierender Differenzierung auszugehen ist, ohne diesen ›Zusammenhang‹ näher zu bestimmen. Doch dann wird gleichsam *en passant* und ohne ersichtlichen Grund eine bedeutsame terminologische Differenz eingeführt, die wir bereits kennen gelernt haben: Während einerseits von Rasse/Ethnizität und Klasse die Rede ist, wird von Sexualität lediglich als ›sexueller Orientierung‹ gesprochen. Ähnlich der Studienordnung der HU Berlin ist also auch in diesem Modell Sexualität – ungeachtet des eingeklammerten Hinweises, dass es um die »Analyse und Kritik der (heterosexuellen) Zweigeschlechtlichkeit als Organisationsprinzip von Gesellschaft« geht – als Persönlichkeitsmerkmal – »sexuelle Orientierung« – eingeschrieben und nicht als Kategorie der Macht. Das Baseler Curriculum antwortet mithin zwar deutlicher als die HU-Studienordnung auf die *queere* Herausforderung, dass die Produktion von Geschlecht im Rahmen einer heterosexuellen Matrix zu untersuchen sei. Doch auch die Baseler Antwort verlässt letztlich einen bestimmten Denkhorizont nicht, nämlich denjenigen, Sexualität als etwas Privates anzusehen.

Die von Steven Seidman in *Difference Troubles: Queering Theory and Sexual Politics* (1997) an der soziologischen Klassik geübte Kritik, diese weigere sich, Differenz, insbesondere aber Differenz in/durch Sexualität, zu denken, ließe sich also durchaus in modifizierter Form auf die deutschsprachige Frauen- und Geschlechterforschung übertragen. Seidman schreibt:

> If our view of modernity derived exclusively from the sociological classics, we would not know that a central part of the great transformation were efforts to create a sphere of sexuality, to organize bodies, pleasures, desires, and acts as they relate to personal and public life (Seidman 1997, 82).

Zwar schweigen weder die Berliner »Geschlechterstudien« noch die Baseler »Gender Studies«, wie Seidman der soziologischen Klassik vorwirft, gänzlich von Sexualität. Die Kritik an der mangelnden Berücksichtigung von sexualitätskritischen Perspektiven wurde durchaus gehört. Man kann sogar argumentieren, dass Sexualität einen systematischen Ort in der curricularen Ordnung der feministischen Wissensdinge gefunden hat. Doch dieser Ort ist der Ort einer privaten Differenz: »sexuelle Orientierung«.

Sexualität als Persönlichkeitsmerkmal, als ›sexuelle Orientierung‹ zu konzipieren, gleich ob dieses mit einem natürlichen oder sozialen Ursprung erklärt wird, ist freilich eine Sicht, die, wie wir gesehen haben, *queere* TheoretikerInnen lange kritisiert hatten. Diese Perspektive, so etwa Seidman (1995), lasse »die Binarität von Heterosexualität/Homosexualität als Leitschema für die Konstruktion von Selbst, sexuellem Wissen und sozialen Institutionen intakt« (Seidman 1995, 126; Übersetzung sh). Ein »theoretisches und politisches Projekt, das ausschließlich darauf zielt, Homosexualität zu normalisieren und Lesben und Schwule als soziale Minderheit zu legitimieren« (ebd.), stelle jedoch, so Seidman weiter, »keine Herausforderung dar für ein Regime, das Körper, Begehren, Verhalten und soziale Beziehungen definiert im Rahmen einer binär organisierten Begrifflichkeit von sexueller Präferenz« (ebd.).

Das zum Zeitpunkt der Konzeptualisierung sowohl der Berliner als auch der Baseler Studienordnungen längst zur Verfügung stehende *queere* Theorieangebot, Sexualität in herrschaftskritischer Absicht als analytische Kategorie zu denken, die – ebenso wie Geschlecht, geopolitische Positionierung, Rasse oder Klasse – als Kategorie sozialer und politischer Strukturierung fungiert, wurde also in beiden Curricula kaum berücksichtigt. Als Kategorie der Macht blieb (Hetero-)Sexualität gewissermaßen im toten Winkel der Frauen- und Geschlechterforschung. Die in erkenntnistheoretischer Hinsicht für die Geschlechterforschung wichtige Einsicht, dass Geschlecht niemals in ›reiner‹ Form anzutreffen ist, sondern immer nur als *artikulierte Kategorie* in Erscheinung tritt, Gegenstand kritischer Analysen folglich die Weisen sein müssten, in denen und durch die Geschlecht in der Modalität von Sexualität, von Rasse, von Kolonialität, von Klasse existiert, blieb, sofern es die Frage, wie Geschlecht in der Modalität von Sexualität existiert, in beiden Studiengängen zumindest auf der Ebene der curricularen Ordnung ohne Konsequenz.

Was aber ist hier genau das Problem? Sind die »Geschlechterstudien« nicht für die Analyse von Geschlecht zuständig? Ist die Unterscheidung – und die damit einhergehende Zuordnung der Gegenstände –, dass feministische Theorie die Theorie der Geschlechterverhältnisse und *Queer Theory* die Theorie der sozialen, politischen und kulturellen Organisation und Regulierung von Sexualität ist, nicht plausibel? Doch Wissensformationen existieren nicht *per se*; ihre Ordnung entstammt nicht der Welt der Dinge, sondern den Klassifikationsleistungen der AkteurInnen innerhalb der Institution Wissenschaft – und diese sind (auch) reguliert durch den disziplinär geprägten Denkstil der akademischen Institution. Was sich zunächst so scheinbar einfach in Schubladen organisieren lässt, ist also, wie wir gesehen haben, Ergebnis komplexer Kämpfe auf dem Feld des Wissens, in denen sehr unterschiedliche Waffen eingesetzt werden. So kann die HU-Studienordnung auch gelesen werden als Beispiel dafür, wie sich eine neue Wissensformation durch Verfahren konstituiert, die auf Analogiebildung, Abgrenzung und Metaphorisierung basieren, wie sie Foucault in der *Archäologie des Wissens* (1973) beschrieben hat. Das heißt, sie bedient sich der bereits etablierten disziplinären Ordnung, um das eigene Wissensfeld zu strukturieren, und behauptet damit zugleich dessen akademische Legitimität, indem sie nahe legt, dass die Fragen der Frauen- und Geschlechterforschung in den Begriffen und Denkweisen der etablierten akademischen Fächer formuliert und gestellt werden können.

Wie dieses Spiel von Analogie und Abgrenzung – *boundary-work* – funktioniert, will ich abschließend an einem weiteren Beispiel zeigen, durch das nicht zuletzt deutlich wird, dass auch *Queer Theory* kein unschuldiger Akteur in diesem Spiel der Regulierung von Wissen und Wissensobjekten ist. Um wissenschaftlichen Raum für *Queer Studies* zu schaffen, wurde in der US-amerikanischen *Queer Theory* eine methodologische Unterscheidung getroffen, um Theorien zu Sexualität von Theorien zu Geschlecht abgrenzen zu können. Im *The Lesbian and Gay Studies Reader* (1993) etablieren die HerausgeberInnen Henry Abelove, Michèle Barale und David M. Halperin eine solche Analogie, um zu definieren, was *Lesbian and Gay Studies* sind, indem sie zunächst definieren, was *Women's Studies* sind: »it includes any research that treats gender (whether female or male) as a central category of analysis and that operates within the broad horizons of that diverse political and intellectual movement known as feminism« (Abelove u. a. 1993, xv). Abelove u. a. schließen von dieser Bestimmung kurz auf die Bestimmung von *Lesbian and*

Gay Studies: »Lesbian/gay studies does for sex and sexuality approximately what women's studies does for gender« (ebd.). Obwohl sie nachfolgend zugestehen, Sexualität und Geschlecht könnten nicht strikt getrennt werden, es müsse daher Gegenstand weiterer Debatten sein, wo und wie diese Kategorien sich überschneiden oder aber getrennt voneinander gedacht werden sollten, konstatieren sie abschließend:

> Without attempting to anticipate the outcome of that process, we can still describe lesbian/gay studies by saying that it intends to establish the analytical centrality of sex and sexuality within many different fields of inquiry (ebd., xvi).

Lesbian and Gay Studies werden hier also klar in analogisierender Abgrenzung von *Women's Studies* konstituiert. Innerhalb der gezogenen Grenzen haben wir es mit je einem privilegierten Gegenstand zu tun. Ebenso sind nur bestimmte Fragen legitim stellbar. Die Herstellung von Evidenz für *Lesbian and Gay Studies* wird durch die Analogisierung mit der behaupteten Evidenz von *Women's Studies* garantiert: Wenn diese über ihren anerkannten Gegenstand *gender* zu erkennen sind, dann sind *Lesbian and Gay Studies* über ihren Gegenstand *sex and sexuality* zu erkennen.

Judith Butler (1994) hat in ihrer Analyse dieser Einleitung gezeigt, wie über diese Strategie der Analogisierung nicht nur die Plausibilität von *Queer Theory* erzeugt wird, sondern auch eine scheinbar größere Komplexität von *Queer* gegenüber einem als reduktionistisch entworfenen Feminismus behauptet werden kann. Der entscheidende Begriff hierbei ist der Begriff des *Sex,* der im Englischsprachigen sowohl in den Horizont von Geschlecht wie in den von Sexualität gehört. In der Einleitung des Readers behaupten die HerausgeberInnen nun, *Women's Studies* seien für ›*gender*‹ zuständig und *Lesbian/Gay Studies* für ›*sex and sexuality*‹. *Women's Studies* beschäftigen sich also ›nur‹ mit Fragen des Geschlechts, das in der Klammer mit *male and female* bestimmt worden war. Umfasst nun der Begriff des *Sex* sowohl die Frage der Binarität männlich/weiblich als auch den Foucault'schen Sinn von Begehrensinstanz und Identitätsregime, dann ist implizit behauptet, dass *Lesbian/Gay Studies* weiter und komplexer im Fokus sind als feministische Theorie, insofern diese sich nur mit *gender* beschäftige, während *Lesbian/Gay Studies* Sexualität, aber auch *sex* in der doppelten Bedeutung des Begriffs thematisieren. *Women's Studies* werden in dieser Analogie also nicht nur benutzt, um die eigene Legitimität im wissenschaftlichen Feld zu behaupten, sondern werden auch um eine entscheidende Dimension verkürzt, insofern implizit argumentiert wird, *Women's Studies* hätten weder etwas mit Sexualität zu tun, noch beschäftigten sie sich damit. Butler kommentiert:

> The institution of the ›proper object‹ takes place through a mundane sort of violence. Indeed, we might read moments of methodological founding as pervasively anti-historical acts, beginnings which fabricate their legitimating histories through a retroactive narrative, burying complicity and division in and through the funereal figure of the ›ground‹ (Butler 1994, 6).

Obwohl *Queer Theory* auch entstand als Reaktion darauf, dass Geschlecht in der feministischen Theorie zur *master category* wurde, die andere Achsen sozialer Differenzierung dominiert, und dagegen zu zeigen suchte, dass auch Sexualität eine Kategorie der Macht ist, bedient sich *Queer Theory* hier ähnlicher Strategien, um sich selbst im akademischen Feld zu etablieren. Anstatt die Problematik der Behauptung angemessener Gegenstände, Methoden und Frageperspektiven konsequent zu dekonstruieren, wird, um der eigenen akademischen Legitimität willen, die Produktion neuen sektiererischen Wissens in Kauf genommen.

Queer Theory ist mithin – ungeachtet dessen, dass sie sich mit dem Begriff der Hetero*normativität* deutlich im Kontext normalisierungskritischer Perspektiven situiert – kein unschuldiger Akteur in diesem Spiel der Regulierung von Wissen und Wissensobjekten. Während der akademisch werdende Feminismus seinen intellektuellen Raum etabliert und stabilisiert, indem die so genannten anderen ›Achsen von Ungleichheit‹ und hierarchisierender Differenzierung an die Ränder verbannt werden, konturierte die US-amerikanische *Queer Theory* ihren intellektuellen Ort oft gegen und in strikter Absetzung von Feminismus, indem dieser als enge und begrenzte Theorie geschlechtlicher Differenz [*gender difference*] entworfen wurde. Mehr noch: Während feministische Theorien oft auf ungeprüften Fundierungen wie der nach wie vor nur selten befragten Heteronormativität beruhen, privilegiert *Queer Theory* eine abstrakte hetero/homo-Unterscheidung, dabei nicht nur Fragen von Geschlechterhierarchie auch innerhalb dieser Unterscheidung sträflich vernachlässigend.

Die akademische Etablierung neuen Wissens ist mithin nicht unproblematisch, auch wenn Institutionalisierung die Bedingung der Möglichkeit ist, überhaupt Wissen produzieren zu können. Denn die Institutionalisierung von Wissen ist ein höchst selbstreferentieller Prozess, in dem die Institution, wie Mary Douglas (1991) warnt, nicht nur die Regeln vorgibt, sondern diese zudem einer reflexiven Kritik oft genug weitgehend entzogen sind. Das birgt die Gefahr, dass bestehende strukturelle Asymmetrien und herrschende theoriepolitische Optionen schlicht reproduziert werden. Gefordert ist deshalb ein Denken gegen institutionelle und intellektuelle Abschottung, die oft genug im Interesse der Aneignung von Gegenständen, der akademischen Reputation oder auch der politischen Korrektheit in Kauf genommen wird, letztlich jedoch vor allem der Produktion engen und sektiererischen Wissens dient. Im Wettlauf um akademische Legitimität ebenso wie um politische Korrektheit ist die selbstreflexive Kritik an den konservativen, identitätspolitischen und terrainsichernden Tendenzen unverzichtbar. Es gilt daher, beständig zu Dialogen zu ermutigen, die dem Drang widerstehen, territoriale Ansprüche durch die Reduktion oder Karikatur derjenigen Positionen, von denen man sich unterscheiden möchte, zu etablieren. Und das gilt für feministische wie für *queere* TheoretikerInnen gleichermaßen.

Dritter Teil
Inter/Disziplinarität

6 Konturen von Disziplinarität

> Disziplin soll heißen die Chance, kraft eingeübter Einstellung für einen Befehl prompten, automatischen und schematischen Gehorsam bei einer angebbaren Vielheit von Menschen zu finden.
>
> [Max Weber]

> Es ist Disziplinierung, verstanden als normativ geforderte Selbstbeschränkung, die den Aufstieg einer Wissensproduktion in den Kreis der universitär etablierten Wissenschaften ermöglicht.
>
> [Karl-Siegbert Rehberg]

6.1 Disziplinarität?

Betrachten wir die Geschichte der Frauen- und Geschlechterforschung in Deutschland im historischen Längsschnitt, so lässt sich unschwer argumentieren, dass diese sich solcher Praktiken des Wissenschaft-Machens bedient, die in einem doppelten Sinne als disziplinäre Praktiken beschrieben werden können: als *disziplinbildende* und *disziplinierende*. Es handelt sich dabei insbesondere um Erzählungen der Geschichte des feministischen Wissens, die in diesem doppelten Sinne als Disziplinerzählungen zu verstehen wären, oder um Praktiken der Stabilisierung von Wissen durch Grenzziehungen, in denen ein ›Innen‹ von einem ›Außen‹ geschieden wird. In der Diskussion des *academic turn* wurden weitere Momente von Disziplin/Disziplinierung deutlich: die Professionalisierung des Wissens, die subjektivierende Sozialisation der WissensproduzentInnen sowie die akademische Konventionalisierung der Wissensproduktion. Zudem kann argumentiert werden, dass die Frauen- und Geschlechterforschung längst disziplinäre Merkmale aufweist, etwa eine eigenständige *scientific community* mit spezifischen Rekrutierungsmustern und einem selbstständigen Kommunikationszusammenhang. Ein weiteres Indiz eines eigenen disziplinären Profils der Frauen- und Geschlechterforschung wäre deren – mittlerweile wohl als abgeschlossen zu bewertende – Sezession von den Milieus der Frauenbewegung, denn auch »über die Ausbildung von Rändern zu [...] außerwissenschaftlichen Milieus« (Laitko 1999, 31) definieren und erhalten WissenschaftlerInnengemeinschaften eine disziplinär abgegrenzte Identität.

Das widerspricht auf den ersten Blick dem eigenen Selbstverständnis. Bis heute gehört es zum immer wieder aktualisierten Gründungsmythos des akademischen Feminismus, »undiszipliniert« zu sein. Jedenfalls bekräftigt dieser im Verlauf seiner Geschichte wiederholt, dass er *nicht* disziplinförmig organisiert ist, ja gar nicht disziplin(orient)iert vorgehen kann, da »die Sachverhalte, auf die feministische Praxis sich bezieht, nicht ›disziplinär‹ verfaßt sind« (Knapp/Landweer 1995, 7). Feministische Theorie, so das *Credo*, orientiere sich daher eher an Fragen beziehungsweise Themen und weniger an als ›traditionell‹ oder ›herkömmlich‹ angesehenen disziplinären Perspektiven.

Die akademische Institutionalisierung von Frauen- und Geschlechterforschung daher entgegen ihrem eigenen Selbstverständnis als »undiszipliniert« – was sich in deren Diskurs wahlweise übersetzen lässt mit »inter-, trans-, cross-, anti- oder multidisziplinär«, mit »innovativ«, »kritisch« oder »reflexiv« usw. – als Prozess der Disziplinwerdung zu beschreiben bedarf folglich einer ausführlicheren Diskussion: In welchen Hinsichten ist es sinnvoll, von Konturen von Disziplinarität in der Frauen- und Geschlechterforschung zu sprechen? Was genau macht die Disziplinförmigkeit eines Wissens aus? Ist es schlicht die in der Geschichte des wissenschaftlichen Wissens erfolgreichste Weise, die – durch die in der kognitiven Beschränkung begründete Schärfung des Wissens – bestmöglichen Erkenntnisse zu produzieren und Wissen zu organisieren? Ist der Prozess der Disziplinwerdung überhaupt zu vermeiden – zumindest wenn man sich entschieden hat, einem Wissen in den Rang *akademisch anerkannten* Wissens zu verhelfen? Trifft Karl-Siegbert Rehbergs These zu, dass es Disziplinierung ist, verstanden als »normativ geforderte Selbstbeschränkung«, die allein den »Aufstieg einer Wissensproduktion in den Kreis der universitär etablierten Wissenschaften« ermöglicht (Rehberg 2000, 35)? Ist Disziplinarität das unumstößliche »first principle« der Organisation wissenschaftlichen Wissens, Disziplin also so etwas wie die ›goldene Regel‹ in der Welt der Wissenschaft? Oder ist Disziplinarität auch im Kontext von

Wissenschaft nicht vielmehr zu begreifen als eine Variante von Normalisierung, wobei Normalisierung zu verstehen wäre als Regulationsprozess, der in Prozessen von In-/Exklusion die Herstellung von Kohärenz ansonsten heterogener Elemente anleitet?[1] Ist Max Webers Definition von Disziplin als der »Chance, kraft eingeübter Einstellung für einen Befehl prompten, automatischen und schematischen Gehorsam bei einer angebbaren Vielfalt von Menschen zu finden« (Weber 1984, 89), daher relevant für das Verständnis akademischer Disziplinen? Und worin genau in diesem Spannungsfeld zwischen der unzweifelhaft herausragenden Bedeutung von Disziplinierung – im Sinne der Selbstbeschränkung – für die Dynamik und Innovationsfähigkeit des wissenschaftlichen Wissens und den in Webers Definition anklingenden Momenten der Routinisierung sowie des darin implizierten Verlusts von Reflexivität, von eigenständigem Denken, besteht die spezifische Herausforderung für den akademischen Feminismus? Wie wurde und wird die Herausforderung »Disziplinarität« in der Frauen- und Geschlechterforschung diskutiert und reflektiert? Ist Disziplinarität beispielsweise notwendig als Antagonismus zum Projekt einer dissidenten Wissenspraxis zu sehen? Birgt Disziplinarität, wenn es denn das *first principle* ist, möglicherweise auch Chancen für den akademischen Feminismus? Wie könnte Dissidenz in Disziplinarität aussehen?

Es sind diese Fragen, mit denen sich das folgende Kapitel beschäftigt. In einer symptomalen Lektüre des Titels und der Einleitung eines Sammelbandes zur (sozialwissenschaftlichen) Frauen- und Geschlechterforschung, *Das undisziplinierte Geschlecht* (Cottmann u. a. 2000a), werde ich zunächst noch einmal den Anspruch der Frauen- und Geschlechterforschung diskutieren, nicht diszipliniert zu sein. Im Hauptteil werde ich im Durchgang durch die wissenschaftshistorische und -soziologische Literatur, die sich mit der Frage beschäftigt, was eine akademische Disziplin kennzeichnet, Konturen von Disziplinarität zu bestimmen suchen. Abschließend kehre ich zum akademischen Feminismus zurück und diskutiere exemplarisch an der gegenwärtig insbesondere in den Studiengängen zur Frauen- und Geschlechterforschung viel diskutierten ›Kanon‹-Frage das Spannungsfeld Disziplinarität: Inwiefern birgt die Kanonisierung von Wissen die Gefahr institutionellen Vergessens?

1 Vgl. hierzu auch Hark 1999b; Wahrig-Schmidt 1999.

Inwiefern stellt Kanonisierung aber auch eine Chance für eine andere Politik der Erinnerung, für eine reflexive feministische Gedächtnisbildung dar?

6.2 »Das undisziplinierte Geschlecht«. Eine symptomale Lektüre

Spricht der akademisch gewordene Feminismus über sich selbst, so spielt bis heute das Moment der ›Undiszipliniertheit‹, etwa in der Selbstbeschreibung als inter-, trans- oder postdisziplinär oder in der Beschreibung, eine ›Beunruhigung für die herkömmlichen Disziplinen‹ zu sein, eine bedeutende Rolle. Ein ›disziplinenkritischer‹ Blick auf eine gedachte Bibliografie der Publikationen im Bereich der ›Gender Studies‹, ›Frauenforschung‹ oder ›Frauen- und Geschlechterforschung‹ seit Mitte der 1990er-Jahre würde dagegen eine gegenläufige Entwicklung sichtbar machen: Eine wachsende Zahl einerseits von Publikationen, die in disziplinäre Perspektiven einführen, und andererseits von Publikationen, die Frauen- und Geschlechterforschung selbst und entgegen dem erklärten Selbstverständnis quasi als Disziplin behandeln. Es handelt sich hierbei vor allem um Lexika und Handbücher zu ›Gender Studies‹ beziehungsweise Frauen- und Geschlechterforschung, um Einführungen in feministische Theorien und zu feministischen TheoretikerInnen, in Methoden der Geschlechterforschung sowie Lehrbücher und Quellenbände, die die theoretische und methodische Entwicklung der Frauen- und Geschlechterforschung dokumentieren.[2]

Die Titel dieser Publikationen unterscheiden sich oft nur wenig von denen früherer Jahre. Dennoch signalisieren sie einen signifikanten Perspektivenwechsel. Mitte der 1980er-Jahre suchten Wissenschaftlerinnen beispielsweise unter dem Titel *Wie männlich ist die Wissenschaft?* (Hausen/Nowotny 1986) das (männliche) Ge-

2 Siehe etwa die folgenden Bände: Bußmann/Hof 1995; Fischer u. a. 1996; Brück u. a. 1999; Janshen 1999b; Dausien u. a. 1999; Behnke/Meuser 1999; Cottmann u. a. 2000b; Becker-Schmidt/Knapp 2000; Braun/Stephan 2000; Braun u. a. 2000; Wesely 2000; Bührmann u. a. 2000; Althoff u. a. 2001; Hark 2001; Bublitz 2002; Kroll 2002b; Villa 2003; Krause 2003; Becker/Kortendiek 2004; Braun/Stephan 2005.

schlecht des Wissens zu erfassen. Wenig später finden sich Titel wie *Klasse Geschlecht. Feministische Gesellschaftsanalyse und Wissenschaftskritik* (Beer 1987) oder *Denkverhältnisse. Feminismus als Kritik* (List/Studer 1989) und *FrauenMännerBilder. Männer und Männlichkeit in der feministischen Diskussion* (Hagemann-White/Rerrich 1988), in denen die Arbeit an den Konturen einer reflexiven feministischen Wissenschaft im Vordergrund steht. Mitte der 1990er-Jahre untersuchen feministische Wissenschaftlerinnen dann unter Titeln wie *Das Geschlecht der Natur* (Orland/Scheich 1995) die Problematik des Ausschlusses von Geschlecht als Erkenntnisgegenstand und -perspektive aus dem *male stream* des wissenschaftlichen Mainstream. Nur wenige Jahre später finden sich unter teilweise sehr ähnlich lautenden Titeln wie *Erkenntnisprojekt Geschlecht* (Dausien u. a. 1999) oder auch unter Titeln, die eher an die Anfangszeit des akademischen Feminismus erinnern, wie *Frauen über Wissenschaften* (Janshen 1999), aber auch unter gänzlich abstrakten Titeln wie *Gender@Wissen* (Braun/Stephan 2005) bereits Publikationen, die eine mehr oder minder vollständige Erfassung und Repräsentation des feministischen Wissens verheißen. Es finden sich Bände, die umfassende Überblicke versprechen zu »aktuellen Debatten, zum Forschungsbedarf und den Perspektiven der Frauen- und Geschlechterforschung in den jeweiligen Fachdisziplinen«[3], und Bände, die einen »interdisziplinär umfassenden Gesamtüberblick der gegenwärtigen Frauen- und Geschlechterforschung in Deutschland« (Cottmann u. a. 2000b, 8, Fußnote 3) ankündigen. Es werden Handbücher und Lexika veröffentlicht, die als »fundierter Überblick über den nationalen und internationalen Stand der Forschung«[4] präsentiert werden oder gar einen »konkurrenzlosen« Überblick bieten wollen »über sämtliche Wissens- und Wissenschaftsbereiche, die durch die *Gender Studies* erweitert bzw. differenziert worden sind sowie über deren Teilbereiche wie z. B. Frauenforschung, *Women's Studies*, dekonstruktiver Feminismus, *Men's Studies* und *Queer Theory*«.[5]

Innerhalb weniger Jahre, das wollen diese Publikationen augen-

3 So die Verlagsankündigung zum Band von Dausien u. a. 1999.

4 So die Verlagsankündigung zum *Handbuch Frauen- und Geschlechterforschung. Theorie, Methoden, Empirie* (Becker/Kortendiek 2004).

5 So der Umschlagtext des Metzler Lexikons *Gender Studies. Geschlechterforschung* (Kroll 2002b).

scheinlich nahe legen, ist es Frauen- und GeschlechterforscherInnen nicht nur gelungen, den Weg von der »Androzentrismuskritik« über die Phase der »Innovation, Transformation und (Selbst-)Reflexion« zur Phase der »Implementation und Integration« des Wissens, wie Christiane Schmerl (1999, 9 ff.) die verschiedenen Stufen feministischer Wissensproduktion charakterisiert,[6] erfolgreich zurückzulegen, sondern auch einen eigenständigen Korpus wissenschaftlichen Wissens zu schaffen, der das Kriterium ›Lehrbarkeit‹ erfüllt. Sie unterstreichen damit die Plausibilität derjenigen Bilanzierungen des *feminist turn*, die davon sprechen, dass »*gender*« in »allen Disziplinen als eine Kategorie gilt, die Kultur und Gesellschaft nicht nur prägt (und durch die sie geprägt wird), sondern auch als Kategorie, die die gesellschaftliche Logik und kulturelle Bedeutungsstiftung organisiert« (Kroll 2002a, V).

Insofern allerdings die lehrbuchförmige oder lexikografische Aufbereitung von Wissensbeständen als ein zentrales Merkmal der institutionellen Verdichtung und Verstetigung von Wissen beziehungsweise als Merkmal disziplinärer Formierung angesehen werden kann, es nach Kuhn (1976) ein Merkmal von Phasen normalwissenschaftlicher Produktion ist, stellt sich mit der Implementation des feministischen Wissens nicht nur die Frage nach der Integration *in* die bereits existierenden Disziplinen oder die Frage der Reichweite des *feminist turn*. Es stellt sich eben auch die Frage, inwiefern davon gesprochen werden kann, dass der akademische Feminismus entgegen seinem Selbstverständnis als »undiszipliniert« selbst zu einer Disziplin geworden ist. In diesem Zusammenhang weckte ein Titel meine besondere Aufmerksamkeit: *Das undisziplinierte Geschlecht. Frauen- und Geschlechterforschung – Einblick und Ausblick*, herausgegeben von Angelika Cottmann, Beate Kortendiek und Ulrike Schildmann (2000b).[7] »Geschlecht« – im Singular – wird hier als »undiszipliniert« charakterisiert. Der Thesaurus meines Textverarbeitungsprogramms bietet mir als Synonyme für »undiszipliniert« unter anderem Folgendes an: »unbeherrscht, zuchtlos, un-

6 Schmerl definiert diese Phasen nicht strikt chronologisch, sondern als »metaphorische Bauvorhaben«, die sich »in allen feministischen Forschungen wieder erkennen lassen« (Schmerl 1999, 17).

7 »Das undisziplinierte Geschlecht« lieferte die Anregung für die Überschrift dieses Abschnitts. Es geht im Folgenden um eine symptomale Lektüre des Titels und der Einleitung, nicht um die Inhalte des Buches.

ordentlich, ungezügelt, wild, unbändig, unmäßig, grenzenlos, regellos, unmethodisch«. Dieser Assoziationsraum ist auch in der Einleitung des Bandes von Cottmann u. a. (2000a) präsent: »Der undisziplinierte Mensch«, so die Herausgeberinnen (ebd., 7) gelte als das Gegenteil des an »Zucht und Ordnung« gewöhnten, streng erzogenen und selbstbeherrschten disziplinierten Menschen. Die »Undisziplinierten« tendierten zu »unmäßigem Verhalten« (ebd.), überschritten »gesetzte Grenzen« (ebd.) und stellten »soziale Regeln in Frage« (ebd.). Mit dem »undisziplinierten Geschlecht«, so Cottmann u. a. weiter, könnte also »geschlechtsspezifische Disziplinlosigkeit in Form sozialer Abweichung assoziiert werden« (ebd.).

Eine zweite Bedeutungsspur des »Undisziplinierten« legen die Herausgeberinnen mit »Geschlecht« als »wesentlicher sozialer Strukturkategorie« (ebd.). Als solche bringt Geschlecht »Ordnung in gesellschaftliche Verhältnisse« (ebd.) und »klassifiziert und sortiert Menschen in zwei Genusgruppen: entweder männlich oder weiblich« (ebd.). Dieser »Vereinfachung, Unterordnung und Disziplinierung« träten »insbesondere die neueren feministischen Forschungsrichtungen entgegen« (ebd.). In diesem Sinne sei das »undisziplinierte Geschlecht« eines, »das nicht dem Entweder-Oder folgt, sondern verschiedenste Möglichkeiten eingehen kann, sowohl im biologischen und körperlichen als auch im sozialen und psychischen Sinne« (ebd.).

Und schließlich, das ist die dritte ausgelegte Spur, sei Disziplin auch »Bezeichnung für einen Wissenschaftszweig oder ein Fachgebiet« (ebd.). In diesem Sinne bezeichne das undisziplinierte Geschlecht »das wissenschaftlich ausgeblendete, das in der Disziplin nicht wahrgenommene Geschlecht« (ebd., 8). Doch, so kontern die Autorinnen, dieser »Ignoranz und Abwertung« zum Trotz (ebd., 7) habe inzwischen »auf nahezu allen wissenschaftlichen Gebieten die feministische Frauen- und Geschlechterforschung Fuß gefasst« und strebe an, »das ›undisziplinierte Geschlecht‹ als Subjekt und Objekt von Wissenschaft sichtbar zu machen, in den einzelnen Disziplinen wissenschaftlich adäquat zu verorten und Erkenntnisbeschränkungen durch eine undisziplinierte Interdisziplinarität aufzuheben« (ebd., 8).

Signalisiert wird also, dass Frauen- und Geschlechterforschung disziplinär nicht ein- und zugeordnet, vielmehr (potenziell) in allen Disziplinen anzutreffen ist, in diesen für Unruhe sorgen wird und selbst nicht disziplinär, sondern ›undiszipliniert interdisziplinär‹ formiert ist. Frauen- und Geschlechterforschung, so die selbstbewusste Botschaft von Titel und Editorial, lässt sich nicht auf einen Ort begrenzen, nicht ordnen und nicht beherrschen.[8] Bestätigt wird diese Selbstbeschreibung zumindest in der Tendenz durch die Konstellation der in diesem Band versammelten Texte: Wie in vergleichbaren anderen Bänden finden sich auch hier Aufsätze aus und zu mehreren Disziplinen, wenngleich vorrangig aus dem sozialwissenschaftlichen Spektrum; zudem sind die Texte, ebenfalls vergleichbar zu anderen Bänden, nicht disziplinär, sondern entlang dreier thematischer Schwerpunkte geordnet, nämlich »Körper und Gesundheit«, »Raum, Arbeit, Organisation« sowie »Kultur und Gesellschaft«.[9]

Das in der Einleitung von Cottmann u. a. wort- und assoziationsreich ausgeschmückte Bild des »undisziplinierten Geschlechts« signalisiert nun nicht nur das selbstbewusste wissenschaftliche Selbstverständnis der Frauen- und Geschlechterforschung, es repräsentiert womöglich eher ein *Ideal* »wilder« und widerständiger wissenschaftlicher Praxis. Denn diese entwirft sich, wie gesehen, seit ihren Anfängen oft gegen die als »herkömmlich« oder »traditionell« bezeichneten Disziplinen als undiszipliniertes, nichtnormal(isiert)es Projekt. Noch in den Curricula der Studiengänge zur Geschlechterforschung spielt das Ideal der ›Undiszipliniertheit‹ eine zentrale Rolle. So beschreibt Astrid Deuber-Mankowsky (1998) in ihrer Vorstellung des Studiengangs »Geschlechterstudien/Gender Studies« der Humboldt-Universität zu Berlin (HU) in der *Philosophin* den HU-Studiengang als »querdisziplinär« (Deuber-Mankowsky 1998, 110). Dieser bleibe so »jenem Moment treu, das die feministische Theorie zur innovativen Erkenntnispraxis hat werden lassen [...], dass sie nämlich keine Grenze ungeprüft anerkennt, weder zwischen Theorie und Praxis/Politik noch zwischen den Wissenschaftsdisziplinen« (ebd.). Als »Mittlerin einer spezifischen, auch kritischen Blickweise gegenüber den traditionellen Wissenschaften«

8 Womit – unfreiwillig allerdings – auch Assoziationen an die ›wilde Natur‹ der Frau und deren Nicht-Zivilisiertheit aufgerufen werden.

9 Insofern wäre *Das undisziplinierte Geschlecht* eher als ›multidisziplinär‹ zu bezeichnen im Sinne eines zwar thematisch organisierten, aber hinsichtlich der methodischen und theoretischen Zugänge die Beiträge additiv arrangierenden Vorgehens anstelle eines dezidiert ›undiszipliniert interdisziplinären‹ Zugangs.

(ebd., 113) würden die »Gender Studies« die »Grenzen zwischen den Disziplinen« überspringen (ebd., 114) und nötigten »diese entlang der Frage nach der zumeist sorgsam verborgenen Funktion, die die Geschlechterdifferenz im Kanon des Wissens einnimmt, zu allen Formen der interdisziplinären Zusammenarbeit« (ebd.). »Gender Studies« sollten deshalb, so Deuber-Mankowsky, »nicht als eine Disziplin im herkömmlichen Sinne etabliert werden [...], sondern – im Gegenteil – die herkömmlichen Disziplinen der wissenschaftskritischen Sichtweise der Geschlechterstudien ausgesetzt und Gender Studies selbst als eine Grenzgängerin zwischen den Disziplinen situiert werden« (Deuber-Mankowsky 1998, 109). Denn die Gender Studies seien kein Fach im herkömmlichen Sinne. Sie zeichneten sich vielmehr durch eine spezifische Form des grenzüberschreitenden, trans- und crossdisziplinären Arbeitens aus.

Deuber-Mankowsky wählt als Bezugspunkt für die Charakterisierung der »Gender Studies« die so genannten »herkömmlichen Disziplinen«, ohne genauer zu diskutieren, was eine Disziplin ausmacht und worin das Herkömmliche von Disziplinen bestehen könnte, abgesehen davon, dass sie die Geschlechterdifferenz ignorieren. Was sie unter wissenschaftlichen Disziplinen versteht, kann letztlich nur aus ihrer Beschreibung der Geschlechterstudien geschlossen werden: Wenn diese ›grenzüberschreitend, trans- und crossdisziplinär‹ sind, sie eine ›innovative Erkenntnispraxis‹ darstellen und ›keine Grenze ungeprüft anerkennen‹, so müssen jene grenzversessen, statisch, diszipliniert und innovationsresistent sein.

Wählen wir aber einen anderen Bezugspunkt und betrachten Frauen- und Geschlechterforschung nicht vor dem Horizont der etablierten Disziplinen, vor dem sie einfach schon *qua* dessen, dass sie neu ist, als innovative Kraft erscheint, sondern vor dem Hintergrund wissenschaftshistorisch begründeter und soziologisch orientierter Definitionen von wissenschaftlichen Disziplinen – zum Beispiel derjenigen, dass Disziplinen »gegenstandsorientierte Systeme wissenschaftlicher Tätigkeiten« darstellen, die sich »durch Kommunikationsgemeinschaften, die Tendenz zur Institutionalisierung und zur Selbstreproduktion im Rahmen der akademischen Lehrtätigkeit auszeichnen« (Peckhaus/Thiel 1999a, 11) –, so fällt der Unterschied zu den »herkömmlichen« Disziplinen deutlich geringer aus, einmal abgesehen davon, dass es gemessen an diesen nüchternen Parametern gleich weniger dramatisch erscheint, eine Disziplin zu sein.

Gemäß diesen Kriterien kann also durchaus davon gesprochen werden, dass Frauen- und Geschlechterforschung Konturen von Disziplinarität aufweist. Hier wäre besonders, neben der in Hand- und Lehrbüchern erfolgenden lexikografischen und lehrbuchförmigen Aufbereitung von Wissensbeständen als einem Merkmal disziplinärer Formierung, die seit der zweiten Hälfte der 1990er-Jahre deutlich verstärkte Tendenz zur akademischen Institutionalisierung von Frauen- und Geschlechterforschung ebenso wie zur inhaltlichen wie personellen Selbstreproduktion im Rahmen der akademischen Lehrtätigkeit – durch Professuren, Studiengänge, Graduiertenkollegs, wissenschaftliche Zentren etc. – zu nennen.

Hat der akademische Feminismus mithin gute Chancen, entgegen seinem Selbstverständnis disziplinär normalisiert zu werden? Ist er womöglich schon, wie es die Erzählungen der Normalisierung des feministischen Wissens nahe legen, zu ›normaler Wissenschaft‹ geworden? Eine Befürchtung, die auch im internationalen Diskurs des akademischen Feminismus immer wieder eine Rolle spielt. So bezeichnet beispielsweise Jane Newman (2002) das »graduelle Verblassen der Differenz zwischen Women's Studies als akademischer Formation und den anderen ›traditionellen Disziplinen‹« als eines der »dringlichsten und herausforderndsten Anliegen, mit denen es Feministinnen heute zu tun haben« (Newman 2002, 145; Übersetzung sh).[10] Was aber wäre so problematisch daran, eine ›normale‹ Disziplin zu werden? Schließlich bedeutet der Status Disziplin auch mehr Autonomie sowie den Zugang zu und die Verfügung über eigene

10 Es sei an dieser Stelle daran erinnert, dass die Institutionalisierung der *Women's Studies* in den USA von Anfang an, das heißt seit den 1970er-Jahren, sowohl deutlicher auf die Einrichtung eigener Studiengänge und Departments (die nicht zu verwechseln sind mit Fachbereichen oder Fakultäten, sondern eher Instituten vergleichbar sind) zielte als auch eine eigenständige nationale Vereinigung sowie eigene Publikationen gegründet wurden. Eine der *National Women's Studies Association* (NWSA) vergleichbare Vereinigung gibt es beispielsweise in Deutschland bis heute nicht. Allerdings sind erste Ansätze der Vernetzung der deutschsprachigen Studiengänge und -schwerpunkte zu verzeichnen.
Darüber hinaus existieren natürlich eine Vielzahl fachgebundener Organisationen und Netzwerke in der Frauen- und Geschlechterforschung, etwa die »Sektion Frauen- und Geschlechterforschung in der DGS«, der »AK Politik und Geschlecht« in der DVPW, die »Sektion Frauen- und Geschlechterforschung in der DGfE, das Netzwerk der feministischen Kunsthistorikerinnen oder das jährliche Treffen von »Frauen in Naturwissenschaft und Technik«.

materielle und immaterielle Ressourcen, was unzweifelhaft gegenüber dem Status einer »*borrowed-time discipline*« ein Gewinn wäre (Elam 2002, 218). Und worauf gründet sich die Hoffnung, dass Inter-, Trans-, Post- oder Crossdisziplinarität den akademischen Feminismus vor den Gefahren, die mit Disziplinwerdung verbunden scheinen, schützen wird? Doch um diese Fragen fundierter diskutieren zu können, müssen wir zunächst genauer nach den Konturen von Disziplinarität fragen.

6.3 Konturen von Disziplinarität

Zieht man die wissenschaftshistorische und soziologische Literatur zur Frage der Disziplinarität zu Rate, so scheint auf den ersten Blick relativ wenig Einigkeit darüber zu bestehen, was eine Disziplin ausmacht oder ob überhaupt – insbesondere im Falle der sozial-, kultur- oder geisteswissenschaftlichen Fächer – von Disziplinen gesprochen werden kann. Gleichwohl gilt, wie Burton Clark (1983) feststellt, Disziplinarität als »first principle« für die Formierung und Organisation wissenschaftlichen Wissens; sie sei das »Fundament, auf dem alles andere errichtet werde« (Clark 1983, 35; Übersetzung sh). Die Disziplinförmigkeit des wissenschaftlichen Wissens und der wissenschaftlichen Institutionen, so auch Hubert Laitko (1999), gehöre zu den »gemeinhin nicht hinterfragten« Selbstverständlichkeiten, deren »Hinnahme die Herausbildung stabilisierender Routinen« befördere (Laitko 1999, 21).

Ungeachtet dessen sei allerdings heute, so ein gegenwärtig häufig zu vernehmendes Argument, kaum ein Fach in einem wie auch immer strengen Sinne als Disziplin zu bezeichnen. Zudem seien die Grenzen zwischen den Fächern unklarer denn je. Es gäbe daher, argumentiert Julie Thompson Klein (1993), »wohl nur eine unumstrittene Wahrheit über Disziplinen, nämlich die, dass sie sich verändern« (Klein 1993, 186; Übersetzung sh). Was also macht eine Wissensformation zur akademischen Disziplin, wenn wir erstens davon ausgehen, dass Disziplinen sich verändern und sie zweitens nicht durch ein theoretisches oder methodisches Paradigma vereint sind, sondern sich durch interne Spezialisierung und Differenzierung in ›Bindestrich-Felder‹, durch ein heterogenes und oft inkommensurables Spektrum methodischer und theoretischer Ansätze auszeichnen? Worin ›steckt‹ die Disziplinförmigkeit, wenn sie nicht in der Einheit von Theorie und Methode zu finden ist, es in dieser Hinsicht also nicht, in Variation auf Weber, um die Chance geht, ›kraft eingeübter Einstellung‹ für ein theoretisches und/oder methodisches Paradigma ›automatischen und schematischen Gehorsam bei einer angebbaren Vielfalt von Menschen zu finden‹? Sind Disziplinen dasselbe wie akademische Fächer, deckungsgleich mit universitären Fachbereichen? Wie lange muss ein Problemfeld existieren, bis es als »langfristig stabile Segmentierung« – so eins der Kriterien, die Laitko (1999, 31) in Anschlag bringt – gilt und damit ›Disziplintauglichkeit‹ bewiesen hat? Braucht es, wie Simmel (1983) anmerkt, »eine grenzgesicherte Definition« oder »wenigstens eine Summe einzelner Probleme«, die in »anderen Wissenschaften nicht oder nicht erschöpfend behandelt« werden, um als Disziplin zu zählen (Simmel 1983, 37)? Sollte dies allerdings ein triftiges Kriterium für Disziplinen sein, wäre dann Frauen- und Geschlechterforschung nicht ein geradezu paradigmatischer Fall einer Disziplin? Schließlich gründet sie nicht zuletzt darauf, dass sie eine Summe von Problemen behandelt, die in ›anderen Wissenschaften nicht oder nicht erschöpfend behandelt‹ werden?

6.3.1 Disziplinen als »diskursive Formationen«

Gehen wir die Frage nach der Disziplinförmigkeit einer Wissensformation systematisch an, so müssen wir zunächst nach dem Charakter der Einheit fragen, der einen Gattungsnamen rechtfertigt. Wann, mit anderen Worten, können wir überhaupt von einem Diskurs sprechen als einer eigenen, relativ abgegrenzten »diskursiven Formation«, wie es Disziplinen entgegen der weit verbreiteten Ansicht, die Grenzen zwischen Disziplinen seien unklar, sind? In der *Archäologie des Wissens* (1973) argumentiert Foucault, dass »die Bedingungen dafür, dass ein Diskursgegenstand in Erscheinung tritt, die historischen Bedingungen dafür, darüber ›etwas sagen‹ zu können [...], zahlreich und gewichtig« sind (Foucault 1973, 67 f.). Denn »der Gegenstand« warte nicht »in der Vorhölle der Ordnung, die ihn befreien und ihm gestatten wird, in einer sichtbaren und beredten Objektivität Gestalt anzunehmen« (ebd., 68). Vielmehr existiert, so Foucault weiter, der Gegenstand nur »unter den positiven Bedingungen eines komplexen Bündels von Beziehungen« (ebd.). Erst diese Beziehungen, die Foucault als Beziehungen »zwischen Institutionen, ökonomischen und gesellschaftlichen Prozessen, Verhaltensformen, Normsystemen, Techniken, Klassifikationstypen und Charakterisierungsweisen« beschreibt (ebd.), gestatten es dem Gegenstand überhaupt, »in Erscheinung zu treten« (ebd.).

Auf die Frage, worauf die Einheit einer »diskursiven Formation« gegründet ist, antwortet Foucault demnach konsequent: Es ist nicht die Permanenz einer Thematik, ein wohl gegliedertes Gebiet von Objekten oder ein definierter Typ von Äußerungen. Vielmehr werde man »verwiesen auf die Herstellung von Beziehungen, die die diskursive Praxis selbst charakterisiert« (ebd., 70), auf das »Inbeziehungsetzen der Oberflächen, wo sie erscheinen, sich abgrenzen, analysiert werden und sich spezifizieren können« (ebd., 71). Felder intellektueller Praxis, die wir als Disziplinen objektivieren und als Einheiten mit einem gewissen Maß an innerer Geschlossenheit betrachten, existieren mithin nur in der fortwährenden Aktualisierung dieser Beziehungen ›zwischen Institutionen, ökonomischen und gesellschaftlichen Prozessen, Verhaltensformen, Normsystemen, Techniken, Klassifikationstypen und Charakterisierungsweisen‹. Sie gründen sich gerade nicht auf Dinge, die sich außerhalb befinden, etwa ›die gesellschaftliche Realität‹ oder ›das Objekt‹, das der Forschungspraxis vorgängig ist. Disziplinen sind *diskursive Formationen.* Ihre Einheit existiert einzig und allein in der permanenten Aktivität ineinander verwobener kommunikativer und diskursiver, sozialer und politischer Praktiken, in der Aktivität des Inbeziehungsetzens der Oberflächen.[11]

11 Michel de Certeau (1991) beschreibt diesen Prozess des Inbeziehungsetzens von Oberflächen, durch den eine Disziplin konstituiert wird, am Beispiel der Historiografie folgendermaßen: »Der Diskurs – und die Gruppe, die ihn produziert – macht den Historiker, während gleichzeitig die atomistische Ideologie eines ›freien‹ Berufs die Fiktion des Autor-Subjekts aufrechterhält und alle glauben macht, die individuelle Forschung konstruiere die Geschichte. [...] Eine bestimmte Studie wird durch die Beziehung definiert, die sie zu anderen, zeitgenössischen Studien, zu einer ›Fragestellung‹, zu den von der Gruppe erforschten Problemen und den von diesen Problemen gebildeten strategischen Punkten sowie zu den so im Verhältnis zur laufenden Forschung bestimmten und als relevant erachteten Vorposten und Divergenzen unterhält. Jedes individuelle Element ist Teil eines Gewebes, dessen Elemente stark voneinander abhängig sind und deren dynamische Kombination in einem gegebenen Augenblick die Geschichte ausmacht« (de Certeau 1991, 82 f.).

6.3.2 Disziplinen als Ensemble heterogener Elemente

Mit dieser Perspektivverschiebung, nämlich Disziplinen nicht über ihren Gegenstand und auch nicht über einen definierten Typ von Äußerungen zu bestimmen, sondern den Blick zu lenken auf jenes ›Bündel von Beziehungen‹, anders gesagt: auf das Dispositiv, das Ensemble heterogener Elemente, zwischen denen spezifische Typen von Wissensbeziehungen hergestellt werden, ist die Tür geöffnet für eine unverstelltere Betrachtung der Disziplinfrage, die sich nicht mit unproduktiven Polarisierungen von der Art aufhält, Disziplinen als rigide, statisch, reformfeindlich und grenzversessen zu skizzieren, interdisziplinäre Felder dagegen als dynamisch, innovativ und herausfordernd.[12] Wenden wir uns daher diesem Ensemble heterogener Elemente zu, zwischen denen solche Typen von Wissensbeziehungen hergestellt werden, die dann als diskursive Formation respektive Disziplin begriffen werden können. Hier zeigt sich, dass, entgegen dem ersten Augenschein und ungeachtet divergierender theoretischer Orientierungen, relativ große Übereinstimmung herrscht sowohl in der Bestimmung dieser Elemente als auch darin, dass, wie bereits im dritten Kapitel ausführlich diskutiert, die Produktion von Wissen als Prozess zu sehen ist, in dem ›interne‹ und ›externe‹, soziale und politische, kognitive und institutionelle Elemente zusammenspielen. Es muss, kurzum, viel zusammenkommen, dass ein Wissen sich als abgegrenzte diskursive Formation organisieren und in der Folge von einer Disziplin gesprochen werden kann. ›Disziplinarität‹ wäre, so verstanden, der Name für die praktisch gestiftete Kohärenz von ansonsten disparaten Elementen. Einige dieser Elemente wurden bereits angesprochen – etwa eine Vorstellung davon, womit die betreffende Wissensformation befasst ist und worin sie sich von anderen unterscheidet, angemessene Wissensobjekte oder, worauf Peckhaus/Thiel (1999a) hinweisen, Kommunikationsgemeinschaften sowie die Tendenz zur Institutionalisierung und Selbstreproduktion im Rahmen der akademischen Lehrtätigkeit.

Gerade diese Elemente zur Bestimmung von Disziplinen tauchen in der soziologischen und wissenschaftshistorischen Literatur wiederholt auf. Die bündigste Fassung hat wohl Edward Shils (1982)

12 Die Funktion dieser Polarisierung zwischen Disziplinarität auf der einen und Interdisziplinarität auf der anderen Seite ist ein Thema von Kapitel 7.

an der Geschichte der Soziologie entwickelt. Nach Shils müssen folgende drei Faktoren in ausreichendem Maße vorhanden sein, um von einer einigermaßen erfolgreich ausdifferenzierten Disziplin sprechen zu können: Studierende, Fachzeitschrift(en) und Finanzierung. Rudolf Stichweh (1994), der, ähnlich wie Burton Clark (1983), der von einem ›*first principle*‹ spricht, »Disziplin« als die »primäre Einheit interner Differenzierung der Wissenschaft« bezeichnet (Stichweh 1994, 17), nennt in systemtheoretischer Perspektive die folgenden Kriterien, die eine Wissensformation als Disziplin charakterisieren:

1) einen hinreichend homogenen Kommunikationszusammenhang von Forschern – eine *scientific community*; 2) einen Korpus wissenschaftlichen Wissens, der in Lehrbüchern repräsentiert ist, d. h. sich durch Kodifikation, konsentierte Akzeptation und prinzipielle Lehrbarkeit auszeichnet; 3) eine Mehrzahl je gegenwärtiger problematischer Fragestellungen; 4) einen ›set‹ von Forschungsmethoden und paradigmatischen Problemlösungen; 5) eine disziplinenspezifische Karrierestruktur und institutionalisierte Sozialisationsprozesse, die der Selektion und ›Indoktrination‹ des Nachwuchses dienen (ebd.).

Aus der Perspektive dieser Ansätze ist der behauptete Unterschied des akademischen Feminismus zu den ›herkömmlichen‹, normalen Fächern in der Tat deutlich geringer ausgeprägt. Denn sowohl die Kriterien von Peckhaus/Thiel als auch die von Shils und Stichweh sind tendenziell gegeben: Neben der bereits diskutierten lexikografischen und lehrbuchförmigen Aufbereitung von Wissensbeständen als einem Merkmal disziplinärer Formierung gibt es: Studierende, Fachzeitschriften und – in bescheidenem Umfang – Finanzierung. Es existieren ein hinreichend homogener Kommunikationszusammenhang und eine Mehrzahl je gegenwärtiger problematischer Fragestellungen, es ist ein Korpus wissenschaftlichen Wissens entstanden, der sich durch prinzipielle Lehrbarkeit auszeichnet beziehungsweise derzeit als lehrbarer Korpus formiert wird. Darüber hinaus existieren mittlerweile eine Reihe organisatorischer Einheiten, die die inhaltliche wie personelle Selbstreproduktion der Frauen- und Geschlechterforschung sicherstellen.[13] Der Status ›Diszi-

13 Das Kriterium der disziplinenspezifischen Karrierestruktur ist bisher am wenigsten erfüllt. Nahezu alle Professuren im deutschsprachigen Raum sind disziplinär verortet und gehören den Zentren und/oder Studiengängen zur Frauen- und Geschlechterforschung in der Form von Doppel- beziehungsweise Zweitmitglied-

plin‹ scheint aus dieser Perspektive in der Tat aber auch weniger dramatisch zu sein. Was könnte schon gegen Studierende, Fachzeitschriften und bessere Finanzierung, gegen einen Kommunikationszusammenhang und institutionalisierte Sozialisationsprozesse sprechen? Schließlich garantieren diese Faktoren nicht nur die Existenz des akademischen Feminismus; sie sorgen auch dafür, dass dieser lebendig, offen und beweglich bleibt, etwa durch die Revisionen und unvorhergesehenen Aneignungen, die jedem kanonisierten Curriculum in der Praxis der Lehre widerfährt, durch die Ein- und Ansprüche der Studierenden.

Die verschiedenen Bestimmungen von Disziplinarität machen aber vor allem Folgendes deutlich: Die Frage, was eine Disziplin ist, beziehungsweise was Disziplinarität ausmacht, bestimmt sich nicht allein über intellektuelle Kriterien und Ansprüche, etwa ›undiszipliniert‹ oder ›antiklassifikatorisch‹ zu sein. Dies mögen notwendige Bedingungen sein, sie sind aber keineswegs hinreichend, um dem ›Schicksal Disziplin‹ zu entgehen. Die Frage der Disziplin entscheidet sich auch nicht allein am Kriterium ›Disziplin‹ versus ›Interdisziplinarität‹, schließlich könnten alle genannten Merkmale auch auf interdisziplinär organisierte Wissensformationen zutreffen. Ist Disziplinarität also vorrangig eine Frage der organisationellen Parameter, mithin alles andere als problematisch? Doch sind die Organisations- und (Re-)Produktionsweisen des Wissens ›unschuldige‹ Praktiken, ohne Relevanz für das produzierte Wissen? Und andersherum gefragt: Reicht es aus, sich ein intellektuelles Selbstverständnis als ›interdisziplinär‹ zu geben, die Organisations- und Produktionsweisen von Wissen aber tendenziell unangetastet zu lassen? Sind die im Kontext des akademischen Feminismus entstandenen institutionel-

schaften an. Hier zeichnet sich bereits ein in Zukunft wohl noch bedeutsam werdender Widerspruch der gegenwärtigen Einrichtung von Studiengängen ab. Denn in den Studiengängen – und mehr noch in den Graduiertenkollegs – zur Frauen- und Geschlechterforschung wird wissenschaftlicher Nachwuchs ausgebildet, für den bisher keine Karrierestruktur existiert.

Siehe hierzu auch die Kontroversen um die Einrichtung von eigenständigen *Women's Studies*-Ph.D.-Programmen Mitte der 1990er-Jahre in den USA. So war eins der Argumente, die dagegen sprachen, dass es eben keine eigenständige Karrierestruktur für *Women's Studies* gäbe; die Einrichtung von Ph.D.-Programmen würde folglich bedeuten, eigene *tenure-lines* einzufordern und einzurichten. Dies ist mittlerweile an einigen Universitäten auch geschehen. Vgl. hierzu unter anderen Friedman 1998, May 2002, Warhol 2002 sowie Dever/Cuthbert/Pollak 2002.

len Strukturen klug genug, die Chancen von Disziplinarität, nämlich Wissen zu ermöglichen, zu nutzen und die Risiken von Disziplinierung – des Wissens wie der Subjekte des Wissens – zu meiden? Betrachten wir diese Fragen im Folgenden noch aus einer anderen theoretischen Perspektive, die den Akzent stärker auf den im Foucault'schen Sinne *produktiven* Charakter von Disziplinen legen und diese als *politische Technologie* beziehungsweise *politische Institution* begreifen.

6.3.3 Disziplinen als »politische Institutionen«

Auch in dieser an Foucault orientierten Linie in der Wissenschaftsforschung werden Disziplinen als *first principle* der Wissenschaft behandelt. So bestimmt beispielsweise Ellen Messer-Davidow – in ihrer programmatisch *Disciplining Feminism. From Social Activism to Academic Discourse* (2002) betitelten Studie der US-amerikanischen *Women's Studies* – Disziplinen als das zentrale Element der Organisation wissenschaftlichen Wissens und wissenschaftlicher Institutionen. Deren wesentliche Aufgabe sei es, im Zusammenspiel mit den Universitäten die »Fürstentümer« zu regieren, die sie auf dem Territorium akademischen Wissens gebildet hätten (Messer-Davidow 2002, 19). Messer-Davidow nennt im Wesentlichen drei Funktionen, die Disziplinen erfüllen, nämlich Produktion, Regulierung und Reproduktion eines Wissens beziehungsweise einer Wissensformation:[14]

Produktion. Disziplinen produzieren erstens das Wissen. Dies schließt nicht nur den Korpus gültiger Aussagen ein, sondern auch die Produktion der wissbaren Objekte (zum Beispiel Geschlecht, Sexualität, Gene, soziale Devianz, literarische Perioden) sowie die Beziehungen zwischen diesen Wissensobjekten. Disziplinen produzieren zweitens die hierarchisch geordneten Subjekte des Wissens (von dem/der ProfessorIn bis zur unbezahlten Lehrbeauftragten). Schließlich produzieren sie drittens die prestigeträchtigen Hierarchien, die das Wissensunternehmen ordnen (von der Postersession über den Plenarvortrag, von der Ad-hoc-Arbeitsgruppe zum Top-Ranking-Fachbereich).

14 Vgl. für das Folgende Messer-Davidow 2002, 20 f.

Regulierung. Disziplinen organisieren Wahrnehmung sowie die Instrumente der Wahrnehmung (intellektuelle Dimension), und sie bilden zugleich die Infrastruktur des Wissens (institutionelle Dimension). Demzufolge agieren Disziplinen immer auf zwei Ebenen: Auf der Makroebene reguliert eine Disziplin die anerkannten Probleme, mit denen sich ein Fach beschäftigt, sie reguliert den Markt und organisiert die Allokation der Ressourcen; auf der Mikroebene prägt sie die kognitiven Schemata und strukturiert die Praxis der Wissensakteure.

Reproduktion. Schließlich organisieren Disziplinen Kontinuität durch die Reproduktion sowohl des Wissens als auch durch die Sozialisierung neuer WissenschaftlerInnen. Letzteres umfasst nicht nur die Weitergabe des Wissens, sondern auch die Einübung in die disziplinären Wahrnehmungsweisen, in ihr Denken, ihre Bewertungsmaßstäbe, ihre Praktiken und Routinen.

Ähnlich Messer-Davidow akzentuiert auch Timothy Lenoir (1993) die produktiven und regulierenden Dimensionen von Disziplinarität. Sein Vorschlag besteht im Wesentlichen darin, Disziplinen als *politische Institutionen* zu sehen. Als solche markieren Disziplinen die Wissensterritorien, sie regulieren die Allokation und Distribution von akademischen Privilegien, Ressourcen und Gütern – und entscheiden damit darüber, wer überhaupt wissenschaftliches Wissen produzieren kann. Disziplinen produzieren das wissenschaftliche Feld als sowohl in personeller wie intellektueller Hinsicht hierarchisch geordnetes und sind darüber hinaus funktional für die Reproduktion von Gesellschaft:

At the heart of the approach to discipline I am proposing is the claim that disciplines are *political institutions* that *demarcate areas of academic territory, allocate privileges and responsibilities of expertise, and structure claims on resources.* […] disciplines are embedded in market relationships *regulating the production and consumption of knowledge*; they are creatures of history reflecting human habits and preferences rather than a fixed order of nature. Furthermore, disciplines perform the essential function of *systematizing and regulating the flow of social and technical practices at the heart of knowledge production central to the socioeconomic system and to the system of power relations.* The crucial feature of this proposal is the embedding of disciplinary knowledge in practice; that is, we are enjoined to focus upon the practices, techniques, instrumentalities, work patterning and organization, and the coherent assembly of these different features in local sites of knowledge production: laboratories, institutes, and departments (Lenoir 1993, 82; Hervorhebung sh).

Auch in Lenoirs Perspektive ist Disziplinarität also zunächst der Name für die praktisch gestiftete Einheit von ansonsten disparaten Elementen: ›*the coherent assembly of different features*‹. Darüber hinaus ist hier der Doppelcharakter von Disziplin/Disziplinarität deutlich hervorgehoben: Disziplinen sind bildende, ermöglichende Strukturen, sie sind aber auch disziplinierende, regulierende Strukturen. Genauer: Disziplinen regulieren, indem sie produzieren.

Messer-Davidow wie Lenoir betonen besonders die Produktion, Reproduktion und Regulierung des Sets von Problemen, mit denen sich eine Wissensformation beschäftigt, von Wissensobjekten sowie von Wahrnehmungs- und Erkenntnisweisen durch Disziplinen. Disziplinen regulieren folglich – im Rahmen der hegemonialen Klassifikationsmuster –, was als wissbar gilt und was als wissenswert – oder auch nicht. Disziplinen sind, so Lenoir, »institutional formations for organizing schemes of perçeption, appreciation and action, and for inculcating them as tools of cognition and communication« (ebd., 72). Disziplinen systematisieren mithin Wissen, indem sie darüber entscheiden, was ›hinein‹gehört und was nicht, indem sie regulieren, was behalten und was vergessen wird.

Es ist dieser letzte Aspekt, mit dem ich mich abschließend anhand der jüngst im Kontext der Geschlechterstudien intensiv diskutierten Kanon-Frage beschäftigen möchte. Denn verstehen wir Disziplinarität in dieser Hinsicht als Mechanismus, der reguliert, wovon eine Wissensformation etwas wissen will, so entscheidet sich in der Tat die Frage der Disziplin nicht am Selbstanspruch, undiszipliniert beziehungsweise anti- oder interdisziplinär zu sein, sondern daran, wie reflexiv das Spiel der Regulierung von Wissen und Wissensobjekten gespielt wird. Welche Mechanismen, mit anderen Worten, existieren, um das, wie Diane Elam (1994) bemerkt, »notwendige System der Ausschlüsse, das strukturiert, was eine Disziplin einschließt, was also legitim thematisierbar ist«, bedenken und kontrollieren zu können (Elam 1994, 92; Übersetzung sh)?

6.4 Kanonisierung – Gedächtnisbildung oder institutionelles Vergessen?

»Die Geschlechterstudien«, schreibt Susanne Baer in der Einleitung zum Themenschwerpunkt »Ein Kanon in den Gender Studies? Ein- und Widersprüche in der Diskussion« im Band *Geschlechterstudien im deutschsprachigen Raum. Studiengänge, Erfahrungen, Herausforderungen* (2004), seien im »Prozess ihrer vielfältigen Institutionalisierungen gezwungen, sich mit der Frage des Kanons intensiv auseinander zu setzen« (Baer 2004, 69). Zwar sei die Kanon-Frage für die Geschlechterstudien, die sich »mehrheitlich und aus wissenschaftshistorischen und wissenschaftstheoretischen Gründen dagegen wehren, Disziplin zu sein« (ebd.), eine von außen aus »der wissenschaftlichen Praxis heraus aufgezwungene« Frage (ebd.), aber sie stelle sich eben doch.

Tatsächlich treibt die Kanon-Frage den akademisch gewordenen Feminismus nicht erst seit der Einrichtung von Studiengängen um. Die Thematik der Kodifizierung des Wissens für die Lehre und dessen Reproduktion, die Frage also nach dem Sinn eines Kanons wichtiger Schriften, rückte bereits mit der in der zweiten Hälfte der 1980er-Jahre einsetzenden professoralen Verstetigung von Frauenforschung in den Vordergrund. Doch im Kontext der Etablierung eigenständiger Studiengänge erhält die Kanon-Frage insofern eine besondere Valenz, als jetzt deutlicher als je zuvor innerhalb der eigenen Strukturen entschieden werden kann, was zum feministischen Wissen gehört und was nicht, was aufgenommen und was vergessen wird. Zudem geht es nicht mehr nur um das feministische Wissen eines Faches, sondern um die Integration und Systematisierung des Wissens vieler Fächer. Das ist zunächst eine Chance, insofern es – trotz gegebener Beschränkungen, auf die ich gleich zu sprechen komme – einen Zuwachs an curricularer Autonomie impliziert, wir also selbst für die Gedächtnisbildung, für die Politik der Erinnerung, verantwortlich sind. Es bedeutet aber auch, dass die Verantwortung für das Wissen, für diese Politik der Erinnerung deutlicher als je zuvor innerhalb der selbst geschaffenen Strukturen wahrgenommen werden muss – und das heißt nicht zuletzt, dass ebendiese Strukturen auch robust genug sein müssen, um jene Verantwortung wahrnehmen zu können.

Dabei ist die Kanon-Frage alles andere als eine kontingente Erscheinung. Im Gegenteil: Kanon-Debatten, gleich ob sie explizit als solche geführt werden oder aber implizit im Rahmen einer theoretischen Kontroverse, müssen notwendigerweise geführt werden, da in ihnen das »Glaubenssystem« (Laitko 1999, 23) einer wissenschaftlichen Gemeinschaft ausgehandelt wird, also das nach innen identitätsstiftend und nach außen legitimatorisch wirkende »Selbstverständnis davon, was die betreffende Disziplin darstellt und worin sie sich von anderen unterscheidet« (ebd.). Kanon-Debatten gehören also essenziell »zum Dasein disziplinärer Wissenschaftlergemeinschaften« (ebd.) – womit wir im Übrigen ein weiteres Kriterium von Disziplinarität identifiziert hätten. Auch viele feministische Debatten – beispielsweise die im Prolog verhandelte Kontroverse um die »Auflösung der Geschlechterdifferenz«, die im fünften Kapitel erörterte »Butler-Debatte« oder auch die Kontroversen in der sozialwissenschaftlichen Frauen- und Geschlechterforschung um die »angemessene« theoretische und methodologische Konzeptualisierung von Geschlecht als Konstruktion oder Struktur, mikro- oder makrosoziologisches Phänomen und nicht zuletzt die Verhandlungen von Inter- und Transdisziplinarität – können in diesem Sinn als disziplinbildende Kanondebatte verstanden werden. Denn in diesen Debatten wird reguliert, wovon die Frauen- und Geschlechterforschung etwas wissen will, welche Gegenstände, Fragen, theoretischen und methodischen Perspektiven sie zentral setzt und welche an den Rand oder gar über die eigenen Ränder hinaus verwiesen werden. Sie wirken nach innen identitätsstiftend und nach außen legitimatorisch. Jedenfalls stiftete beispielsweise der Bezug auf Interdisziplinarität zweifellos einen Zusammenhang zwischen den besonders anfänglich relativ isoliert in den Fächern agierenden feministischen Wissenschaftlerinnen, und er bietet dem akademisch gewordenen Feminismus darüber hinaus bis heute die Möglichkeit der Distinktion gegenüber den bereits etablierten Fächern.

Laitko macht aber noch auf einen weiteren Mechanismus im Prozess der Herausbildung des für disziplinäre Gemeinschaften notwendigen »Glaubenssystems« aufmerksam: den »Sieg« der Systematik über die Historie. Das disziplinäre Wissen, so zeigt Laitko jedenfalls für die Systematisierung des wissenschaftlichen Wissens im 19. Jahrhundert, habe eine durchgreifende Rekonstruktion vom »Standpunkt der Sieger« erfahren (Laitko 1999, 26). Alternative Denkansätze, die sich nicht hatten durchsetzen können, Irr-, Neben- und Seitenwege seien eliminiert und dem Vergessen überlassen worden. Die aktuell geltende Ansicht, so Laitkos Fazit, retuschiert die Geschichte, die zu ihr geführt hat, bewertet diese Geschichte nach ihrer Relevanz für die aktuelle Perspektive und teilt das, was von ihr bleibt, in positive Beiträge zum modernen Bild und in negative Positionen, aus deren Überwindung der gültige Stand hervorgegangen ist.

Die vorgeblichen »Vorteile der Systematik« (ebd., 27) hätten dabei auf der Hand gelegen: Das disziplinäre Wissen konnte gestrafft, didaktisch aufbereitet und in vollem Maße in ›Lehrstoff‹ verwandelt werden.[15] Das akademische Studium wurde zu einem Ort, »von dem man ›sicheres‹ Wissen getrost nach Hause tragen« kann (ebd.). Der Schwerpunkt akademischer Lehre liegt also auf der Vermittlung desjenigen Wissens, das diesen Prozess gleichsam überlebt hat, und nicht auf der für die Forschung nötigen Ausbildung der Fähigkeit zum begründeten Zweifel am systematisierten Wissensbestand.

Auf diesen Mechanismus der Tilgung der konflikthaften Geschichte im Prozess der Disziplinwerdung eines Wissens weist auch Samuel Weber in seiner Studie *Institution and Interpretation* (1987) hin. Disziplinen, führt Weber aus, erlitten im Zuge ihrer Etablierung einen Verlust an Reflexivität. Die Aufmerksamkeit verlagere sich auf die Probleme und Fragen, die innerhalb des Feldes entstehen, wohingegen die errungene Kohärenz zunehmend für selbstverständlich genommen und die konflikthafte und widersprüchliche Geschichte des Feldes vergessen gemacht werde. Gerald Graff geht in seiner Studie *Professing Literature: An Institutional History* (1987) noch weiter: Disziplinäre Grenzen würden genau deshalb existieren, um diese Form von Reflexivität zu vermeiden. Denn sei es erst einmal gelungen, Untersuchungsgegenstände als autonome Objekte abzugrenzen, werde es für andere umso schwerer, diese wieder in

15 Laitko (1999, 27) bemerkt, dass der Sieg des Systematischen besonders dort frappierende Bilder bietet, wo die »Historizität der Objekte« evident ist – bei den Wissenschaften vom Menschen. So habe etwa in den Wirtschaftswissenschaften »nur die rigorose Enthistorisierung des wirtschaftlich handelnden Menschen, seine Stilisierung zum abstrakten, zeitlosen *homo oeconomicus* mit überhistorischen Präferenzen, auf die bezogen er Gewinnmaximierung anstrebt, eine stärkere mathematische Durchdringung und entsprechend theorieförmige Darlegung des ökonomischen Wissens ermöglicht«.

Frage zu stellen. Denn ihre Infragestellung würde unter Umständen das gesamte Feld einem zu großen Risiko aussetzen. Dabei seien es gerade die Geschichten von Konflikt, die den »eigentlichen« Inhalt einer Disziplin ausmachen.

Disziplinarität kann also in der Tat im Sinne von Mary Douglas (1991) verstanden werden als ein *gedächtnissteuernder Mechanismus*. Das heißt als ein Mechanismus, durch den eine Institution ihre »Denkwelt« erhält (Douglas 1991, 121), ein Mechanismus, der verhindert, eine einmal etablierte Struktur in Frage zu stellen und das »notwendige System der Ausschlüsse, das strukturiert, was eine Disziplin einschließt, was also legitim thematisierbar ist«, zu reflektieren (Elam 1994, 92). Ein kursorischer Blick auf die Entstehung des »Systems wissenschaftlicher Disziplinen« (Stichweh 1994, 18) im 19. Jahrhundert stützt diese Sicht:

Rudolf Stichweh zeigt in *Wissenschaft. Universität. Professionen* (1994), dass sich im 19. Jahrhundert an der Universität als »dem institutionellen Ort der disziplinären Struktur der Wissenschaft« (Stichweh 1994, 18) Disziplinen um Gegenstandsbereiche und Problemstellungen herum bildeten und diejenigen Probleme, die sich keinem disziplinären Raster zuordnen ließen, dethematisiert oder einfach vergessen wurden. Disziplinen prägen also entscheidend »die kognitive Schematisierung der Wirklichkeit dadurch, dass sie Interdependenzunterbrechungen verstärken« (ebd., 19).

Wolfram Swoboda weist in »Disciplines and Interdisciplinarity: A historical perspective« (1979) darauf hin, dass die Disziplinierung des wissenschaftlichen Wissens nicht nur parallel zur sich durchsetzenden industriellen Arbeitsteilung zu sehen ist, sondern auch eng verbunden ist mit dem durch Industrialisierung und Imperialismus steigenden Bedarf an so genanntem anwendungsorientierten Wissen. Diese Orientierung beeinflusste auch die Wahl von Problemstellungen beziehungsweise bestimmte, welche Fragen verfolgt wurden und welche nicht.

Carolyn Porter zeigt in einem Aufsatz zur Geschichte der US-amerikanischen Literaturwissenschaft, »What we know that we don't know: Remapping American Literary Studies« (1994), dass das disziplinäre Modell eine akademische Variation der Aufteilung der geografischen Welt in Nationalstaaten und der Ausbildung von Bürokratien zur Regierung und Verwaltung dieser national organisierten Territorien war. Dies hatte nicht zuletzt Effekte auf den Zuschnitt dessen, wovon *American Literary Studies* handeln beziehungsweise womit sie sich beschäftigen.[16]

In diesen Studien werden zwei Momente, die Douglas (1991) als zentral für das Funktionieren von Institutionen bestimmt, besonders akzentuiert, nämlich das Moment des Verlusts von Reflexivität sowie das des institutionellen Vergessens: Disziplinär nicht zuordenbare Themen und Probleme werden dethematisiert oder vergessen (Stichweh), im Verlauf ihrer Etablierung vergessen Disziplinen die konflikthafte Geschichte ihres Werdens und erfahren einen notwendigen Verlust an Reflexivität, sie normalisieren sich (Graff, Weber). Zudem korrespondiert die Herausbildung wissenschaftlicher Disziplinen mit außerwissenschaftlichen politischen und ökonomischen Entwicklungen, und die Wahl von Problemstellungen ist selektiv gesteuert von diesen Entwicklungen (Swoboda, Porter). In diesen Beschreibungen dominieren also diejenigen Momente von Disziplinarität, die an Webers Definition von Disziplin als der ›Chance, kraft eingeübter Einstellung prompten, automatischen und schematischen Gehorsam zu finden‹, erinnern. Im historischen Rückblick scheinen die mit Disziplinbildung einhergehenden Momente von Reflexivitätsverlust und Normalisierung zudem unausweichlich gewesen zu sein. »Wer an universitärer Wissensproduktion teilnimmt«, so in überaus nüchterner Diktion wiederum Baer, »produziert unweigerlich Kanones« (Baer 2004, 70).

Doch entgegen der in diesen Studien anklingenden Unausweichlichkeit disziplinärer Normalisierung ist der Prozess des normalisierenden, aktiven Vergessens keineswegs zwangsläufig. Wie Douglas entschieden anmerkt, sind es nicht die Institutionen, die Ziele verfolgen, sondern die Individuen in den Institutionen, die planen und Strategien entwerfen und die darüber entscheiden, ob sie ihre »moralische Energie« (Douglas 1991, 150) in den Dienst der Reproduktion der Institution stellen – und das heißt vor allem in den Dienst der Reproduktion der Denkwelt einer Institution. Die Preisgabe von Reflexivität mag insofern institutionell nahe gelegt sein – zwingend ist sie nicht.

16 Auch in einer anderen Hinsicht seien Disziplinen, kommentiert Porter, dabei einen sarkastischem Unterton nicht verbergend, modernen Nationalstaaten sehr vergleichbar: Ähnlich diesen seien sie imaginäre Gemeinschaften, aus denen Imagination und Gemeinschaft längst verschwunden seien.

Dennoch existiert auch für Frauen- und Geschlechterforschung die Gefahr, dass im Prozess der Ausbildung einer disziplinären Identität die Fähigkeiten zur kritischen Reflexion der Mechanismen institutionalisierter Wissensproduktion und -dissemination nicht weiter entwickelt und verstetigt werden. Und dies wohl vor allem dann, wenn im eigenen Selbstverständnis Disziplinwerdung als Ziel gar nicht vorgesehen ist und sich diese zudem unter dem erheblichen »Innovationsdruck, unter dem zur Zeit Gender-Studies-Studiengänge als Notwehrmaßnahme institutionalisiert werden, damit Frauenforschung nicht aus den *lean universities* der Zukunft verschwindet« (Knapp 2001, 51), und der zunehmenden Transformation von Wissen in Ware ereignet. Denn in den Prozessen der Systematisierung von Wissen, in denen es immer darum geht, zu entscheiden, welches Wissen Teil des wie auch immer reflektierten Kanons wird und welches nicht, agiert die Institution als mächtige Matrix: Sie steuert »das individuelle Gedächtnis« (Douglas 1991, 106), sie lenkt »unsere Wahrnehmung in Bahnen, die mit den von ihr autorisierten Beziehungen verträglich sind« (ebd.), sie verwandelt »jedes Problem, über das wir nachzudenken versuchen, automatisch in ihr eigenes Organisationsproblem« (ebd.), sie fixiert Prozesse und verbirgt zugleich ihren Einfluss.

Insofern nun in der Frauen- und Geschlechterforschung gegenwärtig verstärkt das eigene Wissen ›diszipliniert‹ wird, es beispielsweise lexikografisch und lehrbuchförmig sowie in lehrbaren Curricula aufbereitet wird, muss folglich auch sie mit der Herausforderung umgehen, ob und wie die eigene Geschichte von ›Irr-, Neben- und Seitenwegen‹ der Erinnerung entzogen wird, muss also kontinuierlich gefragt werden, welche Gedächtnisbildung betrieben wird. Der akademisch gewordene Feminismus müsste sich daher stärker als bisher mit dem Studium seiner eigenen Grenzziehungsprozesse beschäftigen, insofern die Kohärenz eines Feldes erzeugt wird durch die Artikulation von Grenzen, die ein ›Innen‹ von einem ›Außen‹ scheiden. Dies umfasst sowohl die ›äußeren‹ Grenzziehungen, das heißt die Verortung im wissenschaftlichen Feld insgesamt, als auch – und womöglich zentraler – die ›inneren‹ Grenzziehungen, die feldinternen Konflikte und Kämpfe.

Mehr noch: Die Geschlechterstudien müssen Rechenschaft darüber ablegen können, welche Theorien und methodischen Ansätze, welche Namen und Positionen, welche Textsorten und Genres das

Potenzial haben, akademisch zu zirkulieren, und welche – etwa aufgrund dessen, dass sie oft vordergründige akademische Konventionen nicht erfüllen, oder aber weil sie sich nicht vermarkten lassen – aus der Zirkulation herausfallen. Sie müssen Rechenschaft darüber ablegen können, was aus der je aktuellen Sicht als ›Irr-, Neben- oder Seitenweg‹ definiert wird und warum welche Themen in welchen wissenschaftlichen, aber auch gesellschaftlichen, ökonomischen oder kulturellen Konstellationen intelligibel werden und welche dethematisiert werden: Was beispielsweise bleibt auf der Strecke, wenn Inter- oder Transdisziplinarität die Norm ist? Wie kann sichergestellt werden, dass im Kontext disziplinär hierarchisch geordneten und gewerteten Wissens – etwa entlang der Linie »theoretische/anwendungsorientierte Fächer« – alle beteiligten Perspektiven gleichermaßen gehört und berücksichtigt werden? Welche disziplinären Hierarchien existieren im Feld der Frauen- und Geschlechterforschung selbst? Wie kann der ungleichzeitigen Entwicklung feministischen Wissens in den einzelnen Fächern Rechnung getragen werden, ohne aus dieser kontingenten Entwicklung eine Vorreiterrolle für einzelne disziplinäre Perspektiven abzuleiten? Inwiefern fungiert Interdisziplinarität folglich nicht nur als Zeichen der Distinktion, mit dem Frauen- und Geschlechterforschung ihre Differenz gegenüber anderen akademischen Projekten markiert und einen bestimmten Platz und Status innerhalb der Wissenschaft beansprucht, sondern auch als Emblem für »Interdisziplinierung« (Baer 2001)?[17] Wie steuern die Geschlechterstudien im Kontext wissenschafts- und hochschulpolitischer Entscheidungen, die mal die einen, mal die anderen Fächer in der Verteilung von Ressourcen begünstigen, die eigene inhaltliche Entwicklung? Wie kann in Konstellationen, in denen die Einrichtungen der Frauen- und Geschlechterforschung in

17 Dazu nur ein Beispiel: Ein »Gutteil der Gender-Theorie in den empirischen und anwendungsorientierten Fächern«, argumentieren Inge Stephan und Christina von Braun (2000), stelle einen »Import aus den Kulturwissenschaften dar [...]. Erst ein durch Theorie geschärfter Blick für die Kategorie ›Gender‹ erlaubt es, die Hintergründe und ungeschriebenen Gesetze zu entziffern, die sich oft hinter der Realität verbergen und mit denen die empirischen Wissenschaften umgehen« (Braun/Stephan 2000, 12). Deutlich wird, worum es hier in erster Linie geht: um Wortführerschaft und die *pole position* als Leitdisziplin. Allen Selbstbeschreibungen als inter-, trans- oder crossdisziplinär zum Trotz stehen hier disziplinäre Ordnungen und Hierarchien sowie deren Etablierung beziehungsweise Verteidigung im Vordergrund.

der Regel nicht autonom über die Denomination von Professuren und die Besetzung von Stellen entscheiden können, sie vielmehr davon abhängig sind, welche Fächer sich überhaupt bereit erklären, eine Professur mit einer Denomination in der Frauen- und Geschlechterforschung einzurichten und zu besetzen, in Konstellationen, in denen im Feld der Frauen- und Geschlechterforschung oft nicht ausgewiesene Gremien und *peers* über Studienordnungen und (zukünftig) die Akkreditierung von Studiengängen entscheiden, das eigene Wissensprofil gestaltet werden? Und nicht zuletzt: Kann in solchen Kontexten der Anspruch auf ›Undiszipliniertheit‹, darauf, ein inter- oder transdisziplinär verfasstes Feld zu sein, mehr und anderes als ein Anspruch – oder aber ein strategisch motiviertes Distinktionskriterium – sein?

Im Lichte dieser materiellen Bedingungen betrachtet, braucht es daher paradoxerweise nicht weniger, sondern *mehr* institutionelle und intellektuelle *Disziplin*, um dem Anspruch der Undiszipliniertheit gerecht zu werden und die Herausforderung Disziplinarität gestalten zu können. Das heißt, der akademisch gewordene Feminismus braucht robustere institutionelle Strukturen, die nicht nur Partizipation sicherstellen – als Voraussetzung für »machtempfindliche Konversationen« (King 1994), für den dissonanten, aber nicht diskreditierenden Widerstreit –, sondern die auch mehr institutionelle Autonomie, etwa hinsichtlich Curriculum-Entwicklung,[18] garantieren würden. Erst dann wären überhaupt die Voraussetzungen gegeben, um nicht nur in die sedimentierten disziplinären Regelwerke und Routinen eingreifen und tendenziell unabhängig von diesen agieren, sondern auch, um tragfähige Konzeptionen von Inter- oder Transdisziplinarität entwickeln zu können. »The important move«, so auch Diane Elam (2002),

> that Women's Studies can make is that it indeed becomes a department without simultaneously taking on the rigidity of a discipline. In doing this it can begin to challenge the terms and conditions under which the university is used to operat[e]. Part of the negotiation that Women's Studies as a department will have to make is preserving, even intensifying, all of its var-

18 Wie Patrice McDermott (1988) für die US-amerikanischen Women's Studies argumentiert, sind aufgrund der institutionalisierten Marginalität die wenigen »institutional devices over which feminist scholars exert considerable control« umso bedeutsamer (McDermott 1988, 92).

ious interdisciplinary connections while arguing for its fiscal, administrative, and disciplinary autonomy. In order to survive and grow, Women's Studies needs to be viewed by the institution as a financially and intellectually autonomous discipline that continues to explore its interdisciplinary commitments. [...] Women's Studies cannot forever exist on borrowed time (Elam 2002, 220).

Es braucht aber auch ein Mehr an intellektueller Disziplin. Wenn zutrifft, dass Disziplinwerdung vom Vergessen von Kontexten und von Reflexivitätsverlust begleitet ist, kann die Antwort auf Disziplinierung nicht ein relativ unpräzises Ideal von Undiszipliniertheit sein oder die emphatische Beschwörung von Inter- beziehungsweise Transdisziplinarität. Vorausgesetzt, das Vergessen von Kontexten ist die richtige Diagnose, kann die Antwort nur darin bestehen, ebendiese Kontexte und die Bedingtheit des eigenen Denkens rigoros mitzudenken. Das heißt, es braucht weniger ein undiszipliniertes Denken und Forschen, Sprechen und Schreiben, ein Denken, das sich immer schon auf der richtigen Seite wähnt, als eines, das – auch in historiografischer Hinsicht – *in Kontexten* denkt und forscht, spricht und schreibt. Das bedeutet gerade nicht, konservativ oder gar nostalgisch zu werden, denn ein Denken, das nicht (mehr) in der Lage ist, sich zu seinem eigenen Veralten zu verhalten, ist ein Denken, das Innovations- und Interventionsfähigkeit verloren hat. Ein Denken, das seine Gewordenheit mitdenkt, ist aber sehr wohl die Voraussetzung, um dem Anspruch gerecht zu werden, *kritische* Theorie in dem Sinne zu sein, dass auch das eigene Wissen nicht aus der Reflexion ausgespart wird.

7 Begrenzte Möglichkeiten. Inter- und Transdisziplinarität

> Kurz, es scheine keiner Zunft mehr wohl in ihrer Haut zu sein und jede im Habitus der anderen einherziehn zu wollen.
> [Gottfried Keller]

7.1 Das »Maskenspiel der Fächer«

Gerade zweihundert Jahre alt ist ein System, dessen Anfänge Gottfried Keller (1853) Mitte des 19. Jahrhunderts leicht amüsiert beschreibt: »Kurz, es scheine keiner Zunft mehr wohl in ihrer Haut zu sein und jede im Habitus der anderen einherziehn zu wollen. Wahrscheinlich handle es sich um das Ermitteln und Feststellen eines neuen Inhaltes für sämtliche Wissenschaften und Künste, wobei man sich beeilen müsse, nicht zu kurz zu kommen« (Keller 1853, 539). Es handelt sich dabei um ein System, das zwar »ein relativ spätes Produkt der Entwicklung neuzeitlicher Wissenschaft« ist (Stichweh 1994, 18), dafür aber umso erfolgreicher war. Heute dagegen, glaubt man der wissenschaftspolitischen Rhetorik, scheint es schon in Auflösung begriffen zu sein, mindestens aber droht es aus allen Nähten zu platzen – und dies, bevor wir überhaupt verstanden haben, welchen »Einschnitt in der Geschichte der modernen Wissenschaft« es darstellt (ebd.). Das System, um das es hier geht, haben wir im vorangegangenen Kapitel bereits kennen gelernt. Es ist das ab Ende des 18. Jahrhunderts entstehende System wissenschaftlicher Disziplinen, welches im Verlauf des 19. Jahrhunderts »zur organisatorischen und epistemologischen Grundlage für die Ausdifferenzierung, soziale Schließung und selbstgesteuerte Entwicklung der Wissenschaft« wird (Weingart 2001, 25) und das heute wohl, entgegen der weit verbreiteten Rhetorik der Auflösung und Hybridisierung wissenschaftlicher Disziplinen, als omnipräsentes, gleichsam naturalisiertes System zur Ordnung des wissenschaftlichen Wissens, als deren »first principle« (Burton Clark 1983) gelten kann.[1]

1 Erst zu Beginn des 19. Jahrhunderts, so auch Stichweh (1994), sei es im Bereich der Naturwissenschaften zur Ausgrenzung der ersten Disziplinen – Chemie, Physik –

Ungeachtet dessen scheint im »Maskenspiel der Fächer« (Lepenies 1997b, 58), von dem Gottfried Kellers Erzähler im *Grünen Heinrich* verwundert, aber auch belustigt berichtet – ein Spiel, bei dem alle sich beeilen, nicht zu kurz zu kommen –, versinnbildlicht zu sein, was eine oberflächliche Betrachtung der gegenwärtigen Bewegungen in der akademischen Landschaft zu Tage fördern würde: So viel Unbehagen an den (wissenschaftlichen) Disziplinen war nie. Viele sind sich längst selbst fragwürdig geworden, erproben sich ebenso in der »Mischung der Genres« (ebd., 59) wie im kleinen Grenzverkehr zwischen den Disziplinen und möchten am liebsten überhaupt ›im Habitus der anderen einherziehen‹. Disziplinen gelten als erkenntnisbornierend und innovationsresistent, als Fossil einer überlebten Produktionsweise von Wissen und demgemäß als stumpfe Werkzeuge, mit denen die aktuellen Herausforderungen einer globalisierten Welt nicht zu bestehen sind. Da ist beispielsweise davon die Rede, dass »viele der heute drängenden Probleme nicht der disziplinären Unterteilung der Wissenschaften« entsprechen (Jaeger/Scheringer 1998, 10) oder dass »die vielfältig vernetzten, globalen Menschheitsprobleme nicht nur nach technisch-naturwissenschaftlichem oder sozialwissenschaftlichem oder philologischem Fachwissen« verlangen, sondern »mehr denn je nach einem ganzheitlichen Denken, das die verschiedenen Fachperspektiven zu integrieren versteht« (Mainzer 1993, 17). Die »eindeutigen Abgrenzun-

gekommen. In den Geisteswissenschaften erfolgten die ersten disziplinären Separierungen gleichzeitig in der klassischen Philologie und der Historie. Und erst zu Beginn des 20. Jahrhunderts hätte sich ein dritter Disziplinbereich formiert: Aus einer Synthese methodischer Ansätze der Geistes- und Naturwissenschaften seien die Handlungs- und Sozialwissenschaften hervorgegangen (vgl. Stichweh 1994, 18).

Stichweh bringt diese interne Differenzierung der Wissenschaft in Zusammenhang mit der Umstellung der gesellschaftlichen Primärdifferenzierung von Schichtung auf funktionale Differenzierung sowie mit der von Deutschland ausgehenden Reorganisation der Universität. Es sei diese Reorganisation gewesen, die eine bis dahin krisenanfällige und tendenziell vom Verschwinden bedrohte Institution – die Universität – zu einer der, so Stichweh im Anschluss an Parsons, »strukturellen Komponenten der modernen Gesellschaft« gemacht habe (Stichweh 1994, 18).

Zur Differenzierung der verschiedenen Wissenschaftskulturen und -disziplinen im ausgehenden 18. und während des 19. Jahrhunderts siehe auch die Studie von Wolf Lepenies *Die drei Kulturen. Soziologie zwischen Literatur und Wissenschaft* (1985).

gen zwischen Natur-, Sozial- und Geisteswissenschaften« auf dem »Globus der Wissenschaften« würden deshalb häufig als künstlich erscheinen, da deren »Grenzen in ständiger Bewegung« seien (ebd.). Konstatiert wird auch, dass »schon die disziplinäre Sozialisation, die unterschiedlichen Fachsprachen und die konkreten Paradigmen, denen die Disziplinen zu einem bestimmten Zeitpunkt folgen, ein wissenschaftliches Ad-hoc-Verstehen behindern«.[2]

Die der Beharrlichkeit und Starre der Disziplinen zugeschriebene Diagnose der »Krise der Wissenschaften«, das heißt die Diagnose, dass die Spezialisierung, Ausdifferenzierung und Abschottung wissenschaftlicher Disziplinen voneinander nicht mehr kalkulierbare Folgeprobleme und Kosten produziere, sowie die darauf bezogenen Postulate ihrer inter- oder transdisziplinären Reorganisation sind heute geläufige Themen akademischer Festreden, wissenschaftlicher Förderprogramme oder der Überlegungen wissenschaftlicher *elder statesmen* zur Zukunft der Wissenschaften. Längst ist die Frage im Raum, ob die »Disziplinendifferenzierung als Primärdifferenzierung der Wissenschaft [noch; sh] eine funktionale Differenzierung« (Stichweh 1994, 21) darstellt, ob sie also tatsächlich funktional ist für die Produktion wissenschaftlichen Wissens in der »Wissensgesellschaft«.[3] Da inzwischen, so die Generallinie der Kritik an der universitär und disziplinär verfassten Wissenschaft, an vielen Orten der Gesellschaft Wissen produziert und in einem Prozess stetiger Revision validiert, also *wissenschaftliches Wissen* erzeugt werde, seien die Disziplinen nicht mehr allein die Organisationsformen, welche die Gegenstandsbereiche des Wissens definieren, und die Universitäten nicht mehr die einzigen Orte, an denen Wissen verbindlich produziert werde. Daher gibt es kaum ein Papier zu Hochschul- und Wissenschaftsreform, gleich welcher (wissenschafts)politischen *Couleur*, das nicht vom Innovationspotenzial inter- bzw. transdiszi-

2 So ein Papier der »Wissenschaftlichen Kommission Niedersachsen« zur Reform der Graduiertenausbildung von 1999, zitiert nach Wenk 2001, 108. Die Essentials dieses Papiers fanden Eingang in einen Erlass zur Graduiertenförderung des Niedersächsischen Ministeriums für Wissenschaft und Kultur vom November 1999 (vgl. Wenk 2001, 107, Fußnote 1).

3 Das Wort von der »Wissensgesellschaft« ist in den vergangenen Jahren zwar ubiquitär geworden. Was darunter genau zu verstehen wäre und inwiefern es eine (sozial)wissenschaftlich haltbare Beschreibung gegenwärtiger Gesellschaftsformationen darstellt, ist allerdings eine mehr als strittige Frage. Vgl. hierzu besonders Weingart 2001, 14 ff.; 325 ff.

plinärer Wissensproduktion spricht, das in Inter- und Transdisziplinarität das Heil gegen die festgestellte »disziplinäre Überheblichkeit« (Lepenies 1997b, 74) sieht beziehungsweise Inter-, besser noch Transdisziplinarität oder gar »Postdisziplinarität« als Zielvorgabe für die Reform deutscher Hochschulen und anderer wissenschaftlicher Einrichtungen formuliert.

Längst ist daher Inter- beziehungsweise jüngst vor allem Transdisziplinarität zu einem Leistungs- und Evaluationskriterium geworden und wird von markt- und managementorientierten HochschulreformerInnen ebenso ins Spiel gebracht wie von denjenigen, die Wissenschaft wider den Zeitgeist des Marktes und der Beschleunigung immer noch als *kritische* Praxis verstehen. Und nicht zuletzt spielt Inter- beziehungsweise Transdisziplinarität, wie wir gesehen haben, eine herausragende Rolle im Selbstverständnis der Frauen- und Geschlechterforschung; dort sei sogar, so etwa Helgard Kramer, »die Hochschätzung des Interdisziplinären« wohl am ausgeprägtesten (Kramer 1997, 554).

Sollten schon diese merkwürdigen Diskursallianzen zwischen markt- und managementorientierten HochschulreformerInnen auf der einen und kritischer Wissenschaft sowie Frauen- und Geschlechterforschung auf der anderen Seite stutzig machen, so mehr noch eine andere, deutlich beobachtbare Tendenz. Während nämlich einige das Ende der Disziplinförmigkeit des wissenschaftlichen Wissens einzuläuten suchen, trachten andere – auch im Kontext der Geschlechterstudien – insgeheim danach, die *pole position* im »Streit der Facultäten« (Kant 1983) zu erobern beziehungsweise zu verteidigen. Dabei engagieren sie sich – in der Absicht, *Primus inter Pares* zu bleiben oder zu werden – nicht nur in der Generierung disziplinenverbindender *boundary objects* (Star/Griesemer 1989), sondern mehr noch in der Arbeit an den disziplinären Grenzen, in *boundary-work* (Gieryn 1983) und »Interdisziplinierung« (Baer 2001).

Mehr als genügend Anlässe also, genauer hinzusehen. Dann zeigt sich zunächst, dass Inter- und Transdisziplinarität wie Passepartouts funktionieren, die für alles zu passen scheinen: ebenso gut für die Markt- oder Management-Modelle in der Hochschulreformdiskussion wie für die Fundierung kritischer wissenschaftlicher Ansprüche. Da gilt Inter- und Transdisziplinarität sowohl als Zeichen effizienterer anwendungsnaher Forschung und als »Korrektiv gegen disziplinäre Stagnation« (Assmann 1999, 144; Hervorhebung i. O.)

wie auch als Zeichen radikaler wissenschaftskritischer Orientierungen, wie sie beispielsweise die Frauen- und Geschlechterforschung für sich in Anspruch nimmt. Es ist nicht von ungefähr so, dass im Detail eher selten erläutert wird, was von wem jeweils genau unter Inter- und Transdisziplinarität verstanden wird und worin folglich die erhoffte Innovation besteht, einmal abgesehen davon, dass mit beiden Begriffen derzeit hoch besetzte Vokabeln aufgerufen werden – Dynamik, Flexibilität, Modernisierung –, die in deutlichem Kontrast stehen zu den mit Disziplin verbundenen Konnotationen: Stasis, Rigidität, Reformfeindlichkeit. Tunlichst wird auch der Blick zurück vermieden, würde dieser doch, worauf Peter Weingart (1997) hinwies, zu Tage fördern, dass in der Rede über Inter- und Transdisziplinarität deren Innovationskraft spätestens seit den Hochschulreformen der späten 1960er-Jahren als »Allheilmittel der Universitätsreform« gehandelt wird (Weingart 1997, 521), ohne dass dies allerdings zu substanziellen Institutionalisierungen interdisziplinärer Forschungs- und Lehrstrukturen geführt hätte. Ebenso selten werden die verstreut – etwa in der Frauen- und Geschlechterforschung, der Ökologie- und Nachhaltigkeitsforschung oder in der Wissenschaftssoziologie und -theorie – geführten epistemologischen Debatten zu Inter- beziehungsweise Transdisziplinarität wechselseitig zur Kenntnis genommen oder gar aufeinander bezogen. Kurzum: Inter- beziehungsweise aktuell besonders Transdisziplinarität stehen zwar hoch im Kurs, doch zum einen geht »die Arbeit an normativen Disziplinstrukturen« (Funken 2000a, 15) munter weiter, und zum anderen bleibt meist im Unklaren, was genau jeweils mit der inter- und transdisziplinären Rede gemeint ist.

In dieser hier zunächst nur kursorisch skizzierten Gemengelage ist auch der feministische Komplex Inter-/Transdisziplinarität – der epistemische Diskurs wie die praktischen Versuche ihrer materialen Erprobung in der Geschlechterforschung und feministischen Lehre – situiert, der das Thema dieses Kapitels ist. Nachdem wir uns im vorangegangenen Kapitel bereits mit dem Selbstideal einer »undisziplinierten Interdisziplinarität« in der Frauen- und Geschlechterforschung sowie mit der Herausforderung Disziplinarität auseinander gesetzt haben, will ich in diesem letzten Kapitel zum einen nach der Funktionalität der Rede von Inter- beziehungsweise Transdisziplinarität fragen, zum anderen möchte ich das Augenmerk auf die Bedingungen der Möglichkeit für eine transdisziplinäre Wissenspraxis richten. Ich werde dafür in zweifacher Hinsicht nach *material conditions* fragen: *Erstens* nach den konkreten institutionellen Rahmenbedingungen sowie *zweitens* nach den weiträumigeren akademischen Transformationen, innerhalb deren inter- beziehungsweise transdisziplinäre Forschung und Lehre im Feld der Frauen- und Geschlechterforschung derzeit stattfinden kann. Schließlich steht dann die epistemische Dimension im Vordergrund, wobei ich mich auf Konzeptionen von Transdisziplinarität konzentriere. Ich diskutiere verschiedene gegenwärtig zirkulierende Konzeptionen von Transdisziplinarität, die den Horizont bilden innerhalb dessen auch die feministischen Konzeptionen positioniert sind, um abschließend die begrenzten Möglichkeiten einer transdisziplinären Wissenspraxis (in) der Frauen- und Geschlechterforschung zu diskutieren.

7.2 Material Conditions

Die häufig feststellbare Unklarheit in der Rede über Inter- beziehungsweise Transdisziplinarität, das heißt die Unklarheit, was darunter zu verstehen wäre, ist nicht zuletzt aufgrund fiskalischer Vorgaben und politisch gesetzter Prioritäten – und damit sind wir bereits mitten im Thema der begrenzten Möglichkeiten, der *material conditions*, für inter- oder transdisziplinäres wissenschaftliches Arbeiten in der Frauen- und Geschlechterforschung – wissenschaftspolitisch für manche der beteiligten Akteure von strategischem Vorteil. Denn die beispielsweise von staatlicher Seite geforderte Inter- oder Transdisziplinarität ist oft genug nur maskierte Streichungspolitik. Jedenfalls haben so genannte »Querschnittsprofessuren« zumindest von der staatlichen Intention her oft sehr wenig mit transdisziplinärem »Querdenken« zu tun. Zudem werden diese Professuren für den geforderten ständigen Transit sowohl zwischen den Disziplinen als auch zwischen der so genannten »Herkunftsdisziplin« und dem inter- oder transdisziplinären Feld in der Regel materiell schlecht oder gar nicht ausgerüstet. Dabei wäre, um tatsächlich innovative Formen inter- oder transdisziplinärer Forschung und Lehre entwickeln zu können, zum Beispiel eine zumindest temporäre Freistellung von den Routinen des disziplinären Betriebes nötig, damit Zeitbudgets für die Reisen zwischen und die

Aufenthalte in »fremden« Disziplinen entstünden. Stattdessen regiert das allfällig bekannte administrative Zauberwort der »Kostenneutralität«, das nichts anderes besagt, als dass eine geringer werdende Zahl von WissenschaftlerInnen immer mehr Studierende in immer neuen Studiengängen betreuen soll, in denen letztlich nicht zählt, was gelehrt wird, solange es »exzellent« oder »innovativ« ist.[4] Kurz gesagt: Eine immer größer und diverser werdende *workload* soll von immer weniger Personal und unter Bedingungen knapper Ressourcen bewältigt werden.[5]

Einmal mehr zeigt sich auch hier die (beunruhigende) Tendenz, dass das Wissen der »Wissensgesellschaft« vor allem Ware ist und sich den üblichen Marktformen und ihren beschleunigten Verfallszeiten anzupassen hat beziehungsweise diesen längst angepasst wurde.[6] Eine akademische »Innovation« jagt die nächste, orientiert an zunehmend imaginärer werdenden Vorstellungen der »Bedürfnisse« des (Arbeits-)Marktes, die – dem »dumpfen Zwang des Ökonomischen«, wie Marx es einst nannte, gehorchend – die Grundlage für die einzig noch legitime Rationalität im globalisierten Kapitalismus abzugeben scheinen. Die vorrangige Aufgabe der WissenschaftlerInnen scheint in solchen Verhältnissen immer weniger die zu sein, Wissen zu produzieren – ein bekanntermaßen eher langsamer, umwegiger, wenig vorhersehbarer und nur begrenzt steuerbarer Prozess – als es zu managen, es marktgerecht aufzubereiten und an die

4 Die Funktion des Diskurses zu Exzellenz analysiert Bill Readings in seiner überaus erhellenden Studie *The University in Ruins* (1996). Readings interpretiert diesen Diskurs als Symptom der Vermarktlichung von Universität. Es zähle nicht länger, was gelehrt und geforscht wird, solange es »exzellent« geschehe (vgl. Readings 1996, 13).

5 Die Grundmittel für die Hochschulen stiegen laut einer Berechnung des Wissenschaftsrates von 1993 bis 2000 im jährlichen Mittel nominal um 1,42 %, was bedeutet, dass sie unter Berücksichtigung von Inflation und Tarifsteigerungen real gesunken sind. Der überwiegende Teil der Grundmittel ist für Studium und Lehre gebunden, was bedeutet, dass bei steigenden Studierendenzahlen und andauernder Stagnation in der Entwicklung der Grundmittel immer weniger Mittel für die Lehre, aber noch weniger Grundmittel für die Forschung zur Verfügung stehen.
Vgl. hierzu die Stellungnahme des Wissenschaftsrates (Drs. 5653/03) zur »Denkschrift der Deutschen Forschungsgemeinschaft: Perspektiven der Forschung und ihrer Förderung XI (2002-2006)«.

6 Vgl. hierzu auch Miyoshi 2000.

mehr oder minder konsumwillige Kundschaft zu bringen, frei nach dem Motto: »Wissen online ist alles« (Mittelstraß 2003, 7).

Inter- beziehungsweise Transdisziplinarität kommt in solchen Wissensverhältnissen gewissermaßen die Rolle des »Transmissionsriemens« zu, wodurch schnelle und bewegliche Anschlussfähigkeit, Übersetz- und Anwendbarkeit signalisiert werden soll. Inter- und Transdisziplinarität fungiert hier als Emblem der akademischen Variante des Regimes der »Flexibilität« in postfordistischen Arbeits- und Lebensverhältnissen, wie es Richard Sennett (1998) beschrieben hat. Dieses Regime der Flexibilität bestehe aus »drei Elementen: dem diskontinuierlichen Umbau von Institutionen, der flexiblen Spezialisierung der Produktion und der Konzentration der Macht ohne Zentralisierung« (Sennett 1998, 58 f.).

Wie aber tatsächlich zu navigieren wäre zwischen dem akademischen »Stammhaus«, in dem die »wirkliche« Wissenschaft stattfindet, und den provisorischen Bretterbuden, in denen in der Regel die inter- und transdisziplinär gedachten respektive sich selbst als solche denkenden Projekte wie die Frauen- und Geschlechterforschung untergebracht sind, bleibt meist der Einzelnen und ihrem Organisationsgeschick überlassen. Das beinhaltet beispielsweise eine äußerst heterogene Zusammensetzung von Studierenden, die Anforderung, sich in oft völlig verschiedenen, sich wechselseitig nicht zur Kenntnis nehmenden und intellektuell wie institutionell unterschiedlich ausgereiften wissenschaftlichen Kulturen zu orientieren. Es impliziert institutionell so alltägliche organisatorische Dinge wie eine doppelte Anzahl an Sitzungsterminen oder die Notwendigkeit, mit mehr als einer Fakultäts- oder Fachbereichsverwaltung und ihren organisatorischen Abläufen umzugehen, etwa wenn Seminare mehrfach, das heißt in der so genannten »Herkunftsdisziplin« und in besonderen Lehrprogrammen für Frauen- und Geschlechterforschung, ausgewiesen werden – was vor dem Hintergrund, dass kaum Stellen existieren, deren Lehrdeputat ausschließlich für die Frauen- und Geschlechterforschung zur Verfügung steht, der Regelfall ist.

Zudem ist die Frauen- und Geschlechterforschung innerhalb der real existierenden Ordnung der Disziplinen intrinsisch eingebettet in einen größeren Rahmen von Akkreditierung und Professionalisierung, wie er mit dem je spezifischen disziplinären Training verbunden ist. Das heißt, Frauen- und GeschlechterforscherInnen müssen (?) tagtäglich mit der Herausforderung umgehen, gegenüber ihren »Herkunftsdisziplinen« – bereits die Vokabel verweist darauf, dass die symbolische Macht der Disziplinen bei aller Rhetorik ihrer Dysfunktionalität relativ ungebrochen ist – intelligibel und anerkennungsfähig zu bleiben. Und dies gilt zumindest so lange, wie die Frauen- und Geschlechterforschung nicht über eigene robuste Anerkennungsstrukturen und materielle Ressourcen verfügt und wie diese symbolische Macht der Disziplinen, ihre Gravitation, stärker ist als die Bindungskraft, die die Frauen- und Geschlechterforschung selbst entfalten kann.[7]

Die disziplinäre Organisation des wissenschaftlichen Wissens – insbesondere die disziplinär organisierten Strukturen von Qualifikation und Bewertung, Evaluation und Beförderung – beeinflusst aber auch das intellektuelle und institutionelle Design der Frauen- und Geschlechterforschung, etwa in der Curriculum-Entwicklung oder in der gemeinsamen Lehrpraxis des *team-teaching* oder aber dadurch, dass die Geschlechterforschungseinrichtungen meist nicht autonom über den Zuschnitt und die disziplinäre Ansiedelung der Stellen entscheiden können. Sie strukturiert darüber hinaus die Beziehungen zwischen den aus verschiedenen Disziplinen kommenden und diesen tendenziell verhafteten Wissenschaftlerinnen, ohne dass wir viel über diese Psychodynamik der disziplinären Organisation des wissenschaftlichen Wissens wüssten, etwa wie die Materialität von Wissensproduktion in den Disziplinen oder deren je spezifische »moralischen Ökonomien« (Daston 2001c) möglicherweise Disidentifikation, Ambivalenz und intellektuelle Unzufriedenheit innerhalb des Feldes der Frauen- und Geschlechterforschung produzieren. Solange daher jenseits der inter- und transdisziplinären Rhetorik der Raum und die Ressourcen zur Erprobung und Praktizierung von Inter- und Transdisziplinarität sowie die geeigneten Verkehrswege und -mittel zwischen den Disziplinen fehlen, wird Inter- und Transdisziplinarität eher ein ›Papiertiger‹ als eine akkurate Beschreibung wissenschaftlicher Forschungs- und Lehrpraxis in der Frauen- und Geschlechterforschung sein.

7 So braucht man sich nur zu vergegenwärtigen, dass in der Regel jede/r sich als ›SoziologIn‹ oder ›LiteraturwissenschaftlerIn‹ oder ›PhysikerIn‹ vorstellen wird und nicht als Frauen- oder GeschlechterforscherIn.

7.3 Funktionale Antagonismen

Wie so oft nimmt sich also die Realität vor Ort wesentlich komplizierter aus, als sie uns aus akademischen Sonntagsreden oder wissenschaftspolitischen Programmatiken entgegentritt. Inter- und Transdisziplinarität präsentieren sich im Licht dieser Verhältnisse weniger als hehres Programm denn als Teil der Artikulation eines »funktionalen Antagonismus« (Schimank 1994). Dessen Funktionalität besteht darin, dass als einander widerstreitend artikulierte Kräfte jeweils unterschiedliche, entgegengesetzte Funktionserfordernisse – Disziplinarität versus Transdisziplinarität – hochhalten, wobei es darauf ankommt, dass keine der beiden Seiten jemals dauerhaft die Oberhand gewinnt. Schlicht gesagt: Je mehr Differenzierung und Spezialisierung in der Wissensproduktion tatsächlich stattfindet – und unbestreitbar ist genau das die vorherrschende Tendenz, auch innerhalb der Disziplinen –, desto lauter wird der Ruf nach Inter- und Transdisziplinarität.

Die Funktionalität der Artikulation solcher Antagonismen besteht in der Tat nicht darin, die jeweiligen Kontroversen und Debatten tatsächlich zu entscheiden, das heißt, sich auf Disziplinarität *oder* Interdisziplinarität festzulegen. Im Gegenteil: Es gilt, diese Antagonismen dauerhaft am Laufen und damit unentschieden zu halten, um so den Fortbestand einer einmal etablierten institutionellen Form, nämlich disziplinärer Spezialisierung, zu garantieren. Diese Art von Kontroversen ist also gewissermaßen das Lebenselixier von Institutionen. Metaphorisch gesprochen: Nur so viel Reparaturarbeit wie nötig, so wenig grundlegende Sanierung wie möglich. Das aber heißt vor allem, dass ein inter- oder transdisziplinärer Umbau der disziplinären ›Häuser des Wissens‹ nur bedingt das Ziel ist. Auch den BefürworterInnen transdisziplinärer Modernisierung geht es daher womöglich überhaupt nicht um einen Umbau (in) der Disziplinstruktur, sondern darum, sich in dieser einzurichten und sozusagen interdisziplinäre Pufferzonen zu schaffen sowohl für das, was noch nicht untergebracht werden kann oder was nicht untergebracht werden soll in den Disziplinen, als auch – zumindest teilweise – um die für die Reproduktion der Disziplinen ja tatsächlich notwendigen intellektuellen Innovationen zu ermöglichen. Interdisziplinäre Felder könnten insofern auch als eine Art Hilfswissenschaft für die Mitglieder der disziplinären »Königsklasse« verstanden werden oder, modernisiert gesprochen, als das akademische Pendant zur globalisierten Dienstleistungsklasse, deren Aufgabe die Reproduktion globaler Eliten ist.

Die Debatten um Inter- und Transdisziplinarität stellen sich aber auch als eine Arena dar, in der nicht nur einander entgegengesetzte Funktionserfordernisse aufeinander treffen, sondern auch als ein Turnierplatz, auf dem um symbolisches Kapital, um ökonomische Ressourcen und akademisches Prestige gerungen wird. Als Reaktion etwa auf die in den Sphären von Politik und Wirtschaft formulierte Anforderung an die Wissenschaft, sich inter- oder transdisziplinär zu reorganisieren, und die Tendenz, immer neue »kostenneutrale« Hybriden zu produzieren, schotten sich vor Ort die Fächer im Effekt gegeneinander ab und verteidigen spätestens dann, wenn es ums Geld geht, die Überlegenheit sowohl von einzelwissenschaftlichen Forschungsperspektiven als auch von disziplingebundener akademischer Ausbildung. Es ließe sich hier allerdings auch argumentieren, dass die »Angst« der Disziplinen vor Auflösung vor dem Hintergrund der im Gewand der transdisziplinären Modernisierung auftretenden Strategien der Verschlankung der Universitäten die Tendenz der Redisziplinierung – die allfällige »Besitzstandswahrung« – geradezu provoziert. Die von Seiten der Fächer oft polemische Rhetorik der Überlegenheit disziplinärer Methodenkenntnis (*skillfullness*) gegenüber interdisziplinärem Dilettantismus (*de-skilling*)[8] oder auch der Vorwurf der Oberflächlichkeit interdisziplinärer Forschung und Lehre[9] wären also vor allem zu sehen als die eine Seite der Artikulation jenes funktionalen Antagonismus ›Disziplinarität versus Transdisziplinarität‹, der letztlich vor allem das *disziplinäre* Spiel am Laufen hält.

8 Zum Moment des *de-skilling* in transdisziplinärer Frauen- und Geschlechterforschung siehe Baader 1998; für eine Kritik dieses Vorwurfs siehe Wenk 1998.

9 Im Kontext der Debatte um die Einführung von eigenständigen Ph.D.-Programmen in *Women's Studies* in den USA argumentiert beispielsweise Susan Stanford Friedman (1998), dass interdisziplinäre Ausbildungen Gefahr liefen, oberflächlich zu sein: »It is one thing to develop a strong home base which one enriches and challenges with ideas and methods from other areas; it is another thing entirely to be interdisciplinary from the get-go, combining a little of this and a little of that into a form of intellectual bricolage. If the danger of disciplinarity resides in potential overspecialization, the danger of interdisciplinarity rests in potential superficiality. Disciplinarity offers depth but also insularity; interdisciplinarity offers scope but also rootlessness« (Friedman 1998, 312).

Weingart spricht daher nicht zu Unrecht von einem nur »scheinbaren Widerspruch« zwischen der Propagierung von Interdisziplinarität einerseits und einer feststellbaren fortschreitenden wissenschaftlichen Spezialisierung andererseits: »*Interdisziplinarität* (oder *Transdisziplinarität* und ähnliche Ableitungen) wird propagiert, gefordert, gelobt und in Förderprogramme geschrieben, aber gleichzeitig schreitet die Spezialisierung in der Wissenschaft ungehindert voran« (Weingart 1997, 521 f.; Hervorhebung i. O.).

So unwohl es mithin den Fächern in ihrer eigenen Haut auch sein mag, von spielerisch-verschwenderischer Leidenschaft am »Ermitteln und Feststellen eines neuen Inhaltes für sämtliche Wissenschaften« und vergnügter disziplinärer Maskerade, wovon Gottfried Kellers Erzähler zu berichten wusste, ist heute in der Regel weder viel zu merken, noch haben Ökonomien der »Verschwendung«, des zweckfreien Sich-Verausgabens wissenschaftspolitisch derzeit Konjunktur. Im Gegenteil: Transdisziplinarität gilt den WissenschaftsadministratorInnen geradezu als Signum effizienterer Wissensproduktion, da sie, so die auch von Seiten ihrer wissenschaftlichen VerfechterInnen genährte Vorstellung, unmittelbarer an den gesellschaftlich zu lösenden Problemen ansetze, sich nicht dauerhaft institutionalisiere, Kosten für die Reproduktion also entfielen und so schneller und besser verwertbares Wissen bereitgestellt werden könne.

Wolf Lepenies' teils ernüchterte, teils polemische Kritik, dass die »strenge Beschwörung disziplinärer Identitäten« allenfalls noch einen Nutzen für die Verteilung knapper Ressourcen und die Befeuerung »altmodischer akademischer Hahnenkämpfe« [sic!] hätte (Lepenies 1997b, 93 f.), geistespolitische Anregungen sich auf diese Weise jedoch nicht mehr gewinnen ließen, wäre vor diesem Hintergrund also dahingehend zu erweitern, dass auch die politisch forcierte Rede über Transdisziplinarität bisher nur begrenzt Inspirationen für eine Neuorientierung der Wissenschaft im 21. Jahrhundert anzubieten hat beziehungsweise die ›altmodischen akademischen Hahnenkämpfe‹ lediglich oberflächlich modernisiert wurden: Statt ›Hahnenkämpfen‹ wird ›Formel 1‹ geboten.

7.4 Transformation zur »entrepreneurial university«

Jedenfalls sind, statt des »radikalen Überdenkens der Grundlagen vieler Disziplinen« und einer »himmelsrichtungsneutralen« kritischen Evaluation ihrer institutionellen Arrangements (Lepenies 1997a, 45), vielerorts eher Bestrebungen festzustellen, die epistemischen, politischen und sozialen Erschütterungen, denen das wissenschaftliche Wissen im 20. Jahrhundert ausgesetzt war, zu übergehen und sich im neoliberal reorganisierten Triangel von Staat – Markt – wissenschaftlicher Oligarchie (Burton Clark 1983) zu arrangieren. Absehbar scheint, dass die Universität der Zukunft sich an Konzepten orientieren wird, die mit dem Begriff der *»entrepreneurial university«* (B. Clark 1998) präzise umschrieben sind und im Wesentlichen die Inkorporierung ökonomisch-technologischer Interessen in die Universität sowie deren Restrukturierung entlang von Regulierungsmodellen, die unter den Stichworten *New Public Management* beziehungsweise *Managerialismus* gefasst werden, zur Folge haben.[10] Entschieden scheint bereits, dass die *Spiritus recti* der Universität der Zukunft nicht Wilhelm von Humboldt, sondern Bill Gates und Hasso Plattner sein werden. Wo jener Erziehung durch Wissenschaft in der universitären Einheit von Forschung und Lehre anvisierte, verkörpern diese das zukünftige Leitbild der Universität als eines *output*-orientierten Unternehmens, dessen Aufgabe die Produktion von Jobs sowie von Job-Training für diese Jobs ist[11] und das geführt wird von Managern, die wissenschaftliche Leistung nach ökonomisch informierten Kriterien von Effizienz beurteilen. In polemischer Schärfe hat jüngst Peter Fuchs (2002) diese Entwicklung kritisiert: Die Verwandlung von Hochschulen in »Trivialmaschinen« durch Ranking, Evaluierung und den Zwang zur Einwerbung von Drittmitteln würde zum Verlust der Freiheit der Wis-

10 Zum Management-Modell in der Restrukturierung von Universitäten vgl. Dietmar Braun 2001, 253 ff., sowie Delanty 2001, 106 ff. Zum Komplex der unternehmerischen Hochschule siehe auch Andresen 2001, 78 ff.

11 Readings (1996) analysiert am Beispiel der Aufgabenbestimmung der Universität heute, wie sie die Präsidentin des kanadischen *University College of Cape Breton, Nova Scotia,* Jacqueline Scott, 1994 in einer Podiumsdiskussion kanadischer Universitätspräsidentinnen vornahm, diese Transformation des Humboldt'schen Universitätsideals. Scott habe die Universität als »integrated industry« definiert, deren Aufgabe »human resource development« sei: Sie produziere Jobs durch Forschung und Job-Training in der Lehre (Readings 1996, 11 f.).

senschaft führen. Stattdessen würde Forschung am Markt orientiert, an Abnahme- und Zahlungsbereitschaft.

Kurz zusammengefasst lassen sich in diesen Transformationsprozessen zur *entrepreneurial university* Indizien für alle drei Elemente des von Sennett skizzierten Regimes der Flexibilität feststellen: den diskontinuierlichen Umbau von Institutionen, die flexible Spezialisierung der Produktion und die Konzentration der Macht ohne Zentralisierung. Diese stellen die wissenschaftspolitischen Rahmenbedingungen dar, innerhalb deren die begrenzten Möglichkeiten einer transdisziplinären Wissenspraxis (in) der Frauen- und Geschlechterforschung zu verorten wären:

Wir haben es *erstens* mit einer Reformulierung des Verhältnisses von Staat und Hochschule zu tun, vor allem im Hinblick auf fiskalische, inhaltliche und personalpolitische Belange. Das bedeutet nicht, dass sich der Staat aus der Wissenschaftspolitik zurückzieht. Im Gegenteil: Der rhetorischen Aufwertung von wissenschaftlicher Ausbildung für die ›Herausforderung Wissensgesellschaft‹ korrespondiert die von Seiten der staatlichen Akteure deutlich formulierte Anforderung an die Hochschulen und Forschungseinrichtungen, die öffentlichen Zuwendungen im Rahmen der gegebenen Rationalitätsordnung – und das heißt heute im Wesentlichen im Rahmen betriebswirtschaftlich informierter Parameter – auch zu rechtfertigen.[12] Das bedeutet, dass wir es zum einem mit einem Zuwachs an Rechenschaftspflicht – einem Zuwachs an bürokratischen Aufgaben – zu tun haben, zum anderen mit einer Vielzahl neuer Steuerungsinstrumente (Zielvereinbarungen), in denen sich die Hochschulen gegenüber dem Staat zur Realisierung bestimmter Ziele verpflichten, für die sie dann finanziert werden.[13] »Die Politik«, so auch D. Braun (2001),

12 Die sich im Kontext von Gleichstellungspolitik durchsetzenden Instrumente der monetären Sanktionierung von Gleichstellungsanstrengungen – das heißt, diejenigen, die etwas dafür tun, werden finanziell bevorteilt, die anderen benachteiligt – trägt so womöglich – unfreiwillig? – zur Durchsetzung dieser Rationalitätsordnung bei.

13 Becher/Trowler (2001) sprechen für das Hochschulsystem des Vereinigten Königreichs von einem »›bid and deliver‹ system of public funding, which has seen financial allocations tied to tightly specified performance« (Becher/Trowler 2001, 6f.).

wird sich in Zukunft das Recht vorbehalten, globale qualitative und quantitative Zielvorgaben in Bezug auf die Forschungs- und Lehrangebote, die Kapazitäten und das Budget zu setzen, sowie die allgemeinen gesetzlichen und finanziellen Rahmenbedingungen der Hochschulen sicherstellen. Die operative Autonomie dagegen wird weitgehend den Universitäten zufallen. Die operativen Entscheidungen an den Universitäten, also die Fakultäten, Institute und Lehrstühle, werden künftig im Rahmen der strategischen Zielvorgaben handeln müssen (Braun 2001, 254).

Es ist *zweitens* ein extremer Ökonomisierungs- und Rationalisierungsdruck sowie die stärker werdende Präsenz des Marktes als strukturierendes Prinzip innerwissenschaftlicher Prozesse zu beobachten. Indizien dafür sind etwa die bereits angesprochene Orientierung von Forschung und Lehre an (Arbeits-)Markterfordernissen und -verwertbarkeit, die Transformation der Rolle der Studierenden in KundInnen der Hochschule respektive KonsumentInnen der Ware Wissen und Ausbildung. Dies geschieht vor allem durch die Einführung beziehungsweise durch die Debatte um die Einführung von Studiengebühren; rhetorisch zeigt sich diese Transformation bereits in Begriffen wie »Studienkonten«. Andere Indizien sind die bereits angesprochene Proliferation von immer kleinteiligeren Studiengängen; die Kooperationen zwischen Industrie und Hochschulen zwecks Einrichtung neuer Institute und Studiengänge, die explizit für die Bedürfnisse beispielsweise eines Unternehmens entwickelt werden; die Einführung, wie gesehen, von ökonomischen Steuerungselementen oder die Tatsache, dass Universitäten selbst als »venture capitalists« auftreten und ihre Forschung direkt an die Industrie verkaufen.[14]

Ökonomisierung und Rationalisierung von Forschung bewirken *drittens* eine verstärkte Kommodifizierung der wissenschaftlichen Arbeit, der wissenschaftlichen Fertigkeiten und Produkte sowie der Beziehungen sowohl zwischen Lehrenden und Studierenden als auch zwischen den Forschenden und zwischen den WissenschaftlerInnen und ihren Projekten. Ebenso erfolgt die curriculare Reorganisation von Studiengängen oft gemäß Kriterien außerwissenschaftlicher (oft imaginierter) beruflicher Verwertbarkeit statt nach

14 Dies ist nicht zuletzt eine Tendenz, die bestimmte Formen von Transdisziplinarität begünstigt, etwa die so genannten »*Mode 2*«-Konzeptionen, auf die ich noch zu sprechen komme.

im engeren Sinne wissenschaftlichen oder aber auch ethischen Kriterien.

Die Reformulierung des Verhältnisses von Staat und Hochschulen sowie außerhochschulischen Forschungseinrichtungen geht *viertens* einher mit knapper werdenden Mitteln und/oder mit der gezielten Umverteilung von Ressourcen sowohl zwischen den Hochschulen und Forschungseinrichtungen als auch innerhalb der Hochschulen zwischen Fächern und Fachbereichen. Sie ist darüber hinaus begleitet von der forcierten Entdemokratisierung und Zentralisierung der akademischen Selbstverwaltungsstrukturen durch die Einführung neuer, hierarchisch geprägter Managementstrukturen, die eine Veränderung der Entscheidungs- und Machtstrukturen innerhalb der Hochschulen bewirken werden.[15] Wir haben es also mit einer Situation verschärfter Verteilungskämpfe um finanzielle Ressourcen und »Humankapitalien« (der berühmte globale »Wettstreit um die besten Köpfe«) zu tun: Zwischen einzelnen Universitäten, zwischen den Universitäten, Fachhochschulen und außeruniversitären Forschungseinrichtungen, zwischen den Fächern, aber auch zwischen den Geschlechtern, zwischen »einheimischen« und »ausländischen« WissenschaftlerInnen. Das aber bedeutet auch eine (verschärfte) Situation des Wettstreits um wissen-

15 So argumentierte etwa Manfred Erhardt in seiner Funktion als Generalsekretär des Stifterverbandes für die Deutsche Wissenschaft in der *Wirtschaftswoche* (5/1997): »Warum sollten deutsche Hochschulen nicht wie amerikanische geführt werden? Das Rektorat soll die Haushaltskompetenz erhalten und über die interne Mittelvergabe entscheiden können. Die Universität könnte wie ein Unternehmen mit dem Rektor als Vorstand und einem Board als Aufsichtsrat geführt werden« (zitiert nach Stucke 2001, 128).
In den neu verabschiedeten Hochschulgesetzen ist dieser »Systemwechsel«, so der Wissenschaftsminister von Rheinland-Pfalz, Zöllner, bereits vollzogen: Im rheinland-pfälzischen Gesetz beispielsweise, das am 1. September 2003 in Kraft trat, ist die Aufgabe des Hochschulpräsidenten wie folgt definiert: Er »verteilt die für die Hochschule zugewiesenen Stellen und Mittel im Rahmen der allgemeinen Grundsätze des Senats auf die mittelbewirtschaftenden Stellen […] und erteilt dem Senat, seinen Ausschüssen und Beauftragten auf Verlangen Auskünfte«. Der Präsident »entscheidet über die Gewährung von Leistungsbezügen«, stellt »einen Geschäftsverteilungsplan auf, der für die Leitung der Hochschule im Benehmen mit dem Senat erlassen wird«. Dagegen ist die Funktion des Akademischen Senats deutlich beschnitten: »Der Senat hat die Präsidentin oder den Präsidenten zu wählen«; er »hat den Jahresbericht des Präsidenten entgegenzunehmen«. Alle Zitate nach Dauenhauer 2003, 600.

schaftliche Gegenstände, legitime theoretische Zugänge und Methoden.

Die partiell erfolgreiche Institutionalisierung von Frauen- und Geschlechterforschung als nominal inter- oder transdisziplinäres Wissensfeld kann in diesem Kontext als Gegentendenz zur Verschlankung und Vermarktlichung der Hochschulen, sie kann aber auch als Teil dieser Transformationen interpretiert werden. Die teilweise zu beobachtende Einrichtung von entgeltpflichtigen Zusatzstudiengängen, die »Gender-Kompetenz« vermitteln,[16] trägt jedenfalls mit dazu bei, den Gedanken zu normalisieren, dass Wissen ein Gut ist, für das individuell zu zahlen ist. Vor allem aber findet die Institutionalisierung der Frauen- und Geschlechterforschung nach wie vor statt unter extrem konjunkturanfälligen und prekären Bedingungen. Insofern kann auch die Bereitschaft der Frauen- und GeschlechterforscherInnen, um ›der Sache willen‹ kostenneutrale Lösungen zu akzeptieren, als Element der neoliberalen Regulierung von Wissenschaft verstanden werden. Sie »beweist« zumindest, dass immer noch immer mehr zu immer geringeren Kosten zu machen ist. Unter diesem Druck, so Gudrun-Axeli Knapp (1998c), könne dann auch Transdisziplinarität zum allerneuesten *label* im Kampf um institutionelles Terrain verkommen. Nüchtern betrachtet, geht es also oft genug eher um Strategien des institutionellen Überlebens als um die Umsetzung annähernd ausgereifter inter- oder transdisziplinärer Lehr- und Forschungskonzepte.

Wenden wir uns nun, bevor ich abschließend die begrenzten Möglichkeiten einer transdisziplinären Wissenspraxis (in) der Frauen- und Geschlechterforschung diskutiere, der epistemischen Dimension von Inter- und Transdisziplinarität zu, wobei ich mich auf Konzepte von Transdisziplinarität konzentriere: Welche Konzepte werden gegenwärtig – bei aller Unschärfe, die die Rede über Transdisziplinarität bestimmt – unter diesem Begriff verhandelt? Wo ergeben sich produktive Anschluss- und Schnittstellen zur Frauen- und Geschlechterforschung, und wo ist es nötig, sich zu unterscheiden?

16 Beispielsweise an der Freien Universität Berlin, an der Hochschule für Gestaltung und Kunst, Zürich, oder der Fachhochschule Nordwestschweiz in Olten.

7.5 Konzepte von Transdisziplinarität

In idealtypischer Verdichtung lassen sich zwei Orientierungen in den Konzepten von Transdisziplinarität unterscheiden: *Erstens* anwendungs- und problemorientierte Konzeptionen, in denen der Brückenschlag zwischen wissenschaftlicher Forschung und den Anwendungskontexten der wissenschaftlichen Ergebnisse im Zentrum steht, oder solche, in denen es um *cross-overs* zwischen verschiedenen Wissensformen geht, etwa zwischen Wissenschaft und Kunst. »Trans« steht in beiden Varianten für die Überschreitung der Grenze zwischen Wissenschaft und Nicht-Wissenschaft. Hierzu zählen insbesondere die in den vergangenen Jahren im Bereich der Ökologie- und Nachhaltigkeitsforschung intensiv popularisierten und diskutierten Formen von Wissensproduktion, die unter Bezeichnungen wie »*post-normal science*«, »*postacademic science*« oder »*Mode 2*« firmieren.[17]

Transdisziplinarität steht hier für eine deutliche Anwendungsorientierung von Forschung. Transdisziplinarität sei, so die »Interfakultäre Koordinationsstelle für Allgemeine Ökologie« der Universität Bern, »eine spezielle Form problemorientierter Interdisziplinarität, die Anwenderinnen und Anwender in ihre Forschung einbezieht«.[18] Die Problemlösungen entstehen im Kontext der Anwendung und nicht im Kontext der disziplinär organisierten Wissenschaft. Das transdisziplinär erzeugte Wissen geht, mit anderen Worten, aus einem bestimmten Anwendungskontext hervor, und die Forschungsresultate bleiben auf diese Kontexte bezogen. Transdisziplinarität, so auch Jaeger/Scheringer (1998) ebenfalls im Kontext von Sozialökologie, zeichne sich durch folgende Merkmale aus: Problemverständnis und Problemdefinition würden disziplinunabhängig entwickelt, das Problem werde in Teilbereiche zerlegt, die allerdings auf ihre spätere Integration hin ausgerichtet seien, es bestehe folglich ein wechselseitiger Bezug zwischen den Teilbereichen und dem Gesamtproblem, und schließlich erfolge die Bearbeitung der Teilbereiche in freier Wahl der Methodenanwendung und -entwicklung. Zwar müsse, so Jaeger/Scheringer, Transdisziplinarität

17 Für eine ausführliche Darstellung und Diskussion dieser Konzeptionen siehe auch Weingart 1999; 2001, 15 f.

18 Zitiert nach: www.ikaoe.unibe.ch/institut/inter.transdiszipl.def.html, 23. Mai 2005.

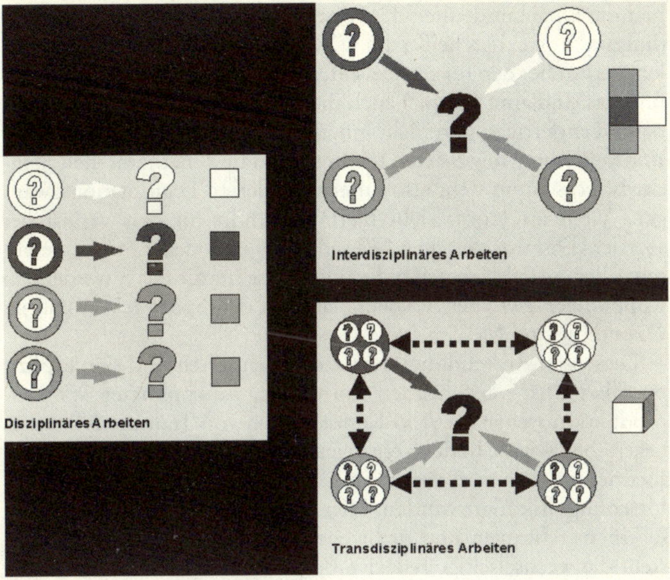

Abb. 8 zu Fußnote 19: Inter/Transdisziplinarität (*Quelle:* www.suschange.de/transdis.html, 23.03.2005).

nicht immer anwendungsorientiert sein, in jedem Fall sei aber für transdisziplinäre Forschung die Problemorientierung entscheidend.

Von den Verfechtern der »*Mode 2*«-Konzeption werden darüber hinaus »eigene, unterscheidbare theoretische Strukturen, Forschungsmethoden und Praktiken, die aber nicht auf einer vorherrschenden disziplinären Karte lokalisierbar« seien, reklamiert (Gibbons u. a. 1994, 168). »*Mode 2*« bzw. »*postacademic science*« versteht sich explizit als außer- respektive postuniversitäre und nicht disziplinorientierte Wissensproduktion.[19] Über die Vernetzung von Forschungszentren, *think-tanks* und Beratungsbüros entstünden Kontexte, die an die Stelle der Disziplinen treten (sollen) und zudem den »Vorteil« aufweisen würden, transitorisch zu sein. Reflexivität meint

19 Grafisch wird der Unterschied zwischen Disziplinarität, Interdisziplinarität und Transdisziplinarität beispielsweise so dargestellt: (Abb. 8).

hier die Eingebundenheit der Forschung in ihre jeweiligen Anwendungskontexte. Das heißt, die Wissensproduktion muss sich vor allem gegenüber den für sie relevanten gesellschaftlichen Kontexten – und das sind zum Beispiel auch die privatwirtschaftlichen Geldgeber – rechtfertigen und nicht innerhalb der jeweils relevanten *scientific community* sowie deren theoretischen und methodischen Standards; Forschung steht also unter veränderten Legitimationszwängen. Weingart (2001) sieht hierin ein Indiz für den Verlust der sozialen Distanz zwischen Wissenschaft und den übrigen gesellschaftlichen Teilsystemen beziehungsweise für die enger werdenden Kopplungen zwischen Wissenschaft und den Sphären von Politik, Ökonomie und Medien.

Diesen an Anwendungskontexten orientierten und sich explizit postdisziplinär verstehenden Formen transdisziplinärer Wissensproduktion stehen *zweitens* Konzeptionen von Transdisziplinarität gegenüber, wie sie in den vergangenen Jahren in der Wissenschaftstheorie, insbesondere aber auch in der Frauen- und Geschlechterforschung diskutiert wurden. Hier geht es um »Postdisziplinarität« in einem reflexiven und nicht epochalen Sinne: Im Vordergrund steht die wechselseitige reflexive Bezugnahme zwischen den Disziplinen, der disziplinäre »Beziehungssinn« (Hark 1998c, 15). Ich will diese Konzeptionen *disziplinorientierte* Transdisziplinarität nennen. »Trans« steht hier nicht oder nicht vorrangig für die Überschreitung der Grenze zwischen wissenschaftlichem und nichtwissenschaftlichem Wissen, sondern für den reflexiv organisierten Grenzverkehr, für die *Quergänge* zwischen den Disziplinen und Fächern. Geht es in disziplinorientierten Konzeptionen von Interdisziplinarität darum, komplexe Probleme durch das Zusammenwirken vieler Fächer und Disziplinen zu lösen, wobei diese aber in ihrer Gestalt gewissermaßen unangetastet bleiben, so heben im Unterschied dazu disziplinorientierte Konzepte von Transdisziplinarität »innerhalb eines *historischen Konstitutionszusammenhanges* der Fächer und der Disziplinen fachliche und disziplinäre Parzellierungen, *wo diese ihre historische Erinnerung verloren haben*, wieder auf« (Mittelstraß 1998, 44; Hervorhebung sh). Transdisziplinarität, so Mittelstraß (2001) jüngst noch einmal ausführlich, sei

ein integratives, aber kein holistisches Konzept. Sie löst Isolierungen auf einer höheren methodischen Ebene auf, aber sie baut nicht an einem ›ganzheitlichen‹ Deutungs- und Erklärungsmuster. Transdisziplinarität hebt zweitens innerhalb eines historischen Konstitutionszusammenhanges der Fächer und Disziplinen Engführungen auf, wo diese ihre historische Erinnerung verloren und ihre problemlösende Kraft über allzu großer Spezialisierung eingebüßt haben, aber sie führt nicht in einen neuen fachlichen oder disziplinären Zusammenhang. Deshalb kann sie auch die Fächer und Disziplinen nicht ersetzen. Und Transdisziplinarität ist drittens ein wissenschaftliches Arbeits- und Organisationsprinzip, das problemorientiert über Fächer und Disziplinen hinausgreift, aber kein transwissenschaftliches Prinzip. Die Optik der Transdisziplinarität ist eine wissenschaftliche Optik, und sie ist auf eine Welt gerichtet, die, selbst mehr und mehr ein Werk des wissenschaftlichen und des technischen Verstandes, ein wissenschaftliches und technisches Wesen hat. Schließlich ist Transdisziplinarität viertens in erster Linie ein Forschungsprinzip, kein oder allenfalls in zweiter Linie, wenn nämlich auch die Theorien transdisziplinären Forschungsprogrammen folgen, ein Theoriekonzept. Sie leitet Problemwahrnehmungen und Problemlösungen, aber sie verfestigt sich nicht in theoretischen Formen – weder in einem fachlichen oder disziplinären noch in einem holistischen Rahmen (Mittelstraß 2001, 94 f.).

In dieser disziplinär orientierten Konzeption von Transdisziplinarität geht es also zunächst um nicht mehr, aber auch nicht weniger als darum, die in Fächer und Disziplinen sedimentierte Wissenschaft an die Historizität ihrer Disziplinstruktur und damit an die epistemische Kontingenz disziplinärer Perspektiven zu erinnern: Sie stellt gewissermaßen ein Korrektiv für institutionelles Vergessen bereit. Dies ist allerdings nicht gleichbedeutend damit, dass die disziplinäre Verfasstheit des Wissens gänzlich auf- oder abgelöst wäre. Im Gegenteil: Die Disziplinen sind in ›disziplinärer Transdisziplinarität‹ im dialektischen Sinne *aufgehoben*, nicht ersatzlos gestrichen; es handelt sich um ein ›Arbeits- und Organisationsprinzip‹, nicht um ein ›transwissenschaftliches Prinzip‹. »Post-Disziplinarität« ist hier folglich kein Epochenbegriff, sondern Zeichen der *kritischen* Weiterentwicklung disziplinärer Wissenschaft. Zwar würden, so noch einmal Mittelstraß, disziplinär organisierte »kognitive Strukturen« ihre »disziplinäre Klarheit« verlieren (Mittelstraß 1998, 109), aber das neue, transdisziplinär gewonnene Wissen bleibt auf die Disziplinenstruktur bezogen, diese wird nicht ersetzt. Im Gegenteil: Transdisziplinarität macht gerade diese Struktur selbst, die historisch gewordene disziplinäre Ordnung des Wissens, zum Gegenstand der Reflexion, indem zum Beispiel danach gefragt wird, wie

Disziplinen sich um Gegenstandsbereiche und Problemstellungen herum gebildet haben und wie in diesem Prozess »Probleme und Positionen, die zwischen den Disziplinen situiert sind, an eine der Disziplinen assimiliert« werden (Stichweh 1994, 18).

7.6 Begrenzte Möglichkeiten. Transdisziplinarität in der Frauen- und Geschlechterforschung

Die historisch gewordene disziplinäre Ordnung des Wissens zum Gegenstand der Reflexion zu machen ist die Schnittstelle dieser Modelle transdisziplinärer Wissenspraxis zur Frauen- und Geschlechterforschung. Denn konstitutiv für das feministische wissenschaftliche Wissen war die Befragung sedimentierter Wissensbestände sowie disziplinär bedingter und beschränkter kognitiver Strukturen aus einer geschlechterkritischen Perspektive. Von Beginn an war der akademisch werdende Feminismus darauf verwiesen, sich illoyal gegenüber disziplinären Begrenzungen und Bornierungen zu verhalten, um überhaupt analytischen Raum für die Frage nach der Relevanz der Geschlechterdifferenz zu gewinnen. Um das Zugleich von Monotonie und Heterogenität der Reproduktion der Geschlechterordnung verstehen zu können, um das Dickicht der Geschlechterordnung, die Verknüpfungen zwischen materiellen, strukturellen, symbolischen und individuellen Dimensionen im Geschlechterverhältnis zu durchdringen und die Frage zu klären, wie die Geschlechterdifferenz in kulturelle und soziale Strukturen, in Handlungen, Denksysteme und kulturelle Objektivationen eingeschrieben ist, waren Grenzgänge aus und zwischen den Disziplinen unabdingbar. Zunächst Interdisziplinarität hatte daher im Kontext des akademisch werdenden Feminismus von Beginn an einen hohen Stellenwert. Sie fungierte nicht nur als Zeichen für wissenschaftliche Innovation, sondern bot auch eine Plattform für die kritische Intervention in hegemoniale wissenschaftliche Praktiken und Diskurse. Sie war zudem Zeichen für die Behauptung einer marginal-kritischen Positionierung der Frauenforschung ebenso wie für die Selbstbeschreibung des Feldes als Ort anderer, dialogischer, nicht-hierarchischer Wissensproduktion. Wenngleich dieser Anspruch immer auch intellektuell und politisch umstritten war, dient

Inter- beziehungsweise Transdisziplinarität bis heute, wie gesehen, fast als wichtigstes Emblem für die Selbstbeschreibung der Frauen- und Geschlechterforschung als *kritischer*, mindestens aber anderer Wissenschaft.

Der rhetorischen inter- oder transdisziplinären Orientierung steht meines Erachtens in zweifacher Hinsicht eine ausgeprägt disziplinär orientierte Formierung des feministischen Wissens gegenüber: Frauen- und Geschlechterforschung ist zum einen dabei, sich selbst – unintendiert – als Disziplin zu organisieren, zum anderen ist ein deutlicher disziplinärer *drift* zu verzeichnen, das heißt eine Spezialisierung und Profilierung, die sich an den etablierten fachwissenschaftlichen Perspektiven orientiert. Im Hinblick auf die Entwicklung transdisziplinärer Wissenspraktiken scheint mir gerade Letzteres einerseits eine Chance zu sein, könnte es doch bedeuten, das disziplinäre Gepäck genauer in Augenschein zu nehmen. Andererseits verstärkt es womöglich eine ohnehin längst existierende Dynamik: Denn bei aller Unbehaglichkeit und Entfremdung, die die Einzelnen *in* den jeweiligen »Herkunftsdisziplinen« erleben mögen, fühlen sich die VertreterInnen der unterschiedlichen Fachgebiete in den Kontexten der Frauen- und Geschlechterforschung miteinander oft auch nicht so recht wohl. Dies hat zum einen mit der schieren Proliferation des Wissens in den einzelnen Fächern, die es selbst »innerhalb« eines Faches kaum noch möglich macht, »alles« zu rezipieren, und einer zunehmenden Professionalisierung und Spezialisierung innerhalb der Disziplinen zu tun; zum anderen aber auch damit, dass, wie ich eingangs argumentiert habe, die inter- und transdisziplinären Felder über eine wenig robuste Infrastruktur verfügen, sodass Gastaufenthalte in anderen Disziplinen oder Begegnungen in den disziplinären Grenzländern wenig komfortabel sind und selten ausreichend Zeit und Gelegenheit gegeben ist, zum Beispiel den affektiven Unterbau, die Psychodynamik der Ordnung des Wissens, zu erkunden.

In den interdisziplinären Projekten, Zentren und Studiengängen treffen mithin die VertreterInnen der einzelnen Fächer nicht nur mit ihrem gesamten disziplinären Gepäck – und das sind eben nicht nur unterschiedliche theoretische und methodische Werkzeugkisten, sondern auch affektive Bindungen und Identifikationen mit dem »Herkunftsfach« – unmittelbar aufeinander, sie begegnen sich auch in einer Situation knapper Ressourcen, sodass auch *zwischen* den Frauen- und GeschlechterforscherInnen Konkurrenzen um Deutungen, akademisches Terrain, Ressourcen etc. entstehen (werden).

Das hat nicht zuletzt praktische Implikationen. So wird in den Zusammenhängen der Frauen- und Geschlechterforschung aus meiner Sicht immer noch zu selten darüber nachgedacht, was passiert, wenn die verschiedenen Fächer/Kulturen aufeinander treffen, wie wir zwischen den höchst unterschiedlichen, durch disziplinäres Training geprägten Kompetenzen vermitteln, die die Wissenschaftlerinnen mitbringen, mit welchen Vehikeln wir also disziplinäre Grenzübertritte bewerkstelligen können und wie die Kommunikation zwischen Disziplinen organisiert werden kann. Dass disziplinäre Grenzen nicht umstandslos übersprungen werden können, ist zwar allen irgendwie klar, was jedoch – intellektuell, institutionell, aber auch emotional – auf dem Spiel steht in der Begegnung der Wissenskulturen, das ist nach wie vor eine *black box*.

Vor dem Hintergrund, dass die Frauen- und Geschlechterforschung institutionell zunächst vor allem in den Sozial- und Geisteswissenschaften entstanden und gewachsen ist und darüber hinaus bis heute insgesamt unterfinanziert und marginalisiert ist, es also oft weder die Zeit noch die Ressourcen gab, Modelle von Inter- oder Transdisziplinarität wirklich zu durchdenken, zu entwickeln und zu artikulieren, erstaunt dies zwar nicht unbedingt, dennoch sollte es nicht dazu führen, die Disziplinstruktur und die durch diese geprägten Wissenskulturen als quasi naturwüchsig hinzunehmen, sich darin einzurichten oder sich mit dürren Konzeptionen transdisziplinärer wissenschaftlicher Praxis zufrieden zu geben.

Die skizzierten gegenläufigen Tendenzen innerhalb des feministischen wissenschaftlichen Wissens – Proklamierung von Inter- oder Transdisziplinarität als Innovation *und* verstärkte Disziplinierung des Wissens – sind in diesem Sinne auch als Variante des beschriebenen »funktionalen Antagonismus« von Disziplinarität versus Inter-/Transdisziplinarität zu verstehen. In Abwandlung von Weingarts Diagnose ließe sich also formulieren: Interdisziplinarität oder Transdisziplinarität wird propagiert, gefordert, gelobt, in Studienprogramme und Forschungsanträge geschrieben, aber gleichzeitig schreitet die Disziplinierung (in) der Frauen- und Geschlechterforschung ungehindert voran.

Ich möchte dagegen, wie schon im vorangegangenen Kapitel angedeutet, ein *reflexives* Verständnis von transdisziplinärem »Beziehungssinn« stark machen. Reflexivität meint hier vor allem den reflexiven Rückbezug auf die jeweils beteiligten Wissensformationen und deren Grenzen. Das heißt, zu untersuchen wäre beispielsweise, durch welches Spiel von – vergeschlechtlichten – Ein- und Ausschlüssen sich eine Disziplin und deren Erkenntnisperspektiven konstituieren und wie dies wiederum das feministische wissenschaftliche Wissen von Geschlecht und Geschlechterverhältnissen konfiguriert. Es wäre im Grunde nicht mehr, aber auch nicht weniger als ein – im Sinne von Mittelstraß – wissenschaftshistorisches und -theoretisches *Arbeitsprinzip*, ein Forschungsprogramm, das wissenschaftliches Wissen zum Gegenstand macht, dieses als kontingente kulturelle – und vergeschlechtlichte – Objektivation versteht und folglich dessen historische und soziale Gewordenheit dekonstruktiv zu verstehen sucht. Und das heißt aus Sicht der Frauen- und Geschlechterforschung immer noch vor allem, Geschlecht als Ordnungskategorie des Wissens zu denken: Inwiefern fungiert die Geschlechterdifferenz als das Ungedachte der disziplinären Verfasstheit wissenschaftlichen Wissens? Wie strukturieren Geschlechterstereotype die Denkformen verschiedener Disziplinen? Wie wandern Geschlechtermetaphern zwischen einzelnen Disziplinen und plausibilisieren so beispielsweise Erkenntnisse über Natur und Kultur, Rasse und Sexualität, die im Umkehrschluss wieder hierarchische Geschlechterrelationen plausibilisieren? In welchen Hinsichten ist die moderne Geschlechterordnung Ordnungsprinzip und Modalität der modernen Produktion wissenschaftlichen Wissens? In welcher Weise sind die Gegenstände der einzelnen Disziplinen, deren Grenzen und damit deren Erkenntnispotenziale, aber auch Bornierungen durch Geschlechterdiskurse konstituiert?

Die anfänglich praktizierte Illoyalität gegenüber der Ordnung des Wissens, die unabdingbar war, um überhaupt einen Raum für die Frage nach Geschlecht und Geschlechterverhältnissen zu schaffen, sollten wir daher ruhig weiter pflegen. Wie Judith Stacey (1997) gefordert hat, sollten wir uns auch weiterhin »disloyal gegenüber den Disziplinen« verhalten, statt zu versuchen, loyale Zöglinge zu werden. Verabschieden sollten wir uns in jedem Fall von Dichotomien der Art, in Inter- oder Transdisziplinarität schlechthin ein Remedium gegen Herrschaftswissen und Erkenntnisbornierungen zu sehen, in den Disziplinen dagegen *per se* Orte der Reproduktion sedimentierten oder gar bornierten Wissens. Auch inter- oder transdisziplinäre Wissenspraktiken entstehen an spezifischen Orten zu spezifischen Zeiten, und sie können hegemoniale Wissensprojekte ebenso stützen wie kritisieren und in Frage stellen. So sind einige davon durchaus kompatibel mit dem gegenwärtigen Umbau der akademischen Organisationen in unternehmerische Einheiten. Inter- oder Transdisziplinarität als genuin kritisch zu setzen mystifiziert indes nicht nur die Disziplinen, es macht es auch unmöglich, genau diese notwendig zu stellenden Fragen nach den Beziehungen zwischen Wissensproduktion und institutionellen Gegebenheiten sowie sozialen, politischen und ökonomischen Bedingtheiten tatsächlich zu stellen.

Wenn die Frage nach den Möglichkeiten transdisziplinärer Frauen- und Geschlechterforschung daher wesentlich eine Frage der *material conditions* ist, die Zeichen der Zeit in dieser Hinsicht aber auf Sturm stehen und darüber hinaus darauf hindeuten, dass eher tauschlogisch operierende Konzepte von Transdisziplinarität begünstigt werden als solche, die Teil kritischer Wissenschaftskonzeptionen sind, täten wir dennoch gut daran, uns dem disziplinären *drift* zu widersetzen, das heißt, die womöglich längst atavistisch gewordenen disziplinären (Di-)Visionen von Wissen weiter herauszufordern, statt uns in ihnen einzurichten. Wir täten aber auch gut daran, Distanz zu den sich »transdisziplinär« gerierenden wissenschaftlichen Formel-1-Piloten zu wahren. Im Gegenzug gilt es, wie schon im vorangegangenen Kapitel angedeutet, genauer und differenzierter, kontextsensibler und reflexiver zu arbeiten. Die inter- beziehungsweise transdisziplinären Sonntagsreden können getrost anderen überlassen werden. Stattdessen sollten wir – und ich plädiere dafür gerade vor dem Hintergrund sowohl der beunruhigenden Transformationen in der Wissenschaft als auch der wissenschaftspolitischen Dominanz bestimmter Konzeptionen von Transdisziplinarität – den Weg der zugleich disziplinorientierten *und* transdisziplinären Profilierung der Frauen- und Geschlechterforschung strikter und entschiedener als bisher verfolgen. Zugespitzt formuliert: Kritische Transdisziplinarität ist paradoxerweise nur um den Preis der Disziplinwerdung zu haben. Dabei würde es nicht um einen Großentwurf der völligen Neuordnung des wissenschaftlichen Wissens unter dem Dach des ›Gender‹-Begriffs gehen, sondern – deutlich bescheidener – um ein Arbeitsprogramm: die immer noch ausstehende *Archäologie des vergeschlechtlichten und vergeschlechtlichenden Wissens*. Das aber heißt im Lichte der gegenwärtigen Umbaumaßnahmen an den ›Häusern des Wissens‹ auch, entschiedener und strikter auf eigenen Ressourcen zu bestehen, um *second shifts* ebenso wie *borrowed time* überflüssig zu machen. Denn noch immer gilt, was Virginia Woolf (1978) sagte: Um gut denken und schreiben zu können, muss man nicht nur gut speisen, es braucht auch (mehr als) ein Zimmer für sich allein.

Epilog
Dissidente Wissenspraxis?

Die Kunst des Gedankens ist in der Tat die Erinnerung. Verdinglichung ist Vergessen. [Theodor W. Adorno]

Am Ende einer langen Reflexion zur Frage der Bedingungen der Möglichkeit kritischer Wissenspraktiken einen Epilog mit der Überschrift »Dissidente Wissenspraxis?« anzubieten birgt ein gewisses Risiko. Es besteht nicht nur darin, dass die LeserInnen womöglich gleich zu diesem Epilog vorblättern, um eine Antwort zu finden auf die Frage der Dissidenz, des *Anders-Denkens*. Es besteht vor allem darin, dass schon der Versuch einer solchen Antwort insofern zum Scheitern verurteilt ist, als die Phantasien über diese Antwort diese immer überschreiten, die Leserinnen und Leser also notwendig enttäuscht werden. Ich will dennoch in einer Hinsicht eine Antwort versuchen, und zwar eine, die ich als epistemisch-ethische Antwort charakterisieren möchte und deren zentrales Motiv das der Verantwortlichkeit ist. Sie knüpft an eine Frage aus dem Prolog an, die Leitmotiv war für eine Reihe der in diesem Buch angestellten Reflexionen: Wie können wir, ohne nostalgisch oder gar konservativ, aber auch ohne geschichtslos zu werden, das heißt, ohne die eigene politische und intellektuelle Gewordenheit zu verdrängen, der Geschichtlichkeit des eigenen Denkens Rechnung tragen, wenn kein Denken geschützt ist vor seinem diskursiven und institutionellen Äußeren, das es umformt? Wie also könnte sie aussehen, die Kunst des Gedankens, die Erinnerung ist und die gleichwohl nicht im Erinnern verharrt – und damit ebenso Verdinglichung bedeuten würde wie das Vergessen, von dem Adorno spricht? Wie begegnen wir – in einem anderen theoretischen Register gesprochen – der auch im *kritischen* Denken präsenten Ordnung und Wirklichkeit erzeugenden Macht, wenn Diskurse prinzipiell durch Praktiken des Ausschlusses organisiert sind? Wenn das, was tatsächlich gedacht und gesagt wird, also immer gestaltet ist von dem, was nicht (mehr) gedacht und gesagt werden kann. Wie können folglich – bildlich gesprochen – die eigenen Diskurse zum Sprechen gebracht werden, um das sichtbar zu machen, was sie verschweigen, wenn die Artikulation von Wahrnehmungsmöglichkeiten immer zugleich andere Wahrnehmungsmöglichkeiten ausschließt? Welche Praktiken der Reflexion über die sozialen und diskursiven Bedingungen der Artikulation sowie über den Geltungsbereich von Aussagen sind nötig, um zu verstehen, dass immer eine Auswahl getroffen wird »zwischen dem, was ›verstanden‹ werden kann, und dem, was vergessen werden muß, um die Darstellung einer gegenwärtigen Intelligibilität zu erreichen« (de Certeau 1991, 13)?

Was ist Kritik? Eine kleine Genealogie

Die Antworten auf diese Frage in der »›kritischen‹ Tradition im Westen« (Foucault 1996, 178), die sich mit den Voraussetzungen des »Wahr-Sprechens« beschäftigt (ebd.), das heißt diejenige Tradition des Denkens, in der die Frage gestellt wird, »wer in der Lage ist, die Wahrheit zu sprechen« (ebd.), sind vielfältig. Meine Antwort versteht sich daher eher als Politik der Erinnerung an diese Antworten denn als der Versuch, eine gänzlich neue zu geben beziehungsweise als solche auszugeben. Paradigmatischer Ausgangspunkt für diese kritische Tradition ist die Erkenntnis von Marx, die – bei aller theoretischen Heterogenität – nicht nur von Adorno und Horkheimer, von Foucault, Bourdieu und Derrida, von Prokop, Becker-Schmidt und Bovenschen oder de Lauretis, Scott, Spivak und Butler geteilt wird: dass Kritik nur immanent möglich ist, damit auch diejenigen, die kritisieren, Gegenstand der Kritik sind. Es gibt, mit anderen Worten, keinen Standpunkt außerhalb, man lebt, so Adorno im Gespräch mit Horkheimer, »von der Kultur, die man kritisiert«, dennoch müsse sie »rücksichtslos« kritisiert werden.[1] »Kein Wort«, bekräftigt Horkheimer dies, dürfe »verleugnen, daß wir in dieser Gesellschaft leben und dazugehö-

1 Zitiert nach Demirović 1999, 672.

ren«.[2] In Spivaks (1990) Worten: »This impossible ›no‹ to a structure which one critiques, yet inhabits intimately, is the deconstructive philosophical position« (Spivak 1990, 74). Und Foucault formuliert diese Haltung in seinen Ausführungen zu *Was ist Kritik* (1992) folgendermaßen: »[D]aß man anläßlich der historischen Inhalte, die man bearbeitet und an die man gebunden ist, weil sie wahr sind oder als wahr gelten, die Frage stellt: was bin denn nun eigentlich ich, der ich zu dieser Menschheit gehöre, zu dieser Franse, zu diesem Moment, zu diesem Augenblick von Menschheit, der der Macht der Wahrheit im allgemeinen und der Wahrheiten im besonderen unterworfen ist?«
(Foucault 1992, 27)

Trifft nun de Certeaus Feststellung zu, dass immer etwas ›vergessen werden muß, um die Darstellung einer gegenwärtigen Intelligibilität zu erreichen‹, so müsste es hinsichtlich der Frage nach der Möglichkeit von *Anders-Denken* also genau darum gehen, die Bedingtheit dessen, was als intelligibel gilt, zu rekonstruieren, um die Frage beantworten zu können, was aktiv vergessen wurde. »Jedem wissenschaftlichen Bericht«, so formulieren es Bourdieu und Wacquant (1996), müssten Berichte »über die Grenzen von wissenschaftlichen Berichten« beigefügt sein (Bourdieu/Wacquant 1996, 101), die darüber Auskunft geben, wie das, was gesagt wird, zustande gekommen ist. Davon ausgehend, dass wissenschaftliche Interpretationen selbst »historische Tatsachen« darstellen (Scott 1997, 17), würde das bedeuten, dass die Aufgabe darin besteht, die »ungedachten Denkkategorien […], die das Denkbare wie das Gedachte vorab bestimmen und begrenzen«, einer systematischen Exploration zu unterziehen (Bourdieu 1985, 51). Kurz gesagt wäre es eine Wissenspraxis, die sich auf die psychoanalytische Formel »Erinnern, Wiederholen, Durcharbeiten« bringen ließe.[3] Dabei ist das Ziel nicht, uns zu schützen

2 Ebd.

3 Nicht zufällig greifen Autoren wie Bourdieu oder de Certeau auf die Psychoanaly-

vor der »Rückkehr dessen, was in einem bestimmten Augenblick undenkbar geworden ist« (de Certeau 1991, 14). Im Gegenteil ginge es gerade darum, wie es jüngst Judith Butler (1998b) formulierte, zu verstehen, wie das, »was tatsächlich denkbar oder intelligibel ist oder nicht, was sagbar ist oder nicht, [...] durch ein variables Set von Begrenzungen fixiert [wird; sh], die Verschiebungen unterliegen, die mit stärkerer oder schwächerer Rigidität aufscheinen« (Butler 1998b, 222).

Bourdieu spricht in diesem Zusammenhang wiederholt von »Sozioanalyse« beziehungsweise »Anamnesearbeit« (Bourdieu 2004, 185) und skizziert für diese Praxis drei Maximen:[4] Sie müsste sich 1. beziehen auf das in die wissenschaftlichen Werkzeuge und Operationen eingegangene soziale und intellektuelle Unbewusste; sie sei 2. ein kollektives Unternehmen und nichts, was den WissenschaftlerInnen individuell aufzubürden wäre; und es ginge 3. um einen Ausbau ihrer wissenschaftstheoretischen Absicherung im Sinne der permanenten Durcharbeitung der eigenen Fundamente. Das sind für Bourdieu nun keine Phrasen. Denn eine wissenschaftliche Praxis, so seine beständig geäußerte Überzeugung, die es unterlasse, sich in dieser Weise selbst in Frage zu stellen, wisse im eigentlichen Sinne nicht, was sie tue. Bourdieu stimmt deshalb, argumentiert Wacquant (1996), mit Derrida und Foucault darin überein, dass »Wissen dekonstruiert werden muß, da die Kategorien kontingente soziale Derivate und Instrumente der (symbolischen) Herrschaft sind, die konstituierend wirken« (Wacquant 1996, 78). Was es daher immer wieder zu bewerkstelligen gälte, so wiederum Bourdieu selbst, sei eine Konversion des Blicks: Man müsse lernen, »mit anderen Augen« zu sehen, da »Erkenntnisakte unvermeidlich Akte der Verkennung« sind, die »jenseits oder unterhalb der Kontrolle von Bewußtsein« liegen (Bourdieu 1997b, 96).

Für die feministische Theorie forderte Joan Scott bereits 1986 (deutsch 1994) die Einbeziehung solcher Verfahren, die ausgehend von der Differenz zwischen Kontingenz und Formation auf die Problematisierung aller Formen von *foundationalism* zielen und die folglich die Überprüfung der sozialen und diskursiven Produk-

se zurück, ist diese doch die Wissenschaft, die als Erste methodischen Gebrauch von Selbstreflexion macht. Siehe hierzu auch Habermas 1973, 262-299.

4 Vgl. für das Folgende Wacquant 1996, 63 ff.

tionsbedingungen des Wissens als genuinen Bestandteil der wissenschaftlichen Praxis begreifen.[5] Scott plädiert hier besonders für dekonstruktive Verfahren, da Dekonstruktion immer mit der Entzifferung des Nicht-Offensichtlichen, mit der Frage nach den Bedingungen von Intelligibilität befasst ist. Allerdings – und darauf hat auch Teresa de Lauretis (1996b) wiederholt hingewiesen – ist auch jede Dekonstruktion, die feministischen eingeschlossen, eine *Re*-konstruktion, hat also selbst wiederum Teil an der Produktion von Wahrnehmungsmöglichkeiten. Lauretis schreibt:

> Wenn die Dekonstruktion des Geschlechts unvermeidbar seine Neuerschaffung bewirkt, dann ist die Frage, unter wessen Bedingungen und in wessen Interesse die De-Rekonstruktion erfolgt? […] die Aufgabe wird entsprechend dringlicher, wenn die fragliche Subjektivität eine […] ist, die in den Begriffen der hegemonialen Diskurse über Sexualität und Geschlecht völlig unrepräsentierbar ist. […] Dies ist der Grund, weshalb die Kritik jedes Diskurses, der sich mit dem Geschlecht befaßt, einschließlich derjenigen, die als feministisch produziert oder angeboten werden, weiterhin einen lebenswichtigen Teil des Feminismus darstellt ebenso wie die fortwährende Anstrengung, neue Diskursräume zu schaffen, die kulturellen Erzählungen neu zu schreiben und die Begrifflichkeiten einer neuen Perspektive zu definieren – eines Blicks von anderswo (de Lauretis 1996b, 87).

Lauretis argumentiert hier dafür, keinen Diskurs als gegeben, als einmal etabliert und *per se* kritischen zu behandeln; sie plädiert dafür, sich nicht im kritischen Moment dauerhaft eingerichtet zu wähnen, sondern fortwährend neue Diskursräume zu schaffen, in denen neue Erzählungen ebenso wie die Begrifflichkeiten einer neuen Perspektive möglich werden, wo wir ›mit anderen Augen sehen‹, einen ›Blick von anderswo‹ wagen können. Feministische Theorie kann daher kein fixierter Diskurs, kein fixierter Wissenskorpus sein. Denn jede Fixierung von »Frau«, jede Fixierung von »Geschlecht« – auch die im Zeichen von Feminismus oder Gender Studies produzierten – ist immer schon von Ausschlüssen konfiguriert, die als totgeschwiegene Vorannahmen das Feld des Sichtbaren regieren: Alles, was wir sehen, sehen wir nur so, wie wir es sehen können. Was wir nicht sehen, sind die unsichtbar gemachten Fundierungen jeglicher Konstruktion, die ungeachtet dessen Bestand-

5 Vgl. für das Folgende besonders Scott 1997.

teil dieser Konstruktion sind. Anders gesagt: Jede Aufrufung von »Geschlecht« ist eine Rekonstruktion von »Geschlecht«, die in je eigener Weise Möglichkeiten formuliert und ausschließt und gerade deswegen auf diese verschwiegenen Möglichkeiten hin befragt werden muss. Feministische Theorie ist daher im Grunde nur denkbar als ein Projekt der fortwährenden De- und Rekonstruktion von Wissen. Ich will dies eine Praxis der Produktion *ex-zentrischen Wissens* nennen, insofern die Reflexion auf die *Bedingtheit des Wissens*, also auf die Ein- und Ausschluss organisierenden Grenzen, Teil der Produktion von Wissen wäre.

Die Herausforderung des *Anders-Denkens* besteht also vor allem darin, Kontingenz zu denken: vom Standpunkt des Möglichen das historisch Gewordene betrachten, »einen Blick auf die alltäglichen Routinen des Unsichtbaren und der Ausschließung anderer Möglichkeiten riskieren« (Nassehi 1999, 359). Meine tentative Antwort besteht deshalb genau in dem Vorschlag, »Kontingenz zum Geschick« zu machen, wie Agnes Heller formulierte (Heller 1989, 299). Im Lichte der Einsicht Durkheims, dass Denkkategorien entstehen und vergehen, diese also raum- und zeitgebunden sind, geht es um Praktiken, in denen auch das eigene Wissen immer wieder neu riskiert wird: Eingedenk der Geschichtlichkeit der eigenen Position, die Möglichkeit, vorübergehend zu sein, in Rechnung zu stellen. Ist doch das Ziel nicht, eine neue, kanonisierte Disziplin zu werden, sondern neue Formen und Modi der Produktion von Wissen zu entwickeln. So verstanden ist ein Ziel durchaus auch Disziplinierung, wenn wir Disziplinierung verstehen als *Einübung* in eine Praxis, in der »Theorie« ein Set umstrittenen, lokalisierten und konjunkturellen Wissens darstellt, das dialogisch debattiert wird. Die Einübung also in eine Praxis der »Artikulation von gemeinsamen Anliegen und des Findens einer Sprache, die als ein Weg des Sprechens über soziale Situationen akzeptiert wird, während die Möglichkeit des ›Dialoges‹ oder besser eines Konfliktes der Interpretationen mit anderen geteilten diskursiven Praktiken, die unterschiedliche Anliegen artikulieren, offengelassen wird« (Dreyfus/Rabinow 1990, 62). »The challenge«, schreibt Christina Crosby, »is to question constantly our most powerful concepts« (Crosby 1992, 131).

Dissidente Wissenspraxis wäre mithin eine Praxis, in der die eigenen Gewissheiten als verhandelbar betrachtet werden, die, wie

Bourdieu sagt, permanent die eigenen Fundamente durcharbeitet und die vor allem Rechenschaft über die eigenen Interpretationen und Geschichten sowie die Verwickeltheit in das jeweilige wissenschaftliche Feld ablegt. Sie kann insofern als eine sich beständig selbst zerstörende Praxis vorgestellt werden, eine Praxis, die sich nicht im je eigenen Moment einrichtet, in der, ähnlich der Arbeit eines glücklichen Sisyphos, der seinen Stein immer wieder aufs Neue den Berg hinaufrollt, die eigene Nomenklatur immer wieder gegen den Strich gebürstet wird. Zu verlieren wäre dadurch nur die Illusion epistemischer Sicherheit, die auf der vermeintlichen Kohärenz der Gegenstände oder Überlegenheit der je aktuellen analytischen Werkzeuge basiert. Zu gewinnen wäre aber ein Zuwachs an Reflexivität und die Lust am dissonanten Widerstreit inkommensurabler Perspektiven, die gleichwohl nicht umhin können, miteinander im kritischen Dialog, in »machtempfindlicher Konversation« (King 1994) zu bleiben.

Literatur

Abelove, Henry/Barale, Michèle Aina/Halperin, David M., (1993) (Hg.), *The Lesbian and Gay Studies Reader*, London/New York: Routledge.

Achatz, Juliane/Hinz, Thomas (2001), »Wandel einer Wissenschaftsorganisation und die Integration von Frauen«, in: *Zeitschrift für Soziologie* 30/5, S. 323-340.

Acker, Joan (1990), »Hierarchies, Jobs, Bodies: A Theory of Gendered Organizations«, in: *Gender and Society* 4/2, S. 139-158.

– (2003), »The Continuing Necessity of ›Class‹ in Feminist Thinking«, in: Gudrun-Axeli Knapp/Angelika Wetterer (Hg.), *Achsen der Differenz. Gesellschaftstheorie und feministische Kritik II*, Münster: Westfälisches Dampfboot, S. 49-72.

Ahmed, Sara (1998), *Differences that Matter. Feminist Theory and Postmodernism*, Cambrigde: Cambridge UP.

Aiken Hardy, Susan, u. a. (1987), »Trying Transformations: Curriculum Integration and the Problem of Resistance«, in: *Signs. Journal of Women in Culture and Society* 12/2, S. 255-275.

Alexander, Jacqui/Mohanty, Chandra Talpade (1997) (Hg.), *Feminist Genealogies, Colonial Legacies, Democratic Futures*, London/New York: Routledge.

Allen, Pamela (1972), »Der Freiraum«, in: *Frauen gemeinsam sind stark. Texte und Materialien der Women's Liberation Movement in den USA*, Arbeitskollektiv der sozialistischen Frauen Frankfurt/Main (Hg.), Frankfurt am Main: Roter Stern, S. 63-72.

Allmendinger, Jutta (2003), »Strukturmerkmale universitärer Personalselektion und deren Folgen für die Beschäftigung von Frauen«, in: Theresa Wobbe (Hg.), *Zwischen Vorderbühne und Hinterbühne. Beiträge zum Wandel der Geschlechterbeziehungen in der Wissenschaft vom 17. Jahrhundert bis zur Gegenwart*, Bielefeld: transcript, S. 259-278.

Allmendinger, Jutta/Fuchs, Stefan/Stebut, Janina von (1999), »Drehtüre oder Paternoster?«, in: Claudia Honegger/Stefan Hradil/Franz Traxler (Hg.), *Grenzenlose Gesellschaft* (Teil 2), Opladen: Leske + Budrich, S. 96-107.

Allmendinger, Jutta/Stebut, Janina von/Fuchs, Stefan/Brückner, Hannah (1999), »Eine Liga für sich? Berufliche Werdegänge von Wissenschaftlerinnen in der Max-Planck-Gesellschaft«, in: Aylâ Neusel/Angelika Wetterer (Hg.), *Vielfältige Verschiedenheiten*, Frankfurt am Main/New York: Campus, S. 193-220.

Allmendinger, Jutta/Hinz, Thomas (2002a), »Programmierte Un-Gleichheit? Geschlechtsspezifische Chancen bei der Bewilligung von Forschungsanträgen«, in: *Zeitschrift für Soziologie* 31/4, S. 275-293.

– (2002b), »Die Verteilung wissenschaftlicher Güter. Publikationen, Projekte und Professuren zwischen Bewerbung und Bewilligung«, in: *Zeitschrift für Frauenforschung & Geschlechterstudien* 20/3, S. 18-29.

– (2002c) (Hg.), *Organisationssoziologie*, Sonderheft 42, *Kölner Zeitschrift für Soziologie und Sozialpsychologie*.

Althoff, Martina/Bereswill, Mechthild/Riegraf, Birgit (2001) (Hg.), *Feministische Methodologien und Methoden. Traditionen, Konzepte, Erörterungen*, Bd. 2 Lehrbuchreihe Sektion Frauenforschung in der DGS. Opladen: Leske + Budrich.

Althusser, Louis (1977), *Ideologie und ideologische Staatsapparate*, Reinbek: Rowohlt.

Althusser, Louis/Balibar, Etienne (1972), *Das Kapital lesen*. Reinbek: Rowohlt.

Anders, Ann (1988) (Hg.), *Autonome Frauen. Schlüsseltexte der Neuen Frauenbewegung seit 1968*. Frankfurt am Main: Athenäum.

Anderson, Benedict (1998 [1988]), *Die Erfindung der Nation. Zur Karriere eines folgenreichen Konzepts*, Berlin: Ullstein.

Andresen, Sünne (2001), *Der Preis der Anerkennung. Frauenforscherinnen im Konkurrenzfeld Hochschule*. Münster: Westfälisches Dampfboot.

Andresen, Sünne/Dölling, Irene/Kimmerle, Christoph, (2003), *Verwaltungsmodernisierung als soziale Praxis. Geschlechter-Wissen und Organisationsverständnis von Reformakteuren*. Opladen: Leske + Budrich.

Annuß, Evelyn (1996), »Umbruch und Krise der Geschlechterforschung: Judith Butler als Symptom«, in: *Das Argument* 216, S. 505-523.

– (1999), »Grenzen der Geschlechterforschung«, in: *Feministische Studien* 17/1, S. 91-102.

Arbeitsgruppe Frauenkongreß (1984) (Hg.), *Sind wir uns denn so fremd? Dokumentation des 1. gemeinsamen Kongresses ausländischer und deutscher Frauen*, 23.-25. März 1984, Frankfurt/Main (Redaktion: Neval Gültekin, Brigitte Schulz, Brigitte Sellach), Frankfurt am Main: ASH-Druckerei.

Arbeitskollektiv der sozialistischen Frauen Frankfurt/Main (Hg.), (1972), *Frauen gemeinsam sind stark. Texte und Materialien der Women's Liberation Movement in den USA*, Frankfurt am Main: Roter Stern.

Arend, Ingo (1997), »Gender shopping«, in: *Freitag*, 13. Juni 1997, S. 12.

Arendt, Hannah (1994), *Zwischen Vergangenheit und Zukunft. Übungen im politischen Denken*, München: Piper.

Arndt, Marlies/Deters, Magdalene/Harth, Gabriele u. a. (Hg.), (1993), *Ausgegrenzt und mittendrin – Frauen in der Wissenschaft*, Berlin: edition sigma.

Assmann, Liv (1999), »Interdisziplinarität: Erkenntnis oder Missverständnis?«, in: Hella Dietz/Stephan Ertner/Andreas Kahler u. a. (Hg.), *Gähnende Lehre. Zukunftsperspektiven universitärer Bildung*, Berlin: Wissenschaft und Technik Verlag, S. 140-144.

Aulenbacher, Brigitte (2001), »Die ›zweite Moderne‹, ein herrenloses Konstrukt – Reichweite und Grenzen modernisierungstheoretischer Zeitdiagnosen«, in: Gudrun-Axeli Knapp/Angelika Wetterer (Hg.), *Soziale Verortung der Geschlechter. Gesellschaftstheorie und feministische Kritik*, Münster: Westfälisches Dampfboot, S. 188-224.

Autonomes Lesben- und Frauenreferat Universität Frankfurt (1986) (Hg.), *Dokumentation zum Frankfurter Frauenlehrstuhl*, Frankfurt am Main: Selbstverlag.

Baader, Meike (1998), »Transdisziplinarität: ein überfrachtetes Konzept für einen Studiengang?«, in: *Potsdamer Studien zur Frauen- und Geschlechterforschung* 3/2, S. 57-64 (Neuauflage 2001, S. 34-41).

Baaken, Uschi/Plöger, Lydia (2002) (Hg.), *Gender Mainstreaming, Konzepte und Strategien zur Implementierung an Hochschulen*, Bielefeld: Kleine Verlag.

Baer, Susanne (2001), »Interdisziplinierung oder Interdisziplinarität? Erfahrungen mit Geschlechterstudien an der Humboldt-Universität zu Berlin«, in: Alexandra Stäheli und Caroline Torra-Mattenklott (Hg.), *Eine Frage der Disziplin. Zur Institutionalisierung von Gender Studies*, universelle 3, Zürich: UniFrauenstelle, S. 39-46.

– (2004): »Ein Kanon in den Gender Studies? Ein- und Widersprüche in der Diskussion. Einführung«, in: Zentrum für transdisziplinäre Geschlechterstudien HU Berlin (Hg.), *Geschlechterstudien im deutschsprachigen Raum. Studiengänge, Erfahrungen, Herausforderungen*, Berlin: trafo-Verlag, S. 69-72.

Baier, Horst (1968) (Hg.), *Studenten in Opposition*, Bielefeld.

Bailey, Frederick (1977), *Morality and Expediency. The Folklore of Academic Politics*, Oxford: Oxford UP.

Baisch, Katharina/Kappert, Ines/Schuller, Marianne/Strowick, Elisabeth/Gutjahr, Ortrud (2002) (Hg.), *Gender Revisited. Subjekt- und Politikbegriffe in Kultur und Medien*, Stuttgart/Weimar: Metzler Verlag.

Baldauf, Anette/Griesebner, Andrea/Mesner, Maria (1996), »Zur Konstruktion eines Stars. Judith Butler in Wien«, in: *L'Homme. Zeitschrift für Feministische Geschichtswissenschaft* 6/1, S. 79-81.

Barlow, Tani (2000), »International Feminism of the Future«, in: *Signs. Journal of Women in Culture and Society* 25/4, S. 1099-1106.

Baureithel, Ulrike (1992), »Der Traum vom unendlichen Spiel«, in: *WochenZeitung*, 23. Oktober 1992, S. 16.

Beaufaÿs, Sandra (2003), *Wie werden Wissenschaftler gemacht? Beobachtungen zur wechselseitigen Konstitution von Geschlecht und Wissenschaft*, Bielefeld: transcript.

Beauvoir, Simone de (1992 [1949]), *Das andere Geschlecht. Sitte und Sexus der Frau.* Reinbek: Rowohlt.

Becher, Tony/Trowler, Paul (2001), *Academic Tribes and Territories. Intellectual Enquiry and the Cultures of Disciplines*, Buckingham/Philadelphia: The Society for Research into Higher Education and Open University Press.

Beck, Ulrich/Bonß, Wolfgang/Lau, Christoph (2001), »Theorien reflexiver Modernisierung – Fragestellungen, Hypothesen, Forschungsstrategien«, in: dies. (Hg.), *Die Modernisierung der Moderne*, Frankfurt am Main: Suhrkamp, S. 11-59.

Becker, Ruth (2003), »Die internationale Frauenuniversität ›ifu‹ – Modell für eine integrierte, interdisziplinare und internationale Frauen- und Geschlechterforschung?«, in: *Zeitschrift für Frauenforschung und Geschlechterstudien* 21/2+3, S. 113-126.

Becker, Ruth/Kortendiek, Beate (2004) (Hg.), *Handbuch Frauen- und Geschlechterforschung. Theorie, Methoden, Empirie*, Wiesbaden: VS Verlag für Sozialwissenschaften.

Becker-Schmidt, Regina (1987), »Die doppelte Vergesellschaftung – die doppelte Unterdrückung: Besonderheiten der Frauenforschung in den Sozialwisssenschaften«, in: Lilo Unterkirchner und Ina Wagner (Hg.), *Die andere Hälfte der Gesellschaft. Österreichischer Soziologentag* 1985, Wien: Verlag des österreichischen Gewerkschaftsbundes, S. 10-25.

– (2000), »Frauenforschung, Geschlechterforschung, Geschlechterverhältnisforschung«, in: dies./Gudrun-Axeli Knapp, *Feministische Theorien zur Einführung*, Hamburg: Junius, S. 14-62.

Becker-Schmidt, Regina/Knapp, Gudrun-Axeli (2000), *Feministische Theorien zur Einführung*, Hamburg: Junius.

Beckmeier, Carola/Neusel, Aylâ (1991), *Entscheidungsverflechtung an Hochschulen*, Frankfurt am Main/New York: Campus.

Beer, Ursula (1984), *Theorien geschlechtlicher Arbeitsteilung*, Frankfurt am Main/New York: Campus.

– (1987) (Hg.), *Klasse Geschlecht. Feministische Gesellschaftsanalyse und Wissenschaftskritik*, Bielefeld: AJZ-Verlag.

– (1990), *Geschlecht, Struktur, Geschichte. Soziale Konstituierung des Geschlechterverhältnisses*, Frankfurt am Main/New York: Campus.

Behnke, Cornelia/Meuser, Michael (1999), *Geschlechterforschung und qualitative Methoden*, Opladen: Leske + Budrich.

beiträge zur feministischen theorie und praxis (1990), »Geteilter Feminismus. Rassismus, Antisemitismus, Fremdenhaß«, Heft 13/27.

beiträge zur feministischen theorie und praxis (1987), »Der neue Charme der sexuellen Unterwerfung«, Heft 10/20.

beiträge zur feministischen theorie und praxis (1987), »Vorankündigung Heft 20: Sexualität und Gesundheit«, Heft 10/19, S. 136.

Ben-David, Joseph (1971), *The Scientist's Role in Society: A Comparative*

Study, Englewood Cliffs: Prentice-Hall.
– (1991), *Scientific Growth. Essays on the Social. Organization and Ethos of Science*, (Hg.) Gad Freudenthal, Berkeley: UC Press.

Ben-David, Joseph/Collins, Randall (1974), »Soziale Faktoren im Ursprung einer neuen Wissenschaft: der Fall der Psychologie«, in: Peter Weingart (Hg.), *Wissenschaftssoziologie 2: Determinanten wissenschaftlicher Entwicklung*, Frankfurt am Main: Fischer/Athenäum, S. 122-152.

Benhabib, Seyla/Butler, Judith/Fraser, Nancy (1993), *Der Streit um Differenz*, Frankfurt am Main: Fischer.

Bereswill, Mechthild (2001), »Kritische Wissenschaft als selbstreflexiver Prozeß«, in: Ursula Hornung/Sedef Gümen/Sabine Weilandt (Hg.), *Zwischen Emanzipationsvision und Gesellschaftskritik. ReKonstruktionen der Geschlechterordnung*, Münster: Westfälisches Dampfboot, S. 73-77.
– (2004), »›Gender‹ als neue Humanressource? Gender Mainstreaming und Geschlechterdemokratie zwischen Ökonomisierung und Gesellschaftskritik«, in: Michael Meuser/Claudia Neusüß (Hg.), *Gender Mainstreaming. Konzepte, Handlungsfelder, Instrumente*, Bonn: Bundeszentrale für politische Bildung, S. 52-70.

Berger, Peter L./Luckmann, Thomas (1989 [1969]), *Die gesellschaftliche Konstruktion der Wirklichkeit. Eine Theorie der Wissenssoziologie.* Frankfurt am Main: Fischer.

Berkovitch, Nitza (2001), »Frauenrechte, Nationalstaat und Weltgesellschaft«, in: *Kölner Zeitschrift für Soziologie und Sozialpsychologie*, Sonderheft 41, S. 375-397.

Bloor, David (²1991 [1976]), *Knowledge and Social Imagery*. Chicago: Chicago UP.

Blumer, Herbert (1969), *Symbolic Interactionism, Perspective and Method.* Englewooed Cliffs, NJ: Prentice-Hall.

Bock, Gisela (1977), »Frauenbewegung und Frauenuniversität. Die politische Bedeutung der Sommeruniversität«, in: Gruppe Berliner Dozentinnen (Hg.), *Frauen und Wissenschaft. Beiträge zur Berliner Sommeruniversität für Frauen, Juli 1976*, Berlin: Courage Verlag, S. 15-22.

Bock, Ulla (1991), »Der lange Weg der Emanzipation. Interpretationen zum Verhältnis von Frauenbewegung, Frauenbildung und Frauenforschung«, in: Zentraleinrichtung zur Förderung von Frauenstudien und Frauenforschung (Hg.), *10 Jahre später .... Zentraleinrichtung zur Förderung von Frauenstudien und Frauenforschung an der Freien Universität Berlin 1981-1991*, Berlin: FU Druck, S. 82-100.
– (2002), »Zwanzig Jahre Institutionalisierung von Frauen- und Geschlechterforschung an deutschen Universitäten«, in: *Feministische Studien* 20/1, S. 113-125.

Bock, Ulla/Landweer, Hilge (1994), »Frauenforschungsprofessuren. Marginalisierung, Integration oder Transformation im Kanon der Wissenschaften«, in: *Feministische Studien* 12/1, S. 99-109.
Boetcher Joeres, Ruth-Ellen (1992), »On Writing Feminist Academic Prose«, in: *Signs. Journal of Women in Culture and Society* 17/4, S. 704.
– (2000), »Feminism and the Word Wars«, in: *Signs. Journal of Women in Culture and Society* 25/4, S. 1153-1156.
Bothfeld, Silke/Gronbach, Sigrid/Riedmüller, Barbara (2002) (Hg.), *Gender Mainstreaming – eine Innovation in der Gleichstellungspolitik. Zwischenberichte aus der politischen Praxis,* Frankfurt am Main/New York: Campus.
Bourdieu, Pierre (1975), »The Specificity of the Scientific Field and the Social Condition of the Progress of Reason«, in: *Social Science Information* 14, S. 19-47.
– (1976), *Entwurf einer Theorie der Praxis*, Frankfurt am Main: Suhrkamp.
– (1985), *Sozialer Raum und ›Klassen‹. Leçon sur la leçon*, Frankfurt am Main: Suhrkamp.
– (1987), *Sozialer Sinn. Kritik der theoretischen Vernunft*, Frankfurt am Main: Suhrkamp.
– (1991), *Die Intellektuellen und die Macht*, Irene Dölling (Hg.), Hamburg: VSA-Verlag.
– (1992a), *Homo academicus*, Frankfurt am Main: Suhrkamp.
– (1992b), »Von der Regel zu den Strategien«, in: ders., *Rede und Antwort*, Frankfurt am Main: Suhrkamp, S. 79-98.
– (1997a), »Die männliche Herrschaft«, in: Irene Dölling/Beate Krais (Hg.), *Ein alltägliches Spiel. Geschlechterkonstruktion in der sozialen Praxis*, Frankfurt am Main: Suhrkamp, S. 153-217.
– (1997b), »Männliche Herrschaft Revisited«, in: *Feministische Studien* 15/2, S. 88-99.
– (1998a), *Vom Gebrauch der Wissenschaft. Für eine klinische Soziologie des wissenschaftlichen Feldes*, Konstanz: UVK.
– (1998b), *Praktische Vernunft. Zur Theorie des Handelns*, Frankfurt am Main: Suhrkamp.
– (1999), *Die Regeln der Kunst. Genese und Struktur des literarischen Feldes*, Frankfurt am Main: Suhrkamp.
– (2002), »Für eine engagierte Wissenschaft«, in: *Le Monde diplomatique*, Februar 2002, S. 3.
– (2004), *Schwierige Interdisziplinarität. Zum Verhältnis von Soziologie und Geschichtswissenschaft*, Elke Ohnacker/Franz Schultheis (Hg.), Münster: Westfälisches Dampfboot.
Bourdieu, Pierre/Waquant, Loïc J. (1996), *Reflexive Anthropologie*, Frankfurt am Main: Suhrkamp.

Boxer, Marilyn Jacoby (1998), *When Women Ask The Questions. Creating Women's Studies in America*, Baltimore/London: Johns Hopkins UP.

Braidotti, Rosi (1994), »Gender und Post-Gender. Die Zukunft einer Illusion«, in: Frankfurter Frauenschule (Hg.), *Zur Krise der Kategorien. Frau – Lesbe – Geschlecht*, Frankfurt am Main: Selbstverlag, S. 7-30.

Braithwaite, Ann (2002), »The personal, the political, third-wave and post-feminisms«, in: *Feminist Theory* 3/3, S. 335-344.

Brandt, Gisela/Kootz, Johanna/Steppke, Gisela (1973), *Zur Frauenfrage im Kapitalismus*, Frankfurt am Main: Suhrkamp.

Braun, Christina von (2000), »Gender, Geschlecht und Geschichte«, in: dies./Inge Stephan (Hg.), *Gender-Studien: Eine Einführung*, Stuttgart: Metzler, S. 16-57.

Braun, Christina von/Stephan, Inge (2000) (Hg.), *Gender Studien. Eine Einführung*, Stuttgart/Weimar: Metzler Verlag.

– (2005), *Gender@Wissen. Ein Handbuch der Gender-Theorien*, Köln/Weimar/Berlin: Böhlau (UTB)

Braun, Dietmar (2001), »Regulierungsmodelle und Machtstrukturen an Universitäten«, in: *Leviathan* 20, »Die Krise der Universitäten«, S. 243-262.

Braun, Kathrin/Fuchs, Gesine/Lemke, Christiane/Töns, Katrin (2000) (Hg.), *Feministische Perspektiven der Politikwissenschaft*, München/Wien.

Braunmühl, Claudia von (1981), »Frauen im Wissenschaftsbetrieb. Wahrnehmungen und Überlegungen«, in: *Gesellschaft. Beiträge zur Marxschen Theorie* 14, Frankfurt am Main: Suhrkamp, S. 186-216.

Breger, Claudia (2002), »Queer Studies/Queer Theory«, in: Renate Kroll (Hg.), *Gender Studies. Geschlechterforschung. Ansätze – Personen – Grundbegriffe*, Metzler Lexikon, Stuttgart/Weimar: Metzler Verlag, S. 327-329.

Brenner, Peter J. (1993) (Hg.), *Geist, Geld und Wissenschaft*, Frankfurt am Main: Suhrkamp.

Britton, Dana (2000), »The Epistemology of the Gendered Organization«, in: *Gender & Society* 14/3, S. 418-434.

Brown, Wendy (1997), »The Impossibility of Women's Studies«, in: *differences. A Journal of Feminist Cultural Studies* 9/3, S. 79-101.

Brück, Brigitte/Kahlert, Heike/Krüll, Marianne u. a. (1999), *Feministische Soziologie*, Frankfurt am Main/New York: Campus.

Brückner, Margit (1997), »Bewegter Stillstand? Überlegungen zur Neuen Frauenbewegung am Beispiel ihrer Projekte«, in: Stefan Hradil (Hg.), *Differenz und Integration. Die Zukunft moderner Gesellschaften*, Frankfurt am Main/New York: Campus, S. 464-478.

Brüggemeier, Martin (2000), »Potentiale und Probleme eines Hochschul-Controlling«, in: Dietrich Budäus/Willi Küpper/Lothar Streitferdt (Hg.), *Neues öffentliches Rechnungswesen, Stand und Perspektiven*, Sonderdruck, Klaus Lüders zum 65. Geburtstag, Wiesbaden: Gabler, S. 453-487.

Bublitz, Hannelore (1999), *Foucaults Archäologie des kulturellen Unbewußten. Zum Wissensarchiv und Wissensbegehren moderner Gesellschaften*, Frankfurt am Main/New York: Campus.

– (2000), »Zur Konstitution von ›Kultur‹ und Geschlecht um 1900«, in: dies./Christine Hanke/Andrea Seier, *Der Gesellschaftskörper. Zur Neuordnung von Kultur und Geschlecht um 1900*, Frankfurt am Main/New York: Campus, S. 19-96.

– (2002), *Judith Butler zur Einführung*, Hamburg: Junius.

Bührmann, Andrea (2000a), »Der Mensch als Weib – das Weib als Mensch. Überlegungen zur Rekonstruktion des Kampfes von wissenschaftlich und politisch tätigen Frauen gegen moderne Subjektivierungsweisen um 1900«, in: Projekt feministische Theorien im Nordverbund (Hg.), *Subjekt und Erkenntnis. Einsichten in feministische Theoriebildungen*, Opladen: Leske + Budrich, S. 75-95.

– (2000b), »Von der Konstatierung einer unterdrückten weiblichen Sexualität zur Frage nach der Konstitution weiblichen Begehrens«, in: dies., Angelika Diezinger und Sigrid Metz-Göckel, *Arbeit, Sozialisation und Sexualität. Zentrale Felder der Frauen- und Geschlechterforschung*, Bd. 1 Lehrbuchreihe der Sektion Frauenforschung in der DGS, Opladen: Leske + Budrich, S. 193-197.

– (2004), *Der Kampf um »weibliche Individualität«: Zur Transformation moderner Subjektivierungsweisen in Deutschland um 1900*, Münster: Westfälisches Dampfboot.

Bührmann, Andrea/Diezinger, Angelika/Metz-Göckel, Sigrid (2000) (Hg.), *Zentrale Felder der Frauen- und Geschlechterforschung: Arbeit, Sozialisation und Sexualität*, Bd. 1 Lehrbuchreihe der Sektion Frauenforschung in der DGS, Opladen: Leske + Budrich.

Bug, Amy (2003), »Has Feminism Changed Physics?« in: *Signs. Journal of Women in Culture and Society* 28/3, S. 881-899.

Bunch, Charlotte/Carillo, Roxana/Guinée, Ied (1985), »Feminist Perspectives. Report on the Feminist Perspectives Working Group to the Closing Plenary«, in: *Women's Studies International Forum* 8/4, S. 243-247.

Bund-Länder-Kommission (2000) (Hg.), *Frauen in der Wissenschaft – Entwicklung und Perspektiven auf dem Weg zur Chancengleichheit*, Heft 87, Bonn.

Bund-Länder-Kommission (2003) (Hg.), *Frauen in Führungspositionen an Hochschulen und außerhochschulischen Einrichtungen* (7. Fortschreibung des Datenmaterials), Heft 109, Bonn.

Burke, Peter (2001), *Papier und Marktgeschrei. Die Geburt der Wissensgesellschaft*, Berlin: Wagenbach.

Bußmann, Hadumod/Hof, Renate (1995) (Hg.), *Genus. Zur Geschlechterdifferenz in den Kulturwissenschaften*, Stuttgart: Kröner.
Butler, Judith (1990), *Gender Trouble. Feminism and the Subversion of Identity*, New York/London: Routledge (= Originalausgabe von Butler 1991).
– (1991), *Das Unbehagen der Geschlechter*, Frankfurt am Main: Suhrkamp.
– (1993), »Für ein sorgfältiges Lesen«, in: dies. u. a., *Der Streit um Differenz. Feminismus und Postmoderne in der Gegenwart*, Frankfurt am Main: Fischer, S. 122-132.
– (1994), »Against Proper Objects«, in: *differences. A Journal of Feminist Cultural Studies* 6/2+3, S. 1-26.
– (1995), *Körper von Gewicht. Die diskursiven Grenzen des Geschlechts*, Berlin: Berlin Verlag.
– (1997), »Das Ende der Geschlechterdifferenz«, in: Jörg Huber/Martin Heller (Hg.), *Interventionen 6. Konturen des Unentschiedenen*, Basel/Frankfurt am Main: Stroemfeld/Roter Stern, S. 25-43.
– (1998a), *Haß spricht. Zur Politik des Performativen*, Berlin: Berlin Verlag.
– (1998b), »Poststrukturalismus und Postmarxismus«, in: Oliver Marchart (Hg.), *Das Undarstellbare der Politik. Zur Hegemonietheorie Ernesto Laclaus*, Wien: Turia + Kant, S. 209-224.
– (2001), *Psyche der Macht. Das Subjekt der Unterwerfung*, Frankfurt am Main: Suhrkamp.
– (2003), *Kritik der ethischen Gewalt*, Frankfurt am Main: Suhrkamp.
Butler, Judith/Laclau, Ernesto (1998), »Verwendungen der Gleichheit. Eine Diskussion via e-mail«, in: Oliver Marchart (Hg.), *Das Undarstellbare der Politik. Zur Hegemonietheorie Ernesto Laclaus*, Wien: Turia + Kant, S. 238-243.
Certeau, Michel de (1991 [1975]), *Das Schreiben der Geschichte*, Frankfurt am Main/New York: Campus.
Champagne, John (1995), *The Ethics of Marginality. A New Approach to Gay Studies*, Minneapolis/London: University of Minnesota Press.
Chow, Rey (1993), *Writing Diaspora: Tactics of Intervention in Contemporary Cultural Studies*, Bloomington: Indiana UP.
Christian, Barbara (1994), »Der Wettlauf um die Theorie«, in: Nancy Kaiser (Hg.), *Selbst Bewusst. Frauen in den USA*, Leipzig: Reclam, S. 76-95.
Clark, Burton R. (1983), *The Higher Education System: Academic Organizations in Cross-National Perspective*, Berkeley/Los Angeles: UP California.
– (1998), *Creating Entrepreneurial Universities. Organizational Pathways of Tansformation*, Surrey: Pergamon.
Clark, Terry (1974), »Die Stadien wissenschaftlicher Institutionalisierung«, in: Peter Weingart (Hg.), *Wissenschaftssoziologie 2: Determinanten wissenschaftlicher Entwicklung*, Frankfurt am Main: Fischer/Athenäum, S. 105-121.

Conkey, Margaret (2003), »Has Feminism Changed Archaeology?« in: *Signs. Journal of Women in Culture and Society* 28/3, S. 867-880.

Costas, Ilse (1995), »Die Öffnung der Universitäten für Frauen – Ein internationaler Vergleich für die Zeit vor 1914«, in: *Leviathan*, Heft 4, S. 196-516.

Costas, Ilse/Roß, Bettina (2002), »Pionierinnen gegen die immer noch bestehende Geschlechterhierarchie – die ersten Frauen an der Universität Göttingen«, in: *Feministische Studien* 20/1, S. 23-39.

Cottmann, Angelika/Kortendiek, Beate/Schildmann, Ulrike (2000a), Einleitung, in: dies. (Hg.), *Das undisziplinierte Geschlecht. Frauen- und Geschlechterforschung – Einblick und Ausblick*, Opladen: Leske + Budrich, S. 7-14.

Cottmann, Angelika/Kortendiek, Beate/Schildmann, Ulrike (2000b) (Hg.), *Das undisziplinierte Geschlecht. Frauen- und Geschlechterforschung – Einblick und Ausblick*, Opladen: Leske + Budrich.

Coward, Rosalind (1999), *Sacred Cows. Is Feminism Relevant to the New Millennium?*, London: Harper Williams.

Crosby, Christina (1992), »Dealing with Differences«, in: Judith Butler/Joan Scott (Hg.), *Feminists Theorize the Political*, London/New York: Routledge, S. 130-143.

Dackweiler, Regina (1995), *Ausgegrenzt und eingemeindet. Die neue Frauenbewegung im Blick der Sozialwissenschaften*, Münster: Westfälisches Dampfboot.

– (2001), »Konturen einer feministischen Re-Definition von Staatsbürgerschaft als Konzept zur Analyse von Frauenbewegungen weltweit«, in: *Zeitschrift für Frauenforschung & Geschlechterstudien* 19/1+2, S. 173-187.

Dalla Costa, Mariarosa/James, Selma (1973), *Die Macht der Frauen und der Umsturz der Gesellschaft*, Berlin: Merve Verlag.

Daston, Lorraine (2001a), »Die Biographie der Athene oder Eine Geschichte der Rationalität«, in: dies., *Wunder, Beweise und Tatsachen. Zur Geschichte der Rationalität*, Frankfurt am Main: Fischer, S. 7-28.

– (2001b), »Objektivität und die Flucht aus der Perspektivik«, in: dies., *Wunder, Beweise und Tatsachen. Zur Geschichte der Rationalität*, Frankfurt am Main: Fischer, S. 127-156.

– (2001c), »Die moralischen Ökonomien der Wissenschaft«, in: dies., *Wunder, Beweise und Tatsachen. Zur Geschichte der Rationalität*, Frankfurt am Main: Fischer, S. 157-184.

– (2001d), »Die Kultur der wissenschaftlichen Objektivität«, in: Michael Hagner (Hg.), *Ansichten der Wissenschaftsgeschichte*, Frankfurt am Main: Fischer, S. 137-160.

– (2003), »Die wissenschaftliche Persona. Arbeit und Berufung«, in: Theresa Wobbe (Hg.), *Zwischen Vorderbühne und Hinterbühne. Beiträge zum*

Wandel der Geschlechterbeziehungen in der Wissenschaft vom 17. Jahrhundert bis zur Gegenwart, Bielefeld: transcript, S. 109-136.
Dauenhauer, Erich (2003), »Universitäre Kollateralschäden. Das neue rheinland-pfälzische Hochschulgesetz und seine Folgen«, in: *Forschung & Lehre* 11/2003, S. 599-600.
Dausien, Bettina/Herrmann, Martina/Oechsle, Mechthild/Schmerl, Christiane/Stein-Hilbers, Marlene (1999) (Hg.), *Erkenntnisprojekt Geschlecht. Feministische Perspektiven verwandeln Wissenschaft*. Opladen: Leske + Budrich.
Davis, Natalie Zemon (1975), »Women's History in Transition: The European Case«, in: *Feminist Studies* 3, S. 90.
Delanty, Gerard (2001), *Challenging Knowledge. The University in the Knowledge Society*, Buckingham: The Society for Research into Higher Education & Open University Press.
Demirović, Alex (1999), *Der nonkonformistische Intellektuelle. Die Entwicklung der Kritischen Theorie zur Frankfurter Schule*, Frankfurt am Main: Suhrkamp.
Deuber-Mankowsky, Astrid (1994), »Geschlechter-Verwirrung«, in: *WochenZeitung*, 25. Februar 1994, S. 16.
– (1998), »Der Magisterstudiengang Geschlechterstudien/Gender Studies an der Humboldt-Universität Berlin«, in: *Die Philosophin* 9/17, S. 109-115.
Dever, Maryanne/Cuthbert, Denise/Pollak, Lindsey (2002), »Life After Women's Studies: Graduates and the Labor Market«, in: Robyn Wiegman (Hg.), *Women's Studies on its Own*, Durham/London: Duke UP, S. 312-340.
Dieckmann, Elisabeth/Schöck-Quinteros, Eva (2000) (Hg.), *Die Anfänge des Frauenstudiums in Deutschland*, Berlin: trafo-Verlag.
Dietze, Gabriele (1979) (Hg.), *Die Überwindung der Sprachlosigkeit. Texte aus der neuen Frauenbewegung*, Darmstadt/Neuwied: Luchterhand.
– (2003), »Allegorien der Heterosexualität. Intersexualität und Zweigeschlechtlichkeit – eine Herausforderung an die Kategorie Gender?«, in: *Die Philosophin* 14/28, S. 9-35.
– (2005), »Postcolonial Theory«, in: Christina von Braun/Inge Stephan (Hg.), *Gender@Wissen. Ein Handbuch der Gender-Theorien*, Köln/Weimar/Berlin: Böhlau (UTB), S. 304-324.
Diezinger, Angelika/Kitzer, Hedwig/Anker, Ingrid u. a. (1994) (Hg.), *Erfahrung mit Methode. Wege sozialwissenschaftlicher Frauenforschung*, Freiburg: Kore Verlag.
Dölling, Irene (1993), »Aufschwung nach der Wende – Frauenforschung in der DDR und in den neuen Bundesländern«, in: Gisela Helwig und Hildegard-Maria Nickel (Hg.), *Frauen in Deutschland, 1945-1992*, Bonn: Bundeszentrale für politische Bildung, S. 397-407.

– (1996), »Das Veralten der Frauenforschung«, in: *Mitteilungen aus der kulturwissenschaftlichen Forschung* 37, S. 601-619.
– (1999a), »›Geschlecht‹ – eine analytische Kategorie mit Perspektive in den Sozialwissenschaften?« in: *Potsdamer Studien zur Frauen- und Geschlechterforschung* 1/1999, S. 21-32.
– (1999b), »Zehn Jahre Zentrum interdisziplinäre Frauenforschung an der Humboldt-Universität – eine persönliche Rückerinnerung an die Anfänge«, in: *Bulletin* Nr. 19 »Institutionalisierung und Interdisziplinarität. Frauen- und Geschlechterforschung an der HU«, S. 13-27.
– (2000), »Die Institutionalisierung von Frauen- und Geschlechterforschung an ostdeutschen Hochschulen. Ein Ergebnis von Kämpfen im wissenschaftlichen Feld«, in: Beate Krais (Hg.), *Wissenschaftskultur und Geschlechterordnung. Über die verborgenen Mechanismen männlicher Dominanz in der akademischen Welt*, Frankfurt am Main/New York: Campus, S. 153-169.
– (2003), »Zwei Wege gesellschaftlicher Modernisierung. Geschlechtervertrag und Geschlechterarrangements in Ostdeutschland in gesellschafts-/modernisierungstheoretischer Perspektive«, in: Gudrun-Axeli Knapp und Angelika Wetterer (Hg.), *Achsen der Differenz. Gesellschaftstheorie und feministische Kritik II*, Münster: Westfälisches Dampfboot, S. 73-100.
– (2004), »Männliche Herrschaft als paradigmatische Form der symbolischen Gewalt«, in: Margareta Steinrücke (Hg.), *Pierre Bourdieu. Politisches Forschen, Denken und Eingreifen*, Hamburg: VSA Verlag, S. 74-90.
Dölling, Irene/Hark, Sabine (2000), »She Who Speaks Shadow Speaks Truth: Transdisciplinarity in Women's and Gender Studies«, in: *Signs. Journal of Women in Culture and Society* 25/4, S. 1195-1198.
Dohm, Hedwig (1874), *Die wissenschaftliche Emancipation der Frau*, Berlin: Wedekind & Schwieger.
Douglas, Mary (1991). *Wie Institutionen denken*, Frankfurt am Main: Suhrkamp.
Dreyfus, Hubert/Rabinow, Paul (1990), »Was ist Mündigkeit? Habermas und Foucault über ›Was ist Aufklärung?‹«, in: Eva Erdmann/Rainer Forst/Axel Honneth (Hg.), *Ethos der Moderne. Foucaults Kritik der Aufklärung*, Frankfurt am Main/New York: Campus, S. 55-69.
Duden, Barbara (1991), *Der Frauenleib als öffentlicher Ort. Vom Mißbrauch des Begriffs Leben*, Hamburg/Zürich: Luchterhand.
– (1993), »Die Frau ohne Unterleib: Zu Judith Butlers Entkörperung. Ein Zeitdokument«, in: *Feministische Studien* 11/2, S. 24-33.
Durkheim, Émile (1981 [1912]), *Die elementaren Formen des religiösen Lebens*, Frankfurt am Main: Suhrkamp.
Durkheim, Émile/Mauss, Marcel (1987 [1903]), »Über einige primitive For-

men von Klassifikation. Ein Beitrag zur Erforschung der kollektiven Vorstellungen«, in: Émile Durkheim, *Schriften zur Soziologie der Erkenntnis*, Frankfurt am Main: Suhrkamp, S. 171-194, 249-256.
Eckart, Christel (1995), »Feministische Politik gegen institutionelles Vergessen«, in: *Feministische Studien* 13/1, S. 82-90.
Edge, David/Mulkay, Michael (1976), *Astronomy Transformed. The Emergence of Radio Astronomy in Britain*, New York u. a.: John Wiley & Sons.
Eichhorn, Cornelia (2004), »Geschlechtliche Teilung der Arbeit. Eine kritische Durchsicht der feministischen Ansätze seit der neuen Frauenbewegung«, in: *Jungle World*, 10. März 2004, S. 11.
Elam, Diane (1994), *Feminism and Deconstruction. Ms. en Abyme*, London/New York: Routledge.
– (2002), »Taking Account of Women's Studies«, in: Robyn Wiegman (Hg.), *Women's Studies on its Own*, Durham/London: Duke UP, S. 218-223.
Elam, Diane/Wiegman, Robyn (1995a), »Contingencies«, in: dies. (Hg.), *Feminism Beside Itself*, London/New York: Routledge, S. 1-8.
– (1995b) (Hg.), *Feminism Beside Itself*, London/New York: Routledge.
Elias, Norbert (1982), »Scientific Establishments«, in: ders./H. Martins/Richard Whitley (Hg.), *Scientific Establishments and Hierarchies*, Dordrecht: Reidel, S. 3-69.
Engel, Antke (2002), *Wider die Eindeutigkeit. Sexualität und Geschlecht im Fokus queerer Politik der Repräsentation*, Frankfurt am Main/New York: Campus.
Engler, Steffani (2001), *»in Einsamkeit und Freiheit«? Zur Konstruktion der wissenschaftlichen Persönlichkeit auf dem Weg zur Professur*, Konstanz: UVK.
Ernst, Waltraud (1999), *Diskurspiratinnen. Wie feministische Erkenntnisprozesse die Wirklichkeit verändern*, Wien: Milena Verlag.
Fabianke, Ruth/Kahlert, Heike (1991) (Hg.), *Frauen in der Hochschullehre: Auf der Suche nach neuen Lehr- und Lernformen*, Dokumentation des Workshops »Lehre in der Frauenforschung«, Hamburg 29./30. Juni 1990.
Faludi, Susan (1993), *Die Männer schlagen zurück*, Reinbek: Rowohlt.
Färber, Christine (2002), »Frauen auf die Lehrstühle durch Gender Mainstreaming? Ein neues gleichstellungspolitisches Konzept und seine Bedeutung für den Hochschulbereich«, in: Silke Bothfeld/Sigrid Gronbach/Barbara Riedmüller (Hg.), *Gender Mainstreaming – eine Innovation in der Gleichstellungspolitik. Zwischenberichte aus der politischen Praxis*, Frankfurt am Main/New York: Campus, S. 107-133.
– (2003), »Gender Mainstreaming in Wissenschaftsorganisationen. Steuerungsinstrumente zur Gleichstellung von Frauen und zur Integration

von Frauenperspektiven«, in: Renate Niekant und Uta Schuchmann (Hg.), *Feministische Erkenntnisprozesse. Zwischen Wissenschaftstheorie und politischer Praxis*, Opladen: Leske + Budrich, S. 161-192.

Felt, Ulrike/Nowotny, Helga/Taschwer, Klaus (1995), *Wissenschaftsforschung. Eine Einführung*, Frankfurt am Main/New York: Campus.

FeMigra (1994), »Wir die Seiltänzerinnen. Politische Strategien von Migrantinnen gegen Ethnisierung und Assimilation«, in: Cornelia Eichhorn und Sabine Grimm (Hg.), *Gender Killer. Texte zu Feminismus und Politik*, Berlin: Edition ID-Archiv, S. 49-64.

Firestone, Shulamith (1970), *The Dialectic of Sex*. New York: William Morrow & Co.

Fischer, Ute/Kampshoff, Marita/Keil, Susanne/Schmitt, Mathilde (1996) (Hg.), *Kategorie: Geschlecht? Empirische Analysen und feministische Theorie*, Opladen: Leske + Budrich.

Fleck, Christian, (2000) »Fragmentierung, Tribalismus und das Streben nach Statusgewinn«, in: Christiane Funken (Hg.), *Soziologischer Eigensinn. Zur »Disziplinierung« der Sozialwissenschaften*, Opladen: Leske + Budrich, S. 49-64.

Fleck, Ludwik (1980 [1935]), *Entstehung und Entwicklung einer wissenschaftlichen Tatsache. Einführung in die Lehre vom Denkstil und Denkkollektiv*, Frankfurt am Main: Suhrkamp.

Foucault, Michel (1971), *Die Ordnung der Dinge*, Frankfurt am Main: Suhrkamp.

– (1973), *Archäologie des Wissens*, Frankfurt am Main: Suhrkamp.

– (1976), *Überwachen und Strafen*, Frankfurt am Main: Suhrkamp.

– (1977), *Sexualität und Wahrheit. Der Wille zum Wissen*, Frankfurt am Main: Suhrkamp.

– (1987), »Das Subjekt und die Macht«, in: Hubert L. Dreyfus und Paul Rabinow (Hg.), *Michel Foucault. Jenseits von Strukturalismus und Hermeneutik*, Frankfurt am Main: Athenäum, S. 243-261.

– (1990), »Was ist Aufklärung?« in: Eva Erdmann/Rainer Forst/Axel Honneth (Hg.), *Ethos der Moderne. Foucaults Kritik der Aufklärung*, Frankfurt am Main/New York: Campus, S. 35-54.

– (1991), *Die Ordnung des Diskurses*, Frankfurt am Main: Fischer.

– (1992), *Was ist Kritik?*, Berlin: Merve Verlag.

– (1996), *Diskurs und Wahrheit*, Berlin: Merve Verlag.

– (2002 [1971]), »Nietzsche, die Genealogie, die Historie«, in: ders., *Dits et Ecrits. Schriften*, Bd. II 1970-1975, Frankfurt a. M.: Suhrkamp, S. 166-190.

– (2003 [1977]), »Das Spiel des Michel Foucault«, in: ders., *Dits et Ecrits. Schriften*, Bd. III 1976-1979, Frankfurt am Main: Suhrkamp, S. 391-429.

– (2003 [1978]), »Die ›Gouvernementalität‹«, in: ders., *Dits et Ecrits. Schriften*, Bd. III 1976-1979, Frankfurt am Main: Suhrkamp, S. 796-822.

Fox, Mary Frank (1995), »Women and Scientific Careers«, in: Sheila Jasanoff u. a. (Hg.), *Handbook of Science and Technology*, London: Sage, S. 205-223.
– (2001), »Women, Science, and Academia. Graduate Education and Careers«, in: *Gender & Society* 15/5, S. 654-666.
Franke, Marlis (1978), »Geschlecht und Klasse. Zur politischen Ökonomie des modernen Patriarchats«, in: Dokumentationsgruppe der Sommeruniversität (Hg.), *Frauen als bezahlte und unbezahlte Arbeitskräfte. Beiträge zur 2. Berliner Sommeruniversität für Frauen – Oktober 1977*, Berlin: Selbstverlag, S. 305-316.
Frankfurter Frauenschule (1994) (Hg.), *Zur Krise der Kategorien. Frau – Lesbe – Geschlecht*, Frankfurt am Main: Selbstverlag.
Fraueninfo Berlin. Selbstdarstellung (1976), Frauen aus dem Frauenzentrum (Hg.), Berlin.
Fraser, Nancy (1992), »The Uses and Abuses of French Discourse Theories for Feminist Politics«, in: dies./Sandra Lee Bartky (Hg.), *Revaluing French Feminism. Critical Essays on Difference, Agency, and Culture*, Bloomington: Indiana UP, S. 177-194.
Frauen und Wissenschaft. Beiträge zur Berliner Sommeruniversität für Frauen Juli 1976 (1977), Gruppe Berliner Dozentinnen (Hg.), Berlin: Courage Verlag.
Frauen als bezahlte und unbezahlte Arbeitskräfte. Beiträge zur 2. Berliner Sommeruniversität für Frauen – Oktober 1977 (1978), Dokumentationsgruppe der Sommeruniversität (Hg.), Berlin: Selbstverlag.
Frauenjahrbuch 1 (1975), Frankfurter Frauen (Hg.), Frankfurt am Main: Verlag Roter Stern.
Frauenzeitung Nr. 3 März 1974.
Freedman, Estelle B. (2002), *No Turning Back. The History of Feminism and the Future of Women*, New York: Ballantine Books.
Freud, Sigmund (2000 [1921]), »Massenpsychologie und Ich-Analyse«, in: ders., *Studienausgabe* Bd. IX, Frankfurt am Main: Fischer, S. 61-134.
– (2000 [1923]), »Das Ich und das Es«, in: ders., *Studienausgabe* Bd. III, Frankfurt am Main: Fischer, S. 273-330.
– (2000 [1930]), »Das Unbehagen in der Kultur«, in: ders. *Studienausgabe* Bd. IX, Frankfurt am Main: Fischer, S. 191-270.
Frevert, Ute (1986), *Frauen-Geschichte. Zwischen bürgerlicher Verbesserung und Neuer Weiblichkeit*, Frankfurt am Main: Suhrkamp.
– (1994), »Sozialwissenschaftliche Forschung über Frauen: historische Vorläufer«, in: Senatskommission für Frauenforschung der DFG (Hg.), *Sozialwissenschaftliche Frauenforschung in der Bundesrepublik Deutschland: Bestandsaufnahme und forschungspolitische Konsequenzen*, Berlin: Akademie Verlag, S. 5-11.
Frey, Regina (2003), *Gender im Mainstreaming. Geschlechtertheorie und -praxis im internationalen Diskurs*, Königstein: Ulrike Helmer Verlag.

Friedberg, Erhard (1995), *Ordnung und Macht. Dynamik organisierten Handelns*, Frankfurt am Main/New York: Campus.
Friedman, Susan Stanford (1995), »Making History. Reflections on Feminism, Narrative and Desire«, in: Diane Elam und Robyn Wiegman (Hg.), *Feminism Beside Itself*, London/New York: Routledge, S. 11-54.
– (1998), »InterDisciplinarity and the Question of the Women's Studies Ph. D.«, in: *Feminist Studies* 24/2, S. 301-325.
Fuchs, Brigitte/Habinger, Gabriele (1996) (Hg.), *Rassismen & Feminismen. Differenzen, Machtverhältnisse und Solidarität zwischen Frauen*, Wien: Promedia.
Fuchs, Peter (2002), »Hochschulen in Trivialmaschinen«, in: *die tageszeitung*, 10. Dezember 2002, S. 15.
Funken, Christiane (2000a), »Einleitung: Künstliche Grenzen?«, in: dies. (Hg.), *Soziologischer Eigensinn. Zur »Disziplinierung« der Sozialwissenschaften*, Opladen: Leske + Budrich, S. 7-28.
– (2000b) (Hg.), *Soziologischer Eigensinn. Zur »Disziplinierung« der Sozialwissenschaften*, Opladen: Leske + Budrich.
Genschel, Corinna (2002), »Queer Meets Trans Studies: Über den problematischen Stellenwert geschlechtlicher Transgressionen in Queer Theorie«, in: *Freiburger Frauenstudien* 12, S. 163-186.
Genschel, Corinna (1997), »Umkämpfte sexualpolitische Räume. Queer als Symptom«, in Stefan Etgeton/Sabine Hark (Hg,), *Freundschaft unter Vorbehalt. Chancen und Grenzen lesbisch-schwuler Bündnisse*, Berlin: Querverlag, S. 77-98.
Genschel, Corinna/Lay, Caren/Wagenknecht, Nancy/Woltersdorff, Volker (2001), »Anschlüsse«, in: Annamarie Jagose, *Queer Theory. Eine Einführung*, Berlin: Querverlag, S. 167-194.
Gerhard, Ute (1986), »Alte und neue Frauenbewegung als soziale Bewegung – ein soziologischer Vergleich unter besonderer Berücksichtigung der Arbeit von Frauen«, in: Autonomes Lesben- und Frauenreferat Universität Frankfurt (Hg.), *Dokumentation zum Frankfurter Frauenlehrstuhl*, Frankfurt am Main: Selbstverlag, S. 145-157.
– (1994), »Frauenforschung und Frauenbewegung. Skizze ihrer theoretischen Diskurse«, in: Senatskommission für Frauenforschung der DFG (Hg.), *Sozialwissenschaftliche Frauenforschung in der Bundesrepublik Deutschland: Bestandsaufnahme und forschungspolitische Konsequenzen*, Berlin: Akademie Verlag, S. 12-28.
– (1998a), »›Illegitime Töchter‹. Das komplizierte Verhältnis zwischen Feminismus und Soziologie«, in: *Kölner Zeitschrift für Soziologie und Sozialpsychologie*, Sonderheft 38, S. 343-379.
– (1998b), »Die Töchter der Emanzipation – Das Generationenproblem in der Frauenbewegung«, in: Ingeborg Mues (Hg.), *Was Frauen bewegt und was sie bewegen*, Frankfurt am Main: Fischer, S. 71-89.

– (2001), »Frauenbewegung – Frauenforschung – Frauenpolitik. Innovation und Selbstreflexion«, in: Ursula Hornung/Sedef Gümen/Sabine Weilandt (Hg.), *Zwischen Emanzipationsvision und Gesellschaftskritik. ReKonstruktionen der Geschlechterordnung*, Münster: Westfälisches Dampfboot, S. 21-41.

Gibbons, Michael/Limoges, Camille/Nowotny, Helga/Schwartzman, Simon/Scott, Peter/Trow, Martin (1994), *The New Production of Knowledge. The Dynamics of Science and Research in Contemporary Society*, London u. a.: Sage.

Gieryn, Thomas F. (1983), »Boundary-Work and the Demarcation of Science from Non-Science: Strains and Interest in Professional Ideologies of Scientists«, in: *American Sociological Review* 48/12, S. 781-795.

– (1999), *Cultural Boundaries of Science. Credibility on the Line*, Chicago: Chicago UP.

Gildemeister, Regine (2001 [1992]), »Die soziale Konstruktion von Geschlechtlichkeit«, in: Sabine Hark (Hg.), *Dis/Kontinuitäten: Feministische Theorie*, Opladen: Leske + Budrich, S. 51-68.

Gildemeister, Regine/Wetterer, Angelika (1992), »Wie Geschlechter gemacht werden. Die soziale Konstruktion der Zweigeschlechtlichkeit und ihre Reifizierung in der Frauenforschung«, in: Gudrun-Axeli Knapp und Angelika Wetterer (Hg.), *TraditionenBrüche. Entwicklungen feministischer Theorie*, Freiburg: Kore Verlag, S. 201-254.

Gipser, Dietlinde (1978), »Bedeutung und Formen von Frauenseminaren an Hochschulen«, in: Dokumentationsgruppe der Sommeruniversität (Hg.), *Frauen als bezahlte und unbezahlte Arbeitskräfte. Beiträge zur 2. Berliner Sommeruniversität für Frauen – Oktober 1977*, Berlin: Selbstverlag, S. 470-472.

Goffman, Erving (1983 [1969]), *Wir alle spielen Theater. Die Selbstdarstellung im Alltag*, München: Piper.

Gordon, Deborah (1988), Panel Discussion 2, in: *Inscriptions* 3-4, Special Issue Feminism and the Critique of Colonial Discourse, hg. von Deborah Gordon; *http://humwww.ucsc.edu/CultStudies/PUBS/Inscriptions /vol_3-4/panel2.html.*

Gottschall, Karin (2000), *Soziale Ungleichheit und Geschlecht. Kontinuitäten und Brüche, Sackgassen und Erkenntnispotentiale im deutschen soziologischen Diskurs*, Opladen: Leske + Budrich.

Gottschall, Karin/Pfau-Effinger, Birgit (Hg.), (2002), *Zukunft der Arbeit und Geschlecht: Diskurse, Entwicklungspfade und Reformorientierungen*, Opladen: Leske + Budrich.

Gowaty, Patricia Adair (2003), »Sexual Natures: How Feminism Changed Evolutionary Biology«, in: *Signs. Journal of Women in Culture and Society* 28/3, S. 901-921.

Graff, Gerald (1987), *Professing Literature. An Institutional History*, Chicago: UP Chicago.

Gramsci, Antonio (1997), *Gefängnishefte* Bd. 7, Hamburg: Argument Verlag.

Gravenhorst, Lerke (2001), »Subversiver Anspruch und Normalisierungsrealität: Über Ziele, Wege und Perspektiven der Frauen- und Geschlechterforschung«, in: Ursula Hornung/Sedef Gümen/Sabine Weilandt (Hg.), *Zwischen Emanzipationsvision und Gesellschaftskritik. ReKonstruktionen der Geschlechterordnung*, Münster: Westfälisches Dampfboot, S. 96-101.

Grewal, Inderpal/Kaplan, Caren (1994), *Scattered Hegemonies: Postmodernity and Transnational Feminist Practices*, Minnesota: University of Minnesota Press.

Griffin, Gabriele (2002), »Was haben wir erreicht? Eine kritische Auseinandersetzung mit dem ›Schicksal‹ von Women's Studies im Vereinigten Königreich«, in: *Feministische Studien* 20/1, S. 70-86.

Griffith, Belver C./Mullins, Nicolas (1974), »Kohärente soziale Gruppen im wissenschaftlichen Wandel«, in: Peter Weingart (Hg.), *Wissenschaftssoziologie 2: Determinanten wissenschaftlicher Entwicklung.* Frankfurt am Main: Fischer/Athenäum, S. 223-238.

Gümen, Sedef (2001 [1998]), »Das Soziale des Geschlechts. Frauenforschung und die Kategorie ›Ethnizität‹«, in: Sabine Hark (Hg.), *Dis/Kontinuitäten: Feministische Theorie*, Opladen: Leske + Budrich, S. 136-153.

Gutiérrez Rodríguez, Encarnacion (1999), *Intellektuelle Migrantinnen – Subjektivitäten im Zeitalter von Globalisierung. Eine postkoloniale dekonstruktive Analyse von Biographien im Spannungsverhältnis von Ethnisierung und Vergeschlechtlichung*, Opladen: Leske + Budrich.

Haase, Matthias/Siegel, Marc/Wunsch, Michaela (2005) (Hg.). Outside. Die Politik queerer Räume, Berlin: b-books.

Habermas, Jürgen (1973), *Erkenntnis und Interesse*, Frankfurt am Main: Suhrkamp.

Hacker, Hanna (1987), *Frauen und Freundinnen. Studien zur weiblichen Homosexualität am Beispiel Österreich 1870-1930*, Weinheim: Beltz.

– (1989), »Lesbische Denkbewegungen«, in: *beiträge zur feministischen theorie und praxis* Heft 12/25+26, S. 49-56.

– (1998), *Gewalt ist: keine Frau. Der Akteurin oder eine Geschichte der Transgressionen.* Königstein: Ulrike Helmer Verlag.

Hagemann-White, Carol, (1984), »Thesen zur kulturellen Konstruktion der Zweigeschlechtlichkeit«, in: Barbara Schaeffer-Hegel und Brigitte Wartmann (Hg.), *Mythos Frau. Projektionen und Inszenierungen im Patriarchat*, Berlin: publica, S. 137-139.

– (1988), »Zur Geschichte und zum Selbstverständnis von Frauenforschung«, in: Hildegard Rapin (Hg.), *Frauenforschung und Hausarbeit*, Frankfurt am Main/New York: Campus, S. 8-19.

– (1993), »Die Konstrukteure des Geschlechts auf frischer Tat ertappen«, in: *Feministische Studien* 11/2, S. 68-78.

– (1995), *Frauenforschung – Der Weg in die Institution. Ideen, Persönlichkeiten und Strukturbedingungen am Beispiel Niedersachsen*, Bielefeld: Kleine Verlag.

– (2001 [1988]), »Wir werden nicht zweigeschlechtlich geboren ...«, in: Sabine Hark (Hg.), *Dis/Kontinuitäten: Feministische Theorie*, Opladen: Leske + Budrich, S. 24-34.

– (2001a), »Was bedeutet ›Geschlecht‹ in der Frauenforschung? Ein Blick zurück und ein Entwurf für heute«, in: Ursula Hornung/Sedef Gümen/Sabine Weilandt (Hg.), *Zwischen Emanzipationsvision und Gesellschaftskritik. ReKonstruktionen der Geschlechterordnung*, Münster: Westfälisches Dampfboot, S. 63-73.

Hagemann-White, Carol/Rerrich, Maria S. (1988) (Hg.), *FrauenMännerbilder. Männer und Männlichkeit in der feministischen Diskussion*, Bielefeld: AJZ-Verlag.

Hagemann-White, Carol/Schmidt-Harzbach, Ingrid (1991 [1975]), »Warum Frauenstudium?«, in: *Schwesternlust & Schwesternfrust – 20 Jahre Frauenbewegung* (1991), EMMA-Sonderband (Oktober), S. 96.

Hagner, Michael (2001) (Hg.), *Ansichten der Wissenschaftsgeschichte*, Frankfurt am Main: Fischer.

Hahn, Barbara (2002), »Geschlechterforschung und *Gender Studies*«, in: Renate Kroll (Hg.), *Metzler Lexikon Gender Studies. Geschlechterforschung. Ansätze – Personen – Grundbegriffe*, Stuttgart/Weimar: Metzler, S. 157.

Halperin, David (1995), *Saint ? Foucault. Towards a Gay Hagiography*, New York/Oxford: Oxford UP.

Hänsch, Ulrike (1999), »Subjektive Dimensionen im feministischen Streit um Geschlecht und Dekonstruktion«, in: Christine Bauhardt/Angelika von Wahl (Hg.), *Gender and Politics. »Geschlecht« in der feministischen Politikwissenschaft*, Opladen: Leske + Budrich, S. 47-64.

– (2001 [1998]), »Ein erotisches Verhältnis? Lesbische Perspektiven und feministische Theoriebildung«, in: Sabine Hark (Hg.), *Dis/Kontinuitäten: Feministische Theorie*, Opladen: Leske + Budrich, S. 273-280.

– (2003), *Individuelle Freiheiten – heterosexuelle Normen in Lebensgeschichten lesbischer Frauen*, Opladen: Leske + Budrich.

Hanssen, Beatrice (2001), »Whatever Happened to Feminist Theory?«, in: Elisabeth Bronfen/Misha Kavka (Hg.), *Feminist Consequences. Theory for the New Century*, New York: Columbia UP, S. 58-98.

Häntzschel, Hiltrud (1997), »Zur Geschichte der Habilitation von Frauen

in Deutschland«, in: dies. (Hg.), *Bedrohlich gescheit: Ein Jahrhundert Frauen und Wissenschaft in Bayern*, München: Beck, S. 84-104.
Haraway, Donna (2001 [1988]), »Situiertes Wissen. Die Wissenschaftsfrage im Feminismus und das Privileg einer partialen Perspektive«, in: Sabine Hark (Hg.), *Dis/Kontinuitäten: Feministische Theorie*, Opladen: Leske + Budrich, S. 281-298.
Harding, Sandra (1990), *Feministische Wissenschaftstheorie. Zum Verhältnis von Wissenschaft und sozialem Geschlecht*, Hamburg: Argument.
– (1994), *Das Geschlecht des Wissens. Frauen denken die Wissenschaft neu*, Frankfurt am Main/New York: Campus.
Hark, Sabine (1987), »Eine Frau ist eine Frau, ist eine Frau, … – Lesbische Fragen und Perspektiven für eine feministische Gesellschaftsanalyse und -theorie«, in: *beiträge zur feministischen theorie und praxis* 10/20, S. 85-94.
– (1993a), »Queer Interventionen«, in: *Femistische Studien* 11/2, S. 103-109.
– (1993b), »Einsätze im Feld der Macht. Lesbische Identitäten in der Matrix der Heterosexualität«, in: *L'Homme. Zeitschrift für feministische Geschichtswissenschaft* 4/1, S. 9-17.
– (1996a), »Magisches Zeichen. Die Rekonstruktion der symbolischen Ordnung im Feminismus«, in: dies. (Hg.), *Grenzen lesbischer Identitäten. Aufsätze*, Berlin: Querverlag, S. 96-133.
– (1996b) (Hg.), *Grenzen lesbischer Identitäten. Aufsätze*, Berlin: Querverlag.
– (1998a), »Umstrittene Wissensterritorien. Feminismus und Queer Theory – Reflexivität als Programm«, in: Ursula Ferdinand/Andreas Pretzel/Andreas Seeck (Hg.), *Verqueere Wissenschaft. Zum Verhältnis von Sexualwissenschaft und Sexualreformbewegung in Geschichte und Gegenwart*, Münster: Lit Verlag, S. 13-24.
– (1998b), »Parodistischer Ernst und politisches Spiel. Zur Politik in der GeschlechterParodie«, in: Antje Hornscheidt/Gabriele Jähnert/Annette Schlichter (Hg.), *Kritische Differenzen – geteilte Perspektiven. Zum Verhältnis von Feminismus und Postmoderne*, Opladen: Westdeutscher Verlag, S. 115-139.
– (1998c), »Disziplinäre Quergänge – UnMöglichkeiten transdisziplinärer Frauen- und Geschlechterforschung«, in: *Potsdamer Studien zur Frauen- und Geschlechterforschung* 2/1998, S. 9-25.
– (1999a), *deviante Subjekte. Die paradoxe Politik der Identität*, Opladen: Leske + Budrich.
– (1999b), »Normale Wissenschaft? Frauen- und Geschlechterforschung im Kanon des wissenschaftlichen Wissens«, in: *Potsdamer Studien zur Frauen- und Geschlechterforschung* 3/1, S. 5-16.
– (1999c), »Zündende Sätze«, in: *Bulletin* 19 »Institutionalisierung und Interdisziplinarität. Frauen- und Geschlechterforschung an der HU«,

Berlin, S. 156-158.
– (1999d), »deviante Subjekte. Normalisierung und Subjektformierung«, in: Werner Sohn/Herbert Mehrtens (Hg.), *Normalität und Abweichung. Studien zur Theorie und Geschichte der Normalisierungsgesellschaft*, Opladen/Wiesbaden: Westdeutscher Verlag, S. 65-84.
– (2001) (Hg.), *Dis/Kontinuitäten: Feministische Theorie* Bd. 3 Lehrbuchreihe der Sektion Frauenforschung in der DGS, Opladen: Leske + Budrich.
– (2001a), »Feministische Theorie – Diskurs – Dekonstruktion. Produktive Verknüpfungen«, in: Reiner Keller/Andreas Hirseland/Werner Schneider/Willy Viehöver (Hg.), *Handbuch Sozialwissenschaftliche Diskursanalyse* Bd. 1: Theorien und Methoden, Opladen: Leske + Budrich, S. 353-372.
– (2003), »Material Conditions. Begrenzte Möglichkeiten inter- und transdisziplinärer Frauen- und Geschlechterforschung«, in: *Zeitschrift für Frauenforschung & Geschlechterstudien* 21/2+3, S. 76-89.
– (2004), »Lesbenforschung«, in: Ruth Becker/Beate Kortendiek (Hg.), *Handbuch Frauen- und Geschlechterforschung. Theorie, Methoden, Empirie*, Opladen: VS Verlag für Sozialwissenschaften, S. 104-111.
– (2005), »Queer Studies«, in: Christina von Braun/Inge Stephan (Hg.), *Gender@Wissen*, Köln: Böhlau Verlag, S. 285-303.
Hartwig, Ina (1997), »Antigones Anspruch und Gomorrha«, in: *Frankfurter Rundschau*, 12. Juni 1997, S. 18.
Hasenjürgen, Brigitte (1996), *Soziale Macht im Wissenschaftsspiel. Sozialwissenschaftlerinnen und Frauenforscherinnen an der Hochschule*, Münster: Westfälisches Dampfboot.
Hassauer, Friederike (1994), *Homo. Academica. Geschlechterkontrakte, Institution und die Verteilung des Wissens*, Wien: Passagen.
– (2002), »Die Matrix des Wissens. Autorität und Geschlecht«, in: *Freiburger Frauenstudien* 12, S. 49-77.
Hausen, Karin (1986), »Warum Männer Frauen zur Wissenschaft nicht zulassen wollten«, in: dies./Helga Nowotny (Hg.), *Wie männlich ist die Wissenschaft?*, Frankfurt am Main: Suhrkamp, S. 31-42.
– (1997), »Frauenforschung als Wissenschaftsreform«, in: Sabine Lang und Birgit Sauer (Hg.), *Wissenschaft als Arbeit – Arbeit als Wissenschaftlerin*, Frankfurt am Main/New York: Campus, S. 203-210.
– (1998), »Geschlechterforschung und Interdisziplinarität – Perspektiven in Umbruchzeiten«, in: *Werkstatt Geschichte* 19, S. 59-68.
– (2001 [1976]), »Die Polarisierung der ›Geschlechtscharaktere‹. Eine Spiegelung der Dissoziation von Erwerbs- und Familienleben«, in: Sabine Hark (Hg.), *Dis/Kontinuitäten: Feministische Theorie*, Opladen: Leske + Budrich, S. 162-185.

Hausen, Karin/Nowotny, Helga (1986) (Hg.), *Wie männlich ist die Wissenschaft?*, Frankfurt am Main: Suhrkamp.

Hausman, Berenice (1995), *Changing Sex. Transsexualism, Technology and the Idea of Gender*, Durham: Duke UP.

Hawkesworth, Mary (2004), »The Semiotics of Premature Burial: Feminism in a Postfeminist Age«, in: *Signs. Journal of Women in Culture and Society* 29/4, S. 961-986.

Heidel, Ulf/Micheler, Stefan/Tuider, Elisabeth (2001) (Hg.), *Jenseits der Geschlechtergrenzen. Sexualitäten, Identitäten und Körper in Perspektiven der Queer Studies*, Hamburg: Männerschwarm Skript.

Heinrich-Böll-Stiftung/Feministisches Institut (Hg.), *Wie weit flog die Tomate? Eine 68erinnen-Gala der Reflexion* (mit einer Einleitung von Halina Bendkowski), Berlin: Heinrich-Böll-Stiftung.

Heinsohn, Dorit (2000), »Thermodynamik und Geschlechterdynamik um 1900«, in: *Feministische Studien* 18/1, S. 52-68.

Heintz, Bettina (1993), »Die Auflösung der Geschlechterdifferenz. Entwicklungstendenzen in der Theorie der Geschlechter«, in: Elisabeth Bühler u. a. (Hg.), *Ortssuche. Zur Geographie der Geschlechterdifferenz*, Zürich/Dortmund: efef-Verlag, S. 17-49.

– (1998), »Die soziale Welt der Wissenschaft. Entwicklungen, Ansätze und Ergebnisse der Wissenschaftsforschung«, in: dies./Bernhard Nievergelt (Hg.), *Wissenschafts- und Technikforschung in der Schweiz. Sondierungen einer neuen Disziplin*, Zürich: Seismo-Verlag, S. 55-94.

– (2000), *Die Innenwelt der Mathematik. Kultur und Praxis einer beweisenden Disziplin*, Berlin: Springer.

– (2001a), »Geschlecht als Un-Ordnungsprinzip. Entwicklungen und Perspektiven der Geschlechtersoziologie«, in: *Kölner Zeitschrift für Soziologie und Sozialpsychologie*, Sonderheft 41, S. 9-29.

– (2001b) (Hg.), »Geschlechtersoziologie«, *Kölner Zeitschrift für Soziologie und Sozialpsychologie*, Sonderheft 41.

– (2003), »Die Objektivität der Wissenschaft und die Partikularität des Geschlechts. Geschlechterunterschiede im disziplinären Vergleich«, in: Theresa Wobbe (Hg.), *Zwischen Vorderbühne und Hinterbühne. Beiträge zum Wandel der Geschlechterbeziehungen in der Wissenschaft vom 17. Jahrhundert bis zur Gegenwart*, Bielefeld: transcript, S. 211-238.

Heintz, Bettina/Merz, Martina/Schumacher, Christina (2004), *Wissenschaft, die Grenzen schafft. Geschlechterkonstellationen im disziplinären Vergleich*, Bielefeld: transcript.

Heintz, Bettina/Müller, Dagmar/Roggenthin, Heike (2001), »Gleichberechtigung zwischen globalen Normen und lokalen Kontexten. Deutschland, Schweiz, Marokko und Syrien im Vergleich«, in: *Kölner Zeitschrift für Soziologie und Sozialpsychologie*, Sonderheft 41, S. 398-430.

Heintz, Bettina/Nadai, Eva/Fischer, Regula/Ummel, Hannes (1997), *Ungleich unter Gleichen. Studien zur geschlechtsspezifischen Segregation des Arbeitsmarktes*, Frankfurt am Main/New York: Campus.

Heintz, Bettina/Nadai, Eva (1998), »Geschlecht und Kontext. De-Institutionalisierungsprozesse und geschlechtliche Differenzierung«, in: *Zeitschrift für Soziologie* 27/2, S. 75-93.

Heller, Agnes (1989), »From Hermeneutics in Social Science toward a Hermeneutics of Social Science«, in: *Theory and Society* 18, S. 291-322.

Hessisches Ministerium für Wissenschaft und Kunst (1986) (Hg.), *Frauenforschung und Frauenförderung an den hessischen Hochschulen*, Schriftenreihe Hochschulen 5.

Hey, Barbara/Pallier, Ronald/Roth, Roswitha (1997) (Hg.), *Queerdenken. Weibliche/männliche Homosexualität und Wissenschaft*, Innsbruck/Wien: Studien Verlag.

Heywood Leslie/Drake, Jennifer (1997) (Hg.), *Third Wave Agenda: Being Feminist, Doing Feminism*, Minneapolis: University of Minnesota Press.

Hillmert, Steffen (2003), »Altersstruktur und Karrierewege der Professorinnen und Professoren in der deutschen Soziologie«, in: *Kölner Zeitschrift für Soziologie und Sozialpsychologie* 55/1, S. 116-135.

Hirschauer, Stefan (1993), »Dekonstruktion und Rekonstruktion. Plädoyer für die Erforschung des Bekannten«, in: *Feministische Studien* 11/2, S. 55-67.

– (2003), »Wozu ›Gender Studies‹? Geschlechtsdifferenzierungsforschung zwischen politischem Populismus und naturwissenschaftlicher Konkurrenz«, in: *Soziale Welt* 54, S. 461-482.

Hochschild, Arlie (1989), *The Second Shift*, New York: Avon Books.

Hof, Renate (1992), »Gender and Difference: Paradoxieprobleme des Unterscheidens«, in: *Amerikastudien/American Studies* 37/3, S. 437-449.

– (1995), »Die Entwicklung der Gender Studies«, in: dies./Hadumod Bußmann (Hg.), *Genus. Zur Geschlechterdifferenz in den Kulturwissenschaften*, Stuttgart: Alfred Kröner Verlag, S. 2-33.

– (2003), »Kulturwissenschaften und Geschlechterforschung«, in: Ansgar Nüning und Vera Nüning (Hg.), *Konzepte der Kulturwissenschaften. Theoretische Grundlagen – Ansätze – Perspektiven*, Stuttgart/Weimar: Metzler, S. 329-350.

Holland-Cunz, Barbara (2001), »Zwanzig Jahre wissenschaftliche Revolution? Über Normalisierungen und Zukunftswege der feministischen Forschung«, in: Ursula Hornung/Sedef Gümen/ Sabine Weilandt (Hg.), *Zwischen Emanzipationsvision und Gesellschaftskritik. ReKonstruktionen der Geschlechterordnung*, Münster: Westfälisches Dampfboot, S. 42-55.

– (2003a), *Die alte neue Frauenfrage*, Frankfurt am Main: Suhrkamp.

– (2003b), »Die Vision einer feministischen Wissenschaft und der Betrieb der normal science«, in: Renate Niekant/Uta Schuchmann (Hg.), *Feministische ErkenntnisProzesse. Zwischen Wissenschaftstheorie und politischer Praxis*, Opladen: Leske + Budrich, S. 27-50.

Honegger, Claudia (1991), *Die Ordnung der Geschlechter. Die Wissenschaften vom Menschen und das Weib. 1750-1850*, Frankfurt am Main/New York: Campus.

Honegger, Claudia/Arni, Caroline (2001) (Hg.), *Gender – die Tücken einer Kategorie. Joan W. Scott, Geschichte und Politik. Beiträge zum Symposion anlässlich der Verleihung des Hans-Sigrist-Preises 1999 der Universität Bern an Joan W. Scott*, Zürich: Chronos.

Honegger, Claudia/Wobbe, Theresa (1998) (Hg.), *Frauen in der Soziologie. Neun Porträts*, München: C. H. Beck.

Horkheimer, Max (1988 [1937]), »Nachtrag zu ›Traditionelle und kritische Theorie‹«, in: ders., *Gesammelte Schriften* Bd. 4, 1936-1941, Alfred Schmidt/Gunzeln Schmid Noerr (Hg.), Frankfurt am Main: Suhrkamp, S. 217-226.

Horkheimer, Max/Adorno, Theodor W. (1971 [1944]), *Dialektik der Aufklärung*, Frankfurt am Main: Fischer.

Hornscheidt, Antje/Jähnert, Gabriele/Schlichter, Annette (1998) (Hg.), *Kritische Differenzen – geteilte Perspektiven. Zum Verhältnis von Feminismus und Postmoderne*, Opladen: Westdeutscher Verlag.

Hornung, Ursula/Gümen, Sedef/Weilandt, Sabine (2001) (Hg.), *Zwischen Emanzipationsvision und Gesellschaftskritik. ReKonstruktionen der Geschlechterordnung*, Münster: Westfälisches Dampfboot.

Hoskin, Keith W. (1993), »Education and the Genesis of Disciplinarity: The Unexpected Reversal«, in: Ellen Messer-Davidow/David R. Shumway/David J. Sylvan (Hg.), *Knowledges. Historical and Critical Studies in Disciplinarity*, Charlottesville/London: Virginia UP, S. 271-304.

Howe, Florence/Lauter, Paul (1980), *The Impact of Women's Studies on the Campus and the Disciplines*, Washington, DC: National Institute of Education. Report to U.S. Department of Health, Education and Welfare.

Huerkamp, Claudia (1988), »Frauen, Universitäten und Bildungsbürgertum. Zur Lage studierender Frauen 1900-1930«, in: Hannes Siegrist (Hg.), *Bürgerliche Berufe. Zur Sozialgeschichte der freien und akademischen Berufe im internationalen Vergleich*, Göttingen: Wallstein, S. 200-222.

– (1996), *Bildungsbürgerinnen. Frauen im Studium und in akademischen Berufen 1900-1945*, Göttingen: Wallstein.

Humboldt, Wilhelm von (1996 [1809]), *Werke* Bd. 4. Stuttgart: Cotta.

Jaeger, Jochen/Scheringer, Martin (1998), »Transdisziplinarität: Problemorientierung ohne Methodenzwang«, in: *GAIA* 7/1, S. 10-25.

Jaggar, Allison (1983), *Feminist Politics and Human Nature*, Totwa: Rowman & Allanheld.

Jähnert, Gabriele (1999), »Zehn Jahre danach: Zum Stand der Institutionalisierung der Frauen- und Geschlechterforschung in den neuen Bundesländern«, in: *Bulletin* Nr. 19 »Institutionalisierung und Interdisziplinarität. Frauen- und Geschlechterforschung an der HU«, S. 47-63.
– (2004), »Der Status quo der Gender Studies im deutschsprachigen Raum«, in: Zentrum für transdisziplinäre Geschlechterstudien HU Berlin (Hg.), *Geschlechterstudien im deutschsprachigen Raum. Studiengänge, Erfahrungen, Herausforderungen*, Berlin: trafo-Verlag, S. 10-20.
Jansen, Mechthild M./Baringhorst, Sigrid/Ritter, Martina (1995) (Hg.), *Frauen in der Defensive? Zur backlash-Debatte in Deutschland*, Münster: Lit Verlag.
Janshen, Doris (1999a), »Widerspenstige Erbinnen im Aufbruch«, in: dies. (Hg.), *Frauen über Wissenschaften. Die widerspenstigen Erbinnen der Männeruniversität*, München: Juventa, S. 11-24.
–. (1999b) (Hg.), *Frauen über Wissenschaften. Die widerspenstigen Erbinnen der Männeruniversität*, München: Juventa.
– (2000a), »Blickwechsel. Ein neuer Dialog zwischen Frauen- und Männerforschung«, in: dies. (Hg.), *Blickwechsel. Der neue Dialog zwischen Frauen- und Männerforschung*, Frankfurt am Main/New York: Campus, S. 11-21.
– (2000b) (Hg.), *Blickwechsel. Der neue Dialog zwischen Frauen- und Männerforschung*, Frankfurt am Main/New York: Campus.
Jay, Martin (1990), »Name Dropping or Dropping Names? Modes of Legitimation in the Humanities«, in: Martin Kreiswirth/Mark A. Cheetham (Hg.), *Theory Between the Disciplines: Authority/Vision/Politics*, Ann Arbor: University of Michigan Press, S. 19-34.
Joas, Hans (1992), *Die Kreativität des Handelns*, Frankfurt am Main: Suhrkamp.
Kätzel, Ute (2002), *Die 68erinnen. Porträt einer rebellischen Frauengeneration*, Berlin: Rowohlt Berlin.
Kahlert, Heike (1996), »Wissenschaft in Bewegung. Frauenstudien und Frauenforschung in der BRD«, in: Elke Kleinau/Claudia Opitz (Hg.), *Geschichte der Mädchen- und Frauenbildung*, Frankfurt am Main/New York: Campus, S. 517-533.
– (1997), *Frauen- und Geschlechterforschung in Mecklenburg-Vorpommern. Eine Studie zu Forschung und Lehre an den Hochschulen von 1992 bis 1997*, Ministerium für Bildung, Wissenschaft und Kultur Mecklenburg-Vorpommern/Frauen- und Gleichstellungsbeauftragte der Landesregierung Mecklenburg-Vorpommern (Hg.), Schwerin.
– (2000), »Aus-Bildung durch Wissenschaft: Frauen- und Geschlechterforschung als Beiträge zur Hochschulreform«, in: *Zeitschrift für Frauenforschung & Geschlechterstudien* 18/1+2, S. 5-21.

– (2001a), »Transdisziplinarität als Programm: Frauen- und Geschlechterforschung zwischen der Sehnsucht nach Einheit und nomadischer Existenz«, in: *Zeitschrift für Frauenforschung & Geschlechterstudien* 19/3, S. 3-18.
– (2001b), »Kein Fach wie jedes andere? Feministische Lehre im Professionalisierungsprozeß«, in: *Feministische Studien* 12/23, S. 74-92.
– (2003a), *Gender Mainstreaming an Hochschulen. Anleitung zum qualitätsbewussten Handeln*, Opladen: Leske + Budrich.
– (2003b), »Weibliche Autorität in der Wissenschaft. Dekonstruktion der herrschenden Denktradition«, in: Renate Niekant/Uta Schuchmann (Hg.), *Feministische Erkenntnisprozesse. Zwischen Wissenschaftstheorie und politischer Praxis*, Opladen: Leske + Budrich, S. 81-104.
Kant, Immanuel (1983 [1798]), »Der Streit der Facultäten«. in: ders.: *Werke* Bd. 9, Darmstadt, S. 262-393.
Kavka, Misha (2001), »Introduction«. in: Elisabeth Bronfen/dies. (Hg.), *Feminist Consequences. Theory For The New Century*, New York: Columbia UP, S. ix-xxvi.
Keller, Gottfried (1853), »Der grüne Heinrich«, in: ders., *Werke* Bd. 2, Zürich: Artemis.
Kilian, Eveline/Komfort-Hein, Susanne (1999) (Hg.), *GeNarrationen. Variationen zum Verhältnis von Generation und Geschlecht*, Tübingen: Attempto Verlag.
King, Katie (1994), *Theory in its Feminist Travels. Conversations in U.S. Women's Movements*, Bloomington: Indiana UP.
– (2001), »Productive agencies of feminist theory«, in: *Feminist Theory* 2/1, S. 94-98.
Kirsch-Auwärter, Edit (1995), »Kulturmuster organisationalen Handelns am Beispiel wissenschaftlicher Institutionen«, in: Angelika Wetterer (Hg.), *Die soziale Konstruktion von Geschlecht in Professionalisierungsprozessen*, Frankfurt am Main/New York: Campus, S. 72-83.
– (1996), »Anerkennung durch Dissidenz. Anmerkungen zur Kultur der Marginalität«, in: Ilse Modelmog/dies. (Hg.), *Kultur in Bewegung. Beharrliche Ermächtigungen*, Freiburg: Kore, S. 25-48.
– (2002), »Gender Mainstreaming als neues Steuerungsinstrument? Versuch einer Standortbestimmung«, in: *Zeitschrift für Frauenforschung & Geschlechterstudien* 20/3, S. 101-110.
Klein, Julie Thompson (1990), *Interdisciplinarity. History, Theory and Practice*, Detroit: Wayne State UP.
– (1993), »Blurring, Cracking, and Crossing: Permeation and the Fracturing of Discipline«, in: Ellen Messer-Davidow/David R. Shumway/David J. Sylvan (Hg.), *Knowledges. Historical and Critical Studies in Disciplinarity*, Charlottesville/London: Virginia UP, S. 185-214.

Kleinau, Elke/Opitz, Claudia (1996) (Hg.), *Geschichte der Mädchen- und Frauenbildung*, Frankfurt am Main/New York: Campus.

Klinger, Cornelia (1990), »Bis hierher und wie weiter? Überlegungen zur feministischen Wissenschafts- und Rationalitätskritik«, in: Marianne Krüll (Hg.), *Wege aus der männlichen Wissenschaft*, Pfaffenweiler: Centaurus, S. 21-56.

– (1995), »Zwei Schritte vorwärts, einer zurück – und ein vierter darüber hinaus. Die Etappen feministischer Auseinandersetzung mit der Philosophie«, in: *Die Philosophin* 6/12, S. 81-97.

– (1998), »Periphere Kooptierung. Neue Formen der Ausgrenzung feministischer Kritik. Ein Gespräch mit Kornelia Klinger«, in: *Die Philosophin* 9/18, S. 95-107.

– (2003), »Ungleichheit in den Verhältnissen von Klasse, Rasse und Geschlecht«, in: Gudrun-Axeli Knapp/Angelika Wetterer (Hg.), *Achsen der Differenz. Gesellschaftstheorie und feministische Kritik II*, Münster: Westfälisches Dampfboot, S. 14-48.

Knapp, Gudrun-Axeli (1990), *Zum Problem der Radikalität in der feministischen Wissenschaft*, Oldenburg: Oldenburger Universitätsreden Nr. 38.

– (1997), »Differenz und Dekonstruktion. Anmerkungen zum ›Paradigmenwechsel‹ in der Frauenforschung«, in: Stefan Hradil (Hg.), *Differenz und Integration. Die Zukunft moderner Gesellschaften*, Frankfurt am Main/New York: Campus, S. 497-513.

– (1998a), »Einleitung«, in: dies. (Hg.), *Kurskorrekturen. Feminismus zwischen Kritischer Theorie und Postmoderne*, Frankfurt am Main/New York: Campus, S. 7-24.

– (1998b), »Postmoderne Theorie oder Theorie der Postmoderne? Anmerkungen aus feministischer Sicht«, in: dies. (Hg.), *Kurskorrekturen. Feminismus zwischen Kritischer Theorie und Postmoderne*, Frankfurt am Main/New York: Campus, S. 25-83.

– (1998c), »Beziehungssinn und Unterscheidungsvermögen«, in: *Potsdamer Studien zur Frauen- und Geschlechterforschung* 2/1998, S. 45-56.

– (1998d) (Hg.), *Kurskorrekturen. Feminismus zwischen Kritischer Theorie und Postmoderne*, Frankfurt am Main/New York: Campus.

(2000), »Konstruktion und Dekonstruktion von Geschlecht«, in: Regina Becker-Schmidt/dies., *Feministische Theorien zur Einführung*, Hamburg: Junius, S. 63-102.

– (2001 [1988]), »Die vergessene Differenz«, in: Sabine Hark (Hg.), *Dis/Kontinuitäten: Feministische Theorie*, Opladen: Leske + Budrich, S. 252-272.

– (2001a), »Grundlagenkritik und stille Post. Zur Debatte um einen Bedeutungsverlust der Kategorie ›Geschlecht‹«, in: *Kölner Zeitschrift für Soziologie und Sozialpsychologie*, Sonderheft 41, S. 53-74.

– (2001b), »Dezentriert und viel riskiert: Anmerkungen zur These vom Bedeutungsverlust der Kategorie Geschlecht«, in: dies./Angelika Wetterer (Hg.), *Soziale Verortung der Geschlechter. Gesellschaftstheorie und feministische Kritik*, Münster: Westfälisches Dampfboot, S. 15-62.
– (2003), »Aporie als Grundlage: Zum Produktionscharakter der feministischen Diskurskonstellation«, in: dies./Angelika Wetterer (Hg.), *Achsen der Differenz. Gesellschaftstheorie und feministische Kritik II*, Münster: Westfälisches Dampfboot, S. 240-265.
Knapp, Gudrun-Axeli/Landweer Hilge (1995), »Interdisziplinarität in der Frauenforschung: Ein Dialog«, in: *L'Homme. Zeitschrift für feministische Geschichtswissenschaft* 6/2, S. 6-38.
Knapp, Gudrun-Axeli/Wetterer, Angelika (1992a), »Vorwort«, in: dies./Angelika Wetterer (Hg.), *TraditionenBrüche. Entwicklungen feministischer Theorie*, Freiburg: Kore, S. 9-20.
– (1992b) (Hg.), *TraditionenBrüche. Entwicklungen feministischer Theorie*, Freiburg: Kore.
– (2001) (Hg.), *Soziale Verortung der Geschlechter. Gesellschaftstheorie und feministische Kritik*, Münster: Westfälisches Dampfboot.
– (2003a), »Vorwort«, in: dies./Angelika Wetterer (Hg.), *Achsen der Differenz. Gesellschaftstheorie und feministische Kritik II*, Münster: Westfälisches Dampfboot, S. 7-12.
– (2003b) (Hg.), *Achsen der Differenz. Gesellschaftstheorie und feministische Kritik II*, Münster: Westfälisches Dampfboot.
Knorr-Cetina, Karin (1982), »Scientific Communities or Transepistemic Arenas of Research«, in: *Social Studies of Science* 12, S. 101-30.
– (1984), *Die Fabrikation von Wissen. Zur Anthropologie der Naturwissenschaft*, Frankfurt am Main: Suhrkamp.
– (1988), »Das naturwissenschaftliche Labor als Ort der ›Verdichtung‹ von Gesellschaft«, in: *Zeitschrift für Soziologie* 177/2, 85-101.
– (1995), »Laboratory studies: The cultural approach to the study of science«, in: Sheila Jasanoff u. a. (Hg.), *Handbook of Science and Technology*, London: Sage, S. 140-166.
– (2002), *Wissenskulturen: Ein Vergleich naturwissenschaftlicher Wissensformen*, Frankfurt am Main: Suhrkamp.
Koedt, Anne (1988 [o. J.]), Der Mythos vom vaginalen Orgasmus. in: Ann Anders (Hg.), *Schlüsseltexte der Neuen Frauenbewegung seit 1968*, Frankfurt am Main: Athenäum, S. 76-88.
Kontos, Silvia (1986), »Beziehungsarbeit im Wissenschaftsbetrieb? Bemerkungen zum schwierigen Verhältnis von Frauenbewegung und linken Professoren«, in: Autonomes Lesben- und Frauenreferat Universität Frankfurt (Hg.), *Dokumentation zum Frankfurter Frauenlehrstuhl*, Frankfurt am Main: Selbstverlag, S. 91-96.

– (2004), »Brüche – Aufbrüche – Einbrüche. Die Frauenbewegung und ihre Vorgaben für eine kritische Gesellschaftstheorie«, in: Joachim Beerhorst/Alex Demirović/Michael Guggemos (Hg.), *Kritische Theorie im gesellschaftlichen Wandel*, Frankfurt am Main: Suhrkamp, S. 427-452.

Krais, Beate (2000a), »Einleitung: Die Wissenschaft und die Frauen«, in: dies. (Hg.), *Wissenschaftskultur und Geschlechterordnung. Über die verborgenen Mechanismen männlicher Dominanz in der akademischen Welt*, Frankfurt am Main/New York: Campus, S. 9-29.

– (2000b), »Das soziale Feld Wissenschaft und die Geschlechterverhältnisse. Theoretische Sondierungen«, in: dies. (Hg.), *Wissenschaftskultur und Geschlechterordnung. Über die verborgenen Mechanismen männlicher Dominanz in der akademischen Welt*, Frankfurt am Main/New York: Campus, S. 31-54.

– (2000c) (Hg.), *Wissenschaftskultur und Geschlechterordnung. Über die verborgenen Mechanismen männlicher Dominanz in der akademischen Welt*, Frankfurt am Main/New York: Campus.

Krais, Beate/Krumpeter, Tanja (1997), *Wissenschaftskultur und weibliche Karrieren. Zur Unterrepräsentanz von Wissenschaftlerinnen in der Max-Planck-Gesellschaft*, Projektbericht für den Arbeitsausschuss »Förderung der Wissenschaftlerinnen« des Wissenschaftlichen Rates der Max-Planck-Gesellschaft zur Förderung der Wissenschaften e. V.

Kramer, Helgard (1994), »Zum Stand der Frauenbewegung: Mythenbildung trübt den Blick. Einige Anmerkungen zu Ute Gerhard: Westdeutsche Frauenbewegung«, in: Ilse Modelmog/Ulrike Gräßel (Hg.), *Konkurrenz & Kooperation. Frauen im Zwiespalt?*, Münster: Lit Verlag, S. 71-90.

– (1997), »Interdisziplinarität als Programmatik wissenschaftlicher Innovation und als Organisationsprinzip von Forschungsprozessen«, in: *Ethik und Sozialwissenschaften* 8/4, S. 553-556.

Kraß, Andreas (2003a), »Queer Studies – eine Einführung«, in: ders. (Hg.), *Queer Denken. Gegen die Ordnung der Sexualität*, Frankfurt am Main: Suhrkamp, S. 7-30.

– (2003b) (Hg.), *Queer Denken. Queer Studies*, Frankfurt am Main: Suhrkamp.

Krause, Ellen (2003), *Einführung in die politikwissenschaftliche Geschlechterforschung*, Opladen: Leske + Budrich.

Krautkrämer-Wagner, Uta (1989), *Die Verstaatlichung der Frauenfrage. Gleichstellungsinstitutionen der Bundesländer – Möglichkeiten und Grenzen staatlicher Frauenpolitik*, Bielefeld: Kleine Verlag.

Kristeva, Julia (1986), »Women's Time«, in: Toril Moi (Hg.), *The Kristeva Reader*, New York, S. 187-213.

Kroll, Renate (2002a), »Vorwort«, in: dies. (Hg.), *Metzler Lexikon Gender*

Studies. Geschlechterforschung. Ansätze – Personen – Grundbegriffe, Stuttgart/Weimar: Metzler, S. V-VII.
– (2002b) (Hg.), *Metzler Lexikon Gender Studies. Geschlechterforschung. Ansätze – Personen – Grundbegriffe*, Stuttgart/Weimar: Metzler.
Kroll, Renate/Zimmermann, Margarete (1995) (Hg.), *Feministische Literaturwissenschaft in der Romanistik. Theoretische Grundlagen – Forschungsstand – Neuinterpretationen*, Stuttgart/Weimar: Metzler.
Krüger, Marlis (1987), »Überlegungen und Thesen zu einer feministischen Sozialwissenschaft«, in: Ursula Beer (Hg.), *Klasse Geschlecht. Feministische Gesellschaftsanalyse und Wissenschaftskritik*, Bielefeld: AJZ-Verlag, S. 58-83.
Kuhlmann, Ellen/Kutzner, Edelgard/Müller, Ursula/Riegraf, Birgit/Wilz, Sylvia (2002), »Organisationen und Professionen als Produktionsstätten der Geschlechterasymmetrie«, in: Eva Schäfer/ Bettina Fritzsche/Claudia Nagode (Hg.), *Geschlechterverhältnisse im sozialen Wandel. Interdisziplinäre Analysen zu Geschlecht und Modernisierung*, Opladen: Leske + Budrich, S. 221-250.
Kuhn, Thomas (1976 [1967]), *Die Struktur wissenschaftlicher Revolutionen*, Frankfurt am Main: Suhrkamp.
Laclau, Ernesto/Mouffe, Chantal (1991), *Hegemonie und radikale Demokratie. Zur Dekonstruktion des Marxismus*, Wien: Passagen.
Laitko, Hubert (1999), »Disziplingeschichte und Disziplinverständnis«, in: Volker Peckhaus/Christian Thiel (Hg.), *Disziplinen im Kontext*, München: Wilhelm Fink Verlag, S. 21-60.
Landes, Joan (1988), *Women and the Public Sphere in the Age of the French Revolution*, Ithaca: Cornell UP.
Landweer, Hilge (1993), »Kritik und Verteidigung der Kategorie Geschlecht. Wahrnehmungs- und symboltheoretische Überlegungen zur sex/gender-Unterscheidung«, in: *Feministische Studien* 11/2, S. 34-43.
– (1994), »Generationen in der deutschen Frauenforschung«, in: Ilse Modelmog/Ulrike Gräßel (Hg.), *Konkurrenz & Kooperation. Frauen im Zwiespalt?*, Münster: Lit Verlag, S. 117-136.
– (1996), »Generationenkonflikte und Sachdifferenzen. Das Beispiel Frauenbewegung«, in: *Transit. Europäische Revue*, Heft 11, S. 87-100.
Landweer, Hilge/Rumpf, Mechthild (1993), »Einleitung«, in: *Feministische Studien* 11/2, S. 3-9.
Lanwerd, Susanne (2004), »Gender in der Religionswissenschaft«, in: Therese Frei Steffen/Caroline Rosenthal/Anke Väth (Hg.), *Gender Studies. Wissenschaftstheorien und Gesellschaftskritik*, Würzburg: Köingshausen & Neumann, S. 189-200.
Laplanche, J./Pontalis, J.-B. (1972), *Das Vokabular der Psychoanalyse*, Frankfurt am Main: Suhrkamp.

Lau, Jörg (1998), »Die Männerphantasien des Feminismus. Die Philosophin Judith Butler schreibt über Zensur, Diskriminierung und das Elend gutgemeinter Sprachregelungen«, in: *Die Zeit*, 26. März 1998, S. 32.

Lauretis, Teresa de (1987), *Technologies of Gender. Essays on Theory, Film, and Fiction*, Bloomington: Indiana UP.

– (1988), »Displacing Hegemonic Discourses: Reflections on Feminist Theory in the 1980s«, in: *Inscription* 3/4, Sonderheft »Feminism and the Critique of Colonial Discourse«, S. 127-144.

– (1990), »Eccentric Subjects: Feminist Theory and Historical Consciousness«, in: *Feminist Studies* 16/1, S. 115-147.

– (1993), »Der Feminismus und seine Differenzen«, in. *Feministische Studien* 11/2, S. 96-102.

– (1994), *The Practice of Love. Lesbian Sexuality and Perverse Desire*, Bloomington: Indiana UP (Originalausgabe von de Lauretis 1996a).

– (1996a), *die andere Szene. Psychoanalyse und lesbische Sexualität*, Berlin: Berlin Verlag.

– (1996b [1987]), »Technologien des Geschlechts«, in: Elvira Scheich (Hg.), *Vermittelte Weiblichkeit: Feministische Wissenschafts- und Gesellschaftstheorie*, Hamburg: Hamburger Edition, S. 57-93.

– (1997), »Fem/Les Scramble«, in: Dana Heller (Hg.), *Lesbians, Feminists, and the Limits of Alliance*, Bloomington: Indiana UP, S. 42-48.

Lemaine, Gérard u. a. (1976) (Hg.), *New Perspectives on the Emergence of Scientific Disciplines*, Paris/Chicago: Mouton/Aldine.

Lenoir, Timothy (1993), »The Discipline of Nature and the Nature of Disciplines«, in: Ellen Messer-Davidow/David R. Shumway/David J. Sylvan (Hg.), *Knowledges. Historical and Critical Studies in Disciplinarity*, Charlottesville/London: Virginia UP, S. 70-102.

– (1997), *Instituting Science. The Cultural Production of Scientific Disciplines*, Stanford: Stanford UP.

Lenz, Ilse (1994), »Zum Umgang mit den Unterschieden zwischen FrauenforscherInnen«, in: Ilse Modelmog/Ulrike Gräßel (Hg.), *Konkurrenz & Kooperation. Frauen im Zwiespalt?*, Münster: Lit Verlag, S. 27-50.

– (2001), »Bewegungen und Veränderungen. Frauenforschung und Neue Frauenbewegung in Deutschland«, in: Ursula Hornung/Sedef Gümen/Sabine Weilandt (Hg.), *Zwischen Emanzipationsvision und Gesellschaftskritik. ReKonstruktionen der Geschlechterordnung*, Münster: Westfälisches Dampfboot, S. 188-219.

– (2002), »Neue Frauenbewegung, Feminismus und Geschlechterforschung«, in: Eva Schäfer/Bettina Fritzsche/Claudia Nagode (Hg.), *Geschlechterverhältnisse im sozialen Wandel. Interdisziplinäre Analysen zu Geschlecht und Modernisierung*, Opladen: Leske + Budrich, S. 35-66.

Lenz, Ilse/Nickel, Hildegard-Maria/Riegraf, Birgit (2000) (Hg.), *Geschlecht – Arbeit – Zukunft*, Münster: Westfälisches Dampfboot.

Lepenies, Wolf (1978), »Wissenschaftsgeschichte und Disziplingeschichte«, in: *Geschichte und Gesellschaft* 6/4, S. 437-451.
– (1985), *Die drei Kulturen. Soziologie zwischen Literatur und Wissenschaft*, München/Wien: Hanser.
– (1989), »Die Idee der deutschen Universität – Aus der Sicht der Wissenschaftsforschung«, in: ders., *Gefährliche Wahlverwandtschaften*, Stuttgart: Reclam, S. 140-160.
– (1997a), »Benimm und Erkenntnis. Über die notwendige Rückkehr der Werte in die Wissenschaften«, in: ders., *Benimm und Erkenntnis*, Frankfurt am Main: Suhrkamp, S. 7-49.
– (1997b), »Die Sozialwissenschaften nach dem Ende der Geschichte«, in: ders., *Benimm und Erkenntnis*, Frankfurt am Main: Suhrkamp, S. 51-100.
Lerner, Gerda (1991), *Die Entstehung des Patriarchats*, Frankfurt am Main/New York: Campus.
Lettow, Susanne (1999), »Feministische Kritik in der Philosophie«, in: *Widerspruch* Nr. 34, S. 10-26.
Liska, Vivian (2002), »Eine kritische Bestandsaufnahme: Von feministischer Literaturwissenschaft zu kulturwissenschaftlichen Gender Studies«, in: Katharina Baisch u. a. (Hg.), *Gender Revisited. Subjekt- und Politikbegriffe in Kultur und Medien*, Stuttgart/Weimar: Metzler, S. 3-32.
List, Elisabeth (1984), »Patriarchen und Pioniere: Helden im Wissenschaftsspiel«, in: Barbara Schaeffer-Hegel/Brigitte Wartmann (Hg.), *Mythos Frau. Projektionen und Inszenierungen im Patriarchat*, Berlin: Publica, S. 14-35.
List, Elisabeth/Studer, Herlinde (1989) (Hg.), *Denkverhältnisse. Feminismus als Kritik*, Frankfurt am Main: Suhrkamp.
Lorber, Judith (1999), *Gender-Paradoxien*, Opladen: Leske + Budrich.
Lucke, Doris (1998), »Grenzen des Fachs – Grenzen des Geschlechts. Durchsetzungschancen von Frauen in der Soziologie«, in: *Soziologie* 4/98, S. 14-31.
– (1999), »Männer, Frauen und die Soziologie. Zur halbierten Emanzipation einer aufklärerischen Disziplin«, in: *Soziologie* 2/99, S. 23-45.
– (2000), »Zwischen Professionalisierungsdruck und Marginalisierungsrisiko. Frauen- und Geschlechterforschung in der Soziologie«, in: Angelika Cottmann u. a. (Hg.), *Das undisziplinierte Geschlecht – Einblick und Ausblick*, Opladen: Leske + Budrich, S. 107-125.
Lühe, Irmela von der (1977), »Die Frau als Naturwesen im Volksbuch der ›Schönen Melusine‹«, in: Gruppe Berliner Dozentinnen (Hg.), *Frauen und Wissenschaft. Beiträge zur Berliner Sommeruniversität für Frauen Juli 1976*, Berlin: Courage Verlag, S. 220-229.
Luhmann, Niklas (1990), *Die Wissenschaft der Gesellschaft*, Frankfurt am Main: Suhrkamp.

– (1992), *Universität als Milieu. Kleine Schriften*, Bielefeld: Haux Verlag.
– (2003), »Frauen, Männer und George Spencer Brown«, in: Ursula Pasero/Christine Weinbach (Hg.), *Frauen, Männer, Gender Trouble. Systemtheoretische Essays*, Frankfurt am Main: Suhrkamp, S. 15-62.
Luhmann, Susanne (2001), *Im/Proper Subjects? An Inquiry Into Social Differences as Knowledge and Pedagogy in Women's Studies*, Dissertation York University, Toronto, Kanada.
Maasen, Sabine (1999), *Wissenssoziologie*, Bielefeld: transcript.
Maasen, Sabine/Weingart, Peter (2000), *Metaphors and the Dynamics of Knowledge*, London/New York: Routledge.
Maihofer, Andrea (1995), *Geschlecht als Existenzweise*, Frankfurt am Main: Ulrike Helmer Verlag.
Mainzer, Klaus (1993), »Erkenntnis- und wissenschaftstheoretische Grundlagen der Inter- und Transdisziplinarität«, in: Werner Arber (Hg.), *Inter- und Transdisziplinarität. Warum? – Wie?* Bern/Stuttgart/Wien: Haupt Verlag, S. 17-53.
Maltry, Carola (2003), »Frauen- und Geschlechterforschung als transformative Wissenschaft. Ein Diskussionsbeitrag«, in: *Zeitschrift für Frauenforschung & Geschlechterstudien* 21/2+3, S. 20-26.
Mannheim, Karl (1928), »Das Problem der Generationen«, in: *Kölner Vierteljahreshefte für Soziologie* 7, S. 167-185, S. 309-330.
– (1929a), *Ideologie und Utopie*. Bonn: Cohen.
– (1929b), »Die Bedeutung der Konkurrenz auf dem Gebiete des Geistigen«, in: *Verhandlungen des sechsten deutschen Soziologentages, Zürich 1928*, Tübingen: J. C. B. Mohr, S. 35-83.
– (1982 [1931]), »Wissenssoziologie«, in: Alfred Vierkandt (Hg.), *Handwörterbuch der Soziologie*, Stuttgart: Enke, S. 216-235.
Martin, Biddy (1996a), »Sexualities Without Genders and Other Queer Utopias«, in: dies., *Femininity Played Straight. The Significance of Being Lesbian*, New York/London: Routledge, S. 71-96.
– (1996b), »Sexuelle Praxis und der Wandel lesbischer Identitäten«, in: Sabine Hark (Hg.), *Grenzen lesbischer Identitäten*, Berlin: Querverlag, S. 38-72.
– (1997), »Success and Its Failures«, in: *differences. A Journal of Feminist Cultural Studies* 9/3, S. 102-131.
Marx Ferree, Myra/Lorber, Judith/Hess, Beth B. (2000) (Hg.), »Introduction«, in: dies., *Revisioning Gender*, Thousand Oaks/London/New Delhi: Sage, S. xv-xxxvi.
Marx, Karl/Friedrich Engels (1969 [1845-46]), »Die deutsche Ideologie«, in: ders./Friedrich Engels, *Werke* Bd. 3, Berlin: Dietz-Verlag, S. 5-530.
– (1972 [1852]), »Der achtzehnte Brumaire des Louis Bonaparte«, in: ders./Friedrich Engels, *Werke* Bd. 8, Berlin: Dietz Verlag, S. 115-123.

May, Vivian M. (2002), »Disciplinary Desires and Undisciplined Daughters: Negotiating the Politics of a Women's Studies Doctoral Education«, in: *NWSA Journal* 14/1, Special Issue: »25 Years of NWSA: Vision, Controversy, Transformation«, S. 134-159.

Mayreder, Rosa (1905), *Zur Kritik der Weiblichkeit*, Jena und Leipzig: Diederichs.

Mazón, Patricia M. (2003), *Gender and the Modern Research University. The Admission of Women to German Higher Education, 1865-1914*, Stanford, CA: Stanford UP.

McCrath, Lynette (1991), »An Ethical Justification of Women's Studies or: What's A Nice Girl Like You Doing in A Place Like This?«, in: *Hypathia* 6/2, S. 135-151.

McDermott, Patrice, (1988), »Internationalizing the Core Curriculum«, in: *Women's Studies Quarterly* 26/3+4, S. 88-98.

– (1994), *Politics and Scholarship. Feminist Academic Journals and the Production of Knowledge*, Urbana: University of Illinois Press.

McRobbie, Angela (2003), »Wozu Mütter und Väter? Judith Butler, Antigones Verlangen. Verwandtschaft zwischen Leben und Tod. Neuordnung der Verwandtschaftsverhältnisse, Verwerfung des Feminismus«, in: *Das Argument* 252, S. 648-657.

Medick, Hans/Trepp, Caroline (1998) (Hg.), *Geschlechtergeschichte und Allgemeine Geschichte. Herausforderungen und Perspektiven*, Göttingen: Wallstein.

Meinhof, Ulrike (1994 [1968]), »Die Frauen im SDS oder in eigener Sache«, in: dies., *Die Würde des Menschen ist antastbar. Aufsätze und Polemiken*, Berlin: Wagenbach, S. 149-152.

Mendoza, Breny (2002), »Transnational feminisms in question«, in: *Feminist Theory* 3/3, S. 295-314.

Merton, Robert K. (1972), »Die Priorität bei wissenschaftlichen Entdeckungen«, in: Peter Weingart (Hg.), *Wissenschaftssoziologie 1. Wissenschaftliche Entwicklung als sozialer Prozeß*, Frankfurt am Main: Athenäum, S. 121-163.

– (1985a), *Entwicklung und Wandel von Forschungsinteressen. Aufsätze zur Wissenssoziologie*, Frankfurt am Main: Suhrkamp.

– (1985b), »Zur Wissenssoziologie«, in: ders., *Entwicklung und Wandel von Forschungsinteressen. Aufsätze zur Wissenssoziologie*, Frankfurt am Main: Suhrkamp, S. 217-257.

– (1985c), »Die normative Struktur der Wissenschaft«, in: ders., *Entwicklung und Wandel von Forschungsinteressen. Aufsätze zur Wissenssoziologie*, Frankfurt am Main: Suhrkamp, S. 86-99.

Messer-Davidow, Ellen (2002), *Disciplining Feminism. From Social Activism to Academic Discourse*, Durham/London: Duke UP.

Messer-Davidow, Ellen/Shumway, David R./Sylvan, David J. (1993a), »Introduction: Disciplinary Ways of Knowing«, in: dies. (Hg.), *Knowledges. Historical and Critical Studies in Disciplinarity*, Charlottesville/London: Virginia UP, S. 1-21.
– (1993b) (Hg.), *Knowledges. Historical and Critical Studies in Disciplinarity*. Charlottesville/London: Virginia UP.
Metz-Göckel, Sigrid (1987), »Die zwei ungeliebten Schwestern. Zum Verhältnis von Frauenbewegung und Frauenforschung im Diskurs der neuen sozialen Bewegungen«, in: Ursula Beer (Hg.), *Klasse Geschlecht. Feministische Gesellschaftsanalyse und Wissenschaftskritik*, Bielefeld: AJZ-Verlag, S. 25-57.
– (1993), »Frauen in akademischen Berufen«, in: Claudia Koppert (Hg.), *Glück, Alltag und Desaster. Über die Zusammenarbeit von Frauen*, Berlin: Orlanda, S. 128-146.
– (1997), »Geschlecht in der Hochschulforschung und im Hochschulalltag. Unerwünschte und gewollte Unterschiede«, in: dies./Felicitas Steck (Hg.), *Frauenuniversitäten. Initiativen und Reformprojekte im internationalen Vergleich*, Opladen: Leske + Budrich, S. 17-40.
– (1999), »Hochschulreform als Personalentwicklung. Zur Produktivität von WissenschaftlerInnen«, in: Aylâ Neusel/Angelika Wetterer (Hg.), *Vielfältige Verschiedenheiten. Geschlechterverhältnisse in Studium, Hochschule und Beruf*, Frankfurt am Main/New York: Campus, S. 161-191.
– (2002a), »Institutionalisierung der Frauenforschung oder vom Verbrauch der Visionen«, in: *Netzwerk-Journal* 13, S. 31-39.
– (2002b) (Hg.), *Lehren und Lernen an der Internationalen Frauenuniversität. Ergebnisse der wissenschaftlichen Begleituntersuchung*, Opladen: Leske + Budrich.
Meuser, Michael (1999), »Multioptionale Männlichkeiten? Handlungsspielräume und habituelle Dispositionen«, in: Claudia Honegger/Stefan Hradil/Franz Traxler (Hg.), *Grenzenlose Gesellschaft* (Teil 2), Opladen: Leske + Budrich, S. 151-165.
Meuser, Michael/Neusüß, Claudia (2004), *Gender Mainstreaming. Konzepte, Handlungsfelder, Instrumente*, Bonn: Bundeszentrale für politische Bildung.
Mies, Maria (1978), »Methodische Postulate zur Frauenforschung – dargestellt am Beispiel der Gewalt gegen Frauen«, in: *beiträge zur feministischen theorie und praxis* 1/1, S. 41-64.
– (1980), »Gesellschaftliche Ursprünge der geschlechtlichen Arbeitsteilung«, in: *beiträge zur feministischen theorie und praxis* 3/3, S. 61-78.
Millett, Kate (1974), *Sexus und Herrschaft. Die Tyrannei des Mannes in unserer Gesellschaft*, München: dtv.
Minnich, Elisabeth K. (1994), *Von der halben zur ganzen Wahrheit. Ein-*

führung in feministisches Denken, Frankfurt am Main/New York: Campus.
Minssen, Heiner/Wilkesmann, Uwe (2003), »Lassen Hochschulen sich steuern?«, in: *Soziale Welt* 54, S. 123-144.
Mischau, Anina/Oechsle, Mechthild (2003), »Einführung in den Themenschwerpunkt«, in: *Zeitschrift für Frauenforschung & Geschlechterstudien* 21/2+3, S. 3-19.
Mittelstraß, Jürgen (1998), *Die Häuser des Wissens. Wissenschaftstheoretische Studien*, Frankfurt am Main: Suhrkamp.
– (2001), *Wissen und Grenzen. Philosophische Studien*, Frankfurt am Main: Suhrkamp.
– (2003), »Die deutsche Universität verliert ihre Seele«, in: *Frankfurter Rundschau*, 26. Juni 2003, S. 7.
Miyoshi, Masao (2000), »Der versilberte Elfenbeinturm. Globale Wissensindustrie, akademischer Kapitalismus«, in: *Lettre International* 49, S. 70-80.
Modelmog, Ilse/Gräßel, Ulrike (1994) (Hg.), *Konkurrenz & Kooperation. Frauen im Zwiespalt?*, Münster: Lit Verlag.
Moi, Toril (1985), *Sexual/Textual Politics: Feminist Literary Theory*, London: Methuen.
Moses, Claire Goldberg/Wahl Rabine, Leslie (1993), *Feminism, Socialism, and French Romanticism*, Bloomington: Indiana UP.
Müller, Petra (1978), »Daten zur polit-ökonomischen Situation der Frau: Von der Französischen Revolution bis zur Gegenwart«, in: *beiträge zur feministischen theorie und praxis* 1/1, S. 96-127.
Müller, Ursula (1997), »Von der Gegen- zur Interventionskultur: Frauenforschung als institutionalisierte Sozialwissenschaft«, in: Sigrid Metz-Göckel/Felicitas Steck (Hg.), *Frauenuniversitäten. Initiativen und Reformprojekte im internationalen Vergleich*, Opladen: Leske + Budrich, S. 157-178.
– (1999a), »Soziologie und Geschlechtergerechtigkeit am Beispiel der Forschung zu Frauen an Hochschulen«, in: Bettina Dausien u. a. (Hg.), *Erkenntnisprojekt Geschlecht. Feministische Perspektiven verwandeln Wissenschaft*, Opladen: Leske + Budrich, S. 141-166.
– (1999b), »Asymmetrische Geschlechterkultur in der Hochschule«, in: Aylâ Neusel/Angelika Wetterer (Hg.), *Vielfältige Verschiedenheiten. Geschlechterverhältnisse in Studium, Hochschule und Beruf*, Frankfurt am Main/New York: Campus, S. 135-160.
– (2000), »Asymmetrische Geschlechterkultur in Organisationen und Frauenförderung als Prozeß – mit Beispielen aus Betrieben und der Universität«, in: Ilse Lenz/Hildegard Maria Nickel/Birgit Riegraf (Hg.), *Geschlecht – Arbeit – Zukunft*, Münster: Westfälisches Dampfboot, S. 126-149.

– (2003), »›Gender‹ kommt – die Geschlechter gehen?« in: *Zeitschrift für Frauenforschung & Geschlechterstudien* 21/2+3, S. 48-66.

Müller, Ursula/Schmidt-Waldherr, Hiltraud (1989) (Hg.), *FrauenSozialkunde. Wandel und Differenzierung von Lebensformen und Bewußtsein*, Bielefeld: AJZ-Verlag.

Mulkay, Michael J. (1979), *The Sociology of Science and Knowledge*, London: Allen & Unwin.

Mullins, Nicolas (1973), *Theories and Theory Groups in Contemporary American Sociology*, New York: Harper & Row.

– (1974), »Die Entwicklung eines wissenschaftlichen Spezialgebiets: die Phagen-Gruppe und die Ursprünge der Molekularbiologie«, in: Peter Weingart (Hg.), *Wissenschaftssoziologie 2. Determinanten wissenschaftlicher Entwicklung*, Frankfurt am Main: Athenäum, S. 184-222.

– (1981a), »Ein Modell der Entwicklung soziologischer Theorien«, in: Wolf Lepenies (Hg.), *Geschichte der Soziologie* Bd. 2, Frankfurt am Main: Suhrkamp, S. 69-96.

– (1981b), »Ethnomethodologie. Ein Spezialgebiet, das aus der Kälte kam«, in: Wolf Lepenies (Hg.), *Geschichte der Soziologie* Bd. 2, Frankfurt am Main: Suhrkamp, S. 97-136.

Nagl-Docekal, Herta (1999), *Feministische Philosophie. Ergebnisse, Probleme, Perspektiven*, Frankfurt am Main: Fischer.

Nassehi, Armin (1999), »Die Paradoxie der Sichtbarkeit. Für eine epistemologische Verunsicherung der Kultur-Soziologie«, in: *Soziale Welt* 50, S. 349-362.

– (2003), »Geschlecht im System. Die Ontologisierung des Körpers und die Asymmetrie der Geschlechter«, in: Ursula Pasero/Heike Weinbach (Hg.), *Frauen, Männer, Gender Trouble. Systemtheoretische Essays*, Frankfurt am Main: Suhrkamp, S. 80-104.

Neuberger, Oswald (1995), »Von sich reden machen. Geschichtsschreibung in einer organisierten Anarchie«, in: Birgit Volmerg u. a. (Hg.), *Nach allen Regeln der Kunst. Macht und Geschlecht in Organisationen*, Freiburg: Kore, S. 25-72.

Neusel, Aylâ (1998), »Annäherung an ein Forschungskonzept zur Untersuchung des Zusammenhangs von Geschlecht und Organisation der Hochschule«, in: Ulrich Teichler/Hans-Dieter Daniel/Jürgen Enders (Hg.), *Brennpunkt Hochschule*, Frankfurt am Main/New York: Campus, S. 97-119.

Neusel, Aylâ/Wetterer, Angelika (1999) (Hg.), *Vielfältige Verschiedenheiten. Geschlechterverhältnisse in Studium, Hochschule und Beruf*, Frankfurt am Main/New York: Campus.

Newman, Jane O. (2002), »The Present and Our Past: Simone de Beauvoir, Descartes, and Presentism in the Historiography of Feminism«, in: Robyn Wiegman (Hg.), *Women's Studies on its Own*, Durham/London: Duke UP, S. 141-176.

Nicholson, Linda (1994), »Was heißt ›gender‹?«, in: Institut für Sozialforschung Frankfurt (Hg.), *Geschlechterverhältnisse und Politik*, Frankfurt am Main: Suhrkamp, S. 188-220.

– (1997) (Hg.), *The Second Wave. A Reader in Feminist Theory.* London/New York: Routledge.

Nickel, Hildegard Maria (1997), »Bittersüße Früchte. Frauen- und Geschlechterforschung an der Humboldt-Universität zu Berlin«, in: Sabine Lang/Birgit Sauer (Hg.), *Wissenschaft als Arbeit – Arbeit als Wissenschaftlerin*, Frankfurt am Main/New York: Campus, S. 211-218.

– (1999), »Das ZiF – ein Paradigma der Institutionalisierung von Frauen- und Geschlechterforschung«, in: *Bulletin* Nr. 19 »Institutionalisierung und Interdisziplinarität. Frauen- und Geschlechterforschung an der HU«, S. 1-12.

– (2000), »Sozialwissenschaften«, in: Christina von Braun/Inge Stephan (Hg.), *Gender Studien. Eine Einführung*, Stuttgart: Metzler, S. 130-141.

– (2003), »Akademisierung und Vermarktlichung – Zwei Pole der Entpolitisierung der Frauen- und Geschlechterforschung«, in: *Zeitschrift für Frauenforschung & Geschlechterstudien* 21/2+3, S. 67-75.

Niekant, Renate (1999), »Zur Krise der Kategorien ›Frauen‹ und ›Geschlecht‹. Judith Butler und der Abschied von feministischer Identitätspolitik«, in: Christine Bauhardt/Angelika von Wahl (Hg.), *Gender and Politics. »Geschlecht« in der feministischen Politikwissenschaft*, Opladen: Leske + Budrich, S. 29-46.

Niroumand, Mariam (1997), »Wie im Phantomschmerz«, in: *die tageszeitung* 12. 6. 1997, S. 16.

– (1998), »Eigentor im Heimspiel«, in: *die tageszeitung* 20. 3. 1998, S. 26.

Nohr, Barbara/Veth, Silke (2002) (Hg.), *Gender Mainstreaming. Kritische Reflexionen einer neuen Strategie*, Berlin: edition sigma.

Nowotny, Helga (1986), »Gemischte Gefühle. Über die Schwierigkeiten des Umgangs von Frauen mit der Institution Wissenschaft«, in: dies./Karin Hausen (Hg.), *Wie männlich ist die Wissenschaft*, Frankfurt am Main: Suhrkamp, S. 17-30.

Nunner-Winkler, Gertrud (1994), »Begründungen für die Bedeutsamkeit von Frauenforschung. Wissenschaftsimmanente Überlegungen«, in: Senatskommission für Frauenforschung der DFG (Hg.), *Sozialwissenschaftliche Frauenforschung in der Bundesrepublik Deutschland: Bestandsaufnahme und forschungspolitische Konsequenzen*, Berlin: Akademie Verlag, S. 43-46.

Oguntoye, Katharina/Opitz, May/Schultz, Dagmar (1986), *Farbe bekennen. Afro-deutsche Frauen auf den Spuren ihrer Geschichte.* Berlin: Orlanda.

Orland, Barbara/Rössler, Mechthild (1995), »Women in Science – Gender and Science«, in: Barbara Orland/Elvira Scheich (Hg.), *Das Geschlecht der Natur. Feministische Beiträge zur Geschichte und Theorie der Naturwissenschaften*, Frankfurt am Main: Suhrkamp, S. 13-63.

Orland, Barbara/Scheich, Elvira (1995) (Hg.), *Das Geschlecht der Natur. Feministische Beiträge zur Geschichte und Theorie der Naturwissenschaften*, Frankfurt am Main: Suhrkamp.

Ortmann, Günther/Sydow, Jörg/Türk, Klaus (2000) (Hg.), *Theorien der Organisation*, Wiesbaden: Westdeutscher Verlag.

Ott, Cornelia (1998), *Die Spur der Lüste. Sexualität, Geschlecht und Macht*, Opladen: Leske + Budrich.

Pache, Ilona (2004), »Zu konzeptionellen Chancen und kapazitären Risiken. Studienreform und Geschlechterstudien an der HU«, in: Zentrum für transdisziplinäre Geschlechterstudien HU Berlin (Hg.), *Geschlechterstudien im deutschsprachigen Raum. Studiengänge, Erfahrungen, Herausforderungen*, Berlin: trafo-Verlag, S. 149-152.

Pagenstecher, Lising (1990), »Der blinde Fleck im Feminismus: Die Ignoranz der frauenwissenschaftlichen und frauenpolitischen Relevanz der lesbischen Existenzweise«, in: *beiträge zur feministischen theorie und praxis* 13/28, S. 127-134.

Paris, Reiner (2001), »Machtfreiheit als negative Utopie. Die Hochschule als Idee und Betrieb«, in: *Leviathan*, Sonderheft 20, S. 194-222.

Parpart, Nadja (2000), *Geschlecht und Kontingenz. Zur Zerstreuung des anderen Geschlechts im Feminismus*, Frankfurt am Main: Verlag Neue Wissenschaft.

Pasero, Ursula (1994), »Geschlechterforschung revisited: konstruktivistische und systemtheoretische Perspektiven«, in: Theresa Wobbe/Gesa Lindemann (Hg.), *Denkachsen. Zur theoretischen und institutionellen Rede vom Geschlecht*, Frankfurt am Main: Suhrkamp, S. 264-296.

– (1995), »Dethematisierung von Geschlecht«, in: dies./Friederike Braun (Hg.), *Konstruktion von Geschlecht*, Pfaffenweiler: Centaurus, S. 50-66.

Pasero, Ursula/Weinbach, Christine (2003a), »Vorwort«, in: dies. (Hg.), *Frauen, Männer, Gender Trouble. Systemtheoretische Essays*, Frankfurt am Main: Suhrkamp, S. 7-14.

– (2003b) (Hg.), *Frauen, Männer, Gender Trouble. Systemtheoretische Essays*, Frankfurt am Main: Suhrkamp.

Pêcheux, Michel (1975), *Le vérité de la palice*, Paris.

Peckhaus, Volker/Thiel, Christian (1999a), »Kontextuelle Disziplingeschichtsschreibung«, in: dies. (Hg.), *Disziplinen im Kontext*, München: Wilhelm Fink Verlag, S. 7-19.

– (1999b) (Hg.), *Disziplinen im Kontext*. München: Wilhelm Fink Verlag.

Pelkner, Anna-Katharina (1999), »Feministische Wissenschaft und politische Einmischung – die Geburtsstunde des ZiF der Humboldt-Universität Berlin«, in: *Bulletin* Nr. 19, »Institutionalisierung und Interdisziplinarität. Frauen- und Geschlechterforschung an der HU«, S. 28-41.

Porter, Carolyn (1994), »What we know that we don't know: Remapping American literary studies«, in: *American Literary History* 6/1994, S. 467-526.

Potsdamer Studien zur Frauen- und Geschlechterforschung (1999), »Welche Zukunft? Perspektiven der Frauen- und Geschlechterforschung in den Disziplinen«, Heft 3/1.

Potsdamer Studien zur Frauen- und Geschlechterforschung (1999), »Feminismus in der Kritik. Frauen- und Geschlechterforschung in der ›Dritten Generation‹?«, Heft 3/2.

Prokop, Ulrike (1976), *Weiblicher Lebenszusammenhang. Von der Beschränktheit der Strategien und der Unangemessenheit der Wünsche*, Frankfurt am Main: Suhrkamp.

– (1986), »Ein Zimmer für sich alleine – das ist nicht nur räumlich zu verstehen«, in: Autonomes Lesben- und Frauenreferat Universität Frankfurt (Hg.), *Dokumentation zum Frankfurter Frauenlehrstuhl*, Frankfurt am Main: Selbstverlag, S. 81-90.

Pühl, Katharina (2003), »Geschlechterpolitik im Neoliberalismus«, in: *Widerspruch* 44, S. 61-72.

Purtschert, Patricia (2003), »Feministischer Schauplatz umkämpfter Bedeutungen. Zur deutschsprachigen Rezeption von Judith Butlers »Gender Trouble«, in: *Widerspruch* 44, S. 147-158.

Purtschert, Patricia/Ruef, Maja (2003), »Feminismus in den 90ern: Krise oder Öffnung? Erbe oder Neuanfang? Zwei Briefe«, in: Claudia Koppert/Beate Selders (Hg.), *Hand aufs dekonstruierte Herz*, Königstein: Ulrike Helmer Verlag, S. 27-61.

Quaestio (2000) (Hg.), *Queering Demokratie. Sexuelle Politiken*, Berlin: Querverlag.

Ramirez, Francisco O. (2001), »Frauenrechte, Weltgesellschaft und die gesellschaftliche Integration von Frauen«, in: *Kölner Zeitschrift für Soziologie und Sozialpsychologie*, Sonderheft 41, S. 356-374.

– (2003), »Frauen in der Wissenschaft – Frauen und Wissenschaft. Liberale und radikale Perspektiven in einem globalen Rahmen«, in: Theresa Wobbe (Hg.), *Zwischen Vorderbühne und Hinterbühne. Beiträge zum Wandel der Geschlechterbeziehungen in der Wissenschaft vom 17. Jahrhundert bis zur Gegenwart*, Bielefeld: transcript Verlag, S. 279-308.

Readings, Bill (1996), *The University in Ruins*, Cambridge, MA: Harvard UP.

Rehberg, Karl-Siegbert (2000), »Erfahrungswissenschaft und Medium der Reflexion – Thesen zur soziologischen Kompetenz«, in: Christiane Funken (Hg.), *Soziologischer Eigensinn. Zur »Disziplinierung« der Sozialwissenschaften*, Opladen: Leske + Budrich, S. 30-48.

Reinke, Gudrun (1981), »Wieviel Leben läßt die Forschung zu?«, in: *Gesellschaft. Beiträge zur Marxschen Theorie* 14, Frankfurt am Main: Suhrkamp, S. 168-186.

Rheinberger, Hans-Jörg (1992), *Experiment – Differenz – Schrift. Zur Geschichte epistemischer Dinge*, Marburg: Basilisken-Presse.

Rich, Adrienne (1983), »Zwangsheterosexualität und lesbische Existenz«, in: Dagmar Schultz (Hg.), *Macht und Sinnlichkeit. Ausgewählte Texte von Adrienne Rich und Audre Lorde*, Berlin: sub rosa Frauenverlag, S. 138-169.

– (1986), »Notes Towards a Politics of Location«, in: dies., *Blood, Bread and Poetry. Selected Prose 1979-1985*. London: Virago Press.

Richardson, Diane (1996), »Heterosexuality and social theory«, in: dies. (Hg.), *Theorising Heterosexuality*, Buckingham/Philadelphia: Open University Press, S. 1-20.

Richardson, Diane/Robinson, Victoria (1994), »Theorizing Women's Studies, Gender Studies and Masculinity: The Politics of Naming«, in: *The European Journal of Women's Studies* 1/1, S. 11-28.

Ridgeway, Celia (2001), »Interaktion und die Hartnäckigkeit der Geschlechter-Ungleichheit in der Arbeitswelt«, in: *Kölner Zeitschrift für Soziologie und Sozialpsychologie*, Sonderheft 41, S. 250-275.

Rödig, Andrea (1994), »Ding an sich und Erscheinung. Einige Bemerkungen zur theoretischen Dekonstruktion von Geschlecht«, in: *Feministische Studien* 12/2, S. 91-99.

– (1997), »Judith Butler – ein Sohn ihrer Zeit. Versuch über die Verwirrung der Geschlechter als Zeitphänomen«, in: Gisela Völger (Hg.), *Sie und Er. Frauenmacht und Männerherrschaft im Kulturvergleich* Bd. 1, Köln: Rautenstrauch-Joest-Museum, S. 47-54.

Roloff, Christine (1993), »Hochqualifizierte Frauen in Naturwissenschaft und Technik – Ursachen ihrer Marginalität und Strategien zur Veränderung«, in: *WSI-Mitteilungen* 4, S. 220-229.

Rommelspacher, Birgit (1995), *Dominanzkultur. Texte zu Fremdheit und Macht*, Berlin: Orlanda.

Rossiter, Margaret (2003), »Der ~~Matthäus~~ Matilda-Effekt in der Wissenschaft«, in: Theresa Wobbe (Hg.), *Zwischen Vorderbühne und Hinterbühne. Beiträge zum Wandel der Geschlechterbeziehungen in der Wissenschaft vom 17. Jahrhundert bis zur Gegenwart*, Bielefeld: transcript, S. 191-210.

Rössler, Beate (1993), »Nachschlag«, in: *die tageszeitung* 10. 5. 1993, S. 24.

Rubin, Gayle (1997 [1975]), »The Traffic in Women. Notes on the ›Political Economy‹ of Sex«, in: Linda Nicholson (Hg.), *The Second Wave. A Reader in Feminist Theory*, New York/London: Routledge, S. 27-62.

Rubin, Gayle/Butler, Judith (1994), »Sexual Traffic«, in: *differences. A Journal of Feminist Cultural Studies* 6/2+3, S. 62-99.

Rudolph, Clarissa (1993), *Die andere Seite der Frauenbewegung. Frauengleichstellungsstellen in Deutschland*, Pfaffenweiler: Centaurus.

Rudolph, Hedwig (1999), »›Das Geld ist noch männlich.‹ Zur Marginalisierung des Geschlechterverhältnisses in den Wirtschaftswissenschaften«, in: Doris Janshen (Hg.), *Frauen über Wissenschaften. Die widerspenstigen Erbinnen der Männeruniversität*, Weinheim/München: Juventa, S. 95-106.

Runte, Annette (1996), *Biographische Operationen. Diskurse der Transsexualität*, München: Wilhelm Fink Verlag.

Sander, Helke (1988 [1968]), »Rede des ›Aktionsrates zur Befreiung der Frauen‹«, in: Ann Anders (Hg.), *Autonome Frauen. Schlüsseltexte der Neuen Frauenbewegung seit 1968*, Frankfurt am Main: Athenäum, S. 39-47.

Sarasin, Philip (2001), »Diskurstheorie und Geschichtswissenschaft«, in: Reiner Keller/Andreas Hirseland/Werner Schneider/Willy Viehöver (Hg.), *Handbuch Sozialwissenschaftliche Diskursanalyse* Bd. 1: Theorien und Methoden, Opladen: Leske + Budrich, S. 53-80.

Sauer, Birgit (2003), »Veilchen im Moose« – Die GeschlechterPolitik der PolitikWissenschaft«, in: *Zeitschrift für Frauenforschug & Geschlechterstudien* 21/2+3, S. 27-39.

Schabert, Ina (2004), »No Room of One's Own: Women's Studies in English Departments in Germany«, in: *PMLA* 119/1, S. 69-79.

Schäfer, Siegrid (1977), »Keine ist weiblicher«, in: *Psychologie heute* Heft 7/1977, S. 25-27.

Schäfer, Lothar/Schnelle, Thomas (1980), »Ludwik Flecks Begründung der soziologischen Betrachtungsweise in der Wissenschaftstheorie«, in: Ludwik Fleck, *Entstehung und Entwicklung einer wissenschaftlichen Tatsache*, Frankfurt am Main: Suhrkamp, S.VII-XLIX.

Scheler, Max (1960 [1926]), »Probleme einer Soziologie des Wissens«, in: ders., *Die Wissensformen und die Gesellschaft*, Bern/München: A. Francke Verlag, S. 15-190.

Schiebinger, Londa (1993), *Schöne Geister. Frauen in den Anfängen der modernen Wissenschaft*, Stuttgart: Klett-Cotta.

– (1995), *Am Busen der Natur. Erkenntnis und Geschlecht in den Anfängen der Wissenschaft*, Stuttgart: Klett-Cotta.

– (2000), *Frauen forschen anders. Wie weiblich ist die Wissenschaft?* München: Beck Verlag.

– (2003), »Introduction: Feminism Inside the Sciences«, in: *Signs. Journal of Women in Culture and Society* 28/3, S. 869-866.

Schimank, Uwe (1994), »Autonomie und Steuerung wissenschaftlicher Forschung: Ein gesellschaftlich funktionaler Antagonismus«, in: Hans-Ulrich Derlien/Uta Gerhardt/Fritz W. Scharpf (Hg.), *Systemrationalität und Partialinteresse. Festschrift für Renate Mayntz*, Baden-Baden: Nomos,

S. 409-432.
– (1995), »Für eine Erneuerung der institutionellen Wissenschaftssoziologie«, in: *Zeitschrift für Soziologie* 24/1, S. 42-57.
– (2001), »Festgefahrene Gemischtwarenläden – Die deutschen Hochschulen als erfolgreich scheiternde Organisationen«, in: *Leviathan* Sonderheft 20, S. 223-243.
– (2002), »Organisationen: Akteurkonstellationen – korporative Akteure – Sozialsysteme«, in: *Kölner Zeitschrift für Soziologie und Sozialpsychologie*, Sonderheft 42, S. 29-54.
Schimank, Uwe/Stölting, Erhard (2001), »Einleitung«, in: *Leviathan*, Sonderheft 20, S. 7-23.
Schlichter, Annette (2003), »Gender/Heterosexuality: What's the Difference? Überlegungen zur kritischen Analyse der Heterosexualität im Rahmen ›queerer gender studies‹«, in: *Die Philosophin* 14/28, S. 50-66.
Schlüpmann, Heide (1981), »Nebelbildung. Notizen zu einem Philosophiestudium«, in: *Gesellschaft. Beiträge zur Marxschen Theorie* 14, Frankfurt am Main: Suhrkamp, S. 217-247.
Schmeiser, Martin (1994), *Akademischer Hasard. Das Berufsschicksal des Professors und das Schicksal der deutschen Universität 1870-1920*, Stuttgart: Klett Cotta.
Schmerl, Christiane (1998), »Geschlechterbilder im Wissenschaftsspiel: genutzte Chancen versus verlorene Selbstachtung«, in: *Zeitschrift für Frauenforschung* 16/1+2, S. 48-53.
– (1999), »Sisters in Crime? – Sisters in Science!«, in: Bettina Dausien/Martina Herrmann/Mechthild Oechsle/Christiane Schmerl/Marlene Stein-Hilbers (Hg.), *Erkenntnisprojekt Geschlecht. Feministische Perspektiven verwandeln Wissenschaft*, Opladen: Leske + Budrich 1999, S. 7-26.
Schmerl, Christiane/Soine, Stefanie/Stein-Hilbers, Marlene/Wrede, Brigitta (2000), *Sexuelle Szenen. Inszenierungen von Geschlecht und Sexualität in modernen Gesellschaften.* Opladen: Leske + Budrich.
Schrader-Klebert, Karin ([1969] 1988), »Die kulturelle Revolution der Frau«, in: Ann Anders (Hg.), *Schlüsseltexte der Neuen Frauenbewegung seit 1968*, Frankfurt am Main: Athenäum, S. 52-75.
Schuller, Marianne (1984), »Widerstand oder Anpassung im Widerstand. Zum Funktionieren von Frauen in wissenschaftlichen Institutionen. Eine Skizze«, in: Vorbereitungsgruppe (Hg.), *Wollen wir immer noch alles? Frauenpolitik zwischen Traum und Trauma. Dokumentation der 7. Sommeruniversität für Frauen, Berlin*, Berlin: Selbstverlag, S. 311-318.
– (1990), »Vergabe des Wissens. Notizen zum Verhältnis von ›weiblicher Intellektualität‹ und Macht«, in: dies.: *Im Unterschied*, Frankfurt am Main: Verlag Neue Kritik, S. 189-198.
Schultz, Dagmar (1991), *Das Geschlecht läuft immer mit ... Die Arbeitswelt*

von Professorinnen und Professoren (zusammen mit Carol Hagemann-White und unter Mitarbeit von Leonie Herwartz-Emden und Brigitte Reinberg), Pfaffenweiler: Centaurus.

Schulz, Kristina (2002), *Der lange Atem der Provokation. Die Frauenbewegung in der Bundesrepublik und in Frankreich 1968-1976*, Frankfurt am Main/New York: Campus.

Schwenken, Helen/Ullrich, Charlotte (2004), »Ein, zwei, drei, viele Generationen? Ein Diskussionsbeitrag zu feministischen Theoriedebatten, Geschlechterforschung und politischer Praxis«, in: *Zeitschrift für Frauenforschung und Geschlechterstudien* 22/2+3, S. 65-84.

Schwesternlust & Schwesternfrust – 20 Jahre Frauenbewegung (1991), EMMA Sonderband (Oktober).

Scott, Joan W. (1988), *Gender and the Politics of History*. New York: Columbia UP.

– (1992), »Experience«, in: Judith Butler/dies. (Hg.), *Feminists Theorize the Political*, New York/London: Routledge, S. 22-40.

– (1994 [1986]), »Gender: Eine nützliche Kategorie der historischen Analyse«, in: Nancy Kaiser (Hg.), *Selbst Bewusst. Frauen in den USA*, Leipzig: Reclam, S. 27-75.

– (1997), »Nach der Geschichte?«, in: *Werkstatt Geschichte* 17, S. 5-23.

– (2001), »Die Zukunft von *gender*. Fantasien zur Jahrtausendwende«, in: Claudia Honegger/Caroline Arni (Hg.), *Gender – die Tücken einer Kategorie. Joan W. Scott, Geschichte und Politik*, Zürich: Chronos, S. 39-63.

Sedgwick, Eve Kosofsky (1993), *Tendencies*. Duke: Duke UP.

Segal, Lynne (2000), *Why Feminism?* Cambridge: Polity Press.

Seidman, Steven (1995), »Deconstructing Queer Theory or the Undertheorization of the Social and the Ethical«, in: Linda Nicholson/ders. (Hg.), *Social Postmodernism. Beyond Identity Politics*, Cambridge: Cambridge UP, S. 116-141.

– (1997), *Difference Troubles: Queering Social Theory and Sexual Politics*. Cambridge/Mass.: Blackwell.

Seiffert, Helmut/Radnitzky, Gerard (1992) (Hg.), *Handlexikon zur Wissenschaftstheorie*, München: dtv.

Sektionsrat der Sektion Frauenforschung in der Deutschen Gesellschaft für Soziologie (2001) (Hg.), *Aus der Geschichte … – Die Sektion ›Frauenforschung in den Sozialwissenschaften‹ in der DGS*, Broschüre, zusammengestellt von Bettina Mathes, o.O.

Senghaas-Knobloch, Eva (2004), »Vom Glück gegenseitiger Anerkennung. Das Jahrhundert des Feminismus: Menschenrechte und fürsorgliche Praxis«, in: *Frankfurter Rundschau*, 24. Februar 2004, S. 7.

Sennett, Richard (1998), *Der flexible Mensch. Die Kultur des neuen Kapitalismus*, Berlin: Berlin Verlag.

Shapin, Steven/Schaffer, Simon (1985), *Leviathan and the Air-Pump. Hobbes, Boyle, and the Experimental Life*. Princeton: Princeton UP.

Shapiro, Judith (1981), »Anthropology and the Study of Gender«, in: Elizabeth Langland/Walter Gove (Hg.), *A Feminist Perspective in the Academy: The Difference It Makes,* Chicago: Chicago UP, S. 110-129.

Shils, Edward (1982), »Tradition, Ecology, and Institution in the History of Sociology«, in: ders.: *The Constitution of Society*. Chicago: Chicago UP, S. 275-383.

Showalter, Elaine (1987), »Women's Time, Women's Space: Writing the History of Feminist Criticism«, in: Shari Benstock (Hg.), *Feminist Issues in Literary Scholarship*, Bloomington: Indiana UP, S. 30-44.

Siegele, Ulrich (1998), »Frauenförderung und männliche Identität«, in: Susanne Diemer/Edit Kirsch-Auwärter/Sigrid Philips (Hg.), *Gleichstellung und Institution. Schule und Hochschule als Reformprozeß? Eine Festschrift für Doris Knab*, Tübingen: edition diskord, S. 70-75.

Simmel, Georg (1983 [1917]), »Das Gebiet der Soziologie«, in: ders.: *Schriften zur Soziologie*, Heinz-Jürgen Dahme/Ottheim Rammstedt (Hg.), Frankfurt am Main: Suhrkamp, S. 37-50.

Smith, Dorothy E. (2000), »Schooling for Inequality«, in: *Signs. Journal of Women in Culture and Society* 25/4, S. 1147-1152.

Sosnoski, James J. (1993), »Examining Exams«, in: Ellen Messer-Davidow/David R. Shumway/David J. Sylvan (Hg.), *Knowledges. Historical and Critical Studies in Disciplinarity,* Charlottesville/London: Virginia UP, S. 305-326.

Spelman, Elizabeth (1988), *Inessential Women. Problems of Exclusion in Feminist Thought*, Boston: Beacon Press.

Spivak, Gayatri Chakravorty (1990), *The Post-Colonial Critic: Interviews, Strategies, Dialogues*, New York/London: Routledge.

– (2003 [1988]), »Can the Subaltern Speak?«, in: *Die Philosophin* 14/27, S. 42-58.

Stacey, Judith (1997), »Disloyal to the Disciplines: A Feminist Trajectory in the Borderlands«, in: Barbara Laslett/Barrie Thorne (Hg.), *Feminist Sociology. Life Histories of a Movement*, New Brunswick u. a.: Rutgers UP, S. 126-150.

– (2000), »Is Academic Feminism an Oxymoron?«, in: *Signs. Journal of Women in Culture and Society* 25/4, S. 1189-1194.

– (2001), »The empress of Feminist Theory is overdressed«, in: *Feminist Theory* 2/1, S. 99-103.

Stacey, Judith/Thorne, Barrie (1985), »Feministische Revolution in der Soziologie? Ein Vergleich feministischer Ansätze in der Geschichte, Literaturwissenschaft, Anthropologie und Soziologie in den USA«, in: *Feministische Studien* 4/2, S. 118-130.

– (1996), »Is Sociology Still Missing its Feminist Revolution?«, in: *Perspectives: ASA Theory Section Newsletter* 18/3, S. 1-3.

Stanton, Domna (1986), »Difference on Trial: A Critique of the Maternal Metaphor in Cixous, Irigaray, and Kristeva«, in: Nancy K. Miller (Hg.), *The Poetics of Gender*, New York: New York UP, S. 157-182.

Star, Susan Leigh/Griesemer, James R. (1989), »Institutional Ecology«, in: *Social Studies of Science* 19, S. 387-420.

Stark, Werner (1981), »Wissenssoziologie als Selbstkritik«, in: *Kölner Zeitschrift für Soziologie und Sozialpsychologie*, Sonderheft 22, S. 343-359.

Steinert, Heinz (1990) (Hg.), *Die mindestens zwei Sozialwissenschaften in Frankfurt und ihre Geschichte*, Studientexte zur Sozialwissenschaft, Sonderband 3, Frankfurt am Main.

Stephan, Inge (2000), »Literaturwissenschaft«, in: Christina von Braun/Inge Stephan (Hg.), *Gender Studien. Eine Einführung*, Stuttgart: Metzler, S. 290-299.

Stichweh, Rudolf (1991), *Der frühmoderne Staat und die europäische Universität. Zur Interaktion von Politik und Erziehungssystem im Prozeß ihrer Ausdifferenzierung 16.-18. Jahrhundert.* Frankfurt am Main: Suhrkamp.

– (1994), *Wissenschaft. Universität. Professionen.* Frankfurt am Main: Suhrkamp.

Stoehr, Irene (1994), »Gründerinnen – Macherinnen – Konsumentinnen? Generationenprobleme in der Frauenbewegung der 1990er Jahre«, in: Ilse Modelmog/Ulrike Gräßel (Hg.), *Konkurrenz & Kooperation. Frauen im Zwiespalt?*, Münster: Lit Verlag, S. 91-116.

– (1999), »Feminismen und politische Kultur«, in: Heinrich-Böll-Stiftung/Feministisches Institut (Hg.), *Wie weit flog die Tomate? Eine 68erinnen-Gala der Reflexion* (mit einer Einleitung von Halina Bendkowski), Berlin: Heinrich-Böll-Stiftung, S. 154-165.

Stölting, Erhard (1986), *Akademische Soziologie in der Weimarer Republik.* Berlin: Duncker & Humblot.

– (2001), »Permanenz und Veränderung von Strukturkrisen: Institutionelle Darstellungsprobleme«, in: *Leviathan*, Sonderheft 20, S. 27-43.

– (2002), »Wissenschaft als Sport. Ein soziologischer Blick auf widersprüchliche Mechanismen des Wissenschaftsbetriebes«, in: *hochschule. Journal für wissenschaft und bildung* 11/2, S. 58-78.

Stölting, Erhard/Schimank, Uwe (2001) (Hg.), »Die Krise der Universitäten«, *Leviathan*, Sonderheft 20.

Stucke, Andreas (2001), »Mythos USA – Die Bedeutung des Argumentes ›Amerika‹ im hochschulpolitischen Diskurs der Bundesrepublik«, in: *Leviathan*, Sonderheft 20, S. 118-138.

Swoboda, Wolfram (1979), »Disciplines and interdisciplinarity: A Historical perspective«, in: Joseph J. Kockelmans (Hg.), *Interdisciplinarity and*

Higher Education, University Park, PA: Penn State UP, S. 49-92.
Teubner, Ulrike (1989), *Neue Berufe für Frauen. Modelle zur Überwindung der Geschlechterhierarchie im Erwerbsbereich*, Frankfurt am Main/New York: Campus.
– (2001), »Soziale Ungleichheit zwischen den Geschlechtern – kein Thema innerhalb der Systemtheorie«, in: Gudrun-Axeli Knapp/Angelika Wetterer (Hg.), *Soziale Verortung der Geschlechter. Gesellschaftstheorie und feministische Kritik*, Münster: Westfälisches Dampfboot, S. 288-316.
Teubner, Ulrike/Wetterer, Angelika (1999), »Gender-Paradoxien: Soziale Konstruktionen transparent gemacht. Eine Einleitung«, in: Judith Lorber, *Gender Paradoxien*, Opladen: Leske + Budrich, S. 9-30.
Thon, Christine (2003), »Frauenbewegung – Bewegungsgenerationen – Generationenbruch? Generationenkonzepte in Diskursen der Frauenbewegung«, in: *Feministische Studien* 21/1, S. 111-122.
Thürmer-Rohr, Christina (1995), »Denken der Differenz: Feminismus und Postmoderne«, in: *beiträge zur feministischen theorie und praxis* 39, S. 87-97.
– (2001), »Gender Mainstreaming – verbindliches Leitprinzip für Politik und Verwaltung«, in: *WSI-Mitteilungen* 54 4, S. 415-430.
Treusch-Dieter, Gerburg (1994), »Barbie und Inzest. Das letzte Stadium der Körpermodellierung. Jeder ist der Antikörper des Anderen«, in: *Ästhetik und Kommunikation* 87, S. 22-27.
Trittin, Käthe (1992), »Judith Butler: Das Unbehagen der Geschlechter«, in: *Die Philosophin* 3/6, S. 75-77.
Villa, Paula-Irene (2000a), *Sexy Bodies. Eine soziologische Reise durch den Geschlechtskörper.* Opladen: Leske + Budrich.
– (2000b), »Das Subjekt Frau als Geschlecht mit Körper und Sexualität – Zum Stand der Frauenforschung in der Soziologie«, in: *Soziologie* 3/2000, S. 20-35.
– (2003a), *Judith Butler*. Frankfurt am Main/New York: Campus.
– (2003b), »Woran erkennen wir eine Feministin? Polemische und programmatische Gedanken zur Politisierung von Erfahrungen«, in: Gudrun-Axeli Knapp/Angelika Wetterer (Hg.), *Achsen der Differenz. Gesellschaftstheorie und feministische Kritik II*, Münster: Westfälisches Dampfboot, S. 266-285.
Vogt, Annette (2003), »Von der Ausnahme zur Normalität? Wissenschaftlerinnen in Akademien und in der Kaiser-Wilhelm-Gesellschaft 1912 bis 1945«, in: Theresa Wobbe (Hg.), *Zwischen Vorderbühne und Hinterbühne. Beiträge zum Wandel der Geschlechterbeziehungen in der Wissenschaft vom 17. Jahrhundert bis zur Gegenwart*, Bielefeld: transcript Verlag, S. 159-190.
Volmerg, Birgit/Leithäuser, Thomas/Neuberger, Oswald/Ortmann, Günther/Sievers, Burkard (1995), *Nach allen Regeln der Kunst. Macht und Ge-*

schlecht in Organisationen. Freiburg: Kore Verlag.
Wacquant, Loïc (1996), »Auf dem Weg zu einer Sozialpraxeologie. Struktur und Logik der Soziologie Pierre Bourdieus«, in: Pierre Bourdieu/ders.: *Reflexive Anthropologie*. Frankfurt am Main: Suhrkamp, S. 17-93.
Wagner, Peter (1995), *Soziologie der Moderne*, Frankfurt am Main/New York: Campus.
Wahrig-Schmidt, Bettina (1999), »Zwischen Normalisierung und Normalismus: Konvergenzen und Divergenzen bei der Analyse moderner Gesellschaften in den Begriffen der Normalisierungsmacht«, in: Werner Sohn/Herbert Mehrtens (Hg.), *Normalität und Abweichung. Studien zur Theorie und Geschichte der Normalisierungsgesellschaften*, Opladen/Wiesbaden: Westdeutscher Verlag, S. 266-287.
Warhol, Robyn R. (2002), »Nice Work, If You Can Get It – and If You Can't? Building Women's Studies Without Tenure Lines«, in: Robyn Wiegman (Hg.), *Women's Studies on its Own*, Durham/London: Duke UP, S. 224-232.
Warner, Michael (1993a), »Introduction«, in: ders. (Hg.), *Fear of a Queer Planet. Queer Politics and Social Theory*, Minneapolis: Minnesota UP, S. vii-xxxi.
– (1993b) (Hg.), *Fear of a Queer Planet. Queer Politics and Social Theory*, Minneapolis: Minnesota UP.
Weber, Max (1984 [1921]), *Soziologische Grundbegriffe*, Tübingen: J. C. B. Mohr UTB.
– (1985 [1919]), »Wissenschaft als Beruf«, in: ders., *Gesammelte Aufsätze zur Wissenschaftslehre*, Tübingen: J.C.B. Mohr, S. 582-613.
– (1988 [1919]), »Wissenschaft als Beruf«, in: ders., *Gesammelte Aufsätze zur Wissenschaftslehre*, Tübingen: J. C. B. Mohr UTB, S. 582-613.
– (1988 [1906]), »Kritische Studien auf dem Gebiet der kulturwissenschaftlichen Logik«, in: ders., *Gesammelte Aufsätze zur Wissenschaftslehre*, Tübingen: J. C. B. Mohr UTB, S. 215-290.
– (1993 [1920]), *Die protestantische Ethik und der »Geist« des Kapitalismus*, Bodenheim: Athenäum Hain Hanstein.
Weber, Samuel (1987), *Institution and Interpretation. Theory and History of Literature*, Minneapolis: UP Minnesota.
Weigel, Sigrid (1999), »Geschlechterdifferenz in der Literaturwissenschaft. Zum Problem der Institutionalisierung von Kritik«, in: Doris Janshen (Hg.), *Frauen über Wissenschaften. Die widerspenstigen Erbinnen der Männeruniversität*, Weinheim/München: Juventus, S. 137-152.
Weingart, Peter (1974), »Wissenschaftlicher Wandel als Institutionalisierungsstrategie«, in: ders. (Hg.), *Wissenschaftssoziologie 2: Determinanten wissenschaftlicher Entwicklung*, Frankfurt am Main: Fischer/Athenäum, S. 11-35.

– (1997), »Interdisziplinarität – der paradoxe Diskurs«, in: *Ethik und Sozialwissenschaften* 8/4, S. 521-529.
– (1999), »Neue Formen der Wissensproduktion: Fakt, Fiktion und Mode«, in: *TA-Datenbank-Nachrichten*, S. 48-57.
– (2001), *Die Stunde der Wahrheit? Zum Verhältnis der Wissenschaft zu Politik, Wirtschaft und Medien in der Wissensgesellschaft*. Weilerswist: Velbrück Wissenschaft.
– (2003), *Wissenschaftssoziologie*. Bielefeld: transcript Verlag.
Weingarten, Susanne/Wellershoff, Marianne (1999), *Die widerspenstigen Töchter. Für eine neue Frauenbewegung*. Köln: Pahl-Rugenstein.
Weir, Allison (1993), »Viele Formen der Identität. Judith Butler untergräbt ihre eigene Forderung nach Subversion«, in: *Frankfurter Rundschau* 18. 5. 1993, S. 8.
Wenk, Silke (1997), »Kulturwissenschaftliche Geschlechterstudien als Aufbaustudiengang – ein transdisziplinäres Projekt«, in: Sigrid Metz-Göckel/Felicitas Streck (Hg.), *Frauenuniversitäten: Initiativen und Reformprojekte im internationalen Vergleich*, Opladen: Leske + Budrich, S. 195-203.
– (1998), »Über die Schwierigkeiten des Durchquerens der Disziplinen«, in: *Potsdamer Studien zur Frauen- und Geschlechterforschung* 3/2, 26-31 (Neuauflage 2001, S. 23-28).
– (2001), »Transdisziplinarität als hochschulpolitisches Programm: neue Perspektiven für Frauen- und Geschlechterstudien in Forschung und Lehre?«, in: Claudia Batisweiler/Elisabeth Lembeck/Mechthild Jansen (Hg.), *Geschlechterpolitik an Hochschulen: Perspektivenwechsel. Zwischen Frauenförderung und Gender Mainstreaming*, Opladen: Leske + Budrich, S. 107-120.
Wesely, Sabine (2000) (Hg.), *Gender Studies in den Sozial- und Kulturwissenschaften. Einführung und neuere Erkenntnisse aus Forschung und Praxis*, Bielefeld: Kleine Verlag.
Westphal, Anke (1997), »Da lacht man herzlich übers Mikrophon«, in: *Berliner Zeitung*, 12. Juni 1997, S. 16.
Wetterer, Angelika (1992) (Hg.), *Profession und Geschlecht. Über die Marginalität von Fruuen in hochqualifizierten Berufen*, Frankfurt am Main/New York: Campus.
– (1993), *Professionalisierung und Geschlechterhierarchie. Vom kollektiven Frauenausschluß zur Integration mit beschränkten Möglichkeiten*, Kassel: Jenior & Preßler.
– (1994), »Rhetorische Präsenz – faktische Marginalität. Zur Situation von Wissenschaftlerinnen in Zeiten der Frauenförderung«, in: *Zeitschrift für Frauenforschung* 12/1+2, S. 93-110.
– (1995a), »Die soziale Konstruktion von Geschlecht in Professionalisierungsprozessen«, Einleitung«, in: dies. (Hg.), *Die soziale Konstruktion*

von Geschlecht in Professionalisierungsprozessen, Frankfurt am Main/New York: Campus, S. 11-28.
– (1995b) (Hg.), *Die soziale Konstruktion von Geschlecht in Professionalisierungsprozessen*, Frankfurt am Main/New York: Campus.
– (1998), »Noch einmal: Rhetorische Präsenz – faktische Marginalität. Die kontrafaktischen Wirkungen der bisherigen Frauenförderung im Hochschulbereich«, in: Lydia Plöger/Birgit Riegraf (Hg.), *Gleichstellungspolitik als Element innovativer Hochschulreform*, Bielefeld: Kleine Verlag, S. 18-34.
– (1999), »Theoretische Entwicklungen der Frauen- und Geschlechterforschung über Studium, Hochschule und Beruf – ein einleitender Rückblick«, in: Aylâ Neusel/dies. (Hg.), *Vielfältige Verschiedenheiten. Geschlechterverhältnisse in Studium, Hochschule und Beruf*, Frankfurt am Main/New York: Campus, S. 15-34.
– (2002a), *Arbeitsteilung und Geschlechterkonstruktion. ›Gender at work‹ in theoretischer und historischer Perspektive*, Konstanz: UVK.
– (2002b), »Strategie rhetorischer Modernisierung. Gender Mainstreaming, Managing Diversity und die Professionalisierung der Gender-Expertinnen«, in: *Zeitschrift für Frauenforschung & Geschlechterstudien* 20/3, S. 129-150.
– (2003), »Rhetorische Modernisierung: Das Verschwinden der Ungleichheit aus dem zeitgenössischen Differenzwissen«, in: Gudrun-Axeli Knapp/dies. (Hg.), *Achsen der Differenz. Gesellschaftstheorie und feministische Kritik II*, Münster: Westfälisches Dampfboot, S. 286-319.
Wharton, Amy (2002), »Geschlechterforschung und Organisationssoziologie«, in: *Kölner Zeitschrift für Soziologie und Sozialpsychologie*, Sonderheft 42, S. 188-202.
White, Hayden (1987), *The Content of the Form: Narrative Discourse and Historical Representation*. Baltimore: Johns Hopkins UP.
Whitley, Richard (1984), *The Intellectual and Social Organization of the Sciences*. Oxford: Clarendon Press.
– (1974) (Hg.), *Social Processes of Scientific Development*. London: Routledge & Kegan Paul.
Wiegman, Robyn (1997), »Queering the Academy«, in: Thomas Foster/Carol Siegel/Ellen Berry (Hg.), *The Gay '90s. Disciplinary and Interdisciplinary Formations in Queer Studies*, New York: New York UP, S. 3-22.
– (2001), »Object Lessons: Men, Masculinity, and the Sign Women«, in: *Signs. Journal of Women in Culture and Society*. 26/2, S. 355-388.
– (2002) (Hg.), *Women's Studies on its Own*, Durham/London: Duke UP.
Wiese, Daniel (2002), »Männer, Frauen, Fantasien«, in: *Die Zeit*, 11. 4. 2002, S. 79.
Wilz, Sylvia (2001), »›Gendered Organizations‹: Neuere Beiträge zum Ver-

hältnis von Organisation und Geschlecht«, in: *Berliner Journal für Soziologie* 1/2001, S. 97-107.
Wimbauer, Christine (1999), *Organisation, Geschlecht, Karriere: Fallstudien aus einem Forschungsinstitut*, Opladen: Leske + Budrich.
Wise, Sue (1997), »What Are Feminist Academics For?«, in: Liz Stanley (Hg.), *Knowing Feminisms. On Academic Borders, Territories and Tribes*, London u. a.: Sage, S. 120-131.
Wissenschaftsrat (1998), *Empfehlungen zur Chancengleichheit von Frauen in Wissenschaft und Forschung.* Mainz: Wissenschaftsrat Drucksache 3534/98.
– (2003), *Stellungnahme zur Denkschrift der Deutschen Forschungsgemeinschaft: Perspektiven der Forschung und ihrer Förderung XI (2002-2006)*, Essen.
Wittig, Monique (1992), *The Straight Mind.* Boston: Beacon Press.
Witz, Anne (1998), »Was tun Feministinnen, wenn sie Soziologie betreiben?«, in: *Feministische Studien* 16/2, S. 46-61.
Wobbe, Theresa (1988), »Zwischen Verlautbarung und Verwaltung. Überlegungen zum institutionellen Kontext von Frauenforschung«, in: *Feministische Studien* 6/1, S. 124-128.
– (1997), *Wahlverwandtschaften. Die Soziologie und die Frauen auf dem Weg zur Wissenschaft*, Frankfurt am Main/New York: Campus.
– (1999), »Neue Grenzen des Geschlechterverhältnisses. Frauenpolitik im globalen Erwartungshorizont der Weltgesellschaft«, in: Claudia Honegger/Stefan Hradil/Franz Traxler (Hg.), *Grenzenlose Gesellschaft?* (Teil 2), Opladen: Leske + Budrich, S. 181-197.
– (2001), »Institutionalisierung von Gleichberechtigungsnormen im supranationalen Kontext: Die EU-Geschlechterpolitik«, in: *Kölner Zeitschrift für Soziologie und Sozialpsychologie*, Sonderheft 41, S. 332-355.
– (2003a), »Instabile Beziehungen. Die kulturelle Dynamik von Wissenschaft und Geschlecht«, in: dies. (Hg.), *Zwischen Vorderbühne und Hinterbühne. Beiträge zum Wandel der Geschlechterbeziehungen in der Wissenschaft vom 17. Jahrhundert bis zur Gegenwart*, Bielefeld: transcript Verlag, S. 13-40.
– (2003b) (Hg.), *Zwischen Vorderbühne und Hinterbühne. Beiträge zum Wandel der Geschlechterbeziehungen in der Wissenschaft vom 17. Jahrhundert bis zur Gegenwart*, Bielefeld: transcript Verlag.
Wobbe, Theresa/Lindemann, Gesa (1994) (Hg.), *Denkachsen. Zur theoretischen und institutionellen Rede vom Geschlecht*, Frankfurt am Main: Suhrkamp.
Woolf, Virginia (1978 [1928]), *Ein Zimmer für sich allein*, Berlin: Gerhard Verlag.
Würzbach, Natascha (2002), »The State of Gender Studies in Germany:

The current situation in research, teaching and institutions«, in: *gender forum/genderealisations* 1/2002, S. 1-17 http://www.genderforum.uni-koeln.de.
Zahlmann, Christel (1993), »Der Körper als Fiktion«, in: *Frankfurter Rundschau* 30. 4. 1993, S. 16.
Zentrum für transdisziplinäre Geschlechterstudien HU Berlin (2004) (Hg.), *Geschlechterstudien im deutschsprachigen Raum. Studiengänge, Erfahrungen, Herausforderungen*, Berlin: trafo-Verlag.
Zima, Peter V. (1997), *Moderne/Postmoderne*, Tübingen/Basel: A. Francke Verlag.
Zimmerman, Bonnie (1993), »In Academia and Out: The Experience of a Lesbian Feminist Literary Critic«, in: Gayle Greene/Coppélia Kahn (Hg.), *Changing Subjects: The Making of Feminist Literary Criticism*, London: Routledge, S. 112-120.
Zimmermann, Karin (2000), *Spiele mit der Macht in der Wissenschaft. Passfähigkeit und Geschlecht als Kriterien der Berufung*, Berlin: edition sigma.
– (2002), »Geschlechterkonstellationen im Feld wissenschaftlicher Eliten«, in: *Zeitschrift für Frauenforschung & Geschlechterstudien* 20/3, S. 30-48.
Zuckerman, Harriet/Cole, Jonathan/Bruer, John (1991) (Hg.), *The Outer Circle: Women in the Scientific Community*, New York: Norton Press.

Register

Gender Studies in der edition suhrkamp

Farideh Akashe-Boehme (Hg.). Reflexionen vor dem Spiegel. es 1724. 219 Seiten

Herculine Barbin/Michel Foucault. Über Hermaphrodismus. Herausgegeben von Wolfgang Schäffner und Joseph Vogl. es 1733. 247 Seiten

Seyla Benhabib. Selbst und Kontext. Geschlecht, Gemeinschaft und Postmoderne in der zeitgenössischen Ethik. Vom Unterschied der Geschlechter. es 1725. 300 Seiten

Judith Butler. Das Unbehagen der Geschlechter. Übersetzt von Katharina Menke. Vom Unterschied der Geschlechter. es 1722. 237 Seiten

Judith Butler. Körper von Gewicht. Die diskursiven Grenzen des Geschlechts. Übersetzt von Karin Wördemann. es 1737. 386 Seiten

Caroline Walker Bynum. Fragmentierung und Erlösung. Geschlecht und Körper im Glauben des Mittelalters. Mit zahlreichen Abbildungen. Übersetzt von Brigitte Große. es 1731. 302 Seiten

Drucilla Cornell. Die Versuchung der Pornographie. Übersetzt von Vincent Vogelvelt. Mit einem Vorwort von Barbara Vinken. es 1738. 143 Seiten

Irene Dölling/Beate Krais (Hg.). Ein alltägliches Spiel. Geschlechterkonstruktion in der sozialen Praxis. es 1732. 332 Seiten

NF 312/1/8.00

Nancy Fraser. Widerspenstige Praktiken. Macht, Diskurs, Geschlecht. es 1726. 290 Seiten

Geschlechterverhältnisse und Politik. Herausgegeben vom Institut für Sozialforschung, Frankfurt. Redaktion Katharina Pühl. es 1730. 308 Seiten

Barbara Hahn. Unter falschem Namen. Von der schwierigen Autorschaft der Frauen. es 1723. 147 Seiten

Helga Kotthoff/Susanne Günthner (Hg.). Von fremden Stimmen. Weibliches und männliches Sprechen im Kulturvergleich. Vom Unterschied der Geschlechter. es 1721. 369 Seiten

Teresa de Lauretis. Die andere Szene. Psychoanalyse und lesbische Sexualität. Übersetzt von Karin Wördemann. es 1742. 292 Seiten

Martha C. Nussbaum. Gerechtigkeit oder Das gute Leben. Herausgegeben von Herlinde Pauer-Studer. Übersetzt von Ilse Utz. es 1739. 316 Seiten

Barbara Orland/Elvira Scheich (Hg.). Das Geschlecht der Natur. Feministische Beiträge zur Geschichte und Theorie der Naturwissenschaften. Die Texte aus dem Amerikanischen wurden von Xenia Rajewski übersetzt. es 1727. 290 Seiten

Karin Wieland. Worte und Blut. Wandlungen des männlichen Selbst im Übergang zur Neuzeit. es 1740. 367 Seiten

Theresa Wobbe/Gesa Lindemann (Hg.). Denkachsen. Zur theoretischen und institutionellen Rede vom Geschlecht. es 1729. 327 Seiten

NF 312/2/8.00

Politische Theorie im Suhrkamp Verlag Eine Auswahl

Klaus von Beyme
- Die Kunst der Macht und die Gegenmacht der Kunst. Studien zum Spannungsverhältnis von Kunst und Politik. stw 1368. 405 Seiten
- Die politische Klasse im Parteienstaat. stw 1064. 224 Seiten
- Theorie der Politik im 20. Jahrhundert. Von der Moderne zur Postmoderne. stw 969. 394 Seiten

Hauke Brunkhorst. Solidarität. Von der Bürgerfreundschaft zur globalen Rechtsgenossenschaft. stw 1560. 247 Seiten

Hauke Brunkhorst (Hg.). Demokratischer Experimentalismus. Politik in der komplexen Gesellschaft. stw 1369. 397 Seiten

Hauke Brunkhorst/Matthias Kettner (Hg.). Globalisierung und Demokratie. Wirtschaft, Recht, Medien. stw 1448. 416 Seiten

Hauke Brunkhorst/Wolfgang R. Köhler/Matthias Lutz-Bachmann (Hg.). Recht auf Menschenrechte. Menschenrechte, Demokratie und internationale Politik. stw 1441. 352 Seiten

Hauke Brunkhorst/Peter Niesen (Hg.). Das Recht der Republik. stw 1392. 403 Seiten

Judith Butler
- Antigones Verlangen: Verwandtschaft zwischen Leben und Tod. Übersetzt von Reiner Ansén. es 2187. 160 Seiten
- Gefährdetes Leben. Politische Essays. Übersetzt von Karin Wördemann. es 2393. 179 Seiten

NF 112/1/4.05

- Körper von Gewicht. Die diskursiven Grenzen des Geschlechts. Übersetzt von Karin Wördemann. es 1737. 400 Seiten
- Kritik der ethischen Gewalt. Übersetzt von Reiner Ansén. Adorno-Vorlesungen 2002. 144 Seiten. Kartoniert
- Psyche der Macht. Das Subjekt der Unterwerfung. Übersetzt von Reiner Ansén. es 1744. 260 Seiten
- Das Unbehagen der Geschlechter. Übersetzt von Kathrina Menke. es 1722. 240 Seiten

Christine Chwaszcza/Wolfgang Kersting (Hg.). Politische Philosophie der internationalen Beziehungen. stw 1365. 604 Seiten

Jacques Derrida
- Das andere Kap. Die vertagte Demokratie. Zwei Essays zu Europa. Übersetzt von Alexander García Düttmann. es 1769. 97 Seiten
- Schurken. Übersetzt von Horst Brühmann. 224 Seiten. Gebunden

Diether Döring (Hg.). Sozialstaat in der Globalisierung. Unter Mitarbeit von Erika Mezger. es 2096. 204 Seiten

Hans Joas/Martin Kohli (Hg.). Der Zusammenbruch der DDR. es 1777. 325 Seiten

Matthias Kettner (Hg.). Angewandte Ethik als Politikum. stw 1458. 416 Seiten

Ekkehart Krippendorff
- Kritik der Außenpolitik. es 2139. 240 Seiten
- Schöpferische Unzufriedenheit. Ethische Politik von Sokrates bis Mozart. 468 Seiten. Gebunden

- Staat und Krieg. Die historische Logik politischer Unvernunft. es 1305. 436 Seiten

Ernst-Joachim Lampe (Hg.). Zur Entwicklung von Rechtsbewußtsein. stw 1315. 520 Seiten

Niklas Luhmann. Die Wirtschaft der Gesellschaft. stw 1152. 356 Seiten

Ulrich Menzel. Auswege aus der Abhängigkeit. Die entwicklungspolitische Aktualität Europas. es 1312. 649 Seiten

Ulrich Menzel/Dieter Senghaas. Europas Entwicklung und die Dritte Welt. Eine Bestandsaufnahme. es 1393. 295 Seiten

Ulrich Menzel u.a. (Hg.). Die Neue Weltwirtschaft. Entstofflichung und Entgrenzung der Ökonomie. es 1983. 336 Seiten

Wolfgang Merkel/Andreas Busch (Hg.). Demokratie in Ost und West. Für Klaus von Beyme. stw 1425. 718 Seiten

Julian Nida-Rümelin. Demokratie als Kooperation. stw 1430. 224 Seiten

Claus Offe. Selbstbetrachtung aus der Ferne. Tocqueville, Weber und Adorno in den Vereinigten Staaten. 144 Seiten. Kartoniert

Karl Polanyi. The Great Transformation. Politische und ökonomische Ursprünge von Gesellschaften und Wirtschaftssystemen. Übersetzt von Heinrich Jelinek. stw 260. 394 Seiten

NF 112/3/4.05

Dieter Senghaas
- Friedensprojekt Europa. es 1717. 226 Seiten
- Konfliktformationen im internationalen System. Weltpolitische Betrachtungen. es 1509. 230 Seiten
- Rüstung und Militarismus. es 498. 370 Seiten
- Weltwirtschaftsordnung und Enwicklungspolitik. Plädoyer für Dissoziation. es 856. 358 Seiten
- Zivilisierung wider Willen. Der Konflikt der Kulturen mit sich selbst. es 2081. 228 Seiten
- Die Zukunft Europas. Probleme der Friedensgestaltung. es 1339. 273 Seiten

Dieter Senghaas (Hg.). Frieden machen. es 2000. 592 Seiten

Gary Smith/Avishai Margalit (Hg.). Amnestie oder Die Politik der Erinnerung in der Demokratie. es 2016. 243 Seiten

Horst Steinmann/Andreas Georg Scherer (Hg.). Zwischen Universalismus und Relativismus. Philosophische Grundlagenprobleme des interkulturellen Managements. stw 1380. 424 Seiten

NF 112/4/4.05